青海省明长城资源调查报告

青海省文物管理局
青海省文物考古研究所

编著

文物出版社

封面设计 周小玮
责任印制 张道奇
责任编辑 冯冬梅
　　　　 陈　峰

图书在版编目（CIP）数据

青海省明长城资源调查报告/青海省文物管理局，青海
省文物考古研究所编著. —北京：文物出版社，2012.1
　ISBN 978 - 7 - 5010 - 3268 - 6

　Ⅰ. ①青… Ⅱ. ①青… ②青… Ⅲ. ①长城—调查报告—
青海省—明代　Ⅳ. ①K928. 77

　中国版本图书馆 CIP 数据核字（2011）第 188292 号

青海省明长城资源调查报告
青 海 省 文 物 管 理 局
青海省文物考古研究所　编著

文 物 出 版 社 出 版 发 行
（北京市东直门内北小街 2 号楼）
http：//www. wenwu. com
E-mail：web@ wenwu. com
北京燕泰美术印刷有限责任公司印刷
新 华 书 店 经 销
889×1194　1/16　印张：41
2012 年 1 月第 1 版　2012 年 1 月第 1 次印刷
ISBN 978 - 7 - 5010 - 3268 - 6　定价：430. 00 元

《青海省明长城资源调查报告》
编纂委员会

主　　任：曹　萍

副 主 任：冯兴禄　刘海平　郭　红

委　　员：任晓燕　郗利华　蒲天彪　董志强　邵全才
　　　　　成海宁　陈　荣

主　　编：任晓燕

撰　　稿：王忠信　闫　璘　王倩倩　蔡林海　邵全才
　　　　　许长军　卢宗义

青海省明长城资源调查
项目组成员

总 领 队：任晓燕　郗利华

第一调查队：

队　　　长：王忠信

队　　　员：袁桂青　张占仓　武海旺　刘　林　李双安

第二调查队：

队　　　长：闫　璘

队　　　员：苏得措　陈　荣　李启录　逯海章　胡　军

第三调查队：

队　　　长：蔡林海

队　　　员：王倩倩　卢宗义　陶满德　周生胜　祝海明

序　言

　　青海，地处黄河上游，在中国历史漫长发展的过程中，这里一直是多民族文化相互交流、传播的舞台与通道。考古发现表明，史前时期这里就有着丰富的古文化遗存。在这里有距今三万年青藏高原最早的原始人的踪迹；新石器时代绚丽多姿的彩陶文化，造就了中国彩陶的艺术巅峰；曾经十分发达的锄耕农业，孕育并产生了黄河上游的早期文明，曾将黄河的远古文明推向了引人注目的高度。秦汉以前，这里被称为"羌戎之地"，汉宣帝时，在青海东部设县，青海被纳入西汉王朝郡县体制之内。明代，设西宁卫，清代改为西宁府。

　　在漫长的历史岁月里，青海经历了数次政权交替，归属变更，但各族人民在这块土地上繁衍生息、交流融合的情形未变，青海地区基本隶属于中央政府管辖的格局未变，历代中央政权将该地区纳入西北军事重地的地位未变，增强军事防御的战略也未变。因此，青海省境内至今仍然遗留有众多古代军事防御设施的遗存，其中不仅包括建于不同时代的军城堡寨、关隘要塞，还保留有不同时代的烽燧、哨卡，特别是青海省明长城，是中国明长城体系重要的组成部分。

　　青海省明长城是以明代西宁卫长城（史称西宁卫边墙）为主体的军事防御工程。关于它的历史，虽有文献记载，但尚欠完整；近现代对其调查研究较少，也未形成系统。以往考古调查，受多重因素的制约，对长城资源的调查只涉及了几段距城镇较近的墙体及个别烽火台与古城，记录比较简略，整体状况不详。此外，对青海省长城的研究、宣传乃至认识相对滞后，以至在世人心目中，甚至在部分业内人士心目中，形成了"青海没有长城"的概念。2008 年开始的青海省明长城资源调查，揭开了青海省明长城的神秘面纱。全面科学的考古调查证实了青海省明长城主线基本环明代西宁卫而行，全长 330 余千米，东与甘肃省明长城相接，全线穿山越岭蜿蜒分布在青海省东部，由东向西途经乐都县、互助县、大通县、湟中县及湟源县五县。调查结果反映出在青海省境内这条长城主线的建筑特点，系由墙体及壕堑两大类组成，墙体类别有土墙、石墙、山险墙、山险、河险之分。建筑方式因地制宜，灵活多样。经科学调查获取的重要成果，基本摸清了青海省明长城的家底，向世人揭示了青海省明长城的历史风貌，再现出它的雄姿，证实了青海省明长城是中国长城防御体系的一部分，展示了它的历史价值与文物价值。

青海省明长城，作为中国长城的重要组成部分，是一笔珍贵的历史文化遗产。它凝聚着中华民族的勤劳、聪明和智慧，是屹立在"大美青海"大地上的一座历史丰碑，是人类文明的骄傲。它对进一步增添青海历史的厚重感，拓展青海历史文化的深刻内涵，丰富青海的文化资源财富，激发青海各族人民"自信、开放、创新"的意识，增强热爱青海、建设青海的自豪感和责任感，有着积极的现实意义。

总之，青海省明长城资源调查成果，填补了中国明长城在青海省境内的空白，是青海省近年来文物考古调查工作取得的重要、丰硕的成果之一。调查成果凝聚了全体调查队员的辛勤汗水。调查报告真实记录、展示的这段历史过程和丰硕成果，必将使先辈留给我们的重要文化遗产——青海省明长城，名传千秋，并绽放出绚丽的光彩。

青海省文化和新闻出版厅厅长

2011 年 8 月

目　录

插图目录

插表目录

地图目录

彩图目录

前　言

　　长城作为我国古代伟大的防御工程，始建于春秋战国时期，是一个规模庞大的军事防御工程体系。秦王朝建立后，在原来燕、赵、秦等诸侯国北方长城的基础上，修筑了"西起临洮，东止辽东，蜿蜒一万余里"的万里长城。此后，汉、晋、北魏、东魏、西魏、北齐、北周、隋、唐、宋、辽、金、元、明十多个朝代，都不同规模地修筑过长城。其中，明代长城由于建筑技能的完善及距今年代相对较近的缘由，在构筑形式、长度规模、保存状况等方面都雄踞各代之首。据初步统计资料显示，中国历代长城分布于辽宁、吉林、黑龙江、河北、天津、北京、山西、内蒙古、河南、湖北、山东、陕西、甘肃、宁夏、青海、新疆十六个省、自治区、直辖市。历代长城是我国古代劳动人民智慧和力量的结晶，充分体现了我国古代建筑工程技术的非凡成就，是中华民族悠久历史的见证和中华文明的重要象征。其建造时间之长、分布地域之广、影响力之大，是其他地上文物不可比拟的。中国长城也是世界上规模最大的文化遗存，是全人类宝贵的历史文化遗产。1987 年，中国长城因其独特的历史、艺术和科学价值，被联合国教科文组织整体列入世界文化遗产名录。

　　新中国成立以来，长城保护工作受到党和国家各级政府的高度重视，在制定长城保护相关法规、调查登记、审定公布全国重点文物保护单位及省级文物保护单位、加固修缮、舆论宣传、开展"爱我中华、修我长城"活动等方面，做了大量实际工作。但不可否认，长城仍然面临着较为严重的人为和自然因素的破坏与威胁，这些都严重影响着长城安全。为切实保护好长城遗产，根据党中央、国务院的具体要求，2004 年，国家文物局在广泛征求意见的基础上，提出"长城保护工程"初步工作方案，争取通过"长城保护工程"的实施，扭转长城保护工作的被动局面。"长城保护工程（2005～2014 年）"的目标是，争取用较短的时间摸清长城家底、建立健全相关法规制度、理顺管理体制、编制长城保护规划，并在统一规划的指导下，科学安排长城保护维修、合理利用等工作，同时依法加强监管，从根本上遏制对长城的破坏，为长城保护管理工作的良性发展打下坚实基础。"长城保护工程"主要内容第一条就是"开展长城资源调查，建立长城文物记录档案"。

　　根据《长城保护工程（2005～2014 年）总体工作方案》，经国务院批准，国家文物局和国家测绘局决定合作开展长城资源调查工作，下发了《关于合作开展长城资源调查工作的通知》。2006年，国家文物局和国家测绘局先行在河北、甘肃等省启动明长城资源调查工作试点。自2007年始，在试点省调查经验的基础上，全面开展长城资源调查。2007～2008年，首先进行明长城资源调查。通过科学调查，准确掌握长城现存状况。此项调查是一项"摸清长城家底"的工作，是落实《长城保护工程（2005～2014年）总体工作方案》十年计划的第一步。长城调查不仅要全面测量确定长城本体长度、形制，而且要对涉及的附属设施（与长城防御体系相关的其他设施，如关堡、烽火台等）、相关遗存（主要指位于长城墙体两侧与长城防御体系相关的遗迹，如壕沟、挡马墙、品字窖、驿站、仓储、居住址、砖瓦窑、采石场、积薪等）及其保存现状、周边环境、保护管理等资源情况进行全方位调查。

2006年启动的全国长城资源调查工作涉及十几个省、自治区、直辖市，由于多种原因，青海省未包括在首期公布名单之中，未参加相关会议和培训等前期工作。据此，2007年3月26日青海省文化厅向国家文物局申请将青海省纳入全国长城资源调查范围，受到国家文物局的重视。随后，国家文物局委托中国文物研究所（现为中国文化遗产研究院）副所长、长城资源调查工作项目组组长荣大为和项目组副组长杨招君来青海省，对西宁市周边的大通、互助、湟中三县十几个乡镇的长城本体及附属的闇门、城堡、烽燧等进行现场查勘。查勘结束后，青海省文物管理局召开专题会议，听取荣大为同志代表的权威部门的结论性意见和相关要求。荣大为同志指出：仅仅通过对个别地段的查勘，足以证明青海省境内存在长城，有些地段保存良好，而且具有明显特点，毫无疑义应当将青海省列为全国长城资源调查范围。鉴于该项工作已在其他省（自治区、直辖市）启动，青海省的调查工作必须迎头赶上，要着重抓好几项工作：一是按要求迅速成立青海省长城资源调查项目组织领导机构，并组建项目实施工作队伍；二是按规范迅速编制项目实施方案、经费预算；三是立即开展业务培训，及时开展业务工作。同时要积极宣传《长城保护条例》，切实保护好青海的长城资源。

同年5月，国家文物局和国家测绘局及长城资源调查工作项目组及时将青海省列入全国长城资源调查范畴，并在资金划拨、业务指导、人员培训、资料提供等方面给予大力支持和帮助。其后，按照国家文物局、国家测绘局的部署和要求，青海省文化厅及青海省文物管理局、青海省测绘局多次协商决策、实地考察，编制上报《青海省长城资源调查工作实施方案》、《青海省长城资源调查工作经费预算》、《青海省长城资源调查工作培训班培训方案》，成立青海省长城资源调查工作领导小组及办公室、督导组、专家组。与此同时，及时下发通知，进一步搜集资料，开展初步标绘工作，掌握青海省内长城资源的大致情况；在国家文物局、国家测绘局及长城资源调查工作项目组、国家基础地理信息中心的直接关注和支持下，举办青海省长城资源调查工作培训班；组建由文物和测绘部门联合组队的工作实施队伍，编制工作实施计划；通过政府采购的办法，购置了部分必备急需的仪器、设备、装备，分发到各个调查队。

2008年3月25日，青海省明长城资源田野调查工作在前期充分准备的基础上，正式启动，三支调查队冒着严寒同时进入驻地实施调查。9月5日基本结束野外调查，转入室内工作，进行调查资料汇总整理。11 月 7 日，在省内验收合格的基础上，顺利通过由国家长城资源调查工作项目验收组组织的、针对长城本体（墙体及壕堑）的第一阶段验收。2009 年 4 月 8 日，又顺利通过第二阶段全面、最终验收。

青海省明长城资源调查工作从 2007 年启动，到 2009 年基本结束，经过了三个年头。调查队伍在基础资料欠缺、自然环境恶劣、不确定因素较多、时间紧而任务重的条件下，克服重重困难，经过艰苦细致的工作，共查明青海省明长城资源分布在乐都、互助、大通、湟中、湟源、民和、化隆、门源、贵德、平安 10 个县及西宁市区，其中前 5 个县是明长城主线所经之县。明长城主线全长 331.83 千米，其他墙体及壕堑 31.61 千米，合计 363.44 千米；还有敌台 10 座、烽火台 116 座、关 4 座、堡 46 座、相关遗存 5 处。上述资源大多为本次调查新发现。

青海省明长城资源调查工作是在晚于全国一年多、各方面条件较差、不确定因素很多的情况下进行的，但最终以高质量按期出色地完成了任务，得到了国家文物局、国家测绘局、国家长城资源调查工作项目组及各方面领导和相关人士的广泛好评。这主要得益于各级领导的高度重视与支持；得益于上级业务单位和兄弟省区的鼎力帮助；还得益于调查组织工作得力稳妥、指导思想正确、调查目标明确、计划周密细致、实施规范有序；更得益于调查团队职责分工明确、制度完善、团结协作、纪律严明，以及工作认真负责、科学严谨、规范准确、不畏艰险、不怕困难、无私奉献。同时，文物和测绘部门在调查工作的各个环节密切联系、通力合作、资源共享、优势互补，收到了事半功倍的效果。

这批完整的调查基础资料，将为科学建立青海省明长城文物记录档案提供全面的第一手资料，也为制定和落实长城保护政策法规，编制长城保护规划和长城保护工程方案等保护、管理措施，奠定扎实的基础依据。此外，明长城资源调查成果，为我们进行相关学术研究打下了坚实的基础，无论从历史发展、文化遗产、文物保护的角度，还是从民族关系、军事防御、地域文化的角度，甚至从美学、建筑学、经济学、民族文化、民间文学等方面，提供了大量的学术研究课题和广阔的创作空间。

青海省明长城资源调查，不仅查明了青海省明长城的规模、分布、走向、结构特点，保存、保护与管理现状和人文自然环境等情况，而且还填补了青海省长城考古调查研究方面的许多空白，纠正了文献资料及前人研究上的个别错误。青海省明长城资源调查的成果，全面揭示了青海省明长城的历史真实性，是对其客观的还原，是对丰富青海历史文化内涵、提升青海知名度的重要贡献，以雄辩的事实，确立了青海省明长城在整个中华民族长城军事防御体系中的地位和价值。

第一章

青海省明长城资源分布区域
地理环境与历史沿革

第一节 地理环境

　　青海省位于青藏高原东北部，雄踞"世界屋脊"，因境内有我国最大的内陆湖——青海湖而得名。这里是长江、黄河、澜沧江的发源地，又称"三江源"。境内河流纵横，冰川广布，水源丰富，有着"中华水塔"之称。

　　古籍中的青海，均指青海湖。这一名称最早见于南北朝时的《魏书·吐谷浑传》和《水经注》，《水经注》说："卑禾羌海者也，世谓之青海。"在此以前，《汉书》称作"仙海"、"西海"、"鲜海"、"鲜水海"。在此以后各朝历史中均称"青海"。《明史》上又称作"西海"。自唐朝以后，藏语称"错温波"，元朝以后，蒙语称"库库诺尔"，其义都是"青色的海子"。1929 年，青海建省，按照我国地名的惯例，以省内最大的内陆湖——青海湖作为省名，称"青海省"。从此，青海成为一个省的名称，而青海湖在"青海"之外又加"湖"字，以资区别。

　　青海省地处我国特殊的地理单元——青藏高原的东北部，东经 89°35′～103°04′，北纬 31°39′～39°19′。东北和东部与黄土高原、秦岭山地相过渡；北部与河西走廊相望；西北部通过阿尔金山与塔里木盆地相隔；南与藏北高原相连；东南部通过山地和高原盆地——若儿盖高原与四川盆地相接。省界周边与西藏、新疆、甘肃、四川四省区接壤。东接秦陇、西通西域、南交蜀藏、北护甘凉，是历代中央王朝联结和巩固边疆的战略要地和中原地区的重要屏障，是连接西南、西北和东中部地区的纽带，地理位置十分重要。

　　青海省地域辽阔，东西长 1200 多千米，南北宽 800 多千米，总面积 72.12 万平方千米。约占中国总面积的 7.5%，仅次于新疆维吾尔自治区、西藏自治区、内蒙古自治区，居全国第四位。省内可分为三大自然生态区，分别是东部河湟谷地季风区、西北部柴达木盆地干旱区和青海省南部高寒区，东部河湟谷地季风区面积约 5.8 万平方千米，占青海省面积的 8.06%，是青海省种植业最为集中的地带；柴达木盆地干旱区面积 25.5 万平方千米，占青海省面积的 35.42%，这里荒漠广布，间有点缀其中的绿洲，可以发展绿洲农业；青海省南部高寒区面积 40.7 万平方千米，占青海省面积的 56.52%，这里地势高耸，高山草原、高寒草甸为发展畜牧业提供了条件。这样的生态环境决定了青海省是农牧交汇地区。自古以来，在这里从事牧业是高原经济的特点，河湟地区成为农业耕作区。同时也决定这里必然是多民族地区，是农业民族和牧业民族以及牧业民族之间战争交错的地区。

青海高原地处中国第一地势阶梯，境内多系高原山地，并且地势高峻，四周群山环抱，盆地居中，河谷纵横，山大沟深，从北到南，构成道道天然屏障。省内地势西高东低，南北高中部低。最高点为布喀达坂峰，坐落于青海省西部与新疆维吾尔自治区交界处，海拔6860米；最低点位于东部民和县下川口湟水谷地，海拔1650米；全省地势高差达5210米。地形复杂多样，既有巍峨高耸的高山和高原、宽坦的盆地，也有宽缓的宽谷和湖盆，更有流水切割强烈的河谷与中山。巍巍昆仑山横贯中部，唐古拉山耸于南，祁连山—阿尔金山立于北，三大山系构成了青海省的地貌骨架。地貌组合成三大区：北部阿尔金山—祁连山高山山原大区、中部柴达木盆地—河湟谷地中海拔盆地大区和青南高原大区。

河湟谷地处在青藏高原东部边缘，地貌上表现为黄河和湟水串珠状峡谷—盆地及其两侧黄土覆盖的中山。明长城的主要分布区域湟水谷地，位于青海东北部祁连山支脉大坂山和拉脊山之间的河谷地带，西起湟源峡的巴燕峡，东至甘青交界的民和回族土族自治县的享堂，长170千米，宽1～7千米。呈东西走向，地势西高东低，自西向东依次为巴燕峡、湟源峡、西宁盆地、小峡、平安盆地、大峡、乐都盆地、老鸦峡、民和盆地，海拔1700～2400米。河谷呈现峡谷与盆地相间的串珠状形态。宽谷段低阶地为堆积阶地，高阶地为以第三纪红土层为基座的基座阶地，阶地上部覆盖着黄土。低阶地沟壑纵横，川谷相连，交通方便，气候较暖，水源充足，是青海东部农业和经济活动中心。西宁等主要城镇都坐落于这些地貌部位，自古以来也是青海通往内地的重要通道。覆盖于黄河、湟水及其支流高阶地上的黄土地貌类型，不像黄土高原典型，但黄土梁、峁、黄土沟谷、黄土陷穴等均有分布。经流水切割，多数已成为黄土梁、峁和低山丘陵，有多级阶地。梁、峁近南北向，顶部靠近南北的边缘地带，保存了较宽的梁状地貌。靠近黄河、湟水干流部分，黄土梁面破坏呈狭窄起伏的峁状。黄土台地分布于黄河、湟水及其两侧，顶面平坦[1]。

青海省明长城资源除在黄河谷地的贵德盆地及大通河谷地门源境内有零星分布外，主要集中在湟水及部分支流宽谷地。境内长城本体与相关防御设施烽火台、关堡等，依据地形特点及防御目的不同，高低交错建置在湟水河谷高低阶地、低山丘陵和中高山处。

全省辖1个地级市、1个地区、6个民族自治州：西宁市、海东地区、海北藏族自治州、海南藏族自治州、黄南藏族自治州、果洛藏族自治州、玉树藏族自治州、海西蒙古族藏族自治州，总计有46个县（市、区、行委），其中县30个、民族自治县7个、市辖区4个、县级市2个、县级行委3个。青海省境内明长城资源分布地点，行政区域分属西宁市及直辖县——大通回族土族自治县（以下简称大通县）、湟中县、湟源县；海东地区——互助土族自治县（以下简称互助县）、乐都县、民和回族土族自治县（以下简称民和县）、平安县、化隆回族自治县（以下简称化隆县）；海南藏族自治州——贵德县；海北藏族自治州——门源回族自治县（以下简称门源县）。

第二节　历史沿革

青海省明长城资源分布在河湟地区，又主要集中于湟水流域，这里历史悠久，文化丰富。考古发现表明，新石器时代晚期，距今5000多年前，先民们就在这块沃土上繁衍生息，创造了繁荣的马家窑

---

[1]　青海省地方志编纂委员会编：《青海省志·自然地理志》，黄山书社，1995年。

文化。秦时，现今的西宁、大通、乐都、湟中、门源、互助地区统称为湟中地。秦汉以前，这里属"羌戎之地"，古羌人在此创造和发展了多元的青铜文化——齐家文化、卡约文化与辛店文化。青铜器时代后期以来即中原夏商周时期，春秋、战国时期羌人日渐强盛，但这里一直是"塞外"之地，未发展到建立国家的阶段，青海境内的羌人也未纳入相邻的秦国的管辖范围。

西汉初，北方匈奴一度势力强盛，青海境内的古羌人臣服于匈奴。元鼎六年（公元前 111 年），汉武帝派将军李息、郎中令徐自为征羌，兵至青海东部，开始筑令居塞（今甘肃省永登县境），设置护羌校尉"领护"羌人。汉昭帝始元六年（公元前 81 年），汉设金城郡，管 6 县，郡治在今兰州西固，青海尚未在其辖区内。宣帝神爵初年（公元前 61 年），汉朝廷派后将军赵充国平羌，设金城属国以安置降附羌人部落，同时将金城郡郡治由今兰州西固西移至今青海境内，辖区由 6 县扩大为 13 县，其中临羌（治今湟源县城关镇东，一说湟中县境）、破羌（治今乐都县老鸦）、安夷（治今平安县平安镇）、允吾（治今民和回族土族自治县湟水南西沟乡古城村，一说为民和县下川口）4 县在今青海省境内，河关县（治今积石山县大河家，一说治今贵德）所辖大部分地区（今循化撒拉族自治县及民和县南部）也在今青海省境。青海东部从此开始正式纳入中原封建王朝的郡县体系之中。东汉建安年间，分金城郡置西平郡，领西都、临羌、长宁、安夷 4 县。这时青海东部分属金城、陇西、西平 3 郡管辖，今西宁开始成为政治中心之一。魏晋南北朝时期先后隶于汉、氐、鲜卑、匈奴等族建立的前秦、前凉、后凉、南凉、西秦、北凉、北魏、北周等地方政权。北魏时改西平郡为鄯州，废弃西都等县。隋时又恢复西平郡，隋时属西平郡，唐代由鄯州管辖。宋徽宗崇宁三年（1104 年），改鄯州为西宁州，西宁地名由此而来。此后至宋，先后被吐蕃、唃厮啰割据。后被金、西夏交替占据。元属西宁州。明代废行省，实行布政司、按察司、都司三司之下的卫所制。洪武六年（1373 年），改元西宁州为西宁卫，隶于陕西行都指挥使司，卫下设中、左、右、前、后、中左 6 千户所，既管军事，又管民政。洪武八年（1375 年），改元贵德州为归德守御千户所（治今贵德县河阴镇），隶于陕西都司。以上是正规卫所，驻扎有国家军队，长官由朝廷委派。清属西宁府。民国初属西宁道。

1950 年 1 月，青海省人民政府成立，河湟谷地各县为省属县。1966 年 6 月，省辖的大通县划归西宁市管辖。1989 年末，海东地区辖"海东 8 县"，平安、乐都、湟中、湟源 4 县和民和回族土族自治县、互助土族自治县、化隆回族自治县、循化撒拉族自治县；门源回族自治县隶属海北藏族自治州；贵德县隶属海南藏族自治州。1999 年 12 月湟中、湟源县隶属西宁市管辖。

第二章

文物调查、数据测绘、报告编写概述

　　青海省明长城资源的调查工作，自筹备至实施，始终是在青海省文物管理局、青海省测绘局双方合作组织领导下完成的。此项调查工作得到了青海省政府及青海省文化厅的高度重视，调查期间青海省副省长吉狄马加、青海省文化厅厅长曹萍等相关领导亲临调查现场视察、检查工作，慰问调查队员（彩图一、七）；调查工作由始至终得到了国家文物局、长城资源调查工作项目组、国家基础地理信息中心的高度重视及大力支持。从实地调研、举办培训班直至调查工作结束，国家文物局文物保护与考古司世界遗产处处长陆琼、副处长刘华彬，长城资源调查工作项目组组长荣大为、副组长杨招君及工作人员（彩图二～六、八、九），国家基础地理信息中心主任赵有松等曾多次赴青海考察指导，并组织专家现场指导、检查调查工作；还得到了甘肃省文物局及宁夏回族自治区文物局的大力支持，时任甘肃省文物考古研究所所长杨惠福多次赴青海授课与指导，调查前期宁夏回族自治区文物考古研究所抽派了专业人员周赟实地指导调查。数据测绘工作得到了甘肃省基础地理信息中心的支持，无偿提供了自己编制的"长城数据处理检查"软件，使青海省长城数据测绘工作减少了很多后期工作量，并提高了数据生产的质量。从而，保证了青海省明长城文物调查工作及长城数据测绘工作得以按期顺利完成。

第一节　田野调查与资料整理工作

　　在由青海省文物管理局和青海省测绘局两局组织实施的筹备工作结束后，即确定了青海省明长城资源调查工作的具体实施，由青海省文物考古研究所牵头负责完成。2007 年 12 月青海省文物考古研究所接受此工作后，即迅速组建了调查队伍，制定了工作计划与制度，全面启动了田野调查工作。

一　田野调查工作

（一）人员组建

　　青海省明长城资源调查队伍，由以青海省文物考古研究所为主体、相关州县文博单位及青海省测绘局有关单位业务人员共同组成。青海省文物单位有：青海省文物考古研究所、湟中县博物馆、大通县文物管理所、互助县文物管理所、乐都县文物管理所、化隆县文物管理所、海晏县文物管理所；青海省测绘单位有：青海省基础地理信息中心、青海省第一测绘院和青海省第二测绘院。

参加人员共计 20 人，分别组成了三支调查队。总领队：任晓燕（青海省文物考古研究所），全面负责文物调查工作；郗利华（青海省基础地理信息中心），全面负责数据测绘工作。调查一队：队长，王忠信（青海省文物考古研究所）；队员，袁桂青（青海省文物考古研究所）、武海旺（湟中县博物馆）、张占仓（化隆县文物管理所）、李双安（青海省基础地理信息中心）、刘林（青海省文物考古研究所）。调查二队：队长，闫璘（青海省文物考古研究所）；队员，苏得措（青海省文物考古研究所）、陈荣（大通县文物管理所）、逯海章（乐都县文物管理所）、李启录（海晏县文物管理所）、胡军（青海省第二测绘院）。调查三队：队长，蔡林海（青海省文物考古研究所）；队员，王倩倩（青海省文物考古研究所）、卢宗义（青海省文物考古研究所）、祝海明（青海省第一测绘院）、陶满德（互助县文物管理所）、周生胜（互助县文物管理所）。

（二）工作过程

调查工作历经了两个工作阶段，即调查工作前期准备阶段及田野调查工作阶段。

前期准备工作：时间起自 2008 年 2 月 25 日至 3 月 24 日。在查阅相关文献及资料的基础上，依据线索对涉及长城资源的海东地区 8 县现场踏勘寻访（彩图一〇、一一），基本摸清了青海省明长城主线的大致走向，初步了解长城分布概况。随后，为寻求一种在长城调查中合理、统一规范的工作方法，组织了以文物单位和测绘单位合作工作的短期实习调查。带着实习调查中存在的问题，赴邻省甘肃省交流、学习、取经，解决了实习调查中存在的具体问题（彩图一二）。从而，为全面启动、合理安排、开展业外田野调查工作，提供了技术保障，奠定了工作基础。

业外调查工作：在前期准备工作的基础上，于 3 月 24 日青海省文物管理局与青海省测绘局联合举行了青海省明长城资源调查工作的启动仪式，3 月 25 日开始进入全面调查工作阶段（彩图一三）。三支调查队同时进驻湟中县、大通县、互助县三处调查驻地。依据长城主线的分布区域，我们确定了调查范围，首先进入主线的分布区域互助县、大通县、湟中县、湟源县，重点调查已确定的主线区域。尔后，调查与寻找工作同步进行，以点带面全面展开调查工作，各调查队先后赴乐都县、民和县、化隆县、平安县、门源县、祁连县、贵德县等地调查。调查工作历时五个多月，各队先后于 8 月 24 日、8 月 28 日、9 月 5 日结束了野外调查。

调查期间，面对基础资料欠缺、长城“底数不清”、不确定因素多等多重不利因素，队员们以高度的工作责任心和敬业精神，查阅相关文献，多次沿途寻访，往返数次翻山越岭实地勘查找寻。历经了春夏秋季，克服了高原早春的天寒地冻、高寒缺氧，夏日的酷暑炎热、强烈紫外线的暴晒、高原恶劣气候等多重困难，穿越了青海省境内互助、大通、湟中、乐都、民和、平安、门源、祁连、化隆、贵德、湟源 11 县，往返行程数千公里（彩图一四～一八）。按国家长城资源调查的技术规范要求，分别完成了各县长城墙体、壕堑、单体建筑、部分关堡、相关遗存的调查工作。

（三）调查范围

本省辖区内的调查范围的划定：系依据查阅相关文献及资料掌握的大致资料，又经现场踏勘，以及在调查中的新发现来划定。长城本体主线调查范围在乐都县、互助县、大通县、湟中县、湟源县。

除主线外，在民和县、门源县、化隆县、贵德县、互助县、大通县、湟中县及乐都县，还有长短不一的墙体及壕堑，也在调查范围中。在此范围内，除对上述各县的长城本体调查外，单体建筑、关堡亦属重要的调查对象。平安县位于西宁市与乐都县之间，明清时的重要驿站平安驿即位于该县，鉴于地理位置的特殊，我们亦对平安县的烽火台及重要关堡进行了调查。西宁市为明代西宁卫的所在地，为此，对西宁卫城其周边的烽火台亦作了调查。祁连县在扁都口附近调查有古城及烽火台各一座，但在后期整理中，初步认定在年代上略有疑问，故未收入本报告中。

本省与邻省调查范围的划定：本省长城仅与邻省甘肃省接壤，地点在本省长城最东端甘、青接壤处的乐都县芦花乡转花湾村。调查范围的划定经青海省文物管理局与甘肃省文物局两局研究，达成共同意见：青海省乐都县和甘肃省永登县西南部交界处的壕堑以青海省调查的乐都县转花湾村壕堑 1 段起点（东经102°47′52.50″，北纬36°29′05.30″，高程 2327 米）为田野调查分界点。该点以东由甘肃省负责调查，以西由青海省负责调查。调查对象包括国家规定的此处长城资源调查的所有内容。本次调查所得全部资料，双方共享。两省交界处坐标点的确定，以及两省明长城在交界坐标点与田野调查分界点的长度调整，依据两省权威测绘部门认可的结论，并予备案。

（四）技术路线与方案

1. 技术路线

采取"集中领导、统一组织、分别审核"的原则进行。将全省调查范围分为三大片分片调查，湟中—湟源—化隆—西宁片，由调查一队负责完成；大通—门源—祁连—平安—民和—贵德片，由调查二队负责完成；互助—乐都片，由调查三队负责完成。

调查工作实行队长负责制，各队队长负责安排本队工作计划等相关工作。各项调查记录均由队长检查签字后方可上报审核。

2. 技术方案

收集查阅相关资料，为长城调查作依据。鉴于历来青海省明长城研究的实际情况，资料收集主要来源于文字资料，包括历史文献、长城研究学术论文等。

田野调查，对青海省境内明代长城，包括长城沿线的烽火台、关堡和长城附属建筑有关的地上和地下的遗迹、遗物展开调查。包括下列内容：

第一，基本信息调查，包括地理位置、走向、历史沿革（包括建置沿革、修建沿革和使用沿革）、建筑方法（结构、材料和修筑方法）等。

第二，保存状况、环境和病害调查。

保存状况指长城本体、附属设施及相关遗存的现行状况。

环境调查主要指长城周边自然与人文环境，包括气候、地貌、地质、水文、土壤、植被、动物、居民状况、产业情况、交通状况、环境变化和主要环境问题等。

病害调查主要指长城本体及其附属建筑的残存状况和所存在的病害及其破坏因素，包括人为和自然两方面因素。自然因素包括：地震、山体滑坡、洪灾、雨水、河流冲刷、植物生长和动物破坏等；人为因素包括生产生活活动、不合理利用等。

第三，保护管理状况调查。该内容以"四有"为核心，主要包括保护范围及建设控制地带的划定、保护标志、保护机构、记录档案、制订文物保护管理规划和管理使用等情况。

二　调查资料工作

（一）资料整理工作

调查资料的整理工作分归类整理与汇总整理两阶段完成。

1. 资料归类

资料归类整理工作，一般是与田野调查工作同时进行，即白天进行田野调查，晚上或阴雨天将调查资料按照各类调查表格的要求进行归类，按要求填入表格。这项工作在各队田野调查工作结束时，就已初步完成。

2. 资料汇总

野外调查工作结束后，2008 年 9 月 6 日即转入室内，进入资料汇总整理工作阶段。参加人员均属青海省文物考古研究所，由总领队任晓燕，各队队长王忠信、闫璘、蔡林海，队员王倩倩、卢宗义、刘林 7 人组成。整理工作自始至终采取了统一规范、集中整理的工作方法。首先由总领队将在资料检查中发现各队存在的相关问题予以归纳梳理，进行统一，并提出具体规范实施要求。根据《长城资源调查工作手册》及调查登记表范本，将前期归档整理的资料进行一次全面的整理汇总，以便查遗补缺，将文字资料进一步地修改和润色，以达到长城资源调查资料行文规范要求；将调查的照片、录像、绘图等资料进行了全面精选、编辑和汇总，并输入数据库。

随后，又依据长城资源调查工作项目组、国家基础地理信息中心联合制定的《长城资源调查成果数据检查验收规定》的要求，进一步拟定了《检查验收青海省长城资源调查成果需提交相关调查资料的要求》，对电子数据的存储方式及调查数据内容，对纸质文档的打印输出、文档内容、录像、照片、图纸及装订均一一制定了详尽的要求。

室内资料整理历时两个月，调查各队均按要求，客观准确、认真仔细、翔实全面地整理了每一份田野调查资料，共整理完成各类调查登记表 381 份、照片册页 2896 张、图纸 193 份、录像 381 段，GPS 采集点 3373 个。调查资料均基本符合《长城资源调查工作手册》的规范要求，确保了青海省明长城测量成果"定性"正确、"定量"准确。

（二）资料验收工作

为确保青海省明长城资源调查资料科学全面、准确规范、定性正确、定量准确，根据国家文物局、国家长城资源调查工作项目组的要求及部署，先后多次组织了青海省明长城资源调查资料的验收工作。验收工作依照《长城资源调查成果数据检查验收规定》，严格按《长城资源调查工作手册》相关规范标准予以对照检查，结合我省具体情况验收工作分为省级第一阶段验收（业外验收）、第二阶段验收（业内验收），国家级第一阶段初次验收、第二阶段全面验收四阶段进行。

1. 省级验收

省级验收，按两阶段进行。

（1）第一阶段验收（业外验收）

在向青海省测绘局递交三分之二的调查资料前，我们组织了以青海省测绘局为主的验收组进行了首次验收，即业外验收（彩图一九）。抽检了需向青海省测绘局递交的部分调查资料，包括各县的长城资源调查 GPS 采集点总登记表、长城墙体及其他遗存登记表；核对了登记表中墙体的保存现状、周边自然人文环境描述是否准确。

验收结果：GPS 采集点定位正确，保存现状、周边自然人文环境描述准确，验收组未提出任何整改意见。于是，按要求我们向青海省测绘局提交了第一批调查资料。

（2）第二阶段验收（业内验收）

2008 年 11 月初，各调查队历经两个月的规范整理工作结束，各队队长负责对本队资料予以全面自查，总领队按比例抽检合格后，各队均按要求完成了电子数据库的存储，纸质文档装订成册，青海省文物管理局即组织了以省文物部门为主的验收组，对本次调查资料进行了全面验收（彩图二〇）。验收内容包括 11 个县的 112 段墙体、95 段壕堑、4 座关、43 座堡、10 座敌台、112 座烽火台、4 处取土坑、1 处题刻，各类调查登记表共 381 份、各县调查日志和照片登记表 2896 张、图纸登记表 193 份、录像登记表 381 段。各县共抽查了墙体登记表 58 份、壕堑登记表 50 份、单体建筑登记表 106 份、关堡登记表 25 份、相关遗存登记表 4 份、GPS 采集点登记表 110 份、照片登记表 108 份、录像登记表 102 份、绘图登记表 58 份，抽检率为 53.5%。

验收结果："遵照长城资源调查检查验收规定，对青海省各县长城资源调查资料进行了验收，各县调查资料电子数据、纸质资料符合《长城资源调查工作手册》规范要求，定性正确，定量准确。分段清楚，描述一致，各类表格所述 GPS 点定位清楚，准确到位，均符合第一、第二阶段验收合格标准，通过省级验收。"

省内验收合格后，即向长城资源调查工作项目组申请了国家级第一阶段初次验收。

2. 国家级验收

由长城资源调查工作项目组组织有关专家进行验收，分别按两阶段进行。

（1）第一阶段初次验收

2008 年 11 月 7 日，根据长城资源调查工作项目组检查验收的要求，国家级初次验收工作仅对本次调查的长城本体墙体及壕堑进行验收（彩图二一）。按照验收规定，对青海省提交的 11 个县的明长城资源调查资料，包括 112 份《长城资源调查墙体登记表》、95 份《长城资源调查壕堑／界壕登记表》和 207 份《长城 GPS 采集点登记表》，抽取了 91 份《长城资源调查墙体登记表》、61 份《长城资源调查壕堑／界壕登记表》，共计 152 份调查表格，抽查率为 73%；同时抽查了 36 份《长城资源调查墙体登记表》、22 份《长城资源调查壕堑／界壕登记表》、58 份《长城 GPS 采集点登记表》电子表格，抽查率为 28%。

验收结果："根据《关于印发＜明长城资源调查工作会议纪要＞的通知》（测国土函〔2008〕201号）要求，长城资源调查工作项目组检查并验收了青海省长城资源调查资料。经检查验收，结论为：青海省长城资源调查资料齐全、定性正确、定量准确，能够满足明长城长度测量的资料要求，符合《长城资源调查检查验收规定》的合格标准，通过第一阶段检查验收。"

国家长城资源调查工作项目组第一阶段验收结束后，根据验收查出的个别问题，进行检查整改。整改工作结束后，又向国家长城资源调查工作项目组申请第二阶段全面验收。

（2）第二阶段全面验收

2009 年 4 月 22 日至 23 日，国家长城资源调查工作项目组组织专家组对青海省的长城资源调查资料进行了全面审查验收。本次验收提交了此次调查的各类登记表，共计 381 份。专家组依据《长城资源调查全面检查验收规定》，调阅了青海省的省级验收报告，抽检了各类登记表 106 份，抽检率为 28%。专家组抽检的资料符合《长城资源调查工作手册》对调查资料的要求，资料翔实，图表齐全，达到了验收标准。专家组认为青海省明长城调查资料合格，建议国家文物局通过验收。

第二节　长城数据测绘工作

明长城测量总体原则是文物部门定性，测绘部门定量，文物部门通过田野调查确定长城的位置和性质，测绘部门负责精确测量长城的三维坐标，并计算长城长度和评价测量精度。

由于青海省长城多处于山区，海拔平均在 3000 米，加之所需地理信息资料和地形图幅较多，测绘工作量大，任务艰巨。为保质保量按期完成任务，青海省文物管理局、青海省测绘局高度重视项目的组织协调工作，抽调专人加强项目组织、计划、管理等工作，同时对全年工作计划进行了合理安排部署。

项目前期青海省测绘局动员并整合了青海省第一测绘院、第二测绘院和青海省基础地理信息中心的测绘技术力量和资源，根据各自工作特点，全力保障文物部门外业调查等工作所需基础图件和资料数据，并从以上三个单位中分别抽调了一名专业人员，与相关文物单位联合组队，共同完成了田野调查工作。

针对明长城资源调查项目，青海省基础地理信息中心组织了专门人员进行项目的具体实施。中心主任郗利华（总领队）亲自负责项目管理，形成了管理人员 3 人、技术人员 8 人的专项工作队伍，并请青海省测绘质量监督检验站的检查人员随同生产进行检查，青海省文物部门的专家和外业调绘人员随时进行作业指导。

一　技术组织

长城内业测量前期，青海省测绘局特别邀请相关专家对青海省明长城测量方案进行了详细介绍，并请长城测量试点单位甘肃省明长城测量项目技术人员对具体作业流程和方法进行了讲解，使青海省基础地理信息中心的作业人员少走了很多弯路，加快了项目生产进度。

甘肃省测绘局基础地理信息中心对青海省明长城测量工作给予大力支持，并无偿提供了"长城数据处理检查"软件，按照软件的作业流程使青海省明长城测量工作减少了很多后期工作量，数据生产质量也得到了很好的保证。

航天远景公司针对数字摄影测量软件 MapMatrix 和空三加密软件 AtMatrix 进行了再次培训，并对软件存在的一些不足提供了较好的解决方案。

二　项目实施

明长城测量项目主要分为长城田野调查外业和长城测量内业两部分。

1. 外业调查

田野调查阶段，测绘部门与文物部门合作共同完成，起止时间 2008 年 3 月 25 日至 9 月 6 日。

2. 内业测量

长城测量内业工作，从 2008 年 9 月开始，历时近一年，主要完成的工作有：资料收集；控制测量与空三加密；长城专题矢量数据采集及其处理；DEM 与 DOM 数据生产；长城专题影像图制作；数据成果整理。

（1）资料收集

针对长城长度测量工作主要收集了长城田野调查成果资料、航空影像资料、空三加密控制资料和地形图资料。

针对长城专题矢量数据生产和长城专题影像图制作的需要，收集了项目区 1:50000 基础地理信息数据、1:50000 地名数据、青海省农村道路系统数据、青海省 1:50000 新境界、青海省行政区划资料等。收集了 2007 年青海省 1:10000 基础测绘项目贵德县、化隆县三幅图的航片和加密成果用于长城测量。项目区 1:50000 数字线划地图全部覆盖，1:10000 数字线划图部分覆盖。

（2）控制测量与空三加密

控制测量由青海省第一测绘院、青海省第二测绘院、青海省基础地理信息中心三家单位分片完成。加密共分 12 个区。

Ⅱ、Ⅲ、Ⅳ加密区控制全部为 2008 年 GPS 测量成果；Ⅴ、Ⅵ、Ⅶ、Ⅷ、Ⅸ加密区部分为 2008 年 GPS 测量成果，部分为 1998 年"引大济湟工程"航测转刺成果；Ⅹ、Ⅺ、Ⅻ加密区为 2007 年 1:10000 基础测绘项目成果；Ⅰ区为 1998 年引大济湟工程航测转刺成果。

空三加密软件为 AtMatrix，数据解算软件 PatB。Ⅴ、Ⅵ、Ⅶ、Ⅷ、Ⅸ区由于使用了两个时期的控制成果，通过反复加密计算和分析确定部分"引大济湟工程"控制点。由于当时的刺点影像与现在的实际地物不符，成果无法进行利用，外业重新进行了控制点补测。

加密成果经青海省测绘产品质量监督检验站检查合格后投入后期使用。青海省明长城测量空三加密精度指标统计表（表一）如下。

表一　青海省明长城测量空三加密精度指标统计表

加密区代号	加密软件	控制点个数	多余控制点最大较差（米）			控制点中误差		检查点个数	检查点最大较差（米）			地形类别
			X	Y	Z	平面	高程		X	Y	Z	
Ⅰ	JX4	12	− 0.255	− 3.136	− 1.296	1.387	0.434	9	− 1.616	− 1.399	1.840	山地
Ⅱ	ATMatrix	6	− 3.455	− 0.900	0.311	2.179	0.220	6	2.311	1.328	1.298	山地
Ⅲ	ATMatrix	50	3.199	− 0.611	1.269	1.645	0.536	8	− 1.790	− 2.395	− 1.903	山地
Ⅳ	ATMatrix	17	− 2.348	2.271	− 0.486	1.832	0.265	6	3.575	2.958	0.728	山地
Ⅴ	ATMatrix	14	1.809	3.178	− 0.961	2.074	0.522	6	2.593	1.608	− 0.893	山地
Ⅵ	ATMatrix	17	− 1.993	− 2.804	0.624	2.618	0.384	7	− 0.816	3.085	1.774	山地
Ⅶ	ATMatrix	16	2.882	− 2.465	1.121	1.836	0.541	7	1.100	− 1.149	1.817	山地
Ⅷ	ATMatrix	11	1.755	2.586	0.857	2.314	0.365	6	− 1.667	− 2.478	− 1.967	山地
Ⅸ	ATMatrix	6	0.363	− 2.507	0.664	1.817	0.408	6	1.865	− 2.716	− 1.977	山地
Ⅹ	JX4	35	− 0.537	0.210	− 0.125	0.300	0.060	18	3.165	− 1.642	0.614	山地
Ⅺ	JX4	35	− 0.537	0.210	− 0.125	0.300	0.060	18	3.165	− 1.642	0.614	山地
Ⅻ	VirtuoZo	116	1.132	0.735	− 1.144	0.686	0.463	6	2.573	2.353	1.859	山地

（3）长城专题矢量要素采集及其处理

包括长城专题数据采集及处理、基础地理信息数据整理两方面。

其一：长城专题数据采集及处理

长城长度测量环境：数字摄影测量系统硬件 6 套，配套的数字摄影测量系统航天远景（MapMatrix）软件 6 套，AutoCAD 制图软件 8 套。

长城长度测量方法：依据文物部门提供的长城田野调查和外业调绘文档、图件资料和 GPS 展点结果，全部采用立体测量方式，精确测量长城墙体上表面中心线上每个拐点的三维坐标，高程切准到长城墙体上表面，曲线和长城墙体中心线套合。

对象化处理工作：数据采集前期，按长城专题要素分类代码在数字摄影测量软件下建立了统一的符号库文件，层代码与国家规定的长城要素代码一致，另外增加了 GPS 点层、复测层和构面线层、GPS 点输入点号属性、长城要素输入编码属性。三维数据转入 AutoCAD 后根据甘肃省测绘局编制的"长城数据处理检查"软件要求将属性注记捕捉到相应的墙体上，进行对象化处理，由软件自动提取墙体属性并统计计算精度。对于精度超限或软件提示有错误的图幅，作业员认真检查原因，直至图形和测量精度满足要求。

其二：基础地理信息数据整理

依据项目技术规定，基础地理信息数据采用的是 1∶50000 基础地理信息数据库数据。1∶50000 基础地理信息数据库中的境界、地名、道路等数据由于没有更新，数据时间较早，项目采用了收集的最新境界、地名、道路数据，用于矢栅一体化处理的影像数据为本次项目生产的 1∶10000DOM。

基础地理信息数据整理在 EsriArcGIS 软件下进行：提取 1∶50000 核心要素；根据收集的境界资料、地名资料、道路资料和 DOM 对核心要素进行更新整理；依据技术规定重新进行分层处理和属性整理；裁切生成 1∶10000 分幅基础地理信息数据并整合测量的长城数据，形成长城专题矢量数据。

（4）DOM 与 DEM 数据生产：数字高程模型数据和数字正射影像数据采用数字摄影测量立体像对模式生产，数据源为航空影像。

采用立体像对匹配方式生成 DEM 数据。在进行立体模型编辑时，匹配点、DEM 点准确切准立体模型的表面。对于山脊、山谷、起伏较大的山头、洼地、地形特征变换处及水系、密林阴影区加入地形特征线，使等视差曲线尽可能真实反映地貌形态。

（5）数据成果整理：明长城项目数据整理与成果内容均依据《明长城测量成果汇交要求》进行。明长城 DLG、DEM、DOM、TMAP、专题矢量 3 度带拼接数据的成果坐标均不加带号；数字高程模型数据、数字正射影像数据的裁切范围，为对应的基本存储单元最小外接长方形向外扩展 100 米的长方形；所有数据格式、内容、命名按照《明长城测量项目技术规定补充说明》进行统一；数据组织按要求的 QingHai—1∶10000 标准图号—数据成果的目录结构组织（DLG＼DEM＼DOM＼TMAP）。

数据汇交介质为光盘。

三　质量控制

（一）过程及成果质量控制情况

1. 外业控制点和检查点

根据《1∶5000　1∶10000 地形图航空摄影测量外业规范》（GB/T13977－1992）要求，初步检查了外业控制点的分布、数量和精度情况，满足本技术规定要求。加密过程中发现控制点成果有问题，请有经验的加密质检人员进行了检查指导，让外业重新进行补测。加密成果经青海省测绘质量监督检验站检查后进行了长城测量，保证了后续成果的正确性。

2. 长城墙体测量

长城墙体测量的内业精度主要取决于拐点测量的准确性，为保证测量质量，作业人员和长城田野调查的人员密切配合，精确判定每一个 GPS 点在影像上的准确位置，反复对照长城调查表进行准确的对象化处理。除了作业人员自查外，由专职检查员检查立体测量结果是否切准，由甘肃省测绘局提供的"长城数据处理检查"软件检查墙体复测精度，对检查出的问题及时进行了修改。

3. 长城墙体对象化处理

通过前期建立统一的符号库，使长城墙体对象化处理及检查工作变得较为简单。与外业长城调绘人员的紧密配合，使长城墙体测量结果与田野调查表记录结果保持了较好的一致性，其他作业员在AutoCAD下进行分段对象化处理时再次进行了核对，保证了对象化处理的正确性。

4. 长城长度与精度计算

甘肃省测绘局编制的"长城数据处理检查"软件功能较为全面，计算精度符合项目规定要求。生产过程中作业人员严格按照软件要求加工数据，每幅数据都通过该软件检查后进行长度与精度计算。

5. DEM、DOM、长城专题套合检查

利用相应检查软件对 DEM、DOM 进行了严格检查，保证了数据精度，并利用 DEM 和 DOM，在 ArcGIS 三维环境下检查了长城专题要素的套合情况，对 DEM 出现的问题进行了修改。

6. 长城专题影像图检查

依据项目技术规定和 1：10000 地形图图式，对照长城专题图模板进行了详细的制图表达检查；参照长城田野调查资料和新的基础地理信息资料，对长城专题图的内容进行了检查。

（二）验收组织及结论情况

1. 省级验收：青海省测绘产品监督检验站工作人员在空三加密期间对加密方法、过程和结果进行了指导和检查，从长城立体测量、DEM 生产、DOM 制作、专题图制作等方面做了详细检查，最终形成的检查验收意见为合格。

2. 国家级验收：2009 年 10 月 23 日，长城资源调查工作项目组组织专家在西宁召开了明长城测量成果分省验收会，对青海省明长城测量成果进行验收。验收组依据《明长城测量成果验收办法》所规定的程序和要求，在省级生产验收和项目组数据检查的基础上，听取了项目承担单位所做的工作和技术汇报，审阅了相关质量检验报告、文档资料及图件，并进行了现场质询后，验收组认为青海省明长城测量成果的内容、范围和质量符合设计要求，同意通过验收，并报国家文物局、国家测绘局备案。

四　项目成果

测量成果分数据成果与文档成果两部分，各项成果内容如下表（表二）。

表二　青海省明长城测绘成果统计表

种　类	数据格式	密级	上交介质	份数	说明
1：10000 长城专题矢量数据（DLG）	MDB	秘密			76 幅
	MDB				
5 米格网间距的数字高程模型数据（DEM）	GRID	密			76 幅
	MDB		光盘		
1 米分辨率数字正射影像数据（DOM）	TIF	秘密			76 幅
	MDB				
1：10000 长城影像专题图（TMAP）	AI	秘密			76 幅
青海省明长城分布图	AI	内部用图			12 幅

第三节　调查报告编写工作

一　编写过程

2008 年底，青海省明长城调查资料整理工作结束，我们即着手考虑并筹划《青海省明长城资源调查报告》的编写事宜。2009 年初，主编根据国家文物局下发的《＜明长城资源调查报告＞编写体例》，结合青海省明长城资源调查资料的实际情况，拟定了《青海省明长城资源调查报告》编写提纲。报告提纲又经集体讨论及多次补充完善与修改，上报长城资源调查工作项目组，经项目组审阅无异议后，启动了本报告的编写工作。

二　报告内容与体例

本报告共整理汇集了青海省明长城调查资料 388 份，其中长城本体 185 段（墙体 97 段、壕堑 88 段），其他墙体及壕堑 22 段，单体建筑 126 座（敌台 10 座、烽火台 116 座），关堡 50 座（关 4 座、堡 46 座），相关遗存 5 处。资料来源于 2008 年调查的青海省 10 个县、市的全部调查资料（2008 年在祁连县调查的俄堡古城及俄堡烽火台资料，因在资料整理中全面分析后认定其年代不应归属明代，故未收入本报告中）。此外，2009 年 4 月我们带着报告编写中发现的有关问题，又对个别地区进行了补充调查，此次增漏补遗的烽火台及关堡全部资料也收集在该报告中。

这批调查资料，是青海省首批有关明长城资源调查的资料。调查资料的获取所采取的科学方法前所未有，在传统的田野考古调查基础上采用了全球定位系统（GPS）、计算机、全站仪及航拍等现代科技手段。同时，采用了文物与测绘双方合作的方式，以文物部门定性、测绘部门定量来共同完成调查数据的获取。报告中引用的长城本体及其他墙体与壕堑的总长度数据，来自青海省测绘局的测绘结果。除此之外，报告中的其他长度仍为原始调查数据。由此，确保了本次调查获取的第一手资料科学准确、翔实完整。

该报告编写体例的内容，基本遵循了国家文物局下发的《＜明长城资源调查报告＞编写体例》内容，在编写体例的顺序上，则结合本批调查资料的具体情况做了改动。本报告由前言及六个章节组成。在前言中介绍了本次调查工作缘起及背景；第一章，概述了青海省明长城分布区域地理环境与历史沿革；第二章，文物调查、数据测绘、报告编写概述，全面介绍了本次文物部门田野调查、资料整理、验收过程，测绘部门长城数据测量工作过程，本报告编纂工作的相关情况；在第三、四、五章节中，全面报告了本次调查成果，根据《长城资源调查工作手册》对调查资料的分类要求，分别按长城本体与其他墙体及壕堑、单体建筑、关堡进行分类，并逐县予以介绍；在第六章结语部分，分为七部分归纳论述了青海省明长城主线的修建背景，青海省明长城的修建时间，青海省明长城主线调查成果与文献印证的相关问题，烽火台的分布、功能分析与年代推测，关堡的功能推测，关于闇门与峡榨，长城损毁的主要原因及对策。

第三章

长城本体与其他墙体及壕堑遗存调查成果

本章中述及的长城本体，仅指防敌的主体长城墙体或与墙体相互连接的壕堑，修筑在长城本体墙体上的敌台及关等建筑设施将分别在以下单体建筑及关堡章节中述及。

本次调查结果显示出了分布在青海省境内的长城本体，有一条系由墙体（夯土墙、石墙、山险墙、山险、河险）及壕堑组成，为相互连接、连续不断的防敌主体，长达 331831.41 米（青海省测绘局提供数据，考古测量长度 294161 米），这条线路就青海省而言是分布在本省境内的长城主干，在本报告中将此条主干称为青海境内的长城主线，即为本省内的长城本体。

青海省境内除长城主线外，还有长达 31605.95 米（青海省测绘局提供数据，考古测量长度 28905.1 米）长短不一、相互不连接、各自独立存在的墙体或壕堑，分布在青海境内的 8 县中，其防御作用不相一致，报告中将这些墙体与壕堑统一归属"其他墙体及壕堑"，将在本章第二节中对其分别予以介绍。

第一节　长城本体（主线）

一　分布与走向

青海省境内明长城主线东端始点，地理坐标为东经 102°47′52.50″，北纬 36°29′05.30″，即乐都县芦花乡转花湾村壕堑 1 段起点，其东与甘肃省永登县河桥镇边墙岭壕堑相接，向东延伸与明长城主干线相汇合。青海境内与甘肃相接的长城，应属中国明长城主线的支线之一。甘肃境内明长城全长 1700余千米，明代分属固原镇和甘肃镇管辖。主线起自嘉峪关，向东南经酒泉市、张掖市、金昌市、武威市、兰州市、白银市和临夏回族自治州，分别止于兰州市城关区盐场堡、景泰县索桥堡黄河岸边和临夏回族自治州永靖县盐锅峡。另有一条长城线逶迤于甘肃省庆阳市环县境内甘宁交界地区。同时，在甘肃省兰州市永登县县城附近，明长城主线分出一条烽燧线向西南延伸至该县河桥镇边墙岭壕堑 1 段处，由此开始，以壕堑形式折向西北延伸与横跨甘青两省的转花湾村壕堑 1 段东端相接进入青海省乐都县境内。

由此可见，就中国明长城整体而言，分布在青海省境内这条长城线路，应属明代万里长城，东起辽宁丹东虎山、西达甘肃嘉峪关中的支线之一。毋庸置疑，它是中国明长城的重要组成部分（地图一）。

在本省境内这条主线分布在青海东部地区（地图二），从东端起点向西由乐都县芦花乡转花湾村始经冰沟向西北延伸至松花顶长城与互助县龙王山长城 1 段相接，从互助县向西南至平顶山长城与大通县西坡长城相接，横贯大通县向西通过娘娘山山险与湟中县相接，湟中县从香林口开始，南北向弧形延伸至拉脊山，整体走向呈拱形。全线穿山越岭蜿蜒分布在青海东部，由东向西途经乐都县、互助县、大通县、湟中县及湟源县五县（地图三；表三、四）。

表三 青海省明长城本体分布地点、长度及分段统计表 单位：米

分布地点	总长度	墙体长度与分段					壕堑长度与分段
		土墙	石墙	山险墙	山险	河险	
乐都县	75338 (32)	344.4 (2)			15299 (2)		59694.6 (28)
互助县	69561.6 (21)	8472.6 (10)		1478 (4)	59123 (4)		488 (3)
大通县	44040 (33)	10132 (14)	35 (1)	1215 (2)	29302 (9)	693 (1)	2663 (6)
湟中县	103809.4 (97)	15469.3 (31)	428 (4)		27490 (7)	378 (4)	60044.1 (51)
湟源县	1412 (2)	362 (1)			1050 (1)		
合计	294161 (185)	34780.3 (58)	463 (5)	2693 (6)	132264 (23)	1071 (5)	122889.7 (88)

说明：1. 括号内数字为长城本体分段数；

2. 此表长度为考古测量长度。

二 结构特点

长城主线，全线系由墙体（即文献中记载的"边墙"）及壕堑（即文献中记载的"边壕"）两大类组成。

墙体类别有土墙、石墙、山险墙、山险、河险之分。建筑方式因地制宜，灵活多样。在这条长城线上，逢黄土结构的河谷地和低山丘陵地的山脊，就地取用黄土，采用版筑法，根据防御需要筑起高低不一的夯土墙体。在一些需重点防御的地点，在土墙墙体外侧又挖掘有壕沟，史书称"随墙壕"，构成双重防卫设施；个别地段还在内侧局部挖掘壕堑，与墙体、随墙壕共同组成三重防卫设施。局部线段土墙的墙体之上增筑有敌台。在地质结构以岩石为主的山脊及峡谷处，则原地选用大小不等的石块垒筑石墙；遇平缓的山体，出于防敌的军事需要，在山体一侧，依山体人为铲削出陡峭的断壁，形成人为加工而成的山险墙，即文献中记载的"斩山崖"。在山体特别险峻的地方，直接利用悬崖峭壁，依山险制敌，或利用了波涛汹涌的河水作为天然防御屏障阻挡敌侵。

壕堑，即是在山腰或地上挖掘的深沟。大多修建在黄土结构较为陡峭的中山山地处，依山势挖掘而成，沿山梁或山腰从高处向下削挖，形成一定角度的陡壁及一定宽度的平台后，再向下挖掘深沟，土堆一侧（低处）为垄，构成壕堑，壕堑剖面略呈"L"形；在少数平缓地带与墙体相接的壕堑，其挖掘方式是在地上向下掘土成沟，土堆两侧为垄，壕堑剖面略呈"U"形。

表四　青海省明长城本体长度统计表

单位：米

县名	县代码	土墙		山险		山险墙		河险		石墙		壕堑		合计	
		表面长度	投影长度	表面长度	投影长度	表面长度	投影长度	表面长度	投影长度	表面长度	投影长度	表面长度	投影长度	表面长度	投影长度
乐都县	632123	327.23	324.23	23212.83	21890.70							63176.12	60368.85	86716.18	82583.78
互助县	632126	8759.96	8677.76	88969.55	84437.63	1545.36	1460.92					489.89	443.59	99764.76	95019.9
大通县	630121	9797.41	9639.00	10518.98	9982.72	1218.21	1204.61	474.68	433.89	33.72	32.74	2392.1	2267.95	24435.1	23560.91
湟中县	630122	15745.87	15576.44	41981.72	39562.91			247.54	246.47	392.77	383.26	61028.66	59708.1	119396.56	115477.18
湟源县	630123	352.00	347.85	1166.81	1103.25									1518.81	1451.10
合计		34982.47	34565.28	165849.89	156977.21	2763.57	2665.53	722.22	680.36	426.49	416.00	127086.77	122788.49	331831.41	318092.87

说明：此表长度数据为青海省测绘局测量数据。

墙体是以地面上修筑的夯土墙、垒砌的石墙防敌，或斩山设防，或以险要的山险阻敌；壕堑则以深阔的壕沟御敌。青海省境内的长城主线，系以不同类别的墙体与壕堑组合，相互连接成一体，共同构成一道长城防御体系，以达到军事防御的目的。这一特点，既呈现出了青海省境内长城军事防御的特点，也再现出了青海省明长城建筑方式的地方特点。

因壕堑是以深沟制敌，不是以高墙阻敌，故有学者认为壕堑不应定为长城[1]。我们不认同这种看法。地面之上夯筑成的土墙与地面之下挖掘成的壕堑外观的不同一目了然，但就建造的目的、发挥的功能而言二者又是完全一致的。以壕沟代替土墙是青海省境内明长城设计者从实际出发、因地制宜的创造性成果。我们认为，在青海地区壕堑是长城主线的一部分；统称时，壕堑也应称作长城，壕堑是长城的特殊表现形式，增添了明长城的多样性；细分时，可称作壕堑。在青海省境内壕堑所处位置有两种情况：其一，壕堑与墙体衔接连为一体组成军事防线；其二，位于墙体外侧，与墙体并列而行，组成多重防卫，系为加强防御。我们认为对壕堑的定性，就青海省本地而言应酌情区别对待，第一类与墙体相连的壕堑，应属长城本体重要的组成部分；第二类情况的壕堑，大多不属长城本体，应归属长城本体的附属防御设施，本报告将在下一节"其他墙体与壕堑"中区别予以叙述。

三 各县长城本体分述

长城主线全线由东向西蜿蜒穿越于青海省东部的乐都县、互助县、大通县、湟中县及湟源县五县，各县内长城线段又各有特点，以下按长城主线的走向从东向西分县叙述。

（一）乐都县

1. 综述

乐都县位于青海省东北部湟水中游，东南与民和回族土族自治县相邻，东北与甘肃省永登县、天祝藏族自治县接壤，西和西北与平安县、互助土族自治县相连，南与化隆回族自治县毗邻。地理位置介于东经102°09′~102°47′，北纬36°16′~36°46′之间。东西长64、南北宽76千米，夹于拉脊山脉与大坂山脉之间，总面积3050平方千米。以汉族为主，还有藏族、土族、蒙古族、回族等民族。

乐都县境属强烈上升的祁连山地，夹于拉脊、大坂两山之间，地势自西向东倾斜，形成了周围高、中间低的盆地地形。境内拉脊山和大坂山为南北屏障，县地在河谷盆地与南北山麓间。湟水由西向东横贯全境，在境内接纳支流碾线沟、水磨沟、羊官沟、卯寨沟、土官沟、引胜沟、羊肠子沟等20条河沟；大通河由西北向东南流经本县东北部，在民和享堂处与湟水汇合，在境内接纳捷龙沟、皮袋湾沟两条。地貌类型有高山山地、中山山地、低山丘陵地、湟水河谷地。境内沟壑纵横，地形复杂，高低悬殊。海拔在1850~4484米之间。全县总面积中多为高山和低山丘陵地，河谷地（俗称川水地）占4.9%。

长城所在区域的地貌特点，山险一般位于中山、高山山地，山体陡峭；壕堑和夯土墙位于中山山地、低山丘陵处，海拔在2092~2660米，河谷切断深度大，冲沟横断面多呈"V"形，沟间形成狭长的梁峁地形。

乐都县境内的长城本体总长度为75338米，主要位于湟水北岸，东端起自甘青交界段芦花乡转花

---

[1] 景爱：《长城》，学苑出版社，2008年。

湾村的小岭梁子山脊，这也是青海省长城主线的东端始点，止于互助县和乐都县两县交界处的松花顶。从东向西依次穿越了芦花乡、马厂乡、马营乡、高庙镇、中岭乡、碾伯镇、寿乐镇、引胜乡、达拉土族乡9个乡镇及14个行政村，横越碾木沟、脑那沟、碾线沟、白崖沟、水磨沟、水槽沟、五马沟、大堂沟、卯寨沟、石家沟、仓岭沟、引胜沟12条湟水支流及沟壑。

长城东端起自芦花乡转花湾村的小岭梁子山脊，经冰沟向西北延伸至甘沟滩村，在甘沟滩村折向西南延伸至碾木沟，后转向西北方向穿过脑那沟、碾线沟、白崖沟，复折向西南过水磨沟和水槽沟，继而转向西北方向穿越五马沟，再次折向西南过大堂沟至柳湾村，最后转向西北方向长城继续穿梭在山岭之间，经扎门村、平顶村，过石家沟、保家村、八家顶、苏王家，穿越仓岭沟，上黑山顶后下山至仓家峡，又转而上山至互助县和乐都县交界处的松花顶止（地图四）。

2. 详细描述

乐都县境内的明代长城的调查方向系由东向西依次展开，根据其类型、走向及保存状况的不同共分为32段（表五）。从东向西依次定名为转花湾村壕堑1段、转花湾村壕堑2段、城背后村壕堑、甘沟滩村壕堑1段、甘沟滩村壕堑2段、甘沟滩村壕堑3段、碾木沟壕堑、脑那沟壕堑、碾线沟壕堑、白崖沟壕堑、水磨沟壕堑、水槽沟壕堑、五马沟壕堑、大堂沟壕堑、柳湾村壕堑、扎门村壕堑、平顶村壕堑、石家沟壕堑1段、石家沟壕堑2段、石家沟壕堑3段、保家村壕堑、八家顶壕堑1段、八家顶壕堑2段、八家顶壕堑3段、苏王家村壕堑、仓岭沟村壕堑1段、仓岭沟村壕堑2段、仓岭沟村长城、仓岭沟村壕堑3段、黑山顶长城、仓家峡长城、松花顶长城。按以上分段顺序逐段描述如下：

表五　乐都县明长城本体总登记表　　　　　　　　　单位：米

序号	名　称	编　码	类型	长度（米）	起止点高程（米）	地貌类型
1	转花湾村壕堑1段	6321233822020170001	壕堑	2400	2327～2387	中山山地
2	转花湾村壕堑2段	6321233822020170002	壕堑	3063	2387～2418	中山山地
3	城背后村壕堑	6321233822020170003	壕堑	1896	2418～2245	中山山地
4	甘沟滩村壕堑1段	6321233822020170004	壕堑	2627	2245～2508	中山山地
5	甘沟滩村壕堑2段	6321233822020170005	壕堑	3057.6	2508～2102	中山山地
6	甘沟滩村壕堑3段	6321233822020170006	壕堑	2532	2102～2274	中山山地
7	碾木沟壕堑	6321233822020170010	壕堑	1864	2274～2363	中山山地
8	脑那沟壕堑	6321233822020170011	壕堑	1446	2363～2364	中山山地
9	碾线沟壕堑	6321233822020170012	壕堑	2078	2364～2474	中山山地
10	白崖沟壕堑	6321233822020170013	壕堑	2431	2474～2415	中山山地
11	水磨沟壕堑	6321233822020170014	壕堑	3620	2415～2257	中山山地
12	水槽沟壕堑	6321233822020170015	壕堑	1244	2257～2191	低山丘陵
13	五马沟壕堑	6321233822020170016	壕堑	1769	2191～2201	低山丘陵
14	大堂沟壕堑	6321233822020170017	壕堑	1407	2201～2092	低山丘陵
15	柳湾村壕堑	6321233822020170018	壕堑	1746	2092～2167	低山丘陵
16	扎门村壕堑	6321233822020170019	壕堑	2947	2167～2380	中山山地
17	平顶村壕堑	6321233822020170020	壕堑	1518	2380～2416	中山山地
18	石家沟壕堑1段	6321233822020170021	壕堑	1941	2416～2424	中山山地
19	石家沟壕堑2段	6321233822020170022	壕堑	2159	2424～2488	中山山地
20	石家沟壕堑3段	6321233822020170023	壕堑	879	2488～2515	中山山地

续表

序号	名　称	编　码	类型	长度（米）	起止点高程（米）	地貌类型
21	保家村壕堑	632123382202170024	壕堑	2719	2515～2280	中山山地
22	八家顶壕堑1段	632123382202170025	壕堑	1489	2280～2390	中山山地
23	八家顶壕堑2段	632123382202170026	壕堑	2548	2390～2583	中山山地
24	八家顶壕堑3段	632123382202170027	壕堑	902	2583～2624	中山山地
25	苏王家村壕堑	632123382202170028	壕堑	3684	2624～2643	中山山地
26	仓岭沟村壕堑1段	632123382202170029	壕堑	2966	2643～2428	中山山地
27	仓岭沟村壕堑2段	632123382202170030	壕堑	1465	2428～2377	中山山地
28	仓岭沟村长城	632123382101170001	土墙	223.4	2377～2390	中山山地
29	仓岭沟村壕堑3段	632123382202170031	壕堑	1297	2390～2660	中山山地
30	黑山顶长城	632123382106170002	山险	6948	2660～2500	中山山地
31	仓家峡长城	632123382101170003	土墙	121	2500～2498	中山山地
32	松花顶长城	632123382106170004	山险	8351	2498～4057	高山山地

（1）第一段　转花湾村壕堑1段（编码：632123382202170001）

位于乐都县芦花乡转花湾村东南山岭上。该段壕堑起自芦花乡转花湾村东南2.4千米小岭梁子（该起点调查之初认定，系甘青交界处，调查工作结束后，经青海省及甘肃省两省测绘局认定，起点坐标系在甘肃省境内，由该起点向西1.2千米处，坐标东经102°47′17.40″，北纬36°29′25.10″处即为甘青交界点。考虑到重新修改调查资料颇有难度，故经青海省文物管理局与甘肃省文物局两局商定，双方长度按实际情况加以增减，原始调查资料不作改动），止于芦花乡转花湾村赵家铺下湾东北0.1千米处。该段壕堑从甘青交界段小岭梁子山脊处，沿转花湾岭腰段从东南至西北方向延伸，岭下为陡峭的山坡及山脊，止于芦花乡转花湾村赵家铺下湾。本段壕堑东南面与甘肃省永登县河桥镇边墙村相连，西南面为冰沟沟谷，周边沟谷波状起伏，切断深度大，冲沟横断面多呈"V"形，沟间形成狭长的梁峁地形，滑坡崩塌等现象经常发生。由于植被稀疏、沟深坡陡，经水流的切断冲刷，水土流失极为严重。壕堑东南与甘肃省永登县河桥镇边墙村壕堑相接，西北方向与转花湾村壕堑2段相连，西北2千米处与转花湾村烽火台遥遥相望。

该段壕堑开挖在岭腰之上，在山坡一侧从高向下斩山削成一定角度的陡壁，再在陡壁下的平面上向下掘地挖土成沟，土堆低处为垄，即为壕堑。有的削山印痕清晰明显，有的削山崖壁经长期的自然雨水冲刷坍塌呈斜坡状，仅存削山崖壁坍塌后的印痕。壕堑因长年风雨侵蚀，沟内不同程度的填塞有淤土泥沙；有的壕堑沟内被泥沙填平，或被削山崖壁坍塌土掩埋，使壕堑沟、垄消失，壕堑现呈平台状；或壕堑沟内被崖壁坍塌土掩埋，外侧土垄坍塌，平台呈斜坡状。乐都县境内以下各段壕堑的挖掘方式都同于此段，均从略。

该段壕堑起自GPS0002点，止于GPS0042点，全长2400米。壕堑削山印痕及削山部分坍塌印痕高4～20米，平台宽1～10米，壕堑口宽3.7～6.3、底宽1.8～3.3、深0.6～2米，垄底宽1.3～4.6、顶宽0.6～2.2、高0.2～0.9米。根据保存现状和走向分为十三个自然段：

第一自然段：起自GPS0002点，止于GPS0004点，长65米。壕堑保存差。壕堑呈东南至西北向。0米～13米段现为废弃的窑洞，壕堑大部分被现代挖掘的窑洞破坏；13米～45米段壕堑被开辟为乡村土路，宽7米，壕堑北侧削山陡壁坍塌；其中49.6米段、55米段、63米段各建窑洞一座，窑洞均建于北侧陡壁处，致局部壕堑破坏。壕堑内长满冰草及低矮的植物。

第二自然段：起自GPS0004点，止于GPS0005点，长49米。壕堑保存较差。壕堑呈东南至西北向。壕堑口宽4.7、底宽2.1、深0.6米。0米～15米段被辟为土路；15米处土路北侧为一窑洞，门洞宽1.2、高3米；15米～31米段壕堑南侧保留有土垄，垄底宽2.9、顶宽0.8、高0.6米；土垄的南侧有一条宽0.8米的小路，破坏了部分壕堑。

第三自然段：起自GPS0005点，止于GPS0010点，长274米。壕堑保存差。壕堑呈东南至西北向。壕堑削山部分坍塌印痕高12～13米，平台宽1～4米。本段壕堑局部被坍塌土掩埋，多被改造为土路，致多处破坏，并在多处挖有窑洞，如在24米段、36米段、43米段、63米段各有窑洞一座，窑洞用于村民堆放柴草及临时避挡风雨。壕堑和垄均消失。

第四自然段：起自GPS0010点，止于GPS0014点，长238米。壕堑保存较差。壕堑走向先由东向西后又转向东南至西北走向。壕堑削山部分坍塌印痕高6～9米，平台宽2～2.5米，壕堑口宽4.6～5.1、底宽2.1～2.2、深0.85～1.3米，土垄底宽2.4～4.6、顶宽0.6～1.6、高0.5～0.75米。本段壕堑局部在修建土路中破坏，局部平台被下切0.2～1.5米。在61米处土垄外侧有水窖一座，东西宽1.5、南北长1.5、深1.2米。

第五自然段：起自GPS0014点，止于GPS0016点，长127米。壕堑保存差。壕堑呈东南至西北向。72米～108米段壕堑因被辟为道路，基本消失；108米～127米段北侧存有削山部分坍塌印痕。

第六自然段：起自GPS0016点，止于GPS0018点，长153米。壕堑保存较差。壕堑呈东南至西北向。0米～41米段壕堑口宽4.1、底宽2.7、深1.4米。32米～41米段南侧存有土垄，垄底宽4.6、顶宽2.2、高0.85米；41米～153米段壕堑口宽5.1、底宽2.7、深1.6米。41米～54米段南侧存有土垄，垄底宽4.6、顶宽2.2、高0.85米；54米～69米段土垄消失；69米～128米段南侧存有土垄，垄底宽3.3、顶宽1.9、高0.9米；128米～153米段土垄消失。

第七自然段：起自GPS0018点，止于GPS0031点，长704米。壕堑保存差。壕堑呈东南至西北向。壕堑削山部分及削山部分坍塌印痕高4～20米，平台局部残存，壕堑多被修建土路破坏，仅残存局部，壕堑口宽3.7、底宽2、深1.8米。146米～149米段立有甘肃省永登县河桥镇护林碑。壕堑南侧局部被道路下切0.6～1.3米。

第八自然段：起自GPS0031点，止于GPS0036点，长386米。壕堑保存较差。壕堑先呈东至西延伸，后转向东南至西北走向。壕堑削山印痕高8～10米，残存平台宽2.5～3米，壕堑口宽4.3～5.4、底宽1.8～2.6、深1.6～2米，南侧土垄底宽2.8～4.2、顶宽1.1～1.2、高0.6～0.65米。壕堑南侧局部被土路下切1.5～2米，致使南侧土垄局部破坏殆尽。平台上长有冰草、野胡麻等植物。

第九自然段：起自GPS0036点，止于GPS0037点，长82米。壕堑保存差。壕堑呈东南至西北向。削山印痕高8米，平台被草类覆盖。

第十自然段：起自GPS0037点，止于GPS0038点，长82米。壕堑保存较差。壕堑呈东南至西北向。壕堑口宽6.3、底宽3.3、深1米。0米～26米段、33米～82米段保存有平台；26米～33米段平台被破坏；80米处残存土垄，垄底宽1.3、顶宽1.3、高0.2米。

第十一自然段：起自GPS0038点，止于GPS0039点，长106米。壕堑保存差。壕堑呈东南至西北向。壕堑削山部分坍塌印痕高10～13米。0米～48米段北侧残存平台，宽5.3米；48米～53米段土路从壕堑上斜穿而过；53米～63米段壕堑被土路掩埋。壕堑底部有鼠洞。

第十二自然段：起自GPS0039点，止于GPS0040点，长44米。壕堑保存差。壕堑呈西南至东北向。削山部分坍塌印痕高12米，残存的平台宽5.4米。

第十三自然段：起自 GPS0040 点，止于 GPS0042 点，长 90 米。壕堑保存差。壕堑呈东南至西北向。削山部分坍塌印痕高 16 米，平台宽 5.3～5.4 米，部分平台被修建土路的落土掩埋。

该段壕堑由于受到不同程度的破坏，残损状况较为严重，整体保存状况差。全长 2400 米，其中 908 米保存较差，1492 米保存差。损毁原因以人为因素为主，因修建土路对壕堑破坏严重，加上近年来此处退耕还草，在壕堑内开挖育林坑，种植柠条，亦对壕堑造成一定破坏；其次自然因素表现为黄土淤积、植物生长、鼠害破坏等。

（2）第二段　转花湾村壕堑 2 段（编码：632123382202170002）

位于乐都县芦花乡转花湾村西北山岭上。该段壕堑起自芦花乡转花湾村赵家铺下湾东北 0.1 千米处，止于芦花乡城背后村姚家湾哑豁。壕堑东南从芦花乡转花湾村赵家铺下湾东北 0.1 千米处起，沿山岭呈东南至西北方向延伸，止于芦花乡转花湾村与城背后村交界处姚家湾哑豁。壕堑西南面为冰沟沟谷的小沟湾，东北面为姚家沟。本段壕堑地形地貌特点及建造方式同于转花湾村壕堑 1 段，其东南与转花湾村壕堑 1 段相接，西北与城背后村壕堑相连。GPS0056 点北侧山坡上为转花湾村烽火台，烽火台与壕堑组成一个共同的防御体系。

该段壕堑起自 GPS0042 点，止于 GPS0070 点，全长 3063 米。壕堑削山印痕及削山部分坍塌印痕高 4.2～16 米，平台宽 1～4.6 米，壕堑口宽 4～6.2、底宽 2～2.5、深 0.6～2 米，垄底宽 1.2～6.3、顶宽 0.5～3.2、高 0.2～1.8 米。根据保存现状和走向分为十七个自然段：

第一自然段：起自 GPS0042 点，止于 GPS0043 点，长 52 米。壕堑保存较差。壕堑呈东南至西北向。0 米～9 米段壕堑口宽 5.5、底宽 2、深 1.6 米，土垄无存；9 米～35 米段南侧保存有土垄，垄底宽 5.2、顶宽 3.2、高 0.4 米；35 米～52 米段壕堑被土路破坏。

第二自然段：起自 GPS0043 点，止于 GPS0044 点，长 380 米。壕堑保存差。壕堑呈东南至西北向。削山部分印痕残高 6 米。0 米～13 米段壕堑被土路破坏，削山部分被坍塌土掩埋；13 米～32 米段、36 米～51 米段南侧现存土垄，垄底宽 2.8、顶宽 1.3、高 0.5 米；32 米～36 米段土垄消失；51 米～92 米段壕堑被坍塌土掩埋；69 米处有宽 0.6、深 1 米的雨蚀冲槽；92 米～354 米段被土路破坏，该段壕堑北侧仅局部保留有削山印痕，如 273 米处削山印痕清晰，高 6 米，平台宽 1.5～2.5 米，多数削山印痕坍塌严重。

第三自然段：起自 GPS0044 点，止于 GPS0048 点，长 193 米。壕堑保存较差。壕堑先呈东南至西北走向，而后转向东西向延伸，再转向东南至西北向。壕堑削山处坍塌印痕高 12 米左右，平台宽 1.5～4.2 米，壕堑口宽 4、底宽 2、深 1.3 米，土垄底宽 1.2～3.8、顶宽 0.5～1.2、高 0.4～0.5 米。本段壕堑的保存现状不一，沟内深度不一，土垄时有时无。壕堑内种植柠条，在壕堑北侧的个别地段挖有现代水窖。

第四自然段：起自 GPS0048 点，止于 GPS0049 点，长 25 米。壕堑保存差。壕堑呈东北至西南向。该段壕堑因北侧削山部分坍塌严重，沟、垄消失，平台宽 4.3 米，壕堑及土垄尺寸不详。

第五自然段：起自 GPS0049 点，止于 GPS0050 点，长 25 米。壕堑保存差。壕堑呈东南至西北向。该段壕堑削山部分坍塌印痕高 12 米，沟、垄消失，平台宽 3.4 米。壕堑内种植柠条。

第六自然段：起自 GPS0050 点，止于 GPS0051 点，长 39 米。壕堑保存较差。壕堑呈东北至西南向。壕堑削山部分坍塌印痕高 14 米，壕堑口宽 4.2、底宽 2.2、深 1.2 米，南侧土垄底宽 3.4、顶宽 1.3、高 0.2 米。

第七自然段：起自 GPS0051 点，止于 GPS0052 点，长 230 米。壕堑保存较差。壕堑呈东南至西北向。壕堑削山部分坍塌印痕高 12 米，壕堑口宽 4.6、底宽 2、深 1.5 米。0 米～40 米段南侧保留有土垄，垄底宽3.4、顶宽1.3、高0.2米；40米～43米段土垄消失；43米～47米段为水冲的豁口；47米～60米段残存平台；60米～102米段南侧保留有土垄，垄底宽2.3、顶宽1.2、高0.7米；102米～230米段壕堑被砂路破坏，削山部分印痕已遭破坏。

第八自然段：起自GPS0052点，止于GPS0055点，长435米。壕堑保存差。壕堑先呈东南至西北向，后转向东北至西南向。壕堑削山部分坍塌印痕高12～14米，平台宽2.2～3.6米。3米处土路北侧有一口水井；8米～31米段平台被雨水冲刷成断崖；31米～87米段平台消失，65米、70米、74米处壕堑北侧断崖处各有一座窑洞；87米～137米段壕堑北侧保留有削山痕迹。平台上生长有密集的野胡麻，山坡上长有柠条。

第九自然段：起自GPS0055点，止于GPS0056点，长64米。壕堑保存较差。壕堑呈东北至西南向。壕堑削山部分坍塌印痕高15米，壕堑口宽5.4、底宽2.4、深2米。0米～16米段保留有平台，平台宽4.3～4.6米；16米～64米段保留有土垄，垄底宽6.3、顶宽2.3、高1.4米。

第十自然段：起自GPS0056点，止于GPS0060点，长326米。壕堑保存差。壕堑先呈东南至西北向，继而转向东北至西南向。壕堑削山印痕及削山部分坍塌印痕高4.2～12米，平台宽1～3.2米。壕堑沟垄均无，现为平台状。有多处地段被山间的道路破坏、或被道路占用、或局部壕堑因修建道路被下切0.7米。

第十一自然段：起自GPS0060点，止于GPS0061点，长142米。壕堑消失。壕堑呈东南至西北向。0米～92米壕堑多数被平整为耕地，局部因修建道路及现代建筑被破坏；92米处为转花湾村卫生所；100米～142米段被辟为耕地。

第十二自然段：起自GPS0061点，止于GPS0062点，长165米。壕堑保存较差。壕堑呈东南至西北向。壕堑口宽6.2、底宽2.1、深1.6米。0米～25米段已被平整为耕地，有宽2米的道路痕迹；25米～144米段壕堑清晰，且保留有土垄，垄底宽3.6、顶宽1.3、高1.8米；144米～165米段仅保留有土垄，垄底宽3、顶宽0.7、高0.3米。壕堑内长满野胡麻、冰草、西胡草、蒿草、柠条。

第十三自然段：起自GPS0062点，止于GPS0063点，长240米。壕堑保存差。壕堑呈东南至西北向。0米～64米段修建道路将壕堑下切0.5米，壕堑消失；64米～72米段有水冲凹槽，仅保留有宽6米的平台；72米～166米段已被道路破坏；166米～240米段被辟为耕地，亦遭破坏。

第十四自然段：起自GPS0063点，止于GPS0064点，长115米。壕堑消失。壕堑呈东南至西北向。此段壕堑因被辟为耕地致使消失。

第十五自然段：起自GPS0064点，止于GPS0065点，长93米。壕堑保存较差。壕堑呈东南至西北向。壕堑削山部分坍塌印痕高14米，壕堑口宽6.2、底宽2.5、深0.6米。0米～78米段壕堑南侧被辟为耕地，仅存土垄，垄底宽2.7、顶宽1.1、高0.6米；78米～93米段南侧土垄消失。

第十六自然段：起自GPS0065点，止于GPS0069点，长464米。壕堑保存差。壕堑呈东南至西北向。削山部分坍塌印痕高10～16米，壕堑已填为平台，宽1.4～4.5米，平台在修建山间道路中，已遭不同程度的破坏，或局部破坏、或一侧被下切、或破坏无存。

第十七自然段：起自GPS0069点，止于GPS0070点，长75米。壕堑保存差。壕堑呈东北至西南向。0米～12米段削山印痕消失；12米～75米段残存平台，宽1.2～2.3米；58米处有小路从平台上穿过。

该段壕堑残损状况较为严重，整体保存状况差。壕堑全长3063米，其中836米保存较差，1970米保存差，257米消失。损毁原因以人为因素造成的破坏为主，表现在壕堑内种草育林，开垦耕地，修建道路对壕堑造成破坏；其次为自然因素的破坏，如雨水冲刷。另在壕堑及堆土上面生长有蒿草、冰草、黄刺、馒头花等植物，这些植物生长茂盛，根系发达使壕堑受到一定的破坏。

（3）第三段　城背后村壕堑（编码：632123382202170003）

位于乐都县芦花乡城背后村冰沟北侧西北山岭上。该段壕堑起自芦花乡城背后村姚家湾哑豁，止于芦花乡城背后村冰沟北侧。壕堑从城背后村与转花湾村分界处姚家湾哑豁处起，沿着岭腰及山势走向由东南至西北方向延伸，直至冰沟沟谷北侧。壕堑地貌特点及建造方式同于转花湾村壕堑1段。壕堑东南与转花湾村壕堑2段相连，西北面与甘沟滩村壕堑1段相接。本段壕堑GPS0075点至GPS0076点南0.75千米处为城背后1号堡，GPS0080点至GPS0081点东侧0.07千米为城背后2号堡。

该段壕堑起自GPS0070点，止于GPS0082点，全长1896米。壕堑削山印痕及削山部分坍塌印痕高4.6~12米，残存的平台宽6~8米，壕堑口宽6.1~9.3、底宽3.3~5.7、深1.4~2.6米，南侧土垄底宽3~7.9、顶宽1.5~3.3、高1~2米。根据保存现状和走向分为十个自然段：

第一自然段：起自GPS0070点，止于GPS0071点，长132米。壕堑保存差。壕堑呈东南至西北向。0米~72米段壕堑的削山印痕清晰，高12~6米；72米~132米段削山印痕被砂石路破坏。

第二自然段：起自GPS0071点，止于GPS0072点，长59米。壕堑消失。壕堑呈东南至西北向。平台已被踩踏成土路，削山印痕被耕地破坏，土路南侧设有围栏网。

第三自然段：起自GPS0072点，止于GPS0073点，长166米。壕堑保存较差。壕堑呈东北至西南向。壕堑口宽6.1~6.9、底宽5.6、深1.4米。0米~166米段保留有土垄，垄底宽3、顶宽1.6、高1.1米；162米处土垄逐渐变窄，垄底宽6.1、顶宽2.2、高1.2米。壕堑南北两侧挖有长4、宽1米的水槽。

第四自然段：起自GPS0073点，止于GPS0074点，长79米。壕堑保存较差。壕堑呈东南至西北向。削山部分印痕被破坏殆尽。0米~15米段壕堑口宽6.9、底宽5.6、深1.4米，垄底宽6.1、顶宽2.2、高1.2米；15米~67米段壕堑被掩埋仅呈现平台，平台宽8米；67米~79米段为雨水冲刷的大坑，坑直径12、深1.8米，壕堑已损毁。

第五自然段：起自GPS0074点，止于GPS0075点，长219米。壕堑保存差。壕堑呈东南至西北向。本段壕堑被雨水冲刷成沟槽，原来形状与尺寸均不详。仅存削山部分坍塌印痕高11米，雨水冲刷形成的水槽将平台冲毁。

第六自然段：起自GPS0075点，止于GPS0076点，长248米。壕堑保存较差。壕堑呈东南至西北向。壕堑削山印痕高4.6米，壕堑口宽9.3、底宽5.7、深2.4米，土垄底宽7.1、顶宽3.3、高2米。壕堑周围挖有育林坑。壕堑南侧0.75千米处为城背后1号堡。

第七自然段：起自GPS0076点，止于GPS0077点，长178米。壕堑消失。壕堑呈东至西向。有南北向的小路从壕堑中间穿过。因自然冲沟形成三角冲积扇使壕堑消失。

第八自然段：起自GPS0077点，止于GPS0078点，长236米。壕堑消失。壕堑呈东南至西北向。壕堑大多已被自然冲沟破坏，沟宽24米。局部壕堑被开垦为耕地。

第九自然段：起自GPS0078点，止于GPS0081点，长526米。壕堑保存差。壕堑呈东北至西南向。壕堑削山印痕高7~10米，平台宽6~7米。0米~460米段局部壕堑被坍塌土掩埋，平台呈斜坡状，宽6米，平台上草类茂密；460米~526米段由于人畜踩踏，壕堑残损严重。GPS0080点至GPS0081点壕堑东侧0.07千米处为城背后2号堡。

第十自然段：起自GPS0081点，止于GPS0082点，长53米。壕堑保存较差。壕堑呈东北至西南向。削山痕迹高8米，壕堑口宽7.2、底宽3.3、深2.6米，土垄底宽7.9、顶宽2.4、高1米。

该段壕堑整体保存状况差。壕堑全长1896米，其中546米保存较差，877米保存差，473米消失。

损毁原因以人为因素破坏为主，人为开辟耕地、修建土路、挖育林坑、人畜踩踏对壕堑损毁严重；自然因素，包括自然坍塌掩埋壕堑、自然冲沟破坏局部壕堑以及茂密的植物生长等，对壕堑造成一定破坏。

（4）第四段　甘沟滩村壕堑1段（编码：6321233822202170004）

位于乐都县马厂乡甘沟滩村东侧山岭上，壕堑西侧为甘沟滩村委会，紧邻壕堑。该段壕堑起自芦花乡城背后村冰沟北侧，止于马厂乡甘沟滩村壕湾社村民陈治学家东0.15千米处的山坡上。壕堑地形地貌特点及建造方式均同于转花湾村壕堑1段。本段壕堑东北与城背后村壕堑相接，西南与甘沟滩壕堑2段相连。本段GPS0087至GPS0088点东侧0.5千米处山湾中为那家庄堡，止点处东南0.02千米处为那家庄烽火台。

该段壕堑起自GPS0082点，止于GPS0091点，全长2627米。壕堑口宽3.2～7.5、底宽2.5～4.1、深0.3～1.6米，垄底宽5.8～6.9、顶宽2～3.6、高1.4～1.5米。根据保存现状和走向分为九个自然段：

第一自然段：起自GPS0082点，止于GPS0083点，长58米。壕堑消失。壕堑呈东北至西南向。此处壕堑位于冰沟沟谷底部，受沟内流水破坏，致使壕堑消失。

第二自然段：起自GPS0083点，止于GPS0084点，长216米。壕堑保存较差。壕堑呈西北至东南向。壕堑口宽3.2～6.6、底宽3.2、深1.6米。0米～10米段壕堑口宽6.6、底宽3.2、深1.6米，土垄被破坏无存；10米～12米段壕堑口宽3.2、底宽3.2、深1.6米；12米～206米段壕堑由于山体滑坡而消失，形成的断崖高16～21米。山体上种植白杨树、榆树、柠条，长满冰草、蒿草、野胡麻等植物。

第三自然段：起自GPS0084点，止于GPS0085点，长374米。壕堑消失。壕堑呈东北至西南向。此处有一条宽74、深51米的冲沟，造成山坡大面积坍塌，致使壕堑消失。

第四自然段：起自GPS0085点，止于GPS0086点，长388米。壕堑保存较差。壕堑呈东北至西南向。0米～19米段壕堑口宽7.4、底宽3.8、深1.2米，垄底宽6.9、顶宽2、高1.5米；19米处有宽0.5米的小路穿过壕堑；41米处挖有一座现代水窖；19米～79米段壕堑被开辟为小块的农田；79米～102米段修建为村民庄廓；102米～170米段建有宽2米的土路；170米～298米段建有宽3米的土路；298米～343段修建有村民庄廓；343米～388米段开辟成苗圃种植白杨树。其中19米～388米段壕堑有多处被人为破坏消失。

第五自然段：起自GPS0086点，止于GPS0087点，长58米。壕堑保存较差。壕堑呈东北至西南向。壕堑口宽7.5、底宽4.1、深1.6米，土垄底宽5.8、顶宽3.6、高1.4米。壕堑内挖有育林槽，槽宽1.6米。土垄东南侧被土路破坏，被道路下切1.6、宽2.5米。壕堑西北侧山坡上由于平整梯田，壕堑部分被掩埋。

第六自然段：起自GPS0087点，止于GPS0088点，长821米。壕堑消失。壕堑呈东北至西南向。壕堑已被他用，利用壕堑底部的平台改造为道路，致使壕堑消失。

第七自然段：起自GPS0088点，止于GPS0089点，长578米。壕堑消失。壕堑呈北至南向。由于修建高庙镇至史纳的公路壕堑被破坏殆尽。

第八自然段：起自GPS0089点，止于GPS0090点，长79米。壕堑消失。壕堑呈东北至西南向。该段现已被辟为耕地，修整成四阶梯田，壕堑因此全部消失。

第九自然段：起自GPS0090点，止于GPS0091点，长55米。壕堑保存差。壕堑呈东北至西南向。壕堑多被辟为耕地，仅能看出局部痕迹。壕堑口宽6.5、底宽2.5、深0.3米，垄被破坏无存。

该段壕堑损毁情况十分严重，大部分已消失。壕堑长2627米，其中89米保存较差，55米保存差，2483米消失。损毁原因以人为因素为主，壕堑大部分被修建土路、开垦耕地破坏。其次自然因素表现为本段壕堑第一自然段位于冰沟沟底，常年的沟水冲刷致使本段壕堑消失；山体滑坡造成山坡大面积坍塌，致使局部壕堑消失；壕堑内种植白杨树、榆树、柠条，长满冰草、蒿草、野胡麻等植物，这些植物根系亦对壕堑造成一定破坏。

（5）第五段　甘沟滩村壕堑2段（编码：632123382202170005）

位于乐都县马厂乡甘沟滩村豪湾社村民陈治学家东边的山坡上。该段壕堑起自马厂乡甘沟滩村壕湾社村民陈治学家东0.15千米处的山坡上，止于马厂乡甘沟滩村壕湾社村民陈治学家西南2.1千米处的山坡上。壕堑先沿山梁南侧略呈东向西分布，至GPS0098点转为东北至西南向沿山梁东南侧蜿蜒而下，直至洪沟沟底。壕堑地形地貌特点及建造方式均同于甘沟滩村壕堑1段。本段壕堑东北接甘沟滩村壕堑1段，西南与甘沟滩村壕堑3段相连。壕堑起点处东北0.2千米处为那家庄烽火台。

该段壕堑起自GPS0091点，止于GPS0136点，全长3057.6米。此段壕堑削山印痕高2.5～8.5米，壕堑口宽4.8～10、底宽2.1～3.5、深0.2～1.4米，土垄底宽2.5～3.1、顶宽0.7～1.3、高0.2～0.6米。根据保存状况及其走向分为二十八个自然段：

第一自然段：起自GPS0091点，止于GPS0093点，长45.8米。壕堑保存较差。0米～10米段壕堑因平整土地破坏；10米～16.8米段长6.8米的壕堑保存较差，壕堑口宽4.8～5、底宽2.7、深0.8～1.2米，垄尺寸不详；16.8米～37.8米段长21米的壕堑被耕地所毁，现为二级台地，种有大豆；37.8米～45.8米段长8米的壕堑被芦（花）马（厂）公路横穿破坏。

第二自然段：起自GPS0093点，止于GPS0094点，长36米。壕堑消失。壕堑被开辟的耕地破坏致使壕堑消失，现有三级梯田。

第三自然段：起自GPS0094点，止于GPS0095点，长23.2米。壕堑保存较差。0米～10米段壕堑保存较差，壕堑口宽5、底宽2.4、深0.5米，垄尺寸不清；10米～13.2米段长3.2米的壕堑被耕地破坏；13.2米～23.2米段长10米的壕堑保存较差，壕堑口宽5.5、底宽2.5、深0.5～1.3米，垄尺寸不详；GPS0094点旁有水泥槽和水窖各一个。壕堑北侧为耕地，南侧有便道。

第四自然段：起自GPS0095点，止于GPS0096点，长22米。壕堑消失。壕堑在平整土地中破坏，现有三级梯田。

第五自然段：起自GPS0096点，止于GPS0097点，长33米。壕堑保存差。壕堑底部现被修为便道，仅剩痕迹可辨。土垄因取土、平地破坏严重，

第六自然段：起自GPS0097点，止于GPS0098点，长72米。壕堑消失。0米～35米段壕堑被甘沟滩村豪湾社村民陈治学家麦场破坏；35米～72米段长37米部分壕堑为菜棚和耕地所毁。

第七自然段：起自GPS0098点，止于GPS0099点，长26.5米。壕堑保存差。6米～7.5米段长1.5米部分的壕堑北部挖有水窖一个，并横向开槽为路截断壕堑；土垄消失无存，壕堑北侧顶部为土路。

第八自然段：起自GPS0099点，止于GPS0100点，长620米。壕堑消失。壕堑被土路破坏无存。

第九自然段：起自GPS0100点，止于GPS0110点，长358米。壕堑保存差。此段壕堑大多被修建道路破坏，或被道路下切、或将壕堑利用平整为道路、或已破坏无存。仅存北侧削山印痕，保存状况亦不一，削山壁坍塌严重，高度不详。有的削山印痕高2.5～8.5米，亦有壕堑北壁坍塌，坍塌堆土掩埋壕堑为平台状，中部略凹，宽4.4米左右；个别处壕堑因被山洪冲刷塌陷成坑。

第十自然段：起自GPS0110点，止于GPS0111点，长31米。壕堑消失。壕堑被山洪冲毁。

第十一自然段：起自GPS0111点，止于GPS0112点，长66米。壕堑保存较差。西北削山壁坡度65°～75°，高度不详，壕堑口宽4.5～5、底宽2.6、深0.5～1.1米，垄底宽2.5、顶宽1.3、高0.3～0.5米，壕堑底部有践踏痕迹。

第十二自然段：起自GPS0112点，止于GPS0114点，长131.1米。壕堑保存差。0米～22米段为两个塌陷大坑；22米～27.6米段长5.6米部分壕堑北壁被坍塌堆土掩埋成台状，略向东南倾斜，台宽5.2米；27.6米～40.6米段长13米部分壕堑为一个塌陷大坑；40.6米～48.1米段长7.5米部分壕堑被北壁坍塌堆土掩埋成台状，向东南倾斜，台宽5.5米；48.1米～57.1米段长9米部分壕堑塌陷为坑；57.1米～73.1米段长16米的壕堑西北削山壁坡度75°，其下成台状，略向东南倾斜，台宽3.5米；73.1米～131.1米段西北削山壁高4～5米，坡度65°，壕堑北壁被坍塌堆土掩埋成台状，中部略凹，宽5.5～6.3米。

第十三自然段：起自GPS0114点，止于GPS0115点，长26米。壕堑消失。因山洪冲刷塌陷致使壕堑消失。

第十四自然段：起自GPS0115点，止于GPS0116点，长44米。壕堑保存差。壕堑西北削山壁坍塌严重而成缓坡，壕堑被堆土掩埋成平台，现宽6.2米。

第十五自然段：起自GPS0116点，止于GPS0117点，长31米。壕堑保存较差。壕堑西北削山壁坍塌成缓坡，壕堑口宽5.6～6、底宽2.8、深0.6～1.4米，垄底宽2.7、顶宽1.1、高0.4～0.6米；壕堑底部有踩踏痕迹。

第十六自然段：起自GPS0117点，止于GPS0118点，长49米。壕堑保存差。西北削山壁坍塌、人为切削严重，壕堑被坍塌堆土掩埋成平台，略向东南倾斜，宽5.4～6.3米。0米～3.3米段壕堑东南侧部分塌陷；21米～33米段、42米～49米段壕堑塌陷为大坑。

第十七自然段：起自GPS0118点，止于GPS0120点，长81米。壕堑保存较差。0米～55米段西北削山壁坡度65°，高度不详，壕堑口宽5.4、底宽3米，垄略高于地面。28米～36米段长8米部分壕堑垄部塌陷；55米～81米段壕堑西北削山壁坍塌严重，坡度60°，壕堑口宽4.8～5.5、底宽2.6、深0.4～1.2米，垄底宽2.9、顶宽1.1、高0.3～0.6米。

第十八自然段：起自GPS0120点，止于GPS0124点，长275米。壕堑保存差。西北削山壁坍塌严重，壕堑被坍塌堆土掩埋成台状，略向东南倾斜，宽4.6米。26米～33米段长7米部分壕堑塌陷为大坑；74.5米～78米段长3.5米部分壕堑东南部塌陷成坑；218米～220米段壕堑中部有一塌陷坑；224米～239米段壕堑塌陷无存；239米～275米段长36米部分壕堑保存差，西北削山壁坍塌成缓坡，其下成台状，宽5.5～6米，向东南倾斜较甚；275米～290米段部分壕堑削山壁塌陷。

第十九自然段：起自GPS0124点，止于GPS0125点，长117米。壕堑消失。0米～57米段壕堑塌陷后又经后期平整，现种植有榆树；57米～117米段长60米部分壕堑被便道所毁。

第二十自然段：起自GPS0125点，止于GPS0128点，长166米。壕堑保存差。西北削山壁坡度60°，壕堑西北壁被坍塌堆土掩埋成平台，宽3.07～6米。壕堑顶部平整为梯田，现种植有榆树。

第二十一自然段：起自GPS0128点，止于GPS0129点，长51米。壕堑消失。0米～17米段壕堑被堰塘所毁；17米～51米段长34米的壕堑因平地而破坏，壕堑顶部现种植有榆树。

第二十二自然段：起自GPS0129点，止于GPS0131点，长145米。壕堑保存差。0米～12米段西北削山壁成坡状，壕堑北壁被坍塌堆土掩埋成平台，向东南倾斜，宽4～4.8米；12米～17米段长5米部分壕堑被土路所毁；17米～61米段长44米部分壕堑中部略凹，底部有水流冲刷痕迹；61米～74米段壕堑塌陷为坑；74米～128米段长54米的壕堑保存差，西北削山壁坍塌成缓坡，壕堑被坍塌堆土掩埋成台状，宽 5.5～7 米，中部略凹；128 米～145 米段长 17 米部分壕堑被平整为梯田，种植柠条。

第二十三自然段：起自 GPS0131 点，止于 GPS0132 点，长 31 米。壕堑消失。壕堑塌陷无存。

第二十四自然段：起自 GPS0132 点，止于 GPS0133 点，长 38 米。壕堑保存较差。0 米～15 米段壕堑口宽 5.5～6、底宽 2.4、深 0.4～0.9 米，垄底宽 3.1、顶宽 0.7、高 0.2～0.5 米；15 米～26 米段长 11 米的壕堑塌陷；26 米～38 米段长 12 米的壕堑中部略凹，垄不清。

第二十五自然段：起自 GPS0133 点，止于 GPS0134 点，长 360 米。壕堑消失。该段壕堑因山体滑坡掩埋而迹象全无。

第二十六自然段：起自 GPS0134 点，止于 GPS0135 点，长 83 米。壕堑保存较差。壕堑西北削山壁成坡状，壕堑口宽 5.2～6.3、底宽 2.1～2.5、深 0.2～0.4 米，垄部被辟为便道，尺寸不详。

第二十七自然段：起自 GPS0135 点，止于 GPS0136 点，长 70 米。壕堑保存差。西北削山壁滑坡、坍塌严重，壕堑被坍塌堆土掩埋成平台，宽 1.5～3 米，局部塌方。

第二十八自然段：起自 GPS0136 点，止于 GPS0137 点，长 26 米。壕堑保存较差。壕堑口宽 8～10、底宽 3.5、深 0.4～1 米，垄尺寸不详，底部有水流冲刷痕迹。

该段壕堑整体保存状况差。壕堑全长 3057.6 米，其中 369.9 米保存较差，1088 米保存差，1599.7 米消失。损毁原因以人为因素为主，表现为因村民修建土路、平整土地、建麦场、挖水窖等原因而局部消失；其次自然因素表现为在壕堑西北壁雨水冲刷等多重自然因素造成该壁坍塌滑坡，呈斜坡状，坍塌堆土将壕堑掩埋填平，或仅存痕迹或消失；雨水沉积渗透至壕堑内，造成多处塌陷坑，致使壕堑消失。

（6）第六段　甘沟滩村壕堑 3 段（编码：6321233822021700006）

位于乐都县马厂乡甘沟滩村南一条东北至西南走向山体的山腰上。该段壕堑起自马厂乡甘沟滩村壕湾社村民陈治学家西南 2.1 千米处的山坡上，止于芦花乡碾木沟东侧山顶土路西侧。壕堑顺山体外侧的地形和走向修筑，整体呈东北至西南走向。此段壕堑地形地貌特点及建造方式均同于上段。甘沟滩村壕堑 3 段东北与甘沟滩村壕堑 2 段相接，西南与碾木沟壕堑相连。

该段壕堑起自 GPS0137 点，止于 GPS177 点，全长 2532 米。壕堑削山印痕高 0.6～7.8 米，壕堑口宽 6～10、底宽 1～4、深 0.5～4 米，垄底宽 2～6、顶宽 0.3～3.5、高 0.3～1.8 米。根据壕堑所处地形变化、保存状况等因素分为十三个自然段：

第一自然段：起自 GPS0137 点，止于 GPS0139 点，长 547 米。壕堑消失。本段壕堑因位于羊肠子沟沟底，致使壕堑消失。壕堑两侧均为垂直高度达 400 余米、坡度 65°以上的陡峭山崖。

第二自然段：起自 GPS0139 点，止于 GPS0140 点，长 61 米。壕堑保存较差。此段壕堑下临深沟，距沟底 2～4 米，沟中有季节性的流水。壕堑口宽 6、底宽 2.5、深 2～4 米，土垄保存较为完整，底宽 3～4、顶宽 1～3、高 0.8～1.5 米。

第三自然段：起自 GPS0140 点，止于 GPS0145 点，长 337 米。其中 283 米保存较差，54 米消失。GPS0140～GPS0141 段，长 54 米，位于两个山脊之间相夹的山湾处，此段因流水冲蚀而消失；GPS0141～GPS0144 段，长 246 米，壕堑深 1.5 米，土垄变宽，底宽 5、顶宽 3.5 米，土垄上有植树的育林坑；GPS0144～GPS0145 段，长 37 米，土垄较窄，削山高度 2.5～4 米。

第四自然段：起自 GPS0145 点，止于 GPS0149 点，长 220 米。壕堑保存较差，痕迹清晰。其中 100 米消失，120 米保存较差。从 GPS0145～GPS0146 段，长 100 米，由于长期雨水冲刷等原因，现已消失；GPS0146～GPS0149 段，长 120 米，位于山脊地带，壕堑保存较差，土垄清晰，削山高度 2～4 米，壕堑口宽 7、底宽 3 米，土垄底宽 3、顶宽 0.8～1.2、高 0.8～1.3 米。

第五自然段：起自GPS0149点，止于GPS0151点，长143米。从GPS0149～GPS0150段，长100米的壕堑被雨水冲刷成为断崖，保存状况差，仅存削山痕迹，削山高度5～7.8米；从GPS0150～GPS0151段，长43米，保存较差，削山高度2～3.4米，壕堑口宽6、底宽3米，土垄底宽2、顶宽0.3～0.5、高0.3～1米，此段壕堑地处山湾较为平缓的地段，泥沙淤积现象较为严重，局部已被填平。

第六自然段：起自GPS0151点，止于GPS0156点，长229米。壕堑保存较差。由于壕堑依山势修筑，山弯较多。从GPS0151～GPS0152段，长93米，由于地处两个较高的山脊之间，雨水冲刷造成山体坍塌、滑坡，使此段壕堑全部消失；GPS0152～GPS0156段，长136米，削山高度3～4米，壕堑剖面略呈"L"形，壕堑口宽5.3、底宽2.5米，土垄底宽2、顶宽0.5～1、高0.3～0.5米。此段壕堑所处山坡较为平缓，泥沙淤塞现象较为严重。

第七自然段：起自GPS0156点，止于GPS0158点，长90米。壕堑保存差。此段壕堑位于山湾处，由于常年雨水冲刷等因素，土垄已消失，局部仅存削山痕迹，高度1.5～3.2米。

第八自然段：起自GPS0158点，止于GPS0160点，长115米。壕堑保存较差。削山高度3～4米，壕堑口宽6、底宽2～3、深1～1.5米，大部分壕堑已经被泥沙淤积填满，局部地势较高的壕堑，土垄底宽2、顶宽0.6～0.8、高1～1.5米。此段壕堑内有人工挖掘种植树木的育林坑，对壕堑造成了破坏。

第九自然段：起自GPS0160点，止于GPS0163点，长181米。从GPS0160～GPS0161段，长144米，壕堑由于长期受到雨水冲蚀，山体滑坡、坍塌已全部消失。GPS0161～GPS0163段，长37米，保存较差，削山高度2～3米，壕堑口宽7、底宽2、深1～1.5米，土垄底宽2～3、顶宽0.8～1.2、高1～1.5米。土垄上有人工挖掘的育林坑。

第十自然段：起自GPS0163点，止于GPS0166点，长107米。其中11米保存差，96米保存较差。此段壕堑在山腰处蜿蜒上升。GPS0163点是一个拐点，壕堑土垄被山湾流水冲毁11米，仅存有削山的土崖；GPS0164～GPS0165段，长56米，此处山体较为平缓，壕堑挖掘也较为宽大，壕堑口宽8～10、底宽4、深1.2～1.8米，土垄底宽5～6、顶宽0.8～1.8、高1.2～1.8米；GPS0165～GPS0166段，长40米，壕堑保存较差，削山处比较陡直，高度2～4米，壕堑口宽6、底宽1～1.5米，土垄底宽3、顶宽0.8～1.2、高0.5～1.2米。

第十一自然段：起自GPS0166点，止于GPS0169点，长152米。其中GPS0166～GPS0167段，长89米，由于降雨形成山体滑坡和坍塌，壕堑已经消失；GPS0167～GPS0169段，长63米，壕堑保存较差，削山高度1.5～2.3米，壕堑口宽6、底宽3米，土垄底宽3、顶宽0.6～0.8、高0.3～0.8米，壕堑内有泥沙淤积。

第十二自然段：起自GPS0169点，止于GPS0171点，长99米。壕堑保存差。大部分壕堑因坍塌、滑坡已消失，残存的壕堑宽6米，削山土崖高2～3米，泥沙淤积严重。其中GPS0169～GPS0170段，长49米，壕堑仅见大致走向及削山的痕迹；GPS0170～GPS0171，长50米，壕堑仅见土垄，削山高度2～3米。

第十三自然段：起自GPS0171点，止于GPS0177点，长251米。壕堑保存差。壕堑所处地段蜿蜒曲折、地形复杂、拐点多。其中从GPS0171～GPS0172段，长37米，保存差，壕堑位于山脊部位，地势较为平缓，削山土崖高0.6～1.5米，壕堑宽6米，泥沙淤积填满，土垄宽度和高度不详；GPS0172～GPS0173段，长34米，壕堑地处山湾中，仅存削山痕迹，高1.2～1.8米；GPS0173～GPS0174段，长33米。壕堑修在山脊向山弯过渡的山坡处，大部分无存，仅见大致走向；GPS0174～

GPS0175 段，长 26 米，也仅见大致走向；GPS0175～GPS0176 段，长 52 米，保存状况差，壕堑内淤泥填满，口宽 6 米，其余尺寸不详；GPS0176～GPS0177 段，长 69 米，此段壕堑地处山坡向山梁的过渡带，从 GPS0176 点向西南 50 米，壕堑内泥沙淤积填满，削山痕迹亦不清晰，再往西南 19 米到 GPS0177 点，此段壕堑位于山梁之上，相对保存差，壕堑口宽 6、底宽 3.5、深 0.5～1 米。壕堑从止点处开始，转而顺山而下。

该段壕堑整体保存状况较差。壕堑全长 2532 米，其中 954 米保存较差，551 米保存差，1027 米消失。损毁原因以自然因素为主，由于降雨形成的山体滑坡、自然坍塌及雨水冲刷等因素，致使壕堑局部被泥沙淤积填平掩埋或消失；人为因素表现为在壕堑及垄上挖掘育林坑，种植柠条，对壕堑造成一定破坏。

（7）第七段 碾木沟壕堑（编码：6321233822202170010）

位于乐都县芦花乡碾木沟沟谷东西两侧山坡上。壕堑起自芦花乡碾木沟东侧山顶土路西侧，止于芦花乡碾木沟西侧山顶。该段壕堑由东南向西北方向沿着山脊向山下蜿蜒穿行，一直到山下的碾木沟沟谷，然后顺沟谷上山直到碾木沟西侧山脊梁顶部，整体呈东南至西北走向。壕堑地处山坡上，地势比较险峻。碾木沟壕堑东南与甘沟滩村壕堑 3 段相接，西北与脑那沟壕堑相接。本段壕堑起点西南 0.22 千米处为碾木沟烽火台，本段壕堑 GPS0222 点至 GPS0223 点西侧 0.11 千米处为碾木沟堡。

该段壕堑起自 GPS0177 点，止于 GPS0238 点，全长 1864 米。壕堑削山印痕及削山部分坍塌印痕高 2.5～17 米，平台宽 5～13 米，壕堑口宽 3.9～8.5、底宽 2.2～5.2、深 0.9～6 米、土垄底宽 3.6～6.8、顶宽 1.1～2.5、高 0.3～3.2 米。根据保存现状和走向分为十二个自然段：

第一自然段：起自 GPS0177 点，止于 GPS0221 点，长 74 米。壕堑消失。壕堑呈东南至西北向。0 米～16 米段为宽 9 米的土路，削山部分高 4 米；16 米～74 米段被坍塌土掩埋。

第二自然段：起自 GPS0221 点，止于 GPS0222 点，长 214 米。壕堑保存较差。壕堑呈南至北向。壕堑削山部分坍塌印痕高 7～9 米。0 米～96 米段削山部分坍塌印痕高 7 米，壕堑口宽 5.3、底宽 3.2、深 0.9 米，南侧土垄底宽 4.5、顶宽 1.7、高 0.65 米；96 米～103 米段壕堑及垄被冲刷为大坑；103 米～197 米段壕堑及垄消失，削山印痕高 9 米；197 米～214 米段壕堑被泥沙填平，垄消失。

第三自然段：起自 GPS0222 点，止于 GPS0223 点，长 318 米。壕堑保存差。壕堑呈东南至西北向。削山印痕高 2.5～7 米，平台宽 8 米。0 米～50 米段壕堑被填平，土垄消失；50 米～74 米段削山印痕高 7 米，平台呈斜坡状，宽 8 米；74 米～135 米段壕堑及垄均坍塌；135 米～249 段削山印痕高 5～6 米；249 米～308 米段削山部分上部被人为削山下切 2.5 米，残留印痕高 2.5 米；308 米～318 米段壕堑口宽 4.1、底宽 2.4、深 4 米，土垄底宽 4、顶宽 1.2、高 1.4 米。该段壕堑西侧 0.11 千米处为碾木沟堡。

第四自然段：起自 GPS00223 点，止于 GPS0225 点，长 39 米。壕堑消失。壕堑呈西南至东北向。山体滑坡造成壕堑消失。

第五自然段：起自 GPS0225 点，止于 GPS0227 点，长 251 米。壕堑保存差。壕堑呈东南至西北向。0 米～170 米段削山部分坍塌印痕高 12～17 米，平台已全部塌落无存；170 米～251 米段壕堑削山印痕高 4～9 米，壕堑口宽 6.1、底宽 3.9 米；170 米～183 米段保留有土垄，垄底宽 3.6、顶宽 1.3、高 0.9 米；183 米～221 米段削山印痕高 9 米，壕堑被填平，平台宽 6 米，土垄消失；221 米～251 米段壕堑削山印痕高 4 米，壕堑被人为平整，现平台宽 13 米。

第六自然段：起自 GPS0227 点，止于 GPS0228 点，长 57 米。壕堑消失。壕堑呈东南至西北向。壕堑位于碾木沟沟谷，有一条沙石路从沟谷中间穿过。

第七自然段：起自 GPS0228 点，止于 GPS0229 点，长 39 米。壕堑保存较差。壕堑呈东北至西南向。壕堑削山印痕高 6 米，壕堑口宽 6.7、底宽 3.5 米，南侧土垄底宽 4.3、顶宽 1.4、高 1 米。

第八自然段：起自 GPS0229 点，止于 GPS0232 点，长 287 米。壕堑保存差。壕堑呈东南至西北向。0 米~16 米段削山印痕高 6 米，壕堑口宽 6.7、底宽 3.5 米，南侧土垄底宽 4.3、顶宽 1.4、高 1 米；16 米~109 米段削山印痕高 4 米，壕堑被掩埋，土垄消失；109 米~139 米段土垄消失，壕堑被雨水冲刷所形成的淤土掩埋，靠近山脊的一侧（东北侧）呈斜坡状；139 米~211 米段有长期雨水冲刷形成的冲槽；219 米~245 米段保留有土垄，垄底宽 3.6、顶宽 1.1、高 0.3 米；245 米~255 米段土垄消失，壕堑填平为宽 5 米的平台；255 米~287 米段壕堑及其土垄均被坍塌土掩埋，呈斜坡状，斜坡上长有蒿草、西胡麻和冰草。

第九自然段：起自 GPS0232 点，止于 GPS0233 点，长 25 米。壕堑保存较差。壕堑呈东北至西南向。0 米~4 米段残存的削山印痕高 4 米，平台宽 6 米；4 米~25 米段壕堑局部被雨水冲毁，削山印痕高 6 米，壕堑口宽 5.2、底宽 2.1 米，土垄底宽 4.4、顶宽 1.5、高 0.6 米。

第十自然段：起自 GPS0233 点，止于 GPS0235 点，长 120 米。壕堑保存较差。壕堑呈东南至西北向。0 米~80 米段削山印痕高 5~6 米，壕堑口宽 2.7~3.9、底宽 2.2~5.2 米，土垄底宽 3.8~4.4、顶宽 1.5~1.7、高 0.4~0.6 米；80 米~110 米段土垄消失，壕堑被填平，平台宽 6 米；110 米~120 米段保留有土垄，垄底宽 4.1、顶宽 1.6、高 0.6 米。壕堑植物生长茂盛，长满西胡麻、蒿草和冰草。

第十一自然段：起自 GPS0235 点，止于 GPS0237 点，长 393 米。壕堑保存差。壕堑呈东南至西北向。0 米~5 米段壕堑削山印痕高 6 米，壕堑口宽 4.5、底宽 2.7 米，垄底宽 4.1、顶宽 1.6、高 0.6 米；5 米~208 米段壕堑及其土垄均被掩埋，山脊底部呈斜坡状；208 米~393 米段多处因雨水长期冲蚀，形成塌陷坑或沟槽，或将局部壕堑冲毁。

第十二自然段：起自 GPS0237 点，止于 GPS0238 点，长 47 米。壕堑保存较差。壕堑呈东南至西北向。0 米~20 米段山脊底部由于山体坍塌形成斜坡；20 米~47 米段，壕堑口宽 8.5、底宽 4.3、深 6 米，垄底宽 6.8、顶宽 2.5、高 3.2 米。

碾木沟壕堑因自然和人为原因的破坏，整体保存状况差。壕堑全长 1864 米，其中 445 米保存较差，1249 米保存差，170 米消失。损毁原因以自然因素的破坏为主，主要表现为长期受雨水冲刷，壕堑底部冲刷成沟槽、坍塌大坑；或被淤积填平掩埋；或由于山体滑坡和自然坍塌等原因，致使壕堑呈斜坡状。人为因素破坏表现为壕堑或垄部被踩踏。

（8）第八段　脑那沟壕堑（编码：632123382202170011）

位于乐都县芦花乡脑那沟东西两侧山体之上，西南 1.5 千米碾线岭下为碾线沟村。该段壕堑起自芦花乡碾木沟西侧山顶，止于芦花乡脑那沟西侧山顶碾线岭土路西侧。壕堑从脑那沟东侧山岭顶部处，由东南至西北向沿着脑那沟东侧山脊岭腰部位蜿蜒下山，直到脑那沟沟底，然后又转而沿着脑那沟西侧山脊上山，直到脑那沟西侧山顶，整体呈东南至西北走向。本段壕堑所处地形多为南北向山脊，沟谷纵横，地势复杂。脑那沟壕堑东南与碾木沟壕堑相接，西北与碾线沟壕堑相连。脑那沟壕堑止点处西南 0.89 千米处为碾线岭烽火台。

该段壕堑起自 GPS0238 点，止于 GPS0250 点，全长 1446 米。壕堑削山印痕及削山处坍塌印痕高 4.5~28 米，平台宽 2.3~6.9 米，壕堑口宽 4.4~5.4、底宽 2.1~2.5 米，壕堑西南侧土垄底宽 3.8~4.9、顶宽 1.2~1.7、高 0.4~1.5 米。根据保存现状和走向情况分为十个自然段：

第一自然段：起自 GPS0238 点，止于 GPS0241 点，长 265 米。壕堑保存差。壕堑呈东南至西北向。0 米 ~9 米段壕堑口宽 8.5、底宽 4.3、深 6 米，土垄底宽 6.8、顶宽 2.5、高 3.2 米；9 米 ~261 米段，壕堑现为平台，平台呈斜坡状，宽 2.3 ~6.9 米；261 米 ~265 米段壕堑消失，已被雨水冲成深 12 米的沟槽。

第二自然段：起自 GPS0241 点，止于 GPS0242 点，长 37 米。壕堑保存差。壕堑呈东北至西南向。0 米 ~6 米段被水冲为沟槽；6 米 ~37 米段削山部分坍塌印痕高 12 米，平台呈斜坡状。

第三自然段：起自 GPS0242 点，止于 GPS0243 点，长 22 米。壕堑保存较差。壕堑呈东南至西北向。削山印痕高 4.5 米，壕堑口宽 4.4、底宽 2.4 米，土垄底宽 3.8、顶宽 1.2、高 1.5 米。

第四自然段：起自 GPS0243 点，止于 GPS0244 点，长 73 米。壕堑消失。壕堑呈东南至西北向。山体滑坡导致壕堑消失。

第五自然段：起自 GPS0244 点，止于 GPS0245 点，长 128 米。壕堑消失。壕堑呈东北至西南向。山体滑坡造成壕堑消失。

第六自然段：起自 GPS0245 点，止于 GPS0246 点，长 177 米。壕堑保存差。壕堑呈东北至西南向。削山部分坍塌，坍塌印痕高 24 米，壕堑被坍塌土掩埋呈斜坡状。

第七自然段：起自 GPS0246 点，止于 GPS0247 点，长 78 米。壕堑消失。壕堑呈东南至西北走向。壕堑地处脑那沟沟底致壕堑消失。

第八自然段：起自 GPS0247 点，止于 GPS0248 点，长 319 米。壕堑保存差。壕堑由沟底顺山而上，整体呈东南至西北向。因山坡陡峭，壕堑多被山洪雨水冲毁，或仅存有平台，平台宽 3.6 米。削山处坍塌严重，坍塌印痕高 8 ~28 米。

第九自然段：起自 GPS0248 点，止于 GPS0249 点，长 273 米。壕堑保存差。壕堑呈东南至西北向。0 米 ~106 米段壕堑被填平呈斜坡状，其中 32 米 ~68 米段壕堑洪水冲刷形成深 25 米的沟槽；106 米 ~134 米段壕堑北侧的削山印痕高 4.8 米，壕堑口宽 4.8、底宽 2.1 米，土垄底宽 4.9、顶宽 1.7、高 0.4 米，壕堑内挖有种树坑；134 米 ~252 米段削山印痕高 6 ~8 米，壕堑有多处被山洪冲刷为沟槽，只有 167 米 ~177 米段尚保存有局部壕堑，壕堑口宽 5.4、底宽 2.5 米，南侧土垄底宽 4.3、顶宽 1.6、高 1.5 米；252 米 ~273 米段壕堑被土路破坏。

第十自然段：起自 GPS0249 点，止于 GPS0250 点，长 74 米。壕堑保存差。壕堑呈东北至西南向。0 米 ~57 米段壕堑填平并多向外坍塌呈斜坡状，局部平台宽 4.2 米，削山处坍塌印痕高 8 ~9 米；57 米 ~74 米段有两条土路将壕堑破坏。

脑那沟壕堑整体保存状况差。壕堑全长 1446 米，其中 22 米保存较差，1145 米保存差，279 米消失。损毁原因以自然因素为主，表现为：受雨水冲刷在壕堑底部形成凹槽，由于山洪暴发及山体滑坡造成部分壕堑被掩埋或消失，在壕堑内及垄部生长有冰草及西胡草等植物，对壕堑造成一定破坏；人为因素表现为：挖树坑、修建道路及人为踩踏等。

（9）第九段　碾线沟壕堑（编码：32123382202170012）

位于乐都县芦花乡碾线沟东西两侧山体上，沟谷南 0.2 千米为碾线沟村。该段壕堑起自芦花乡脑那沟西侧山顶碾线岭土路西侧，止于芦花乡碾线沟西侧山梁白崖坪岭顶部土路东侧。壕堑起自碾线沟东侧碾线岭顶，沿着山脊顺而下至碾线沟沟底，转而沿着碾线沟西侧山体逐渐蜿蜒上山，直到碾线沟西侧山梁白崖坪岭顶部，整体呈东南至西北走向（彩图二二）。该段壕堑处于南北向山脊，沟谷纵横，地势复杂。碾线沟壕堑东南与脑那沟壕堑相接，西北与白崖沟壕堑相连。壕堑起点 GPS0250 点西南 0.897 千米处为碾线岭烽火台，GPS0255 点西南 0.37 千米处为碾线沟堡。

　　该段壕堑起自GPS0250点，止于GPS0284点，全长2078米。壕堑削山印痕及削山部分坍塌印痕高4~27米，平台宽1.2~7.3米，壕堑口宽1.6~7.8、底宽2.3~4.5、深0.5~1.6米，西南土垄底宽4.1~6.7、顶宽1.5~2.4、高0.5~1.8米。根据保存现状和走向分为二十二个自然段：

　　第一自然段：起自GPS0250点，止于GPS0252点，长37米。壕堑保存差。壕堑呈东南至西北向。斜坡上部残存的削山印痕高8米，壕堑被掩埋成斜坡，并长有冰草、蒿草等植物。

　　第二自然段：起自GPS0252点，止于GPS0253点，长50米。壕堑保存较差。壕堑呈东南至西北向。0米~15米段削山印痕高8米，壕堑口宽6.2、底宽3.3米，土垄底宽5.1、顶宽1.7、高1米；15米~50米段，削山处坍塌印痕高10米，壕堑被人为填平为宽5米的平台，并挖有育林槽。

　　第三自然段：起自GPS0253点，止于GPS0255点，长148米。壕堑保存差。壕堑呈东北至西南向。0米~116米段山坡坍塌，壕堑无存，残存削山处坍塌印痕高17米；116米~148米段削山印痕高8米，壕堑填为平台，宽4.2米。本段壕堑西南0.37千米为碾线沟堡。

　　第四自然段：起自GPS0255点，止于GPS0256点，长71米。壕堑保存较差。壕堑呈东南至西北向。0米~19米段削山印痕高9米，平台宽4.6米；19米~30米段壕堑北侧残存的削山印痕高6米，壕堑口宽7.8、底宽4.5米，土垄底宽6.7、顶宽2.4、高1.8米；30米~71米段壕堑被坍塌土掩埋。壕堑内植物生长茂盛。从起点向西34米处有一处塌陷坑，坑径4、深4米。

　　第五自然段：起自GPS0256点，止于GPS0257点，长37米。壕堑保存差。壕堑呈东北至西南向。削山处坍塌严重，印痕高12~27米，底部壕堑均掩埋呈斜坡状。

　　第六自然段：起自GPS0257点，止于GPS0258点，长70米。壕堑保存较差。壕堑呈东南至西北走向。削山印痕高5.2米，壕堑口宽5.8、底宽3.6米，土垄底宽4.1、顶宽1.5、高0.4米。局部壕堑已被填为平台，外侧坍塌呈斜坡，或已塌陷为土坑。

　　第七自然段：起自GPS0258点，止于GPS0260点，长158米。壕堑保存差。壕堑先呈东北至西南走向，后转向东南至西北向。山坡坍塌，壕堑无存，削山处坍塌印痕高9~22米。

　　第八自然段：起自GPS0260点，止于GPS0261点，长77米。壕堑保存较差。壕堑呈东南至西北走向。0米~30米段残存的削山处坍塌印痕高14米，壕堑填为平台，平台宽5.4米；30米~50米段削山印痕高6米，壕堑口宽5.5、底宽2.9米，土垄底宽4.7、顶宽1.7、残高0.5米；50米~77米段削山印痕高9米，平台宽7.3米。

　　第九自然段：起自GPS0261点，止于GPS0263点，长69米。壕堑保存差。壕堑呈东北至西南走向。削山印痕高7~9米，壕堑被填为平台，宽4.5米。局部有一处深4米的塌陷坑。

　　第十自然段：起自GPS0263点，止于GPS0264点，长39米。壕堑保存较差。壕堑呈东南至西北向。削山印痕高6米，壕堑口宽5.4、底宽3.3米，土垄底宽5.1、顶宽1.9、高0.6米。

　　第十一自然段：起自GPS0264点，止于GPS0268点，长89米。壕堑保存差。壕堑先呈东南至西北向，随后转向东北至西南走向，复而转向东南至西北向。此段壕堑，削山处坍塌严重，坍塌印痕高6~12米，壕堑被坍塌土掩埋呈斜坡状，宽4.1~5.6米。

　　第十二自然段：起自GPS0268点，止于GPS0269点，长62米。壕堑保存较差。壕堑呈东南至西北向。0米~9米段壕堑残存的削山部分坍塌印痕高12米，壕堑口宽5.1、底宽2.4米，土垄底宽4.7、顶宽2.1、高0.5米；9米~62米段削山处坍塌印痕高16米，壕堑掩埋为平台，宽6.4米，壕堑局部被引水渠损毁。

　　第十三自然段：起自GPS0269点，止于GPS0270点，长165米。壕堑消失。壕堑呈东北至西南向。0米~9米段土崖下为水冲刷的大坑，坑深4米；9米处为东西向的引水渠；9米~57米段为耕地；

57 米～130 米段为碾线沟沟谷沟底；130 米～165 米段被平整为梯田，种植白杨树。

第十四自然段：起自 GPS0270 点，止于 GPS0271 点，长 69 米。壕堑保存差。壕堑呈东北至西南向。削山处坍塌严重，仅存有高 14 米的坍塌印痕。

第十五自然段：起自 GPS0271 点，止于 GPS0272 点，长 43 米。壕堑保存较差。壕堑呈东至西走向。0 米～20 米段斜坡上部残存的削山印痕高 6 米，土崖下存有平台，平台宽 5.2 米；20 米～26 米段被水冲为深 2 米的沟槽；40 米～43 米段北侧削山处被田埂破坏，壕堑被耕地田埂占用，残宽 1.6 米，南侧土垄底宽 4.4、顶宽 2.4、残高 0.6 米。

第十六自然段：起自 GPS0272 点，止于 GPS0273 点，长 114 米。壕堑消失。壕堑呈东南至西北向。壕堑所处山坡被平整为梯田，种植小榆树苗、苜蓿和柠条。

第十七自然段：起自 GPS0273 点，止于 GPS0274 点，长 60 米。壕堑保存较差。壕堑呈东南至西北向。0 米～33 米段壕堑北侧削山印痕高 5 米，壕堑口宽 6.3、底宽 3.3 米，南侧垄底宽 5.5、顶宽 1.8、高 1.2 米；33 米～60 米段削山印痕高 6 米，仅存平台宽 1.2～4 米。壕堑被雨水冲毁，局部呈雨蚀沟槽。

第十八自然段：起自 GPS0274 点，止于 GPS0275 点，长 22 米。壕堑保存差。壕堑略呈东至西向。削山印痕高 7 米，壕堑已被填平呈斜坡。

第十九自然段：起自 GPS0275 点，止于 GPS0276 点，长 110 米。壕堑保存较差。壕堑呈东南至西北向。0 米～83 米段削山印痕高 6 米，壕堑口宽 4.7、底宽 2.7 米，土垄底宽 4.6、顶宽 1.9、残高 0.4 米。坡上挖有水平槽，土垄处挖有条形育林坑，种有红刺；83 米～110 米段斜坡上削山印痕高 6 米，壕堑内被填平，形成平台，平台宽 5 米。

第二十自然段：起自 GPS0276 点，止于 GPS0282 点，长 439 米。壕堑保存差。壕堑先呈东南至西北向，随后转向东北至西南向，复而转向东南至西北向。0 米～85 米段削山印痕高 7 米，平台宽 4 米，坍塌呈斜坡状，平台前沿种满柠条；85 米～103 米段壕堑削山印痕高 5 米，壕堑口宽 4.7、底宽 2.3 米，土垄底宽 3.7、顶宽 1.1、残高 0.4 米；103 米～439 米段削山印痕高 3～6 米，壕堑已被填平成平台，宽 2.5～6 米，平台有的坍塌呈斜坡，有的坍塌无存。

第二十一自然段：起自 GPS0282 点，止于 GPS0283 点，长 65 米。壕堑保存较差。壕堑呈东北至西南向。壕堑残存的削山痕高 4 米，壕堑口宽 5.1、底宽 3.4 米，土垄底宽 5、顶宽 2.2、高 0.6 米。壕堑内长满冰草及红刺等植物。

第二十二自然段：起自 GPS0283 点，止于 GPS0284 点，长 84 米。壕堑保存差。壕堑呈东南至西北向。残存的削山印痕高 4 米，平台坍塌呈斜坡状，宽 5.8 米，壕堑内长满黄刺、柠条等；74 米～84 米段壕堑被顶部坍塌落土掩埋。

碾线沟壕堑整体保存状况差。壕堑全长 2078 米，其中 647 米保存较差，1152 米保存差，279 米消失。损毁原因以自然因素为主，表现为受雨水冲刷、自然坍塌等因，壕堑被坍塌土掩埋甚至填平，或被积水冲刷为塌陷坑；人为因素表现为人为将壕堑填平，挖育林槽，种植柠条及人为踩踏等。壕堑内生长有冰草、红刺等植物，植物根系对壕堑造成了一定程度的破坏。

（10）第十段　白崖沟壕堑（编码：632123382202170013）

位于乐都县马营乡白崖沟两侧山体之上，东南 3.5 千米为马营乡白崖坪村，东北 4 千米为马营乡墩湾村。该段壕堑起自芦花乡碾线沟西侧山梁白崖坪岭顶部，止于马营乡边墙岭高庙至史纳公路东侧。壕堑从白崖坪岭顶部起，沿着山脊顺山而下至白崖沟沟底，转而沿着白崖沟西侧山体逐渐上山，蜿蜒穿行，直到高庙至史纳公路东侧，整体呈东北至西南走向。壕堑所处地形多为南北向山脊，沟谷纵横，地势复杂。白崖沟壕堑东北与碾线沟村壕堑相接，西南与水磨沟壕堑相连。

该段壕堑起自 GPS0284 点，止于 GPS0302 点，全长 2431 米。壕堑削山印痕及削山部分坍塌印痕高 2.4~18 米，平台宽 2.3~8 米，壕堑口宽 6~9、底宽 2.8~4.8、深 3.5~5 米，土垄底宽 4.6、顶宽 2.6、高 1.2 米。根据保存现状和走向分为十二个自然段：

第一自然段：起自 GPS0284 点，止于 GPS0285 点，长 15 米。壕堑消失。壕堑呈东北至西南向。因修建土路致使壕堑消失。

第二自然段：起自 GPS0285 点，止于 GPS0286 点，长 60 米。壕堑保存差。壕堑呈东北至西南向。削山部分坍塌印痕高 7~12 米，底部平台宽 2.3~6.9 米。壕堑内长满冰草、西胡草等植物。

第三自然段：起自 GPS0286 点，止于 GPS0287 点，长 389 米。壕堑消失。壕堑呈东北至西南向。削山印痕高 2.4 米，壕堑大多被耕地破坏。

第四自然段：起自 GPS0287 点，止于 GPS0288 点，长 123 米。壕堑保存差。壕堑呈东北至西南向。削山印痕高 8 米，壕堑填为平台，自然坍塌成斜坡，坡上长满冰草、蒿草。在 123 米处有一条宽 1.2 米的山间小路穿过壕堑。

第五自然段：起自 GPS0288 点，止于 GPS0289 点，长 82 米。壕堑保存较差。壕堑呈东北至西南向。壕堑时有时无，0 米~25 米段壕堑口宽 9、底宽 4.8、深 3.5 米；25 米~41 米段因雨水冲刷导致壕堑塌陷，塌陷深度 16 米。

第六自然段：起自 GPS0289 点，止于 GPS0291 点，长 232 米。壕堑消失。壕堑呈东北至西南向。0 米~177 米段壕堑因洪水冲刷已形成自然冲沟，冲沟口宽 26、底宽 12、深 30 米，致使壕堑消失；177 米~185 米段白崖沟沟水从东侧山坡底部穿过，河流下切高度 4.5 米；185 米~232 米段壕堑被开辟为一级阶地，现已退耕还草；177~232 米段壕堑位于白崖沟沟底，此段壕堑因白崖沟沟水及新辟耕地致使壕堑消失。

第七自然段：起自 GPS0291 点，止于 GPS0293 点，长 429 米。壕堑保存差。壕堑先呈东北至西南向，后转为东南至西北向。削山部分坍塌印痕高 10~12 米，底部平台呈斜坡状。

第八自然段：起自 GPS0293 点，止于 GPS0294 点，长 60 米。壕堑保存较差。壕堑呈东北至西南向。0 米~40 米段削山印痕高 10 米，平台呈斜坡状；40 米~60 米段削山印痕高 5 米，壕堑口宽 6、底宽 2.8 米，土垄底宽 4.6、顶宽 2.6、高 1.2 米。土垄东南侧有育林槽，种植柠条。

第九自然段：起自 GPS0294 点，止于 GPS0299 点，长 570 米。壕堑保存差。壕堑先呈东北至西南向延伸，继而转向东南至西北向，后又转向东北至西南向，复而转向东南至西北向，最后又呈东北至西南向延伸。0 米~8 米段壕堑土垄底宽 4.6、顶宽 2.6、高 1.2 米；8 米~570 米段削山印痕及削山处坍塌痕高 6~18 米，壕堑有的填为平台，平台宽 5.3~8 米，或因山体坍塌较甚，平台无存。

第十自然段：起自 GPS0299 点，止于 GPS0230 点，长 368 米。壕堑消失。壕堑呈东北至西南向。山体滑坡是造成壕堑消失的主要原因；此外，还有一处宽 1.2、深 1.4 米的引水槽及一条宽 1.5 米的小路亦将壕堑破坏。

第十一自然段：起自 GPS0230 点，止于 GPS0231 点，长 34 米。壕堑保存差。壕堑呈东北至西南向。削山印痕高 6 米，平台宽 6.3 米，有一条宽 0.5 米的山间小路斜穿壕堑。

第十二自然段：起自 GPS0231 点，止于 GPS0232 点，长 69 米。壕堑消失。壕堑呈东北至西南向。壕堑被山体滑坡的坍塌土及顶部道路路基垫土掩埋。

白崖沟壕堑整体保存状况差。壕堑全长 2431 米，其中 142 米保存较差，1216 米保存差，1073 米消失。损毁原因以自然因素为主，主要表现为：壕堑北侧削山形成的土崖自然坍塌掩埋填平壕堑，或致壕堑消失，局部壕堑长期受雨水的冲刷形成坍陷坑；人为因素表现为村民将局部壕堑平整为耕地，修建乡间道路对壕堑破坏严重；还有在壕堑内种植柠条、冰草、西胡草等植物，亦对壕堑造成一定程度的破坏。

（11）第十一段 水磨沟壕堑（编码：632123382202170014）

位于乐都县高庙镇水磨沟东西两侧山体上。该段壕堑起自马营乡边墙岭高庙至史纳公路东侧，止于高庙镇水磨沟西山岭腰。壕堑沿着边墙岭西北侧由东北向西南从高向低行至水磨沟沟谷，然后过水磨沟沿山蜿蜒而行，至水磨沟西山的山腰处止。山势险峻，山体多为南北向低缓大山，山底石岩裸露，沟谷纵横。东南侧0.5千米水磨沟沟谷处为高庙镇寺磨庄村，西北1千米山顶处为李家乡双坪村。水磨沟壕堑东北与白崖沟壕堑相接，西南与水槽沟壕堑相连。壕堑GPS0313点~GPS0315点北侧0.2千米处为寺磨庄1号堡。

该段壕堑起自GPS0302点，止于GPS0332点，全长3620米。壕堑削山痕及削山处坍塌印痕高1.5~18米，平台宽2~8.5米，壕堑口宽4.2~5、底宽1.7~1.8米，土垄底宽3.1~3.2、顶宽1.5~1.8、高0.6~0.8米。根据保存现状和走向分为十一个自然段：

第一自然段：起自GPS0302点，止于GPS0303点，长72米。壕堑消失。壕堑呈东北至西南向。0米~6米段有宽6米的高庙至史纳公路通往马营乡穿越壕堑，致使壕堑消失；6米~72米段被耕地破坏。

第二自然段：起自GPS0303点，止于GPS0307点，长952米。壕堑保存差。壕堑呈东北至西南向。削山印痕及削山处坍塌印痕高7~15米。此段壕堑已填为平台，平台宽2~7.6米。有的被平整为农田，或被修建道路破坏，局部地段被雨水冲为沟槽或坍塌成坑状。

第三自然段：起自GPS0307点，止于GPS0308点，长79米。壕堑保存差。壕堑呈东南至西北向。削山印痕高6米，平台宽8.5米。从GPS0307点向西南79米处有高庙电线"高二路马营芦花分支82"的标志。

第四自然段：起自GPS0308点，止于GPS0310点，长505米。壕堑保存差。壕堑呈东北至西南向。此段壕堑局部地段削山壁坍塌，坍塌印痕高达15米，壕堑被坍塌土掩埋，有的形成了较陡的斜坡；155米~420米段，削山印痕高1.5米，平台宽6.4米，局部平台处被水冲成宽3、深2米的沟槽，或被山间道路下切0.8~1.2米。

第五自然段：起自GPS0310点，止于GPS0313点，长231米。壕堑保存差。壕堑先呈西北至东南向后转向东北至西南向。0米~117米段削山印痕高9米，平台宽3.2~8.5米，平台下方6米处为冲洞，暴露出石岩，并有后期人工平整痕迹；117米~231米段壕堑下部有一条宽68、深62米的石沟，大面积山体滑坡将壕堑掩埋。

第六自然段：起自GPS0313点，止于GPS0315点，长658米。壕堑消失。壕堑呈东南至西北向。0米~470米段为河谷平地，分布有小片耕地及树丛；470米~581米段为裸露的石岩沟谷；581米~658米段为山坡沟谷，壕堑被冲毁无存。

第七自然段：起自GPS0315点，止于GPS0319点，长349米。壕堑保存差。壕堑呈东南至西北向。0米~48米段山梁腰部削山部分坍塌印痕高12米，底部平台宽4.2米；48米~62米段有山间土路从壕堑中间斜向穿过；62米~80米段削山印痕高8米，壕堑口宽5、底宽1.7，南侧垄底宽3.1、顶宽1.5、高0.6米；84米~151米段削山印痕高10米，底部平台宽4.2米；151米~164米段由于长期的雨水冲刷形成一条深8米的沟槽，将壕堑破坏，并挖有育林坑；164米~239米段削山印痕高6米，壕堑口宽4.2、底宽1.8米，土垄底宽3.2、顶宽1.8、高0.8米；239米~256米段壕堑被一条从岭顶穿越而下宽 3 米的土路破坏；256 米~301 米段底部壕堑被顶部道路落土掩埋；307 米~349 米段山体滑坡致壕堑消失。

第八自然段：起自 GPS0319 点，止于 GPS0325 点，长 372 米。壕堑保存差。壕堑先呈东北至西南向，后转向东南至西北向，又转向东北至西南向。山体滑坡使削山部分多处坍塌，坍塌印痕高 7~18 米；因坍塌程度不一，有的壕堑被填为平台，平台宽 3.8~6 米，或平台呈斜坡，有的壕堑被掩埋。

第九自然段：起自 GPS0325 点，止于 GPS0328 点，长 183 米。壕堑保存差。壕堑先呈东南至西北向，后转向东北至西南向，复而转向东南至西北向。0 米~66 米段因山体滑坡，削山部分坍塌印痕高由 34 米递减至 16 米；66 米~97 米段削山坍塌印痕高从 16 米递减至 7 米，底部平台宽 4 米；97 米~122 米段山体削山部分坍塌印痕高 6~12 米，坍塌土掩埋平台，平台处还有一条宽 6、深 10 米的冲沟；122 米~129 米段削山坍塌印痕高 12 米，底部平台消失；129 米~183 米段削山印痕高 9 米，底部平台呈斜坡状，宽 5.5 米。

第十自然段：起自 GPS0328 点，止于 GPS0331 点，长 176 米。壕堑保存差。壕堑先呈东北至西南向，后转向东南至西北向。0 米~118 米段削山处坍塌印痕高 9 米，底部平台宽 5.5 米，壕堑内长满冰草、蒿草等植物；118 米~150 米段因山体滑坡，壕堑被掩埋；150 米~176 米段削山坍塌印痕高 9 米，底部平台宽 6 米。

第十一自然段：起自 GPS0331 点，止于 GPS0332 点，长 43 米。壕堑消失。壕堑呈东北至西南向。山体滑坡致使壕堑消失。

水磨沟壕堑整体保存状况差。壕堑全长 3620 米，其中 92 米保存较差，2755 米保存差，773 米消失。损毁原因以自然因素为主，主要表现为长期的雨水冲刷引起壕堑削山壁和底部形成冲沟，壕堑内淤土填塞形成平台，自然坍塌、山体滑坡导致壕堑或平台被掩埋；人为因素表现为人为将壕堑或平台改造为公路或乡间土路，将壕堑平整为梯田。

（12）第十二段　水槽沟壕堑（编码：6321233382202170015）

位于乐都县高庙镇水槽沟西山山腰处，其北 1 千米处为李家乡双坪村。该段壕堑起自高庙镇水磨沟西山山腰处，止于高庙镇水槽沟西山山腰哑豁处。此段壕堑呈东南至西北走向，壕堑所处地形多为南北向山脊，沟谷纵横，地势复杂。水槽沟壕堑东南接水磨沟壕堑，西北与五马沟壕堑相连。

该段壕堑起自 GPS0332 点，止于 GPS0348 点，全长 1244 米。壕堑削山印痕及削山处坍塌印痕高 6~29 米，平台宽 4.5~8.7 米，壕堑口宽 6.2、底宽 2.5 米，南侧土垄底宽 3.1、顶宽 1.7、高 0.3~0.5 米。根据保存现状和走向分为十个自然段：

第一自然段：起自 GPS0332 点，止于 GPS0335 点，长 215 米。壕堑保存差。壕堑先呈东南至西北向，继而转向东北至西南向，后又转向东南至西北向。0 米~32 米段壕堑被山间土路破坏殆尽；32 米~179 米段削山处坍塌严重，坍塌印痕高 6~12 米，壕堑内被坍塌落土掩埋，平台呈斜坡状，宽 6~8.7 米；179 米~215 米段削山坍塌印痕高 6~15 米。

第二自然段：起自 GPS0335 点，止于 GPS0338 点，长 102 米。壕堑保存差。壕堑先呈东北至西南向，继而转向东南至西北向，后又转向东北至西南向。削山处坍塌严重，坍塌印痕高 6~15 米，底部平台有的宽 6 米，有的呈斜坡状。在削山斜坡处及平台上挖有窄长条状人工育林坑。

第三自然段：起自 GPS0338 点，止于 GPS0339 点，长 85 米。壕堑消失。壕堑呈东北至西南向，山体滑坡致使壕堑消失。

第四自然段：起自 GPS0339 点，止于 GPS0340 点，长 60 米。壕堑保存差。壕堑呈东南至西北向。壕堑西北壁削山印痕高 6 米，底部平台宽 6 米。

第五自然段：起自 GPS0340 点，止于 GPS0341 点，长 159 米。壕堑消失。壕堑呈东南至西北向，山体滑坡致使壕堑消失。

第六自然段：起自 GPS0341 点，止于 GPS0343 点，长 189 米。壕堑保存差。壕堑呈东北至西南向。0 米 ~17 米段残存的削山印痕高 6 米，底部平台宽 7 米；17 米 ~161 米段山体滑坡北壁坍塌，致使壕堑接近消失，仅能看出痕迹；161 米 ~189 米段壕堑削山印痕高 6 米，局部壕堑口宽 6.2、底宽 2.5 米，土垄底宽 3.1、顶宽 1.7、高 1.2 米；有的壕堑被坍塌土掩埋成平台，宽 7 米。

第七自然段：起自 GPS0343 点，止于 GPS0346 点，长 234 米。壕堑保存差。壕堑先呈东南至西北向，继而转向东北至西南向，后又转向东南至西北。削山印痕高 6.5 ~12 米，壕堑有的填为平台，宽 4.5 ~6 米，或呈斜坡状、或被掩埋。壕堑底部有多处水蚀沟槽。

第八自然段：起自 GPS0346 点，止于 GPS0347 点，长 83 米。壕堑消失。壕堑呈东南至西北向。因山体滑坡、雨水冲刷将壕堑损毁。

第九自然段：起自 GPS0347 点，止于 GPS0348 点，长 48 米。壕堑消失。壕堑呈东北至西南向。因山体滑坡、雨水冲刷致使平台形成断崖，壕堑消失殆尽。

第十自然段：起自 GPS0348 点，止于 GPS0349 点，长 69 米。壕堑保存差。壕堑呈东北至西南向。0 米 ~21 米段壕堑削山印痕高 7 米，底部平台宽 4.6 米，平台呈斜坡状；21 米 ~69 米段有多处雨蚀沟槽，深 1.5 ~4.5、宽 2.2 ~6.2 米。

水槽沟壕堑整体保存状况差。壕堑全长 1244 米，其中 28 米保存较差，841 米保存差，375 米消失。损毁原因以自然因素为主，表现为长期的雨水冲刷及山体滑坡造成壕堑削山壁自然坍塌，同时在壕堑底部形成水蚀冲槽，造成部分壕堑被掩埋或消失，还有植物生长亦对壕堑造成一定破坏等；人为因素表现为挖育林坑对壕堑造成的破坏。

（13）第十三段　五马沟壕堑（编码：632123382202170016）

位于乐都县高庙镇东北五马沟东西山山体上，南 3.5 千米沟口为高庙镇旱地湾村。该段壕堑起自高庙镇水槽沟西山山腰哑豁处，止于高庙镇五马沟西山山岭顶。该段壕堑从五马沟东山山腰处，顺山而下直到五马沟沟底，然后又经过五马沟转而上山，直到五马沟西山岭顶，整体呈东北至西南走向。壕堑所在处多为南北向山脊，沟谷纵横，地势复杂。五马沟壕堑东北和水槽沟壕堑相连，西南和大堂沟壕堑相接。

该段壕堑东北起自 GPS0349 点，止于 GPS0368 点，全长 1769 米。壕堑削山部分及削山坍塌印痕高 4 ~18 米，平台宽 1.2 ~6.1 米，壕堑口宽 6.2、底宽 2.6 米，垄底宽 4.2、顶宽 1.7、高 1.2 米。根据保存现状和走向分为九个自然段：

第一自然段：起自 GPS0349 点，止于 GPS0350 点，长 163 米。壕堑消失。壕堑呈东北至西南向。0 米 ~106 米段被山间道路完全破坏；106 米 ~163 米段被坡壁坍塌土掩埋致使壕堑消失。

第二自然段：起自 GPS0350 点，止于 GPS0353 点，长 366 米。壕堑保存差。壕堑呈东北至西南向。壕堑西北侧削山坍塌印痕高 6 ~13 米，壕堑被填为平台，部分平台宽 5.2 ~6.1 米，多数已损毁无存，局部或被雨水冲蚀成沟槽，或被人为修建为道路。

第三自然段：起自 GPS0353 点，止于 GPS0355 点，长 87 米。壕堑保存差。壕堑先呈东南至西北向，后转向东北至西南向。壕堑北侧削山处坍塌印痕高 6 ~15 米，壕堑已填为平台，平台宽 1.2 ~2.3 米。

第四自然段：起自 GPS0355 点，止于 GPS0356 点，长 80 米。壕堑消失。壕堑呈西北至东南向。因山体大面积滑坡，致使壕堑消失，坍塌高度为 46 米。

第五自然段：起自 GPS0356 点，止于 GPS0364 点，长 500 米。壕堑保存差。壕堑呈东北至西南向。削山处坍塌印痕高 7～18 米，壕堑被填为平台，残存平台宽 2.2～4.2 米，多数平台或已毁，或呈斜坡状，或被雨水冲为沟槽。并有两条道路穿越平台而过，还在局部地段挖有水平槽和育林坑。

第六自然段：起自 GPS0364 点，止于 GPS0365 点，长 114 米。壕堑消失。壕堑呈东北至西南向。该段壕堑位于五马沟处，致使壕堑消失。

第七自然段：起自 GPS0365 点，止于 GPS0366 点，长 280 米。壕堑保存较差。壕堑呈东北至西南向。壕堑沿五马沟水渠缘顺山而上至山腰止。壕堑北侧削山部分印痕高 5 米，壕堑口宽 6.2、底宽 2.6 米，南侧土垄底宽 4.2、顶宽 1.7、高 1.2 米。

第八自然段：起自 GPS0366 点，止于 GPS0367 点，长 26 米。壕堑保存差。壕堑呈东北至西南向。壕堑被山体滑坡坍塌土掩埋，削山印痕高 4 米，底部平台宽 5.2 米。

第九自然段：起自 GPS0367 点，止于 GPS0368 点，长 153 米。壕堑消失。壕堑呈东南至西北向。本段壕堑从山腰处延伸至山梁顶部。山梁西侧有一条宽 8 米的土路穿过壕堑，西侧山梁顶部有宽 10 米的大豁口，受自然因素的破坏，削山部分坍塌印痕无存，壕堑消失。

五马沟壕堑整体保存状况差。壕堑全长 1769 米，其中 280 米保存较差，979 米保存差，510 米消失。损毁原因以自然因素为主，表现为：山体滑坡造成壕堑局部消失，雨水冲刷致使壕堑多处呈沟槽状；人为因素表现为修建道路、挖育林坑等对壕堑造成一定破坏。

（14）第十四段　大堂沟壕堑（编码：6321233822202170017）

位于乐都县高庙镇大堂沟沟内。该段壕堑起自高庙镇五马沟西山岭顶，止于高庙镇柳湾村沙沟东山山腰土路边。该段壕堑从五马沟西侧山顶起，由东北向西南穿过大堂沟山腰，蜿蜒曲折延伸穿越沟壑，止于柳湾村沙沟东山山腰土路处。该段壕堑地处高庙镇北面浅山地带，周围多为南北向大山，山谷纵横，山势陡峭。壕堑南侧 4.5 千米处为高庙镇长里村。大堂沟壕堑东北与五马沟壕堑相接，西南与柳湾村壕堑相连。

该段壕堑起自 GPS0368 点，止于 GPS0387 点，全长 1407 米。壕堑北侧削山印痕及削山处坍塌印痕高 4.7～20 米，平台宽 4～6.4 米，壕堑口宽 7.1、底宽 2.7 米，南侧土垄底宽 5.2～5.6、顶宽 1.4～2.2、高 1～1.4 米。根据保存现状和走向分为十一个自然段：

第一自然段：起自 GPS0368 点，止于 GPS0370 点，长 50 米。壕堑保存差。壕堑先呈东北至西南走向，后转向东南至西北向。0 米～11 米段削山印痕高 5 米，底部平台宽 4 米，平台上面蒿草、西胡草等草类生长茂盛；11 米～50 米段壕堑削山印痕高 4.7 米，底部平台呈斜坡状。

第二自然段：起自 GPS0370 点，止于 GPS0371 点，长 56 米。壕堑保存较差。壕堑呈东北至西南向。0 米～24 米段削山印痕高 5.4 米，壕堑口宽 7.1、底宽 2.7 米，南侧土垄底宽 5.2、顶宽 1.4、高 1 米。土垄因雨水冲刷，顶部现呈平顶，边沿坍塌。

第三自然段：起自 GPS0371 点，止于 GPS0372 点，长 134 米。壕堑消失。壕堑呈东北至西南向。本段壕堑从山坡顶部下山延伸至沟底，由于洪水冲刷，山体崩塌形成自然冲沟，使壕堑消失。

第四自然段：起自 GPS0372 点，止于 GPS0377 点，长 414 米。壕堑保存差。壕堑呈东北至西南向。壕堑削山处坍塌印痕高 6～20 米，平台宽 4.8～5.7 米，有的坍塌较甚，平台处呈斜坡状。

第五自然段：起自 GPS0377 点，止于 GPS0378 点，长 166 米。壕堑消失。壕堑呈东北至西南向。壕堑位于沟底，冲沟系自然形成，沟底有一条土路及一条大峡水渠穿过，致使壕堑消失。

第六自然段：起自 GPS0378 点，止于 GPS0379 点，长 110 米。壕堑保存差。壕堑呈东南至西北向。壕堑从沟底顺山而上，由于山体滑坡，削山部分坍塌印痕高度不详，壕堑被掩埋成斜坡状。

第七自然段：起自 GPS0379 点，止于 GPS0380 点，长 30 米。壕堑保存较差。壕堑呈东北至西南走向。削山印痕高 6 米，局部壕堑口宽 7.1、底宽 2.7 米，南侧土垄底宽 5.6、顶宽 2.2、高 1.4 米。土垄顶部被雨水冲为平顶，沟内坍塌。

第八自然段：起自 GPS0380 点，止于 GPS0381 点，长 33 米。壕堑消失。壕堑呈东北至西南向。山体滑坡造成壕堑底部塌陷，致使壕堑消失。

第九自然段：起自 GPS0381 点，止于 GPS0383 点，长 221 米。壕堑保存差。壕堑呈东北至西南向。0 米～127 米段削山处坍塌，底部平台呈斜坡状，宽 6.4 米；127 米～221 米段壕堑多处坍塌。

第十自然段：起自 GPS0383 点，止于 GPS0385 点，长 107 米。壕堑消失。0 米～44 米段壕堑多位于自然冲沟沟底，壕堑在此处被毁；44 米～107 米段因山体滑坡，使壕堑消失。

第十一自然段：起自 GPS0385 点，止于 GPS0386 点，长 86 米。壕堑保存差。壕堑先呈东北至西南向，后转向东南至西北向。0 米～37 米段削山部分坍塌印痕高 11 米，底部平台呈斜坡状，平台宽 6 米；37 米～86 米段仅存削山印痕高 4.6 米。

大堂沟壕堑整体保存状况差。壕堑全长 1407 米，其中 86 米保存较差，881 米保存差，440 米消失。损毁原因以自然因素的破坏为主，表现为：位于山上的部分壕堑因山体滑坡或雨水冲刷导致壕堑自然坍塌，坍塌土掩埋及填平壕堑，或局部损毁壕堑，或使壕堑消失；而处于沟底的部分壕堑因受自然雨水的长期冲刷，多被冲毁消失。人为因素表现为挖坑种植柠条及人为踩踏等。

（15）第十五段　柳湾村壕堑（编码：632123382202170018）

位于乐都县高庙镇柳湾村沙沟东西两侧山梁上。该段壕堑起自高庙镇柳湾村沙沟东山山腰土路边，止于高庙镇柳湾村沙沟西山山梁顶部。该段壕堑从柳湾村沙沟东山山腰土路边起，顺山而下至柳湾村沙沟沟底，穿过柳湾村沙沟沟底，转而上山至柳湾村沙沟西山山梁顶部，整体呈东南至西北走向。壕堑地处高庙镇北面低山丘陵地带，周围多为南北向大山，山谷纵横，山势陡峭。柳湾村壕堑东南与大堂沟壕堑相接，西北与扎门村壕堑相连。GPS0404 点南 3 千米处为柳湾村，其北有东西走向的大峡渠穿过。

该段壕堑起自 GPS0387 点，止于 GPS0407 点，全长 1746 米。壕堑削山部分印痕及削山部分坍塌印痕高 5～15 米，平台宽 3～6.2 米，壕堑口宽 5.4～7.4、底宽 3.2～4.2 米，南侧土垄底宽 3.2～6、顶宽 0.9～2.1、高 0.5～1.8 米。根据保存现状和走向分为九个自然段：

第一自然段：起自 GPS0387 点，止于 GPS0394 点，长 341 米。壕堑保存差。壕堑呈东南至西北向。0 米～58 米段削山处坍塌印痕不清晰，壕堑被泥土淤积等掩埋成斜坡状；58 米～65 米段被土路破坏；65 米～240 米段削山印痕高 5～6 米，壕堑被淤积掩埋形成的平台宽 3～5.7 米，部分壕堑因雨水冲刷形成多处冲沟和塌陷坑；240 米～341 米段削山印痕高 5 米，壕堑被淤积掩埋形成的平台呈斜坡状。

第二自然段：起自 GPS0394 点，止于 GPS0395 点，长 28 米。壕堑保存较差。壕堑呈东北至西南向。0 米～23 米段壕堑削山印痕高 5 米，壕堑口宽 5.4、底宽 3.2，南侧土垄底宽 3.2、顶宽 0.9、高 0.6 米；23 米～28 米段壕堑被淤积填平，平台呈斜坡状。

第三自然段：起自 GPS0395 点，止于 GPS0398 点，长 203 米。壕堑保存差。壕堑呈东南至西北向。0 米～52 米段由于风雨侵蚀造成削山部分坍塌，底部平台基本消失；52 米～203 米段削山印痕高 5～7 米，壕堑被填平，平台宽 4～4.9 米。削山壁斜坡上有一处人工开挖的小土洞，部分斜坡和平台上种植有柠条。

第四自然段：起自 GPS0398 点，止于 GPS0400 点，长 254 米。壕堑保存较差。壕堑呈东南至西北向。0米~73米段壕堑削山印痕高5米，壕堑口宽7.2、底宽4.2米，南侧土垄底宽1.4、顶宽1.4、高0.7米；73米~254米段壕堑削山印痕高7米，壕堑口宽6.3、底宽2.5米，南侧土垄底宽6、顶宽2.1、高1.8米。土垄比较高大，垄上人工种植柠条，壕堑内长有蒿草、西胡草等植物；局部平台处有多处塌陷坑。

第五自然段：起自GPS0400点，止于GPS0401点，长64米。壕堑保存差。壕堑呈东北至西南向。0米~30米段削山坍塌印痕高15米，有便道横穿壕堑而过；30米~64米段削山印痕高6米，平台宽6米，边缘坍塌痕迹明显。

第六自然段：起自GPS0401点，止于GPS0402点，长170米。壕堑消失。壕堑呈东北至西南向。壕堑因山体滑坡而消失。

第七自然段：起自GPS0402点，止于GPS0403点，长36米。壕堑保存较差。壕堑呈东南至西北向。削山印痕高5米，壕堑口宽7.4、底宽3.7米，土垄底宽3.7、顶宽2、高0.5米。壕堑内外种植有柠条。

第八自然段：起自GPS0403点，止于GPS0404点，长103米。壕堑保存差。壕堑呈东北至西南向。壕堑由山坡处延伸至沟底。壕堑底部由于坍塌严重，迹象不明显。大峡渠渡槽从沟底横穿而过。

第九自然段：起自GPS0404点，止于GPS0405点，长547米。壕堑消失。壕堑呈东南至西北向。0米~202米段壕堑位于柳湾村沙沟沟底，常年沟水潺潺，致使壕堑消失；202米~547米段壕堑因山体滑坡而消失。寻访中得知，沟底中原有石墙一道，现已无存。

柳湾村壕堑整体保存状况差。壕堑全长1746米，其中318米保存较差，711米保存差，717米消失。损毁原因以自然因素的破坏为主，表现为：处于山坡上的壕堑因山体滑坡导致壕堑边壁坍塌掩埋，受雨水冲刷致使在壕堑底部冲刷成多处坍陷坑，还有位于柳湾村沙沟沟底处的壕堑，因长年受沟水的侵蚀，致使壕堑消失；人为因素表现为在局部壕堑内外人工种植柠条。

为了进一步了解壕堑的修建形式及结构特点，经征得文物主管部门的同意，我们对柳湾村壕堑第四自然段GPS0399起点西北3米处进行了解剖。解剖方法，于壕堑处横向挖掘了一段宽1、长14米的探沟。从解剖结果看，堆积地层比较简单：第①层为表土层，黄褐土，夹杂细小的褐土颗粒，土质较软，无文化遗物的包含，植物根系扎植其中，厚0.16~0.26米。壕堑和垄遗迹在此层下开口，打破生土层。第②层为生土层，黄土，质地纯净细致，较软（图一）。

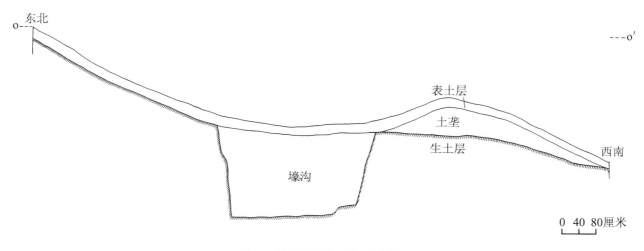

图一　乐都县柳湾村壕堑剖面图

壕堑的结构特点和垄的情况：壕堑和垄均开口于第①层下。壕堑剖面上宽下窄，呈倒梯形，口宽3.84、底宽3、深2.4米，边壁为斜壁，铲削整齐，未发现工具痕迹；底部平整，经特意修整过，但未发现夯实迹象及踩踏痕迹。壕堑内填土为黄褐花土，夹杂褐色土颗粒较多，土质较软，填土中未发现文化遗物。土垄位于壕堑西南边缘，顺地势斜坡向下堆积，底宽5.4、顶宽1.6、高0.7米，未夯筑。垄堆土为黄褐花土，夹杂褐色土颗粒较多，土质较软，堆土中亦无文化遗物。

（16）第十六段　扎门村壕堑（编码：632123382202170019）

位于乐都县高庙镇扎门村两侧山体之上，壕堑经过扎门村中。该段壕堑起自高庙镇柳湾村沙沟西山山梁顶部，止于高庙镇扎门村西山墩岭顶部。壕堑从柳湾村沙沟西山山顶处起，由东南至西北向转而下山，经过印寨沟扎门村河谷地带，转而上山，止于扎门村西山墩岭山顶。此段壕堑北面为中山地带，周围多为南北向大山，山谷纵横，山势陡峭。壕堑东南与柳湾村壕堑相接，西北与平顶村壕堑相连。在壕堑GPS0430点~GPS0431点南侧0.13千米处有扎门村烽火台。

该段壕堑起自GPS0407点，止于GPS0431点，全长2947米。壕堑削山印痕及削山部分坍塌印痕高2.2~11米，平台宽2.2~8.2米，壕堑口宽7.4~7.5米、底宽3.2~3.3米，南侧土垄底宽4.2~4.6、顶宽1.2~1.3、高0.8~1.2米。根据保存现状和走向分为十四个自然段：

第一自然段：起自GPS0407点，止于GPS0413点，长507米。壕堑保存差。壕堑先呈东南至西北向，继而转向东北至西南向，又转向东南至西北。0米~3米段削山印痕高5.2米，壕堑口宽7.5、底宽3.3米，土垄底宽4.2、顶宽1.3、高1.2米，在削山处的斜坡上挖有育林坑；3米~41米段底部平台宽6米；41米~507米段削山印痕高4.5~6.5米，底部平台宽2.2~7.1米，局部平台外沿被雨水冲刷形成坍塌坑。

第二自然段：起自GPS0413点，止于GPS0416点，长150米。壕堑保存差。壕堑先呈东北至西南向，继而转向东南至西北向，后又转向东北至西南。削山部分坍塌印痕高9~10米，底部平台呈斜坡状，宽6.8~7.2米；128米~150米段底部平台边缘因雨水冲刷而坍塌。

第三自然段：起自GPS0416点，止于GPS0417点，长39米。壕堑消失。壕堑呈东南至西北向。因山体滑坡致使壕堑消失。

第四自然段：起自GPS0417点，止于GPS0418点，长76米。壕堑保存差。壕堑呈西南至东北向。削山印痕高7米。0米~45米段底部平台宽6.8米；45米~76米段底部平台坍塌呈斜坡状。

第五自然段：起自GPS0418点，止于GPS0419点，长34米。壕堑消失。壕堑呈东南至西北向。壕堑因山体滑坡而消失。

第六自然段：起自GPS0419点，止于GPS0422点，长212米。壕堑保存差。壕堑先略呈南至北走向，后转向东南至西北向。削山印痕高6~9米，底部平台呈斜坡状，宽5.2~7.1米；局部底部平台被修建成土路。

第七自然段：起自GPS0422点，止于GPS0423点，长109米。壕堑消失。壕堑呈东南至西北向。壕堑因山体滑坡而消失。

第八自然段：起自GPS0423点，止于GPS0424点，长91米。壕堑保存差。壕堑呈东南至西北向。削山印痕高6米，底部平台宽7.5米。

第九自然段：起自GPS0424点，止于GPS0425点，长36米。壕堑消失。壕堑呈东南至西北向。因雨水冲刷形成的自然冲沟致使壕堑消失。

第十自然段：起自GPS0425点，止于GPS0426点，长84米。壕堑保存差。壕堑呈东南至西北向。削山印痕高6米，底部平台宽7.5米，被人工修整为育林槽，种植有柠条。

第十一自然段：起自 GPS0426 点，止于 GPS0427 点，长 108 米。壕堑消失。壕堑呈东南至西北向。0 米~81 米段壕堑位于山谷冲沟处，致使壕堑消失；81 米~106 米段壕堑被平整为耕地。

第十二自然段：起自 GPS0427 点，止于 GPS0428 点，长 46 米。壕堑保存差。壕堑呈东南至西北向。削山印痕高 5 米，底部平台宽 8.2 米，平台处挖有条形育林坑。

第十三自然段：起自 GPS0428 点，止于 GPS0429 点，长 1062 米。壕堑消失。壕堑呈东南至西北向。0 米~251 米段、626 米~1062 米段因山体滑坡致使壕堑消失；251 米~626 米段为河谷沟水冲毁。

第十四自然段：起自 GPS0429 点，止于 GPS0431 点，长 393 米。壕堑保存差。壕堑呈东南至西北向。0 米~88 米段在壕堑底部因水蚀坍塌，削山印痕高 5.6~8 米，壕堑口宽 7.4、底宽 3.2 米，土垄底宽 4.6、顶宽 1.2、高 0.8 米，在 47 米~49 米、64 米处有土路横穿壕堑；88 米~145 米段壕堑底部坍塌严重，削山印痕高 5.6~8 米；145 米~147 米段有土路穿过壕堑；147 米~245 米段削山印痕高 6 米，底部平台宽 8 米；245 米~393 米段削山部分坍塌印痕高 13 米，底部平台变成斜坡状。本段壕堑南侧 0.13 千米处有扎门村烽火台。

扎门村壕堑整体保存状况差。壕堑全长 2947 米，其中 1559 米保存差，1388 米消失。损毁原因以自然因素的破坏为主，表现为：由于山体滑坡，导致壕堑边壁或平台自然坍塌呈斜坡状，受雨水的冲刷壕堑多处呈塌陷坑，由于多重自然因素导致壕堑局部损毁或消失；人为因素表现为：修建土路，致使壕堑消失；在壕堑内及垄部人工种植柠条对壕堑也造成一定破坏。

（17）第十七段　平顶村壕堑（编码：632123382202170020）

位于乐都县中岭乡平顶村西南 3.5 千米处冲沟两侧的山体上。该段壕堑起自高庙镇扎门村西山墩岭顶部，止于中岭乡平顶村西南山腰。该段壕堑从扎门村西山墩岭顶部处起，先沿山梁南侧由东南向西北逐渐下山至冲沟沟底，再转而上山直至西侧山岭山腰处。该段壕堑北面为中山地带，周围多为南北向大山，山谷纵横，山势陡峭。平顶村壕堑东南与扎门村壕堑相接，西北与石家沟壕堑 1 段相连，其起点东南面 0.127 千米处为扎门村烽火台。

该段壕堑起自 GPS0431 点，止于 GPS0452 点，全长 1518 米。壕堑削山印痕高 5.6~9 米，底部平台宽 4.5~7.3 米。根据保存现状和走向分为二十个自然段：

第一自然段：起自 GPS0431 点，止于 GPS0433 点，长 274 米。壕堑消失。壕堑呈东南至西北向。壕堑被新修的道路破坏。

第二自然段：起自 GPS0433 点，止于 GPS0434 点，长 52 米。壕堑保存差。壕堑呈东南至西北向。削山印痕高 5.6 米，底部平台宽 6.2 米。平台边缘有雨水冲刷的凹槽。

第三自然段：起自 GPS0434 点，止于 GPS0435 点，长 78 米。壕堑消失。壕堑呈东南至西北向。山体滑坡使本段壕堑消失。

第四自然段：起自 GPS0435 点，止于 GPS0436 点，长 47 米。壕堑保存差。壕堑呈东南至西北向。削山印痕高 6 米，底部平台宽 6.2 米。

第五自然段：起自 GPS0436 点，止于 GPS0437 点，长 25 米。壕堑消失。壕堑呈东南至西北向。雨水长期冲刷形成冲槽，致壕堑消失。

第六自然段：起自 GPS0437 点，止于 GPS0438 点，长 22 米。壕堑保存差。壕堑呈东北至西南向。削山印痕高 6 米，底部平台宽 6.8 米。平台上长满人工种植的白刺。

第七自然段：起自 GPS0438 点，止于 GPS0439 点，长 126 米。壕堑消失。壕堑呈东南至西北向。山体滑坡使本段壕堑消失。

第八自然段：起自 GPS0439 点，止于 GPS0440 点，长 239 米。壕堑保存差。壕堑呈东南至西北向。41 米～51 米段、68 米～72 米段被雨水冲刷形成沟槽；126 米～133 米段削山印痕高 5～9 米，平台宽 6.6 米，平台底部边缘坍塌，深 2～3.4 米。

第九自然段：起自 GPS0440 点，止于 GPS0441 点，长 21 米。壕堑消失。壕堑呈东南至西北向。在壕堑底部有深 17 米的大冲沟，使壕堑消失。

第十自然段：起自 GPS0441 点，止于 GPS0442 点，长 23 米。壕堑保存差。壕堑呈东南至西北向。削山印痕高 6 米，底部平台宽 6.2 米。

第十一自然段：起自 GPS0442 点，止于 GPS0443 点，长 25 米。壕堑消失。壕堑呈东南至西北向。因雨水冲刷形成深 15 米的沟槽，使本段壕堑消失。

第十二自然段：起自 GPS0443 点，止于 GPS0444 点，长 34 米。壕堑保存差。壕堑呈东南至西北向。削山印痕高 7 米，底部平台宽 7.3 米。

第十三自然段：起自 GPS0444 点，止于 GPS0445 点，长 196 米。壕堑消失。壕堑呈东南至西北向。山体滑坡致壕堑消失。

第十四自然段：起自 GPS0445 点，止于 GPS0446 点，长 96 米。壕堑保存差。壕堑呈东北至西南向。削山印痕高 6 米，底部平台宽 4.5 米。平台处生长密集的猫儿刺。

第十五自然段：起自 GPS0446 点，止于 GPS0447 点，长 58 米。壕堑消失。壕堑呈东北至西南向。因雨水冲刷形成深 27 米的大冲沟致壕堑消失。

第十六自然段：起自 GPS0447 点，止于 GPS0448 点，长 51 米。壕堑保存差。壕堑呈东北至西南向。削山印痕高 6 米，底部平台宽 5.7 米。

第十七自然段：起自 GPS0448 点，止于 GPS0449 点，长 44 米。壕堑消失。壕堑呈东北至西南向。由于长期的雨水冲刷形成深 26 米的自然坍塌冲沟，使本段壕堑坍塌消失。

第十八自然段：起自 GPS0449 点，止于 GPS0450 点，长 25 米。壕堑保存差。壕堑呈东北至西南向。削山印痕高 6 米，底部平台宽 5.4 米。

第十九自然段：起自 GPS0450 点，止于 GPS0451 点，长 32 米。壕堑消失。壕堑呈东北至西南向。因雨水冲刷致本段壕堑消失。

第二十自然段：起自 GPS0451 点，止于 GPS0452 点，长 50 米。壕堑保存差。壕堑呈东北至西南向。削山印痕高 7 米，底部平台宽 7 米。

平顶村壕堑整体保存状况差。壕堑全长 1518 米，其中 639 米保存差，879 米消失。损毁原因以自然因素的破坏为主，表现为：因山体滑坡致使多处壕堑消失，受长期的雨水冲刷、自然坍塌等多种因素造成壕堑多处形成冲蚀沟槽导致壕堑消失；人为因素主要表现在壕堑内新修道路对壕堑造成的破坏，还有在壕堑的平台上生长白刺、猫儿刺等也对壕堑造成一定的破坏。

（18）第十八段　石家沟壕堑 1 段（编码：632123382202170021）

位于乐都县中岭乡石家沟东侧冲沟两侧山体之上。该段壕堑起自中岭乡平顶村西南山腰，止于中岭乡石家沟东侧冲沟西侧山梁上。此段壕堑从中岭乡平顶村西南山腰处，由东南向西北沿着岭脊延伸，直至冲沟沟底，又转而上山，止于石家沟东侧冲沟西侧岭顶。壕堑所处地形，多为南北向山脊，山梁、山谷交错分布，地形地貌比较复杂。石家沟壕堑 1 段东南与平顶村壕堑相接，西北与石家沟壕堑 2 段相连。其南侧 6 千米为高庙镇段堡子村。

该段壕堑起自 GPS0452 点，止于 GPS0458 点，全长 1941 米。壕堑削山印痕高 5～9 米，平台宽 2～7.6 米，壕堑口宽 5.3、底宽 2.4 米，南侧垄底宽 6.4、顶宽 1.5、高 0.8 米。根据保存状况和走向分为五个自然段：

第一自然段：起自 GPS0452 点，止于 GPS0453 点，长 69 米。壕堑消失。壕堑呈东南至西北向。因山体滑坡使该段壕堑消失。

第二自然段：起自 GPS0453 点，止于 GPS0455 点，长 225 米。壕堑保存差。壕堑呈东南至西北向。削山印痕高 6 ~ 7.5 米，底部平台宽 6.7 ~ 7.5 米。75 米 ~ 79 米段底部平台因雨水冲刷形成宽 4、深 3.8 米的沟槽；148 米 ~ 225 米段内生长有茂密的野生植物。

第三自然段：起自 GPS0455 点，止于 GPS0456 点，长 290 米。壕堑保存较差。壕堑呈东南至西北向。0 米 ~ 31 米段壕堑削山部分坍塌印痕高 9 米，壕堑口宽 5.3、底宽 2.4 米，土垄底宽 6.4、顶宽 1.5、高 0.8 米；31 米 ~ 290 米段削山印痕高 5 ~ 9 米，底部平台宽 5.4 ~ 7.6 米。壕堑内生长有茂密的野生植物。

第四自然段：起自 GPS0456 点，止于 GPS0457 点，长 144 米。壕堑保存差。壕堑呈东南至西北向。壕堑底部坍塌呈斜坡状，平台宽 2 ~ 3.2 米，平台边缘距沟底 58 米。

第五自然段：起自 GPS0457 点，止于 GPS0458 点，长 1213 米。壕堑消失。壕堑呈东南至西北向。0 米 ~ 1065 米段壕堑东北侧因山体滑坡使壕堑消失；1065 米 ~ 1099 米段壕堑被道路破坏；1099 米 ~ 1213 米段壕堑被雨水冲刷坍塌殆尽。

石家沟壕堑 1 段大部分已消失，现存壕堑保存状况差。壕堑全长 1941 米，其中 290 米保存较差，369 米保存差，1282 米消失。损毁原因基本同于平顶村壕堑。

（19）第十九段　石家沟壕堑 2 段（编码：632123382202170022）

位于乐都县中岭乡石家沟两侧山体之上，南 6 千米为高庙镇段堡子村。该段壕堑起自中岭乡石家沟东侧冲沟西侧山梁上，止于中岭乡石家沟西侧山梁顶部。壕堑从中岭乡石家沟东侧冲沟西侧山梁上，由东南向西北沿着岭脊延伸，直至石家沟沟底，又转而上山，止于石家沟西侧山梁顶部（彩图二三）。该段壕堑所处地形，多为南北向山脊，山梁、山谷交错分布，地形较复杂。石家沟壕堑 2 段东南与石家沟壕堑 1 段相接，西北与石家沟壕堑 3 段相连。

该段壕堑起自 GPS0458 点，止于 GPS0475 点，全长 2159 米。壕堑削山印痕及削山部分坍塌印痕高 5 ~ 19 米，平台宽 5.3 ~ 8 米，壕堑口宽 6.2 ~ 8、底宽 2.1 ~ 4 米，南侧土垄底宽 5.5、顶宽 1.5 ~ 2.1、高 1.2 米。根据保存现状和走向分为十一个自然段：

第一自然段：起自 GPS0458 点，止于 GPS0463 点，长 357 米。壕堑保存差。壕堑先呈东南至西北向，继而转向南北走向，后又转向东南至西北向，复而转向南北走向。削山部分坍塌印痕高 8 ~ 12 米，底部平台宽 5.5 ~ 8 米。0 米 ~ 61 米段平台呈斜坡状，坡西侧 7 米处有一条土路；61 米 ~ 88 米段壕堑底部平台被上述土路破坏，外侧被削成高 2 米的直壁；88 米 ~ 97 米段削山印痕高 8 米，底部平台宽 7.3 米；97 米 ~ 158 米段壕堑底部平台被平整为土路；158 米 ~ 176 米段因雨水冲刷，形成多处沟槽；176 米 ~ 227 米段削山部分坍塌印痕高 11 米，平台被改造为土路；从 GPS0462 点向东南 60 米处，壕堑削山印痕高 9 米，底部平台宽 8 米，平台处挖有育林槽。

第二自然段：起自 GPS0463 点，止于 GPS0464 点，长 153 米。壕堑消失。壕堑呈东北至西南向。因山体滑坡使壕堑消失。

第三自然段：起自 GPS0464 点，止于 GPS0465 点，长 250 米。壕堑保存较差。壕堑呈东北至西南向。削山印痕高 7 米，壕堑口宽 6.2、底宽 2.1 米。112 米 ~ 115 米段、213 米 ~ 221 米段削山印痕高 9 米，平台多处被毁或坍塌形成冲槽，平台呈斜坡状，宽 5.3 米。

第四自然段：起自 GPS0465 点，止于 GPS0466 点，长 168 米。壕堑保存差。壕堑呈东北至西南向。0 米 ~ 58 米段壕堑因雨水冲刷呈斜坡状；58 米 ~ 168 米段削山印痕高 6 米，底部平台宽 6.4 米；

130 米~133 米段底部平台坍塌。

第五自然段：起自 GPS0466 点，止于 GPS0468 点，长 117 米。壕堑保存差。壕堑呈东南至西北向。削山部分坍塌印痕高 12~19 米，底部平台坍塌严重。

第六自然段：起自 GPS0468 点，止于 GPS0469 点，长 432 米。壕堑消失。壕堑由东至西走向。0 米~187 米段壕堑位于沟底河谷处而消失；187 米~432 米段山体滑坡致使壕堑消失。

第七自然段：起自 GPS0469 点，止于 GPS0470 点，长 38 米。壕堑保存较差。壕堑呈东北至西南向。削山印痕高 5.4 米，壕堑口宽 8、底宽 3.5 米，土垄底宽 5.5、顶宽 2.1、高 1.2 米。

第八自然段：起自 GPS0470 点，止于 GPS0471 点，长 116 米。壕堑保存较差。壕堑呈东南至西北向。削山印痕高 5 米，壕堑口宽 7.5、底宽 4 米，土垄底宽 5.5、顶宽 1.5、高 1.2 米。

第九自然段：起自 GPS0471 点，止于 GPS0472 点，长 185 米。壕堑保存差。壕堑呈东南至西北向。削山印痕高 8 米，底部平台宽 6.6 米。

第十自然段：起自 GPS0472 点，止于 GPS0473 点，长 209 米。壕堑消失。壕堑呈东南至西北向。山体滑坡使壕堑消失。

第十一自然段：起自 GPS0473 点，止于 GPS0475 点，长 134 米。壕堑保存差。壕堑先呈东南至西北向，后转向东北至西南向。削山印痕高 6.5~14 米，底部平台宽 6.5 米。16 米~19 米段、62 米~64 米段平台底部边缘因雨水冲刷形成多处沟槽；64 米~134 米段底部平台呈斜坡；130 米~134 米段壕堑被土路破坏。

石家沟壕堑 2 段整体保存状况差。壕堑全长 2159 米，其中 404 米保存较差，961 米保存差，794 米消失。损毁原因以自然因素造成的破坏为主，表现为：长期的雨水冲刷和大面积山体滑坡，导致壕堑多处形成自然沟槽或消失；人为因素表现为在壕堑底部及垄上修建山间土路及挖育林坑对壕堑造成破坏。

（20）第二十段　石家沟壕堑 3 段（编码：632123382202170023）

位于乐都县中岭乡石家沟西北山腰上。该段壕堑起自中岭乡石家沟西侧山梁顶部，止于高庙镇保家村东北保家荒洼岭顶。该段壕堑从石家沟西侧山梁顶部处起，由东南向西北沿着山腰蜿蜒而上，直到高庙镇保家村东北保家荒洼岭顶，与羊官沟相连。壕堑西南 2 千米处为高庙镇保家村。石家沟壕堑 3 段东南与石家沟壕堑 2 段相连，西北与保家村壕堑相接。

该段壕堑起自 GPS0475 点，止于 GPS0486 点，全长 879 米。壕堑削山印痕及削山部分坍塌印痕高 7~13 米，平台宽 5.2~7.1 米。根据保存现状和走向分为八个自然段：

第一自然段：起自 GPS0475 点，止于 GPS0479 点，长 153 米。壕堑保存差。壕堑先呈东南至西北向，继而转向东西向，然后又转向东南至西北向。削山部分坍塌印痕高 7~12 米，底部平台宽 5.2 米。0 米~34 米段、34 米~72 米段、72 米~102 米段壕堑坍塌呈斜坡状。

第二自然段：起自 GPS0479 点，止于 GPS0480 点，长 55 米。壕堑消失。壕堑呈东南至西北向。山体滑坡形成大冲沟，造成壕堑底部大面积坍塌，导致壕堑消失。

第三自然段：起自 GPS0480 点，止于 GPS0481 点，长 30 米。壕堑保存差。壕堑呈东南至西北向。削山印痕高 9 米，底部平台宽 6.5 米。

第四自然段：起自 GPS0481 点，止于 GPS0482 点，长 29 米。壕堑消失。壕堑呈东南至西北向。因山体滑坡造成壕堑底部及其周围大面积坍塌，导致壕堑消失。

第五自然段：起自 GPS0482 点，止于 GPS0483 点，长 56 米。壕堑保存差。壕堑呈东南至西北向。削山印痕高 9 米，底部平台宽 7.1 米。44 米~47 米段因雨水冲刷形成沟槽。

第六自然段：起自GPS0483点，止于GPS0484点，长121米。壕堑消失。壕堑呈东南至西北向。因山体滑坡使壕堑消失。

第七自然段：起自GPS0484点，止于GPS0485点，长67米。壕堑保存差。壕堑呈东北至西南向。削山部分坍塌印痕高13米，底部平台呈斜坡状。

第八自然段：起自GPS0485点，止于GPS0486点，长368米。壕堑消失。壕堑略呈东西向。山体滑坡引起底部平台大面积坍塌，使壕堑消失。

石家沟壕堑3段整体保存状况差。壕堑全长879米，其中306米保存差，573米消失。损毁原因以自然因素为主，表现为：因山体滑坡造成壕堑底部及平台处大面积坍塌导致壕堑消失，长期受雨水冲刷使壕堑形成多处沟槽。

（21）第二十一段　保家村壕堑（编码：632123382202170024）

位于乐都县高庙镇西北方向的羊官沟保家村两侧山体上，穿越保家村。该段壕堑起自高庙镇保家村东北保家荒洼岭顶，止于高庙镇保家村西北山顶。此段壕堑从保家村东北保家荒洼岭顶处起，由东北向西南方向延伸，直至羊官沟沟底保家村，再转而呈东南至西北方向延伸至保家村西北山顶。保家村壕堑东北与石家沟壕堑3段相接，西北与八家顶壕堑1段相连。

该段壕堑起自GPS0486点，止于GPS0515点，全长2719米。壕堑削山印痕高4.6～11米，平台宽2.3～6.5米，壕堑口宽6.3～10、底宽2.3～5.6米，南侧土垄底宽2.9～7、顶宽0.8～2.7、高0.5～2.4米。根据保存现状和走向分为二十五个自然段：

第一自然段：起自GPS0486点，止于GPS0488点，长106米。壕堑保存较差。壕堑呈东北至西南向。0米～33米段削山印痕高9米，壕堑口宽10、底宽5.6，土垄底宽7、顶宽2.7、高2.4米。壕堑北侧被辟为耕地；33米～106米段削山印痕高7米，底部平台宽5.6米；76米～106米段削山印痕高7.5米，壕堑口宽6.3、底宽2.5、土垄底宽5.3、顶宽2、高1米。

第二自然段：起自GPS0488点，止于GPS0489点，长30米。壕堑消失。壕堑呈东北至西南向。山体滑坡形成自然冲沟，导致壕堑消失。

第三自然段：起自GPS0489点，止于GPS0490点，长61米。壕堑保存差。壕堑呈东南至西北向。削山部分坍塌印痕高11米，底部平台宽6.1米。

第四自然段：起自GPS0490点，止于GPS0491点，长330米。壕堑消失。壕堑呈东北至西南向。山体滑坡导致壕堑消失。

第五自然段：起自GPS0491点，止于GPS0492点，长39米。壕堑保存差。壕堑呈东北至西南向。削山印痕高9米，底部平台宽2.3～5.6米。

第六自然段：起自GPS0492点，止于GPS0493点，长101米。壕堑消失。壕堑呈东北至西南向。山体滑坡引起大面积坍塌导致壕堑消失。

第七自然段：起自GPS0493点，止于GPS0495点，长108米。壕堑保存差。壕堑呈东北至西南向。0米～68米段削山印痕高8.5米，底部平台宽5.6米；68米～84米段削山印痕高7.2米，底部平台因雨水冲刷而坍塌；84米～108米段削山印痕高5.8米，平台宽6米。

第八自然段：起自GPS0495点，止于GPS0496点，长81米。壕堑消失。壕堑呈东北至西南向。0米～8米段为高庙镇至中岭乡公路，因修建土路将壕堑向下削挖12米，形成断崖；8米～81米段山体滑坡导致壕堑消失。

第九自然段：起自GPS0496点，止于GPS0497点，长38米。壕堑保存差。壕堑呈东北至西南向。削山印痕高8.5米，底部平台宽6.5米，平台被修成阶梯状护林坡。

第十自然段：起自 GPS0497 点，止于 GPS0498 点，长 126 米。壕堑消失。壕堑呈东北至西南向。由于诸多原因导致本段壕堑消失，0 米～20 米段雨水冲刷坍塌形成沟槽；20 米～65 米段为自然冲沟；65 米～73 米段被平整为土路；73 米～126 米段山体滑坡，导致壕堑消失。

第十一自然段：起自 GPS0498 点，止于 GPS0499 点，长 59 米。壕堑保存差。壕堑呈东北至西南向。削山印痕高 6.5 米，底部平台宽 5.7 米。

第十二自然段：起自 GPS0499 点，止于 GPS0500 点，长 58 米。壕堑消失。壕堑呈东北至西南向。壕堑因山体滑坡消失。

第十三自然段：起自 GPS0500 点，止于 GPS0501 点，长 46 米。壕堑保存差。壕堑呈东北至西南向。削山印痕高 6.5 米，底部平台呈斜坡状，宽 4.2 米。

第十四自然段：起自 GPS0501 点，止于 GPS0502 点，长 680 米。壕堑消失。壕堑呈东北至西南向。诸多原因导致本段壕堑消失。0 米～360 米段因山体滑坡而消失；360 米～517 米段建有民居；517 米～543 米段为羊官沟河滩；543 米～575 米段被辟为耕地；575 米～680 米段因雨水冲刷坍塌成坡状。

第十五自然段：起自 GPS0502 点，止于 GPS0503 点，长 63 米。壕堑保存差。壕堑呈东南至西北向。削山印痕高 9 米，底部平台呈斜坡状。0 米～12 米段底部平台在平整土地中被破坏。

第十六自然段：起自 GPS0503 点，止于 GPS0504 点，长 52 米。壕堑消失。壕堑呈东南至西北向。山体滑坡损毁壕堑。

第十七自然段：起自 GPS0504 点，止于 GPS0506 点，长 90 米。壕堑保存差。壕堑呈东南至西北向。0 米～36 米段因山体滑坡导致部分壕堑被掩埋；36 米～90 米段削山印痕高 6 米，底部平台经过平整，宽 4.8 米。

第十八自然段：起自 GPS0506 点，止于 GPS0507 点，长 160 米。壕堑消失。壕堑呈东南至西北向。山体滑坡使壕堑消失。

第十九自然段：起自 GPS0507 点，止于 GPS0508 点，长 104 米。壕堑保存差。壕堑呈东南至西北向。削山印痕高 9 米，底部平台呈斜坡状，宽 4.8 米。

第二十自然段：起自 GPS0508 点，止于 GPS0509 点，长 72 米。壕堑消失。壕堑呈东南至西北向。山体滑坡使壕堑消失。

第二十一自然段：起自 GPS0509 点，止于 GPS0510 点，长 149 米。壕堑保存差。壕堑呈东南至西北向。0 米～61 米段削山印痕高 9 米，底部平台坍塌成斜坡状；61 米～149 米段削山印痕高 7.2 米，底部平台宽 6.1 米。

第二十二自然段：起自 GPS0510 点，止于 GPS0511 点，长 17 米。壕堑消失。壕堑呈东南至西北向。自然冲沟致使壕堑损毁殆尽。

第二十三自然段：起自 GPS0511 点，止于 GPS0512 点，长 33 米。壕堑保存差。壕堑呈东南至西北向。削山印痕高 7.2 米，底部平台宽 5.3 米。

第二十四自然段：起自 GPS0512 点，止于 GPS0513 点，长 59 米。壕堑消失。壕堑呈东南至西北向。壕堑因雨水冲刷形成自然冲沟而消失。

第二十五自然段：起自 GPS0513 点，止于 GPS0515 点，长 57 米。壕堑保存较差。壕堑呈东南至西北向。0 米～12 米段底部平台坍塌，深 1.5 米；12 米～57 米段削山印痕高 4.6～6.4 米，壕堑口宽 6.8～8、底宽 2.3～3 米，土垄底宽 2.9～3.8、顶宽 0.8～1、高 0.5～1.7 米。

保家村壕堑整体保存状况差。壕堑全长 2719 米，其中 131 米保存较差，822 米保存差，1766 米消失。损毁原因主要以自然因素为主，主要表现为因山体滑坡和长期的雨水冲刷造成壕堑大面积自然坍塌导致消失；人为因素表现为将壕堑的平台修成阶梯状护林坡，局部壕堑平整为山间土路，从而对壕堑造成破坏。

（22）第二十二段　八家顶壕堑 1 段（编码：632123382202170025）

位于乐都县碾伯镇八家村东南山腰处。该段壕堑起自高庙镇保家村西北山顶，止于碾伯镇八家村东南山顶。壕堑从保家村西北山顶处，由东南向西北方向顺山脊蜿蜒穿行，直至西北侧冲沟的山脊处。所处地形多为南北向大山，沟谷纵横。八家顶壕堑 1 段东南与保家村壕堑相接，西北与八家顶壕堑 2 段相连。

该段壕堑起自 GPS0515 点，止于 GPS0540 点，全长 1489 米。壕堑削山印痕高 1.5～9 米，平台宽 5.2～8.5 米，壕堑口宽 6.9～8.1、底宽 2.7～3.1 米，南侧土垄底宽 2.5～4.6、顶宽 0.8～1.8、高 0.2～0.8 米。根据保存现状和走向分为十七个自然段：

第一自然段：起自 GPS0515 点，止于 GPS0516 点，长 29 米。壕堑保存较差。壕堑呈东南至西北向。削山印痕高 5 米，壕堑口宽 6.9、底宽 2.7 米，土垄底宽 2.6、顶宽 0.8、高 0.3 米。

第二自然段：起自 GPS0516 点，止于 GPS0517 点，长 20 米。壕堑保存差。壕堑呈东南至西北向。削山印痕高 4.5 米，底部平台宽 6.2 米。

第三自然段：起自 GPS0517 点，止于 GPS0518 点，长 20 米。壕堑保存较差。壕堑呈东南至西北向。削山印痕高 3.6 米，壕堑口宽 6.2、底宽 3.3 米，土垄底宽 4.6 米、顶宽 1.8、高 0.2 米（彩图二四）。

第四自然段：起自 GPS0518 点，止于 GPS0520 点，长 162 米。壕堑保存差。壕堑呈东南至西北向。0 米～137 米段削山印痕高 3.2 米，底部平台宽 6.4 米；41 米～47 米段底部平台坍塌形成大坑；102 米～137 米段壕堑被平整为耕地，壕堑北侧削山印痕高 1.5～2.3 米；130 米～137 米段削山印痕高 4.6 米，壕堑口宽 8.1、底宽 3.1 米；137 米～162 米段削山印痕高 6.2 米，底部平台宽 5.8 米。

第五自然段：起自 GPS0520 点，止于 GPS0524 点，长 384 米。壕堑保存差。壕堑先呈西南至东北向，后转向南北走向。0 米～78 米段削山印痕高 6.2～9 米，底部平台宽 6 米；78 米～183 米段削山印痕高 9 米，底部平台呈斜坡状；183 米～384 米段削山印痕高约 8.5 米，底部平台宽 5.2～6.2 米，局部坍塌成斜坡状。

第六自然段：起自 GPS0524 点，止于 GPS0525 点，长 58 米。壕堑消失。壕堑呈东南至西北向。0 米～26 米段被道路损毁；26 米～58 米段山体滑坡导致壕堑消失。

第七自然段：起自 GPS0525 点，止于 GPS0526 点，长 92 米。壕堑保存差。壕堑呈西南至东北向。削山印痕高 7 米，底部平台宽 8.5 米。58 米～72 米段有深 11 米的冲沟槽，削山印痕高 6.4 米，底部平台宽 5.2 米。

第八自然段：起自 GPS0526 点，止于 GPS0527 点，长 26 米。壕堑消失。壕堑呈西南至东北向。壕堑因受长期的雨水冲刷引起大面积坍塌，形成较大的沟槽，致使壕堑消失。

第九自然段：起自 GPS0527 点，止于 GPS0529 点，长 159 米。壕堑保存差。壕堑呈东南至西北向。0 米～159 米段削山印痕高 6.8～7.6 米，底部平台宽 5.5 米左右；106 米～109 米段、124 米～126 米段平台边缘坍塌，形成冲沟。

第十自然段：起自 GPS0529 点，止于 GPS0530 点，长 28 米。壕堑消失。壕堑呈东南至西北向。山体滑坡使壕堑消失。

第十一自然段：起自 GPS0530 点，止于 GPS0533 点，长 165 米。壕堑保存差。壕堑呈西北至东南向。削山印痕高 4.5～6.8 米，底部平台宽 5.3～6.7 米。

第十二自然段：起自 GPS0533 点，止于 GPS0534 点，长 44 米。壕堑消失。壕堑呈东南至西北向。

山体滑坡使壕堑消失。

第十三自然段：起自 GPS0534 点，止于 GPS0535 点，长 110 米。壕堑保存差。壕堑呈东南至西北向。削山印痕高 7 米，底部平台呈斜坡状，宽 6.4 米。

第十四自然段：起自 GPS0535 点，止于 GPS0536 点，长 30 米。壕堑消失。壕堑呈东南至西北向。因雨水冲刷形成冲沟，导致壕堑消失。

第十五自然段：起自 GPS0536 点，止于 GPS0538 点，长 69 米。壕堑保存差。壕堑呈东南至西北向。削山印痕高 4.5～6 米，底部平台宽 6.2～6.6 米。

第十六自然段：起自 GPS0538 点，止于 GPS0539 点，长 37 米。壕堑消失。壕堑呈东南至西北向。自然冲沟导致壕堑消失。

第十七自然段：起自 GPS0539 点，止于 GPS0540 点，长 56 米。壕堑保存差。壕堑呈东南至西北向。削山印痕高 5.6 米，底部平台坍塌成斜坡状。

八家顶壕堑 1 段整体保存状况差。壕堑全长 1489 米，其中 49 米保存较差，1261 米保存差，179 米消失。损毁原因以自然因素为主，主要表现为因山体滑坡和长期的雨水冲刷在壕堑内形成多处自然冲沟，对壕堑造成损毁或消失；人为因素表现为人为将局部壕堑修建成山间土路，或平整为耕地，对壕堑造成破坏。

（23）第二十三段　八家顶壕堑 2 段（编码：632123382202170026）

位于乐都县碾伯镇八家村东山顶部。该段壕堑起自碾伯镇八家村东南山顶，止于碾伯镇八家村东山顶。此段壕堑从八家村东南山顶，沿着山脊从东南向西北延伸，直至八家村东山顶。八家顶壕堑 2 段东南与八家顶壕堑 1 段相接，西北与八家顶壕堑 3 段相连。

该段壕堑起自 GPS0540 点，止于 GPS0578 点，全长 2548 米。壕堑削山印痕及削山部分坍塌印痕高 3.3～12 米，平台宽 5.1～8.6 米。根据保存现状和走向分为十九个自然段：

第一自然段：起自 GPS0540 点，止于 GPS0542 点，长 382 米。壕堑保存差。壕堑先呈西南至东北向，后转向东南至西北向。削山部分坍塌印痕高 6.4～7.2 米，底部平台宽 6.2 米。77 米～382 米段壕堑底部平台呈斜坡状。

第二自然段：起自 GPS0542 点，止于 GPS0543 点，长 33 米。壕堑消失。壕堑呈东南至西北向。雨水冲刷造成壕堑坍塌消失。

第三自然段：起自 GPS0543 点，止于 GPS0547 点，长 182 米。壕堑保存差。壕堑呈东南至西北向。削山印痕高 3.3～6.5 米，底部平台宽 4.5～7.2 米。

第四自然段：起自 GPS0547 点，止于 GPS0548 点，长 146 米。壕堑消失。壕堑呈东南至西北向。山体滑坡使壕堑消失。

第五自然段：起自 GPS0548 点，止于 GPS0549 点，长 48 米。壕堑保存差。壕堑呈东南至西北向。削山部分坍塌印痕高 6～7.5 米，平台宽 6.1 米。

第六自然段：起自 GPS0549 点，止于 GPS0550 点，长 49 米。壕堑消失。壕堑呈东南至西北向。因山体滑坡使壕堑消失。

第七自然段：起自 GPS0550 点，止于 GPS0553 点，长 389 米。壕堑保存差。壕堑呈东南至西北向。削山处坍塌印痕高 7～11 米，底部平台宽 6～8.5 米。58 米～72 米段有一条深 11 米的冲沟；208 米～212 米段被改建成道路。

第八自然段：起自 GPS0553 点，止于 GPS0554 点，长 71 米。壕堑消失。壕堑呈东南至西北向。自然冲沟致壕堑消失。

第九自然段：起自GPS0554点，止于GPS0555点，长39米。壕堑保存差。壕堑呈西北至东南向。削山部分坍塌印痕高7.5米，底部平台宽6米。

第十自然段：起自GPS0555点，止于GPS0556点，长29米。壕堑消失。壕堑呈东南至西北向。山体滑坡引起大面积坍塌，使壕堑消失。

第十一自然段：起自GPS0556点，止于GPS0557点，长45米。壕堑保存差。壕堑呈西南至东北向。削山部分坍塌印痕高7.2米，底部平台宽7.3米。

第十二自然段：起自GPS0557点，止于GPS0558点，长79米。壕堑消失。壕堑呈东南至西北向。0米~15米段被修建成山间便道；15米~79米段因山体滑坡形成自然冲沟，致使壕堑消失。

第十三自然段：起自GPS0558点，止于GPS0559点，长40米。壕堑保存差。壕堑呈东南至西北向。削山部分坍塌印痕高6.8米，底部平台宽7米，壕堑内生长茂密的野生植物。

第十四自然段：起自GPS0559点，止于GPS0560点，长59米。壕堑消失。壕堑呈东南至西北向。雨水冲沟使壕堑消失。

第十五自然段：起自GPS0560点，止于GPS0567点，长190米。壕堑保存差。壕堑呈东南至西北向。削山处坍塌印痕高5.6~17米，底部平台宽5.3~8米。

第十六自然段：起自GPS0567点，止于GPS0568点，长26米。壕堑消失。壕堑呈东南至西北向。山体滑坡使壕堑消失。

第十七自然段：起自GPS0568点，止于GPS0571点，长251米。壕堑保存差。壕堑先呈东南至西北向，后转为东北至西南向。削山部分坍塌印痕高7.4~8米，底部平台宽5.6~8.6米。40米~45米段底部平台前沿坍塌，形成冲槽。

第十八自然段：起自GPS0571点，止于GPS0572点，长53米。壕堑消失。壕堑呈东南至西北向。自然冲沟使壕堑消失。

第十九自然段：起自GPS0572点，止于GPS0578点，长437米。壕堑保存差。壕堑先呈西南至东北向，后转为东南至西北向。削山部分坍塌印痕高5.6~8.4米，底部平台宽5.1~7.5米，平台呈斜坡状。

八家顶壕堑2段整体保存状况差。壕堑全长2548米，其中2003米保存差，545米消失。损毁原因以自然因素为主，主要表现为因山体滑坡和自然冲沟导致壕堑自然坍塌或消失；人为因素表现为将壕堑修建成土路对壕堑造成的破坏。

（24）第二十四段　八家顶壕堑3段（编码：6321233822202170027）

位于乐都县碾伯镇八家村东北山顶。该段壕堑起自碾伯镇八家村东山顶，止于碾伯镇八家村东北山顶。此段壕堑从八家村东山顶处，沿着山梁由东南向西北蜿蜒穿过，直至八家村东北山顶。八家顶壕堑3段东南与八家顶壕堑2段相接，西北与苏王家村壕堑相连。

该段壕堑起自GPS0578点，止于GPS0589点，全长902米。壕堑削山部分坍塌印痕高2.2~6.6米，底部平台宽4.7~8米。根据保存现状和走向分为七个自然段：

第一自然段：起自GPS0578点，止于GPS0579点，长85米。壕堑保存差。壕堑呈西南至东北向。削山部分坍塌印痕高4.5米，底部平台高8米。

第二自然段：起自GPS0579点，止于GPS0580点，长52米。壕堑消失。壕堑先呈东南至西北向。壕堑坍塌形成自然冲沟，使壕堑消失。

第三自然段：起自GPS0580点，止于GPS0583点，长384米。壕堑保存差。壕堑先呈东南至西北向，后转向东北至西南向。削山部分印痕高2.2~5.4米，底部平台宽6.7~8米，局部平台被平整为耕地。

第四自然段：起自 GPS0583 点，止于 GPS0584 点，长 55 米。壕堑消失。壕堑呈东南至西北向。自然冲沟使壕堑消失。

第五自然段：起自 GPS0584 点，止于 GPS0585 点，长 64 米。壕堑保存差。壕堑呈东南至西北向。削山部分印痕高 5.8 米，底部平台宽 5.7 米，平台已被平整为耕地。

第六自然段：起自 GPS0585 点，止于 GPS0586 点，长 103 米。壕堑消失。壕堑呈东南至西北向。山体滑坡使壕堑消失。

第七自然段：起自 GPS0586 点，止于 GPS0589 点，长 159 米。壕堑保存差。壕堑先呈东北至西南向，后转向东南至西北向。削山部分印痕高 6.2 ~ 6.6 米，底部平台呈斜坡状，平台宽 4.7 ~ 8 米，坡度为 15°。GPS0586 点 ~ GPS0587 点东侧山顶 0.1 千米为乐都县八家顶电视转播塔。

八家顶壕堑 3 段整体保存状况差。壕堑全长 902 米，其中 692 米保存差，210 米消失。损毁原因以自然因素为主，表现为因山体滑坡造成壕堑大面积消失，自然冲沟致使部分壕堑消失；人为因素表现为将局部壕堑平整为耕地。

（25）第二十五段　苏王家村壕堑（编码：6321233382202170028）

位于乐都县寿乐镇苏王家村东侧山顶。该段壕堑起自碾伯镇八家村东北山顶，止于寿乐镇苏王家村东山顶。此段壕堑从碾伯镇八家村东北山顶处，由西南至东北方向沿着山腰弯曲穿行，海拔随山势走向不断抬高，直至寿乐镇苏王家村东山顶。壕堑所在处多为南北向大山，西侧沟谷为寿乐镇土官沟，东侧沟谷为高庙镇羊官沟。此处沟谷纵横，地形地势比较复杂，黄土发育比较好。苏王家村壕堑东南与八家顶壕堑 3 段相接，西北与仓岭沟村壕堑 1 段相连。

该段壕堑起自 GPS0589 点，止于 GPS0594 点，全长 3684 米。壕堑削山部分坍塌印痕高 2.6 ~ 6 米，底部平台宽 6.8 ~ 7.3 米。根据保存现状和走向分为三个自然段：

第一自然段：起自 GPS0589 点，止于 GPS0590 点，长 1258 米。壕堑消失。壕堑呈东南至西北向。壕堑因修建山间土路而消失。

第二自然段：起自 GPS0590 点，止于 GPS0593 点，长 170 米。壕堑保存差。壕堑呈东南至西北向。壕堑削山部分印痕高 2.6 ~ 6 米，底部平台宽 6.8 ~ 7.3 米。0 米 ~ 57 米段壕堑底部平台呈斜坡状；局部壕堑被利用改建为山间便道。

第三自然段：起自 GPS0593 点，止于 GPS0594 点，长 2256 米。壕堑消失。壕堑呈西南至东北向。壕堑被开辟为耕地，使壕堑消失。

苏王家村壕堑除大部分消失外，现存壕堑整体保存状况差。壕堑全长 3684 米，其中 170 米保存差，3514 米消失。损毁原因以人为因素造成的破坏为主，表现为将壕堑修建成山间土路或平整为耕地；自然因素表现为长期受雨水冲刷导致壕堑削山壁和平台坍塌。

（26）第二十六段　仓岭沟村壕堑 1 段（编码：6321233382202170029）

位于乐都县寿乐镇仓岭沟村东南仓岭顶。该段壕堑起自寿乐镇苏王家村东山顶，止于寿乐镇仓岭沟村东南冲沟北侧。壕堑从苏王家村东山顶处，沿着山腰从东南向西北穿行于山脊间，直到仓岭沟村东南冲沟北侧。壕堑所在处山势比较平缓，周围大多已退耕还草。仓岭沟村壕堑 1 段东南与苏王家村壕堑相接，西北与仓岭沟村壕堑 2 段相连。此段壕堑 GPS0598 点 ~ GPS0599 点西侧 5 米处为仓岭沟村 1 号烽火台。

该段壕堑起自 GPS0594 点，止于 GPS0602 点，全长 2966 米。壕堑削山部分印痕高 2.5 ~ 6.2 米，平台宽 5.6 ~ 5.9 米，壕堑口宽 5.1 ~ 7.5、底宽 2.8 ~ 4、深 1.6 米，土垄底宽 2.8 ~ 5.1、顶宽 1.1 ~

2.3、高 1.4～1.6 米。根据保存现状和走向分为六个自然段：

第一自然段：起自 GPS0594 点，止于 GPS0596 点，长 136 米。壕堑保存差。壕堑呈东南至西北向。削山部分印痕高 2.5～6.2 米，底部平台宽 5.6～5.9 米。67 米～81 米段底部平台被修建土路削成高度为 0.5 米的凹槽。

第二自然段：起自 GPS0596 点，止于 GPS0597 点，长 94 米。壕堑消失。壕堑呈西南至东北向。壕堑被开辟为耕地致使壕堑消失。

第三自然段：起自 GPS0597 点，止于 GPS0598 点，长 43 米。壕堑保存较差。壕堑呈西南至东北向。削山部分印痕高 5 米，壕堑口宽 7.5、底宽 2.8 米，土垄底宽 4～5.1、顶宽 1.4～2.3、高 1.5 米左右。

第四自然段：起自 GPS0598 点，止于 GPS0599 点，长 48 米。壕堑保存较差。壕堑呈西南至东北向。削山部分印痕高 4.8 米，壕堑口宽 5.1、底宽 2.8 米，垄底宽 3、顶宽 1.1、高 1.4 米。壕堑西侧 5 米处为仓岭沟村 1 号烽火台。

第五自然段：起自 GPS0599 点，止于 GPS0600 点，长 25 米。壕堑保存较差。壕堑呈东南至西北向。壕堑南侧削山部分印痕高 5 米，壕堑口宽 6.6、底宽 4、深 1.6 米，土垄底宽 4.5、顶宽 1.3、高 1.6 米。在起点 2 米处南侧削山坡壁有一处人工挖掘的土洞，洞底宽 1、高 0.8、进深 2.1 米。

第六自然段：起自 GPS0600 点，止于 GPS0602 点，长 2620 米。壕堑消失。壕堑呈东南至西北向。壕堑被开辟为耕地，使壕堑消失。

仓岭沟村壕堑 1 段整体保存状况差。壕堑全长 2966 米，其中 116 米保存较差，136 米保存差，2714 米消失。损毁原因以人为因素为主，主要表现为人为将壕堑开辟为耕地，并在削山部分坍塌印痕处挖土洞，从而对壕堑造成破坏。

（27）第二十七段　仓岭沟村壕堑 2 段（编码：6321233822021700030）

位于乐都县寿乐镇仓岭沟村东南山腰上。该段壕堑起自寿乐镇仓岭沟村东南冲沟北侧，止于寿乐镇仓岭沟村东北土路西侧。壕堑从仓岭沟村东南冲沟北侧起，由东南至西北向沿着山腰蜿蜒穿行于山脊间，直到仓岭沟村东北。此段壕堑位于乐都县北山中山山地海拔较高处，山势比较平缓，周围大多已退耕还草。仓岭沟村壕堑 2 段东南与仓岭沟村壕堑 1 段相接，西北与仓岭沟村长城相连，其西北 1.2 千米为仓岭沟村 2 号烽火台。

该段壕堑起自 GPS0602 点，止于 GPS0610 点，全长 1465 米。壕堑削山部分印痕及削山部分坍塌印痕高 4.6～18 米，壕堑口宽 8、底宽 5.7、深 1.4 米，土垄底宽 4.9、顶宽 1.8、高 1.4 米。根据保存现状和走向分为六个自然段：

第一自然段：起自 GPS0602 点，止于 GPS0603 点，长 57 米。壕堑保存较差。壕堑呈东南至西北向。壕堑北侧削山部分印痕高 4.6 米。壕堑口宽 8、底宽 5.7、深 1.4 米，土垄底宽 4.9、顶宽 1.8、高 1.4 米。0 米～6 米段、43 米～50 米段壕堑底部坍塌成深 6～9 米的大坑。

第二自然段：起自 GPS0603 点，止于 GPS0604 点，长 32 米。壕堑消失。壕堑呈西南至东北向。壕堑被辟为耕地而消失。

第三自然段：起自 GPS0604 点，止于 GPS0605 点，长 40 米。壕堑保存差。壕堑呈西南至东北向。削山部分印痕高 2.6 米，底部平台宽 7.3 米。从起点向东南 11 米处有一条宽 1.2 米的土路穿过壕堑。

第四自然段：起自 GPS0605 点，止于 GPS0606 点，长 462 米。壕堑消失。壕堑呈东南至西北向。壕堑被开辟为耕地，导致壕堑消失。

第五自然段：起自 GPS0606 点，止于 GPS0609 点，长 172 米。壕堑保存差。壕堑呈东南至西北向。削山部分坍塌印痕高 7.8～18 米，底部平台宽 6.2 米。0 米～84 米段、118 米～172 米段底部平台呈斜坡状。壕堑内人工种植柠条、红刺等。

第六自然段：起自 GPS0609 点，止于 GPS0610 点，长 702 米。壕堑消失。壕堑呈东南至西北向。0 米～97 米段因山体滑坡导致壕堑消失；97 米～325 米段壕堑被开辟为耕地；325 米～702 米段为沟谷及土路。以上诸多原因使本段壕堑消失。

仓岭沟村壕堑 2 段大部分消失，现存壕堑整体保存状况差。壕堑全长 1465 米，其中 57 米保存较差，212 米保存差，1196 米消失。损毁原因以人为因素为主，主要表现为将壕堑平整为耕地导致壕堑消失，还有在壕堑内人工种植柠条对壕堑造成破坏；其次为自然因素，表现为因山体滑坡导致壕堑削山部分自然坍塌及底部平台坍塌呈斜坡状，此外壕堑内生长红刺等也对壕堑造成一定破坏等。

（28）第二十八段　仓岭沟村长城（编码：6321233382101170001）

位于乐都县寿乐镇仓岭沟村扎门子自然村东侧耕地中。该段长城为夯筑土墙，起自寿乐镇仓岭沟村东北土路西侧，止于寿乐镇仓岭沟村西山山底。此段墙体由仓岭沟村东北起，由东南至西北向穿过土官沟河滩耕地、树林，至土官沟仓岭沟村西山山坡下。仓岭沟村墙体地处土官沟，东西两面为大山，中间为一条南北向大沟，沟内地势开阔，有公路通向乐都北山林场（彩图二五）。仓岭沟村长城东南与仓岭沟村壕堑 2 段相接，西北与仓岭沟村壕堑 3 段相连。

该段墙体起自 GPS0610 点，止于 GPS0615 点，全长 223.4 米。墙体系在自然基础上随地势用黄土夯筑而成，其中夹杂少量的小石块。夯层清晰，夯层厚 0.22 米，没有发现版筑痕迹。墙体底宽 2.3～3.6、顶宽 0.7～1.3、残高 0.7～2.2 米。现依据保存状况和走向分为五个自然段：

第一自然段：起自 GPS0610 点，止于 GPS0611 点，长 5.4 米。墙体保存较差。墙体呈东南至西北向。墙体底宽 3.6、顶宽 0.9、残高 1.6 米。墙体顶部及底部草类生长茂盛。

第二自然段：起自 GPS0611 点，止于 GPS0612 点，长 34 米。墙体消失。墙体呈东南至西北向。0 米～9 米段为土官沟水；9 米～34 米段为河滩耕地。本段墙体多数已被河滩及耕地破坏。

第三自然段：起自 GPS0612 点，止于 GPS0613 点，长 36 米。墙体保存较差。墙体呈东南至西北向。墙体底宽 3.5、顶宽 0.7、残高 1.5 米，夯层厚 0.22 米。墙体破坏较为严重，现已被利用为耕地间田坎。

第四自然段：起自 GPS0613 点，止于 GPS0614 点，长 135 米。墙体消失。墙体呈东南至西北向。本段墙体被开辟为耕地导致墙体消失。

第五自然段：起自 GPS0614 点，止于 GPS0615 点，长 13 米。墙体保存较差。墙体呈东南至西北向。0 米～3 米段墙体底宽 3.5、顶宽 1.3、残高 2.2 米；3 米～5 米段被土官沟西山下一条南北向土路破坏；5 米～13 米段墙体底宽 2.3、顶宽 0.7、残高 0.7 米。

仓岭沟村长城墙体损毁情况十分严重，现存墙体整体保存较差。墙体长 223.4 米，其中 54.4 米保存较差，169 米消失。损毁原因主要表现为：该段墙体位于土官沟沟水及河滩耕地处，多数墙体已被人为开辟为耕地或作为耕地间的田坎使用，造成墙体消失；自然因素表现为长期受土官沟沟水的冲刷，造成部分墙体消失，此外在墙体顶部及底部生长茂盛的草类植物，也对墙体造成一定破坏。

（29）第二十九段　仓岭沟村壕堑 3 段（编码：6321233382202170031）

位于乐都县寿乐镇仓岭沟村西北山腰。该段壕堑起自寿乐镇仓岭沟村西山山底，止于寿乐镇仓岭沟村西北山腰大俄博处。此段壕堑由土官沟仓岭沟村扎门子自然村西山山底顺山而上，由东南至西北方向蜿蜒穿行于山腰间，止于土官沟仓岭沟村西山腰大俄博处。仓岭沟村壕堑 3 段东南与仓岭沟村长城相接，西北与黑山顶长城相连。其西南距仓岭沟村 2 号烽火台 1.7 千米。

该段壕堑起自 GPS0615 点，止于 GPS0620 点，全长 1297 米。壕堑削山部分印痕高 4.6～5.4 米，底部平台宽 4.6～7.4 米。根据保存现状和走向分为三个自然段：

第一自然段：起自 GPS0615 点，止于 GPS0616 点，长 53 米。壕堑消失。壕堑呈东南至西北向，山体滑坡使壕堑消失。

第二自然段：起自 GPS0616 点，止于 GPS0619 点，长 324 米。壕堑保存差。壕堑呈东南至西北向。削山部分印痕高 4.6～5.4 米，底部平台宽 5.4～7.4 米。

第三自然段：起自 GPS0619 点，止于 GPS0620 点，长 920 米。壕堑消失。壕堑呈东南至西北向。壕堑被辟为耕地导致壕堑消失。

仓岭沟村壕堑 3 段整体保存状况差。壕堑全长 1297 米，其中 324 米保存差，973 米消失。损毁原因以人为因素的破坏为主，将壕堑开辟为耕地导致壕堑消失；其次为自然因素，主要是山体滑坡导致壕堑消失。

（30）第三十段　黑山顶长城（编码：632123382106170002）

位于乐都县寿乐镇仓岭沟村西北与引胜乡上北山林场引胜沟水东侧石崖下。该段长城为山险，墙体起自寿乐镇仓岭沟村西北山腰大俄博处，止于引胜乡上北山林场引胜沟水东侧石崖下。此段山险始于仓岭沟村西北山腰大俄博西南角的庞家坡，先沿黑山顶山脊由东南向西北蜿蜒穿越至引胜乡上北山林场引胜沟水东面的石崖下，与仓家峡长城相接。山险处于海拔 2500～3600 米的大山之间，山体相对高度 400～1500 米，大多为石山，山体陡峻峭拔，可以俯视土官沟和引胜沟，向南乐都县城也可一览无余。山险所处地区，生长有少量锦鸡儿、白刺、金露梅及人工种植的柠条。黑山顶山险东南与仓岭沟壕堑 3 段相连，西北与仓家峡长城相接。其南侧为上北山林场公路和引胜沟。

该段墙体起自 GPS0623 点，止于 GPS0624 点，长 6948 米。系利用自然山岩作为天然的屏障，与仓家峡长城共同组成一道军事防御体系，控扼引胜沟沟口以达到防御目的。

黑山顶长城墙体整体保存状况一般。损毁原因主要是由于长期经受日晒、风蚀、雨蚀等造成岩体风化、崩塌；人为因素是修建土路、挖掘育林坑等，对山体造成一定破坏。

（31）第三十一段　仓家峡长城（编码：632123382101170003）

位于乐都县引胜乡上北山林场引胜沟河滩北侧石崖下。该段墙体为夯筑土墙，起自引胜乡上北山林场引胜沟水东侧石崖下，止于引胜乡上北山林场北山公路南侧石崖下。此段墙体由北至南方向穿过引胜沟河谷，经过通向北山林场的公路，止于引胜沟南山石崖底下。长城南北两面均为石山，中间为乐都县通往北山的公路。仓家峡长城北面与黑山顶长城相接，南面与松花顶长城相连。

该段墙体起自 GPS0623 点，止于 GPS0625 点。墙体系在河滩砾石自然基础上用黄褐土夯筑而成，其中夹杂少量的河滩砾石。夯层清晰，分布均匀，夯层厚 0.25 米，没有发现版筑痕迹。墙体底宽 8.8、顶宽 1.8、残高 3.4 米。依据保存状况和走向分为两个自然段：

第一自然段：起自 GPS0623 点，止于 GPS0624 点，长 24 米。墙体保存一般。墙体底宽 8.8、顶宽 1.8、残高 3.4 米。墙体底部西侧坍塌堆土宽 3.1 米，顶部有水冲沟槽，墙体部分坍塌，夯层厚 0.25 米。

第二自然段：起自 GPS0624 点，止于 GPS0625 点，长 97 米。墙体消失。0 米～66 米段为引胜沟河滩谷地；66 米～74 米段为引胜沟通往仓家峡、鹿角寺（上北山林场县道）柏油路；74 米～97 米段为公路，因上述原因导致本段墙体消失。

该段墙体大部分消失，现存墙体保存状况一般。墙体长 121 米，其中 24 米保存一般，97 米消失。损毁原因以自然因素为主，主要表现为墙体靠近河滩，长期的雨水冲刷使墙体坍塌；人为因素表现为此处是村民出入的峡口，修建公路对墙体造成了破坏。

（32）第三十二段　松花顶长城（编码：632123382106170004）

位于乐都县达拉土族乡与互助县松多藏族乡交界处的松花顶。该段墙体为山险，长城起自引胜沟上北山林场柏油公路西侧石崖下，止于乐都县达拉土族乡与互助县松多藏族乡交界处松花顶三角标中心。此段山险沿东南至西北方向的山脊蜿蜒穿行，海拔从 3200 米向上逐渐递增，直至松花顶海拔为 4057 米，与互助县龙王山长城 1 段相连，共同构成一道天然军事防御体系。松花顶长城东南与仓家峡长城相连，西北面与互助县龙王山长城 1 段相接。

该段墙体起自 GPS00625 点，止于 GPS0658 点。山体北侧比较陡峭，坡度一般在 46°～70°之间，多为风化严重的石山山崖和陡坡，生长有寒温带针叶林和阔叶林两种，利用陡峭的山势、险要的地形而成为一道天然的屏障。

松花顶长城全长 8351 米，整体保存状况一般。损毁原因是自然因素如日晒、风蚀、雨蚀等造成岩体风化、崩塌。

综上所述，乐都县境内长城本体总长度计 75338 米，共分为 32 段，墙体 4 段，其中土墙 2 段，长 344.4 米；山险 2 段，长 15299 米。壕堑 28 段，长 59694.6 米。

3. 结构特点

乐都县境内长城地处湟水北岸中山地带，地貌特点以黄土地貌为主。就青海本地而言，黄土地貌类型的特点相对典型，黄土梁、峁、沟谷等均有分布，海拔在 2102～2643 米之间，流水切割较甚，河谷切断深度大，冲沟横断面多呈 "V" 形，高差悬殊，坡面陡峭。黄土梁面破坏呈狭窄起伏较大的峁状，沟间形成狭长的梁峁地形。梁、峁走向近南北向，长城本体的走向总体为东西向，必须忽上忽下蜿蜒横跨在南北向的地形之间。在此坡度起伏落差较大的梁、峁地形之上，显然不宜夯筑土墙，开挖壕堑是省时省力的最佳军防工程。因此本县长城本体虽由墙体和壕堑构成，但壕堑是长城本体的主体。

（1）墙体

土墙

仅 2 段，即仓岭沟村长城和仓家峡长城。两段夯筑土墙均地处沟谷地带，分别位于土官沟及引胜沟沟谷，设防在南北走向通行较窄的仓家峡峡口或仓岭沟沟口附近。所不同的是仓岭沟村长城两端承接的为沟谷两侧的壕堑，即东南与仓岭沟村壕堑 2 段相接，西北与仓岭沟村壕堑 3 段相连；而仓家峡长城两端承接的为沟谷两侧的石山山险，北面与黑山顶长城相接，南面与松花顶长城相连。夯土墙与壕堑或山险相连，共同组成一道完整而又严密的防御体系。

墙体的建筑材料系就地取材，在自然基础上以当地黄土为主，夹杂少量的砾石或小石块直接夯筑而成，这种砾石或小石块来源于当地河滩中。如仓家峡长城墙体系在河滩砾石自然基础上用黄褐土夯筑而成，其中夹杂少量的河滩砾石。夯层均清晰，夯层厚 0.22～0.25 米，墙体表面看不出版筑痕迹。因长期受自然因素和人为因素的双重破坏，墙体现存尺寸与原状不符，墙体底宽 2.3～8.8（包括坍塌堆土宽度）、顶宽 0.7～1.8、残高 0.7～3.4 米。

山险

共 2 段，即黑山顶长城和松花顶长城。两段山险海拔 2498～4057 米，山崖陡峭，有 "一夫当关，万夫莫开" 之功效，利用了常人难以穿行其间的自然山岩为天然屏障，直接以自然天险御敌。在山险间又或与壕堑或与墙体相互衔接，共同构成防御体系。如黑山顶长城（山险）东南端与仓岭沟壕堑 3 段相接，西北端与仓家峡长城（土墙）承接；松花顶长城（山险）东南端与仓家峡长城（土墙）相连，西北端与互助县龙王山长城 1 段（山险）相接。

（2）壕堑

共 28 段。在乐都县境内 32 段长城本体中，壕堑即占有 28 段，本县境内长城分布区域的地形地貌，决定了长城本体结构形式采用了以壕堑为主体结构这一特点。

壕堑一般分布在地势险要或陡峭的山坡上。其建筑方式为依山梁一侧（北侧或西北侧）从高处向低处铲削出较陡直的壁面，底部亦形成一定宽度的平台，即掘地挖沟为壕，沟内掘土堆于外侧（南侧或东南侧）形成土垄，垄部均未见到明显的夯筑痕迹，局部土垄保存较好。壕堑大多因受长期的雨水冲刷和人为破坏，壕堑内不同程度地填塞有泥沙及淤土，壕堑已被填平，土垄坍塌仅呈现为台状；或削山壁坍塌土堆于壕堑处，台体呈斜坡；或台体消失仅存削山坍塌印痕。壕堑不仅已失原貌，亦失防御功能。现存壕堑口宽 1.6～10、底宽 2～5.7、深 0.2～4 米，土垄底宽 1.2～7.9（包括坍塌堆积土宽度）、顶宽 0.5～3.6、高 0.2～3.2 米，平台宽 4～8.7 米。削山印痕及削山部分坍塌印痕一般高 2.5～15 米，个别坍塌较甚，削山处坍塌印痕高达 28 米，坡度 50°～85°。

考虑到壕堑均已失原貌，为进一步了解壕堑的结构特点，我们选择了柳湾村壕堑进行解剖，在柳湾村壕堑第四自然段 GPS0399 起点向西北 3 米处，于该壕堑处横向挖了一段宽 1、长 14 米的探沟。解剖结果：壕堑剖面上宽下窄，口宽 3.84、底宽 3、深 2.4 米。土垄位于壕堑西南边缘，顺地势斜坡向下堆积，底宽 5.4、顶宽 1.6、高 0.7 米，未夯筑。

（二）互助县

1. 综述

互助县位于青海省东北部，地理位置介于东经 101°46′～102°45′，北纬 36°30′～37°09′之间。北倚祁连山脉大坂山，与海北州门源回族自治县相接，东北与甘肃省天祝藏族自治县和永登县毗邻，东南与乐都县接壤，南以湟水为界，与平安县相望，西邻大通县，西南与西宁市相连。全县东西长 86 千米，南北宽 64 千米，总面积 3360 平方千米。以汉族为主，其次是土族，还有藏族、回族、蒙古族、壮族、白族等民族。总人口约 37 万人。

互助县在地质构造上属于祁连山地槽褶皱带东段的一部分，祁连山的支脉大坂山 - 青石岭横贯县境东北部。山北为大通河，山南为湟水谷地。互助县地处黄土高原的最西端，为黄土高原与青藏高原过渡地带，地势北高南低。境内北部有龙王山和大坂山，其中大坂山由西北向东南横贯全境，海拔均在 4000 米以上；东部有阿米多藏山、麻钱山；东南部有葱花顶俄博，山势陡峭；西北部有平顶山和扎板山；南部有众多的土石山和土岭。互助县境内有大小河流 6 条，均属黄河流域、湟水水系。河流如沙塘川河、哈拉直沟河、红崖子沟河和下马圈河，这些河流短而窄，水量不大。县境地势起伏，高低悬殊，纵横交错。山川相间，地貌比较复杂。地貌类型有高山山地、中山山地（俗称脑山地区）、低山丘陵地（俗称浅山地区）、河谷地（俗称川水地区）四个类型。境内最高的龙王山海拔 4200 余米，最低的湟水河谷海拔 2100 米，全县平均海拔 2700 米。

长城主线进入互助县境内，所在区域地形地貌类型以中山山地为主，大多介于低山丘陵地带与中山山地地带之间，常见低山缓坡，而山险一般位于中山、高山地带，海拔较高，崇山峻岭，地形险要。

　　互助县境内的明长城总长度为 69561.6 米，主要分布于县境北部，东部起自龙王山，西部止于扎板山，从东至西依次穿越了松多乡、丹麻镇、东和乡、林川乡、南门峡乡、台子乡、五峰乡 7 个乡镇。长城东部起自互助县与乐都县交界的松花顶，由东南向西北蜿蜒穿行于高山之间，翻越东沟乡与巴扎乡交界处的龙王山，沿东南至西北方向抵达东和乡与巴扎乡的柏木峡口，穿越林川乡唐日峡山口，向北经过五什嘴山口，在林川乡水洞村东北小辘辘山山腰水洞村 1 号敌台即小辘辘山顶前沿顶部，转向西南侧折而沿山脊西北侧顺势下山，经过大辘辘湾耕地向西南穿越水洞峡河、水洞村，从泥麻村上豁罗口边缘起，继续向西南穿越泥麻村生地和泥麻村延伸，从闇门河西南岸的互助县至大通县公路旁，继续向西南延伸，穿越马家庄村西的山梁，进入泉湾自然村，顺山脊蜿蜒而上，后折向东南向经过马家庄村西南的大山山腰、直沟山脊，复又转向西南方向，沿东北至西南走向的黑墩山山脊（黑墩山位于台子乡哇麻村北部，当地人称穹隆山）蜿蜒前行，绕过南门峡峡口的人头山山脊前端断崖，翻越东北至西南方向的平顶山山脊，西南方向与互助县境内的尖顶山险相连，长城继续向前延伸，止于互助县与大通县交界的鸾沟乡八寺崖村东南 1 千米的阎王边（地图五）。

2. 详细描述

　　互助县境内的明代长城是由东向西依次展开调查的，根据其类型、走向及保存状况的不同共分为 21 段（表六），从东向西依次为：龙王山长城 1 段、龙王山长城 2 段、水洞村壕堑 1 段、水洞村长城 1 段、水洞村壕堑 2 段、水洞村长城 2 段、水洞村壕堑 3 段、水洞村长城 3 段、水洞村长城 4 段、水洞村长城 5 段、泥麻村长城 1 段、泥麻村长城 2 段、马家庄长城 1 段、马家庄长城 2 段、马家庄长城 3 段、马家庄长城 4 段、马家庄长城 5 段、直沟村长城、黑墩山长城、南门峡闸门长城、平顶山长城。现按以上分段顺序逐段描述如下：

表六　互助县明长城本体总登记表　　　　　　　　　　　单位：米

序号	名　称	编　码	类型	长度（米）	起止点高程（米）	地貌类型
1	龙王山长城 1 段	6321263821 06170017	山险	25347	4057～3798	高山山地
2	龙王山长城 2 段	6321263821 06180018	山险	22465	3798～3400	中山山地
3	水洞村壕堑 1 段	6321263822 02170001	壕堑	179	3396～3301	中山山地
4	水洞村长城 1 段	6321263821 05170001	山险墙	207	3301～3228	中山山地
5	水洞村壕堑 2 段	6321263822 02170002	壕堑	99	3228～3192	中山山地
6	水洞村长城 2 段	6321263821 05170002	山险墙	133	3192～3173	中山山地
7	水洞村壕堑 3 段	6321263822 02170003	壕堑	210	3173～3120	中山山地
8	水洞村长城 3 段	6321263821 01170003	土墙	784.3	3120～3045	中山山地
9	水洞村长城 4 段	6321263821 01170004	土墙	475	3045～3049	中山山地
10	水洞村长城 5 段	6321263821 01170005	土墙	600	3054～3023	中山山地
11	泥麻村长城 1 段	6321263821 01170006	土墙	1081	3023～3011	中山山地
12	泥麻村长城 2 段	6321263821 01170007	土墙	1854	3011～2908	中山山地
13	马家庄长城 1 段	6321263821 01170008	土墙	1254	2908～2890	中山山地
14	马家庄长城 2 段	6321263821 01170009	土墙	1127	2890～2923	中山山地
15	马家庄长城 3 段	6321263821 01170010	土墙	447	2923～2978	中山山地

续表

序号	名　称	编　码	类型	长度（米）	起止点高程（米）	地貌类型
16	马家庄长城 4 段	6321263821011170011	土墙	740. 2	2978～3068	中山山地
17	马家庄长城 5 段	6321263821051170012	山险墙	840	3068～3234	中山山地
18	直沟村长城	6321263821051170013	山险墙	298	3234～3331	中山山地
19	黑墩山长城	6321263821061170014	山险	5562	3331～2702	中山山地
20	南门峡闸门长城	6321263821011170016	土墙	110. 1	2702～2704	低山丘陵
21	平顶山长城	6321263821061170015	山险	5749	2704～3470	中山山地

（1）第一段　龙王山长城 1 段（编码：6321263821061170017）

位于互助县巴扎、东和、东沟三乡的交界处。该段长城为山险，起自乐都县达拉土族乡与互助县松多藏族乡交界的松花顶三角标中心，止于互助县丹麻镇泽林峡脑。该段山险从乐都县境内达拉土族乡的松花顶处，从东南向西北经过一系列高大山体一直延伸至丹麻镇的泽林峡脑大山山顶，此处为丹麻镇与加定土族乡交界地带。山险山势陡峭，石壁屹立，山峰顶部多为石质秃山，下部植被丛生。作为大的山系，它一直向东南延伸，纵贯互助县南北境内，到湟水北岸。该段山险东南与乐都县松花顶长城相连，西北与互助县的龙王山长城 2 段相接。

该段山险长 25347 米，起自 GPS0186 点，止于 GPS0187 点。系以自然基础为基础，利用自然山岩作为天然的屏障，山体北侧处于高山地带，多为高大雄伟的山崖和陡坡，海拔在 3800～4100 米之间，常年积雪，山势高峻峭拔，自然形成一道天然屏障，成为难以逾越的自然山险，山上多有草本植物和低矮的灌木生长。

该段山险整体保存一般，损毁原因主要是因为山体长期暴露于野外，由于日晒、风蚀、雨蚀等因素造成岩体风化、崩塌等；人为因素表现为修建山中便道等对山体造成一定程度的破坏。

（2）第二段　龙王山长城 2 段（编码：6321263821061170018）

位于互助县丹麻镇泽林峡脑高山山顶，介于丹麻镇与加定土族乡的交界地带。该段长城为山险，起自丹麻镇泽林峡脑，止于林川乡水洞村东北 1. 78 千米水洞村 1 号敌台西侧边沿。此段山险从丹麻镇泽林峡脑高山山顶处，沿东南至西北向山脊至东沟乡与巴扎藏族乡交界的龙王山，海拔为 4242 米。山险东侧为加定乡的大山沟，西侧为泽林峡、花石峡沟，常年白雪皑皑，山险向西北抵达柏木峡山口，经过林川乡的唐日峡山口，向北经过五什嘴山口。该段山险山势陡峭，石壁屹立，山峰顶部多为石质秃山，下部植被丛生。本段山险地处祁连山山脉大坂山支系。该段山险东南与龙王山长城 1 段山险相接，西北与水洞村壕堑 1 段相连（彩图二六）。

该段山险全长 22465 米，起自 GPS0187 点，止于 GPS0001 点。系利用自然山岩作为天然的屏障，山体北侧多为高大雄伟的山崖和陡坡，生长着适应高寒地区的苔草、羊茅和披碱草等，周围多高生草甸，海拔多在 3600～4100 米之间，山体西侧海拔多在 3100～3600 米之间，山势险峻，常年积雪，自古以来形成一条天然的军事屏障。

该段山险全长 22465 米，整体保存一般，由于长期经受日晒、风蚀、雨蚀造成岩体风化、崩塌等自然因素和修建山中便道等人为因素对山体造成了破坏。

沿柏木峡向东穿行于大坂山可至大通河流域，然后向东南顺河而下即可进入甘肃省境内，向西北顺大通河逆流而上可达门源县。《西宁府新志》"舆图"上所标的"柏木峡闇门"应开在此段墙体上。

（3）第三段　水洞村壕堑 1 段（编码：6321263822021170001）

位于互助县林川乡水洞村东北小轱辘山山顶上。该段壕堑起自林川乡水洞村东北 1.78 千米水洞村 1 号敌台西侧边沿，止于林川乡水洞村东北 1.6 千米小轱辘山山腰处。此段壕堑从水洞村 1 号敌台西侧起，整体呈东北至西南走向，在水洞村 1 号敌台西南侧折而下山，止于水洞村小轱辘山半山腰处（彩图二七）。其东北面有加玛沟，西面为小轱辘湾，顺着山坡而下直到水洞峡旁边的南北向土路，东南侧为大轱辘湾。该段壕堑起点东侧为水洞村 1 号敌台，西南与水洞村长城 1 段相接。

该段壕堑的挖掘方式为掘地挖土堆积两侧而成，将壕堑内挖出的砂石土堆积在壕堑两侧构成土垄，土垄部未发现夯筑等其他加固痕迹。现存壕堑剖面呈"U"形，上宽下窄，由于壕堑位于山坡之上，受人类活动影响不明显。

该段壕堑起自 GPS0002 点，止于 GPS0004 点，全长 179 米。壕堑口宽 4、底宽 2.3～2.5、深 0.3～1.6 米，西北侧堆垄底宽 1.5～3.5、顶宽 0.5～0.8、残高 0.2～0.5 米，东南侧堆垄底宽 4.5～8.5、顶宽 0.5～3.5、残高 0.5～0.8 米。现根据壕堑走向和保存状况分为两个自然段：

第一自然段：起自水洞村 1 号敌台西北侧 GPS0002 点，止于 GPS0003 点，长 17 米。壕堑保存较差。该自然段紧靠水洞村 1 号敌台。壕堑口宽 4、底宽 2.5、深 0.3 米，西北侧堆垄底宽 1.5、顶宽 0.5、残高 0.2 米；东南侧堆垄底宽 4.5、顶宽 0.5、残高 0.5 米。

第二自然段：起自 GPS0003 点，止于 GPS0004 点，长 162 米。壕堑保存较差。该自然段顺自然山势折而向下。壕堑口宽 4、底宽 2.3、深 1.6 米，西北侧堆垄底宽 3.5、顶宽 0.8、残高 0.4 米；东南侧堆垄底宽 7.5～8.5、顶宽 3.5、残高 0.8 米。

该段壕堑全长 179 米，整体保存状况较差。损毁原因主要是自然因素，表现为风雨侵蚀、自然坍塌，还有茂密的植物亦对壕堑造成一定破坏。

（4）第四段　水洞村长城 1 段（编码：632126382105170001）

位于互助县林川乡水洞村四社东北的小轱辘山山腰处。该段长城为山险墙，起自水洞村四社东北 1.6 千米小轱辘山山腰处，止于水洞村四社东北 1.4 千米小轱辘山山腰处。此段墙体呈东北至西南走向，从水洞村四社东北 1.6 千米的小轱辘山山腰处沿山脊西北侧顺势下山，直到水洞村四社东北 1.4 千米的小轱辘山山腰处。墙体西侧为小轱辘湾，东侧为大轱辘湾，水洞村河由北向南从小轱辘山山体西侧 500 米处流过。该段墙体东北接自水洞村壕堑 1 段，西南与水洞村壕堑 2 段相接。

该段墙体起自 GPS0004 点，止于 GPS0007 点，全长 207 米。墙体系在自然山体上人为加工铲削而成，墙体底部平台宽 2.8～4.4 米，高 2～4 米。根据墙体走向和保存状况分为三个自然段：

第一自然段：起自 GPS0004 点，止于 GPS0005 点，长 122 米。墙体保存一般。墙体高 3.5 米，底部台面宽 2.8～3.5 米。该段墙体主要建于土质较厚的区域，碎石较少，从起点 38 米处岩石削山部分非常明显，山岩高约 3.5～4 米，长 30 米。

第二自然段：起自 GPS0005 点，止于 GPS0006 点，长 25 米。墙体保存一般。墙体高 3.5 米，底部台面宽 3.5～4 米。该段墙体随山脊走向顺势而下，所在区域土质较厚。

第三自然段：起自 GPS0006 点，止于 GPS0007 点，长 60 米。墙体保存一般。墙体高 2 米，底部台面宽 4.4 米。

该段墙体全长 207 米，整体保存状况一般。损毁原因以自然因素为主，表现为：该段墙体位于山腰处，常年受雨雪的侵蚀、植物生长等对墙体均造成一定的破坏；人为因素只表现为人为的踩踏。

（5）第五段　水洞村壕堑 2 段（编码：632126382202170002）

位于互助县林川乡水洞村东北小轱辘山山腰处。该段壕堑起自水洞村东北 1.4 千米小轱辘山山腰处，止于水洞村东北 1.3 千米小轱辘山山体腰部。此段壕堑起点处呈东至西走向，随山脊的走向转变为东北至西南走向。本段壕堑西南距水洞村 1.4 千米。壕堑北侧为小轱辘湾，已退耕还林，南侧为大轱辘湾，种植密集的黑刺植物。该段壕堑东北与水洞村长城 1 段相连，西南与水洞村长城 2 段相接。

壕堑的挖掘方式为掘地挖沟，土堆南北两侧成垄，土垄部未见夯筑等加固痕迹。壕堑剖面呈"U"形，上宽下窄。

该段壕堑起自 GPS0007 点，止于 GPS0009 点，全长 99 米。壕堑口宽 8.4 ~ 8.5、底宽 2.2 ~ 2.3、深 1.5 ~ 1.6 米，垄底宽 4.5 ~ 8.5、顶宽 1 ~ 1.5、残高 0.8 ~ 1.2 米，垄分南北垄，南垄底宽 8.5、顶宽 1.5、高 0.8 ~ 1.2 米；北垄底宽 4.5、顶宽 1、高 1.2 米。根据壕堑保存状况和走向分两个自然段：

第一自然段：起自 GPS0007 点，止于 GPS0008 点，长 70 米。壕堑保存较差。壕堑口宽 8.4、底宽 2.3、深 1.5 米，南垄底宽为 8.5、顶宽 1.5、残高 0.8 米；北垄痕迹较明显，底宽 4.5、顶宽 1、残高 1.2 米。

第二自然段：起自 GPS0008 点，止于 GPS0009 点，长 29 米。壕堑保存较差。壕堑口宽 8.4、底宽 2.2、深 1.6 米，南垄堆筑痕迹较明显，底宽 8.5、顶宽 1.5、残高 1.2 米；北垄堆筑痕迹亦较明显，底宽 4.5、顶宽 1、残高 1.2 米。

该段壕堑全长 99 米，整体保存较差。损毁原因以自然因素为主，该段壕堑土壤以灰褐土为主，夹杂少量山体碎石，黏结性差，土质疏松，导致壕堑保存较差；壕堑垄部堆土未加夯筑，长期受风雨侵蚀和冰雪消融等作用的影响较大，易自然坍塌。

（6）第六段　水洞村长城 2 段（编码：6321263821051700002）

位于互助县林川乡水洞村东北小轱辘山山体前端。该段墙体属山险墙，起自水洞村东北 1.3 千米小轱辘山山腰处，止于水洞村东北 1.15 千米小轱辘山体前端。该段墙体整体略呈东北至西南走向，从水洞村四社东北 1.3 千米的小轱辘山山腰处沿山脊西北侧顺势下山，直到水洞村东北 1.15 千米小轱辘山体前端。长城北面为一道南北向山梁，东南面为小轱辘山，西面为山坡。周围多为风化严重的石山。该段长城东北与水洞村壕堑 2 段相接，西南与水洞村壕堑 3 段相连。

该段墙体起自 GPS0009 点，止于 GPS0012 点，全长 133 米。山险墙系在自然山体上经过人为加工铲削而成，墙体残高 1.2 ~ 3.5 米，底部平台宽 3 米。根据墙体走向和保存情况分为两个自然段：

第一自然段：起自 GPS0009 点，止于 GPS0011 点，长 85 米。墙体保存较差。墙体残高 1.2 ~ 1.4 米，底部平台宽 3 米。GPS0009 点 ~ GPS0010 点段墙体主要建于土质较厚的区域，碎石较少。

第二自然段：起自 GPS0011 点，止于 GPS0012 点，长 48 米。墙体保存一般。墙体残高 1.8 ~ 3.5 米，底部平台宽 3 米。墙体顺山势向西延伸，高度逐渐增加。

该段墙体整体保存较差。墙体全长 133 米，其中 48 米保存一般，85 米保存较差。损毁原因以自然因素为主，表现为：该段长城位于山坡处，长期受雨水冲刷、冰雪消融的影响，部分墙体已崩落，暴露出自然石块；还有植物生长的破坏也对墙体造成一定影响。

（7）第七段　水洞村壕堑 3 段（编码：6321263822021700003）

位于互助县林川乡水洞村东北小轱辘山山坡上。该段壕堑起自水洞村东北 1.15 千米小轱辘山山脊前端，止于水洞村东北 0.9 千米大轱辘湾耕地中。此段壕堑顺山势挖掘，依山梁走向由高向低而行，壕堑从小轱辘山山腰顺着山脊而下，直到水洞峡旁边的南北向土路，整体呈东北至西南走向。壕堑东北面有加玛沟，东面为小轱辘山和大轱辘湾，北面为小轱辘湾。本段壕堑东北与水洞村长城 2 段相接，西南与水洞村长城 3 段相连。东北距水洞村 1 号敌台 0.6 千米，西南距水洞村 2 号敌台 1.4 千米。

该段壕堑的挖掘方式为掘地挖沟，土堆两侧成垄，南北侧土垄由壕堑内挖出的砂石土堆积壕堑两侧而成，未经夯筑。壕堑现存剖面呈"U"形，上宽下窄。

该段壕堑起自 GPS0012 点，止于 GPS0014 点，全长 210 米。壕堑口宽 5.4 ~ 6.1、底宽 2.1 ~ 2.3、

深 0.2 ~ 1.2 米，垄底宽 4.5 ~ 7.4、顶宽 0.5 ~ 1、残高 0.2 ~ 0.8 米。根据壕堑走向和保存现状分两个自然段：

第一自然段：起自 GPS0012 点，止于 GPS0013 点，长 97 米。壕堑保存较差。壕堑口宽 5.4、底宽 2.3、深 1.2 米，壕堑东南侧垄底宽 6.6 ~ 7.4、顶宽 0.5 ~ 1、残高 0.6 ~ 0.8 米，西北侧垄宽、高与东南侧垄基本相同。

第二自然段：起自 GPS0013 点，止于 GPS0014 点，长 113 米。壕堑保存差。壕堑口宽 6.1、底宽 2.1、深 0.2 米，东南侧垄底宽 4.5 ~ 5.6、顶宽 0.5、残高 0.2 ~ 0.3 米；西北侧垄与东南侧垄情况基本相同。壕堑局部被平整为土地，现存地面痕迹仅能隐约可见。

该段壕堑整体保存状况差。壕堑全长 210 米，其中 97 米保存较差，113 米保存差。损毁原因自然因素与上述壕堑相同。此外，壕堑内外有多处鼠洞，对壕堑也造成了一定的破坏；人为因素表现为局部壕堑被开辟为耕地。

（8）第八段　水洞村长城 3 段（编码：632126382101170003）

位于互助县林川乡水洞村四社东北耕地中。该段长城属土墙，起自水洞村四社东北 0.9 千米大钻辘辘湾耕地中，止于水洞村四社东北 0.095 千米处。此段墙体整体呈东北至西南走向，穿越水洞峡河与水洞村长城 4 段墙体相接。长城东侧为低山、坡地，西侧为已退耕的草地、农田。本段长城东北与水洞村壕堑 3 段相连，西南与水洞村长城 4 段墙体相接。其东北距水洞村 1 号敌台 0.9 千米。

该段墙体起自 GPS0014 点，止于 GPS0017 点，全长 784.3 米。土墙系在自然基础上以黄土为主，夹杂少量石子直接夯筑而成。仅残存长约 4.3 米的墙体。墙体底宽 3.5、顶宽 1、残高 0.35 米，夯层清晰，夯层厚 0.17 ~ 0.2 米。根据墙体走向和保存情况分为三个自然段：

第一自然段：起自 GPS0014 点，止于 GPS0015 点，长 55 米。墙体消失。扩建平整耕地损毁墙体致其消失。

第二自然段：起自 GPS0015 点，止于 GPS0016 点，长 557.3 米。墙体大部分消失。仅在起点处保存有一段残长 4.3 米的墙体，墙体底宽 3.5、顶宽 1、残高 0.35 米，夯层厚 0.17 ~ 0.2 米。该段墙体西南处有一座三角锥形的现代镇台，镇台底宽 5、高 2.2 米，镇台四角有镇石、瓷罐等物。

第三自然段：起自 GPS0016 点，止于 GPS0017 点，长 172 米。墙体消失。因河水冲毁及修建道路致使本段墙体消失。0 米 ~ 136 米段为水洞峡河滩地；136 米 ~ 160 米段为河滩；169 米 ~ 172 米段为宽 3 米的道路。调查寻访中据当地群众反映此处原有石筑基座水洞拱门，现已拆除。

该段墙体大部分消失，仅保留残长 4.3 米墙体。墙体全长 784.3 米，其中 4.3 米保存差，780 米消失。损毁原因有扩展耕地、修建道路及河水损毁。

（9）第九段　水洞村长城 4 段（编码：632126382101170004）

位于互助县林川乡水洞村四社村中。该段墙体属土墙，起自林川乡水洞村四社东北 0.095 千米处，止于林川乡水洞村四社西南 0.02 千米处。该段长城整体呈东北至西南走向，穿越水洞村。长城两侧为村庄民居，西北面为坡地，周围多为低缓的山丘，多平整为梯田。该段墙体东北与水洞村长城 3 段墙体相连，西南止于水洞村 2 号敌台，与水洞村长城 5 段相接。

该段墙体起自 GPS0017 点，止于 GPS0023 点，全长 475 米。土墙系自然地面为基础，以黑褐色土为主，夹杂少量碎沙石夯筑而成。墙体底宽 3 ~ 8.3（包括坍塌宽度）、顶宽 1 ~ 1.1、高 0.6 ~ 3 米。未发现分段版筑痕迹，夯层厚 0.12 ~ 0.16 米。根据墙体走向和保存状况分为五个自然段：

第一自然段：起自 GPS0017 点，止于 GPS0018 点，长 42 米。墙体保存一般。墙体底宽 8.3（包括坍塌宽度）、顶宽 1.1、高 3 米，夯层厚 0.12 米。从起点 5 米处在本段墙体之上骑墙修筑有水洞村 2 号敌台。

第二自然段：起自GPS0018点，止于GPS0019点，长15米。墙体消失。因村民取土挖断墙体，致使墙体消失。

第三自然段：起自GPS0019点，止于GPS0020点，长38米。墙体保存较差。墙体底宽3.9、顶宽1.1、残高0.6～1.6米，夯土层厚0.16米。

第四自然段：起自GPS0020点，止于GPS0021点，长134米。墙体消失。墙体穿过水洞村四社，东西两侧为村民庄廓，因村民取土、修便道，致使墙体消失。

第五自然段：起自GPS0021点，止于GPS0023点。长246米。墙体保存较差。墙体底宽3～3.3、顶宽1、高1.6～2米。0米～124米段因多处便道横穿墙体，致使墙体断断续续存在，墙体东西两侧为村庄，墙体上部建有垃圾房；124米～246米段墙体坍塌严重，墙体间断存在，其东侧为缓坡，旁边堆放草垛，墙体顶部生长有冰草和低矮的草类；其西侧被辟为土路。

该段墙体整体保存较差。墙体全长475米，其中42米保存一般，284米保存较差，149米消失。损毁原因以人为因素为主，表现为该段墙体位于村庄，村民修建民宅挖毁墙土，修建便道挖断多处墙体；自然因素是风雨侵蚀及植物生长也对墙体造成一定程度的破坏。

（10）第十段　水洞村长城5段（编码：632126382101170005）

位于互助县林川乡水洞村西南、泥麻村东北。该段长城属土墙，起自林川乡水洞村西南0.02千米处，止于林川乡泥麻村东北0.5千米上豁罗口沟口。长城整体呈东北至西南走向，东北自水洞村2号敌台起，穿越水洞村山坡耕地，西南止于泥麻村与水洞村的交界处上豁罗口沟口。此段长城修建在水洞村西山坡上，墙体东侧为村庄，东侧200余米处有通往互助县城的乡村砂石路和水洞村小学，西侧为坡地、低缓的山丘。本段长城东北接水洞村2号敌台，西南与泥麻村长城1段相连。

该段土墙系以自然地面作为基础，夯筑墙体就地取材，用灰褐土为主，零星夹杂黄色土颗粒及少量碎砾石直接夯筑而成。墙体底宽1.6～6.8、顶宽0.4～1.6、残高1.2～2.2米，夯层厚0.22～0.25米，无版筑痕迹。在局部夯土墙体外侧有一条随墙壕与墙体并列而行（彩图二八），水洞村长城5段的随墙壕始于GPS0024点西南110米处，位于墙体外侧（西侧），紧靠墙体，走向与墙体一致，在GPS0024点西南179米处与山上冲谷合成一体。

墙体：

该段墙体起自GPS0024点，止于GPS0032点，全长600米。根据墙体走向和保存情况分为六个自然段：

第一自然段：起自GPS0024点，止于GPS0025点，长281米。墙体保存一般。墙体底宽1.6～6.8、顶宽0.5～1.6、高1.2～2.2米，夯层厚0.22～0.25米。墙体顶部有小路。墙体表面长满细密的小草，两侧均为耕地。墙体西北侧有一条宽0.3～0.5、深0.3～0.4米的引水渠，顺墙体而行。起点GPS0024点西南57米处有宽3米的断口，即便道。在起点GPS0024点西南110米处开始出现随墙壕，全长69米。随墙壕口宽6～10、底宽2.5～6.2、深1.6～3.4米，紧邻墙体。随墙壕亦被开垦为耕地，在GPS0024点西南179米处与山上冲谷合成一体。

第二自然段：起自GPS0025点，止于GPS0026点，长20米。墙体消失。此段有一条冲沟沟谷，沟宽20、深1.8～2.2米，洪水将墙体冲断，致使墙体消失。墙体表面有黑刺等植物，生长茂密。

第三自然段：起自GPS0026点，止于GPS0028点，长142米。墙体保存较差。墙体底宽3～4.7、顶宽0.4、残高1.4米。距起点GPS0026点西南79米处有宽3米的便道。

第四自然段：起自GPS0028点，止于GPS0029点，长21米。墙体消失。该段墙体已全部被平整为耕地。

第五自然段：起自GPS0029点，止于GPS0031点，长121米。墙体保存较差。墙体底宽3.5～3.6、顶宽0.5～0.6、西北侧残高1.5、东南侧残高2.2米。0米～33米段墙体被耕地蚕食严重，形成有多处缺口；33 米～121 米段墙体顺山而下。

第六自然段：起自 GPS0031 点，止于 GPS0032 点，长 15 米。墙体消失。本段墙体被山谷冲沟冲断，此沟为水洞村与泥麻村的分界处。

随墙壕：

位于水洞村长城 5 段墙体外侧（西侧），紧靠墙体，走向与墙体走向一致，在起点 GPS0024 点西南 110 米开始出现，在 GPS0024 点西南 179 米处与山上冲谷合成一体。随墙壕全长 69 米，整体保存较差。本段随墙壕系在建造水洞村长城 5 段墙体时取土而形成。上宽下窄，剖面呈倒梯形，随墙壕口宽 6～10、底宽 2.5～6.2、深 1.6～3.4 米。

该段墙体整体保存一般。全长 600 米，其中 322 米保存一般，222 米保存较差，56 米消失。损毁原因以人为因素为主，表现为：人为开垦土地、修建水渠、开辟乡间便道等原因造成局部墙体缺损；自然因素表现为该段墙体位于水洞村山坡地中，大部分墙体蚕蚀严重。由于地形起伏，形成山谷冲沟，造成部分墙体消失；还有墙体上生长细密而低矮的植物，也对墙体造成了破坏。

水洞村长城 5 段随墙壕全长 69 米，整体保存较差。损毁原因以人为因素为主，表现为平整土地的破坏，当地农民在平整农田过程中，将随墙壕开辟为耕地，破坏随墙壕的原貌；自然因素表现为因长期受风雨侵蚀导致随墙壕边壁发生坍塌，同时，受自然坍塌及降雨等的影响，现存随墙壕的局部地段内有淤积土；此外，还有植物的生长对随墙壕的破坏。

（11）第十一段　泥麻村长城 1 段（编码：632126382101170006）

位于互助县林川乡泥麻村八社及泥麻村东面的生地中。该段长城属土墙，起自林川乡泥麻村东北 0.5 千米上豁罗口沟口，止于林川乡泥麻村八社南 0.06 千米泥麻村敌台。长城东北从泥麻村上豁罗口边缘起，穿越泥麻村耕地和泥麻村，直到泥麻村西南的泥麻村敌台。此段长城所处地势较高，有一条自西北至东南方向的大沟从墙体中间穿过，形成一条自然冲沟。墙体周围多为低缓的山丘，坡地辟为耕地。墙体从村中穿过。本段长城东北在泥麻村上豁罗口与水洞村长城 5 段相接，西南接泥麻村敌台作为承接点与泥麻村长城 2 段相连。

该段墙体系以自然灰褐色土地表为基础，用灰褐土为主夹杂黄色土颗粒及少量碎石夯筑而成。墙体底宽 2.2～7.9、顶宽 0.3～1、残高 0.5～3.4 米，夯层清晰，夯层厚 0.14～0.25 米。未发现版筑痕迹。部分区域有随墙壕遗迹，随墙壕位于墙体外侧（西侧），紧邻墙体，走向与墙体一致。

墙体：

该段墙体起自 GPS0032 点，止于 GPS0040 点，全长 1081 米，根据墙体走向和保存情况分为八个自然段：

第一自然段：起自 GPS0032 点，止于 GPS0033 点，长 76 米。墙体保存一般。墙体底宽 3.7、顶宽 0.3、残高 1.8 米。距 GPS0032 点西南 3 米处有宽 3 米的便道断口。墙体顶部种植白杨树，墙体外侧（西侧）为耕地，内侧（东侧）有一条乡间土路。

第二自然段：起自 GPS0033 点，止于 GPS0034 点，长 227 米。墙体保存较差。墙体底宽 2.2、顶宽 0.35、残高 0.5～1.6 米。由于墙体西北侧被平整为耕地，靠近墙体部位被填平，墙体顶部与耕地地面齐平。

第三自然段：起自 GPS0034 点，止于 GPS0035 点，长 117 米。墙体保存一般。墙体底宽 7、顶宽 1、残高 3.4 米。墙体顶部开有便道。墙体内侧（东侧）壁面被人为挖成直立状，对墙体破坏严重。在该段止点处有人为挖断墙体的断面，可以清晰看出夯层痕迹，夯层厚 0.14 米，规整齐平。

第四自然段：起自 GPS0035 点，止于 GPS0036 点，长 104 米。墙体消失。平整耕地将墙体破坏。

第五自然段：起自 GPS0036 点，止于 GPS0037 点，长 25 米。墙体消失。该段墙体位于冲沟处，当地称为生地沟，沟内常年流水不断，将墙体冲断，造成墙体消失，该沟宽 16 米。沟西南侧有宽 9 米的村庄砂石路。据当地村民介绍，本段墙体称为上者门，现遗迹无存。

　　第六自然段：起自 GPS0037 点，止于 GPS0038 点，长 273 米。墙体保存一般。墙体底宽 4.8～5.6、顶宽 0.6～0.8、残高 2～3.2 米。本段墙体断面显示墙体由灰褐色土夯筑，夯层厚 0.24～0.25 米。墙体高度不一，高 2～3.2 米。距起点 171 米处墙体上建有本地巡逻房一栋；距起点 226 米处有宽 4 米的土路断口。距起点 42 米处开始出现随墙壕遗迹。随墙壕已被村民填平修为土路，随墙壕西北壁被削成直壁。

　　第七自然段：起自 GPS0038 点，止于 GPS0039 点，长 15 米。墙体消失。该段位于冲沟处，将墙体冲毁，村民称此沟为大沟。沟内有许多杨树及黑刺。在东北侧随墙壕前沿，有村民建的泉水暗池一座。

　　第八自然段：起自 GPS0039 点，止于 GPS0040 点，长 244 米。墙体保存较差。墙体底宽 7.9、顶宽 0.8、高 0.5～1.5 米，夯层厚 0.22 米。由于该段大多处于村庄中间，墙体顶部多处被取平堆放草垛等物，并开挖墙体形成便道。该段止点处随墙壕清晰，口宽 10、底宽 6、深 3.4 米。

　　随墙壕：

　　位于泥麻村长城 1 段 GPS0037 点西南 42 米处，起自泥麻村八社东北方向村中路口，止于泥麻村西南 60 米处的泥麻村敌台，全长 490 米。随墙壕位于墙体外侧（西侧），紧邻墙体，与墙体并行，整体呈东北至西南走向。随墙壕上宽下窄，剖面呈倒梯形。口宽 10～13、底宽 6.2～8、深 1.2～3.4 米。该段随墙壕起自 GPS0041 点，止于 GPS0047 点，根据其走向和保存情况分为五个自然段：

　　第一自然段：起自 GPS0041 点，止于 GPS0043 点，长 231 米。随墙壕保存差。口宽 12～13、底宽 8、深 1.8～2.2 米。0 米～162 米段随墙壕位于墙体外侧（西侧），起于泥麻村八社村口，大部分已被破坏，随墙壕处修有一条宽 6～7 米的沙石路。随墙壕西侧边缘用石块砌筑，顶部为村中耕地和民居；162 米～231 米段局部随墙壕被沙石路及耕地破坏。

　　第二自然段：起自 GPS0043 点，止于 GPS0044 点，长 27 米。随墙壕消失。该段随墙壕被季节沟水冲毁。

　　第三自然段：起自 GPS0044 点，止于 GPS0045 点，长 100 米。随墙壕保存差。口宽 13、底宽 8、深 1.2 米。该段仍被上述沙石路破坏，并有多处断口，西侧边缘破坏较甚。

　　第四自然段：起自 GPS0045 点，止于 GPS0046 点，长 27 米。随墙壕消失。修建民居损毁了此段随墙壕。

　　第五自然段：起自 GPS0046 点，止于 GPS0047 点，长 105 米。随墙壕保存一般。口宽 10、底宽 6.2、深 3.4 米。此段随墙壕西侧边缘被扩建耕地破坏。

　　该段墙体整体保存较差。墙体全长 1081 米，其中 466 米保存一般，471 米保存较差，144 米消失。损毁原因以人为因素的破坏为主，表现为在墙体两侧种树，修建便道、扩展耕地挖毁墙体；自然因素表现为风蚀、雨蚀、自然坍塌，位于冲沟处的墙体，常年的流水冲刷造成墙体消失；植物生长对墙体亦造成破坏。

　　泥麻村长城 1 段随墙壕整体保存差。全长 490 米，其中 105 米保存一般，331 米保存差，54 米消失。损毁原因基本与墙体相同。

　　（12）第十二段　泥麻村长城 2 段（编码：632126382101170007）

　　位于互助县林川乡泥麻村西地势较缓的山坡上。该段墙体属土墙，起自林川乡泥麻村八社西南 0.06 千米泥麻村敌台，止于林川乡泥麻村西南 0.1 千米闇门河西岸。该段墙体呈东北至西南方向延伸至泥麻村闇门河西岸 GPS0076 点。在墙体外侧（西侧）有随墙壕，走向与墙体并行（彩图二九）。此段长城处于泥麻村西地势较缓的山坡上，东侧为村庄，墙体部分地段穿过村庄，西侧为耕地，耕地间种植黄刺，地势比较开阔。本段墙体东北与泥麻村长城1段相接，以泥麻村敌台作为承接点，西南与马家庄长城1段相连。

墙体系以自然灰褐色土地表为基础，就地取材用灰褐土夯筑而成。墙体底宽1.8～9.6、顶宽0.5～2.3、高0.8～3米，夯层清晰，底部夯层较薄且分布密集，厚0.17～0.2米，上部夯层较厚，夯层厚0.25米。在墙体外侧（西侧）有随墙壕痕迹，随墙壕紧靠墙体，走向与墙体并行。

墙体：

该段墙体起自GPS0047点，止于GPS0076点，全长1854米。根据墙体走向和保存状况可分为二十一个自然段：

第一自然段：起自GPS0047点，止于GPS0049点，长89米。墙体保存一般。墙体底宽6.4～7.5、顶宽0.6～0.7、高2.3～2.55米，夯土层厚0.19～0.23米。0米～59米段墙体外侧（西侧）为泥麻村长城2段随墙壕。村民在墙体西北侧底部取土造成墙基部分坍塌；此外鼠害严重，墙体多处发现鼠洞，使墙体损毁；59米～89米段墙体两侧为农田。随墙壕在墙体西北侧紧邻墙体。

第二自然段：起自GPS0049点，止于GPS0050点，长209米。墙体保存较差。墙体底宽6.1～9.6、顶宽1.2、高1.2米。墙体西北侧有随墙壕。该段墙体顶部因风蚀开裂成两段小矮墙，因墙体风蚀严重，表面呈片状脱落。一段长14米，底宽0.8、顶宽0.6、高1.2米；另一段残长4.3米，底宽0.8、顶宽0.6、高1.2米。距本自然段起点西南41米处有一个长12米的断口。墙体西北侧坍塌十分严重，形成一条宽0.09～0.2、长2.8米的大裂缝。

第三自然段：起自GPS0050点，止于GPS0052点，长58米。墙体保存较差。墙体底宽5.6～6.2、顶宽0.7～0.8、高1.5～1.6米。墙体内侧（东侧）为耕地，村民为扩展耕地铲削墙体，造成破坏。外侧（西侧）为随墙壕。

第四自然段：起自GPS0052点，止于GPS0053点，长15米。墙体保存一般。墙体底宽3.5、顶宽0.6、高2.5米。该段墙体两侧堆积有高2、宽4.5米的墙体坍塌土。随墙壕被破坏。

第五自然段：起自GPS0053点，止于GPS0054点，长62米。墙体消失。本段墙体位于冲沟处（当地村民称小汶沟），墙体已被此沟全部破坏。沟内有泥麻村至尼麻隆村的乡村沙石土路。随墙壕亦破坏消失。

第六自然段：起自GPS0054点，止于GPS0055点，长69米。墙体保存一般。墙体底宽3.6、顶宽1.5、高2.7米，夯层厚0.15～0.25米。墙体两侧堆积有坍塌土。在本自然段GPS0054点处，小汶沟流水将墙体冲断，其墙体断面清晰显示出了本段墙体的夯土层共有9层。随墙壕在西北侧紧邻墙体。

第七自然段：起自GPS0055点，止于GPS0058点，长311米。墙体保存较差。墙体底宽3.5～5.6、顶宽1～1.2、高1.6米。0米～100米段墙体顶部残损，凹凸不平。随墙壕在西北侧紧邻墙体；100米～207米段墙体西北侧为农田，东南侧为泥麻村；从GPS0057至82米处有一条水渠由东北向西南从墙体通过，墙体形成了宽6米的断口。本段墙体东南侧60米处有泥麻村小学。

第八自然段：起自GPS0058点，止于GPS0059点，长39米。墙体保存一般。墙体底宽3.5、顶宽2.3、高2.4米，夯层厚0.24米。墙体西北侧坍塌。

第九自然段：起自GPS0059点，止于GPS0060点，长11米。墙体消失。为修建道路损毁墙体所致。

第十自然段：起自GPS0060点，止于GPS0061点，长97米。墙体保存较差。墙体底宽1.8、顶宽0.9、高1.2米。墙体顶部被削平，墙体西北侧栽种有黑刺。

第十一自然段：起自 GPS0061 点，止于 GPS0062 点，长 86 米。墙体保存一般。墙体底宽 2、顶宽 1.2、高 2.1 米。墙体中间有多处断口，对墙体造成破坏。

第十二自然段：起自 GPS0062 点，止于 GPS0063 点，长 34 米。墙体消失。墙体表面种植有白杨树、黑刺。从起点至 23 米处建有一座圆锥体的现代镇台，镇台底径 1.8、高 1.8 米。

第十三自然段：起自 GPS0063 点，止于 GPS0064 点，长 128 米。墙体保存一般。墙体底宽 2.8、顶宽 0.7、高 2.3 米。墙体多处被掏挖。墙体东南侧种植有白杨树，西北侧为农田。

第十四自然段：起自 GPS0064 点，止于 GPS0065 点，长 30 米。墙体保存较差。墙体底宽 2.6、顶宽 0.7、高 0.8 米。0 米～18 米段墙体上筑有 2 段现代夯土墙。墙体上种植有黑刺。墙体东南侧为阶梯状耕地，现已退耕种树。

第十五自然段：起自 GPS0065 点，止于 GPS0069 点，长 246 米。墙体保存一般。墙体底宽 1.7～6.2、顶宽 0.5～1.1、高 1.8～2.8 米。0 米～57 米段墙体顶部及两侧种植黑刺；57 米～88 米段墙体东西两侧均为农田，村民扩张耕地挖毁墙体；88 米～225 米段墙体上部种有黑刺、小白杨树。墙体西侧斜坡下栽有大片的白杨树苗；225 米～246 米段墙体东西两侧均为农田，村民取土扩张耕地对墙体造成一定程度的破坏。

第十六自然段：起自 GPS0069 点，止于 GPS0071 点，长 128 米。墙体保存较差。墙体底宽 3～5.1、顶宽 0.5～0.7、高 1.4 米。0 米～88 米有一条东西向便道穿越墙体；88 米～128 米段墙体顶部及两侧种植黑刺。

第十七自然段：起自 GPS0071 点，止于 GPS0072 点，长 40 米。墙体保存一般。墙体底宽 4.6、顶宽 0.7、高 3 米，夯层厚 0.24 米。墙体东南侧被铲削形成断壁，墙体上面种有黑刺。

第十八自然段：起自 GPS0072 点，止于 GPS0073 点，长 44 米。墙体保存较差。墙体底宽 4.2、顶宽 0.7、高 1.6 米。该段墙体东南侧被取土铲削成断崖。墙体两侧栽有白杨树、黑刺。

第十九自然段：起自 GPS0073 点，止于 GPS0074 点，长 32 米。墙体消失。为村民修建民居挖断墙体所致。

第二十自然段：起自 GPS0074 点，止于 GPS0075 点，长 73 米。墙体保存较差。墙体底宽 3.2～3.6、顶宽 0.6、残高 1.4～2.4 米，夯土层厚 0.14～0.19 米。墙体接近河滩处的夯土层中夹有较多石子。西北侧 0.1 千米为阇门村。

第二十一自然段：起自 GPS0075 点，止于 GPS0076 点，长 53 米。墙体消失。该段墙体靠近阇门河河滩，河滩流水及修建便道等原因，使墙体消失。阇门河处墙体无存。据当地群众介绍，此处原有阇门，现已无存。

随墙壕：

起自泥麻村八社南 60 米的低缓丘陵处（GPS0040 点），东侧与泥麻村长城 2 段紧密相连，东侧 260 米处有通往互助县城的砂石路，止于泥麻隆村土路的转弯处（GPS0086 点），全长 635 米。随墙壕走向与墙体并行，整体呈东北至西南向。随墙壕口宽 10.5～15、底宽 6.3～11、深 1～3.2 米。随墙壕起自 GPS0040 点，止于 GPS0086 点，现依其保存状况分为五个自然段：

第一自然段：起自 GPS0040 点，止于 GPS0078 点，长 100 米。随墙壕保存一般。随墙壕口宽 10.5、底宽 6.3～6.5、深 3.2 米。0 米～48 米段随墙壕中间被开辟为便道。另村民在随墙壕处取土垫圈，底部损毁严重；48 米～100 米段随墙壕，中间因开便道形成了宽 1.8 米的断口。

第二自然段：起自 GPS0078 点，止于 GPS0082 点，长 233 米。随墙壕保存较差。随墙壕口宽 11.5～13、底宽 7.2～7.5、深 1～1.6 米。0 米～23 米段随墙壕处于坡状地带，长期受雨水侵蚀，随墙壕底部造成大面积塌陷；23 米～106 米段随墙壕基本被淤土填平；106 米～201 米段随墙壕处于缓坡地带，底部因雨水侵蚀造成大面积塌陷。此外，有一条乡村便道从随墙壕中间横穿而过，对东侧、西侧墙体边缘亦造成破坏；201 米～233 米段随墙壕内有一条乡村便道顺壕而行，西侧边缘被耕地破坏严重。

第三自然段：起自 GPS0082 点，止于 GPS0083 点，长 88 米。随墙壕消失。此处为小汶沟冲沟，冲沟将随墙壕破坏殆尽。

第四自然段：起自 GPS0083 点，止于 GPS0085 点，长 185 米。随墙壕保存较差。随墙壕口宽 15、底宽 11、深 1.3 米。由泥麻村通往尼麻隆村的乡村沙石路与本段随墙壕相并而行，道路修建将随墙壕西侧边缘削成直壁。

第五自然段：起自 GPS0085 点，止于 GPS0086 点，长 29 米。随墙壕消失。随墙壕被泥麻村通往尼麻隆村的乡村沙石路全部破坏。另在本段止点西南处的断崖处，清晰地显示出了随墙壕结构及壕内的堆积情况。

本段墙体第六自然段 GPS0054 点处的墙体断面上清晰显示出了墙体的夯层结构，于是，我们利用此断面对墙体进行了解剖，解剖方法是铲平断面，解剖长度 9 米，解剖结果：地层剖面堆积可分为 3 层，由上而下叙述：第①层表土层，黄褐土，土质较软，厚 0.04～0.48 米；第②层为墙体的塌落土堆积，位于墙体两侧，根据土质土色的不同，可分为两小层：②a 黄褐土，土质较软，厚 0.1～1.58 米。②b 黑褐花土，土质较软，厚 0.1～0.56 米；第③层黑土层，土色纯净，土质细致紧密，为自然生土层，厚 0.8 米。黑土层下为生黄土。

墙体开口于第①层下，被第②层叠压。底宽 3.1、顶宽 0.56、高 2.2 米。无文化遗物出土。墙体夯层共分为 9 层，各层中夹杂有少量的褐土颗粒、零星黑褐土颗粒，土质较硬，夯窝不明显，由上而下叙述：第 1 层黄土，厚 0.18 米；第 2 层黄土，厚 0.22 米；第 3 层黄土，厚 0.2～0.26 米。东北侧厚西南侧薄，呈斜坡状；第 4 层黄土，厚 0.18 米；第 5 层黄褐花土，厚 0.28 米；第 6 层黑褐色花土，厚 0.25～0.32 米。东北侧厚西南侧薄，呈斜坡状；第 7 层黑土，厚 0.22 米；第 8 层黑土，厚 0.24～0.34 米。东北侧厚西南侧薄，呈斜坡状；第 9 层黑土，厚 0.16～0.34 米。东北侧厚西南侧薄，呈斜坡状（图二；彩图三〇）。

为进一步了解随墙壕的结构特点，我们在本段随墙壕 GPS0086 点的断崖处，横向挖掘了一条宽 1、长 8 米的探沟，对本处随墙壕及局部墙体做了解剖。

解剖结果：墙体地层较为简单，分为 3 层，均无文化遗物出土，由上而下进行叙述：第①层为表土层，黄褐土，土质较软，厚 0.04～0.08 米；第②层为墙体的坍塌土堆积，坍塌土位于墙体西南侧，根据土质土色的不同，可分为两小层：②a 褐色土，土质较软，厚 0.24～0.8 米。②b 黄褐花土，土质较软，厚 0.16～0.42 米；第③层黑土，土色纯净，土质细致紧密，为自然生土层。厚 1.02～2.24 米。黑土层下为生黄土。

墙体开口于第②层下。被解剖的局部墙体，底宽 1.82、顶宽 0.22、高 1.52 米。墙体中有的夯窝明显，口宽 0.1～0.15 米，圜底，深 0.02～0.04 米。夯层共分为 8 层，每层土质较硬，夹杂少量的褐土颗粒、零星黑褐土颗粒：第 1 层黄土，夯窝不明显，厚 0.14 米；第 2 层黄土，夯窝不明显，厚 0.16 米；第 3 层黄土，夯窝明显，厚 0.22～0.24 米。东北侧厚西南侧薄，呈斜坡状；第 4 层黄土，夯窝明显，厚 0.18 米；第 5 层黄土，夯窝明显，厚 0.14 米；第 6 层黄土，夯窝明显，厚 0.28 米；第 7 层黄土，夯窝明显，厚 0.14 米；第 8 层黑褐色花土，夯窝明显，厚 0.25～0.32 米。东北侧厚西南侧薄，呈斜坡状。第 6 层至第 8 层是为了取平原来凹凸不平的地面而加夯的夯层。

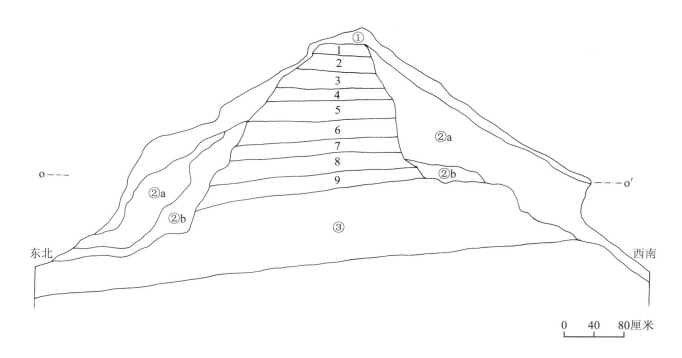

图二 互助县泥麻村长城 2 段墙体夯层剖面图
① 表土层 ②a. 墙体坍塌土堆积（黄褐土） ②b. 墙体坍塌土堆积（黑褐花土） ③ 生土层 1～9. 墙体夯土层

随墙壕位于墙体西南侧，开口于第②层下，西南角被开口于第①层下的现代取土坑打破。随墙壕剖面形状呈倒梯形，上宽下窄，口宽4.96、底宽1.1、深2.9米。

随墙壕内填土根据土质土色的不同分为6小层，均无文化遗物出土，由上而下叙述：SQH①层黑褐土，夹杂零星的褐土颗粒，土质较软，厚0.52～0.92米；SQH②层黑褐土，夹杂零星的褐土颗粒，局部有细微的淤土痕迹，土质较软，厚0.32～1.4米；SQH③层黑褐土，厚0.12～0.44米；SQH④层黑褐花土，夹杂大块的黄土块、褐土颗粒，土质较软，厚0.16～0.9米；SQH⑤层灰褐色淤土，长期雨水沉积而成，土质较软，厚0.14～0.52米；SQH⑥层黑褐土，夹杂较多的黄土颗粒及零星的褐土颗粒，土质较软，厚0.42～0.6米（图三；彩图三一）。

该段墙体整体保存较差。墙体全长1854米，其中712米保存一般，950米保存较差，192米消失。损毁原因以人为因素为主，表现为村民在墙体基部取土，致使部分墙体坍塌；为修建便道多处挖断墙体；为种植树木墙体顶部被挖毁。自然因素表现为风雨侵蚀，造成墙体自然坍塌，墙体表面呈片状或粉状脱落。墙体上部及两侧种植树木及黑刺等，墙体底部多处有鼠洞，动、植物亦对墙体造成了一定的破坏。

泥麻村长城2段随墙壕整体保存较差，全长635米，其中100米保存一般，418米保存较差，117米消失。损毁原因以人为因素为主，修建道路、开辟耕地是造成随墙壕损毁的主要原因；自然因素表现为长期风雨侵蚀，造成随墙壕边壁坍塌、底部塌陷；局部随墙壕被河沟流水彻底冲毁造成消失。

（13）第十三段 马家庄长城1段（编码：632126382101170008）

位于互助县林川乡马家庄村西地势较高的山梁上至大通县公路旁。该段长城属土墙，起自林川乡泥麻村西南0.1千米闇门河西岸，止于林川乡马家庄村西马厂沟口北0.02千米。墙体整体走向呈东北至西南走向，起自闇门河西南岸的互助县至大通县公路旁，止于马家庄村马厂沟口北0.02千米通往马

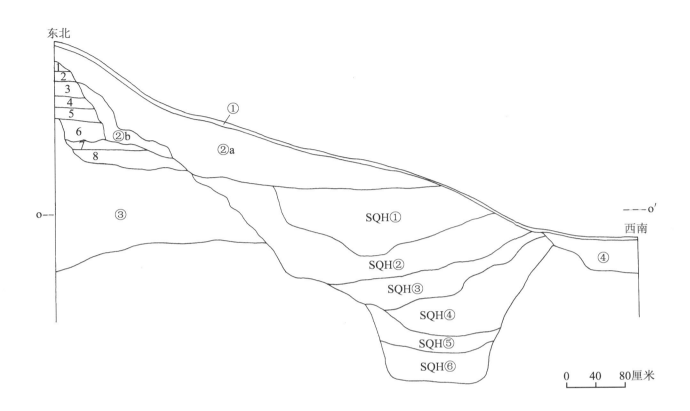

图三　互助县泥麻村长城 2 段局部墙体与随墙壕剖面图

① 表土层　②a. 墙体坍塌土堆积（褐色土）　②b. 墙体坍塌土堆积（黄褐花土）　③ 生土层
④ 现代取土坑　1～8. 墙体夯层　SQH①～SQH⑥ 随墙壕内填土分层

厂村的路旁断崖处。此段长城地处马家庄村西地势较高的山梁上，墙体东侧地势较为平坦，多为耕地、村庄，西侧为低缓的山丘，现在全部被辟为耕地。闇门河由西南向东北方向穿越墙体而过。该段长城东北与泥麻村长城 2 段相接，西南与马家庄长城 2 段相连（彩图三二、三三）。

该段墙体起自 GPS0076 点，止于 GPS0096 点，全长 1254 米。墙体系以自然地面为基础用褐土夯筑而成。保存一般的墙体底宽 4.3～7.5、顶宽 0.7～1.3、高 1.2～3 米。保存较差的墙体底宽 2.5～5.3、顶宽 0.5～1.2、高 1～1.6 米，夯层厚 0.15～0.23 米。未发现版筑痕迹。依据墙体走向和保存状况可分为五个自然段：

第一自然段：起自 GPS0076 点，止于 GPS0087 点，长 25 米。墙体消失。互助县至大通县的公路由东向西横穿墙体，致墙体消失。

第二自然段：起自 GPS0087 点，止于 GPS0089 点，长 363 米。墙体保存一般。墙体底宽 7～7.5、顶宽 1.2～1.3、高 1.2～3 米。距起点 16 米处墙体有一处宽 3 米的断口。0 米～216 米段墙体两侧为坡地。村民为扩大耕地，墙体局部被铲削。墙体上部生长有马莲花、冰草、蒲公英等植物。

第三自然段：起自 GPS0089 点，止于 GPS0092 点，长 351 米。墙体保存较差。墙体底宽 2.5～3.5、顶宽 0.5、高 1.2～1.6 米，夯层厚 0.23 米。278 米～351 米段墙体东南侧坍塌。

第四自然段：起自 GPS0092 点，止于 GPS0093 点，长 238 米。墙体保存一般。墙体底宽 4.3、顶宽 0.7、西北侧高 1.2、东南侧高 2 米。墙体两侧坍塌较为严重。墙体中间有一处宽 1 米的便道。

　　第五自然段：起自 GPS0093 点，止于 GPS0096 点，长 277 米。墙体保存较差。墙体底宽 4.7 ~ 5.3、顶宽 0.7 ~ 1.2、高 1 ~ 1.4 米。墙体两侧山坡有的种植白杨树，有的为耕地，局部墙体顶部长有黑刺。

　　在本段墙体止点处，有一条由马家庄村通往马厂村土路横穿墙体而过，故挖断了墙体，在本段墙体北侧断崖处暴露出了较为完整的夯层剖面。为此，我们亦利用了此断面对本段墙体进行了解剖，解剖方法仅对东西长 15 米的断面予以铲平，即清楚显示出了本段墙体的地层堆积，地层堆积可分为 3 层，由上而下进行叙述：第①层表土层，黄褐土，夹杂褐土颗粒、细小石粒，土质较软，厚 0.04 ~ 0.86 米；第②层为墙体的坍塌土堆积，位于墙体两侧。根据土质土色的不同，可分为两小层：②a 黄褐土，土质硬，厚 0.1 ~ 1.3 米。②b 黑褐花土，土质较软。堆积位于墙体西南侧，厚 0.1 ~ 0.88 米；第③层黑土层，土色纯净，土质细致紧密，为自然生土层。

　　墙体开口于第①层下，被第②层叠压。底宽 6.14、顶宽 1.92、高 2.5 米。夯层共分为 13 层，土质均较硬，夯窝不清，由上而下叙述：第 1 层红褐花土，夹杂红砂土及黑褐土颗粒，厚 0.06 ~ 0.12 米；第 2 层红褐花土，厚 0.14 ~ 0.24 米；第 3 层红褐花土，厚 0.18 ~ 0.26 米。东北薄西南厚，呈斜坡状；第 4 层褐色花土，夯窝不清，厚 0.16 ~ 0.2 米。东北薄西南厚，呈斜坡状；第 5 层黑色花土，厚 0.24 米；第 6 层黄色花土，厚 0.16 米；第 7 层红色花土，厚 0.2 米；第 8 层黑色花土，厚 0.2 米；第 9 层红色花土，厚 0.12 米；第 10 层黑色花土，颜色较深，厚 0.15 ~ 0.18 米。东北厚西南薄，成斜坡状；第 11 层黑色花土，土质同于 10 层，厚 0.18 ~ 0.22 米。东北厚西南薄，呈斜坡状；第 12 层黑色花土，颜色较浅，厚 0.1 ~ 0.17 米。东北厚西南薄，呈斜坡状；第 13 层黑色花土，颜色较浅，厚 0.11 ~ 0.22 米。东北厚西南薄，呈斜坡状。此层下为黑色生土层，虽呈斜坡状，但经过平整，未经夯实（图四；彩图三四）。

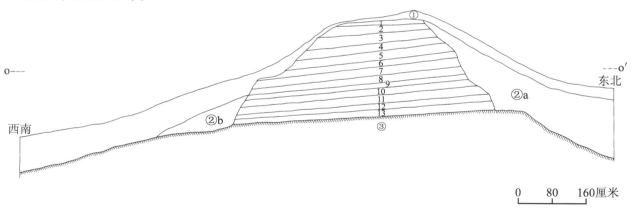

图四　互助县马家庄长城 1 段墙体剖面图

① 表土层　②a. 墙体坍塌土堆积（黄褐土）　②b. 墙体坍塌土堆积（黑褐花土）　③ 生土层　1 ~ 13. 墙体夯层

　　该段墙体整体保存状况较差。墙体全长 1254 米，其中 601 米保存一般，628 米保存较差，25 米消失。损毁原因以人为因素为主，表现为村民为扩大耕地面积，修田埂，挖毁墙基两侧夯土；为修便道及公路挖断墙体或直接损毁墙体；墙体顶部及两侧种树破坏局部墙体。自然因素主要表现为风雨侵蚀造成墙体裂缝、坍塌。其他损毁原因同上述。

　　（14）第十四段　马家庄长城 2 段（编码：632126382101170009）

　　位于互助县林川乡马家庄村西侧的山坡之上。该段墙体属土墙，起自林川乡马家庄村西马厂沟口北 0.02 千米，止于林川乡马家庄村泉湾北 0.07 千米。墙体整体呈东北至西南走向，从马家庄村西北马厂沟口北断崖处始，穿越村西的山梁，直至马家庄村泉湾北 0.07 千米的断崖处止。墙体所处山势较高，东北方向蜿蜒穿行的水洞村和泥麻村的长城清晰可见。此段长城从村庄穿过，东侧紧邻村庄，西北 300 米处与马厂村相望，西侧为耕地，墙体周围多为低缓的山丘、坡地。本段长城东北与马家庄长城 1 段墙体相接，西南与马家庄长城 3 段墙体相连，墙体 GPS0106 点东距马家庄烽火台约 27 米。

该段墙体起自 GPS0096 点，止于 GPS0115 点，全长 1127 米。墙体系在自然基础上使用灰褐色土夹杂少量碎石子夯筑而成。墙体底宽 1.7 ~ 7.7、顶宽 0.5 ~ 1.8、高 0.4 ~ 3.6 米，墙体夯层清晰，厚 0.23 ~ 0.25 米。未发现版筑痕迹。在 GPS0105 点西南 20 米处，墙体西南侧有随墙壕残迹。随墙壕由于农民扩张耕地被填埋，尺寸不详。依墙体走向和保存状况分为五个自然段：

第一自然段：起自 GPS0096 点，止于 GPS0097 点，长 92 米。墙体保存较差。墙体底宽 2、顶宽 0.6、高 1.6 米。墙体上栽有白杨树、黑刺。墙体东南侧农田坡下为马家庄村。

第二自然段：起自 GPS0097 点，止于 GPS0098 点，长 15 米。墙体消失。因当地村民取土肥田，挖断墙体所致。

第三自然段：起自 GPS0098 点，止于 GPS0106 点，长 642 米。墙体保存较差。墙体底宽 2.7 ~ 7、顶宽 0.5 ~ 1.3、高 0.6 ~ 1.6 米。0 米 ~ 33 米段墙体自然坍塌损毁严重；92 米 ~ 124 米段为扩大耕地，墙体挖毁严重；此外，为修道路或通往田间的便道，本段墙体有 4 处被挖断成为断口；多处墙体顶部及两侧种植有白杨树、松树苗、黑刺等。从 GPS0105 点向西南 20 米处，墙体西南侧有随墙壕残迹，但随墙壕已基本被耕地填平。

第四自然段：起自 GPS0106 点，止于 GPS0108 点，长 136 米。墙体保存一般。墙体底宽 6.2 ~ 7.7、顶宽 0.8 ~ 1、西北侧高度 3.6、东南侧高度 2 米。0 米 ~ 92 米段村民为扩耕地墙体底部被铲削，并有一处断开宽 4 米的便道用于通行；92 米 ~ 136 米段墙体局部已被利用为田埂。

第五自然段：起自 GPS0108 点，止于 GPS0115 点，长 242 米。墙体保存较差。墙体底宽 1 ~ 4、顶宽 0.5 ~ 1.1、西北侧高 0.4 ~ 1.5 米。0 米 ~ 132 米段部分墙体底部被铲削、或被开垦为耕地、或被利用为田埂；132 米 ~ 242 米段墙体位于陡坡处，自然坍塌严重。墙体止点处被马家庄村泉湾乡村土路破坏。

该段墙体整体保存较差。墙体全长 1127 米，其中 136 米保存一般，976 米保存较差，15 米消失。损毁原因以人为因素为主，表现为扩张耕地在墙基取土、修建便道、种植树木；自然因素表现为风雨侵蚀、自然坍塌等。

马家庄长城 2 段随墙壕仅存零星残迹，大多已被耕地填平。

（15）第十五段　马家庄长城 3 段（编码：6321263821011700010）

位于互助县林川乡马家庄村泉湾自然村中及村西南的山坡上。该段墙体属土墙，起自林川乡马家庄村泉湾北 0.07 千米，止于林川乡马家庄村泉湾自然村西南 0.35 千米山坡处。墙体整体呈东北至西南走向，从马家庄村泉湾自然村北 0.07 千米的断崖处起，穿过泉湾自然村，顺山脊蜿蜒而上，直至马家庄村泉湾自然村西南 0.35 千米山坡处止。此段长城处于地势较高的山坡上，周围多为低山和低缓的坡地，墙体西北侧为山地，东南侧为耕地、村庄。其东侧 1 千米有互助县县城通往林川乡的柏油公路，西南 1.5 千米处为黑墩山。墙体东北与马家庄长城 2 段墙体相连，西南与马家庄长城 4 段墙体相接。

该段墙体起自 GPS0115 点，止于 GPS0122 点，全长 447 米。本段墙体是以自然地面作为基础用灰褐土夯筑而成。墙体上部由于植物生长，土质疏松，表面土色为黑褐色。墙体底宽 1.7 ~ 3.5、顶宽 0.5 ~ 1.8、高 0.9 ~ 2.6 米，夯层厚 0.18 ~ 0.25 米，无版筑痕迹。依据其走向和保存状况分为六个自然段：

第一自然段：起自 GPS0115 点，止于 GPS0117 点，长 93 米。墙体保存较差。墙体底宽 3.5、顶宽 0.5、高 1 米，夯土层厚 0.17 米。为修道路或通道，全段墙体有 4 处被挖为断口，宽度为 2 米、3 米、7 米、11 米不等。墙体两侧种植有白杨树和黑刺。

第二自然段：起自 GPS0117 点，止于 GPS0118 点，长 53 米。墙体消失。墙体穿越马家庄村泉湾自然村，村中修建道路等将墙体挖毁。

第三自然段：起自 GPS0118 点，止于 GPS0119 点，长 117 米。墙体保存较差。墙体底宽 2.6、顶宽 0.9、高 0.9 米，夯土厚 0.18 米。本段有 3 处断口，宽 2 米、4 米、8 米不等，因修建村中便道挖毁墙体所致。

第四自然段：起自 GPS0119 点，止于 GPS0120 点，长 53 米。墙体保存较差。墙体底宽 1.7、顶宽 0.9、高 0.9 米。墙体之上有一条宽 0.5 米的便道从墙体中间横穿而过。

第五自然段：起自 GPS0120 点，止于 GPS0121 点，长 33 米。墙体消失。全段已被平整为耕地。

第六自然段：起自 GPS0121 点，止于 GPS0122 点，长 98 米。墙体大部分消失。0 米～8 米段，残存墙体底宽 3.5、顶宽 1.8、高 2.6 米，夯层厚 0.25 米，其余 90 米墙体消失，被平整为耕地。

该段墙体整体保存状况较差。墙体全长 447 米，其中 271 米保存较差，176 米消失。损毁原因主要是人为破坏，表现为扩张耕地、修建便道、种植树木等；自然因素同上。

（16）第十六段　马家庄长城 4 段（编码：632126382101170011）

位于互助县林川乡马家庄村泉湾自然村西南坡上。该段长城属土墙，起自林川乡马家庄村泉湾自然村西南 0.35 千米山坡处，止于林川乡马家庄村泉湾自然村西南 1 千米山腰处。墙体整体呈东北至西南走向，依地形顺山脊而上。墙体外侧（西侧）地势较高，内侧（东侧）地势低缓。墙体两侧均为农田，西临自然冲沟，墙体东侧 0.5 千米处为边滩通往互助县城的柏油公路。该段长城东北与马家庄长城 3 段相接，西南与马家庄长城 5 段相连。从 GPS0129 点起点向西南 25 米处墙体东侧为马家庄敌台，墙体东北可远望马家庄烽火台、泥麻村敌台，水洞村 1 号、2 号敌台。

该段墙体系在自然地表上用红砂土直接夯筑而成，土质沙性大。墙体底宽 4.6～7.5、顶宽 0.8～1.8、残高 0.4～3.8 米，夯土层厚 0.17～0.18 米，没有发现版筑痕迹。在该段墙体内侧（东侧）有一段壕堑（命名为马家庄壕堑，本段壕堑不属长城本体，在以下章节其他墙体与壕堑中详述）（彩图三五），在墙体外侧（西侧）有马家庄长城 4 段随墙壕，与墙体共同组成多重防御体系。

墙体：

该段墙体起自 GPS0122 点，止于 GPS0133 点，全长 740.2 米。依据墙体走向和保存状况分为七个自然段：

第一自然段：起自 GPS0122 点，止于 GPS0124 点，长 127 米。墙体保存一般。墙体底宽 7～7.5、顶宽 0.8～1.8、残高 2.8～3.8 米，夯层厚 0.18 米。马家庄壕堑位于本段墙体内侧与墙体相并而行。

第二自然段：起自 GPS0124 点，止于 GPS0127 点，长 195 米。墙体保存较差。墙体底宽 4.6～6.6、顶宽 0.9～1.5、残高 1.6～1.8 米。0 米～15 米处被人为铲削损毁严重，138 米～140 米段有一处宽 2 米的断口；173 米～195 米段墙体顶部种植黑刺，造成墙体损毁。马家庄壕堑与本段墙体相并而行。

第三自然段：起自 GPS0127 点，止于 GPS0128 点，长 152 米。墙体消失。墙体被开辟为耕地导致墙体消失。马家庄壕堑也随马家庄长城 4 段墙体消失而无存。从起点向西南 136 米处有两段现代人工夯筑土墙：一段长 4.7 米，另一段长 2.8 米，墙体均底宽 0.8、顶宽 0.3、高 1.4 米。

第四自然段：起自GPS0128点，止于GPS0129点，长7.2米。墙体保存较差。墙体底宽4.6、顶宽1.1、残高1.6米。在墙体中部有一处宽3.5米的断口。

第五自然段：起自GPS0129点，止于GPS0130点，长87米。墙体消失。本段墙体因扩大耕地损毁。从起点向西南25米处墙体东侧有马家庄敌台，为墙体的附属设施。位于本段墙体内侧的马家庄壕堑又开始出现。

第六自然段：起自GPS0130点，止于GPS0132点，长147米。墙体保存较差。墙体底宽4.6~5.4、顶宽0.9~1.1、残高1.4~1.6米，夯土层厚0.17米。0米~106米段墙体东侧为马家庄壕堑，走向与墙体一致；106米~147米段墙体内侧为马家庄壕堑，外侧挖有随墙壕，走向亦与墙体一致。

第七自然段：起自GPS0132点，止于GPS0133点，长25米。墙体保存差。墙体底宽4.6、顶宽1.1、残高0.4米。墙体东侧为马家庄壕堑，西侧有随墙壕，走向亦与墙体一致。

随墙壕：

地处马家庄村泉湾自然村西南侧的山坡上，位于马家庄长城4段墙体的第六、第七自然段墙体外侧（西侧）。随墙壕全长66米，东侧紧临墙体，其走向与墙体相随而行，整体呈东北至西南向。从随墙壕与墙体并列而行推测，随墙壕系夯筑墙体取土后而形成，由其位置均位于墙体外侧分析，随墙壕亦具有防御功能，与墙体共同组成多重防御体系。随墙壕剖面呈倒梯形，上宽下窄，口宽5.6~6.2、底宽3.5、深0.4~0.8米。本段随墙壕起自GPS0145点，止于GPS0147点，根据走向和保存状况可分为两个自然段：

第一自然段：起自GPS0145点，止于GPS0146点，长41米。随墙壕保存差。随墙壕口宽6.2、底宽3.5、深0.4~0.8米。人为填埋使随墙壕破坏严重。

第二自然段：起自GPS0146点，止于GPS0147点，长25米。随墙壕保存差。随墙壕口宽5.6、底宽3.5、深0.4米。现已被开辟为耕地，破坏较严重。

为进一步搞清楚本段墙体内侧马家庄壕堑的结构特点及相互关系，我们选择断面对马家庄壕堑及与壕堑相连的马家庄长城4段的局部墙体进行了解剖。解剖地点选择在了马家庄壕堑第一自然段GPS0136点西南50米处。

在解剖中涉及与马家庄壕堑相连的马家庄长城4段局部墙体，其解剖宽度仅0.8、高1.5米。墙体夯层共分为8层，各层中夹杂有少量的黄土颗粒，土质较硬，夯窝不清，由上而下叙述：第1层红砂土，厚0.24米；第2层红砂土，厚0.22米；第3层红砂土，厚0.16米；第4层红砂土，厚0.2米；第5层红砂土，厚0.22米；第6层红砂花土，厚0.24米；第7层黑褐花土，厚0.2米；第8层黑褐花土，土色较深，厚0.32~0.4米，顺地势呈斜坡状。8层下为黑褐生土层，生土层平面虽呈斜坡状，但经过平整，未经夯实（参见图一二；彩图三六）。

该段墙体整体保存较差。墙体全长740.2米，其中127米保存一般，349.2米保存较差，25米保存差，239米消失。损毁原因主要是以人为因素扩大耕地或取土肥田，造成墙体底部坍塌或彻底挖毁墙体；自然因素与上述墙体基本类同。

马家庄长城4段随墙壕，整体保存差。损毁原因主要是人为扩大耕地，导致随墙壕基本被填平，损毁严重。

（17）第十七段　马家庄长城5段（编码：632126382105170012）

位于互助县林川乡马家庄村泉湾自然村西南1千米山腰处。该段长城属山险墙，起自林川乡马家庄村泉湾自然村西南1千米山腰处，止于林川乡马家庄村西南1.8千米直沟村与马家庄村交界的山脊处。墙体顺山脊蜿蜒前行，整体呈东北至西南走向，东北低，西南高。此段长城依随地势变化海拔逐渐递增，海拔在 3000 米以上。墙体西侧为石山，自然风化比较严重，东侧为自然冲沟。本段山险墙东北与马家庄长城 4 段相接，西南与直沟村长城相连。

该段墙体长 840 米，起自 GPS0133 点，止于 GPS0162 点。山险墙系利用险要山体经人为加工形成的险阻，在外侧依随山势由高处向下铲削出陡峭的直立面，形成一个难以逾越的障碍，从而起到军事防卫的作用，相对省时省力。山险墙表层为黑褐色土，多数区域石岩裸露。墙体残高 0.6 ~ 3.3 米，平台宽 3 ~ 3.6 米。依其走向及保存状况分为七个自然段：

第一自然段：起自 GPS0133 点，止于 GPS0148 地点，长 68 米。墙体保存一般。该段为黑褐土区域，墙体高 2.6 米，墙体底部形成的平台宽 3.5 米。

第二自然段：起自 GPS0148 点，止于 GPS0149 点，长 131 米。墙体保存较差。该段为黑褐土区域，墙体高 1.8 米。墙体底部形成的平台宽 3.5 米。

第三自然段：起自 GPS0149 点，止于 GPS0150 点，长 17 米。墙体消失。该段为一条宽 17、深 8 米的自然冲沟，导致墙体消失。

第四自然段：起自 GPS0150 点，止于 GPS0153 点，长 108 米。墙体保存一般。墙体高 2.3 ~ 3.3 米，底部形成的平台宽 3.2 ~ 3.6 米。该段为黑褐土区域。

第五自然段：起自 GPS0153 点，止于 GPS0154 点，长 26 米。墙体消失。山险墙被一条西北至东南走向的冲沟从中间断开，冲沟口宽 26、底宽 5 ~ 7、深 12 米。

第六自然段：起自 GPS0154 点，止于 GPS0155 点，长 84 米。墙体保存较差。该段为黑褐土区域，底部形成的平台宽 3.6 米。平台上生长茂密的狼麻子。

第七自然段：起自 GPS0155 点，止于 GPS0162 点，长 406 米。墙体保存一般。石崖高 3 ~ 22 米，坡度 71°~ 75°，平台宽 3 ~ 6.2 米。该段山险墙局部地段岩石裸露，处于石崖底部。25 米 ~ 50 米段西北侧为石崖，高 17 米，东南侧有一条宽 15、深 5 米的冲沟；从 GPS0161 点向西南 89 米处有长 12 米的石崖，削山部分高 12 米，底部形成的平台宽 6.2 米。也有部分区域为黑褐土，削山部分高 3.6 米，墙体底部形成的平台宽 2 米。

该段山险墙整体保存状况一般。墙体全长 840 米，其中 582 米保存一般，215 米保存较差，43 米消失。损毁原因主要为自然因素，山险墙地处山体腰部，长期经受日晒、雨侵，自然风化较为严重，出现断裂、脱落等现象，对墙体造成破坏。

（18）第十八段　直沟村长城（编码：632126382105170013）

位于互助县林川乡马家庄村与台子乡直沟村的交界处。该段墙体属山险墙，起自林川乡马家庄村西南 1.8 千米直沟村与马家庄界山山脊处，止于台子乡直沟村西北 2 千米直沟山脊处。山险墙整体呈东南至西北走向，位于山腰部位，此处大山海拔 3000 米以上，山体为石山，风化严重，地势险峻，其西南有直沟和哇麻沟。此段墙体西北与马家庄长城 5 段相接，东南与黑墩山长城相连。其西南 274 米处山脊为直沟村烽火台。

该段山险墙全长 298 米，起自 GPS0162 点，止于 GPS0167 点。利用了相对险要的山体，并经过人为加工铲削而成。加工方法是依随山势及地质结构酌情从高处向低处铲削一个达数米高的直立面，一般遇到土质结构加以铲削使之形成陡峭的直立面，而遇较陡峭的石崖略加修整即可，从而形成一个难以逾越的障碍用于制敌。山险墙土层为黑褐色土，多数区域石岩裸露。墙体高 1 ~ 3 米，平台宽 2.2 ~ 3.8 米。依据墙体走向及保存状况分为两个自然段。

第一自然段：起自 GPS0162 点，止于 GPS0166 点，长 250 米。墙体保存一般。GPS0162 点至 GPS0164 点区域岩石裸露，石崖高 3 ~ 10 米，平台宽 3.8 米。GPS0164 点至 GPS0166 点区域为黑褐土区域，墙体高 3 米，平台宽 3.8 米。

第二自然段：起自 GPS0166 点，止于 GPS0167 点，长 48 米。墙体保存较差。该段为黑褐土区域，墙体高 1 米，平台底宽 2.2 米。

该段山险墙整体保存状况一般。墙体全长 298 米，其中 250 米保存一般，48 米保存较差。损毁原因同于马家庄长城 5 段。

（19）第十九段　黑墩山长城（编码：632126382106170014）

位于互助县台子乡与南门峡乡交界地带。该段长城属山险，起自台子乡直沟村西北 2 千米直沟山脊处，止于台子乡南门峡峡口柏油路东 0.08 千米山崖处。此段墙体从直沟村西北 2 千米的直沟山顶开始，沿东北至西南方向的黑墩山山脊蜿蜒前行，直至南门峡峡口的人头山山脊前端断崖处止。黑墩山山险地处大山与深沟结合处，其东为自然冲沟哇麻沟和直沟两条大沟，这两条大沟从山顶直至山底，其西有黑墩山，其北有南门峡宽广的川地——却藏滩和燕麦川，所处地理位置十分重要。本段墙体东北与直沟村长城相连，西南与南门峡闸门长城相接。

该段山险全长 5562 米，起自 GPS168 点，止于 GPS182 点。山险的山脊外侧（北侧）为 50°~76° 的石山山崖和陡坡，长满茂密的针叶林和低矮的灌木，海拔在 3300 米以上，地形险峻。此段山险是利用黑墩山十分陡峭的山岩和陡坡作为天然的军事防御体系。

该段山险整体保存状况一般。损毁原因以人为因素造成的破坏为主，在该段山险靠近南门峡峡谷周边的山沟中，人为开采矿石，对山体破坏严重。自然因素为风雨侵蚀。

（20）第二十段　南门峡闸门长城（编码：632126382101170016）

位于互助县台子乡南门峡口处人头山山崖脊梁处。该段长城属土墙，起自台子乡南门峡峡口柏油路东 0.08 千米山崖处，止于台子乡南门峡峡口柏油路西 0.03 千米山崖处。该段墙体整体呈东北至西南走向。此段长城位于南门峡口东侧山腰上，墙体东西两侧为高峻的石山，山体岩石风化比较严重，由互助县通往南门峡乡的公路穿越峡口而过。本段墙体东北与黑墩山长城相接，西南与平顶山长城相连，其东侧山崖上为闸门烽火台，东侧山腰处为闸门 1 号~5 号烽燧，西南距格隆村烽火台 1 千米。

该段墙体总长度 110.1 米，墙体起自 GPS0182 点，止于 GPS0183 点。系在自然基础上以黄土为主，夹少量小石块直接夯筑而成，夯层较清晰，夯层厚 0.25 米，未发现版筑痕迹。墙体大部分消失，仅残存 10.1 米，墙体底宽 3.6、顶宽 0.5~1.7、残高 0.8~1.8 米。墙体两侧坍塌的堆积底宽 1.4、顶宽 0.7 米。墙体顶部有两处不足 1 米的小断口，显得凹凸不平。

该段墙体大部分消失，仅残存 10.1 米长。损毁原因以人为因素造成的破坏为主，表现为因修路挖砂取土、修建水坝与水渠挖断墙体，使墙体损毁严重；自然因素表现为风蚀、雨水冲刷等。

（21）第二十一段　平顶山长城（编码：632126382106170015）

位于互助县五峰乡与南门峡乡交界地带。该段长城属山险，起自互助县台子乡南门峡峡口公路西 0.03 千米山崖处，止于大通县窎沟乡八寺崖村东南 1 千米的阎王边。该段山险从互助县台子乡南门峡峡口西侧山崖开始，沿东北至西南经过平顶山山脊、尖顶山山脊蜿蜒前行，直至大通县石山乡扎板山阎王边处止。其东北与却藏滩和燕麦川相望，西北与大通县的东峡和窎沟相望。平顶山位于互助县五峰乡，东北为格隆后山，西南为扎板山的余脉尖顶山。此段山险东北与南门峡闸门长城相连，西南和大通县扎板山阎王边八寺崖长城相接。

该段山险全长 5749 米，起自 GPS183 点，止于 GPS178 点。系利用自然山岩作为天然的军事防御体系。山险的山脊外侧（北侧）为 50°~76° 的石山山崖和陡坡，长满茂密的针叶林和低矮的灌木丛，海拔在 3500 米以上，常年积雪，地形险要。

　　该段山险整体保存状况一般。损毁原因以人为因素为主，表现为在格隆后山和扎板山人为开采矿石，对山体破坏严重。

　　综上所述，互助县境内长城本体由墙体和壕堑组成，并且以墙体为主，墙体中又包括土墙、山险墙、山险三种类型。长城本体总长度为 69561.6 米，共分为 21 段。墙体总计 18 段，其中土墙 10 段，长 8472.6 米；山险墙 4 段，长 1478 米；山险 4 段，长 59123 米。壕堑 3 段，长 488 米。另与墙体并列而行的随墙壕，总长度 1260 米。

3. 结构特点

　　长城主线进入互助县境内，地处湟水谷地，为黄土高原与青藏高原过渡地带，所在区域地形以中山地带为主，大多介于低山丘陵地带向中山山地地带过渡区域，山低坡缓，黄土发育良好。而山险一般位于中山、高山地带，海拔较高，崇山峻岭，地形险要。为此，长城主线在此区域长城本体系以墙体为主体，在土墙、山险墙、山险三种墙体类别中又以土墙为主要结构。壕堑仅 3 段，在不同的地理环境中连接墙体——山险、山险墙或土墙，共同构成防御工程。

　　（1）墙体

　　土墙

　　土墙共 10 段，其中仅南门峡闸门长城地处山谷间，东北端与黑墩山长城（山险）相接，西南端与平顶山长城（山险）相连。其余 9 段墙体总长 8362.5 米，自水洞村长城 3 段起至马家庄长城 4 段止，相互连接，并穿村而过，海拔 2700～3000 米，地貌多为中山地，包括中山山地和低山丘陵地，中山地大部分地表覆盖黄土，土壤黏结性较好。由此区域的地形特点决定了本段长城本体只采用了单一的土墙结构。

　　墙体建材大部分就地取材，利用当地的黄土材料，有的偶夹少量砾石颗粒，建筑方式系在自然基础上先找平，然后自地表向上逐渐分段夯筑而成。从残存断面及解剖剖面看，墙体没有叠压关系，应为一次性修筑而成。夯层不均匀，夯层厚 0.2～0.25 米。局部墙体夯窝清楚，夯打结实，夯窝口宽 0.1～0.15 米，圜底，深 0.02～0.04 米。墙体均受到不同程度的破坏，墙体底宽 1.6～8.3（包括坍塌堆土）、顶宽 0.3～1.8、残高 0.35～3.6 米。

　　为了较全面清楚地了解土墙的夯筑情况及结构特点，本县境内我们解剖了 2 处墙体断面，即泥麻村长城 2 段、马家庄长城 1 段。从两处墙体解剖剖面看，墙体均开口于第①层表土层下，墙体两侧被第②层墙体坍塌土叠压。墙体底宽 3.1～6.14、顶宽 0.56～1.92、高 2.2～2.5 米，均无文化遗物的出土。夯层清晰，均东北侧厚、西南侧薄，夯窝不明显。夯层 8～13 层。最下一层黑土层下即为生土，虽呈斜坡状，但是经过平整，未经夯实。此剖面反映出了墙体的修建方式，是在找平自然地面基础上，就地取材用黄土或红土自下而上逐层平行夯筑而成。夯层由底部向上部逐渐变薄，每层随地势略有起伏。此外，对马家庄壕堑的解剖也涉及马家庄长城 4 段的局部墙体，墙体夯层共 8 层，修建方式同于上述两段墙体。

　　在土墙外侧断断续续有一条与墙体并列而行的形如壕堑的随墙壕，因墙体大多穿村而过，随墙壕在人类活动中破坏较为严重，故时隐时现。从随墙壕与墙体并列而行并相距不远推测，随墙壕有可能是修筑墙体时就地挖土形成，并与墙体有着密切的联系；又据随墙壕所处位置均位于墙体外侧，即敌人进攻的一侧分析，随墙壕具有防御制敌的功效，是有意挖掘；此外，随墙壕一词在文献中也有明确的记载："隆庆六年（1572 年）修完：……又沙塘川、西石硖、黄草墩起，插把硖山墩止，边墙、山崖共二千九百六十一丈，内墙底阔一丈，顶阔五尺，实台高一丈五尺，朵墙五尺，共高二丈，随墙壕一道，四［口］阔二丈，底阔一丈，深一丈五尺……"[1] 此文中较详细地记载了互助县境内的长城相关的修筑情况，并提到了随墙壕的修建尺寸，由此我们更有充分的理由初步认定，位于墙体外侧的同于壕堑形制的随墙壕即是文献记载中的随墙壕。随墙壕与墙体关系密切，应是加强防御有意修建，属墙体外侧的附属防御设施，与墙体并列组合起有双重防御制敌的效果。随墙壕也是青海省境内长城本体防御工程的地方特点之一。经实际调查的随墙壕，因长期受风雨侵蚀及人为活动，壕内均有不同程度的沙土淤积，或已被泥土填平，或隐或现，土垄坍塌与周边耕地基本齐平，随墙壕保存现状已失原貌。上宽下窄，口宽 5.6～15、底宽 2.5～11、深 0.4～3.4 米。为直观地了解随墙壕的结构，我们对泥麻村长城 2 段 GPS0086 点处的随墙壕进行了解剖，从解剖情况看，此处随墙壕的形制口大底小，口宽 4.96、底宽 1.1、深 2.9 米。

　　据《西宁府新志》记载，明代环绕西宁卫修筑的边墙上建有 19 座闇门（或暗门）。在本次调查中，结合文献从名称和里距等分析推测，有 2 处闇门可能在互助县境内，如西石峡闇门位于南门峡闸门长城墙体上，柏木峡闇门位于龙王山长城 2 段墙体上。

山险墙

　　长 1478 米，共有 4 段，分别为水洞村长城 1 段、水洞村长城 2 段、马家庄长城 5 段和直沟村长城。各段山险墙主要分布在由平川向山险过渡的山坡上，一般选择在山体坡度较大的地段，根据山势的平缓陡峭特征不同，将土坡或石崖进行削挖，削成陡峭的断崖后，底部自然形成一个平台，利用陡峭的断崖御敌，使之难以攀登。这种修筑方法充分利用了当地的地理条件，建筑形式简单，施工省力省时亦能达到御敌之效。从本次长城调查的情况看，削山部分印痕高 0.6～4 米，平台宽 2.8～4.4 米。

山险

　　长 59123 米，共有 4 段，分别为龙王山长城 1 段、龙王山长城 2 段、黑墩山长城和平顶山长城。山险分布于北部龙王山，西北部黑墩山、平顶山和扎板山上，山险所经之处属中高山地带，平均海拔在 2702～4057 米之间，境内高山峻岭、峰峦叠嶂，延绵不断，海拔较高，山上到处都是险峰奇石，陡峭无比，阴坡处积雪常年不化，道途艰难，人和马都很难逾越，由此充分地利用了这些自然山体作为天然的险阻，达到防敌的目的。

　　（2）壕堑

　　长 488 米，共 3 段，分别为水洞村壕堑 1 段、水洞村壕堑 2 段和水洞村壕堑 3 段。壕堑均位于互助县境内长城东部，始于林川乡水洞村东北小轱辘山山顶，顺山而下至山下平川处止。三段壕堑分别和山险、山险墙、土墙相互衔接连为一线。如水洞村壕堑 1 段始点连于龙王山长城 2 段（山险），止点与水洞村长城 1 段（山险墙）相接；水洞村壕堑 2 段东北端与水洞村长城 1 段（山险墙）相连，西南端与水洞村长城 2 段（山险墙）相接；水洞村壕堑 3 段东北端接水洞村长城 2 段（山险墙），西南端连水洞村长城 3 段（土墙）。

　　壕堑选择在易于开挖的山体坡度较平缓地段，其建筑方式为向下掘地挖土成沟，两侧堆土为垄，垄部均未见夯筑痕迹。壕堑内均不同程度被泥沙淤土填埋，部分壕堑壁面及土垄坍塌。从现存壕堑调查的情况看，壕堑口宽 4～8.4、底宽 2.1～2.8、深 0.3～2 米，垄底宽 1.5～8.5、顶宽 0.5～3.5、残高 0.2～1.4 米。

---

〔1〕（清）苏铣纂修，王昱、马忠校注：《西宁志》卷四《兵防志·隘口》，青海人民出版社，1993 年，第 192 页。

4. 文物标本

仅在马家庄长城2段采集文物标本1件，石夯头，图号为382101－0009－T001，为生产工具，红砂岩质，圆形圜底，中有一孔，已残。口径17、厚9、孔径4、深4厘米（图五）。

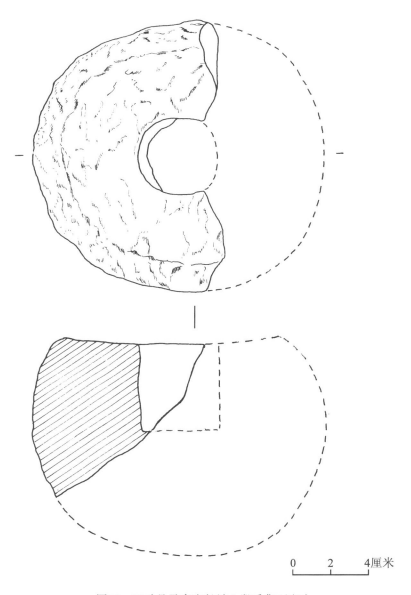

0　　2　　4厘米

图五　互助县马家庄长城2段采集石夯头

（三）大通县

1. 综述

大通县地处青藏高原和黄土高原的过渡地带，位于青海省东部，祁连山麓之南，为西宁市直属县。地理坐标为：东经100°51′～101°56′，北纬36°43′～37°23′，海拔2280～4622米。距青海省省会西宁市35千米。湟水支流北川河贯流全境。东部隔马鞍山与互助土族自治县相邻，西部以娘娘山与湟中县、海晏县为界，南接西宁市，北隔大坂山与门源回族自治县相望。全县东西最长处约95千米，南北最宽处约85

千米，总面积 3090 平方千米。大通县自古以来就是一个多民族聚居的地区，历史上曾居住过不同的部落和民族，羌、匈奴、吐谷浑、藏族、蒙古族、土族、回族等均在此地生活过，现在全县共有 18 个民族，以汉族、回族、土族、藏族和蒙古族为主，其中汉族人口占总人口的 59%，回族占总人口的 26%，土族占总人口的 8%，藏族占总人口的 6%，蒙古族占总人口的 1%。

大通县位于祁连—吕梁—贺兰山字形构造体系前弧西翼，属于祁连山褶皱带之中南部多字形盆地之一。境内三面环山，北有大坂山，西有娘娘山，东北有兰雀山，比较大的山脉有大坂山、金娥山、兰雀山、元朔山、牦牛山、画屏山、峡门山、马鞍山、双嘴山等。境内中部为盆地，由东南向西北渐高。全境山峦重叠、沟壑纵横，地形复杂。整个地势西北高、东南低。全境海拔 2280 ~ 4622 米，最低处是紧靠西宁郊区的后子河乡双庙村，最高处是大坂山的开甫托山顶，相对高差 2342 米。由于河流的下切作用，大通县境内峡谷错综，山川相间，较大的峡谷有宝库峡、黑林峡、东峡、瓜拉峡、新城峡等。大通县桥头镇以南地区属湟水谷地西宁盆地，谷地两侧的第三级地层上普遍覆盖黄土，经流水切割，多数已经成为黄土梁、峁和黄土丘陵。因高度、气候、植被、土壤和农业生产特点不同，全县地貌由低到高，分别为河谷地、低山丘陵地、中山山地和高山山地四个类型。大通县河流属湟水支流北川水系，水力资源丰富，主要有北川河、宝库河、黑林河、东峡河。均发源于大坂山，主流由北向南注入湟水，境内大小沟岔密布，具有明显的山区河流特点。

大通县的明长城主线总长度为 44040 米，整体呈东西走向，东南迄马鞍山脉的扎板山处，西北止娘娘山，由东南向西北贯穿全境，向东与互助县平顶山长城相接，沿途经过石山乡、桥头镇、新城乡 3 个乡镇 8 个行政村。长城的东侧起点位于大通县与互助县交接的扎板山，该段长城由扎板山向西南至双嘴山，随后沿双嘴山至老石山，顺老石山山梁向西老石山下的山梁。之后，长城自东南向西北至毛家寨村，然后长城由东南向西北至老营村，再转向西北至老爷山，然后从老爷山向南转向，越过北川河，连接小石山，从小石山山腰向西经过所在的阇门滩，随后在下庙沟村北的山梁上蜿蜒分布，之后经过上庙沟村进入元树尔村，向西南转向娘娘山至湟中县与大通县交界处（地图六）。

2. 详细描述

大通县境内的明长城是由东向西依次开展调查，主要根据其类型、材质及保存状况的不同共分为 33 段（表七），由东向西依次为：八寺崖长城、西坡壕堑 1 段、西坡壕堑 2 段、西坡长城、毛家沟壕堑 1 段、毛家沟壕堑 2 段、毛家沟长城 1 段、毛家沟长城 2 段、毛家沟长城 3 段、毛家沟长城 4 段、毛家沟长城 5 段、毛家寨长城 1 段、毛家寨长城 2 段、毛家寨长城 3 段、毛家寨长城 4 段、老营庄长城 1 段、老营庄长城 2 段、老营庄壕堑 1 段、老营庄长城 3 段、老营庄壕堑 2 段、老营庄长城 4 段、老营庄长城 5 段、上关长城 1 段、上关长城 2 段、上关长城 3 段、上关长城 4 段、下庙沟长城 1 段、下庙沟长城 2 段、下庙沟长城 3 段、上庙沟长城、元树尔长城 1 段、元树尔长城 2 段、娘娘山长城。按以上顺序逐段描述如下：

表七　大通县明长城本体总登记表　　　　　　　　　　　单位：米

序号	名　称	编　码	类型	长度（米）	起止点高程（米）	地貌类型
1	八寺崖长城	6301213821106170001	山险	2809	3470 ~ 3312	中山山地
2	西坡壕堑 1 段	6301213822202170001	壕堑	656	3312 ~ 3077	中山山地
3	西坡壕堑 2 段	6301213822202170002	壕堑	350	3077 ~ 3198	中山山地

序号	名　称	编　码	类型	长度（米）	起止点高程（米）	地貌类型
4	西坡长城	630121382106170002	山险	1043	3198～3123	中山山地
5	毛家沟壕堑1段	630012138220217003	壕堑	1025	3123～3017	中山山地
6	毛家沟壕堑2段	630121382202170004	壕堑	165	3017～2941	中山山地
7	毛家沟长城1段	630121382106170003	山险	1309	2941～2808	低山丘陵
8	毛家沟长城2段	630121382101170004	土墙	492	2808～2766	低山丘陵
9	毛家沟长城3段	630121382106170005	山险	192	2766～2763	低山丘陵
10	毛家沟长城4段	630121382101170006	土墙	1170	2763～2760	低山丘陵
11	毛家沟长城5段	630121382101170007	土墙	1277	2760～2686	低山丘陵
12	毛家寨长城1段	630121382101170008	土墙	785	2686～2635	低山丘陵
13	毛家寨长城2段	630121382101170009	土墙	301	2635～2694	低山丘陵
14	毛家寨长城3段	630121382101170010	土墙	344	2694～2670	低山丘陵
15	毛家寨长城4段	630121382105170011	山险墙	493	2670～2611	低山丘陵
16	老营庄长城1段	630121382101170012	土墙	198	2611～2608	低山丘陵
17	老营庄长城2段	630121382105170013	山险墙	722	2608～2695	低山丘陵
18	老营庄壕堑1段	630121382202170005	壕堑	411	2695～2714	低山丘陵
19	老营庄长城3段	630121382106170014	山险	239	2714～2736	低山丘陵
20	老营庄壕堑2段	630121382202170006	壕堑	56	2736～2740	低山丘陵
21	老营庄长城4段	630121382106170015	山险	2122	2740～2431	低山丘陵
22	老营庄长城5段	630121382107170016	河险	693	2431～2533	低山丘陵
23	上关长城1段	630121382106170017	山险	156	2533～2537	低山丘陵
24	上关长城2段	630121382102170018	石墙	35	2537～2533	低山丘陵
25	上关长城3段	630121382106170019	山险	182	2533～2504	低山丘陵
26	上关长城4段	630121382101170020	土墙	181	2504～2463	低山丘陵
27	下庙沟长城1段	630121382101170021	土墙	351	2463～2546	低山丘陵
28	下庙沟长城2段	630121382101170022	土墙	1009	2546～2671	低山丘陵
29	下庙沟长城3段	630121382101170023	土墙	508	2671～2678	低山丘陵
30	上庙沟长城	630121382101170024	土墙	1318	2678～2714	低山丘陵
31	元树尔长城1段	630121382101170025	土墙	973	2714～2865	低山丘陵
32	元树尔长城2段	630121382101170026	土墙	1225	2865～3004	中山山地
33	娘娘山长城	630121382106170027	山险	21250	3004～3270	中山山地

（1）第一段　八寺崖长城（编码：630121382106170001）

　　位于大通县的马鞍山山脉之上。该段长城属山险，俗称阎王边。起自大通县窎沟乡八寺崖村东南1千米的阎王边，止于石山乡西坡村北约1千米的马鞍山山坡。此段长城从大通县与互助县交界的扎板山顶始，然后顺南部山脊至海拔3470米的"阎王边"山顶，再沿东北至西南向的马鞍山山脊，在海拔3470米至3274米之间的高山顶上蜿蜒前伸、上下起伏，至石山乡的西坡村西坡壕堑1段起点处，整体略呈东北至西南走向。此段长城是利用马鞍山石灰岩的山体作为天然的屏障，从而达到军事防御目的。此段长城东南与互助县的平顶山长城相接，西北与西坡壕堑1段相连。

此段长城全长2809米，整体保存程度一般，局部遭到人为的损毁，主要是因为现今大扎板山和小扎板山上是一处采硅石的矿山，炸山采矿已经使大扎板山和小扎板山的部分山体不复存在，长期开采将会使大扎板山和小扎板山破坏殆尽；同时，矿山开采破坏了长城的整体风貌。

（2）第二段　西坡壕堑1段（编码：6301213822202170001）

位于大通县石山乡西坡村北的马鞍山山坡上。此段壕堑起自石山乡西坡村北约1千米的马鞍山山坡，止于石山乡西坡村北1千米的榨子垭豁的山坳。西坡壕堑1段略呈东南至西北走向，与马鞍山陡峭的山崖共同构成一道军事屏障。西坡壕堑1段东南与八寺崖长城相连，西北与西坡壕堑2段相接。壕堑内及土垄上生长有茂密的黑刺、冰草、蒿草等植物。

壕堑挖掘方式为掘地挖土堆积在壕堑两侧而成。壕堑剖面呈"U"形，上宽下窄。口宽3.8～7.1、底宽1.5、深0.6～1.6米，南北土垄为壕堑内挖掘出的砂石土直接堆积而成，未发现夯筑等其他加固痕迹，土垄底宽2.5、顶宽1.5、高1.6米。西坡壕堑1段采用两种不同的壕堑修筑方式，致使壕堑宽窄不一、土垄高低不等。壕堑的第一自然段北侧山体山势陡峭，不易攀爬逾越，壕堑修筑较窄，不见明显的土垄；第二自然段是天然的通道。因此壕堑的两侧土垄高大，沟深且宽。两段壕堑的土垄高低不一，除与壕堑的规模有关外，还应与每段壕堑所处地形有直接关系。第一段壕堑两侧土垄消失，是因壕堑的挖掘顺陡峭的山脊而挖，长年受雨水的冲刷，致使土垄不明显；第二段壕堑地处较缓的山坡和山坳口，所处位置较平缓，壕堑两侧土垄相对而言不易被冲毁。根据保存状况等分为两个自然段：

第一自然段：起自GPS0011点，止于GPS0012点，长247米，略呈东向西走向沿山坡而下，壕堑整体保存较差，壕堑两侧边壁均有不同程度的坍塌，壕堑底部有雨水冲刷痕迹。壕堑剖面略呈"U"形，上宽下窄，口宽3.8、底宽1.5、深1.3米，土垄痕迹不明显。

第二自然段：起自GPS0012点，止于GPS0013点，长409米。略呈由东南至西北走向沿山坡而下，整体保存较差，壕堑的两侧边壁均有不同程度的坍塌，壕堑底部有雨水冲刷痕迹。壕堑两侧土垄明显。壕堑口宽7.1、底宽1.5、深1.6米，土垄底宽2.5、顶宽1.5、高1.6米。

该段壕堑全长656米，由于长期受风雨侵蚀的影响，整体保存程度较差。损毁原因以自然因素为主，主要表现为坍塌、崩塌、雨水冲刷淤塞、植物生长、老鼠打洞等。

（3）第三段　西坡壕堑2段（编码：6301213822202170002）

位于大通县石山乡西坡村北双嘴山东麓山坡上。起自石山乡西坡村北1千米的榨子垭豁的山坳，止于石山乡西坡村西北1千米的榨子垭豁西侧的双嘴山山腰。壕堑走向略呈东南至西北走向，与马鞍山陡峭的山崖共同构成一道军事屏障（彩图三七）。本段壕堑东南与西坡壕堑1段相接，西北与西坡长城相连。

壕堑挖掘方式为掘地挖沟，土堆壕堑两侧成垄。壕堑剖面呈"U"形，上宽下窄，壕堑口宽1.8～7.1、底宽1～1.5、深1.4～1.6米；南北土垄为壕堑内挖掘出的砂石土直接堆积而成，未发现夯筑等其他加固痕迹。土垄底宽2.5、顶宽1.5、高1.6米。西坡壕堑2段与西坡壕堑1段类同，壕堑出现有宽窄不一、土垄不一的情况。壕堑的第二自然段北侧山体山势陡峭，不易攀爬逾越，壕堑修筑的较窄；第一自然段则地处较缓的山坡和山坳口，是天然的通道。因此壕堑的两侧土垄高大，沟深且宽。不同宽窄的壕堑表现出壕堑的挖掘者是依据不同地段的地形、地貌作出不同的抉择。根据保存状况可分为两个自然段：

第一自然段：起自GPS0013点，止于GPS0014点，长185米，壕堑保存较差。略呈东南至西北走向沿山坡而上，壕堑两壁及土垄均有不同程度的坍塌，壕堑底部有雨水冲刷痕迹，填有淤泥。此段壕堑较宽，土垄高大。壕堑口宽7.1、底宽1.5、深1.6米，土垄底宽2.5、顶宽1.5、高1.6米。壕堑内生长有密集的黑刺、冰草、蒿草等植物。

第二自然段：起自GPS0014点，止于GPS0015点，长165米，整体保存程度较差。略呈东南至西北走向顺山坡而上，壕堑的两壁均出现不同程度的坍塌，壕堑底部有雨水冲刷痕迹。壕堑口宽1.8、底宽1、深1.4米，土垄不明显。壕堑内生长有冰草、猫耳刺、黑刺、蒿草等植物为主，不及山坡下壕堑内的植物密集。

该段壕堑全长350米，由于长期受风雨侵蚀和冻融等因素的影响，整体保存程度较差。损毁原因以自然因素为主，主要表现在坍塌、雨水冲刷淤塞、植物生长、鼠害等。

（4）第四段　西坡长城（编码：630121382106170002）

位于大通县石山乡西坡村西北约1千米的双嘴山上。该段长城属山险，起自石山乡西坡村西北1千米的榨子岈豁西侧的双嘴山山腰，止于桥头镇毛家沟村东北约3.5千米的双嘴山山腰。此段长城从双嘴山顶始，沿东北至西南走向的双嘴山山脊，在海拔3198米至3123米的高山山脊蜿蜒前伸、上下起伏，至桥头镇毛家沟壕堑1段止，略呈东北至西南走向顺山势起伏。此段长城利用了双嘴山陡峭的山体，山体的山脊外侧是呈70°~80°的石灰岩山体，山势挺拔，其山脊高于地面百米，不易攀爬逾越，以此作为天然的屏障达到军事防御的目的。现在山脊的内外两侧长满了密密的植被，其中在山的阴坡面生长有大叶杜鹃和小叶杜鹃以及黑刺、黄刺、边麻等灌木，山的阳坡面长有冰草、蒿草等草本植物。此段长城东北与西坡壕堑2段相连，西南与毛家沟壕堑1段相接。

此段长城全长1043米，整体保存程度一般，局部遭到人为的损毁，主要是因现今双嘴山的西端是青海水泥厂开采矿石的矿山，炸山采矿已经使双嘴山的部分山体不复存在，长期开采将会使双嘴山破坏殆尽，山险也将随之而消失；同时，矿山开采破坏了长城的整体风貌。

（5）第五段　毛家沟壕堑1段（编码：630121382202170003）

位于大通县桥头镇毛家沟村东北约3千米的双嘴山山腰至细沟尔掌的青海水泥厂矿山办公区内。起自桥头镇毛家沟村东北约3.5千米的双嘴山山腰，止于桥头镇毛家沟村东北约3千米的老石山东麓山根。毛家沟壕堑1段东北起自西坡长城1段止点GPS0019点，沿双嘴山西麓山脊逐渐向下，过山下的细沟尔掌即青海水泥厂矿山办公区，至毛家沟村东老石山东麓山根GPS0023点止，整体呈东南至西北走向顺山势而下。毛家沟壕堑1段东南与西坡长城相接，西北与毛家沟壕堑2段相连。

壕堑挖掘方式同于上述，为掘地挖沟土堆两侧成垄。壕堑剖面呈"U"形，上宽下窄，壕堑口宽2.5~3.5、底宽1.5、深0.5~2.5米，南北土垄为壕堑内挖掘出的砂石土直接堆积而成，未发现夯筑等其他加固痕迹，由于此段壕堑全部被黑刺、冰草、蒿草等植物覆盖，土垄具体数据不详。毛家沟壕堑1段与双嘴山陡峭的山崖共同构成一道军事屏障。根据保存状况可分为两个自然段：

第一自然段：起自GPS0019点，至GPS0022点止，长685米。壕堑整体保存一般。略呈东南至西北走向沿山坡而下。壕堑口宽2.5~3.5、底宽1.5、深0.5~2.5米，壕堑两壁有坍塌痕迹，底部填有淤土。尺寸不详。此段壕堑北侧山体山势陡峭，不易攀爬。

第二自然段：起自GPS0022点，止于GPS0023点，长340米。壕堑消失。根据地形地势结合壕堑的整体走向等判断，略呈东南至西北走向。此段壕堑因修筑于山坳的天然通道上，是兵家必争之地，因水泥厂开采矿石，将壕堑破坏殆尽。

该段壕堑全长1025米，整体保存程度较差。其中685米保存较差，340米消失。损毁原因自然因素与上述壕堑相同。人为因素的损毁主要表现在开采矿石破坏了部分壕堑。

（6）第六段　毛家沟壕堑 2 段（编码：630121382202170004）

位于大通县桥头镇毛家沟村东北约 3 千米的老石山东麓山坡上。起自桥头镇毛家沟村东北约 3 千米的老石山东麓山根，止于桥头镇毛家沟村北约 3 千米的老石山东麓山腰。此段壕堑从老石山东麓山根沿山梁呈东南至西北方向而上，至老石山山腰止，全长 165 米。此段壕堑与老石山陡峭的山崖共同构成一道军事防御屏障。毛家沟壕堑 2 段东南与毛家沟壕堑 1 段相接，西北与毛家沟长城 1 段相连。壕堑内外生长有茂密的黑刺、冰草、蒿草等植物。

壕堑挖掘方式，为削山斩崖掘地挖沟，整体剖面呈"L"形，壕堑上宽下窄。此段壕堑修筑在老石山东麓山坡一道自然形成的山沟中，此沟壕堑的挖掘方式为先将沟的北壁削切成陡峭的土崖，在土崖底部挖沟为壕，壕内土堆南侧为垄，土垄无夯筑等加固痕迹。壕堑口宽 11、底宽 8、深 2 ~ 3 米，土垄底宽 3.8、顶宽 1.5、高 2 ~ 3 米。

该段壕堑全长 165 米，整体保存较差。损毁原因以自然因素为主，主要表现为坍塌、崩塌、雨水冲刷淤塞、植物生长、鼠害等。

（7）第七段　毛家沟长城 1 段（编码：630121382106170003）

位于大通县桥头镇毛家沟村西北约 1 千米的老石山上。该段长城属山险，起自桥头镇毛家沟村北约 3 千米的老石山东麓山腰，止于桥头镇毛家沟村北约 1 千米的老石山西麓山腰。此段长城从毛家沟村东老石山东麓山腰始，沿东北至西南走向在海拔 3198 ~ 3123 米的老石山山脊蜿蜒前伸、上下起伏，至毛家沟村北约 1 千米的老石山西麓山腰处止，略呈东北至西南走向。此段长城利用了老石山石灰岩陡峭的山体作为天然的屏障达到军事防御的目的，山脊高于地面近百米，山脊两侧均呈 70° ~ 80° 的陡坡，不易攀爬。现在山脊的内外两侧长满了密密的黑刺、黄刺、边麻、冰草、蒿草等植物。此段长城东北与毛家沟壕堑 2 段相接，西南与毛家沟长城 2 段相连。

此段长城全长 1309 米，整体保存一般，局部遭到人为开山采矿的损毁，此段长城的起点处是大通县水泥厂的矿山，长期开采将威胁到此段长城的存在，同时也破坏了此段长城的整体风貌。

（8）第八段　毛家沟长城 2 段（编码：630121382101170004）

位于大通县桥头镇毛家沟村北的土山之上。此段长城属土墙，起自桥头镇毛家沟村北约 1 千米的老石山西麓山腰，止于桥头镇毛家沟村北约 0.2 千米的大榨子东面山腰。此段长城自老石山山腰始，沿老石山西麓山脊顶部辗转往西，一直延伸至毛家沟村北约 0.2 千米大榨子东面山腰，略呈东南至西北走向。东南与毛家沟长城 1 段相连，西北与毛家沟长城 3 段相接（彩图三八）。在墙体顶部以及墙体南北两侧的坍塌土上长满了黑刺、黄刺、边麻、冰草、蒿草等野草。长城两侧的山坡现在已经开垦为耕地，种植春小麦、油菜、洋芋等农作物。墙体外侧（北侧）有随墙壕。墙体与随墙壕分别叙述如下：

墙体

该段墙体起自 GPS0031 点，止于 GPS0037 点，全长 492 米。此段墙体是在自然基础上，就地取土，以粉沙状黄褐土夹杂少量小砂砾分段夯筑而成的土墙，墙体版筑接缝较清晰，每版大致长 3.5 米左右，夯层厚 0.15 ~ 0.2 米。现保存较好的墙体剖面略呈梯形，底宽 6 ~ 10、顶宽 1 ~ 2.5、高 0 ~ 6 米。墙体北侧有一条与墙体并行且向前延伸的随墙壕。根据保存状况可分五个自然段：

第一自然段：起自 GPS0031 点，止于 GPS0032 点，长 65 米。整体保存程度较好。墙体略呈东南至西北走向。墙体底宽 10、顶宽 1 ~ 2.5、高 0 ~ 5.4 米。在墙体外侧（北侧）有一道与墙体并列而行的随墙壕。

第二自然段：起自 GPS0032 点，止于 GPS0033 点，长 120 米。整体保存程度较好。墙体略呈东南至西北走向。墙体底宽6、顶宽2.5、高5.4米。墙体内侧陡峭，外侧呈缓坡状。在第一自然段与第二自然段墙体相连处是墙体的拐点，被人为踩踏形成2米的豁口，该豁口是毛家沟村通往朔北乡小龙院村的小路通道。墙体外侧有随墙壕。

第三自然段：起自GPS0033点，止于GPS0035点，长150米。整体保存程度较好。墙体略呈东南至西北走向。墙体底宽6、顶宽1.5、高6米。墙体略呈圆弧形，是墙基随地形而筑造成的。墙体中部有一处宽2米被人为攀爬、踩踏造成的豁口。墙体外侧有随墙壕。

第四自然段：起自GPS0035点，止于GPS0036点，长112米。整体保存程度较好。墙体略呈东南至西北走向。墙体底宽6、顶宽1.5、高5~6米。墙体沿东南至西北走向山脊而下。墙体外侧随墙壕已消失。

第五自然段：起自GPS0036点，止于GPS0037点，长45米。整体保存程度较好。墙体略呈东南至西北走向。墙体底宽6、顶宽1.5、高5~6米。从该处墙体沿山脊而上，至大榨子山陡峭的山坡止。在墙体GPS0036点处的夯土中发现有木炭渣，可能是当初修筑长城时人们生活的遗留物。从GPS0036点向西35米处开始，至GPS0037点有长10米的墙体被村民取土挖毁，墙体消失，并挖致山体岩石裸露。

随墙壕

位于墙体北侧约5米处，顺墙体北侧的地形和走向修筑。随墙壕内长满了黑刺、黄刺、边麻、冰草、蒿草等灌木和野草。

随墙壕的挖掘方式，为掘地挖沟土堆外侧（北侧）成垄。剖面呈梯形，上宽下窄。随墙壕北侧土垄，是用随墙壕内挖出的砂石土直接堆积而成，未经夯筑，北垄外侧是坡度较缓的山坡。现存随墙壕口宽3~7、底宽1.5~5、深0.5~1.5米，土垄底宽1.4~4、顶宽1~1.5、残高0.5~1.5米。根据保存状况可分为两个自然段。

第一自然段：起自GPS0038点，止于GPS0040点，长125.5米。整体保存程度一般。随墙壕口宽3~7、底宽1.5~5、深0.5~1.5米，土垄底宽1.5~4、顶宽1~1.5、残高0.5~1.5米。此段随墙壕在GPS0039点有一条从毛家沟村至马场村的小路，穿越长城墙体和随墙壕，由于长期的踩踏和泥土淤塞、流水冲刷等，随墙壕在地表看不出痕迹，随墙壕土垄也消失，消失长度1.5米。

第二自然段：起自GPS0040点，止于GPS0041点，长327米。整体保存程度一般。略呈东南至西北走向。随墙壕南距毛家沟长城2段墙体5米，口宽3~7、底宽1.5~5、深0.5~1.5米，土垄底宽1.5~4、顶宽1~1.5、残高0.5~1.5米。自GPS0040点向西约13米的随墙壕，在平整土地中被挖毁而消失。

墙体总长492米，整体保存程度较好，其中478米保存较好，4米保存较差，10米消失。造成墙体损毁的原因以人为因素为主，表现为修建便道、梯田、挖墙取土。自然因素主要有自然坍塌与崩塌、墙体基部酥碱与风雨侵蚀，还有植物生长与动物破坏等。

毛家沟长城2段随墙壕总长467米，其中有14.5米消失，其余保存一般。造成损毁的因素为坍塌、沙土淤积，也有动植物的破坏及人为踩踏和取土。

（9）第九段　毛家沟长城3段（编码：630121382106170005）

位于大通县桥头镇毛家沟村北的大榨子山上。此段长城属山险，起自桥头镇毛家沟村北约0.2千米的大榨子东面山腰，止于桥头镇毛家沟村六社北约0.3千米的大榨子山西面山腰。此段长城从大榨子山山腰的毛家沟长城2段的止点始，沿东西走向的大榨子山山崖蜿蜒前伸，至毛家沟村六社北大榨子山西面山腰止，走向略呈东西向。利用大榨子山南面陡峭的崖壁，难以顺山而下的特点作为天然的防御工事。此段长城东与毛家沟长城 2 段相接，西与毛家沟长城 4 段相连。

此段山险总长度 192 米，整体保存一般。长期的风雨侵蚀造成局部的黄土山体滑坡、坍塌。此外，在长城所在的山体上有一条现代开挖的防火沟，对此段长城也造成了一定的破坏。

（10）第十段 毛家沟长城 4 段（编码：630121382101170006）

位于大通县桥头镇毛家沟村北的土山之上。此段长城属土墙，起自桥头镇毛家沟村六社北约 0.3 千米的大榨子山西面山腰，止于桥头镇毛家沟村北约 0.5 千米的土山上。此段长城东北与毛家沟长城 3 段相连，西南与毛家沟长城 5 段相接，北距毛家沟烽火台 0.12 千米。在墙体的外侧有随墙壕。此段长城自大榨子山西侧的山腰始，沿大榨子山山脊顶部辗转延伸，至毛家沟村西北 0.5 千米的土山止，略呈东北至西南走向。此段长城墙体顶部、南北两侧长满了黑刺、黄刺、边麻、冰草、蒿草等树木和野草。长城两侧的山坡现在已经开垦为耕地，种植春小麦、油菜、洋芋等农作物。

墙体

该段墙体起自 GPS0044 米，止于 GPS0057 点，全长 1170 米。此段长城是在自然基础上，就地取土，以粉沙状黄褐土夹杂少量小沙砾分段夯筑而成的土墙，版筑接缝较清晰，每版大致长 3.5 米左右，夯层厚 0.15 ~ 0.2 米。现保存较好的墙体剖面略呈梯形，底宽 1.5 ~ 4、顶宽 0.3 ~ 1、高 0.5 ~ 3.9 米。在墙体外侧残存有 3 段与墙体并行延伸、断断续续的随墙壕。主要根据保存状况分为六个自然段：

第一自然段：起自 GPS0044 点，止于 GPS0045 点，长 96 米。整体保存程度一般。略呈东南至西北走向。墙体底宽 4、顶宽 1、高 2.5 米。紧邻墙体西侧有随墙壕。

第二自然段：起自 GPS0045 点，止于 GPS0046 点，长 113 米。整体保存程度一般。略呈东北至西南走向。墙体底宽 4、顶宽 1、高 2 ~ 2.5 米，墙体顶部有多处不足 1 米的小豁口，显得凹凸不平。

第三自然段：起自 GPS0046 点，止于 GPS0049 点，长 455 米。整体保存程度一般。墙体自东北至西南方向分布于略呈圆弧形的山脊上，墙体底宽 4、顶宽 1、高 2 ~ 3.9 米。在该段墙体的中部北侧有一处废弃羊圈，羊圈的南墙利用了此段长城局部墙基。墙体外侧有随墙壕，其中长 8 米的随墙壕在修建羊圈中被挖毁。

第四自然段：起自 GPS0049 点，止于 GPS0053 点，长 229 米。墙体整体保存程度较差。略呈东北至西南走向，墙体底宽 4 米，顶宽不详，残高 0 ~ 0.5 米。该段墙体多已在修建梯田中破坏，残存的墙体基本与梯田齐平。

第五自然段：起自 GPS0053 点，止于 GPS0056 点，长 246 米。墙体整体保存程度一般。略呈东北至西南走向。墙体底宽 2.5、顶宽 0.8 ~ 1、高 1.5 ~ 3.9 米。

第六自然段：起自 GPS0056 点，止于 GPS0057 点，长 31 米。墙体整体保存程度较差。略呈东北至西南走向。现存墙体顶宽 0.3 ~ 0.5、高 1 ~ 1.5 米。当地村民取土对墙体破坏严重。

随墙壕

位于毛家沟长城 4 段外侧（西侧）约 5 ~ 10 米处。随墙壕起自桥头镇毛家沟村北毛家沟长城 4 段北侧 GPS0058 点，至毛家沟长城 4 段墙体的 GPS0049 点以北 10 米处止，顺墙体外侧地形和走向挖掘修筑，现残存有 3 段互不相接断断续续的随墙壕，地面痕迹清晰可辨，总长 669 米，整体呈东北至西南走向。随墙壕内及土垄上生长有蒿草、冰草、黄刺、边麻等植物。

随墙壕的挖掘方式同于上段，现存随墙壕口宽 3 ~ 7、底宽 1.5 ~ 5、深 0.5 ~ 2 米，土垄底宽 1.5 ~ 3、顶宽 0.5 ~ 1.5、残高 0.5 ~ 1.5 米。根据保存状况可分为三个自然段：

第一自然段：起自 GPS0058 点，止于 GPS0059 点，长 60 米。随墙壕位于墙体以北 2 ~ 7 米，略呈东南至西北走向，整体保存程度一般。随墙壕口宽 7 ~ 10、底宽 1.5 ~ 5、深 0.8 ~ 2 米，北侧土垄底宽

1.5~3、顶宽 0.5~1.5、残高 0.5~1.5 米。

第二自然段：起自 GPS0059 点，止于 GPS0060 点，长 56 米。随墙壕位于墙体以北 2~7 米处，与墙体并行，略呈东北至西南走向，整体保存程度较差。随墙壕口宽 7~10、底宽 3~5、深 0.5~1.2 米，北侧的土垄已经不明显。此段随墙壕西北约 0.16 千米处为毛家沟烽火台。

第三自然段：起自 GPS0060 点，止于 GPS0049 点西北 12 米处，长 553 米。随墙壕位于墙体之北，略呈东北至西南走向，整体保存程度一般；此段随墙壕距墙体 2~7 米，口宽 7~10、底宽 1.5~5、深 0.8~2 米，北侧土垄底宽 1.5~3、顶宽 0.5~1.5、残高 0.5~1.5 米。其中有 8 米的随墙壕因修建羊圈被人为损毁消失。

此段墙体总长度 1170 米，整体保存程度一般，其中 910 米保存一般，260 米保存较差。造成此段长城墙体损毁的原因主要是人为因素，表现为取土、平整土地、修造梯田；其他因素同于毛家沟长城 2 段墙体。

此段随墙壕总长度 669 米，其中 605 米保存一般，56 米保存较差，8 米消失。造成此段长城随墙壕损毁的自然因素主要表现在坍塌淤积、植物生长；人为因素主要表现为平整土地、修建羊圈破坏损毁了部分随墙壕。

（11）第十一段　毛家沟长城 5 段（编码：630121382101170007）

位于大通县桥头镇毛家沟村西北的土山之上。此段长城属土墙，起自桥头镇毛家沟村西北 0.5 千米的土山上，止于桥头镇毛家沟村一社西 0.5 千米的山顶。此段长城沿土山山脊辗转延伸，全长 1277 米，整体呈东北至西南走向。本段长城东与毛家沟长城 4 段相连，西与毛家寨长城 1 段相接。墙体顶部及南北两侧坍塌土长满了灌木丛及野草。在墙体的外侧残存有 3 段与墙体并行延伸，但是又互不相接的随墙壕。墙体与随墙壕分别叙述如下：

墙体

该段墙体起自 GPS0057 点，止于 GPS0073 点，全长 1277 米。此段墙体是在自然基础上，就地取土，以粉沙状黄褐土夹杂少量小沙砾分段夯筑而成的土墙，版筑接缝较清晰，版长 3.5 米左右，夯层厚 0.15~0.2 米。现存墙体剖面略呈梯形，底宽 2.5~4、顶宽 0.5~1.2、高 1~3.9 米。在墙体西侧有 3 段互不相连，但都与墙体依次并行且延伸向前的随墙壕。根据保存状况等分为六个自然段：

第一自然段：起自 GPS0057 点，止于 GPS0062 点，长 56 米。整体保存程度一般。略呈东北至西南走向。墙体底宽 1.2~2、顶宽 0.5~1、高 1.5~3.5 米。在墙体外侧，由起点至止点西侧 4.5 米处均有随墙壕，长 56 米。

第二自然段：起自 GPS0062 点，止于 GPS0063 点，长 14 米。整体消失。略呈东北至西南走向。此段墙体在平整土地的过程中取土破坏，后又被改建为道路，致墙体消失。墙体西侧的随墙壕也在修建便道的过程中被破坏。

第三自然段：起自 GPS0063 点，止于 GPS0065 点，长 135 米。整体保存程度较差。略呈东北至西南走向。墙体底宽 1.2~2、顶宽 0.5~1、高 1~1.5 米。在 GPS0065 点处有一个 4.5 米的豁口，马场村通往毛家寨村的土路从这里穿过。全段墙体外侧有随墙壕。

第四自然段：起自 GPS0065 点，止于 GPS0067 点，长 279 米。整体保存程度较差。略呈东北至西南走向。墙体底宽 2.5、顶宽 0.5~1.2、高 1~1.5 米。紧贴墙体内侧修有一道"U"形水泥槽的水渠。在平整农田中，部分墙基被削挖，使墙基高悬距地表约 1 米；部分墙体被挖断，形成长 12 米的缺口。从墙体 GPS0065 点至 GPS0066 点以北 10 米处止，墙体外侧有随墙壕一道，长 67 米。

第五自然段：起自 GPS0067 点，止于 GPS0069 点，长 201 米。整体保存程度一般。略呈东北至西南走向。墙体底宽 2～4、顶宽 0.5～1、高 3.9 米。因紧临墙体修水渠、平整土地等因素，使墙体外侧的墙面垮塌脱落，墙体变薄。在起点处水渠从墙体穿过，破坏了部分的墙体。

第六自然段：起自 GPS0069 点，止于 GPS0073 点，长 592 米。墙体整体保存程度较差。墙体略呈圆弧形修筑在山脊上，呈东北至西南走向。墙体底宽 2～4、顶宽 0.5～1、高 1～1.5 米。该自然段墙体破损较为严重，内侧的墙体剥蚀脱落，使墙体表面凹凸不平。

随墙壕

位于毛家沟长城 5 段墙体外侧（西侧），与墙体相距约 4.5～10 米处，顺墙体外侧的地形和走向挖掘，基本与墙体相并而行（彩图三九）。东端起自毛家沟长城 5 段起点的西侧 4.5 米处，止于毛家沟长城 5 段的 GPS0066 点以北 10 米处。现存有 3 段分别长 56 米、135 米和 67 米的随墙壕，共长 258 米。随墙壕内和土垄上生长有蒿草、冰草、黄刺、边麻、马兰花等植物。

随墙壕的挖掘方式及剖面形状与上述随墙壕类同。口宽 9.2、底宽 2.5、深 0.5～2 米，西侧的土垄底宽 1.5～3、顶宽 1～1.5、残高 1～1.5 米。根据保存状况可分为三个自然段：

第一自然段：从毛家沟长城 5 段起点 GPS0057 点的西侧 4.5 米处开始，止于墙体 GPS0062 点西侧 5 米处，长 56 米，整体保存程度一般。口宽 9.2、底宽 2.5、深 1.5～2 米，土垄已消失。

第二自然段：从墙体 GPS0063 点距墙体西侧 4.5 米处起，止于墙体 GPS0065 点西侧 5 米处，随墙壕长 135 米。整体保存程度一般。随墙壕口宽 9.2、底宽 2.5、深 0.5～1.5 米，外侧土垄已经被黑刺等植物覆盖，土垄尺寸不详。

第三自然段：从墙体 GPS0065 点至 GPS0066 点以北 10 米处止，墙体外侧有随墙壕一道，长 67 米。随墙壕距墙体 4.5～7 米，整体保存程度一般，口宽 9.2、底宽 2.5、深 0.5～1.5 米，西侧的土垄底宽 1.5～3、顶宽 1～1.5、残高 1～1.5 米。局部被平整土地挖毁。

该段墙体总长 1277 米，整体保存程度较差，其中 200 米保存一般，1046.5 米保存较差，30.5 米消失。损毁原因主要有自然因素和人为因素两类，相对而言以后者破坏程度较重。自然因素主要为坍塌、风雨侵蚀、酥碱风化、植物生长和老鼠的掏洞等；人为因素主要表现为修筑水渠和取土。

毛家沟长城 5 段随墙壕总长度 258 米，其中整体保存程度一般，局部损毁。被损毁的自然因素同于上段。人为因素主要表现为平整土地的破坏，导致随墙壕时隐时现，大多消失。另在随墙壕边缘种植树木对随墙壕也造成一定程度的破坏。

（12）第十二段 毛家寨长城 1 段（编码：6301213821011170008）

位于大通县桥头镇毛家寨村西的土山之上。此段长城属土墙。起自桥头镇毛家沟村一社西 0.5 千米的山顶，止于桥头镇毛家寨村十三社西 0.8 千米的山坳。此段长城沿土山山脊顶部辗转向前延伸，全长 785 米，略呈东北至西南走向。长城两侧的山坡均已经开垦为农田。在长城墙体以及墙体西侧的坍塌土上生长有茂盛的冰草、蒿草、边麻、黄刺、黑刺等植物。本段长城东北与毛家沟长城 5 段相连，西南与毛家寨长城 2 段相接，在第 3 自然段墙体的外侧（西侧）残存有一段与墙体并行延伸的随墙壕。

墙体

该段墙体起自 GPS0073 点，止于 GPS0083 点，全长 785 米。此段墙体是在自然基础上，就地取土，以粉沙状黄褐土夹杂少量小沙砾分段夯筑而成的土墙，版筑接缝较清晰，每版大致长 3.5 米左右，夯层厚 0.15～0.2 米。现存墙体剖面略呈梯形，底宽 1.5～4.5、顶宽 0.5～1.5、高 0.5～4 米。根据保存状况可分为五个自然段：

第一自然段：起自 GPS0073 点，止于 GPS0075 点，长 229 米。墙体整体保存一般。墙体底宽 4.5、顶宽 0.8～1、高 3.5～4 米。该自然段墙体根部夯土层中多夹杂有红色的黏土块。

第二自然段：起自 GPS0075 点，止于 GPS0077 点，长 89 米。墙体整体保存较差。墙体底宽 1.5~2、顶宽 0.7~1.5、残高 0.5~1.5 米。此段长城墙体变薄，主要是因 20 世纪平整土地削挖墙体造成。

第三自然段：起自 GPS0077 点，止于 GPS0080 点。长 267 米。保存较好。墙体底宽 3.5~4.5、顶宽 0.7~1.5、残高 3.5~4.8 米。本段整体呈"S"形分布，从 GPS0077 点至 GPS0078 点墙体向西侧凸出，略呈圆弧形，从 GPS0078 点至 GPS0080 点墙体向东侧凸出，也略呈圆弧形。从 GPS0078 点起，墙体外侧 6 米处出现一道随墙壕与墙体并行，长 55 米。

第四自然段：起自 GPS0080 点，止于 GPS0082 点，长 111 米。整体保存程度一般。墙体底宽 3.5~4.5、顶宽 0.5~0.9、高 2.5~3.8 米。本段中部有一个现代开挖的小洞贯通墙体内外，洞高 0.8、宽 0.7 米，对墙体造成了一定程度的破坏；在 GPS0082 点处马场村通往马家寨村的村间小路横穿墙体，使墙体形成长 6.2 米的缺口。

第五自然段：起自 GPS0082 点，止于 GPS0083 点，长 89 米。整体保存较差。墙体底宽 1.5~2、顶宽 0.6~0.8、高 0.5~1.5 米。墙体北侧墙面剥蚀、垮塌呈斜坡。

随墙壕

位于第三自然段的西侧 6 米处，与墙体并列而行。起自墙体 GPS0078 点，止于墙体 GPS0079 点西侧 6 米处，整体保存程度一般。全长 55 米。

随墙壕挖掘方式及剖面现状与上述随墙壕类同，随墙壕口宽 10、底宽 6、深 0.5~2.5 米，西侧土垄底宽 3、顶宽 1.5、残高 0.5~2.5 米。在平整农田中，随墙壕大部分被破坏。残存的 55 米随墙壕，亦因平整农田南端被挖断，使随墙壕高悬地表约 5 米，随时有坍塌、滑坡的危险。随墙壕内生长有冰草、蒿草等植物。

毛家寨长城 1 段墙体总长 785 米，整体保存一般，其中 267 米保存较好，340 米保存一般，178 米保存较差。损毁原因主要是人为因素，表现为修建便道挖断墙体和取土破坏；其他因素与毛家沟长城 5 段相同。

随墙壕总长 55 米，整体保存一般。损毁原因基本同于毛家沟长城 5 段随墙壕。

（13）第十三段　毛家寨长城 2 段（编码：6301213821011170009）

位于大通县桥头镇毛家寨村西的土山之上。此段长城属土墙。起自桥头镇毛家寨村十三社西 0.8 千米的山坳，止于桥头镇毛家寨村西约 1 千米的大墩山毛家寨敌台。该段长城沿东北至西南的山脊辗转向山上延伸，呈东北至西南走向（彩图四〇）。在墙体的西侧密集生长有黑刺、冰草、蒿草等植物，并覆盖了随墙壕，东侧山坡现已开垦为耕地。毛家寨长城 2 段东北与毛家寨长城 1 段相连，西南与毛家寨敌台相接。在墙体西侧有随墙壕。

墙体

该段墙体起自 GPS0083 点，止于 GPS0088 点，全长 301 米。此段墙体是在自然基础上，就地取土，以黄褐土夹杂少量小沙砾分段夯筑而成的土墙，版筑接缝较清晰，版长 3.5 米左右，夯土层厚 0.15~0.18 米。现存墙体剖面略呈梯形，底宽 1.5~2.2、顶宽 0.3~0.7、高 1~3.7 米。根据保存状况可分为四个自然段：

第一自然段：起自 GPS0083 点，止于 GPS0084 点，长 38 米。墙体保存较差。略呈东北至西南走向。底宽 2.2、顶宽 0.3~0.5、残高 1~1.5 米。墙体东侧垮塌严重，坍塌土呈斜坡，高 0.5~1 米。

第二自然段：起自 GPS0084 点，止于 GPS0085 点，长 83 米。墙体保存一般。略呈东北至西南走向。墙体底宽 1.5、顶宽 0.5~0.7、高 3.5 米。在止点处墙体被人为挖断，形成了一个长 1 米的豁口。在 GPS0084 点西距墙体 5 米处有随墙壕与墙体并行。

第三自然段：起自 GPS0085 点，止于 GPS0086 点，长 111 米。墙体保存一般。略呈东北至西南走向。墙体底宽 1.5、顶宽 0.5～0.7、高 3.5 米。西距墙体 5 米处有随墙壕与墙体并行。

第四自然段：起自 GPS0086 点，止于毛家寨敌台中心点 GPS0088 点，长 69 米。墙体保存一般。略呈东西走向。墙体在 GPS0086 点出现了近似直角的转向，变为东南至西北走向，至第 2 个拐点 GPS0087 点又出现近似直角的转向，再次变为东北至西南走向后，直抵毛家寨敌台。墙体底宽 1.5、顶宽 0.5～0.7 米，墙体顶部距西侧地表高 3.7 米，距东侧地表高 1～1.5 米。墙体西侧 5 米处有随墙壕与墙体并行。

随墙壕

始于墙体 GPS0084 点的西侧 5 米处，顺墙体外侧山坡而上，并且随着墙体走向挖掘，止于毛家寨敌台中心点 GPS0088 点西侧 5 米处，整体呈东北至西南走向，与墙体相并而行，总长 263 米。整个地段在杨树和黑刺、黄刺等灌木丛的掩映和覆盖下，地面痕迹清晰可辨。

随墙壕的挖掘方式及剖面形状与上述的随墙壕类同。口宽 7.5、底宽 2.5、深 1.5～2 米。土垄底宽 1.5～4、顶宽 1～1.5、残高 0.5～2 米。在临近毛家寨敌台处，有一道东西向人工挖掘的防火隔离带，造成了随墙壕的局部损毁。

毛家寨长城 2 段墙体总长 301 米，整体保存程度一般，其中保存一般段落共 3 段，全长 263 米；保存较差段落 1 段，长 38 米。墙体损毁原因主要为人为取土挖断墙体，其他损毁因素与上述墙体类同。

随墙壕总长 263 米，整体保存程度一般。随墙壕损毁原因以人为因素为主，其他损毁因素亦同于上述随墙壕。

（14）第十四段　毛家寨长城 3 段（编码：630121382101170010）

位于大通县桥头镇毛家寨村西的土山之上，此段长城属土墙。起自桥头镇毛家寨村西约 1 千米的大墩山毛家寨敌台，止于桥头镇毛家寨村五社北 0.8 千米的闇门坡断崖。沿土山山脊辗转延伸，略呈东北至西南走向。在墙体西侧密集生长有黑刺、冰草、蒿草等植物。此段墙体东北与毛家寨敌台相连（彩图四一），西南与毛家寨长城 4 段相接。在墙体的西侧有随墙壕与墙体并行（彩图四二）。

墙体

该段墙体起自 GPS0088 点，止于 GPS0097 点，全长 344 米。此段墙体是在自然基础上，就地取土，以粉沙状黄褐土夹杂少量小沙砾分段夯筑而成的土墙，夯土中含砂量较大，版筑接缝较清晰，每版大致长 3.5 米左右，夯层厚 0.15～0.18 米。墙体剖面略呈梯形，底宽 1.5～2、顶宽 0.4～1.5、高 1.5～3.8 米。由于墙体夯土含砂量较大，在局部区域可以见到贯穿墙体的桩木孔洞，直径 0.04～0.07 米，距离地表 1～1.5 米。此外，在墙体上还可见到较多的木楔斜插于墙体夯土层之内，木楔略呈梭形，长 20 厘米，顶面长、宽约 2 厘米。根据保存状况可分为两个自然段：

第一自然段：起自 GPS0088 点，止于 GPS0095 点，长 202 米。墙体保存一般。墙体底宽 1.5～2、顶宽 0.4～1.5、高 1.5～3.8 米。墙体东侧局部坍塌，坍塌堆土形成了长、高约 1.5 米的斜坡，斜坡与墙面相接处有一道高 0.3～0.5、进深 0.2～0.3 米内凹的横向凹槽，系酥碱风蚀槽。墙体局部被人为挖断，形成了一处宽 1 米的豁口，成为过往便道。全段墙体西侧 5.5 米处有随墙壕。

第二自然段：起自 GPS0095 点，止于 GPS0097 点，长 142 米。墙体整体保存一般。墙体底宽 1.5～2、顶宽 0.4～0.7、高 2.5～3.8 米。墙面上有桩木孔洞，贯穿墙体，直径为 0.04～0.07 米。墙体表面残留有固定墙板所用的木楔，木楔上缠绕有灌木枝条，木楔长 20 厘米，顶面直径 2 厘米。上下两层夯土间或相错，或对齐铺有灌木枝条。东侧墙面有风蚀凹槽。墙体局部亦被人为挖断为宽 1 米的豁口，成为过往的便道。本段墙体的西侧 5.5 米处有随墙壕。

随墙壕

位于全段墙体西侧 5.5 米处，全长 344 米。

随墙壕的挖掘方式及剖面形状与上述随墙壕类同。口宽 7.5、底宽 2.5、深 1.5～2 米。土垄底宽 1.5～4、顶宽 1～1.5、残高 0.5～2 米。随墙壕内长有密集的黑刺、黄刺等灌木以及冰草、蒿草等草本植物，已将随墙壕全部覆盖。在此段墙体的 GPS0093 点和 GPS0096 点处各有一条宽约 1 米的便道，同时也破坏了局部随墙壕。

墙体总长 344 米，整体保存程度一般。局部墙体顶部略呈锯齿形，造成此段墙体损毁的原因有人为因素，主要表现为修建便道挖断墙体；其他损毁因素亦与上述墙体相同。

随墙壕总长度 344 米，整体保存程度一般。造成随墙壕损毁的人为原因同于本段墙体，其他损毁因素与上段随墙壕类同。

（15）第十五段　毛家寨长城 4 段（编码：630121382105170011）

位于大通县桥头镇毛家寨村北的闇门坡之上。此段长城属山险墙，俗称闇门坡。起自桥头镇毛家寨村五社北 0.8 千米的闇门坡断崖，止于桥头镇老营庄村东北约 0.5 千米的六个墩东侧土崖（彩图四三）。此段山险墙起自沿闇门坡的山梁延伸，全长 493 米，略呈东南至西北走向顺山脊而下（彩图四四）。其东南与毛家寨长城 3 段相接，西北与老营庄长城 1 段相连。长城所在的山体顶部生长有冰草、蒿草、边麻、黄刺等植物。

此段长城是利用自然形成的山崖，稍加修整形成的山险墙。所在的山体属黄土堆积而成，顶部北侧是坡度较缓的山坡，南侧是自然形成的陡峭的山坡，为了增加防御效果，在坡度很陡的山体顶部南侧削挖成垂直的崖壁，作为长城防御工事，削挖高度 5～7 米。根据墙体的保存状况等，分为两个自然段：

第一自然段：起自 GPS0097 点，止于 GPS0104 点东侧 19 米处，长 474 米。整体保存程度一般。略呈东南至西北走向。此段山险墙顶部是一道宽约 20 米的草坡，草坡北侧为梯田，其下部是陡峭的山坡。人们将坡度很陡的山体顶部南侧削挖成垂直的墙壁，作为长城防御工事。山险墙高 5～7 米，有着明显的人工削挖痕迹。

第二自然段：起自 GPS0104 点东侧 19 米处，止于 GPS0104 点，长 19 米。墙体消失。略呈东西走向。此段墙体是当地村民为了出行方便，在原有的"东闇门"位置上人为挖掘形成的 19 米缺口，其间有一条马场村通往老营庄村的土路穿过此处，当地村民称这里为"闇门壕"。所谓闇门就是在长城墙体上开设的小门，以方便长城内外的人员来往和物资交流。据《西宁府新志》记载，大通县境内有东闇门和西闇门 2 座闇门[1]，其中东闇门位于此段长城的止点处，因此，当地村民称此地为闇门壕。

此段长城全长 493 米，其中 474 米保存一般，19 米消失。造成此段长城损毁的原因，人为因素主要表现为修建道路挖断墙体；自然因素主要为自然坍塌、山体滑坡、风雨侵蚀等。

（16）第十六段　老营庄长城 1 段（编码：630121382101170012）

位于大通县桥头镇老营庄村东北的土山之上。此段长城属土墙，起自桥头镇老营庄村东北约 0.5 千米的六个墩东侧土崖，止于桥头镇老营庄村东北约 0.4 千米的山岭。墙体沿东西走向山脊顶部辗转延伸，全长 198 米，略呈自东至西走向。其东与毛家寨长城 4 段相连，西与老营庄长城 2 段相接。墙体上长有冰草、蒿草、黄刺等植物，墙体周边大多开垦为耕地。

墙体是在自然基础上，就地取土，以粉沙状黄褐土夹杂少量小沙砾分段夯筑而成的土墙，夯土层

---

[1]（清）杨应琚：《西宁府新志》卷十三《建置·关隘》，青海人民出版社，1988 年，第 336 页。

厚 0.12 ~ 0.15 米。现存墙体剖面略呈梯形，底宽 2.8、顶宽 0.6 ~ 1.6、高 0 ~ 3.1 米。墙体整体保存差。根据保存状况可分为三个自然段：

第一自然段：起自 GPS0105 点，止于 GPS0106 点，长 46 米。墙体消失。略呈东北至西南走向。墙体及墙基在平整土地中被损毁消失。

第二自然段：起自 GPS0106 点，止于 GPS0107 点，长 68 米。整体保存较差。略呈东西走向。此段墙体顶部被损坏，形如六个墩台状，底宽 2.8、顶宽 0.6 ~ 1.6、高 0 ~ 3.1 米。墙体局部坍塌，底部坍塌土堆积为缓坡状，并长有冰草、蒿草、黄刺、边麻等植物。现存的墙体被当地村民利用为讲迷信的“镇”，保留至今。在此段墙体的底部有一个径长约 1.5、深约 2 米的圆形盗洞。

第三自然段：起自 GPS0107 点，止于 GPS0108 点，长 84 米。墙体消失。略呈东南至西北走向。墙体及墙基在平整土地中被破坏殆尽。

该段墙体全长 198 米，其中 68 米保存较差，130 米消失。墙体损毁原因主要以人为因素为主，主要表现为：平整土地、人为踩踏。此外，挖掘盗洞、不合理利用将墙体做“镇”使用对墙体也造成了一定的破坏；另在墙体的附近有多处的高压线铁塔和输电线路，破坏了此段长城的整体风貌；自然因素与上述墙体相同。

（17）第十七段　老营庄长城 2 段（编码：630121382105170013）

位于大通县老营庄村西北 0.4 千米的土山之上，即当地村民称之为“浪岈豁”的山脊南侧。此段长城属山险墙，起自桥头镇老营庄村东北约 0.4 千米的山岭，止于桥头镇老营庄村西北 1 千米的山岭。该段长城沿东南至西北方向的山脊逐渐上升，全长 722 米，略呈东南至西北走向。本段长城所在的山体属黄土堆积而成，顶部北侧是坡度较缓的山坡，南侧是自然形成的陡峭的山坡，利用了自然形成的断崖，为了增加防御效果，在南侧陡峭的山坡上向下削挖形成垂直的峭壁，有着明显的人工削挖的痕迹，削挖高度 5 ~ 7 米。现存的山险墙高 5 ~ 7 米，此段长城东与老营庄长城 1 段相邻，西与老营庄长城 3 段相接。止点处南侧约 0.3 千米是老营庄壕堑 1 段。

此段长城全长 722 米，整体保存程度一般。损毁原因主要是人为破坏较重，主要表现为平整土地、修造梯田，另在长城附近立有大量的输电电线杆和输电线路，破坏了长城的整体风貌。自然损毁因素主要为坍塌、滑坡、风雨侵蚀等。

（18）第十八段　老营庄壕堑 1 段（编码：630121382202170005）

位于大通县桥头镇老营庄村西北 1 千米的老爷山西南山脊南侧的山腰之上。起自桥头镇老营庄村西北 1 千米的山岭，止于桥头镇老营庄村西北 1.4 千米的山岭。此段壕堑沿山势的走向，全长 411 米，整体略呈东北至西南走向（彩图四五），在局部地段则依山势地形的变化，呈现出不同的走向（彩图四六）。此段壕堑北侧山坡大部分地区已经开垦为耕地，南侧是十分陡峭的山坡，生长冰草、蒿草等植物，山坡下为北川河的河谷盆地，全部开垦为耕地。壕堑内外生长有冰草、蒿草等草本植物，还有少量的黄刺和黑刺等植物。此段壕堑东与老营庄长城 2 段相接，西与老营庄长城 3 段相连。

壕堑挖掘方式为在北侧斩山形成断崖，下部形成平台，然后再在断崖下的平面上掘地挖沟，土堆一侧而成垄，整体剖面略呈“L”形，上宽下窄。壕堑的北壁山崖有 5 ~ 7 米高的削山印痕，壕堑口宽 3 ~ 11、底宽 1.5 ~ 6、深 0.2 ~ 2.5 米。南侧土垄用壕堑内挖掘出的砂石土直接堆积而成，未夯筑，土垄底宽 1.5 ~ 3.6、顶宽 1 ~ 3、残高 0.3 ~ 1.2 米。根据保存状况可分为五个自然段：

第一自然段：起自 GPS0112 点，止于 GPS0114 点，长 67 米。壕堑保存一般。壕堑整体呈东北至西南走向。壕堑口宽 11、底宽 6、深 2.5 ~ 3 米，土垄底宽 3.6、顶宽 2 ~ 3、残高 0.6 ~ 1.2 米。在该段壕堑的起点 GPS0112 点处，因山洪冲刷形成多条已坍塌的冲沟。

第二自然段：起自 GPS0114 点，止于 GPS0116 点，长 174 米。壕堑保存一般。壕堑整体呈东南至西北走向。壕堑口宽 11、底宽 4.5、深 2.5～3 米，土垄底宽 3.6、顶宽 1.5～2、残高 0.6～1.2 米。

第三自然段：起自 GPS0116 点，止于 GPS0117 点，长 30 米。壕堑保存差。壕堑的土垄消失，仅在地表隐约可见其走向，长 30 米，整体呈东北至西南走向。此段壕堑因平整土地及被利用为羊圈而损毁。

第四自然段：起自 GPS0117 点，止于 GPS0118 点，长 113 米，其中有 99 米的壕堑保存较差，另外 14 米是一段石质山崖，岩石坚硬，难以挖掘壕堑，故而未挖掘，转过这段山崖与第五自然段相连，壕堑整体呈东北至西南走向。壕堑口宽 8、底宽 3、深 0.65～1 米，土垄底宽 3.2、顶宽 2～3、残高 0.3～1 米。

第五自然段：起自 GPS0118 点，止于 GPS0119 点，长 27 米。壕堑保存较差。壕堑口宽 3、底宽 1.5、深 0.2～0.6 米，土垄底宽 1.5、顶宽 1、残高 0.6 米。

该段壕堑全长 411 米，整体保存程度一般。其中 241 米保存一般，140 米保存较差，130 米保存差。损毁原因自然因素主要表现为坍塌、崩塌、滑坡、雨水冲刷淤塞。人为因素主要表现为平整土地，还有植物生长和鼠洞等的破坏。

（19）第十九段　老营庄长城 3 段（编码：6301213821 06170014）

位于大通县桥头镇老爷山南侧的山脊之上。此段长城属山险，起自桥头镇老营庄村西北 1.4 千米的山岭，止于桥头镇老营庄村西北 1.7 千米的老爷山山岭。此段长城沿老爷山蜿蜒曲折的山脊逐渐上升，老爷山全长 239 米，略呈东北至西南走向。山险是利用大通县老爷山山脊，本处山脊高于地面四百多米，并且大多地段呈 70°～80°陡峭山崖，不易攀爬逾越，故以此山脊作为天然屏障，达到军事防御目的。山险所在的山体顶部生长有冰草、蒿草等植物，山体南侧是陡峭的山崖，山崖之下是老营庄村，北侧的山体较为平缓，已开垦为农田。此段长城东北与老营庄壕堑 1 段相连，西与老营庄壕堑 2 段相接。

此段山险总长 239 米，整体保存程度一般。局部损毁的主要因素是此段山险所在的区域为黄土丘陵向石质山体过渡的地段，山体结构较为松散，局部区域存在山体滑坡、坍塌的现象。

（20）第二十段　老营庄壕堑 2 段（编码：6301213822 02170006）

位于大通县桥头镇老营庄村北老爷山东北山脊南侧的山腰之上。起自桥头镇老营庄村西北 1.7 千米的老爷山山岭，止于桥头镇老营庄村西北 1.75 千米的老爷山山岭。此段壕堑全长 56 米，略呈东西走向，在局部地段则依山势地形的变化，呈现向内（北侧）弯曲的弧线。壕堑已经被冰草、蒿草等植物覆盖。该段壕堑东与老营庄长城 3 段相接，西与老营庄长城 4 段相连。

壕堑挖掘方式为在北侧斩山形成断崖，下部形成平台，然后再在断崖下的平面上掘地挖沟土堆南侧成土垄，即成壕堑。土垄系用壕堑内挖掘出的砂石土直接堆积而成，未发现夯筑等其他加固痕迹，壕堑整体剖面略呈"L"形，上宽下窄。壕堑北壁削山印痕高 5～7 米，壕堑口宽 9～11、底宽 4.5～8、深 0.6～1.2 米，土垄底宽 2.5、顶宽 1.5、残高 0.2～1.2 米。

此段壕堑全长 56 米，整体保存程度较差。损毁因素主要为自然因素，表现在坍塌、滑坡、淤塞、植物生长和老鼠掏洞等。

（21）第二十一段　老营庄长城 4 段（编码：6301213821 06170015）

位于大通县桥头镇老爷山东侧山脊上。此段长城属山险，起自桥头镇老营庄村西北 1.75 千米的老爷山山岭，止于桥头镇老营庄村西北 2.6 千米老爷山东南侧山根。此段长城起自老爷山山岭 GPS0123 点，沿东北至西南走向的老爷山山脊逐渐上升，至老爷山玉皇阁山门台阶前坪台处，转而顺东北至西南向的山脊下山，到老爷山东南侧山根 GPS0128 点，全长 2122 米，整体呈东北至西南走向。利用了老爷山山脊高于地面四百多米，并且大多地段呈 70°~80°，山崖陡峭不易攀爬逾越之特点，以此作为天然屏障，达到防御的目的。该段山险所在的山体顶部山脊上长满了黑刺、黄刺、边麻、野玫瑰等灌木丛，山脊北坡山高坡陡，草深林密。此段长城东与老营庄壕堑 2 段相连，西南与老营庄长城 5 段相接。

本段长城总长 2122 米，整体保存一般。仅局部受到后期的人为损毁，主要表现为 20 世纪五六十年代，当地村民为烧制石灰，炸毁山崖使部分山体不复存在，破坏了该段山险的完整性。

（22）第二十二段　老营庄长城 5 段（编码：630121382107170016）

位于大通县桥头镇老爷山和小石山之间的北川河。此段长城属河险，起自桥头镇老营庄村西北 2.6 千米老爷山东南侧山根，止于桥头镇上关村北约 0.5 千米的小石山山腰（彩图四七）。此段长城老营庄村老爷山东南侧山根 GPS0128 点始，过北川河，抵达对岸，再穿越青海重型机床厂家属区、宁张公路，止于上关村村北小石山腰 GPS0131 点，全长 693 米，略呈东北至西南走向。此段长城是利用老爷山与小石山之间狭窄的河道及波涛汹涌河水作为天然的屏障，达到军事防御目的。此段长城所在的河道内的淤积土上生长有黑刺、黄刺、冰草、蒿草等。河内有多类水生动物。该段长城东接老营庄长城 4 段，西接上关长城 1 段。根据保存状况可分为两个自然段：

第一自然段：起自桥头镇老营庄村村西北 2.6 千米的老爷山东南侧山根 GPS0128 点，止于北川河西岸的拐点 GPS0129 点，长 136 米。墙体保存较差。整体略呈东北至西南走向，现在是北川河的河道，河内水流湍急，波涛汹涌，难以逾越。此段长城河东岸紧临河水的老爷山山体，在 20 世纪五六十年代被当地村民烧制石灰挖毁；河东被毁的山体处是桥头镇通往桥头镇毛家寨村的乡村公路及宁大高速公路，直接破坏了此段长城。

第二自然段：起自北川河西岸的 GPS0129 点，止于桥头镇上关村村北小石山腰 GPS0131 点，墙体整体略呈东北至西南走向，此段河险消失，消失长度 557 米。此段长城北川河西岸边的小石山山体在 20 世纪 40 年代修建公路时被炸毁，现今河水水量减少，河西被炸毁的山体处修建有青海重型机床厂的车间和西宁至张掖公路，部分河床被青海重型机床厂家属院占用。

此段长城总长 693 米，其中 136 米保存较差，557 米消失。损毁原因以人为因素为主，主要表现在建设性活动的破坏，从 20 世纪以来，多次在此区域开山取石、修筑道路、修建住宅、修坝围河等；20 世纪 40 年代以来，为了改善交通条件，修建住宅、工厂等，拓宽道路，修筑北川河河堤，导致北川河逐步变窄；同时，这些建设性活动也破坏了此段长城的整体风貌。自然因素主要是受全球气候影响，北川河的水量减少。

（23）第二十三段　上关长城 1 段（编码：6301213821061700 17）

位于大通县桥头镇上关村北的小石山上。此段长城属山险，起自桥头镇上关村北 0.5 千米的小石山腰，止于桥头镇上关村北 0.5 千米的小石山顶。此段长城长 156 米，略呈东西走向。本段山险利用了高于地面几十米的小石山山脊，山脊外侧（北侧）险要陡峭，坡度为 70°~80°，不易攀爬逾越，以此作为天然的屏障，用以防御制敌。小石山山体北坡上种植有云杉、松树、杨树、黑刺、黄刺等树木和冰草、蒿草等草被植物，南坡生长着茂密的灌木，山下开垦为耕地，种植有农作物。此段长城东与老营庄长城 5 段相接，西与上关长城 2 段相连。

该段长城总长 156 米，整体保存状况一般，局部存在损毁情况。损毁原因主要为人为因素，此段长城所在的小石山是石灰岩山体，20 世纪 40 年代以来在此处山体上进行过多年的爆破炸石、烧制石灰，使部分山体损毁，直接破坏了该段长城。

（24）第二十四段　上关长城 2 段（编码：630121382102170018）

位于大通县桥头镇上关村北的小石山上。此段长城属石墙，起自桥头镇上关村北 0.5 千米的小石山山顶，止于桥头镇上关村北0.5千米的小石山山腰，长35米，自东向西顺山势而下。此段长城所在的位置是小石山山脊顶部地势低洼的地段，虽然墙体北侧的山脊呈70°～80°的陡峭山崖，不易攀爬逾越，但是为了增强此段的防御功能，预防敌人从山体的低洼地段越过长城，在两段山险之间用大小不等的扁平状不规则石灰岩岩石为材料垒砌石墙，达到防御的效果。周边地貌及生长的植物同于上关长城1段。此段长城东南与上关长城1段相连，西北与上关长城3段相接。

此段石墙的构筑方式是在自然基础上，就地取材，以小石山上广泛分布的扁平状石灰岩垒砌，石块大小在0.1～0.3米之间，中间壅土形成石墙，墙体略向内收分。南侧墙壁局部修砌的痕迹清晰，可以看出在石块之间无泥土等黏合物，北侧墙壁由于坍塌严重，垒砌情况不详。残存墙体剖面略呈梯形，底宽1.8、顶宽1.5、高0.8米。墙体局部坍塌，石块散落。

此段长城总长35米，整体保存状况较差。损毁原因自然因素主要表现为自然坍塌、植物生长。

（25）第二十五段　上关长城3段（编码：630121382106170019）

位于大通县桥头镇上关村北的小石山上。此段长城属山险，起自桥头镇上关村北0.5千米的小石山山腰，止于桥头镇上关村西北0.7千米的小石山山腰。全长182米，沿小石山山脊呈东高西低之势地形延伸，地势落差较大，略呈东北至西南走向顺山势而下。本段山险利用了小石山山脊，其山脊外侧（北侧）陡峭坡度呈70°～80°，山势挺拔，山脊高于地面几十米，不易攀爬逾越，以此作为天然的防御屏障，用以制敌。周边地貌及生长的植物同于上关长城1段。此段长城东与上关长城2段相连，西与上关长城4段相接。

此段长城总长182米，整体保存状况一般。局部损毁原因的自然因素主要表现在山体出现了不同程度的滑坡。另此段长城所在的山体修建了部分游园设施，在山顶树立的"农业学大寨、工业学大庆"的广告牌均直接影响了此段长城的整体风貌。

（26）第二十六段　上关长城4段（编码：630121382101170020）

位于大通县桥头镇上关村和下庙沟村之间。此段长城属土墙，起自桥头镇上关村西北0.7千米的小石山山腰，止于桥头镇下庙沟村内北侧的土山上"西闇门"。墙体依地形由高向低延伸，落差较大，全长181米，略呈东北至西南走向（彩图四八）。周边地貌及生长的植物同于上关长城1段。该段长城东与上关长城3段相连，西与下庙沟长城1段相接。

墙体是在自然基础上，就地取土，以黄褐土夹杂少量小沙砾分段夯筑而成的土墙，墙体底宽2.3、顶宽1.2、高4.2～4.8米，版筑接缝较清晰，每版大致长3～3.5米左右，夯土层厚0.14～0.18米。夯层之间有木楔，贯穿夯土层，大部分木楔断面略呈不规则形，长、宽在1～3厘米之间，木楔长度不详；夯层间还置有成束的沙柳、杨树枝条，并有少量青铜时代的陶片。根据墙体保存状况等，分为两个自然段：

第一自然段：起自GPS0136点，止于GPS0137点，长41米。墙体保存较好。整体略呈东北至西南走向。墙体底宽2.3、顶宽1.2、高4.2～4.8米。墙体南侧根部有酥碱、风蚀形成的凹槽，高0.3～0.35、进深0.2～0.25米。在墙体的止点处有新修的当地村民的住宅和电线杆。

第二自然段：起自GPS0137点，止于GPS0138点，长140米。墙体消失。整体略呈东北至西南走向。西宁至大通县的铁路横穿墙体而过，挖毁此段墙体及闇门，墙体消失140米。此段长城的止点处即文献记载的"西闇门"所在的位置[1]。

〔1〕　陈荣：《大通县境内的明代长城》，《青海民族研究（社会科学版）》2002年第7期。

该段长城总长181米，整体保存状况较差，其中有41米保存较好，消失140米。损毁原因自然因素主要为自然坍塌、风雨侵蚀等。人为因素是铁路建设直接破坏了长城。

（27）第二十七段　下庙沟长城1段（编码：630121382101170021）

位于大通县桥头镇下庙沟村内北侧的土山山脊之上。此段长城属土墙，起自桥头镇下庙沟村村内北侧的土山上"西闇门"，止于桥头镇下庙沟村北0.1千米土山岭，沿东北至西南向的山脊顶部辗转延伸，全长351米，略呈东北至西南走向顺山势而上（彩图四九）。长城的北侧山坡较为平缓的地带开垦为梯田，南侧山坡较为陡峭，生长有茂密的黑刺、冰草、蒿草等植物。此段长城东北与上关长城4段相接，并且与下庙沟关相依；西南与下庙沟长城2段相连。

墙体是在自然基础上，就地取土，以粉沙状黄褐土夹杂少量小沙砾分段夯筑而成的土墙，版筑接缝较清晰，每版大致长3.5米左右，夯土层厚0.12～0.15米。墙体夯土层之间有桩木，桩木为松木，直径8～10厘米。在两层夯土层之间还可见到斜插的木楔，木楔横断面略呈四棱形，顶面长、宽1.5～3厘米，木楔长20厘米。现存墙体剖面略呈梯形，底宽1.5～3.2、顶宽0.5～1.5、高1.5～3.7米。根据保存状况等可分为四个自然段：

第一自然段：起自GPS0138点，止于GPS0139点，长26米。整体保存程度较差。墙体底宽2.3、顶宽1.5、高0.5～1.5米。此段起点的西侧为明代"西闇门"所在的位置，此地俗称"闇门滩"。

第二自然段：起自GPS0139点，止于GPS0141点，长71米。整体保存一般。墙体底宽1.5、顶宽0.5、高1.5～3.7米，顶部有多处不足1米的小豁口，显得凹凸不平。此段墙体北侧为下庙沟村庄，南侧为比较陡峭的山坡，生长有冰草、蒿草等植物。

第三自然段：起自GPS0141点，止于GPS0142点，长147米。整体保存一般。墙体底宽1.5、顶宽0.9、高1.5～3.7米，墙体夯土层内有松木质桩木，径长8厘米；还有木楔，木楔横断面呈四棱形，长宽在1.5～3厘米，木楔长20厘米。

第四自然段：起自GPS0142点，止于GPS0143点，长107米。整体保存程度一般。墙体底宽3.2、顶宽0.9、高1.5～3.7米。距地表1.7米高的墙面上，多处存有桩木孔洞，直径0.09～0.1米。

此段长城总长351米，整体保存状况一般，其中325米保存一般，26米保存较差。损毁原因自然因素基本同于上段墙体；人为因素主要表现为取土或拓宽民宅削挖墙体，另在墙体两侧约3米处立有高压输电铁塔、高压电线及水泥电线杆，这些输电线路的架设破坏了此段长城的整体风貌。

（28）第二十八段　下庙沟长城2段（编码：630121382101170022）

位于大通县桥头镇下庙沟村北的土山山脊之上。此段长城属土墙，起自桥头镇下庙沟村北0.1千米的土山岭，止于桥头镇下庙沟村北0.2千米的山岭。沿东北至西南山脊蜿蜒延伸，墙体走向略呈"S"形分布，全长1009米（彩图五○）。周边地貌及种植物同于下庙沟长城1段。在墙体顶部和坍塌堆土上生长有冰草、白刺、蒿草等植物。此段长城东北与下庙沟长城1段相连，西南与下庙沟2号敌台相接，南距下庙沟烽火台17米，紧邻墙体南侧（即内侧）在不同地段有四处互不相接的长条状下庙沟1～4号取土坑。

此段长城是在自然基础上，就地取土，以粉沙状黄褐土夹杂少量小沙砾分段夯筑而成的土墙，墙体底宽2.5～4.5、顶宽0.6～1.8、高2.5～4.7米。夯土层厚0.15～0.2米，版筑接缝较清晰，每版大致长3.5米左右。夯土层之间竖向斜插木楔，木楔上缠绕边麻、山柳以及桦树枝条等，木楔略呈四棱锥状，顶面长、宽2～3厘米，长约20厘米；夯层内有桩木痕迹及桩木孔洞，桩木径6～10厘米。根据墙体保存状况及走向，分为五个自然段：

第一自然段：起自GPS0143点，止于GPS0145点，长143米。整体保存较好。略呈东北至西南走向。墙体底宽3.2、顶宽1～1.8、高4.7米。下庙沟1号取土坑，紧邻墙体南侧与墙体并行。取土坑长170、宽12～18、深1.8米。

第二自然段：起自GPS0145点，止于GPS0149点，长278米。墙体保存较好。略呈东北至西南走向。墙体底宽3.2、顶宽1～1.8、高4.7米，墙体顶部有多处不足1米的小豁口，显得凹凸不平，系人为踩踏所致。下庙沟2号取土坑位于此段墙体南侧，取土坑平面略呈长条状，长91、宽8～10、深0.5～1.5米。

第三自然段：起自GPS0149点，止于GPS0152点，长212米。整体保存一般。略呈东南至西北走向。墙体底宽3.2、顶宽0.6～1.2、高3～3.8米。下庙沟3号取土坑位于此段墙体南侧，呈长条状，长158米。

第四自然段：起自GPS0152点，止于GPS0154点，长187米。整体保存一般。略呈东北至西南走向。墙体底宽4.5、顶宽1～1.4、高3～3.8米。

第五自然段：起自GPS0154点，止于下庙沟2号敌台中心点GPS0156点，长189米。整体保存一般。略呈东北至西南走向。墙体底宽2.5、顶宽0.8～1、高2.5～3.8米。下庙沟4号取土坑位于此段墙体南侧，呈不规则形。

此段长城总长1009米，整体保存状况一般，其中421米保存较好，588米保存一般。损毁原因主要有自然因素和人为因素两类。自然因素主要为自然坍塌、风雨侵蚀、风化、酥碱；人为因素主要表现为踩踏。

（29）第二十九段　下庙沟长城3段（编码：630121382101170023）

位于大通县桥头镇下庙沟村北的土山山脊上。此段长城属土墙，起自桥头镇下庙沟村北0.2千米的山岭，止于上庙沟村北0.5千米的山岭上庙沟敌台。此段长城东起下庙沟村北约0.2千米山岭的下庙沟2号敌台中心点，自东至西沿山脊顶部辗转、蜿蜒延伸，上下起伏，至上庙沟敌台中心点，全长508米，走向自东向西略呈"W"形。周边地貌及种植物同于下庙沟长城1段。墙体顶部和北侧的坍塌堆土上生长有冰草、白刺、蒿草等植物。此段长城北与下庙沟2号敌台和下庙沟长城2段相连，西北与上庙沟敌台和上庙沟长城相接。

墙体是在自然基础上，就地取土，以粉沙状黄褐土夹杂少量小沙砾分段夯筑而成的土墙，版筑接缝较清晰，每版长3.5米左右，夯土层厚0.12～0.15米。现存墙体剖面略呈梯形，底宽3.8～4、顶宽1、高1.6～3.9米。根据保存状况等，分为两个自然段：

第一自然段：起自下庙沟2号敌台中心点GPS0156点，止于GPS0174点（其中GPS0157点～GPS0170点是取土坑的GPS点），长284米。墙体保存一般。整体略呈东北至西南走向。此段长城墙体底宽4、顶宽1、高1.6～3.9米。墙体位于土山的山脊之上，沿山脊走向延伸，自东北向西南延伸，至GPS0171断点后，转向东北至西南的山脊而下到GPS0172点，墙体又沿着东南向西北的山脊而上，该段墙体呈圆弧形修筑在山脊上。在GPS0171断点处村民为开通道，挖有一处宽1.8米的豁口，但墙基仍存；在GPS0172点处为开宽1～1.5米的便道，直接挖毁墙体。

第二自然段：起自GPS0174点，止于上庙沟敌台中心点GPS0177点，长224米。墙体保存一般。整体略呈东南至西北走向。此段长城墙体底宽3.8、顶宽1、高2.5～3.9米。墙体位于土山的山脊之上，沿山脊走向延伸，墙体从GPS0174沿着山脊而上，呈东北至西南走向，至GPS0175点则转为东南至西北走向，直抵上庙沟敌台GPS0177点止。

此段长城总长508米，整体保存状况一般。损毁原因主要是人为因素，表现为踩踏、削挖和修建便道；自然因素基本与上段墙体类同。

（30）第三十段　上庙沟长城（编码：630121382101170024）

位于大通县桥头镇上庙沟村北的土山山脊上。此段长城属土墙，起自桥头镇上庙沟村北 0.5 千米山岭上的上庙沟敌台，止于桥头镇元树尔村南 0.5 千米的土山山岭。长城东起，沿东西向山脊顶部辗转延伸、上下起伏，全长 1318 米，略呈东南至西北走向（彩图五一）。此段长城的南、北两侧山坡较为平缓的地带开垦为梯田。此段长城东与下庙沟 2 号敌台和下庙沟长城 3 段相连，西与元树尔长城 1 段相接（彩图五二）。

墙体是在自然基础上，就地取土，以黄褐土夹杂少量小沙砾分段夯筑而成的土墙，版筑接缝清晰，每版长 3.5 米左右，夯土层厚 0.12 ~ 0.18 米。墙体底宽 3.2 ~ 4.2、顶宽 0.5 ~ 2.4、高 3 ~ 7.3 米。根据保存状况可分为六个自然段：

第一自然段：起自桥头镇上庙沟村北山岭的下庙沟 2 号敌台中心点 GPS0177 点，止于 GPS0179 点，墙体呈东北至西南走向，长 151 米。整体保存一般。墙体底宽 3.2、顶宽 0.5、高 3.8 ~ 4 米。

第二自然段：起自 GPS0179 点，止于 GPS0181 点，长 66 米。整体保存较好。墙体呈东南至西北走向。墙体底宽 4.2、顶宽 0.6 ~ 1、高 4.3 ~ 7.3 米。在此段墙体的 GPS0181 点处，有一处长 11.5 米的缺口。为开便道挖断墙体，缺口原宽 4 米，后又被水流冲毁，使缺口增宽到 11.5 米。从墙体的断面，呈现出此处的墙体中部底宽 2 米，两侧底宽各为 1.1 米，夯层厚 0.12 ~ 0.15 米，墙体均高 7.3 米。夯土层共 53 层（图六）。

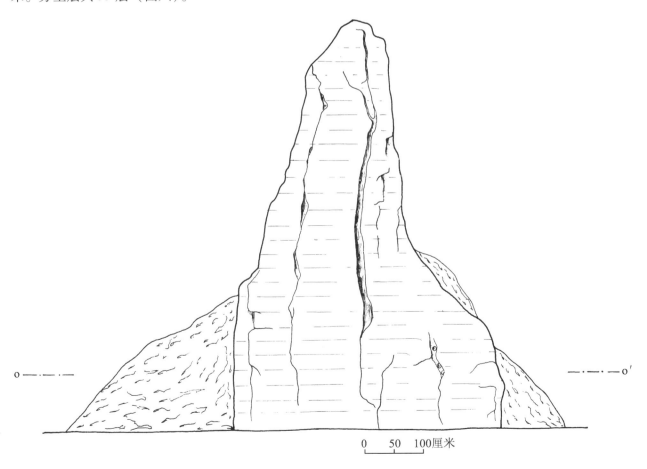

0　　50　　100厘米

图六　大通县上庙沟长城第二自然段墙体坍塌横断面图（西）

第三自然段：起自 GPS0181 点，止于 GPS0185 点，长 350 米。整体保存较好。墙体略呈东南至西北走向，顺山脊而行。此段长城墙体底宽 3.8、顶宽 0.6~2.4、高 4~4.5 米，夯土层厚 0.12~0.15 米。该段墙体南侧被平整土地、修造梯田削挖破坏，使墙基外露高出地表 0.5~1.2 米。

第四自然段：起自 GPS0185 点，止于 GPS0187 点，长 164 米。整体保存较好。墙体大致呈东西走向。墙体底宽 3.8、顶宽 0.6~2.4、高度 4.3~5.4 米。墙体南侧在修梯田中被削挖。

第五自然段：起自 GPS0187 点，止于 GPS0189 点，长 228 米。整体保存程度一般。墙体略呈东北至西南走向，顺山脊而行。墙体底宽 3.8、顶宽 0.6~2.4、高 3~3.8 米。

第六自然段：起自 GPS0189 点，止于 GPS0192 点，长 359 米。整体保存一般。墙体呈东西走向。墙体底宽 3.8、顶宽 0.6~2.4、高 3~3.8 米。

此段长城总长 1318 米，整体保存状况一般，其中 580 米保存较好，738 米保存一般。损毁原因人为因素主要表现为挖断、削挖和踩踏墙体；自然因素基本与上述墙体类同。

（31）第三十一段　元树尔长城 1 段（编码：630121382101170025）

位于大通县桥头镇元树尔村南 0.5 千米的土山山脊上。此段长城属土墙，起自桥头镇元树尔村南 0.5 千米的土山山岭，止于桥头镇元树尔村南 0.8 千米的土山山岭。此段长城东起自元树尔村村南 0.5 千米的土山山岭，沿蜿蜒曲折的山脊顶部从东至西辗转延伸，至元树尔村南 0.8 千米的土山山岭元树尔敌台东壁止，整体呈东北至西南走向（彩图五三）。此段长城南侧大部分已开垦为农田，北侧局部开垦为农田，大部分为树林，生长有冰草、蒿草、黑刺、黄刺、桦树等植物。此段长城东与上庙沟长城相连，西与元树尔敌台相接，西南与元树尔长城 2 段相接。南侧约 20~80 米为元树尔壕堑 1 段，墙体北侧有随墙壕（彩图五四）。

墙体

该段墙体起自 GPS0192 点，止于 GPS0199 点，全长 973 米。墙体是在自然基础上，就地取土，以当地粉沙状黄褐土分段夯筑而成的土墙，个别夯层中夹杂少量碎石块和红土块，版筑接缝较清晰，每版长 3~3.5 米左右，夯土层厚 0.12~0.16 米。夯土层间有木楔，木楔缠绕有边麻、树枝条等，木楔横断面长宽在 2~3 厘米之间，长度不详。现存墙体剖面略呈梯形，底宽 3.8、顶宽 0.6~2.4、高 1.5~7 米。根据保存状况可分为四个自然段：

第一自然段：起自 GPS0192 点，止于 GPS0194 点，长 175 米。整体保存较好。略呈东北至西南走向。墙体顺东北至西南山脊而上，略呈圆弧形分布。墙体底宽 3.8、顶宽 0.6~1、高 5~7 米。紧邻墙体南侧有一条宽 1~1.5 米的土路，部分墙体在修建土路中被削挖。

第二自然段：起自 GPS0194 点，止于 GPS0196 点，长 195 米。整体保存较好。略呈东南至西北走向。墙体底宽 3.8、顶宽 0.6~1.2、高 5~7 米，夯土层 0.12~0.15 米。墙体局部被损坏，在墙体上人为挖有一处宽 0.7、高 0.7、进深 0.4 米的土龛。

第三自然段：起自 GPS0196 点，止于 GPS0197 点，长 191 米。整体保存一般，呈东南至西北走向。墙体底宽 3.8、顶宽 0.6~1.2、高 1.5~3.2 米。墙体内夹杂少量的红土块。

第四自然段：起自 GPS0197 点，止于 GPS0199 点，长 412 米。整体保存一般。略呈东北至西南走向。墙体底宽 3.8、顶宽 0.6~2.4、高 1.5~3.8 米。在墙体的夯土层内夹杂少量碎石块和红土块，墙体顶部及北侧坍塌土上生长有茂密的皂角、桦树、黑刺等树木，将局部墙体覆盖。

随墙壕

随墙壕位于墙体（外侧）北侧 5~7 米处，与墙体并列而行，全长 603 米，顺墙体外侧的地形和走向修筑。挖掘方式与上述类同，随墙壕口宽 9~15、底宽 1.5~5、深 1.5~2.8 米，土垄底宽 1.5~4、顶宽 1~1.5、高 0.5~1.5 米。根据保存状况可分为两个自然段：

第一自然段：起自 GPS0202 点，止于 GPS0203 点，长 160 米。保存程度差。顺墙体外侧的地形和走向修筑，整体略呈东南至西北走向，此段随墙壕已基本被平整土地填平，仅见大致走向。

第二自然段：起自 GPS203 点，止于元树尔敌台北侧 5.5 米处，长 443 米。保存一般。整体略呈东北至西南走向。此段随墙壕位于墙体的北侧，距墙体 5~7 米。口宽 9~15、底宽 1.5~5、深 1.5~2.8 米；土垄底宽 1.5~4、顶宽 1~1.5、高 0.5~1.5 米。随墙壕内生长有桦树、黑刺、皂角树等树木和冰草、蒿草等植物。

墙体总长 973 米，整体保存一般，其中 370 米保存较好，603 米保存一般。造成此段墙体损毁原因的人为因素主要表现为修建便道削挖墙体、或在墙体上随意掏挖削挖等。自然因素与上述类同。

随墙壕总长 603 米，整体保存状况一般，其中 443 米保存一般，160 米保存差。损毁原因人为因素主要表现为开垦农田，自然因素亦同于上述随墙壕。

（32）第三十二段　元树尔长城 2 段（编码：630121382101170026）

位于大通县桥头镇元树尔村南约 0.8 千米的土山山脊之上。此段长城属土墙，起自桥头镇元树尔村南 0.8 千米的土山山岭元树尔敌台北壁，止于桥头镇元树尔村南 1.2 千米的拱北岭。全长 1225 米，大致呈圆弧形分布在山脊上，略呈东西走向。此段长城南侧大部分已经退耕还林还草，生长有冰草、蒿草、针茅等植物。北侧局部开垦为农田，大部分为树林，生长有冰草、蒿草、黑刺、黄刺、桦树等植物。此段长城东与元树尔敌台北壁相连，北与元树尔长城 2 段随墙壕并行，南与元树尔壕堑 1 段、元树尔壕堑 2 段相距不远，西与娘娘山长城 1 段相连。墙体与随墙壕分述如下：

墙体

该段墙体起自止 GPS0199 点，止于 GPS0220 点，全条 1225 米。墙体是在自然基础上，就地取土，以当地的夹杂碎石块和红土块的黄褐色土分段夯筑而成的土墙，夯土内夹杂的碎石块和风化的红色含砾粗砂岩碎块。版筑接缝较为清晰，每版长 3.5 米左右，夯土层厚 0.15~0.18 米。现存墙体底宽 1.5~6、顶宽 0.3~1.2、高 0.1~3.8 米。根据墙体保存状况等，分为六个自然段：

第一自然段：起自 GPS0199 点，止于 GPS0211 点，长 104 米。整体保存一般，墙体略呈东南至西北走向。墙体底宽 1.5、顶宽 0.6~1 米，地势南高北低，南侧墙体高 1.5~2.3 米，北侧墙体高 1.8~3.2 米。墙体内外两侧坍塌成斜坡状，并且被黑刺覆盖。

第二自然段：起自 GPS0211 点，止于 GPS0213 点，长 283 米。整体保存一般。墙体的南北两侧均坍塌成斜坡状，墙体略呈东南至西北走向。该段墙体沿山脊逐渐上升，此段长城墙体底宽 3.8、顶宽 0.6~1.2 米，地势南高北低，南侧墙体高 1.5~2.6 米，北侧墙体高 2.3~3.8 米。

第三自然段：起自 GPS0213 点，止于 GPS0215 点，长 100 米。整体保存一般，墙体略呈东南至西北走向。此段墙体略呈圆弧形修筑于山脊。墙体底宽 3.8、顶宽 0.6~0.9 米，墙体地势南高北低，北侧墙体高 2.4~3.2 米，南侧墙体高 1.5~2.4 米。

第四自然段：起自 GPS0215 点，止于 GPS0216 点，长 145 米。墙体略呈东南至西北走向，整体保存一般。墙体底宽 3.8、顶宽 0.6~1.2 米，地势南高北低，南侧墙体高 1.5~2.8 米，北侧墙体高 2.8~3.6 米。墙体以褐土为主并夹杂有少量的红色砂岩片石夯筑而成，土质黏性差，多处坍塌。

第五自然段：起自 GPS0216 点，止于 GPS0219 点，长 342 米。整体保存一般，墙体略呈东北至西南走向。墙体以圆弧形修筑在山脊上。墙体底宽 3.8、顶宽 0.6~1.8、高 2.5 米。墙体在 GPS0217 点有一处人为挖毁的宽 2.4 米的缺口；GPS0218 点为断点，向西长 11 米的墙体在平整土地中全部挖毁。墙体的夯土土色为灰褐色，夯土层内夹杂有大量的红色山岩和石英岩碎块，夯土的黏结性较差。

第六自然段：起自 GPS0219 点，止于 GPS0220 点，墙体顺东北往西南走向的山脊逐渐上升，长 251 米。整体保存差。墙体底宽约 6、顶宽 0.3～0.4、高 0.1～0.5 米，现存墙体两侧坍塌成斜坡状，大部分已经成为一条地埂。

随墙壕

起自本段墙体 GPS0199 以北 5.5 米处，至桥头镇元树尔村南 0.6 千米的土山山顶止，全长 618 米，顺墙体外侧的地形和走向挖掘、构筑，整体呈东南至西北走向。随墙壕东与元树尔长城 1 段随墙壕相接。

随墙壕位于墙体北侧，并与墙体相并而行，相距 5.5～7 米。随墙壕挖掘方式及剖面形状与上述随墙壕类同。随墙壕口宽 6～9、底宽 1.5～5、深 0.5～2.8 米，仅北侧有土垄，土垄底宽 1.5～4、顶宽 1～1.5、高 0.5～1.5 米。随墙壕被茂密的黑刺、冰草、蒿草等植物覆盖。

墙体总长 1225 米，整体保存状况较差，其中 632 米保存一般，342 米保存较差，251 米保存差。损毁原因主要表现为人为挖断墙体等。自然因素与上述类同。

此段随墙壕总长 618 米，整体保存状况一般。损毁原因主要为自然因素，表现为自然坍塌、雨水淤塞，以及植物生长和鼠洞的破坏。

（33）第三十三段　娘娘山长城（编码：6301213382106170027）

位于大通县和湟中县交界处的娘娘山。此段长城属山险，起自大通县桥头镇元树尔村南 1.2 千米的拱北岭，止于湟中县李家山乡金跃村北 2.9 千米的娘娘山南麓。此段长城从娘娘山上拱北岭 GPS0220 始，到西面的苍鹰尖山顶，继续沿东西走向的娘娘山山脊，在海拔 3200 米以上的高山顶上蜿蜒前伸、上下起伏，止于湟中县李家山乡金跃村村北 3 千米的娘娘山山岭 GPS0271 点，全长 21250 米，略呈东南至西北走向，是利用分布于大通县与湟中县的娘娘山山峰高耸、山脊陡峭，大多数的山峰终年积雪、空气稀薄、寒冷缺氧、不易逾越，作为天然的屏障，达到军事防御的目的。此段长城西与湟中县李家山乡金跃村北 3 千米的娘娘山山险相接，东与元树尔长城 2 段相连。

此段长城总长 21250 米，整体保存一般，基本保留了原始地貌，但是局部尚有人为破坏的损毁。人为损毁主要表现为：现今在大娘娘山上有多处开采石英矿石的矿山，炸山采矿已经使娘娘山的部分山体不复存在，长此以往将会危及娘娘山山险的原始风貌，进而危及山险的存在。

综上所述，大通县境内长城主线总长度是 44040 米。其中墙体总长度 41377 米，共计 27 段，包括土墙 14 段，长度 10132 米；石墙 1 段，长度 35 米；山险墙 2 段，长度 1215 米；山险 9 段，长度 29302 米；河险 1 段，长度 693 米。壕堑 6 段，长度 2663 米。此外，位于墙体外侧的随墙壕有 8 段，共计 3276 米。

3. 结构特点

大通境内长城主线，分布在湟水支流北川河东西两岸的中、低山丘陵地带和中山山地上，山体坡缓，起伏高差小，长城蜿蜒穿越在相对平缓的山脊处。全程以北川河为界可分为东西两线，东线位于北川河东岸，西线位于北川河西岸，两线之间以老营庄长城 5 段（河险）相接。各地段依地形地质特点采用了不同结构的长城本体，相互组合衔接为完整的防御体系。长城全线分为 33 个自然段，东线自第一段八寺崖长城至二十一段的老营庄长城 4 段止。本线长城始点八寺崖长城（山险）与互助县平顶山长城（山险）衔接后，由东向西沿马鞍山、双嘴山、老石山蜿蜒向西南至第七段毛家沟长城 1 段（山险）止，地处中山地带，高山峻岭，山峦重叠，其间海拔 2431～3470 米，此地段充分利用了马鞍山脉的扎板山、双嘴山和老石山险峻的山体为天然屏障，在两山之间较缓的山坡和山坳处以壕堑相连山险。自第八段毛家沟长城 2 段（土墙）至第十六段老营庄长城 1 段（土墙）止，此区域海拔 2808～2611 米，地处低山丘陵，山体坡缓，起伏高差小，为黄土地貌，长城墙体结构以土墙为主，其间仅第九段为山险，第十五段属山险墙；夯土墙体出现在毛家沟村老石山的山腰处，略呈弧形分布，墙体外侧均有随墙壕。第十七段老营庄长城 2 段至第二十一段老营庄长城 4 段，海拔 2695 ~ 2740 米，此区域山体高度增高，并由平缓趋于陡峭、险要，于是直接利用了险要的老爷山山脊为山险，在坡度较陡峭的山体处，人工削挖成垂直的山险墙墙体，山险与山险墙间以壕堑相连组成长城本体。

第二十二段老营庄长城 5 段即北川河河险，长城由东向西横越北川河后延伸（即西线）。西线自二十三段上关长城 1 段（山险）至二十五段上关长城 3 段（山险），长城沿小石山山脊而行，此处地形险要、山体陡峭、岩石裸露，长城本体充分利用了险要的山体为屏障，在两段山险间较平缓处为加强防御又垒筑有石墙。自二十六段上关长城 4 段（土墙）至三十二段元树尔长城 2 段（土墙），所处地段为黄土地貌，海拔 2504 ~ 3004 米，长城沿山脊起伏由低向高蜿蜒而行，均采用了夯土墙体，其外侧挖有随墙壕。第三十三段娘娘山长城（山险），利用了险要的娘娘山为山险，与湟中县长城相接。

大通县境内的长城主线由墙体与壕堑组成，墙体为长城的主要构成部分，在不易修筑墙体的地段以壕堑相连。建筑方式是因地制宜，灵活多样，采用了不同类型的墙体与壕堑相连共同构成长城本体防御体系。

（1）墙体

墙体共有土墙、石墙、山险墙、山险、河险五种类型，前三种类型系经人为加工而成，山险与河险同属自然形成的天险，不同的是山险利用的是悬崖峭壁的山体御敌，河险是对水体的利用，都是充分利用自然条件来达到防御目的。

土墙

共 14 段，长度 10132 米，约占大通县境内长城本体总长度的四分之一，除山险外，是本县境内长城主线的主要结构类型。土墙均是在自然基础上，就地取土，以当地的粉沙状黄褐色土夹杂少量的沙砾分段夯筑而成，大部分的夯土墙版接缝较为清晰，每版长度 3 ~ 3.5 米。夯层较为清晰，厚 0.12 ~ 0.2 米。墙体底宽 1.5 ~ 10（包括墙体两侧坍塌土的范围）、顶宽 0.3 ~ 2.5、高 0.5 ~ 7.3 米，为增加墙体的坚固，部分夯土层中使用了桄木。如在毛家寨长城 2 段、下庙沟长城 2 段等夯土墙内，可以见到贯穿墙体的桄木孔洞，直径 0.04 ~ 0.07 米，距离地表 1 ~ 1.5 米。另夯土墙内，还存有一些木楔斜插在夯土层中，长 0.2 米，木楔上缠绕有桦树枝条及边麻等拧成的绳索。木楔与绳索之功用是固定夯土墙板。

14 段土墙中，墙体外侧，断续存有与墙体并列而行的随墙壕，计 8 段，共计 3276 米。挖掘方法相同，均为掘地挖沟土堆一侧成垄，土垄是用随墙壕内挖出的沙石土直接堆积而成，未经夯筑。土垄外侧是坡度较缓的山坡。随墙壕口宽 3 ~ 15、底宽 1.5 ~ 6、深 0.5 ~ 2.8 米，土垄底宽 1.4 ~ 4、顶宽 1 ~ 1.5、残高 0.5 ~ 2.5 米。

随墙壕均位于墙体外侧，即敌方进攻的一侧。据文献记载："隆庆六年修完：自娘娘山沙儿岭起，剖板山下止，边墙、水关、山崖共四千四百三十三丈……随墙壕一道，口阔一丈，底阔七尺，深一丈八尺。"[1] 此记载中自娘娘山沙儿岭起，剖板山（今扎板山）下止的边墙，即指大通县境内的长城主线，文中并记述有随墙壕，可证随墙壕应是本县境内明长城防御体系的组成部分。随墙壕因受到自然与人为损毁，实际调查的尺寸与上述记载有异。

据《西宁府新志》记载，在环绕西宁卫修筑的边墙上还建有 19 座阇门（或暗门）。在本次调查中，结合文献名称和里距等分析推测，有 2 处阇门可能系从东向西排列在大通县境内的土墙上，如东阇门开于老营庄长城 1 段，西阇门开于下庙沟长城 1 段，这两处阇门今已无存，但是其所在位置依然

---

〔1〕（清）苏铣纂修，王昱、马忠校注：《西宁志》卷四《兵防志·隘口》，青海人民出版社，1993 年，第 192 页。

是村民出入的主要通道。

石墙

仅发现一段，长35米。位于桥头镇上关村北的小石山上，地处两段山险间的平缓处，因此地段岩石裸露，无法采用夯筑土墙或挖掘壕堑，只能在自然基础上，就地取材，采用小石山上广泛分布的扁平状石灰岩石垒砌石墙，以增强防御功能。石墙采用了不规则的扁平石灰岩岩石直接垒砌而成，石块直径在0.1~0.3米之间。

山险墙

山险墙共2段，长1215米。均位于黄土堆积而成的土山之上，利用了较陡峭山体，再经人工修整削挖成垂直的崖壁，即成山险墙墙体。两段山险墙均在山体防御方向的内侧从上至下削挖，高度5~7米。

山险

山险9段，长度29302米，约占大通县长城主线总长度的三分之一。从东向西利用了扎板山、双嘴山、老石山、老爷山、小石山、娘娘山陡峭险要的石质山体为天然屏障。山险两侧山坡陡峭，坡度均约70°左右。

河险

仅一段，即老营庄长城5段，长度693米。利用了老爷山与小石山之间水流湍急的北川河水为天险，用以制敌。

（2）壕堑

壕堑共6段，长2663米。均位于大通县境内的东线长城间，其中仅老营庄壕堑1段东端连接山险墙，西端接山险，其余各段壕堑两端均与山险相接，皆地处两段山险间的山坡及山坳处。壕堑挖掘方式有两种：第一种，先在山腰一侧斩山为崖，斩山高度2~7米，下部形成平台，再于平台处掘地挖沟，沟内土堆外侧成垄，即为壕堑，剖面略呈"L"形。第二种，是在山坡上直接挖沟，土堆于两侧成垄，即成壕堑，剖面略呈"U"形；两种壕堑均口宽底窄，土垄都没有发现夯筑等其他加固痕迹。这两种不同挖掘方式的壕堑，所处的地形略有不同。第一种壕堑所处地形相对复杂，壕堑大多依山腰而行，山腰处的坡度较陡直，逢此地形壕堑的挖掘方式也发生变更，即先于山腰内侧錾山，再挖沟，土堆外侧为垄。第二种壕堑是顺山脊直上直下，而且山梁相对平缓，即采用就地挖掘壕堑的方式，只是在不同地段壕堑挖掘的宽窄不等而已。如西坡壕堑1段与西坡壕堑2段类同，壕堑宽窄不等。在山梁陡峭处，壕堑挖掘的较窄；在地处较缓的山坡和山坳口，为天然的通道之处，壕堑口宽沟深，两侧土垄高大。

壕堑口宽1.8~11、底宽1~8、深0.6~3米，土垄底宽2.5~3.8、顶宽1~3、高0.2~3米。

4. 相关遗存

仅取土坑一类，共发现四处。土坑由东向西分布于长城墙体内侧，平面略呈长条形或不规则圆形，由于坍塌严重，原深度不详，坑内未发现相关遗物。从这些取土坑同位于长城内侧分析，应不属防御设施；此外，取土坑所处地段均未改造为农田，也无水利或其他设施，土坑的周边环境基本保持了原始地貌，故土坑的形成不属现代开辟农田及基本建设所为；而这些坑的布局依长城墙体而行，由此推测取土坑应属修筑夯土墙体就地取材挖土而成的遗存。

依调查顺序详述如下：

（1）下庙沟1号取土坑（编码：630121354199170001）

位于大通县桥头镇下庙沟村村北下庙沟长城2段南侧，东起自GPS0157点，至GPS0161点止。略呈长方形，坑壁均已不同程度坍塌。全长170、宽8~15、深1~1.5米。

（2）下庙沟 2 号取土坑（编码：630121354199170002）

位于大通县桥头镇下庙沟村村北下庙沟长城 2 段南侧。东起自 GPS0162 点，止于 GPS0164 点，取土坑紧邻墙体。平面略呈长方形，坑壁大部分已经坍塌成斜坡状。全长 91、宽 3~5、深 1~1.5 米，

（3）下庙沟 3 号取土坑（编码：630121354199170003）

位于大通县桥头镇下庙沟村村北下庙沟长城 2 段南侧，东起自 GPS0165 点，止于 GPS0167 点。取土坑两端宽，中间较窄，平面略呈束腰状长条形，坑底为平底。全长 158、宽 2~8、深 1~1.5 米（彩图五五）。

（4）下庙沟 4 号取土坑（编码：630121354199170004）

位于大通县桥头镇下庙沟村村北下庙沟长城 2 段东侧墙体下。北起自 GPS0168 点，止于 GPS0170 点。取土坑平面略呈不规则长条形，坑底为平底，坑壁大部分已经坍塌呈斜坡状。全长 106、宽 6~9、深 1~1.5 米。

（四）湟中、湟源县

1. 综述

湟中县位于青海省东部，湟水中游，地理坐标为东经 101°09′32.00″~101°54′50.00″，北纬 36°13′32.00″~37°03′19.00″。东与平安县接壤，南临贵德及化隆二县，西与湟源县和海晏县毗连，北同大通县及西宁市郊为邻。全县南北长 91、东西宽 68 千米，总面积约 6000 平方千米。辖区内有汉、藏、回、蒙古、土等民族，以汉族为主。

湟中县位于拉脊山加里东褶皱带西段，中祁连山隆起地带及祁连山中新代西宁盆地的西部。属黄土高原和青藏高原的过渡地带，其地形地貌兼具二者的特色。境内三面环山，祁连山余脉娘娘山雄踞于北，拉脊山脉绵亘西南，湟水由西向东横贯县境中部；南川、西纳川、云谷川等十四条河流呈扇形从南、西、北三面山区辐集湟水；由于众河流的切割冲刷作用，使全县境内河谷错纵，山川相间，地形地貌比较复杂；地貌类型包括河谷谷地、低山丘陵、中山山地和高山山地。全境山区占总面积的近 90%。地势西高东低，最低海拔 2225 米，最高海拔 4488 米，最大相对高差达 2263 米。

湟中县境内的明代长城主线总长度为 105221.4 米（其中包括位于湟源县境内的下脖项长城 1 段和下脖项长城 2 段），整体呈南北走向，南迄拉脊山，北止娘娘山，由南向北贯穿全境，向东与大通县娘娘山长城相接，沿途经过上新庄镇、鲁沙尔镇、甘河滩镇、汉东回族乡、共和镇、东峡乡（湟源）、多巴镇、拦隆口镇、李家山镇 9 个乡镇 33 个行政村。长城的南端起点在贵德峡内（当地人叫小峡），这也是青海省明代长城的最南端。该段长城由贵德峡向北分布至上新庄村十一社，由此处折向西跨过南川河，随即又向北经马场滩穿过新城村、加牙村至加牙西山下，随后沿加牙西山而上顺山梁向北蜿蜒而行经过红崖沟、绕过塔尔寺后山脑至角木口巷下山，旋即又顺南门村南面山梁向东绕过莲花山至海马泉村。之后长城转向北沿甘河滩穿越卡跃村、上营村、下营村至山梁下，随后沿前跃村、丰台沟村西面山梁继续向北延伸至马圈沟而下直至坡东村。长城由此处转呈东南至西北向穿过三道川（甘河滩、大康城川、小康城川）、两条沟（大草沟、转嘴沟）及翻越五座山梁依次经过坡西村、下扎扎村、下马申村、大草沟村、转嘴村、王家山村至尕布沟。再顺尕布沟向北沿沟口西侧湟源县境内的山梁而下，呈西北至东南向横截素有"海藏咽喉"之称的西石峡东口，随后长城跨越湟水向北顺加拉山村、拉卡山村及目尔加村西侧山梁蜿蜒分布，之后过中村、南门二村至拉沙峡口。长城由该处折向东经过白崖一村、卡阳村、小寺沟村、南门一村、伯什营村、后河尔村至贾尔吉峡（香林峡）口，由此向东沿娘娘山直至湟中县与大通县交界处（地图七）。

2. 详细描述

湟中县境内的明代长城本体是由南向北依次展开调查的，根据其类型、材质及周围环境、保存状况的不同共分为99段（表八），由南向北依次为上新庄壕堑1段、上新庄长城1段、上新庄壕堑2段、上新庄壕堑3段、上新庄壕堑4段、上新庄长城2段、上新庄长城3段、上新庄长城4段、新城长城1段、新城长城2段、新城长城3段、加牙长城1段、加牙长城2段、加牙壕堑、海马沟长城、海马沟壕堑、红崖沟长城、红崖沟壕堑、南门壕堑1段、南门壕堑2段、海马泉长城、上营长城、下营壕堑、前跃壕堑、丰台沟壕堑1段、丰台沟壕堑2段、坡东长城1段、坡东壕堑1段、坡东长城2段、坡东壕堑2段、坡东长城3段、坡东壕堑3段、坡东长城4段、坡东壕堑4段、坡东长城5段、坡西壕堑、下扎扎长城1段、下扎扎壕堑1段、下扎扎长城2段、下扎扎壕堑2段、下扎扎长城3段、李家庄壕堑、下马申长城、下马申壕堑、大草沟长城、大草沟壕堑、转嘴壕堑1段、转嘴长城、转嘴壕堑2段、王家山壕堑1段、王家山长城、王家山壕堑2段、北村长城1段、北村长城2段、下脖项长城1段、下脖项长城2段、石板沟长城1段、石板沟壕堑、石板沟长城2段、加拉山壕堑1段、加拉山长城1段、加拉山壕堑2段、加拉山长城2段、加拉山壕堑3段、加拉山壕堑4段、拉卡山壕堑1段、拉卡山壕堑2段、目尔加壕堑、中村长城1段、中村壕堑1段、中村长城2段、中村壕堑2段、南门二长城、南门二壕堑1段、南门二壕堑2段、占岭顶壕堑、拦隆口镇峡口长城1段、拦隆口镇峡口长城2段、白崖一壕堑1段、白崖一壕堑2段、白崖一壕堑3段、卡阳长城、卡阳壕堑、小寺沟长城1段、小寺沟长城2段、南门一长城、南门一壕堑、上红土沟壕堑、伯什营壕堑、后河尔长城1段、后河尔壕堑1段、后河尔壕堑2段、后河尔长城2段、后河尔长城3段、后河尔壕堑3段、后河尔长城4段、李家山镇峡口壕堑、李家山镇峡口长城1段、李家山镇峡口长城3段（其中下脖项长城1段、下脖项长城2段行政区划归属湟源县）。现按以上顺序逐段描述如下：

表八　湟中、湟源县明长城本体总登记表　　　　　　　　单位：米

序号	名　称	编码	类型	长度（米）	起止点高程（米）	地貌类型
1	上新庄壕堑1段	6301223822202170001	壕堑	618	3227～3078	中山山地
2	上新庄长城1段	6301223822106170001	山险	190	3078～3074	中山山地
3	上新庄壕堑2段	6301223822202170002	壕堑	2000	3074～2987	中山山地
4	上新庄壕堑3段	6301223822202170003	壕堑	2196	2987～2964	中山山地
5	上新庄壕堑4段	6301223822202170004	壕堑	1996	2964～2801	低山丘陵
6	上新庄长城2段	6301223822301170002	土墙	168	2801～2787	河谷地
7	上新庄长城3段	6301223822107170003	河险	120	2787～2788	河谷地
8	上新庄长城4段	6301223822301170004	土墙	354	2788～2793	河谷地
9	新城长城1段	6301223822101170005	土墙	1165.5	2793～2752	河谷地
10	新城长城2段	6301223822101170006	土墙	1286.5	2752～2717	河谷地
11	新城长城3段	6301223822101170007	土墙	1225	2717～2668	河谷地
12	加牙长城1段	6301223822107170008	河险	63	2668～2670	河谷地
13	加牙长城2段	6301223822301170009	土墙	238	2670～2684	河谷地
14	加牙壕堑	6301223822202170005	壕堑	1679.4	2684～2830	低山丘陵
15	海马沟长城	6301223822101170010	土墙	192.9	2830～2836	低山丘陵

序号	名　　称	编　码	类型	长度（米）	起止点高程（米）	地貌类型
16	海马沟壕堑	6301223822202170006	壕堑	1103	2836～2769	低山丘陵
17	红崖沟长城	6301223821011170011	土墙	354	2769～2753	低山丘陵
18	红崖沟壕堑	6301223822202170007	壕堑	2371.5	2753～2703	低山丘陵
19	南门壕堑1段	6301223822202170008	壕堑	305	2703～2696	低山丘陵
20	南门壕堑2段	6301223822202170009	壕堑	1605.8	2696～2706	低山丘陵
21	海马泉长城	6301223821011170012	土墙	1700.1	2706～2679	河谷地
22	上营长城	6301223821011170013	土墙	1409.3	2679～2686	河谷地
23	下营壕堑	6301223822202170010	壕堑	1821	2686～2716	低山丘陵
24	前跃壕堑	6301223822202170011	壕堑	1367	2716～2765	低山丘陵
25	丰台沟壕堑1段	6301223822202170012	壕堑	2352	2765～2735	低山丘陵
26	丰台沟壕堑2段	6301223822202170013	壕堑	802.7	2735～2575	低山丘陵
27	坡东长城1段	6301223821011170015	土墙	193.3	2575～2568	低山丘陵
28	坡东壕堑1段	6301223822202170014	壕堑	169	2568～2566	低山丘陵
29	坡东长城2段	6301223821011170016	土墙	60	2566～2566	低山丘陵
30	坡东壕堑2段	6301223822202170015	壕堑	120	2566～2564	低山丘陵
31	坡东长城3段	6301223823011170017	土墙	44	2564～2562	低山丘陵
32	坡东壕堑3段	6301223822202170016	壕堑	304	2562～2548	低山丘陵
33	坡东长城4段	6301223823011170018	土墙	33	2548～2546	低山丘陵
34	坡东壕堑4段	6301223822202170017	壕堑	1474	2546～2485	低山丘陵
35	坡东长城5段	6301223821011170019	土墙	897	2485～2486	河谷地
36	坡西壕堑	6301223822202170018	壕堑	1693.2	2486～2553	低山丘陵
37	下扎扎长城1段	6301223823011170020	土墙	42	2553～2555	低山丘陵
38	下扎扎壕堑1段	6301223822202170019	壕堑	526.2	2555～2515	低山丘陵
39	下扎扎长城2段	6301223821011170021	土墙	36	2515～2519	低山丘陵
40	下扎扎壕堑2段	6301223822202170020	壕堑	198	2519～2492	低山丘陵
41	下扎扎长城3段	6301223821011170022	土墙	1646.4	2492～2474	河谷地
42	李家庄壕堑	6301223822202170021	壕堑	1879	2474～2486	低山丘陵
43	下马申长城	6301223821011170023	土墙	662	2486～2479	低山丘陵
44	下马申壕堑	6301223822202170022	壕堑	1163.7	2479～2550	低山丘陵
45	大草沟长城	6301223821011170024	土墙	175	2550～2550	低山丘陵
46	大草沟壕堑	6301223822202170023	壕堑	1191	2550～2593	低山丘陵
47	转嘴壕堑1段	6301223822202170024	壕堑	1141	2593～2460	低山丘陵
48	转嘴长城	6301223823011170025	土墙	205	2460～2480	低山丘陵
49	转嘴壕堑2段	6301223822202170025	壕堑	1090	2480～2678	低山丘陵
50	王家山壕堑1段	6301223822202170026	壕堑	1463	2678～2598	低山丘陵
51	王家山长城	6301223821061170026	山险	2110	2598～2558	低山丘陵

续表

序号	名　称	编　码	类型	长度（米）	起止点高程（米）	地貌类型
52	王家山壕堑2段	630122382202170027	壕堑	120	2558～2528	低山丘陵
53	北村长城1段	630122382102170027	石墙	56	2528～2520	低山丘陵
54	北村长城2段	630122382106170028	山险	2070	2520～2625	低山丘陵
55	下脖项长城1段	630123382106170001	山险	1050	2625～2472	中山山地
56	下脖项长城2段	630123382101170002	土墙	362	2472～2440	河谷地
57	石板沟长城1段	630122382107170029	河险	75	2440～2447	河谷地
58	石板沟壕堑	630122382202170028	壕堑	1093	2447～2709	低山丘陵
59	石板沟长城2段	630122382101170030	土墙	569	2709～2727	低山丘陵
60	加拉山壕堑1段	630122382202170029	壕堑	213.6	2727～2748	低山丘陵
61	加拉山长城1段	630122382101170031	土墙	47.4	2748～2751	低山丘陵
62	加拉山壕堑2段	630122382202170030	壕堑	178	2751～2745	低山丘陵
63	加拉山长城2段	630122382101170032	土墙	317.5	2745～2737	低山丘陵
64	加拉山壕堑3段	630122382202170031	壕堑	505.5	2737～2777	低山丘陵
65	加拉山壕堑4段	630122382202170032	壕堑	1486	2777～2869	低山丘陵
66	拉卡山壕堑1段	630122382202170033	壕堑	1602	2869～2915	低山丘陵
67	拉卡山壕堑2段	630122382202170034	壕堑	1395	2915～2862	低山丘陵
68	目尔加壕堑	630122382202170035	壕堑	1712	2862～2636	低山丘陵
69	中村长城1段	630122382101170033	土墙	80	2636～2645	低山丘陵
70	中村壕堑1段	630122382202170036	壕堑	656	2645～2713	低山丘陵
71	中村长城2段	630122382101170034	土墙	86	2713～2721	低山丘陵
72	中村壕堑2段	630122382202170037	壕堑	1203	2721～2734	低山丘陵
73	南门二长城	630122382101170035	土墙	899.7	2734～2641	低山丘陵
74	南门二壕堑1段	630122382202170038	壕堑	528	2641～2746	低山丘陵
75	南门二壕堑2段	630122382202170039	壕堑	1750.5	2746～2974	低山丘陵
76	占岭顶壕堑	630122382202170040	壕堑	1535	2974～2768	低山丘陵
77	拦隆口镇峡口长城1段	630122382102170036	石墙	123	2768～2749	低山丘陵
78	拦隆口镇峡口长城2段	630122382106170037	山险	5110	2749～2939	低山丘陵
79	白崖一壕堑1段	630122382202170041	壕堑	1219	2939～2715	低山丘陵
80	白崖一壕堑2段	630122382202170042	壕堑	1589	2715～2663	低山丘陵
81	白崖一壕堑3段	630122382202170043	壕堑	904	2663～2599	低山丘陵
82	卡阳长城	630122382301170038	土墙	94	2599～2589	低山丘陵
83	卡阳壕堑	630122382202170044	壕堑	1727	2589～2551	低山丘陵
84	小寺沟长城1段	630122382101170039	土墙	390	2551～2545	河谷地
85	小寺沟长城2段	630122382106170040	河险	120	2545～2545	河谷地
86	南门一长城	630122382301170041	土墙	385	2545～2547	河谷地
87	南门一壕堑	630122382202170045	壕堑	2828	2547～2741	低山丘陵

续表

序号	名 称	编 码	类型	长度（米）	起止点高程（米）	地貌类型
88	上红土沟壕堑	630122382202170046	壕堑	1457	2741~2740	低山丘陵
89	伯什营壕堑	630122382202170047	壕堑	1013	2740~2820	低山丘陵
90	后河尔长城1段	630122382101170042	土墙	513.7	2820~2778	中山山地
91	后河尔壕堑1段	630122382202170048	壕堑	772	2778~2792	中山山地
92	后河尔壕堑2段	630122382202170049	壕堑	488	2792~2813	中山山地
93	后河尔长城2段	630122382102170043	石墙	84	2813~2811	中山山地
94	后河尔长城3段	630122382106170044	山险	910	2811~2974	中山山地
95	后河尔壕堑3段	630122382202170050	壕堑	1010	2974~3143	中山山地
96	后河尔长城4段	630122382106170045	山险	4700	3143~3108	高山山地
97	李家山镇峡口壕堑	630122382202170051	壕堑	430	3108~2912	高山山地
98	李家山镇峡口长城1段	630122382301170046	石墙	165	2912~2888	中山山地
99	李家山镇峡口长城3段	630122382106170048	山险	12400	2888~3270	高山山地

（1）第一段 上新庄壕堑1段（编码：630122382202170001）

位于湟中县上新庄镇上新庄村十一社南面的贵德峡内。该段壕堑起自上新庄镇上新庄村十一社南4.77千米的贵德峡内，止于上新庄镇上新庄村十一社南4.25千米的贵德峡内。此段壕堑从贵德峡石门东0.39千米处的石峰北壁下开始，沿贵德峡东侧山梁呈东南至西北向而下，至GPS0004点转为东西向，从GPS0005点又折向北延伸。壕堑位于拉脊山北麓，其内侧（东北）为绵延起伏的山梁，外侧（西南）为贵德峡，峡内溪水潺潺，有条为运输石料而修的简易路。该段壕堑南与石峰相接，从此向南陡峻的拉脊山形成了一道天然屏障，东与上新庄长城1段相连。从北进入贵德峡（当地人称小峡）约3.7千米，一道东西向的石峰突兀耸立，其向西延伸与对面的石山形成一道天然的门闸，口宽仅12米，当地人称之为石门（彩图五六）。壕堑内外长有茂密的沙棘、红柳、猫儿刺及边麻等。

该段壕堑起自GPS0001点，止于GPS0011点，全长618米。壕堑削山部分高1.6~4.5米，壕堑口宽5~5.4、底宽1.2~3.2、深0.3~2.5米，垄底宽2.8~5、顶宽1.2~2.5、高0.3~2.5米。此段壕堑依地势的不同采取不同的构筑方式，山坡上先从高处向下削挖，形成一定角度的陡壁后，掘地挖沟，土堆低处为垄，构成壕堑，剖面略呈"L"形；沟口处向下掘地挖土成沟，土堆两侧为垄，剖面略呈"U"形。依保存状况分为五个自然段：

第一自然段：起自GPS0001点，止于GPS0004点，长193米。壕堑保存较差。此段壕堑呈东南至西北向沿山梁西南侧向下延伸。削山部分高1.6~4.5米，局部岩层外露，其表面风化呈块状；壕堑口宽5~5.2、底宽1.2~2.2、深0.3~1.1米，垄底宽2.8~3.1、顶宽1.2~1.3、高0.3~1.1米。壕堑底部有雨水冲刷痕迹。

第二自然段：起自GPS0004点，止于GPS0007，长268米。壕堑保存差。此段壕堑先呈东西向，至GPS0005点转为南北向沿山坡向下分布。削山部分受风雨侵蚀及人畜践踏而坍塌严重，高4~6米，裸露的岩石表层因风化而开裂严重；壕堑被自然掩埋成台状，宽2.7~3.5米，略向外倾斜，其上有雨水冲刷、人畜践踏痕迹；垄坍塌无存。

第三自然段：起自GPS0007点，止于GPS0008点，长37米。壕堑保存较差。此段壕堑呈南北向横截自然冲沟沟口。壕堑口宽5.4、底宽3.2、深0.8~1.8米，剖面呈"U"形，西垄底宽4.5、顶宽

2.5、高 1~1.3 米；东垄底宽 4~5、顶宽 2、高 1.2~1.5 米。30 米~37 米段长 7 米壕堑被沟内洪水冲毁。壕堑底部有人畜践踏痕迹。

第四自然段：起自 GPS0008 点，止于 GPS0009 点，长 89 米。壕堑保存一般。此段壕堑略呈南北向沿山坡而上。削山部分坍塌成缓坡。壕堑口宽 5~7、底宽 1.5~2、深 0.5~2.5 米，剖面呈"L"形；垄底宽 4.5、顶宽 2.4、高 0.5~2.5 米。壕堑内有较多从高处山坡上滑落的石块。

第五自然段：起自 GPS0009 点，止于 GPS0011 点，长 31 米。壕堑保存差。此段壕堑先呈东西向，至 GPS0010 点呈南北向沿山坡平行分布。削山部分高 4 米，近直，裸露的岩石表面风化龟裂严重；壕堑被自然掩埋成台状，宽 4 米，其上散落有较多从石壁上风化掉落的石块；垄坍塌无存。

该段壕堑由于长期受风蚀雨剥的影响，整体保存状况较差。全长 618 米，其中 89 米保存一般，223 米保存较差，299 米保存差，7 米消失。损毁原因以自然因素的破坏为主，主要表现为雨蚀、风化及植物生长等。

（2）第二段　上新庄长城 1 段（编码：6301223821061700001）

位于湟中县上新庄镇上新庄村十一社南面的贵德峡内。该段长城属山险，起自上新庄镇上新庄村十一社南 4.25 千米的贵德峡内，止于上新庄镇上新庄村十一社南 4.2 千米的贵德峡内。此段山险先由西向东沿陡峭的山坡直上石梁顶部，至 GPS0012 点转为东南至西北向沿石梁延伸至 GPS0013 点为止。该段山险西接上新庄壕堑 1 段，西北与上新庄壕堑 2 段相连。

该段山险起自 GPS0011 点，止于 GPS0013 点，全长 190 米。此段山险属拉脊山北麓山系，千枚岩质山体，除部分表层覆盖有厚 0.3~0.4 米的深褐色或红褐色土层外，岩层大多直接暴露于外。山高坡陡，是不易逾越的天然屏障。

该段山险除了裸露于外的岩石表层受到风化影响外，目前整体保存状况较好。全长 190 米，均保存较好。损毁原因以自然因素的破坏为主，主要表现为自然风化。

（3）第三段　上新庄壕堑 2 段（编码：6301223822021700002）

位于湟中县上新庄镇上新庄村十一社南面的贵德峡内。该段壕堑起自上新庄镇上新庄村十一社南 4.2 千米的贵德峡内，止于上新庄镇上新庄村十一社南 2.55 千米的贵德峡内。此段壕堑由南向北沿贵德峡东侧山坡及山根分布。壕堑位于拉脊山北麓，其内侧（东）为绵延向上的山体或冲沟，外侧（西）为贵德峡。该段壕堑东南与上新庄长城 1 段相接，东与上新庄壕堑 3 段相连。

该段壕堑起自 GPS0013 点，止于 GPS0031 点，全长 2000 米。壕堑削山部分高 4~5 米，台宽 2.5~6.5 米，壕堑口宽 4.5~9、底宽 1.8~4、深 0.3~3 米，垄底宽 2~10、顶宽 1.3~5、高 0.3~2 米。此段壕堑依地势的不同采取不同的构筑方式，山坡上从高处向下削挖，形成一定角度的陡壁，土堆低处为垄，从而构成壕堑，以达到军事防御的目的；沟口处向下掘地挖土成沟，土堆两侧为垄。依保存状况分为十五个自然段：

第一自然段：起自 GPS0013 点，止于 GPS0014 点，长 130 米。壕堑保存差。此段壕堑呈东南至西北向沿山坡向下至沟底。削山部分高 4 米，裸露的岩层风化严重；壕堑被自然掩埋成台状，宽 2.5~3.2 米，局部略凹；垄被雨水冲刷无存。

第二自然段：起自 GPS0014 点，止于 GPS0015 点，长 98 米。壕堑消失。此段壕堑呈南北向横截冲沟沟口。该段壕堑被沟内洪水冲毁。

第三自然段：起自 GPS0015 点，止于 GPS0017 点，长 168 米。壕堑保存差。此段壕堑呈西南至东北向由沟底沿山坡而上。0 米~70 米段东北部削山部分坍塌较为严重，高 4~5 米，壕堑被自然掩埋成台状，宽 2.8~3.5 米；70 米~168 米段长 98 米壕堑因山体滑坡破坏严重，仅剩印痕可辨。地表长满茂密的沙棘、边麻。

第四自然段：起自 GPS0017 点，止于 GPS0018 点，长 78 米。壕堑保存较差。此段壕堑呈南北向沿山腰分布。削山部分坍塌成缓坡，壕堑口宽 4.5、底宽 1.8～2.5、深 0.5～0.8 米，垄底宽 2～2.5、顶宽 1.3、高 0.5～0.8 米。壕堑底部有水流冲刷痕迹。

第五自然段：起自 GPS0018 点，止于 GPS0019 点，长 26 米。壕堑消失。该段壕堑因山体滑坡而迹象全无。

第六自然段：起自 GPS0019 点，止于 GPS0020 点，长 60 米。壕堑保存较差。此段壕堑呈东西向沿山坡至沟底。削山部分坍塌成缓坡，壕堑口宽 6～6.5、底宽 3～3.5、深 0.8 米，垄底宽 2.8、顶宽 1.3、高 0.5～0.8 米。壕堑底部有明显水流冲刷痕迹，散落有较多从高处掉下的石块。

第七自然段：起自 GPS0020 点，止于 GPS0021 点，长 418 米。壕堑消失。该段壕堑被山洪冲毁。

第八自然段：起自 GPS0021 点，止于 GPS0022 点，长 135 米。壕堑保存差。此段壕堑呈西南至东北向横截大腰隆沟沟口，多处被沟内洪水冲毁。壕堑口宽 6～7、底宽 3、深 0.2～1 米，西北垄保存极差，部分地段仅现印痕；东南垄保存稍好，底宽 4.5、顶宽 2.5、高 0.5～1 米。0 米～11 米段西北垄被洪水冲毁；17 米～25 米段东南垄长 8 米被冲毁；22 米～37 米段西北垄长 15 米消失；49 米～81 米段西北垄长 32 米被洪水冲毁；65 米～97 米段东南垄长 32 米被洪水冲毁；91 米～135 米段西北垄长 44 米消失；126 米～130 米段长 4 米壕堑被便道所毁。壕堑上内外长有边麻、冰草等。GPS0022 点向东 26 米处是汉族牧民王森林家的石砌房子。

第九自然段：起自 GPS0022 点，止于 GPS0023 点，长 58 米。壕堑保存较差。此段壕堑呈西南至东北向由沟底向山坡上延伸。壕堑口宽 8～9、底宽 3、深 0.3～0.8 米，剖面呈"U"形；西北垄底宽 2～3、顶宽 1.5、高 0.3～0.5 米，东南垄底宽 3～4、顶宽 2、高 0.3～0.6 米。壕堑底部雨水冲刷严重。壕堑内外长有密集的沙棘林（黑刺），还有冰草、边麻等。

第十自然段：起自 GPS0023 点，止于 GPS0024 点，长 95 米。壕堑保存差。此段壕堑呈南北向沿山坡分布。削山部分高约 4.5 米；壕堑被自然掩埋成台状，宽 3.2～6.5 米，似有人工平整痕迹，种植有沙棘，很密集，高 2～3 米。

第十一自然段：起自 GPS0024 点，止于 GPS0026 点，长 111 米。壕堑保存一般。此段壕堑略呈南北向横截冲沟沟口。壕堑口宽 6.5～7.5、底宽 2.5～4、深 0.4～2.5 米，西垄底宽 4～5、顶宽 3～3.5、高 0.3～0.7 米，东垄底宽 8～10、顶宽 3～5、高 0.8～2 米。0 米～31 米段西垄消失；57 米～61 米段长 4 米壕堑被沟内洪水冲毁。壕堑底部有雨水冲刷痕迹。

第十二自然段：起自 GPS0026 点，止于 GPS0028 点，长 374 米。壕堑保存差。此段壕堑呈西南至东北向沿山体阳坡延伸。因山体滑坡、雨水冲刷严重，壕堑被自然掩埋，仅剩痕迹可辨。地表长满沙棘、边麻及冰草。

第十三自然段：起自 GPS0028 点，止于 GPS0029 点，长 109 米。壕堑保存一般。此段壕堑呈南北向由山坡直至沟底中部。壕堑口宽 7.5～8.6、底宽 1.5～2、深 1～3 米，西垄底宽 4.2、顶宽 2.5、高 0.5 米，东垄底宽 9.5、顶宽 2.5、高 1～1.5 米。99 米～109 米段长 10 米部分壕堑被沟内洪水冲毁。地表长满沙棘、边麻及冰草。

第十四自然段：起自 GPS0029 点，止于 GPS0030 点，长 70 米。壕堑消失。该段壕堑因平整土地而破坏。原为耕地，现荒，长满冰草和沙棘。

第十五自然段：起自 GPS0030 点，止于 GPS0031 点，长 70 米。此段壕堑略呈南北向沿山根斜上（沙棘林密布，无法穿越，故其保存状况不详，只用 GPS 两端定位，测量了长度）。

该段壕堑受各种自然和人为因素的破坏严重，整体保存状况差。全长2000米，其中206米保存一般，196米保存较差，873米保存差，655米消失，70米保存状况不详。损毁原因以自然因素破坏为主，人为因素次之，主要表现为山体滑坡、洪水冲击、雨蚀、风化、植物生长及平整土地、便道破坏、植树种草等。

（4）第四段　上新庄壕堑3段（编码：630122382202170003）

位于湟中县上新庄镇上新庄村十一社南面的贵德峡内。该段壕堑起自上新庄镇上新庄村十一社南2.55千米的贵德峡内，止于上新庄镇上新庄村十一社南1.48千米的贵德峡内。此段壕堑从起点开始由西向东顺山梁北侧向上延伸，至GPS0033点转为东南至西北向沿山梁西南侧蜿蜒而下（彩图五七）。该段壕堑西接上新庄壕堑2段，西北与上新庄壕堑4段相连；止点向北0.24千米为上新庄2号烽火台，西北距阳坡台堡0.61千米。

该段壕堑起自GPS0031点，止于GPS0045点，全长2196米。此段壕堑的建筑方式为沿防御方向山梁一侧从高处向下削挖，形成一定角度的陡壁，土堆低处为垄，从而构成壕堑，以达到军事防御的目的。削山部分高3~5米，壕堑被自然掩埋成台状，宽1.5~8米，较为平坦。地表长有沙棘、边麻、红柳、黄刺及冰草。

该段壕堑分布于山梁一侧，长期的风雨剥蚀以及局部的山体滑坡使壕堑遭受严重破坏，整体保存状况差。全部长2196米壕堑均保存差。损毁原因以自然因素的破坏为主，主要表现为山体滑坡、风雨侵蚀、植物生长等。

（5）第五段　上新庄壕堑4段（编码：630122382202170004）

位于湟中县上新庄镇上新庄村十一社南面的山坡上。该段壕堑起自上新庄镇上新庄村十一社南1.48千米的贵德峡内，止于上新庄镇上新庄村十一社东。此段壕堑从贵德峡东北山梁西南侧开始呈东南至西北向顺山梁而下，至GPS0056点转为西南至东北向沿阶地边沿直至上新庄村十一社东部。壕堑西侧为通往贵德县的玛鸡沟峡峡口，峡内南川河呈西南至东北向流过，再往西约0.4千米为西（宁）久（治）公路。该段壕堑东南接上新庄壕堑3段，西北与上新庄长城2段相连；GPS0048点东北距上新庄2号烽火台0.12千米，止点（GPS0061）北距上新庄堡0.09千米。

该段壕堑起自GPS0045点，止于GPS0061点，全长1996米。壕堑削山部分高3~6米，壕堑口宽6.2、底宽2.3、深0.5~0.7米，垄底宽1.5~2、顶宽0.8、高0.5~0.7米。此段壕堑的建筑方式为依山势从高处向下削挖，形成一定角度的陡壁，土堆低处为垄，从而构成壕堑，以达到军事防御的目的。依保存状况分为十一个自然段：

第一自然段：起自GPS0045点，止于GPS0047点，长185米。壕堑保存差。此段壕堑呈东南至西北向沿贵德峡东侧山坡而下。削山部分坍塌严重，高3~4米；壕堑被自然掩埋成台状，台宽2.5~4米，局部凹，其上有水冲、人畜踩踏痕迹。地表上的沙棘、边麻、冰草生长较旺盛。

第二自然段：起自GPS0047点，止于GPS0048点，长22米。壕堑保存较差。此段壕堑呈南北向沿贵德峡东侧山坡分布。削山部分高3~4米，壕堑口宽6.2、底宽2.3、深0.5~0.7米，垄底宽1.5~2、顶宽0.8、高0.5~0.7米。GPS0048点北侧有便道通往山下。壕堑内长满沙棘、边麻等。

第三自然段：起自GPS0048点，止于GPS0049点，长60米。壕堑消失。该段壕堑因平整土地而破坏，现退耕还草。GPS0048点东北0.12千米处为上新庄2号烽火台。

第四自然段：起自GPS0049点，止于GPS0053点，长280米。保存差。此段壕堑呈东南至西北向沿贵德峡东侧山坡而下。削山部分坍塌较为严重，高4~6米；壕堑被自然掩埋，仅剩痕迹可辨。地表长满沙棘、边麻、蒲公英等。

第五自然段：起自 GPS0053 点，止于 GPS0054 点，长 40 米。壕堑消失。该段壕堑被耕地破坏。

第六自然段：起自 GPS0054 点，止于 GPS0055 点，长 48 米。壕堑保存差。此段壕堑呈东南至西北向沿贵德峡东侧山坡疾下。削山部分坍塌痕迹明显，高 4~5 米；壕堑被自然掩埋，仅剩痕迹可辨。地表长满沙棘、边麻等。

第七自然段：起自 GPS0055 点，止于 GPS0056 点，长 140 米。壕堑消失。该段壕堑因人为挖沙而破坏殆尽。

第八自然段：起自 GPS0056 点，止于 GPS0057 点，长 274 米。0 米~17 米段壕堑保存差，其两侧坍塌严重，仅剩痕迹可辨；17 米~274 米段长 257 米壕堑因平整土地而破坏无存。

第九自然段：起自 GPS0057 点，止于 GPS0059 点，长 685 米。壕堑消失。该段壕堑因平整土地而破坏（据当地人传说，GPS0057 点和 GPS0058 点附近曾有为筑长城的民工送饭而修的便道）。

第十自然段：起自 GPS0059 点，止于 GPS0060 点，长 189 米。壕堑保存差。壕堑底部因水流冲刷、人为取土下切严重，仅剩壕堑两侧痕迹可辨。此处现为路。

第十一自然段：起自 GPS0060 点，止于 GPS0061 点，长 73 米。壕堑消失。该段壕堑被人为取土所毁。

该段壕堑分布区域人类活动较为频繁，受人为和自然因素的破坏，整体保存状况差。壕堑全长 1996 米，其中 22 米保存较差，717 米保存差，1257 米消失。损毁原因以人为因素破坏为主，自然因素次之，主要表现为山体滑坡、风雨侵蚀、植物生长及平整土地、取土、挖沙、整修便道、人畜踩踏等。

（6）第六段 上新庄长城 2 段（编码：630122382101170002）

位于湟中县上新庄镇上新庄村十一社村内。该段长城属土墙，起自上新庄镇上新庄村十一社东，止于上新庄镇上新庄村十一社西南川河右岸。此段长城呈东南至西北向穿过上新庄村十一社直至南川河岸边。南川河从该段长城西北侧呈西南至东北向流过，向西约 0.15 千米处为西（宁）久（治）公路。该段长城东南接上新庄壕堑 4 段，西北与上新庄长城 3 段相连；起点（GPS0061）北距上新庄堡 0.09 千米，止点（GPS0062）向北 0.15 千米处为县级文物保护单位——南门墓群。

该段长城起自 GPS0061 点，止于 GPS0062 点，全长 168 米。走访当地村民所知，此段原筑有土墙，后因村庄建设被毁。现此处为水泥硬化路和村民房舍。

该段长城地处村庄之中，长期的村庄建设使该段长城消失无存。损毁原因主要为人为因素的破坏，表现为村庄建设。

该段长城位于玛鸡沟峡峡口，自古以来就是由湟水谷地通往黄河谷地的一条重要通道。据当地村民介绍，原来由西宁通往贵德的古道在南川河右岸，后来才改在河对岸。据记载："郡南南川营所管：一里有虾蟆沟西暗门，五里有红山嘴东暗门，十五里有石塘门水榨，俱系极要。"[1] 清代南川营设在距此地北约 2 千米处的黑古城内，南门村河对岸有一山嘴当地人称红山嘴。另外上新庄村十一社又叫南门村，"南门"在青海方言中通"暗门"。名称、里距与文献记载基本吻合，依此推测"红山嘴东暗门"应开在此段长城上。

（7）第七段 上新庄长城 3 段（编码：630122382107170003）

位于湟中县上新庄镇上新庄村十一社西面的玛鸡沟峡峡口。该段长城属河险，起自上新庄镇上新庄村十一社西南川河右岸，止于上新庄镇上新庄村十一社西南川河左岸。此段河险呈东南至西北向横截南川河。该段河险位于玛鸡沟峡峡口，西（宁）久（治）公路从止点（GPS0063）西侧 0.05 千米处

〔1〕（清）杨应琚：《西宁府新志》卷十三《建置·关隘》，青海人民出版社，1988 年，第 336 页。

通过。该段河险东南接上新庄长城 2 段，西北与上新庄长城 4 段相连；起点（GPS0062）东南距上新庄堡 0.11 千米，向北 0.15 千米处为县级文物保护单位——南门墓群。

该段河险起自 GPS0062 点，止于 GPS0063 点，全长 120 米。此段河险属南川河的部分。发源于拉脊山、玛鸡沟峡及门担峡的南川河是湟水中游的主要支流之一，其从西南向东北流经湟中县东南部，随后在西宁市区注入湟水；其流域面积 380000 平方米，其中在湟中县境内长 41 千米，沿途流经的乡镇有上新庄镇、总寨镇。在各种人为因素的破坏及自然因素的影响下，河面已不复原来宽阔，流量也大减。河水滔滔，成为较难逾越的天然屏障。

该段河险主要以拉脊山上的消融雪水为主，受自然和人为因素的破坏，整体保存状况一般。损毁原因以自然因素的破坏为主，人为因素次之，主要表现为全球气候变暖、乱砍滥伐造成水土流失及人为挖沙破坏河床等。

（8）第八段　上新庄长城 4 段（编码：630122382101170004）

位于湟中县上新庄镇上新庄村十一社西面的玛鸡沟峡峡口。该段长城属土墙，起自上新庄镇上新庄村十一社西南川河左岸，止于上新庄镇周德村东南 0.57 千米处的山坡下。此段长城呈东南至西北向穿过西（宁）久（治）公路直至白灰窑北面 0.03 千米处。该段长城位于玛鸡沟峡峡口，南川河从长城东侧呈西南至东北向流过。该段长城东南接上新庄长城 3 段，北与新城长城 1 段相连。

该段长城起自 GPS0063 点，止于 GPS0064 点，全长 354 米。走访当地村民得知，该段长城原为夯筑土墙，后在人类生产、生活活动中被毁。

该段长城地处人类活动频繁的区域，受人类活动的影响，整段长城消失无存。损毁原因主要为人为因素的破坏，表现为修路、扩张耕地等。

（9）第九段　新城长城 1 段（编码：630122382101170005）

位于湟中县上新庄镇周德村东面的缓坡上。该段长城属土墙，起自上新庄镇周德村东南 0.57 千米处的山坡下，止于上新庄镇黑城村西南 0.177 千米处的冲沟东侧。此段墙体自南向北沿周德村东面坡地边沿分布（彩图五八）。为省级文物保护单位。该段长城东距西（宁）久（治）公路 0.25 千米，向东 0.35 千米处南川河呈西南至东北向流过。墙体外侧（西）属周德村，有随墙壕一道与墙体并行，壕内种满杨树；内侧（东）为新城村耕地。墙体内外两侧高差较大，西高东低。墙体顶部及两侧堆土上长满茂密的沙棘、冰草等。该段墙体南接上新庄长城 4 段，北与新城长城 2 段相连；止点（GPS0065）东北 0.177 千米处为省级文物保护单位清代古城——黑古城。墙体与随墙壕分述如下：

墙体

该段墙体起自 GPS0064 点，止于 GPS0080 点，全长 1165.5 米。墙体底宽 0.8～3.6、顶宽 0.3～2.4、残高 0.3～5.1 米，夯层厚 0.07～0.29 米。此段墙体系在自然基础上随地势用含有少量砂砾的黄土、黑灰色土分段版筑而成。依保存状况分为十五个自然段：

第一自然段：起自 GPS0064 点，止于 GPS0065 点，长 186.7 米。墙体保存一般。墙体底宽 0.8～3.3、顶宽 0.3～1.2、残高 1.5～3.1 米，夯层厚 0.11～0.19 米。3.2 米～6 米段长 2.8 米墙体被中国电信埋设电缆时所破坏；27 米～30.3 米段长 3.3 米墙体被中国移动通信立保护碑时挖成豁口；139.3 米～141.7 米段长 2.4 米墙体因雨蚀坍塌成豁口，有攀爬痕迹，内侧成冲沟状。墙体两侧坍塌堆土较多，底部掏蚀严重。墙体外侧为随墙壕。

第二自然段：起自 GPS0065 点，止于 GPS0066 点，长 26 米。墙体保存差。墙体底宽 3.6、顶宽 1.2、残高 0.3～0.7 米，夯层不清。长期风雨侵蚀引起墙体自然坍塌，多呈土垄状。墙体外侧为随墙壕。

　　第三自然段：起自 GPS0066 点，止于 GPS0067 点，长 41 米。墙体保存一般。墙体底宽 2.6、顶宽 0.5、残高 1.5～2.5 米，夯层厚 0.13～0.15 米。墙体外侧基础下切，杨树紧贴墙体，内侧堆土坍塌。墙体外侧为随墙壕。

　　第四自然段：起自 GPS0067 点，止于 GPS0068 点，长 27 米。墙体保存差。墙体仅剩底部印痕，其上栽有杨树。墙体外侧为随墙壕。

　　第五自然段：起自 GPS0068 点，止于 GPS0069 点，长 85 米。墙体保存较差。墙体底宽 2.6、顶宽 0.4～0.8、残高 1.2～1.7 米，夯层不清。墙体坍塌严重，两侧堆土较多，局部墙体顶部栽有杨树。墙体外侧为随墙壕。

　　第六自然段：起自 GPS0069 点，止于 GPS0071 点，长 169.7 米。墙体保存一般。墙体底宽 1.2～2.8、顶宽 0.3～1、残高 1～3.5 米，夯层厚 0.1～0.22 米。0 米～89 米段墙体外侧从基础向下切削 1.2～1.4 米；内侧因挖沙、扩张耕地从基础向下切削 9 米左右，使墙体高悬半空中，墙体表面亦有刮削痕迹；从纵断面观察，墙体基础下有厚约 0.4～0.5 米的黑灰土，再往下是一层厚约 0.9～1 米的黄土，黄土下为自然沉积的砂砾层（图七；彩图五九）；120.5 米～152.5 米段长 32 米墙体顶部横向一条构造性裂隙，外侧底部坍塌，表面有竖向裂纹；152.5 米～169.7 米段长 17.2 米墙体仅剩内侧一半，外侧部分坍塌无存，内侧墙体表面有人为挖掘痕迹，底部有酥碱凹进现象；163.5 米～167 米段长 3.5 米墙体全部坍塌，旁边塌土呈块状堆放。GPS0069 点内侧有现代坟茔 3 座。墙体外侧为随墙壕。

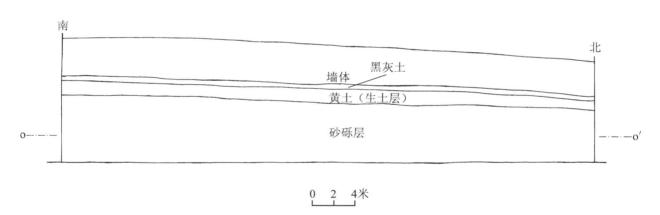

图七　湟中县新城长城 1 段墙基基础纵断面图

　　第七自然段：起自 GPS0071 点，止于 GPS0072 点，长 106 米。墙体消失。由于人为取土、修路及扩张耕地等，使该段墙体被破坏殆尽。其中 28 米～31.5 米段长 3.5 米部分现有周德村水泥路穿过；37 米处立有长城保护标志 1 块；从周德村西面沟内流出的季节性洪水在此处沿随墙壕向北流去，从而使随墙壕变成了一条冲沟。

　　第八自然段：起自 GPS0072 点，止于 GPS0073 点，长 50 米。墙体保存一般。墙体底宽 2、顶宽 0.6、残高 1.5～2.8 米，夯层厚 0.07～0.2 米，随地势由南向北倾斜，夯层中发现有椽木孔洞，孔径 0.3～0.8 米，大多沿夯层平行分布；墙体内侧有坍塌痕迹，顶部横向有构造性裂隙，外侧亦坍塌较甚。GPS0072 点东面 5 米处有现代坟茔一座。

　　第九自然段：起自 GPS0073 点，止于 GPS0074 点，长 28 米。墙体消失。该段墙体被人为取土、扩张耕地所破坏。GPS0074 点处断面上夯层清晰，由上至下共有 15 层，夯土墙下为黑灰土和黄土层，人为挖掘痕迹明显（图八；彩图六〇）。

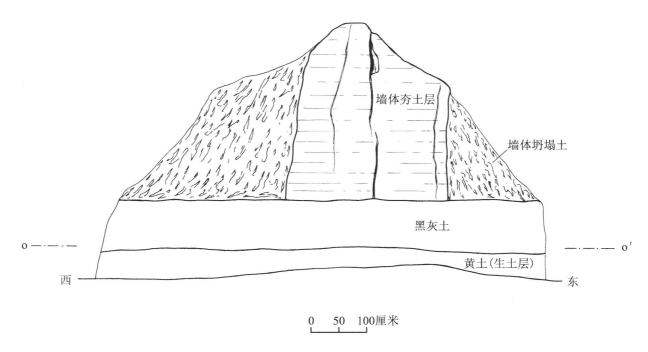

墙体夯土层

墙体坍塌土

黑灰土

黄土（生土层）

西　　　　　　　　　　　　　　　　　东

0　　50　　100厘米

图八　湟中县新城长城1段第九自然段墙体横断面图

第十自然段：起自GPS0074点，止于GPS0075点，长95米。墙体保存一般。墙体底宽1.5～2.7、顶宽0.3～2.4、残高1.2～4.2米，夯层厚0.12～0.22米。局部墙体顶部横向有构造性裂隙，内侧堆土下部被削直，外侧受冲沟内洪水冲击严重。48米～65米段长17米墙体外侧坍塌，仅剩内侧部分。

第十一自然段：起自GPS0075点，止于GPS0076点，长47.1米。0米～38米段墙体保存较差，底宽2.5、顶宽0.5、残高1.6米，受外侧沟内水流冲击，坍塌严重，墙体上长有杨树；38米～47.1米段长9.1米墙体保存一般，底宽2.6、顶宽0.3～0.5、残高4.5米，夯层厚0.15～0.22米，内侧墙体表面有裂纹四条，底部有削挖痕迹。

第十二自然段：起自GPS0076点，止于GPS0077点，长91.1米。0米～14米段墙体消失，主要为扩张耕地所致，部分被外侧沟内洪水冲毁；14米～45米段长31米墙体保存一般，底宽2.1、顶宽0.5～1、残高4.6米，夯层厚0.17～0.22米（彩图六一）；墙体内侧耕地扩张从基部削挖，局部坍塌，外侧底部塌落凹进，墙体表面裂纹较多；45米～49.1米段长4.1米墙体被便道所毁，仅剩基部；49.1米～60.1米段长11米墙体保存较差，底宽2.2、顶宽1.1、残高1.1米，夯层厚0.16～0.26米，自然坍塌严重，内侧堆土被削直，外侧墙体表面片状脱落；60.1米～75.1米段长15米墙体保存差，仅剩底部，残损原因不详，外侧沟内有坝；75.1米～91.1米段长16米墙体保存一般，底宽1.9、顶宽0.7、残高3.3～4.6米，夯层厚0.17～0.25米，夯层中留有桩木孔洞，孔径0.3～0.6米，大多沿夯层平行分布；内侧削挖，墙体表面裂纹较多，顶部横向有裂隙一条。GPS0077点处内侧墙体人为削挖坍塌严重，中部有一洞贯通，下部人为掏有一洞，底部凹进，上部悬空，此处夯层明显，由底向上共有20层。

第十三自然段：起自GPS0077点，止于GPS0078点，长140.5米。墙体保存一般。墙体底宽2.1～2.6、顶宽0.3～0.7、残高2.5～4.5米，夯层厚0.13～0.25米。墙体内侧削挖痕迹明显，顶部横向有构造性裂隙一条。35 米 ~ 53 米段长 18 米墙体自然坍塌严重，内侧堆土人为切削痕迹明显。

第十四自然段：起自 GPS0078 点，止于 GPS0079 点，长 33 米。墙体消失。该段墙体因扩张耕地被毁。

第十五自然段：起自 GPS0079 点，止于 GPS0080 点，长 39.4 米。墙体保存一般。墙体底宽 1.9 ~ 2.1、顶宽 0.3、残高 3.7 ~ 5.1 米，夯层厚 0.17 ~ 0.29 米。墙体顶部横向有构造性裂隙，最宽约 0.15 米；内侧壁上人为削挖痕迹明显。17 米 ~ 30.4 米段长 13.4 米墙体因人为挖掘而坍塌严重；30.4 米 ~ 39.4 米段长 9 米墙体外侧取土削挖较甚，局部悬空，内侧堆土被向下切削约 3 米。

该段墙体地处人类活动频繁的地区，人为破坏较为严重，整体保存状况一般。全长 1165.5 米，其中 772.1 米保存一般，134 米保存较差，72.1 米保存差，187.3 米消失。损毁原因以人为因素的破坏为主，自然因素次之，主要表现为洪水冲击、坍塌、裂隙、片状剥离、植物生长、酥碱及取土、扩张耕地、施肥、挖沙、修路、种树、踩踏、攀爬等。

随墙壕

位于墙体外侧（西），起自 GPS01 点，止于 GPS02 点，残长 510 米。随墙壕为取土筑墙时所挖，又经修整，成为长城防御系统的有机组成部分。随墙壕口宽 11 ~ 13、底宽 8 ~ 10、深 0.6 ~ 1.2 米。壕内种满杨树，长有茂密的沙棘、冰草等，人为踩踏痕迹较为明显。

该随墙壕整体保存状况较差。损毁原因以人为因素的破坏为主，自然因素次之，主要表现为自然掩埋、植物生长及种树、践踏等。

（10）第十段　新城长城 2 段（编码：6301223821011700006）

位于湟中县上新庄镇新城村南面的平川内。该段长城属土墙，起自上新庄镇黑城村西南 0.177 千米处的冲沟东侧，止于上新庄镇新城村西南村口。此段墙体从黑城村西南 0.177 千米处开始，沿冲沟东侧向北穿过民（和）湟（源）公路直至新城村西南村口。为省级文物保护单位。该段长城东距西（宁）久（治）公路、南川河分别为 0.5 千米、0.7 千米。墙体外侧（西侧）有一条与其平行的冲沟，内侧（东侧）为新城村耕地。该段长城南接新城长城 1 段，北与新城长城 3 段相连；起点（GPS0080）东北 0.177 千米处为省级文物保护单位清代古城——黑古城。

该段墙体起自 GPS0080 点，止于 GPS0087 点，全长 1286.5 米。墙体底宽 1.25 ~ 2.5、顶宽 0.5 ~ 1.8、残高 1.2 ~ 2.8 米，夯层厚 0.12 ~ 0.28 米。此段墙体系在自然基础上用黄土分段版筑而成。依保存状况分为七个自然段：

第一自然段：起自 GPS0080 点，止于 GPS0081 点，长 470 米。墙体消失。由于长期人为挖掘长城墙体之土当肥料、取土、扩张耕地，加之墙体西侧冲沟内洪水不断地冲击，使该段墙体毁坏无存。

第二自然段：起自 GPS0081 点，止于 GPS0082 点，长 87 米。墙体保存一般。墙体底宽 1.25 ~ 2.4、顶宽 0.9、残高 2.3 米，夯层厚 0.12 ~ 0.25 米。墙体内侧上部坍塌严重，下部两侧被堆土掩埋，墙体及两侧堆土上长有冰草。8 米 ~ 17 米段长 9 米墙体被人为取土、扩张耕地所破坏，仅剩西侧堆土。GPS0082 点所在处为一墙体断面，其上人为挖掘痕迹宛然，墙基为纯净的黄土。

第三自然段：起自 GPS0082 点，止于 GPS0083 点，长 131 米。墙体消失。墙体由于人为挖掘和沟内洪水冲击而消失无存，仅残存部分坍塌堆土。117 米处立有长城保护标志一块，其北侧有民（和）湟（源）公路由东南向西北穿过。

第四自然段：起自 GPS0083 点，止于 GPS0084 点，长 49 米。墙体保存一般。墙体底宽 2 ~ 2.5、顶宽 0.6、残高 1.5 ~ 2.7 米，夯层厚 0.2 ~ 0.28 米，夯层中留有桩木孔洞，孔径 0.03 ~ 0.06 米，大多沿夯层平行分布。墙体内侧下部削挖严重，局部悬空，39 米处底部掏有一洞，口宽 1、高 0.75、进深

0.4 米。墙体顶部及两侧堆土上长有杨树、沙棘及冰草。

第五自然段：起自 GPS0084 点，止于 GPS0085 点，长 484 米。墙体消失。主要为村民长期取土、扩张耕地所致。

第六自然段：起自 GPS0085 点，止于 GPS0086 点，长 28 米。墙体保存较差。墙体底宽 1.9、顶宽 0.5、残高 1.2~2.1 米，夯层厚 0.14~0.25 米，夯层中留有桩木孔洞，孔径 0.03~0.06 米；墙体下部分布较多。墙体南端断面上掏有一小洞，内有烧灼痕迹，北段墙体坍塌严重；内侧墙面有裂纹，外侧堆土成坡状，其上有杨树、沙棘及冰草。

第七自然段：起自 GPS0086 点，止于 GPS0087 点，长 37.5 米。0 米~14 米段墙体因人为破坏而消失；21 米~31 米段长 17 米墙体保存一般，底宽 2.4、顶宽 1.8、残高 2.8 米，夯层厚 0.13~0.18 米，下部夯层中留有桩木孔洞，孔径 0.04 米。墙体南端内侧底部掏挖，上部悬空，有火烧痕迹；底部有酥碱现象，墙面片状剥离，裂纹较多；内侧墙体根部有杨树两棵，顶部杂草丛生，外侧上部掏有一洞；31 米~35.5 米段长 6.5 米墙体被人为毁坏，仅剩堆土，外侧有取土痕迹。

该段墙体地处平川，人类活动频繁，墙体大部被毁，仅存少许残垣断壁。全长 1286.5 米，其中 59 米保存一般，40 米保存较差，1187.5 米消失。损毁原因以人为因素的破坏为主，自然因素次之，主要表现为洪水冲击、坍塌、裂隙、片状剥离、植物生长、酥碱及取土、扩张耕地、修路、种树、掏洞、踩踏、攀爬等。

此段墙体止点西北约 3 千米处为海马沟，向西约 8 千米处为门担峡，此二处均为由西向东的通道。据记载："郡南南川营所管：一里有虾蟆沟西暗门，五里有红山嘴东暗门，十五里有石塘门水榨，俱系极要。"[1]"虾蟆沟"与"海马沟"谐音相近。清代南川营设在此段墙体起点东北 0.177 千米处的黑古城内。名称、里距与文献记载基本吻合，依此推测"虾蟆沟西暗门"应开在此段墙体上。

（11）第十一段　新城长城 3 段（编码：630122382101170007）

位于湟中县上新庄镇新城村和加牙村中。该段长城属土墙，起自上新庄镇新城村西南村口，止于上新庄镇加牙村西北加牙河右岸。此段墙体从新城村西南村口开始，向北穿过新城村、加牙村，直至加牙河右岸。该段长城东距西（宁）久（治）公路、南川河分别为 1 千米、1.27 千米。墙体外侧（西）有一条与其平行的冲沟，至 GPS0091 点，冲沟又转向墙体内侧，冲沟西侧有少量居民点，内侧（东）为新城村和加牙村居民点。该段长城南接新城长城 2 段，北与加牙长城 1 段相连；东距新城堡 0.15 千米、上新庄城址 0.14 千米、加牙 1 号烽火台 1.15 千米。

该段墙体起自 GPS0087 点，止于 GPS0095 点，全长 1225 米。墙体底宽 1~1.8、顶宽 0.5~0.8、残高 1~4.5 米，夯层厚 0.14~0.2 米。此段墙体系在自然基础上用含有少量砂粒的黄土和黑灰色土分段版筑而成。依保存状况分为八个自然段：

第一自然段：起自 GPS0087 点，止于 GPS0088 点，长 460 米。墙体消失。该段墙体因村庄建设而全部消失。

第二自然段：起自 GPS0088 点，止于 GPS0089 点，长 108 米。0 米~6.5 米段墙体保存一般，底宽 1.8、残高 4.5 米，夯层厚 0.18~0.2 米，自底部向上 1.5 米高的墙体表面留有桩木孔洞，共有六层，均按夯层平行分布，孔径 0.03~0.05 米，间距 0.5 米左右。墙体外侧夯层明显，底部距地面高约 3 米。该段墙体现被新城村村民都运财用作院墙；6.5 米~108 米段长 101.5 米墙体因村庄建设而消失。

第三自然段：起自 GPS0089 点，止于 GPS0090 点，长 23 米。墙体保存较差。墙体底宽 1.3、顶宽

〔1〕（清）杨应琚：《西宁府新志》卷十三《建置·关隘》，青海人民出版社，1988 年，第 336 页。

0.5、残高 1.6 米，夯层厚 0.16~0.2 米。仅剩内侧部分，外壁削直，上部一排有四个木椽洞，看来曾在此建房。现墙体外为路，路面距墙体顶部高约 4 米；墙体顶部与内侧耕地齐平。墙体止点东北侧原有墩台一座，当地人称其为马营墩，现已破坏殆尽。该段墙体位于新城村村民曹包胥家院子北侧。

第四自然段：起自 GPS0090 点，止于 GPS0091 点，长 435 米。墙体消失。该段墙体因村庄建设而全部消失。

第五自然段：起自 GPS0091 点，止于 GPS0092 点，长 21 米。墙体保存较差。墙体底宽 1.2、顶宽 0.7、残高 1.1 米，夯层厚 0.14~0.17 米。分布于冲沟西侧，仅残余部分，局部坍塌，墙体表面有裂纹，顶部长有冰草。该段墙体位于加牙村村民刘永长家东侧。

第六自然段：起自 GPS0092 点，止于 GPS0093 点，长 84 米。墙体消失。该段墙体因村庄建设而全部消失。

第七自然段：起自 GPS0093 点，止于 GPS0094 点，长 17 米。墙体保存较差。墙体底宽 1、顶宽 0.8、残高 1 米，夯层厚 0.17~0.2 米。位于冲沟西侧，仅剩外侧部分，内壁被削直，直接夯筑于沙层之上，似有桩木孔洞。墙体顶部长有杨树、冰草。

第八自然段：起自 GPS0094 点，止于 GPS0095 点，长 77 米。墙体消失。该段墙体因平整土地和冲沟内洪水冲击而全部消失。

该段墙体位于村庄之中，大部分已被破坏。全长 1225 米，其中 6.5 米保存一般，61 米保存较差，1157.5 米消失。损毁原因主要为人为因素的破坏，表现为洪水冲击及村庄建设。

（12）第十二段　加牙长城 1 段（编码：630122382107170008）

位于湟中县上新庄镇加牙村西北。该段长城属河险，起自上新庄镇加牙村西北加牙河右岸，止于上新庄镇加牙村西北加牙河左岸。此段河险呈东南至西北向横截加牙河。该段河险南接新城长城 3 段，北与加牙长城 2 段相连。

该段河险起自 GPS0095 点，止于 GPS0096 点，全长 63 米。此段河险属加牙河的一部分。发源于门担峡的加牙河是南川河中游的主要支流之一，其从西南向东北流经湟中县西南部，随后在湟中县陈家滩村南注入南川河。该河属湟中县内河，长约 25 千米，流域面积约 150000 平方米；沿途流经的村庄有静房、白路、上台、下台及加牙等。在各种人为因素的破坏及自然因素的影响下，河面已不复原来宽阔，流量也大减。

该段河险主要以拉脊山西北山系上的消融雪水为主，受自然和人为因素的破坏，使其流量锐减，整体保存状况较差。损毁原因以自然因素的破坏为主，人为因素次之，主要表现为全球气候变暖及乱砍滥伐造成水土流失。

（13）第十三段　加牙长城 2 段（编码：630122382101170009）

位于湟中县上新庄镇加牙村西北。该段长城属土墙，起自上新庄镇加牙村西北加牙河左岸，止于上新庄镇加牙村西北 0.3 千米处的山根下。此段长城从加牙河左岸略呈南北向穿过通往海马沟村的水泥路至山根下。该段长城南接加牙长城 1 段，北与加牙长城 3 段相连。

该段长城起自 GPS0096 点，止于 GPS0097 点，全长 238 米。走访当地村民得知，该处原筑有土墙，早期被毁。现该处为河滩地、树林及公路。据当地人介绍，原来此处山根下还有大墩一座，后与墙体一起被毁。

该段长城地处人类活动频繁的区域，受人类生产、生活活动的破坏，整段长城消失无存。损毁原因主要为人为因素的破坏，表现为修路、平田整地等。

（14）第十四段　加牙壕堑（编码：630122382202170005）

　　位于湟中县上新庄镇加牙村西北面的山上。该段壕堑起自上新庄镇加牙村西北0.3千米处的山根下，止于上新庄镇海马沟村二社北面的山梁垭口西南部。此段壕堑从加牙村西山根开始略呈南北向沿山坡而上，至山顶后转为由东向西沿山梁南侧蜿蜒延伸。加牙河从壕堑起点东南0.18千米处呈西南至东北向流过。壕堑内侧（北）有红崖沟村的拐干自然村，外侧（南）有海马沟村。壕堑内外长满冰草、马莲及边麻。该段壕堑南接加牙长城2段，西北与海马沟长城相连。

　　该段壕堑起自GPS0097点，止于GPS0117点，全长1679.4米。壕堑削山部分高1.5~5米，壕堑口宽4~10.2、底宽1.5~2.9、深0.2~2.8米，垄底宽2.3~5.4、顶宽0.8~2.6、高0.3~2.2米。此段壕堑的建筑方式为依山势沿防御方向山梁一侧从高处向下削挖，形成一定角度的陡壁，土堆低处为垄，从而形成壕堑，以达到军事防御的目的。依保存状况分为九个自然段：

　　第一自然段：起自GPS0097点，止于GPS0098点，长115米。壕堑保存差。此段壕堑沿山坡呈东南至西北向而上。0米~20米段壕堑被人为取土所毁；20米~60米段长40米削山部分因雨水冲刷坍塌严重，壕堑呈台阶状，底部有冲沟；60米~115米段长55米削山部分坍塌近直，高4.6~5米；壕堑中部凹，宽8.6~10.2米；垄部不太明显。壕堑内挖有育林坑，底部有明显水流冲刷痕迹。GPS0097点西南0.035千米处为通往海马沟村的水泥路。

　　第二自然段：起自GPS0098点，止于GPS0105点，长682.4米。壕堑保存较差。此段壕堑先呈南北向沿山坡而上，至GPS0102点转为东西向沿山梁南侧分布。削山部分坍塌严重，高1.5~4.9米，壕堑口宽4~7.2、底宽1.6~2.9、深0.2~1.8米，垄底宽2.3~5.4、顶宽0.8~2.6、高0.3~2.2米（彩图六二）。壕堑内外有许多为种沙棘而挖的长方形坑。GPS0104点向东0.01千米处垄上有一平顶圆形土包，底径4.8、顶径2.1、高0.9米。

　　第三自然段：起自GPS0105点，止于GPS0107点，长81米。壕堑保存差。此段壕堑先呈东北至西南向沿山顶而下，至GPS0105点转为东南至西北向沿山梁西南侧分布。削山部分坍塌严重，高2.8~4.7米；壕堑被自然掩埋，仅剩痕迹可辨。

　　第四自然段：起自GPS0107点，止于GPS0109点，长159米。壕堑保存较差。此段壕堑由东向西沿山梁分布。削山部分高2.5~3.3米，壕堑口宽4~6.6、底宽1.5~2.2、深0.4~1.7米，垄底宽2.5~3.5、顶宽0.8~1.3、高0.4~1.5米。

　　第五自然段：起自GPS0109点，止于GPS0110点，长41米。壕堑保存一般。此段壕堑呈东北至西南向沿山梁疾下。壕堑口宽7、底宽2、深0.5~2.8米；壕堑两侧与地面齐平，未见垄。

　　第六自然段：起自GPS0110点，止于GPS0111点，长37米。壕堑保存差。此段壕堑略呈东西向沿山梁南侧缓下。削山部分坍塌成缓坡；壕堑自然掩埋，仅剩痕迹可辨。

　　第七自然段：起自GPS0111点，止于GPS0112点，长98米。壕堑保存一般。此段壕堑由东向西沿山梁南侧缓上。削山部分坍塌严重，高度不详，壕堑口宽5.5、底宽2.5~2.8、深0.8~2.7米，垄底宽4.5~4.8、顶宽0.8~1.7、高0.8~1.3米。50米~58米段长8米削山部分、4.1米垄被洪水冲毁。

　　第八自然段：起自GPS0112点，止于GPS0113点，长209米。壕堑消失。该段壕堑因平整土地而破坏。

　　第九自然段：起自GPS0113点，止于GPS0117点，长257米。壕堑保存差。此段壕堑呈东南至西北向沿山腰分布。削山部分坍塌成缓坡；壕堑被自然掩埋，仅剩痕迹可辨。

　　该段壕堑分布于加牙村西北面的山上，受人类生产、生活活动和自然因素的破坏较为严重，整体保存状况较差。全长1679.4米，其中139米保存一般，837.3米保存较差，470米保存差，233.1米消失。损毁原因以人为因素的破坏为主，自然因素次之，主要表现为山体滑坡、风雨侵蚀、洪水冲击、植物生长及平整土地、取土、挖坑种树等。

（15）第十五段　海马沟长城（编码：630122382101170010）

位于湟中县上新庄镇海马沟村二社北面的山梁垭口处。该段长城属土墙，起自上新庄镇海马沟村二社北面的山梁垭口西南部，止于上新庄镇海马沟村二社北面的山梁垭口东北部。此段墙体呈东南至西北向横截山梁垭口。墙体外侧（西南）有随墙壕一道与墙体并行（彩图六三），山下为海马沟村二社，内侧（东北）为塄干沟，现为耕地。墙体内外两侧山势均较缓，故筑墙以加强防御。该段墙体东南接加牙壕堑，西北与海马沟壕堑相连。墙体与随墙壕分述如下：

墙体

该段墙体起自 GPS0117 点，止于 GPS0120 点，全长 192.9 米。墙体底宽 2～5、顶宽 0.5～3.5、残高 0.5～2.5 米，夯层厚 0.13～0.2 米。此段墙体系在自然基础上随地势用黄土分段版筑而成。依保存状况分为三个自然段：

第一自然段：起自 GPS0117 点，止于 GPS0118 点，长 101 米。墙体保存较差。墙体底宽 2、顶宽 0.5～1.8、残高 0.5～2.3 米，夯层厚 0.13～0.2 米。墙体大部分被两侧堆土所掩埋，受风雨侵蚀严重，局部有酥碱现象，有人为攀爬、踩踏痕迹。墙体顶部及两侧堆土上长有沙棘、冰草等。

第二自然段：起自 GPS0118 点，止于 GPS0119 点，长 49 米（彩图六四）。墙体保存一般。墙体底宽 3、顶宽 0.5～1.2、残高 1.8～2.5 米，夯层厚 0.13～0.18 米，夯层中留有桩木孔洞，孔径 0.05～0.18 米，大多沿夯层平行分布。墙体内侧堆土较多，外侧墙体表面有片状剥离现象，底部酥碱凹进，夯层清晰。墙体顶部及两侧堆土上长有冰草等。

第三自然段：起自 GPS0119 点，止于 GPS0120 点，长 42.9 米。墙体保存较差。墙体底宽 3～5、顶宽 1.5～3.5、残高 1.2～1.7 米，夯层厚 0.13～0.2 米。墙体受风雨侵蚀严重，外侧墙体局部坍塌，内侧堆土较多。0 米～3 米段成豁口，人为攀爬、践踏痕迹明显；32 米～40 米段长 8 米墙体被人为挖断，现为便道。墙体顶部及两侧堆土上长有冰草等。

该段墙体分布于山梁垭口处，长期受风雨侵蚀和人为活动的破坏较为严重，整体保存状况较差。全长 192.9 米，其中 49 米保存一般，135.9 米保存较差，8 米消失。损毁原因以自然因素破坏为主，人为因素次之，主要表现为风雨侵蚀、酥碱、片状剥离、植物生长及修整便道、攀爬践踏等。

随墙壕

位于墙体外侧（西南），起自 GPS03 点，止于 GPS04 点，全长 192.9 米（彩图六四）。壕堑口宽 8.7～9.6、底宽2.6～4.5、深 0.5～3.5 米，剖面呈“U”形。其中 30 米～42 米段长 12 米随墙壕西部塌陷；133 米～153 米段长 20 米随墙壕被便道所毁。随墙壕内长满马莲、蒿草、冰草等。

该随墙壕除局部受到塌陷、便道破坏外，整体保存状况一般。损毁原因有自然和人为两方面的因素，主要表现为塌陷、植物生长及便道破坏等。

（16）第十六段　海马沟壕堑（编码：630122382202170006）

位于湟中县上新庄镇海马沟村二社北面的山上。该段壕堑起自上新庄镇海马沟村二社北面的山梁垭口东北部，止于鲁沙尔镇红崖沟村西南 0.87 千米处的山坡上。此段壕堑先呈东南至西北向沿山梁蜿蜒而行，至 GPS0126 点转为南北向，GPS0128 点又呈东南至西北向沿山坡而下，从 GPS0129 点开始变为两条壕堑并排沿山坡向下延伸。壕堑外侧（西南）山下为海马沟村，内侧（东北）红崖沟内为红崖沟村。壕堑内侧山梁上有部分耕地，外侧山坡上荒草杂生。壕堑内外长满马莲、冰草等。该段壕堑东南接海马沟长城，西北与红崖沟长城相连。

该段壕堑起自 GPS0120 点，止于 GPS0133 点，全长 1103 米。壕堑削山部分高 3.2～4.5 米，台宽 4～6.7 米，壕堑口宽 5～11.3、底宽 1～2.9、深 0.3～3.5 米，垄底宽 2.5～7.5、顶宽 0.8～2.6、高 0.3～2.8 米。此段壕堑的建筑方式为依山势从高处向下削挖，形成一定角度的陡壁，土堆低处为垄，从而构成壕堑，以达到军事防御的目的。依保存状况分为七个自然段：

第一自然段：起自 GPS0120 点，止于 GPS0121 点，长 191 米。壕堑保存一般。此段壕堑略呈东西向沿山梁南侧缓上。削山部分雨水冲刷严重，高 3.5～4.5 米，壕堑口宽 8～9.7、底宽 1.5～2、深 1.8～3.5 米，剖面呈"L"形，垄部宽厚，底宽 7.1～7.5、顶宽 2.1～2.6、高 1.8～2.8 米（彩图六五）。GPS0121 点东北 0.02 千米处有一砖砌圆锥体建筑，为当地村民所建，用来避冰雹、防雷阵雨。

第二自然段：起自 GPS0121 点，止于 GPS0122 点，长 39 米。壕堑保存差。此段壕堑呈东南至西北向沿山梁西南侧缓下。削山部分坍塌严重，高 3.2～4 米，壕堑被自然掩埋成台状，台宽 6.7 米，中部略凹。

第三自然段：起自 GPS0122 点，止于 GPS0123 点，长 87 米。壕堑保存较差。此段壕堑呈东西向沿山梁南侧平行分布。削山部分坍塌严重，高 3.5 米，壕堑口宽 5～5.7、底宽 1.8～2.2、深 0.5～0.8 米，垄底宽 2.5～3.4、顶宽 0.8～1.3、高 0.5～0.8 米。

第四自然段：起自 GPS0123 点，止于 GPS0126 点，长 161 米。壕堑保存差。此段壕堑呈东南至西北向沿山梁西南侧分布。削山部分坍塌成缓坡；壕堑被自然掩埋成台状，台宽 4 米，中部略凹。

第五自然段：起自 GPS0126 点，止于 GPS0129 点，长 369 米。壕堑保存较差。此段壕堑转呈东南至西北向沿山梁西南侧而下。削山部分坍塌成缓坡；壕堑口宽 5.4～8、底宽 1.3～2.5、深 0.5～1.8 米，剖面呈"L"形，垄底宽 3.5～5.1、顶宽 1～2.4、高 0.5～1.5 米。10 米处壕堑内人为挖有大坑一个，直径 6.3、深 1.1 米；18 米～27 米段长 9 米壕堑被冲沟所毁；35 米处亦有人为挖的大坑一个，直径 5、深 0.7 米。

第六自然段：起自 GPS0129 点，止于 GPS0132 点，长 36 米。壕堑保存较差。在原壕堑西南 1～3.5 米处又有一条壕堑。两条壕堑均呈东南至西北向并排顺山坡而下。削山部分均坍塌成缓坡，东北壕堑口宽 5.8～7.3、底宽 1～1.5、深 0.3～1.6 米，垄底宽 2.8～3.8、顶宽 1～2.1、高 0.5～0.8 米；西南壕堑口宽 7.2～11.3、底宽 2.5～2.9、深 0.3～0.6 米，垄底宽 4.1、顶宽 1.8、高 0.3 米。两条壕堑内均雨水冲刷严重。

第七自然段：起自 GPS0132 点，止于 GPS0133 点，长 120 米。壕堑保存差。两条壕堑继续呈东南至西北向并排顺山坡疾下。两条壕堑均被洪水冲刷严重，底部有冲沟，二者之间的部分也被冲刷得坑坑洼洼。为何原壕堑外又出现一道壕堑，原因待考。

该段壕堑分布于海马沟村北面的山上，受雨水冲刷、洪水冲击等自然因素及人为因素的破坏较为严重，整体保存状况较差。壕堑全长 1103 米，其中 191 米保存一般，583 米保存较差，320 米保存差，9 米消失。损毁原因以自然因素的破坏为主，人为因素次之，主要表现为山体滑坡、风雨侵蚀、洪水冲击、植物生长及挖坑等。

壕堑因长期受雨水冲刷严重，其内均不同程度地填有两侧的坍塌堆土及雨水冲刷的淤土，其原貌已失。为了进一步地了解壕堑的内部结构，我们对本段壕堑局部进行了解剖。解剖地点位于第一自然段从起点开始 30 米处，解剖结果如下。堆积从上向下共分五层：①表土层，深褐色，质地疏松，含有腐殖质，颗粒较大，厚 0.2～0.45 米；②红褐色土，质地较为坚硬，含有砂砾、石渣，厚 0～1.6 米；③灰褐色土，质地较为紧密，垄部分布较厚，厚 0～0.65 米；④红土，质地坚硬，杂质较少，仅分布于垄顶部及外侧，厚 0～1.5 米；⑤淤土，质地细腻，仅分布于壕堑底部，厚 0.7～1.1 米。生土为黄土。壕堑开口于②层下，口宽6.5、底宽2.5、深3.25米，垄底宽4.1、顶宽1.5、高1.6米（图九）。

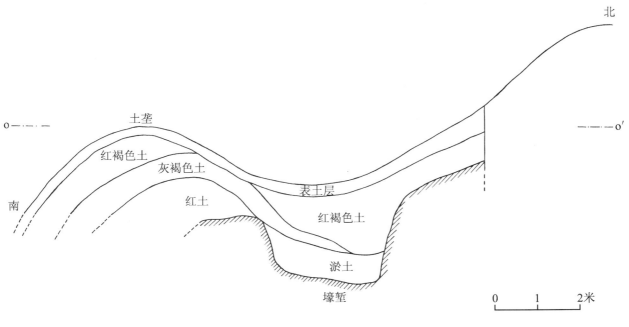

图九　湟中县海马沟壕堑剖面图

（17）第十七段　红崖沟长城（编码：630122382101170011）

位于湟中县鲁沙尔镇红崖沟村西南面的红崖沟内。该段长城属土墙，起自鲁沙尔镇红崖沟村西南0.87千米处的山坡上，止于鲁沙尔镇红崖沟村西南0.72千米处的山根下。此段墙体略呈南北向横截红崖沟。墙体中段有条土路穿过。墙体外侧（西）有随墙壕一道与墙体并行，向西为红崖沟沟脑，内侧（东）为耕地，向东为红崖沟村。墙体顶部及两侧堆土上长满杂草。该段墙体南接海马沟壕堑，北与红崖沟壕堑相连。墙体与随墙壕分叙如下：

墙体

该段墙体起自GPS0133点，止于GPS0137点，全长354米。墙体底宽2.7～3.9、顶宽0.5～1.1、残高1.2～3.2米，夯层厚0.13～0.2米。此段墙体系在自然基础上随地势用含有砂砾的黄土、红土、黑灰色土直接夯筑而成。依保存状况分为四个自然段：

第一自然段：起自GPS0133点，止于GPS0134点，长77米。墙体保存较差。墙体底宽2.7～3、顶宽0.5～0.9、残高1.2～1.8米，夯层厚0.13～0.2米。内侧堆土至顶，外侧堆土坍塌，墙体表面有片状剥离现象，受风雨侵蚀严重。墙体外侧为随墙壕，内侧为耕地。

第二自然段：起自GPS0134点，止于GPS0135点，长75米。墙体保存一般。墙体底宽4、顶宽0.7、残高2.4米，夯层厚0.13～0.2米。墙体大部被两侧堆土掩埋，其中68.8米～75米段长6.2米墙体因修路被挖掉外侧一半，断面上夯层十分清晰。墙体外侧为随墙壕，内侧为耕地。

第三自然段：起自GPS0135点，止于GPS0136点，长122米。墙体消失。人为筑坝、修路所毁。

第四自然段：起自GPS0136点，止于GPS0137点，长80米。墙体保存一般。墙体底宽3.9、顶宽1.1、残高1.8～3.2米，夯层厚0.13～0.2米，夯层中留有�木孔洞，孔径0.05～0.1米。墙体局部坍塌，内侧堆土至顶，外侧墙体表面有片状剥离现象，底部掏蚀较为严重。0米～9米段墙体外侧基础部下切2.5～3米，为修水池时所致。墙体外侧为随墙壕，内侧为便道。

该段墙体地处人类活动频繁的地区，受到修路等人为因素的破坏较为严重，整体保存状况较差。全长354米，其中155米保存一般，77米保存较差，122米消失。损毁原因以人为因素的破坏为主，自然因素次之，主要表现为风雨侵蚀、酥碱、片状剥离、植物生长及筑坝、修路等。

随墙壕

位于墙体外侧（西），起自GPS05点，止于GPS08点，全长354米。壕堑口宽10～12、底宽4.5～7、深1.5～2.7米，剖面呈"U"形。壕内长满马莲、蒿草、冰草等。132米～283米段长151米随墙壕因人为修路、建水池所毁；344米～354米段长10米随墙壕被便道所毁。

该随墙壕受人为因素破坏较为严重，整体保存状况一般。损毁原因以人为因素破坏为主，自然因素次之，主要表现为修路、建水池、便道破坏及洪水冲刷、植物生长等。

（18）第十八段　红崖沟壕堑（编码：630122382202170007）

位于湟中县鲁沙尔镇红崖沟村西面的山上。该段壕堑起自鲁沙尔镇红崖沟村西南0.72千米处的山根下，止于鲁沙尔镇角木口巷东。此段壕堑先呈南北向由山根上至山顶，然后顺山梁分布，从至GPS0145点转入山梁阳面一侧迤逦而行，从GPS0153点开始转为东南至西北向继续沿山梁阳面一侧延伸，至GPS0162点又转呈西南至东北向蜿蜒分布，从GPS0170点折向西北顺山坡而下直至角木口巷东。鲁（沙尔镇）多（巴镇）公路从壕堑止点西北0.3千米处通过。壕堑外侧（西）沟内为鲁沙尔镇角木口巷，内侧（东）红崖沟内为红崖沟村。壕堑内长有冰草、马莲。该段壕堑南接红崖沟长城，西北与南门壕堑1段相连。

该段壕堑起自GPS0137点，止于GPS0172点，全长2371.5米。壕堑削山部分有的残存，有的坍塌成缓坡，残存部分高2.5～3米，部分壕堑被自然掩埋成台状，台宽9.8～10.3米，壕堑口宽7～14、底宽1.3～6.8、深0.3～2.5米，垄底宽3～4.5、顶宽1.3～3、高0.3～1.5米。此段壕堑的建筑方式为依山势从高处向下削挖，形成一定角度的陡壁，土堆低处为垄，从而构成壕堑，以达到军事防御的目的。依保存状况分为十个自然段：

第一自然段：起自GPS0137点，止于GPS0138点，长41米。壕堑保存一般。此段壕堑呈南北向由山根而上。削山部分坍塌成缓坡；壕堑口宽14、底宽5、深1.8～2.5米，垄底宽4.5、顶宽3、高1.2米。壕堑底部有水流冲刷痕迹。2.5米～3米段长0.5米壕堑东部被人为挖成豁口；垄顶部有人为踩踏痕迹。

第二自然段：起自GPS0138点，止于GPS0139点，长31米。壕堑保存差。此段壕堑呈西南至东北向沿山坡向上延伸。削山部分成缓坡；壕堑中部略凹，垄坍塌无存。壕堑东南部有长3～7米的3处被便道所毁。壕堑底部人为踩踏、水流冲刷痕迹非常明显。

第三自然段：起自GPS0139点，止于GPS0141点，长142米。壕堑保存较差。此段壕堑呈东南至西北向由山坡至山顶。削山部分坍塌较为严重，高2.5～3米，壕堑口宽7.5～10、底宽1.3～3、深0.3～1.6米，垄底宽3～5、顶宽1.3～2.2、高0.3～1.1米。102米～107.4米段长5.4米壕堑被便道所毁。壕堑底部水流冲刷严重，挖有许多育林坑，横向有几条人为长期踩踏而成的便道，东部挖削部分被踩踏出几个豁口。

第四自然段：起自GPS0141点，止于GPS0151点，长588.5米。壕堑保存差。此段壕堑呈西南至东北向沿山梁西北侧分布。0米～218.5米段壕堑现辟为山路，仅余痕迹可辨，宽约6～8米；218.5米～588.5米段壕堑削山部分坍塌成缓坡，壕堑被自然掩埋成台状，台宽9.8～10.3米，局部略凹；其中300.5米山嘴处壕堑特征较为明显，口宽7、底宽4.1、深0.3～0.8米。

第五自然段：起自GPS0151点，止于GPS0152点，长22米。壕堑消失。壕堑被冲沟所毁。其东侧有山路，路旁有砖砌水房一个。

第六自然段：起自 GPS0152 点，止于 GPS0156 点，长 259 米。壕堑保存差。此段壕堑呈东南至西北向沿山梁西南侧分布。削山部分坍塌成缓坡；壕堑被自然掩埋，中部略凹。壕堑内侧埋设有自来水管。

第七自然段：起自 GPS0156 点，止于 GPS0157 点，长 39 米。壕堑保存较差。此段壕堑呈南北向沿山梁西侧缓下。东部向下削挖，土堆南西侧为垄。削山部分坍塌成缓坡，壕堑口宽 14、底宽 6.8、深 0.5 ~ 1.6 米，垄底宽 4、顶宽 2、高 0.5 ~ 1.5 米。壕堑东部埋设有自来水管，底部有雨水冲刷痕迹。

第八自然段：起自 GPS0157 点，止于 GPS0158 点，长 81 米。壕堑消失。该段壕堑被耕地所破坏。

第九自然段：起自 GPS0158 点，止于 GPS0171 点，长 809 米。壕堑保存差。此段壕堑先呈东南至西北向沿山梁西南侧平行分布，至 GPS0162 点转为西南至东北向沿山梁西北侧分布。削山部分坍塌成缓坡；壕堑被自然掩埋，中部略凹。655 米 ~ 809 米段壕堑被辟为耕地，仅有痕迹可辨。GPS0160 点东面沟内为塔尔寺，753 米处由山坡向下有一道土墙，为原县政府院墙。

第十自然段：起自 GPS0171 点，止于 GPS0172 点，长 359 米。壕堑消失。此段壕堑呈东南至西北向沿山坡而下。壕堑现被平整为耕地。GPS0172 点东侧有原来旧县城所建的监狱，现成土围状。

该段壕堑分布于红崖沟村西面的山上，受人类生产、生活活动及自然因素的破坏较为严重，整体保存状况差。全长 2371.5 米，其中 41 米保存一般，181 米保存较差，1687.5 米保存差，462 米消失。损毁原因可分为自然因素和人为因素两个方面，主要表现为山体滑坡、风雨侵蚀、洪水冲击、植物生长及耕地蚕食、修路、埋设水管等。

壕堑因长期受雨水冲刷严重，其内均不同程度地填有两侧的坍塌堆土及雨水冲刷的淤土，其原貌已失。为了进一步地了解壕堑的内部结构，我们对本段壕堑局部进行了解剖。解剖地点位于第四自然段从 GPS0148 点开始 15 米处，解剖结果如下。堆积从上向下共分三层：①表土层，深褐色，质地疏松，含砂砾较多，厚 0.15 ~ 0.5 米；②红褐色土，质地较为坚硬，含有砂砾、石渣，厚 0 ~ 1.5 米；③灰褐色土，质地较为紧密，垄外侧分布较厚，厚 0.1 ~ 1.2 米。生土为黄土。壕堑开口于②层下，口宽 7、底宽 2.5、深 2.2 米，垄底宽 2.7、顶宽 0.6、高 0.85 米（图一〇；彩图六六）。

（19）第十九段　南门壕堑 1 段（编码：6301223822021700008）

位于湟中县鲁沙尔镇角木口巷内。该段壕堑起自鲁沙尔镇角木口巷东，止于鲁沙尔镇南门村东 0.04 千米处的山坡上。此段壕堑呈东南至西北向横截角木口巷所在山沟。鲁（沙尔镇）多（巴镇）公路穿过该段壕堑，止点（GPS0173）西北距八卡河 1.02 千米。该段长城东南接红崖沟壕堑，西北与南门壕堑 2 段相连。

该段长城起自 GPS0172 点，止于 GPS0173 点，全长 305 米。实地调查中，据当地一位老人介绍，此段长城原为壕堑，后因村庄建设被毁，于是我们按壕堑登记。但从此处的地形、地貌来分析，该段长城应为夯筑土墙，此位老人可能记忆有误。

该段长城地处村庄之中，因村庄建设而使该段长城消失无存。损毁原因主要为人为因素的破坏，表现为村庄建设等。

该段长城所在的沟谷是通向湟中县西南部的一条通道。据记载："镇海营所管：七里有小康缠暗门，十里有等寺沟暗门，十里有大康缠暗门，十里有乾河暗门，十二里有页峡子暗门，三十五里有大

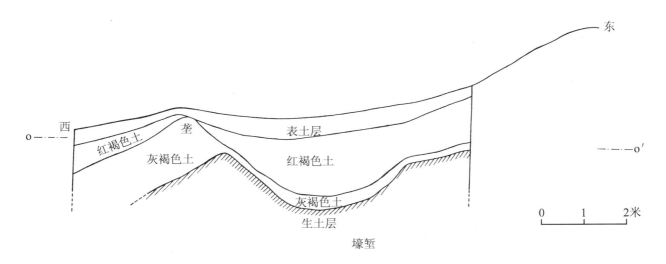

图一〇　湟中县红崖沟壕堑剖面图

班沙儿暗门，四十里有小班沙儿暗门，俱系极要。"[1] 清初镇海营设在今通海堡，该处南距此段长城约20千米；上营村、下营村、南门村等所在地域至今仍合称班沙儿；另外该段长城北侧为南门村，"南门"在青海方言中通"暗门"。名称、里距与文献记载基本吻合，依此推测"小班沙儿暗门"应开在此段长城上。

（20）第二十段　南门壕堑2段（编码：630122382202170009）

位于湟中县鲁沙尔镇南门村东北面的山上。该段壕堑起自鲁沙尔镇南门村东0.04千米处的山坡上，止于鲁沙尔镇海马泉村五社南0.2千米处的山坡上。此段壕堑呈西南至东北向沿南门村东面山梁而上，至GPS0187点转为东南至西北向沿山腰向下分布。鲁（沙尔镇）多（巴镇）公路从壕堑起点（GPS0173）南侧通过，通往莲花山顶电视转播塔的水泥路穿过该段壕堑，止点（GPS0191）西北距八卡河0.5千米。壕堑外侧（西北）山下有南门村、海马泉村，内侧（东南）山下有清泉一村、清泉二村、塔尔湾村。该段壕堑东南接南门壕堑1段，西北与海马泉长城相连。

该段壕堑起自GPS0173点，止于GPS0191点，全长1605.8米。此段壕堑依地势的不同采取不同的构筑方式，山腰较为陡峭处从高处向下削挖，形成一定角度的陡壁，土堆低处为垄，从而构成壕堑，以达到军事防御的目的；山坡较为平缓处向下掘地挖土成沟，土堆两侧为垄。依保存状况分为十个自然段：

第一自然段：起自GPS0173点，止于GPS0175点，长154米。壕堑保存差。此段壕堑呈西南至东北向沿山梁而上。0米～44米段壕堑仅存西北垄，垄底宽3.4、顶宽1、高0.7～1米。壕堑东南端被平整为阶地，种有杨树；110米～154米段壕堑被自然掩埋，中部略凹。山坡上长有杨树、沙棘及冰草等。

第二自然段：起自GPS0175点，止于GPS0178点，长271.8米。壕堑消失。0米～125米段壕堑因修通往莲花山顶的电视转播塔的水泥路被毁；125米～227.8米段壕堑因平整土地被毁，现此处退耕还草，种有沙棘、柠条等；227.8米～271.8米段壕堑因平整土地被毁，现此处退耕还草，成槽状，底部较平，宽14～16米。东南侧山梁上长有榆树、梨树。

〔1〕（清）杨应琚：《西宁府新志》卷十三《建置·关隘》，青海人民出版社，1988年，第335页。

第三自然段：起自GPS0178点，止于GPS0180点，长167米。壕堑保存差。此段壕堑呈西南至东北向沿山梁分布。壕堑被人为拓宽成槽状，宽约15米，槽底曾被平整为耕地，现退耕还草，槽底中部凹，壕堑依稀可辨。地表长有沙棘、冰草。

第四自然段：起自GPS0180点，止于GPS0181点，长35米。壕堑消失。该段壕堑因平整土地而消失。现此处退耕还草，种有沙棘、柠条等。

第五自然段：起自GPS0181点，止于GPS0184点，长198米。壕堑保存差。此段壕堑呈西南至东北向沿山梁而上。壕堑中部凹；垄不清；壕堑曾被平整为耕地，现退耕还草。地表长有沙棘、冰草。

第六自然段：起自GPS0184点，止于GPS0185点，长33米。壕堑消失。该段壕堑被水泥路破坏。壕堑东侧为刘琪庙的山门。

第七自然段：起自GPS0185点，止于GPS0186点，长26米。壕堑保存差。此段壕堑呈南北向沿山梁疾上。壕堑仅剩痕迹可辨，其底部有人为践踏、雨水冲刷痕迹。

第八自然段：起自GPS0186点，止于GPS0187点，长111米。壕堑消失。该段壕堑被通往莲花山顶的水泥台阶破坏。台阶东侧为杨树、沙棘林。

第九自然段：起自GPS0187点，止于GPS0190点，长284米。壕堑保存差。此段壕堑呈东南至西北向沿山腰缓下。削山部分坍塌成缓坡；壕堑中部略凹，曾被平整为耕地，现退耕还草。地表长满冰草。

第十自然段：起自GPS0190点，止于GPS0191点，长326米。壕堑消失。该段壕堑被平整为耕地。

该段壕堑分布于南门村东北面的山上，山下村庄众多，人类活动较为频繁，受人为因素的破坏极为严重，整体保存状况差。壕堑全长1605.8米，其中829米保存差，776.8米消失。损毁原因以人为因素的破坏为主，自然因素次之，主要表现为平整土地、修路、植树种草、践踏及风雨侵蚀、植物生长等。

（21）第二十一段　海马泉长城（编码：630122382101170012）

位于湟中县鲁沙尔镇海马泉村与甘河滩镇上营村之间的平川内。该段长城属土墙，起自鲁沙尔镇海马泉村五社南0.2千米处的山坡上，止于甘河滩镇上营村上营城门南侧。此段墙体呈东南至西北向由海马泉村五社南面山坡上穿过村子沿鲁（沙尔镇）多（巴镇）公路东北侧分布。新修鲁（沙尔镇）多（巴镇）公路、海（马泉）阴（塘）公路穿过该段长城，八卡河呈西南至东北向从该段长城间流过。墙体内侧（东北）为西堡乡所在的石灰沟，外侧（西南）为甘河滩。墙体分布区域经过的村庄由南向北有海马泉村、卡跃村及上营村。该段墙体东南接南门壕堑2段，西北与上营长城相连。

该段墙体起自GPS0191点，止于GPS0197点，全长1700.1米。墙体底宽0.9～1.5、顶宽0.2～0.6、残高1～2.5米，夯层厚0.13～0.29米。此段墙体系在自然基础上用含有砂砾的黄土、黑灰色土分段夯筑而成。依保存状况分为六个自然段：

第一自然段：该段起自GPS0191点，止于GPS0192点，长24米。墙体消失。该段墙体被耕地所毁。

第二自然段：该段起自GPS0192点，止于GPS0193点，长129.5米。墙体保存较差。墙体底宽0.9、顶宽0.2～0.5、残高1～2米，夯层厚0.13～0.22米，夯层随地势由南向北倾斜。墙体外侧为耕地，内侧为冲沟，其内种有杨树。4米～13.4米段长9.4米墙体被人为挖毁；82.4米～84.1米段长1.7米墙体被便道所毁；85.5米～86.5米段长1米墙体因埋设水管破坏；118.2米～127米段长8.8米墙体外侧曾住有人家，壁被人为削直，表面抹泥，挖有烟灶和炕洞等，西、北面还留有围墙。墙体顶部及两侧堆土上长满杂草。

第三自然段：该段起自GPS0193点，止于GPS0194点，长640米。墙体消失。该段墙体因村庄建设及修公路被毁。海（马泉）阴（塘）公路穿过该段墙体，八卡河呈西南至东北向从该段墙体间流过。

第四自然段：该段起自GPS0194点，止于GPS0195点，长580米。0米~19.4米段墙体保存一般，底宽1.5、顶宽0.6、残高2.5米，夯层厚0.14~0.28米。沿墙体顶部纵向有一条构造性裂隙把墙体一分为二，西侧一半墙体夯层较为清晰，含砂砾较少，东侧一半墙体含砂砾较多，夯层不清，质地也较为疏松；墙体南端下基础外露0.3~0.6米，为砂砾层。墙上长有杏树7棵。墙体外侧为鲁多公路，内侧为卡跃村一社村民李启森家。19.4米~580米段长560.6米墙体被村庄、耕地所毁。新修鲁（沙尔镇）多（巴镇）公路过该段墙体。

第五自然段：该段起自GPS0195点，止于GPS0196点，长26.6米。墙体保存较差。墙体底宽1、顶宽0.4~0.9、残高0.5~1.5米，夯层厚0.2~0.29米。墙体内外两侧坍塌堆土较多，几与墙体顶部齐平。9.2米~13.5米段长4.3米墙体被人为取土挖毁。墙体顶部有人为攀爬、踩踏痕迹。墙体南面因取土形成高约15米的断崖，崖下为卡跃村二社村民黎枝寿家，北面为上营村七社黎增云家，东西两侧有围墙，园内种有杨树，西侧堆土及墙体上也有杨树。该树园属于黎枝寿家。

第六自然段：该段起自GPS0196点，止于GPS0197点，长300米。墙体消失。该段墙体因村庄建设而破坏无存。止点北为上营城门。

该段墙体地处平川之中，人类活动频繁，受到村庄建设等人为因素的破坏极为严重，整体保存状况差。全长1700.1米，其中19.4米保存一般，144米保存较差，1536.7米消失。损毁原因以人为因素的破坏为主，自然因素次之，主要表现为村庄建设、耕地蚕食、修筑公路、搭建房屋、攀爬践踏及风雨侵蚀、鼠洞、植物生长等。

（22）第二十二段　上营长城（编码：6301223821011170013）

位于湟中县甘河滩镇下营村中及其北面的平川内。该段长城属土墙，起自甘河滩镇上营村上营城门南侧，止于甘河滩镇下营村北0.72千米处的台地上。此段墙体从上营城门开始呈南北向穿过下营村，至下营村北面台地上止。鲁（沙尔镇）多（巴镇）公路从墙体西侧呈东南至西北向通过，墙体东南距八卡河1.1千米。墙体内侧（东）为西堡乡所在的石灰沟，外侧（西）为甘河滩。该段墙体南接海马泉长城，北与下营壕堑相连，起点向东0.035千米处有建于清代乾隆年间的关帝庙一座；GPS0204点与晚期增筑墙体——下营长城相连。

该段墙体起自GPS0197点，止于GPS0208点，全长1409.3米。墙体底宽1.6~3.5、顶宽0.4~0.7、残高0.5~5.2米，夯层厚0.1~0.16米。此段墙体系在自然基础上用黄土、黑灰色土、红土分段夯筑而成。依保存状况分为九个自然段：

第一自然段：该段墙体起自GPS0197点，止于GPS0198点，长18.3米。0米~8米段为上营城门，保存一般。城门内为长方形，外呈拱形，以青砖包砌；门宽3.1、高3.5、进深7.55米；以毛石垒砌基础，高0.95米，其余土坯砌筑，外表抹泥。城门上有土木结构门楼一座，灰瓦硬山顶，面宽三间，进深两间（彩图六七）。该城门至今仍是上营村村民出入的主要通道（图一一；彩图六八）；8米~18.3米段长10.3米为上营关西南角楼，被人为挖毁。

第二自然段：该段墙体起自GPS0198点，止于GPS0199点，长53米。墙体保存一般。该段墙体为上营关西墙，底宽2.8、顶宽0.4~0.7、残高4~5.2米，夯层厚0.13~0.14米。2.8米~6.3米段长3.5米墙体被关内居民孙生云家修大门所破坏。墙体中段顶部有村民用土坯间泥砌筑长约1.5、高

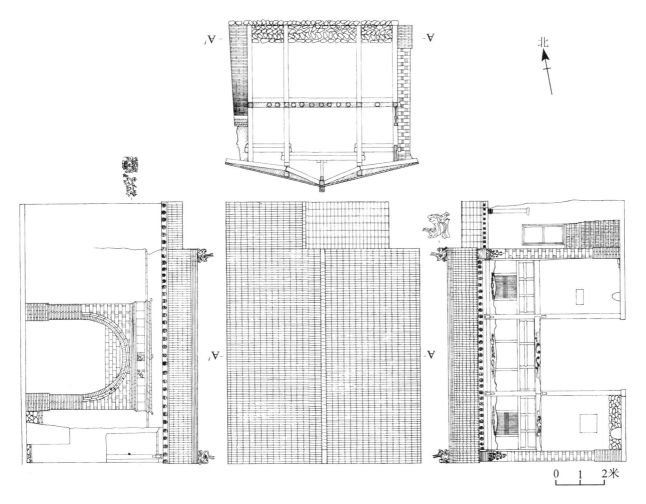

图一一　湟中县上营城门平、剖、立面图

1.2米部分。墙体内外侧均搭建有房屋，其中外侧自基础向下切削约2.5～3米。

第三自然段：该段墙体起自GPS0199点，止于GPS0200点，长43米。墙体保存较差。墙体底宽1.7、顶宽0.5、残高0.5～2.4米，夯层不清。该段墙体坍塌严重，内侧挖削严重，紧贴墙壁种有杨树；外侧自基部向下切削约4米建房，墙体高悬。

第四自然段：该段墙体起自GPS0200点，止于GPS0201点，长690米。墙体消失。该段墙体被村庄、公路及农田所破坏。

第五自然段：该段墙体起自GPS0201点，止于GPS0202点，长32米。墙体保存差。该段墙体被内外两侧耕地蚕食严重，呈土垄状，现为田埂，夯层厚0.16米。0米～26米段墙体外侧挖削严重；26米～32米段长6米墙体内侧挖削严重，外侧堆土至顶。墙体上长满冰草。

第六自然段：该段墙体起自GPS0202点，止于GPS0203点，长216米。墙体消失。该段墙体被耕地破坏。

第七自然段：该段墙体起自GPS0203点，止于GPS00204点，长55米。墙体保存较差。墙体底宽1.6、顶宽0.5、残高1.5米，夯层厚0.1～0.16米。墙体坍塌严重，内外两侧被堆土所掩埋。墙体顶部有践踏痕迹。墙体内外两侧均为耕地，内侧高于外侧。GPS0203点向东5.6米处为下营长城（晚期增筑墙体）GPS10 点。

第八自然段：该段墙体起自 GPS0204 点，止于 GPS00207 点，长 240 米。墙体保存一般。墙体底宽 3.5、顶宽 0.6、残高 2~3.5 米，夯层厚 0.1~0.15 米。墙体内外两侧堆土至顶成缓坡状，顶部有践踏痕迹。65 米~76 米段、93 米~97.3 米段共长 15.3 米墙体被平整为耕地，仅剩底部；146.3 米~151.7 米段长 5.4 米墙体上部因埋设电缆被毁。墙体内外两侧均为耕地。墙体顶部及两侧堆土上长满冰草。GPS0204 点为本段长城与下营长城交汇之处。

第九自然段：该段墙体起自 GPS0207 点，止于 GPS0208 点，长 62 米。墙体保存较差。墙体残高约 1~1.5 米，底宽、顶宽及夯层厚度均不详。墙体内外两侧堆土至顶呈缓坡状。墙体顶部有践踏痕迹。墙体外侧为荒地，内侧为坟地。墙体顶部及两侧堆土上长满冰草。GPS0208 点西北 0.08 千米处有座山神庙。

该段墙体地处人类活动频繁的平川之中，受人类生产、生活活动的破坏极为严重，整体保存状况差。全长 1409.3 米，其中 297.5 米保存一般，160 米保存较差，32 米保存差，919.8 米消失。损毁原因以人为因素的破坏为主，自然因素次之，主要表现为村庄建设、耕地蚕食、搭建房屋、埋设电缆及自然坍塌、植物生长等。

该段墙体外侧的甘河滩是连接西川与南川的交通要道，内侧的石灰沟则是通往西宁的一条重要通道，故在此段墙体上开门以供出入。据记载："镇海营所管：七里有小康缠暗门，十里有等寺沟暗门，十里有大康缠暗门，十里有乾河暗门，十二里有页峡子暗门，三十五里有大班沙儿暗门，四十里有小班沙儿暗门，俱系极要。"[1] 清初镇海营设在今通海堡，该处南距上营城门约 18 千米；上营村、下营村、南门村等所在地域至今仍合称班沙儿。名称、里距与文献记载基本吻合，依此推测上营城门应为文献记载中的"大班沙儿暗门"。

（23）第二十三段　下营壕堑（编码：630122382202170010）

位于湟中县甘河滩镇下营村北面的台地及山上。该段壕堑起自甘河滩镇下营村北 0.72 千米处的台地上，止于甘河滩镇前跃村西 0.8 千米处的前跃沟底。此段壕堑呈南北向沿下营村北面台地分布，至 GPS0215 点沿山坡而上，从 GPS0228 点开始沿山坡而下直至前跃沟底。壕堑内侧（东）前跃沟内有前跃村，外侧（西）山下为甘河滩工业区，有鲁（沙尔镇）多（巴镇）公路通过。壕堑内长满冰草、蒿草及沙棘等。该段壕堑南接上营长城，东北与前跃壕堑相连；止点（GPS0231）东距李九烽火台 1.35 千米。

该段壕堑起自 GPS0208 点，止于 GPS0231 点，全长 1821 米。壕堑口宽 5~7、底宽 2~4.5、深 0.4~0.8 米；垄底宽不详，顶宽 1.4、高 0.4~0.8 米。该段壕堑依地势的不同采取不同的构筑方式，陡峭处从高处向下削挖，形成一定角度的陡壁，土堆低处为垄，从而构成壕堑，以达到军事防御的目的；平缓处向下掘地挖土成沟，土堆两侧为垄。依保存状况分为十个自然段：

第一自然段：起自 GPS0208 点，止于 GPS0209 点，长 187 米。壕堑保存较差。此段壕堑呈南北向沿台地西侧分布。壕堑口宽 7、底宽 3.5~4.5、深 0.7~1.3 米，东垄底宽 4.5、顶宽 0.7、高 1.3 米，西垄底宽 2.5、顶宽 0.5、高 0.7 米。壕堑现被辟为便道。11 米~173.7 米段长 162.7 米壕堑被水渠和耕地破坏。

第二自然段：起自 GPS0209 点，止于 GPS0211 点，长 98 米。壕堑消失。该段壕堑被耕地所破坏。

第三自然段：起自 GPS0211 点，止于 GPS0213 点，长 146 米。壕堑保存差。此段壕堑先呈西南至

〔1〕（清）杨应琚：《西宁府新志》卷十三《建置·关隘》，青海人民出版社，1988 年，第 335 页。

东北向沿台地西北侧延伸，至 GPS0212 点呈东南至西北向沿台地西南侧分布。削山印痕坍塌无存，高度不详。0 米~50 米段壕堑现被平整为耕地；50 米~146 米段壕堑西南部被水渠破坏，仅余痕迹可辨。

第四自然段：起自 GPS0213 点，止于 GPS0215 点，长 123 米。壕堑消失。该段壕堑被耕地、洪沟、便道所破坏。GPS0215 点向东 0.08 千米处有山神庙一座。

第五自然段：起自 GPS0215 点，止于 GPS0217 点，长 115 米。壕堑保存差。此段壕堑呈南北向沿山坡而上。壕堑中部凹，垄不清。壕堑底部有雨水冲刷痕迹，埋设有自来水管。

第六自然段：起自 GPS0217 点，止于 GPS0219 点，长 74 米。壕堑保存较差。此段壕堑呈南北向沿山坡而上。壕堑口宽 5、底宽 2.5、深 0.6 米，垄尺寸不清。

第七自然段：起自 GPS0219 点，止于 GPS0227 点，长 451 米。壕堑保存差。此段壕堑略呈南北向沿山腰分布。削山印痕坍塌无存，高度不详；壕堑被自然掩埋，仅剩痕迹可辨。壕堑底部埋设有自来水管。

第八自然段：起自 GPS0227 点，止于 GPS0228 点，长 46 米。壕堑保存较差。此段壕堑呈南北向转过山嘴。0 米~25 米段壕堑口宽 6~7、底宽 2~3、深 0.4~0.8 米，垄底宽不详，顶宽 1.4、高 0.4~0.8 米。25 米~46 米段壕堑刚被开垦为耕地，中部凹，垄不清；GPS0228 点处有一自来水管观察井。

第九自然段：起自 GPS0228 点，止于 GPS0230 点，长 320 米。壕堑保存差。此段壕堑呈西南至东北向沿山坡而下。壕堑中部略凹，底部有雨水冲刷痕迹。壕堑现被开辟为耕地和便道。

第十自然段：起自 GPS0230 点，止于 GPS0231 点，长 261 米。壕堑消失。该段壕堑被便道、耕地、乡村公路所破坏。131 米处有山神庙一座；GPS0231 点南侧 0.03 千米处有砂石路通过。

该段壕堑分布于下营村北面的台地及山上，受人类活动的破坏较为严重，壕堑整体保存状况差。壕堑全长 1821 米，其中 290.3 米保存较差，886 米保存差，644.7 米消失。损毁原因以人为因素的破坏为主，自然因素次之，主要表现为平田整地、修路及便道、埋设水管、修水渠及风雨侵蚀、洪水冲击、植物生长等。

（24）第二十四段　前跃壕堑（编码：6301223822202170011）

位于湟中县甘河滩镇前跃村西面的山上。该段壕堑起自甘河滩镇前跃村西 0.8 千米处的前跃沟底，止于甘河滩镇上中沟村东 0.86 千米处的山梁垭口。此段壕堑从前跃沟底呈西南至东北向沿山坡而上，至 GPS0237 点转呈由南向北沿山梁阳面一侧延伸直至山梁垭口处。壕堑西距甘河滩内的鲁（沙尔镇）多（巴镇）公路约 2.5 千米。壕堑内侧（东）沟内有前跃村、丰台沟村，外侧（西）山下有元山尔村。壕堑内长有马莲、冰草等。该段壕堑西南接下营壕堑，西北与丰台沟壕堑 1 段相连；起点（GPS0231）东距李九烽火台 1.35 千米。

该段壕堑起自 GPS0231 点，止于 GPS0253 点，全长 1367 米。壕堑口宽 6.7~7.5、底宽 2.5~3、深 0.6~1.4 米，垄底宽 3.2~4.8、顶宽 1~1.3、高 0.6~1.4 米。此段壕堑依地势的不同采取不同的构筑方式，山腰陡峭处从高处向下削挖，形成一定角度的陡壁，土堆低处为垄，从而构成壕堑，以达到军事防御的目的；山坡平缓处向下掘地挖土成沟，土堆两侧为垄。依保存状况分为十个自然段：

第一自然段：起自 GPS0231 点，止于 GPS0232 点，长 32 米。壕堑保存较差。此段壕堑呈西南至东北向沿山坡而上。壕堑口宽 6.7、底宽 3、深 0.8~1.2 米，东南垄底宽 3.2、顶宽 1、高 0.8 米；西北垄 8 米~12.5 米段长 4.5 米被便道所毁，12.5 米~20 米段长 7.5 米垄上部被便道破坏；20 米~32 米段长 12 米垄内侧被便道切削近直。GPS0231 点南侧 0.03 千米处有砂石路通过。

第二自然段：起自 GPS0232 点，止于 GPS0236 点，长 195 米。壕堑保存差。此段壕堑呈西南至东北向沿山腰分布。0 米~6 米段壕堑被便道所毁。6 米~12.5 米段长 6.5 米壕堑口宽 7.5、底宽 2.5、深 0.6~1.4 米，东垄被便道破坏殆尽；西垄底宽 4.8、顶宽 1.3、高 0.6~1.4 米。12.5 米~195 米段壕堑高处向下削挖，土堆低处为垄，削山部分坍塌成缓坡，壕堑被自然掩埋，仅剩痕迹可辨；69 米~72.3 米段壕堑被便道所毁。壕堑内埋设有自来水管。

第三自然段：起自 GPS0236 点，止于 GPS0237 点，长 105 米。壕堑消失。该段壕堑被耕地破坏。

第四自然段：起自 GPS0237 点，止于 GPS0243 点，长 420 米。壕堑保存差。此段壕堑呈东南至西北向沿山腰分布。壕堑因山体滑坡而掩埋，仅有痕迹可辨。

第五自然段：起自 GPS0243 点，止于 GPS0244 点，长 41 米。壕堑消失。该段壕堑因山体滑坡而消失无存。

第六自然段：起自 GPS0244 点，止于 GPS0245 点，长 79 米。壕堑保存差。此段壕堑呈南北向沿山腰分布。削山印痕坍塌无存，高度不详，壕堑现被平整为耕地，仅剩痕迹可辨。

第七自然段：起自 GPS0245 点，止于 GPS0246 点，长 107 米。壕堑消失。该段壕堑被便道所破坏。

第八自然段：起自 GPS0246 点，止于 GPS0251 点，长 320 米。壕堑保存差。此段壕堑呈西南至东北向沿山腰缓上。削山印痕坍塌无存，高度不详，壕堑外侧被便道破坏严重，仅余痕迹可辨。

第九自然段：起自 GPS0251 点，止于 GPS0252 点，长 26 米。壕堑消失。其中 0 米~17 米段现为便道；17 米~26 米段现为冲沟。此处为山梁垭口。

第十自然段：起自 GPS0252 点，止于 GPS0253 点，长 42 米。壕堑保存差。此段壕堑由垭口呈南北向沿山坡疾上。壕堑中部略凹。17 米~20 米、25 米~29.2 米段共长 7.2 米壕堑被便道所毁。

该段壕堑分布于前跃村西面的山上，受平田整地等人为因素和山体滑坡等自然因素的破坏较为严重，整体保存状况差。壕堑全长 1367 米，其中 32 米保存较差，1039.5 米保存差，295.5 米消失。损毁原因以人为因素的破坏为主，自然因素次之，主要表现为修便道、开荒种地、埋设水管及山体滑坡、风雨侵蚀、洪水冲击、植物生长等。

（25）第二十五段　丰台沟壕堑 1 段（编码：6301223822202170012）

位于湟中县甘河滩镇丰台沟村西面的山上。该段壕堑起自甘河滩镇上中沟村东 0.86 千米处的山梁垭口，止于甘河滩镇丰台沟村西北 0.8 千米处的马圈沟沟脑。此段壕堑由丰台沟村西面山梁垭口开始，略呈南北向沿山梁阳面一侧分布，直至丰台沟村西北马圈沟沟脑。壕堑西距甘河滩工业区铁路约 1.2 千米、鲁（沙尔镇）多（巴镇）公路约 2 千米。壕堑内侧（东）沟内为丰台沟村，外侧（西）山下甘河滩内有上中沟村、下中沟村。壕堑内长有马莲、冰草等。该段壕堑东南接前跃壕堑，西北与丰台沟壕堑 2 段相连。

该段壕堑起自 GPS0253 点，止于 GPS0285 点，全长 2352 米。壕堑削山印痕坍塌无存，高度不详，壕堑被自然掩埋成台状，台宽 5~7 米，壕堑口宽 5.5~6、底宽 0.8~2、深 0.3~1.1 米，垄底宽 3~4、顶宽 0.8~1.4、高 0.4~1 米。此段壕堑依地势的不同采取不同的构筑方式，陡峭处从高处向下削挖，形成一定角度的陡壁，土堆低处为垄，从而构成壕堑，以达到军事防御的目的；平缓处向下掘地挖土成沟，土堆两侧为垄。依保存状况分为九个自然段：

第一自然段：起自 GPS0253 点，止于 GPS0262 点，长 626 米。壕堑保存差。此段壕堑呈西南至东北向沿山梁西北侧分布。削山印痕坍塌无存，高度不详，壕堑被自然掩埋，仅剩痕迹可辨。143.5 米~145 米段、147 米~148 米段共长 2.5 米壕堑被便道所毁；168 米~176 米段长 8 米壕堑口宽 5.5、底宽 1.2、深 0.5~1.1 米，垄底宽 4、顶宽 0.8、高 0.5~1 米。

第二自然段：起自 GPS0262 点，止于 GPS0263 点，长 99 米。壕堑消失。该段壕堑因山体滑坡而消失无存。

第三自然段：起自 GPS0263 点，止于 GPS0266 点，长 181 米。壕堑保存差。此段壕堑呈西南至东北向沿山梁西北侧分布。削山印痕坍塌无存，高度不详，壕堑被自然掩埋成台状，台宽 5 ~ 7 米，略向外倾斜。85 米 ~97 米段长 12 米壕堑口宽 5.6、底宽 2、深 0.4 ~ 0.8 米，垄底宽 3.8、顶宽 0.8、高 0.4 米。

第四自然段：起自 GPS0266 点，止于 GPS0267 点，长 42 米。壕堑保存较差。此段壕堑呈南北向沿山梁西侧疾上。削山印痕坍塌无存，高度不详，壕堑口宽 6、底宽 0.8、深 0.3 ~ 1.1 米，垄底宽 3、顶宽 1.4、高 1 米。壕堑底部有雨水冲刷、人为踩踏痕迹。

第五自然段：起自 GPS0267 点，止于 GPS0268 点，长 80 米。壕堑保存差。此段壕堑呈南北向沿山梁西侧延伸。削山印痕坍塌无存，高度不详；壕堑被自然掩埋成台状，台宽 2.5 ~ 6.5 米，向外倾斜。壕堑东部埋设有自来水管。

第六自然段：起自 GPS0268 点，止于 GPS0269 点，长 34 米。壕堑保存较差。此段壕堑呈南北向沿山梁西侧疾上。削山印痕坍塌无存，高度不详，壕堑口宽 5.5、底宽 1.2、深 0.7 米，垄底宽 3、顶宽 1.3、高 0.6 米。壕堑底部有雨水冲刷、人为踩踏痕迹。

第七自然段：起自 GPS0269 点，止于 GPS0282 点，长 822 米。壕堑保存差。此段壕堑呈西南至东北向沿山梁西北侧分布。削山印痕坍塌无存，高度不详，壕堑被自然掩埋，仅余痕迹可辨。壕堑底部埋设有自来水管，23 米处有自来水管观察井一个。

第八自然段：起自 GPS0282 点，止于 GPS0283 点，长 204 米。壕堑消失。该段壕堑因山体滑坡而消失。

第九自然段：起自 GPS0283 点，止于 GPS0285 点，长 264 米。壕堑保存差。此段壕堑呈东南至西北向沿马圈沟沟脑东北侧分布。削山印痕坍塌无存，高度不详；壕堑被自然掩埋，外侧有坍塌迹象，仅剩痕迹可辨。壕堑削山部分上部埋设有自来水管，外侧下为山路。

该段壕堑分布于丰台沟村西面的山上，受山体滑坡等自然因素的破坏较为严重，整体保存状况差。壕堑全长 2352 米，其中 76 米保存较差，1970.5 米保存差，305.5 米消失。损毁原因以自然因素的破坏为主，人为因素次之，主要表现为山体滑坡、风雨侵蚀、植物生长及整修便道、埋设水管、平地种树等。

（26）第二十六段　丰台沟壕堑 2 段（编码：6301223822202170013）

位于湟中县甘河滩镇丰台沟村西北面的马圈沟内。该段壕堑起自甘河滩镇丰台沟村西北 0.8 千米处的马圈沟沟脑，止于甘沟滩镇坡东村一社东南 1.62 千米的马圈沟内。此段壕堑呈东南至西北向沿马圈沟东北侧山坡而下。壕堑西距甘河滩工业区铁路约 1.3 千米、鲁（沙尔镇）多（巴镇）公路约 2.08 千米。壕堑内侧（东北）为绵延的山体，外侧（西南）为马圈沟。壕堑内长满茂密的马莲、冰草、沙棘等。该段壕堑东南接丰台沟壕堑 1 段，西北与坡东长城 1 段相连。

该段壕堑起自 GPS0285 点，止于 GPS0299 点，全长 802.7 米。壕堑削山部分高 3 ~ 4 米，台宽 5 ~ 6 米，壕堑口宽 4.6 ~6、底宽 1.5 ~ 2.5、深 0.5 ~ 2.2 米，垄底宽 2.5 ~ 4.1、顶宽 0.8 ~ 2.2、高 0.5 ~ 1.6 米。此段壕堑的建筑方式为依山势从高处向下削挖，形成一定角度的陡壁，土堆低处为垄，从而构成壕堑，以达到军事防御的目的。依保存状况分为九个自然段：

第一自然段：起自 GPS0285 点，止于 GPS0286 点，长 40 米。壕堑保存差。此段壕堑呈东南至西北向沿马圈沟东北侧山坡疾下。削山印痕坍塌无存，高度不详；壕堑被自然掩埋，中部略凹。

第二自然段：起自 GPS0286 点，止于 GPS0287 点，长 199.7 米。壕堑保存较差。此段壕堑呈东南至西北向沿马圈沟东北侧山坡疾下。削山部分坍塌成缓坡，壕堑口宽 5.6～6、底宽 2～2.5、深 0.5～1.1 米，垄底宽 3、顶宽 1.3、高 0.5～0.7 米。46 米～51.3 米段长 5.3 米壕堑被山路所毁；57 米～61.2 米段长 4.2 米壕堑被便道破坏。壕堑底部有雨水冲刷痕迹。

第三自然段：起自 GPS0287 点，止于 GPS0291 点，长 240 米。壕堑保存差。此段壕堑呈东南至西北向沿山坡而下。削山印痕坍塌无存，高度不详，壕堑被自然掩埋成台状，台宽 5～6 米，由里向外倾斜。188 米～202 米段壕堑口宽 6、底宽 1.5、深 0.6 米，垄底宽 2.5、顶宽 0.8、高 0.6 米。壕堑被平整为阶地种植柠条，削山部分底部掏有几个窑洞。

第四自然段：起自 GPS0291 点，止于 GPS0294 点，长 104 米。壕堑保存较差。此段壕堑呈东南至西北向沿山坡而下。削山部分高 3～4 米，壕堑口宽 4.6～6、底宽 2～2.3、深 0.5～1.3 米，垄底宽 2.6～4.1、顶宽 1.1～2.2、高 0.5～1 米。壕堑底部及垄上挖有育林坑。GPS0292 点东北侧有一座高压线铁塔。

第五自然段：起自 GPS0294 点，止于 GPS0295 点，长 33 米。壕堑保存一般。此段壕堑呈南北向沿山坡而下。削山部分高 3.5 米，壕堑口宽 5、底宽 1.8、深 1.5～2.2 米，垄底宽 3.1、顶宽 1.2、高 1.2～1.6 米。

第六自然段：起自 GPS0295 点，止于 GPS0296 点，长 70 米。壕堑消失。该段壕堑因修水渠而被毁。

第七自然段：起自 GPS0296 点，止于 GPS0297 点，长 57 米。壕堑保存差。此段壕堑呈东南至西北向沿山坡而下。削山部分坍塌近直，高 3 米，壕堑被自然掩埋，仅有痕迹可辨。0 米～9 米段壕堑被洪水冲毁。

第八自然段：起自 GPS0297 点，止于 GPS0298 点，长 37 米。壕堑保存较差。此段壕堑呈东南至西北向沿山坡而下。削山部分坍塌成缓坡，壕堑口宽 5、底宽 1.3、深 0.7～1.1 米，垄底宽 3.5、顶宽 1.2、高 0.7 米。

第九自然段：起自 GPS0298 点，止于 GPS0299 点，长 22 米。壕堑保存差。此段壕堑呈东南至西北向沿山坡而下。壕堑被垦为耕地，中部略凹，仅有痕迹可辨。

该段壕堑分布于坡东村东南马圈沟东北面的山坡上，受各种人为和自然因素的破坏较为严重，整体保存状况差。壕堑全长 802.7 米，其中 33 米保存一般，340.7 米保存较差，340.5 米保存差，88.5 米消失。损毁原因以人为因素的破坏为主，自然因素次之，主要表现为平田整地、修路、挖窑洞、挖坑种树及表现为风雨侵蚀、洪水冲击、植物生长等。

（27）第二十七段　坡东长城 1 段（编码：630122382101170015）

位于湟中县甘河滩镇坡东村一社东南面的马圈沟内。该段长城属土墙，起自甘河滩镇坡东村一社东南 1.62 千米的马圈沟内，止于甘河滩镇坡东村一社东南 1.45 千米的马圈沟内。此段墙体呈东南至西北向横截洪沟沟口。墙体内侧（东北）为洪沟，外侧（西南）为马圈沟。该段墙体东南接丰台沟壕堑 2 段，西北与坡东壕堑 1 段相连。

该段墙体底宽 1.2、顶宽 0.5、残高 2.1 米，夯层厚 0.13～0.16 米，墙体起自 GPS0299 点，止于 GPS0301 点，全长 193.3 米。此段墙体系在自然基础上用黑灰色土分段夯筑而成。依保存状况分为两个自然段：

第一自然段：起自 GPS0299 点，止于 GPS0300 点，长 68 米。墙体消失。该段墙体因洪水冲击、平田整地而破坏。

第二自然段：起自 GPS0300 点，止于 GPS0301 点，长 125.3 米。0 米～7.3 米段墙体保存一般，底宽 1.2、顶宽 0.5、残高 2.1 米，夯层厚 0.13～0.16 米，夯层中似有椓木孔洞，孔径 0.05 米；其中 0 米～2.4 米段墙体仅剩内侧一半，2.4 米～7.3 米段长 4.9 米墙体顶部横向有构造性裂隙，外侧墙体有垮落迹象，版接缝明显，内侧底部有鼠洞；墙体内侧为耕地，外侧为土路，内侧高于外侧；墙体顶部长满杂草。7.3 米～125.3 米段长 118 米墙体被耕地所毁。

该段墙体位于洪沟沟口，被各种人为和自然因素破坏殆尽，仅残存一小段墙体，整体保存状况差。全长 193.3 米，其中 7.3 米保存一般，186 米消失。损毁原因以人为因素的破坏为主，自然因素次之，主要表现为耕地蚕食及洪水冲击。

（28）第二十八段　坡东壕堑 1 段（编码：630122382202170014）

位于湟中县甘河滩镇坡东村一社东南面的马圈沟内。该段壕堑起自甘河滩镇坡东村一社东南 1.45 千米的马圈沟内，止于甘河滩镇坡东村一社东南 1.28 千米处的马圈沟内。此段壕堑呈东南至西北向沿马圈沟东北部山根分布。壕堑内侧（东北）为绵延的山体，外侧（西南）为马圈沟。该段壕堑东南接坡东长城 1 段，西北与坡东长城 2 段相连。

该段壕堑起自 GPS0301 点，止于 GPS00304 点，全长 169 米。此段壕堑的建筑方式为依山势从高处向下削挖，形成一定角度的陡壁，土堆低处为垄，从而构成壕堑，以达到军事防御的目的。依保存状况分为三个自然段：

第一自然段：起自 GPS0301 点，止于 GPS0302 点，长 56 米。壕堑保存差。削山部分高 4～5 米，壕堑现辟为路，宽 3.5～5.5 米，仅有痕迹可辨。

第二自然段：起自 GPS0302 点，止于 GPS0303 点，长 68 米。壕堑消失。该段壕堑因平田整地而破坏。

第三自然段：起自 GPS0303 点，止于 GPS0304 点，长 45 米。壕堑保存差。削山印痕坍塌无存，高度不详，壕堑现辟为路，宽 10～12 米，仅有痕迹可辨。

该段壕堑受人类生产、生活活动的破坏较为严重，整体保存状况差。全长 169 米，其中 101 米保存差，68 米消失。损毁原因以人为因素的破坏为主，自然因素次之，主要表现为平田整地、山路破坏及风雨侵蚀等。

（29）第二十九段　坡东长城 2 段（编码：630123382101170016）

位于湟中县甘河滩镇坡东村一社东南面的马圈沟内。该段长城属土墙，起自甘河滩镇坡东村一社东南 1.28 千米处的马圈沟内，止于甘河滩镇坡东村一社东南 1.24 千米处的马圈沟内。此段墙体呈东南至西北向横截自然冲沟沟口。墙体内侧（东北）为冲沟，现垦为耕地，外侧（西南）为土路。该段墙体东南接坡东壕堑 1 段，西北与坡东壕堑 2 段相连。

该段墙体起自 GPS0304 点，止于 GPS0306 点，全长 60 米。墙体底宽 0.8～1.4、顶宽 0.4～0.5、残高 1.3～1.5 米，夯层厚 0.14～0.16 米。此墙体系在自然基础上用黄土夯筑而成。依保存状况分为两个自然段：

第一自然段：起自 GPS0304 点，止于 GPS0305 点，长 37 米。墙体保存较差。墙体底宽 0.8～1.4、顶宽 0.4～0.5、残高 1.3～1.5 米，夯层厚 0.14～0.16 米。墙体顶部几与内侧耕地齐平，墙体坍塌严重，人为攀爬痕迹明显，墙体外侧局部堆土较多。21 米～24.7 米段长 3.7 米墙体坍塌，仅剩底部。墙体顶部及堆土上长满杂草。

第二自然段：起自 GPS0305 点，止于 GPS0306 点，长 23 米。墙体消失。该段墙体被耕地和便道所毁。

该段墙体位于自然冲沟沟口，受人类活动的破坏较为严重，整体保存状况较差。全长 60 米，37 米保存较差，23 米消失。损毁原因以人为因素的破坏为主，自然因素次之，主要表现为扩张耕地、便道破坏、攀爬、踩踏及自然坍塌、片状剥离、酥碱等。

（30）第三十段　坡东壕堑 2 段（编码：630122382202170015）

位于湟中县甘河滩镇坡东村一社东南面的马圈沟内。该段壕堑起自甘河滩镇坡东村一社东南 1.24 千米处的马圈沟内，止于甘河滩镇坡东村一社东南 1.14 千米处的马圈沟内。此段壕堑呈东南至西北向沿马圈沟东北侧山根上部分布。壕堑内侧（东北）为绵延向上的山体，外侧（西南）为马圈沟。该段壕堑东南接坡东长城 2 段，西北与坡东长城 3 段相连。

该段壕堑起自 GPS0306 点，止于 GPS00308 点，全长 120 米。此段壕堑的建筑方式为依山势从高处向下削挖，形成一定角度的陡壁，土堆低处为垄，从而构成壕堑，以达到军事防御的目的。依保存状况分为两个自然段：

第一自然段：起自 GPS0306 点，止于 GPS0307 点，长 34 米。壕堑消失。该段壕堑被羊圈和耕地破坏。

第二自然段：起自 GPS0307 点，止于 GPS0308 点，长 86 米。壕堑保存差。削山部分局部坍塌，现高 5 米；壕堑现被平整为耕地，仅有痕迹可辨。

该段壕堑受人类生产活动的破坏较为严重，整体保存状况差。全长 120 米，其中 86 米保存差，34 米消失。损毁原因以人为因素的破坏为主，自然因素次之，主要表现为平田整地、建羊圈及风雨侵蚀等。

（31）第三十一段　坡东长城 3 段（编码：630122382101170017）

位于湟中县甘河滩镇坡东村一社东南面的马圈沟内。该段长城属土墙，起自甘河滩镇坡东村一社东南 1.14 千米处的马圈沟内，止于甘河滩镇坡东村一社东南 1.1 千米处的马圈沟内。此段长城呈东南至西北向横截自然冲沟沟口。长城内侧（东北）为冲沟，现垦为耕地，外侧（西南）为耕地。该段墙体东南接坡东壕堑 2 段，西北与坡东壕堑 3 段相连。

该段墙体起自 GPS0308 点，止于 GPS0309 点，全长 44 米。走访当地村民得知，此段原筑有土墙，后被毁，现此处为耕地。

该段长城受人类活动的影响，整段长城消失无存。损毁原因主要为人为因素的破坏，表现为平田整地等。

（32）第三十二段　坡东壕堑 3 段（编码：630122382202170016）

位于湟中县甘河滩镇坡东村一社东南面的马圈沟内。该段壕堑起自甘河滩镇坡东村一社东南 1.1 千米处的马圈沟内，止于甘河滩镇坡东村一社东南 0.8 千米处的马圈沟内。此段壕堑呈东南至西北向沿马圈沟东北侧山根上部分布。壕堑内侧（东北）为绵延向上的山体，外侧（西南）为马圈沟。该段壕堑东南接坡东长城 3 段，西北与坡东长城 4 段相连。

该段壕堑起自 GPS0309 点，止于 GPS00316 点，全长 304 米。此段壕堑的建筑方式为依山势从高处向下削挖，形成一定角度的陡壁，土堆低处为垄，从而构成壕堑，以达到军事防御的目的。削山部分坍塌痕迹明显，高 3～5 米，壕堑现被平整为耕地，仅有痕迹可辨。

该段壕堑受人类生产活动的破坏较为严重，整体保存状况差。全部 304 米壕堑均保存差。损毁原因以人为因素的破坏为主，主要表现为平田整地等。

（33）第三十三段　坡东长城 4 段（编码：630122382101170018）

位于湟中县甘河滩镇坡东村一社东南面的马圈沟内。该段长城属土墙，起自甘河滩镇坡东村一社东南 0.8 千米处的马圈沟内，止于甘河滩镇坡东村一社东南 0.78 千米处的马圈沟内。此段长城呈东南至西北向横截自然冲沟沟口。长城内侧（东北）为冲沟，外侧（西南）为耕地。该段墙体东南接坡东壕堑 3 段，西北与坡东壕堑 4 段相连。

该段长城起自 GPS0316 点，止于 GPS0317 点，全长 33 米。走访当地村民得知，此段原筑有土墙，后被毁，现此处为耕地。

该段长城受人类活动的影响，整段长城消失无存。损毁原因主要为人为因素的破坏，表现为平田整地等。

（34）第三十四段　坡东壕堑 4 段（编码：630122382202170017）

位于湟中县甘河滩镇坡东村一社东南面的马圈沟内。该段壕堑起自甘河滩镇坡东村一社东南 0.78 千米处的马圈沟内，止于甘河滩镇坡东村一社东山根下。此段壕堑呈东南至西北向沿马圈沟东北侧山根上部分布。壕堑西距鲁（沙尔镇）多（巴镇）公路 0.55 千米、甘河滩工业区铁路 0.02 千米。壕堑内侧（东北）为绵延向上的山体，外侧（西南）为马圈沟。地表长有柠条、马莲及冰草等。该段壕堑东南接坡东长城 4 段，西北与坡东长城 5 段相连。

该段壕堑起自 GPS0317 点，止于 GPS00342 点，全长 1474 米。此段壕堑的建筑方式为依山势从高处向下削挖，形成一定角度的陡壁，土堆低处为垒，从而构成壕堑，以达到军事防御的目的。依保存状况分为七个自然段：

第一自然段：起自 GPS0317 点，止于 GPS0318 点，长 51 米。壕堑消失。该段壕堑因山体滑坡、修水渠及平整土地而被毁。

第二自然段：起自 GPS0318 点，止于 GPS0321 点，长 178 米。壕堑保存差。此段壕堑呈东南至西北向沿山根上部分布。削山部分雨水冲刷严重，高 5 ~ 6 米；壕堑外侧被耕地下切严重，仅有痕迹可辨。

第三自然段：起自 GPS0321 点，止于 GPS0322 点，长 170 米。壕堑消失。该段壕堑因大面积山体滑坡而消失。

第四自然段：起自 GPS0322 点，止于 GPS0337 点，长 504 米。壕堑保存差。此段壕堑呈东南至西北向沿山根上部分布。削山印痕坍塌无存，高度不详，壕堑现被平整为耕地，仅有痕迹可辨。303.5 米 ~316.5 米段、350 米 ~365 米段共长 28 米壕堑被冲沟所毁。止点西南侧山下为坡东村一社。

第五自然段：起自 GPS0337 点，止于 GPS0338 点，长 123 米。壕堑消失。该段壕堑因山体滑坡而被毁。

第六自然段：起自 GPS0338 点，止于 GPS0341 点，长 373 米。壕堑保存差。此段壕堑呈东南至西北向沿山根上部分布。削山部分坍塌成缓坡，壕堑被自然掩埋，仅有痕迹可辨。GPS0339 点东北侧为一小冲沟。

第七自然段：起自 GPS0341 点，止于 GPS0342 点，长 75 米。壕堑消失。该段壕堑因人为取土被毁。GPS0342 点向东 0.02 千米处有甘河滩工业区铁路通过。

该段壕堑分布于坡东村东南马圈沟东北部的山坡上，受到各种人为和自然因素的破坏严重，整体保存状况差。全长 1474 米，其中 1015 米保存差，459 米消失。损毁原因以自然因素的破坏为主，人为因素次之，主要表现为山体滑坡、风雨侵蚀、洪水冲击及平整土地、取土、修渠、踩踏等。

（35）第三十五段　坡东长城 5 段（编码：630122382101170019）

位于湟中县甘河滩镇坡东村、坡西村之间的平川内。该段长城属土墙，起自甘河滩镇坡东村一社东山根下，止于甘河滩镇坡西村西山坡上。此段墙体呈东南至西北向横截甘河滩。鲁（沙尔镇）多

（巴镇）公路、甘河滩工业区铁路穿过该段墙体。墙体内侧（东北）向北约 5 千米为多巴镇，外侧（西南）向南约 3 千米为甘河滩工业区。该段墙体东南接坡东壕堑 4 段，西与坡西壕堑相连；止点西北距坡西烽火台 1.03 千米。

该段墙体起自 GPS0342 点，止于 GPS0345 点，全长 897 米。墙体底宽 1～1.5、顶宽 0.2～0.8、残高 2～3.5 米，夯层厚 0.25～0.36 米。此段墙体系在自然基础上用黑灰色土夹少量红土夯筑而成。依保存状况分为三个自然段：

第一自然段：起自 GPS0342 点，止于 GPS0343 点，长 840 米。墙体消失。该段墙体 1958 年被毁，现有村庄、耕地和甘河滩工业区铁路。

第二自然段：起自 GPS0343 点，止于 GPS0344 点，长 17 米。墙体保存一般。该段墙体两侧挖削严重，底宽 1、顶宽 0.3～0.8、残高 3.5 米。该段墙体被村民利用为院墙。

第三自然段：起自 GPS0344 点，止于 GPS0345 点，长 40 米。墙体保存一般。0 米～18 米段墙体坍塌无存，两侧堆满墙体残块；18 米～40 米段长 22 米墙体底宽 1.5、顶宽 0.2～0.5、残高 2～3.5 米，夯层厚 0.25～0.36 米。该段墙体由山根沿山坡而上，夯层也随地势而倾斜。墙体南侧自基础向下切削严重，墙体高悬，此处原盖有房屋，部分壁上还残留有草拌泥。该段墙体内侧为坡西村村民胡海英家，外侧为张永科家。

该段墙体地处平川之中，人类活动频繁，受人为因素破坏极为严重，整体保存状况差。全长 897 米，其中 39 米保存一般，858 米消失。损毁原因以人为因素的破坏为主，自然因素次之，主要表现为扩张耕地、村庄建设、修路、取土、依墙盖房及自然坍塌等。

甘河滩为连接西川与南川的主要通道。据当地村民介绍，今鲁（沙尔镇）多（巴镇）公路东侧墙体上原辟有一门，其旁还筑有一城。在《西宁卫志》第 59 页"峡榨"中曾四次提到的"甘河闇门"；据记载："镇海营所管：七里有小康缠暗门，十里有等寺沟暗门，十里有大康缠暗门，十里有乾河暗门，十二里有页峡子暗门，三十五里有大班沙儿暗门，四十里有小班沙儿暗门，俱系极要。"[1]"乾"通"甘"，"暗"通"闇"，这与《西宁卫志》中提到的"甘河闇门"相吻合。清初镇海营设在今通海堡，该处东南距此段墙体约 8.5 千米。里距虽与文献记载出入较大，但根据名称等因素综合来分析，推测原"甘河闇门（乾河暗门）"应开在此段墙体上。

（36）第三十六段　坡西壕堑（编码：6301223822202170018）

位于湟中县甘河滩镇坡西村西面的山上。该段壕堑起自甘河滩镇坡西村西面山坡上，止于汉东回族乡下扎扎村东 1.15 千米处的自然冲沟沟口。此段壕堑从坡西村西面山坡上开始，呈东南至西北向沿山坡斜上，至 GPS0363 点到山顶后又转从另一面山坡而下直至自然冲沟沟口（彩图六九）。该段壕堑分布的山梁略呈南北向，山梁东侧山下为甘河滩，有鲁（沙尔镇）多（巴镇）公路通过，西侧山下为大康城川，汉（东）通（海）公路纵贯川内，大康城川河由南向北流过。壕堑内长有柠条、冰草、沙棘等。该段壕堑东接坡东长城 5 段，西北与下扎扎长城 1 段相连；GPS0362 点向北 0.08 千米处为坡西烽火台。

该段壕堑起自 GPS0345 点，止于 GPS00372 点，全长 1693.2 米。壕堑削山部分高 3～5 米，部分壕堑被自然掩埋成台状，台宽 6～10 米，壕堑口宽 3.5～7、底宽 2～2.8、深 0.3～3.5 米，垄底宽 3～3.5、顶宽 0.8～1.3、高 0.6～1.1 米。此段壕堑的建筑方式为依山势从高处向下削挖，形成一定角度的陡壁，土堆低处为垄，从而构成壕堑，以达到军事防御的目的。依保存状况分为十四个自然段：

〔1〕（清）杨应琚：《西宁府新志》卷十三《建置·关隘》，青海人民出版社，1988 年，第 335 页。

第一自然段：起自 GPS0345 点，止于 GPS0347 点，长 148 米。壕堑保存差。此段壕堑呈东南至西北向沿山坡而上。因山体滑坡、坍塌严重，壕堑仅剩痕迹可辨。地表有人为践踏痕迹。

第二自然段：起自 GPS0347 点，止于 GPS0348 点，长 70 米。壕堑消失。该段壕堑因山体滑坡而消失。

第三自然段：起自 GPS0348 点，止于 GPS0350 点，长 98 米。壕堑保存差。此段壕堑由东向西沿山坡疾上。因山体滑坡严重，壕堑仅剩痕迹可辨。

第四自然段：起自 GPS0350 点，止于 GPS0351 点，长 40 米。壕堑消失。该段壕堑因山体滑坡而破坏。

第五自然段：起自 GPS0351 点，止于 GPS0355 点，长 289 米。壕堑保存差。此段壕堑呈东南至西北向沿山坡缓上。削山部分高 3.5～5 米，壕堑被自然掩埋成平台状，台宽 6～9 米，略向外倾斜。地表挖有育林坑。GPS0353 点北侧有便道斜上；148 米～155 米段壕堑西南部有一人为挖的大坑；173 米处壕堑东北部掏有 3 个窑洞；263 米处有因雨水长期冲刷而塌陷的 2 个大坑。

第六自然段：起自 GPS0355 点，止于 GPS0356 点，长 31 米。壕堑消失。该段壕堑塌陷无存。

第七自然段：起自 GPS0356 点，止于 GPS0357 点，长 124 米。壕堑保存差。此段壕堑呈东南至西北向沿山坡而上。削山部分高 3.5～4.5 米，壕堑被自然掩埋成台状，台宽 6 米，略向外倾斜。地表水流冲刷痕迹明显。

第八自然段：起自 GPS0357 点，止于 GPS0360 点，长 178 米。壕堑保存较差。此段壕堑呈东南至西北向沿山坡而上。削山部分高 3～4 米，壕堑口宽 5.5～6.5、底宽 2.4～2.8、深 0.3～1.8 米，垄底宽 3、顶宽 0.8～1.3、高 0.6～1.1 米。壕堑底部及垄上挖有育林坑。

第九自然段：起自 GPS0360 点，止于 GPS0361 点，长 27 米。壕堑保存差。此段壕堑呈东西向沿山坡缓上。削山部分坍塌严重，高度不详，壕堑被自然掩埋，中部略凹。

第十自然段：起自 GPS0361 点，止于 GPS0362 点，长 45 米。壕堑保存较差。此段壕堑呈东西向沿山坡缓上。削山部分高 4～5 米，壕堑口宽 6.6、底宽 2.7、深 0.8～1.5 米，垄底宽 3.5、顶宽 1.3、高 0.8 米。

第十一自然段：起自 GPS0362 点，止于 GPS0364 点，长 84 米。壕堑保存差。此段壕堑呈东南至西北向沿山坡至山顶后又沿山坡缓下。削山部分坍塌近直，高 4～5 米，壕堑被自然掩埋成台状，台宽 6～10 米，中部略凹。该段壕堑位于山梁顶部，向北 0.08 千米处为坡西烽火台。

第十二自然段：起自 GPS0364 点，止于 GPS0365 点，长 45 米。壕堑消失。该段壕堑因平田整地而破坏。

第十三自然段：起自 GPS0365 点，止于 GPS0366 点，长 21 米。壕堑保存一般。此段壕堑呈东西向沿山坡而下。壕堑口宽 6～7、底宽 2、深 0.8～3.5 米，垄尺寸不清。壕堑底部有雨水冲刷痕迹。

第十四自然段：起自 GPS0366 点，止于 GPS0372 点，长 493.2 米。壕堑保存差。此段壕堑呈东南至西北向沿山坡疾下。削山印痕坍塌无存，高度不详，壕堑被自然掩埋，仅有痕迹可辨。32 米处有一个塌陷大坑；312 米～322 米段壕堑被平田整地之土掩埋无存；368.2 米～371 米段壕堑被山路破坏。

该段壕堑分布于坡西村西面的山上，受山体滑坡等自然因素的破坏严重，整体保存状况差。全长 1693.2 米，其中 21 米保存一般，223 米保存较差，1250.4 米保存差，198.8 米消失。损毁原因以自然因素的破坏为主，人为因素次之，主要表现为山体滑坡、风雨侵蚀、塌陷、植物生长及平整土地、整修便道、挖坑种树等。

（37）第三十七段　下扎扎长城 1 段（编码：6301223382101170020）

位于湟中县汉东回族乡下扎扎村东面的山坡上。该段长城属土墙，起自汉东回族乡下扎扎村东1.15千米处的自然冲沟沟口，止于汉东回族乡下扎扎村东1.13千米处的自然冲沟沟口。此段长城呈东南至西北向横截自然冲沟沟口。长城西侧山下大康城川内有汉（东）通（海）公路、大康城川河。长城内侧（东北）为冲沟，外侧（西南）为耕地。该段长城东南接坡西壕堑，西北与下扎扎壕堑1段相连；起点东南0.55千米处的山梁上为坡西烽火台。

该段长城起自GPS0372点，止于GPS0373点，全长42米。据当地村民介绍，该处原筑有土墙，后因平田整地被毁，现此处为耕地。

该段长城受人类活动的影响，整段长城消失无存。损毁原因主要为人为因素的破坏，表现为平田整地等。

（38）第三十八段　下扎扎壕堑1段（编码：6301223822021 70019）

位于湟中县汉东回族乡下扎扎村东面的山坡上。该段壕堑起自汉东回族乡下扎扎村东1.13千米处的自然冲沟沟口，止于汉东回族乡下扎扎村东0.68千米处的自然冲沟沟口。此段壕堑呈东南至西北向沿山坡而下。壕堑东北为绵延向上的山体，西南山坡下为大康城川，川内有汉（东）通（海）公路、大康城川河。壕堑内长有柠条、冰草、沙棘等。该段壕堑南接下扎扎长城1段，西南与下扎扎长城2段相连；起点东南0.58千米处的山梁上为坡西烽火台。

该段壕堑起自GPS0373点，止于GPS0383点，全长526.2米。壕堑削山印痕坍塌无存，高度不详；壕堑被自然掩埋成台状，台宽6~8米。此段壕堑的建筑方式为依山势从高处向下削挖，形成一定角度的陡壁，土堆低处为垄，从而构成壕堑，以达到军事防御的目的。依保存状况分为两个自然段：

第一自然段：起自GPS0373点，止于GPS0380点，长320米。壕堑保存差。此段壕堑呈东南至西北向沿山坡分布。削山印痕坍塌无存，高度不详，壕堑被自然掩埋成台状，台宽6~8米，向外倾斜。

第二自然段：起自GPS0380点，止于GPS0383点，长206.2米。壕堑消失。该段壕堑被耕地、山路、便道破坏殆尽。

该段壕堑分布于下扎扎村东面的山坡上，受各种人为和自然因素的破坏严重，整体保存状况差。全长526.2米，其中320米保存差，206.2米消失。损毁原因以人为因素的破坏为主，自然因素次之，主要表现为平田整地、修筑山路和便道及风雨侵蚀等。

（39）第三十九段　下扎扎长城2段（编码：6301223821011 70021）

位于湟中县汉东回族乡下扎扎村东面的山根下。该段长城属土墙，起自汉东回族乡下扎扎村东0.68千米处的自然冲沟沟口，止于汉东回族乡下扎扎村东0.67千米处的自然冲沟沟口。此段墙体呈东南至西北向横截自然冲沟沟口。墙体西面大康城川内有汉（东）通（海）公路、大康城川河。墙体内侧（东北）为耕地，几与墙体顶部齐平，现种有大豆，外侧（西南）为便道。该段墙体东南接下扎扎壕堑1段，西与下扎扎壕堑2段相连；其东南距坡西烽火台1千米。

该段墙体起自GPS0383点，止于GPS0384点，全长36米。墙体底宽0.8、顶宽0.3、残高1.3米，夯层厚0.14~0.15米。此段墙体系在自然基础上用黄土夯筑而成。0米~29.4米段墙体仅剩底部，被堆土所掩埋；29.4米~33米段长3.6米部分墙体底宽0.8、顶宽0.3、残高1.3米、夯层厚0.14~0.15米；墙体表面有版接缝一条，片状脱离现象严重，底部因酥碱而凹进；33米~36米段长3米墙体被山路所毁。墙体顶部及外侧堆土上冰草杂生。

该段墙体受自然和人为因素的破坏极为严重，整体保存状况差。全长36米，其中33米保存差，3米消失。损毁原因以自然因素的破坏为主，人为因素次之，主要表现为自然坍塌、片状剥离、酥碱及修路等。

（40）第四十段　下扎扎壕堑 2 段（编码：630122382202170020）

位于湟中县汉东回族乡下扎扎村东面的山根下。该段壕堑起自汉东回族乡下扎扎村东 0.67 千米处的自然冲沟沟口，止于汉东回族乡下扎扎村东 0.44 千米的山根下。此段壕堑从起点开始由东向西至 GPS0385 点转为东南至西北向顺山根而下。壕堑西面大康城川内有汉（东）通（海）公路、大康城川河。壕堑内侧（东北）为绵延向上的山体，外侧（西南）为山路。壕堑内长有狼毒花、冰草等。该段壕堑东南接下扎扎长城 2 段，东与下扎扎长城 3 段相连；其东南距坡西烽火台 1.05 千米。

该段壕堑起自 GPS0384 点，止于 GPS0388 点，全长 198 米。壕堑削山印痕坍塌无存，高度不详，壕堑口宽 7、底宽 6、深 0.5~1.7 米，垄底宽 1.8~2.4、顶宽 0.8~1.2、高 0.5~1.2 米。该段壕堑的建筑方式为依山势从高处向下削挖，形成一定角度的陡壁，土堆低处为垄，从而构成壕堑，以达到军事防御的目的。依保存状况分为三个自然段：

第一自然段：起自 GPS0384 点，止于 GPS0385 点，长 45 米。壕堑消失。该段壕堑因修山路、取土等人为原因而破坏殆尽，迹象不清。

第二自然段：起自 GPS0385 点，止于 GPS0386 点，长 67 米。壕堑保存较差。此段壕堑呈东南至西北向沿山根而下。削山印痕坍塌无存，局部因取土被挖毁，高度不详，壕堑口宽 7、底宽 6、深 0.5~1.7 米，垄底宽 1.8~2.4、顶宽 0.8~1.2、高 0.5~1.2 米，局部因取土、修路被破坏。壕堑原被用作上山之路，现路改西南侧，种有杨树。

第三自然段：起自 GPS0386 点，止于 GPS0388 点，长 86 米。壕堑消失。该段壕堑因取土、种树而被毁。其中 46 米~86 米段长 40 米壕堑被人为下切 1.8 米左右。地表上种满杨树。

该段壕堑分布于下扎扎村东面的山根下，受各种人为因素的破坏严重，整体保存状况差。全长 198 米，其中 67 米保存较差，131 米消失。损毁原因主要为人为因素的破坏，表现为种树、取土、修路等。

（41）第四十一段　下扎扎长城 3 段（编码：630122382101170022）

位于湟中县汉东回族乡下扎扎村中。该段长城属土墙，起自汉东回族乡下扎扎村东 0.44 千米的山根下，止于汉东回族乡下扎扎村西北 0.5 千米处的山根下。此段墙体呈东南至西北向横截大康城川。汉（东）通（海）公路穿过该段墙体，西侧山下有大康城川河由南向北流过。墙体内（东北）外（西南）两侧主要为村庄和耕地。该段墙体东南接下扎扎壕堑 2 段，西北与李家庄壕堑相连；起点东南距坡西烽火台 1.22 千米，止点西北 0.43 千米处为李家庄烽火台。

该段墙体起自 GPS0388 点，止于 GPS0392 点，全长 1646.4 米。墙体底宽 1~1.8、顶宽 0.3~0.8、残高 2~3.4 米，夯层厚 0.14~0.2 米。此段墙体系在自然基础上用含有少量砂砾的黄土、红土分段版筑而成。依保存状况分为三个自然段：

第一自然段：起自 GPS0388 点，止于 GPS0389 点，长 410 米。墙体消失。墙体因扩张耕地、村庄建设而被破坏。

第二自然段：起自 GPS0389 点，止于 GPS0391 点，长 106.4 米。墙体保存一般。底宽 1~1.8、顶宽 0.3~0.8、残高 2~3.4 米，夯层厚 0.14~0.2 米。0 米~22 米段墙体现为下扎扎村三社村民乔英寿家南院墙；22 米~84.4 米段墙体外侧（南）现有下扎扎村三社村民乔占林等四家，内侧（北）为菜园。墙体版接缝十分明显，版宽 4.5~5 米；22 米~30.4 米段墙体被修路等人为因素破坏；34 米处曾挖有一宽 0.8、高 2.5 米的土门，现已夯筑修补。

第三自然段：起自 GPS0391 点，止于 GPS0392 点，长 1130 米。墙体消失。该段墙体被村庄、道路及耕地破坏而消失。据当地人介绍原有 2 个墩台与此段墙体相连，现已破坏无存。

该段墙体地处人类活动频繁的地区，受人为因素的破坏极为严重，残存的三段墙体是作为当地村民家的院墙而保存下来，整体保存状况差。全长1646.4米，其中95.7米保存一般，1550.7米消失。损毁原因以人为因素的破坏为主，自然因素次之，主要表现为自然坍塌及村庄建设、扩张耕地、修路、人为掏挖等。

大康城川为连接西川与南川及通往湟中县西南部的主要通道。据当地老人回忆，该段墙体从东西两面山根起横截大康城川，仅在中部有一缺口，以供出入。据记载："镇海营所管：七里有小康缠暗门，十里有等寺沟暗门，十里有大康缠暗门，十里有乾河暗门，十二里有页峡子暗门，三十五里有大班沙儿暗门，四十里有小班沙儿暗门，俱系极要。"[1] 大康缠即今大康城。清初镇海营设在今通海堡，该处南距此段墙体约4.8千米。名称、里距与文献记载基本吻合，依此推测"大康缠暗门"应开在此段墙体上。

（42）第四十二段　李家庄壕堑（编码：630122382202170021）

位于湟中县汉东回族乡李家庄村西面的山上。该段壕堑起自汉东回族乡下扎扎村西北0.5千米处的山根下，止于共和镇下马申村东0.08千米处的山坡上。此段壕堑从GPS0392点开始沿李家庄村西面山体呈东南至西北向而上，至GPS0393点转为东西向沿山腰分布，从GPS0397点开始又呈东南至西北向而上直至山顶，旋即从山顶沿另一侧山坡呈东南至西北向而下直达山根。壕堑分布区域的山体呈南北走向，东坡较为陡峭，植被稀疏，西坡较缓，种满柠条。山梁东侧山下大康城川内有汉（东）通（海）公路、大康城川河、村庄有下扎扎村、李家庄村等，西侧山下小康城川内有共（和）通（海）公路、小康城川河、村庄有下马申村、上马申村等。壕堑内长满柠条、冰草、野花等。该段壕堑东南接下扎扎长城3段，西与下马申长城相连；起点西北0.43千米处为李家庄烽火台。

该段壕堑起自GPS0392点，止于GPS0413点，全长1879米。壕堑削山部分高3～4.5米，壕堑被自然掩埋成台状，台宽2.2～11米，壕堑口宽6.2、底宽2.8、深0.4～1米，垄底宽2.5、高0.4～1米。此段壕堑的建筑方式为依山势从高处向下削挖，形成一定角度的陡壁，土堆低处为垄，从而构成壕堑，以达到军事防御的目的。依保存状况分为五个自然段：

第一自然段：起自GPS0392点，止于GPS0394点，长245米。壕堑保存差。此段壕堑呈东南至西北向由山根沿山坡疾上。削山部分长期受雨水冲刷而坍塌、滑坡严重，现呈缓坡状，壕堑中部有一条宽1～1.2、深0.8～1.2米的沟槽，是原来生产队在山顶烧灰时往下运灰所挖；现壕堑被平整为宽约1米左右的多级阶地，其上种有柠条。GPS0392点南侧有条土路通过。

第二自然段：起自GPS0394点，止于GPS0395点，长46米。壕堑消失。该段壕堑因山体大片滑坡而破坏，现此处有一条冲沟。

第三自然段：起自GPS0395点，止于GPS0409点，长1073米。壕堑保存差。此段壕堑呈东北至西南向沿山坡而上，至GPS0399点后又沿山坡缓下。削山部分坍塌严重，高约3～5米，壕堑被自然掩埋成平台状，台宽2.2～11米，局部略凹。削山部分局部被便道破坏。

第四自然段：起自GPS0409点，止于GPS0410点，长113米。壕堑消失。该段壕堑因修渠被毁。

第五自然段：起自GPS0410点，止于GPS0413点，长402米。壕堑保存差。此段壕堑呈东南至西北向沿山坡而下。削山部分坍塌严重、滑坡严重，高3～4.5米，壕堑被自然掩埋成平台状，台宽4.5～6米，向外倾斜。358米～366米段壕堑口宽6.2、底宽2.8、深0.4～1米，垄底宽2.5、高0.4～1米。削山部分多处被山路和便道破坏。

---

〔1〕（清）杨应琚：《西宁府新志》卷十三《建置·关隘》，青海人民出版社，1988年，第335页。

该段壕堑分布于李家庄村西面的山上，受各种自然和人为因素的破坏严重，整体保存状况差。全长 1879 米，其中 1720 米保存差，159 米消失。损毁原因有自然因素和人为因素两个方面，主要表现为山体滑坡、风雨侵蚀、植物生长及修渠、修筑山路和便道、平整阶地、挖槽运灰、人为踩踏等。

（43）第四十三段　下马申长城（编码：6301223821011701170023）

位于湟中县共和镇下马申村中及其西面的平川内。该段长城属土墙，起自共和镇下马申村东 0.08 千米处的山坡上，止于共和镇下马申村西 0.4 千米处的山坡上。此段墙体呈东西向横截小康城川。共（和）通（海）公路穿过该段墙体，小康城川河从此段墙体中部呈西南至东北向流过。该段墙体东接李家庄壕堑，西与下马申壕堑相连；止点西北距下马申 1、2 号烽火台 0.4 千米，起点向东南 1.26 千米处为李家庄烽火台。

该段墙体起自 GPS0413 点，止于 GPS0415 点，全长 662 米。墙体底宽 1.9、顶宽 0.6、残高 0.5~2.2 米，夯层厚 0.16 米。此段墙体系在自然基础上用黄土夯筑而成。依保存状况分为两个自然段：

第一自然段：起自 GPS0413 点，止于 GPS0414 点，长 42 米。墙体保存较差。墙体底宽 1.9、顶宽 0.6、残高 0.5~2.2、夯层厚 0.16 米。墙体坍塌严重，外侧（南）墙体表面片状剥离现象严重，底部因酥碱而凹进，版接缝明显。30 米~33.6 米段长 3.6 米墙体被人为挖毁。墙体内侧（北）为耕地，外侧（南）为便道。

第二自然段：起自 GPS0414 点，止于 GPS0415 点，长 620 米。墙体消失。该段墙体被村庄、公路（共通公路）及耕地所毁。

该段墙体地处平川之中，受人类活动的影响，整体保存状况差。全长 662 米，其中 38.4 米保存较差，623.6 米消失。损毁原因以人为因素的破坏为主，自然因素次之，主要表现为村庄建设、修路、扩张耕地、人为挖毁及自然坍塌、片状剥离、酥碱等。

从湟水谷地通过小康城川向南，东可以至大康城川，西可达共和镇。据记载："镇海营所管：七里有小康缠暗门，十里有等寺沟暗门，十里有大康缠暗门，十里有乾河暗门，十二里有页峡子暗门，三十五里有大班沙儿暗门，四十里有小班沙儿暗门，俱系极要。"[1] 小康缠即今小康城。清初镇海营设在今通海堡，该处西南距此段墙体约 3.9 千米。名称、里距与文献记载基本吻合，依此推测"小康缠暗门"应开在此段墙体上。

（44）第四十四段　下马申壕堑（编码：6301223822021701170022）

位于湟中县共和镇下马申村西面的山上。该段壕堑起自共和镇下马申村西 0.4 千米处的山坡上，止于共和镇大草沟村东 0.03 千米处的山根下。此段壕堑呈东北至西南向沿山坡而上，至山顶后又呈东南至西北向由山梁顶部延伸至山根。壕堑分布区域的山体略呈南北走向，其东面山下为小康城川，川内有共（和）通（海）公路、小康城川河，村庄有下马申村、上马申村等，西面山下为大草沟，沟内有大草沟村。壕堑内长满柠条、冰草及野花等。该段壕堑东接下马申长城，西南与大草沟长城相连；壕堑北距下马申 1、2 号烽火台 0.25 千米。

该段壕堑起自 GPS0415 点，止于 GPS0435 点，全长 1163.7 米。壕堑削山部分高 1.5~4.5 米，台宽 3.5~5.3 米，壕堑口宽 3.5~6.5、底宽 0.9~4.2、深 0.3~1.8 米，垄底宽 1.6~3.5、顶宽 0.8~1.5、高 0.4~1.2 米。此段壕堑的建筑方式为依山势从高处向下削挖，形成一定角度的陡壁，土堆低处为垄，从而构成壕堑，以达到军事防御的目的。依保存状况分为十二个自然段：

---

〔1〕（清）杨应琚：《西宁府新志》卷十三《建置·关隘》，青海人民出版社，1988 年，第 335 页。

第一自然段：起自 GPS0415 点，止于 GPS0416 点，长 46 米。壕堑保存较差。此段壕堑呈东西向沿山坡而上。削山部分高 1.5~2.5 米，壕堑口宽 3.5~6.5、底宽 0.9~4.2、深 0.5~1.8 米，垄底宽 1.6、顶宽 1.1~1.5、高 0.5~1.2 米。20 米~30 米段长 10 米壕堑因洪水冲击而塌陷无存。

第二自然段：起自 GPS0416 点，止于 GPS0417 点，长 39 米。壕堑消失。该段壕堑因修路而破坏无存。

第三自然段：起自 GPS0417 点，止于 GPS0418 点，长 38 米。壕堑保存差。此段壕堑呈东北至西南向沿山坡而上。壕堑与其北侧的冲沟重合，洪水冲刷严重。

第四自然段：起自 GPS0418 点，止于 GPS0419 点，长 62 米。壕堑消失。该段壕堑被洪水冲毁。现冲沟内种有杨树。

第五自然段：起自 GPS0419 点，止于 GPS0423 点，长 167.5 米。壕堑保存差。此段壕堑呈东北至西南向沿山坡而上。削山部分坍塌成缓坡，壕堑被自然掩埋，局部凹。地表挖有育林坑。

第六自然段：起自 GPS0423 点，止于 GPS0424 点，长 31 米。壕堑保存一般。此段壕堑呈东北至西南向沿山坡而上。削山部分高 1.5~3 米，壕堑口宽 6~6.5、底宽 3~3.5、深 0.5~2.5 米，垄底宽 2.5~3.5、顶宽 0.8~1.5、高 0.4~1.2 米。壕堑内挖有育林坑。

第七自然段：起自 GPS0424 点，止于 GPS0425 点，长 28 米。壕堑保存较差。此段壕堑呈东北至西南向沿山坡缓上。削山部分高 1.5~2 米，壕堑口宽 5、底宽 3.5、深 0.3~1.2 米，垄底宽 2.5~3、顶宽 0.8~1.3、高 0.4~0.7 米。壕堑内挖有育林坑。

第八自然段：起自 GPS0425 点，止于 GPS0426 点，长 45 米。壕堑保存差。此段壕堑呈东北至西南向沿山坡而上。削山部分坍塌成缓坡，壕堑被自然掩埋成台状，台宽 4.5 米，由里向外倾斜。

第九自然段：起自 GPS0426 点，止于 GPS0427 点，长 172 米。壕堑消失。该段壕堑因山体滑坡而被毁。

第十自然段：起自 GPS0427 点，止于 GPS0428 点，长 41 米。壕堑保存差。此段壕堑呈东北至西南向沿山坡而上。削山部分坍塌严重，壕堑被自然掩埋成台状，台宽 5.3 米。

第十一自然段：起自 GPS0428 点，止于 GPS0429 点，长 21 米。壕堑保存较差。此段壕堑呈东西向沿山顶分布。削山部分高 1.8 米，壕堑口宽 5、底宽 1.2~1.5、深 1.2~1.8 米，垄底宽、顶宽均不详，高 1 米。向北 0.03 千米处有电视信号接收塔一个。

第十二自然段：起自 GPS0429 点，止于 GPS0435 点，长 473.2 米。壕堑保存差。此段壕堑呈东南至西北向顺山坡而下。削山部分雨水冲刷严重，高 3~4.5 米，壕堑被自然掩埋成台状，台宽 3.5~4.5 米，由里向外倾斜。267 米~271 米段、356 米~360 米段、375 米~385 米段、413 米~416.2 米段共长 21.2 米壕堑被便道、山路所毁。

该段壕堑分布于下马申村西面的山上，受山体滑坡等自然因素及修路等人为因素的破坏较为严重，整体保存状况差。全长 1163.7 米，其中 31 米保存一般，77 米保存较差，734.7 米保存差，321 米消失。损毁原因以自然因素的破坏为主，人为因素次之，主要表现为山体滑坡、风雨侵蚀、洪水冲击、植物生长及修路、平田整地、挖坑种树等。

（45）第四十五段　大草沟长城（编码：6301223821011 70024）

位于湟中县共和镇大草沟村中。该段长城属土墙，起自共和镇大草沟村东 0.03 千米处的山根下，止于共和镇大草沟村西 0.025 千米处的山根下。此段墙体呈东北至西南向横截大草沟。有条砂石路穿过该段墙体。墙体内（东北）外（西南）两侧均为村庄及耕地。该段墙体东南接下马申壕堑，西南与大草沟壕堑相连；起点东北距下马申 1、2 号烽火台 0.46 千米，止点西北 1.04 千米处的山梁上为大草沟烽火台。

该段墙体起自 GPS0435 点，止于 GPS0438 点，全长 175 米。墙体底宽 1、顶宽 0.3～0.5、残高 0.4～0.8 米，夯层厚 0.1～0.2 米。此段墙体系在自然基础上用黄土夯筑而成。依保存状况分为三个自然段：

第一自然段：起自 GPS0435 点，止于 GPS0436 点，长 100 米。墙体消失。该段墙体被村庄和道路破坏。

第二自然段：起自 GPS0436 点，止于 GPS0437 点，长 35 米。墙体保存差。墙体底宽 1、顶宽 0.3～0.5、残高 0.4～0.8 米，夯层厚 0.1～0.2 米。墙体坍塌严重，呈土垄状。墙体内侧为耕地，外侧为砂砾路，内侧低于外侧。墙体顶部长满杂草，局部有人为踩踏痕迹。

第三自然段：起自 GPS0437 点，止于 GPS0438 点，长 40 米。墙体消失。该段墙体被道路、村庄所毁。

该段墙体地处沟谷之中，人类活动频繁，人为破坏严重，整体保存状况差。全长 175 米，其中长 35 米保存差，140 米消失。损毁原因以人为因素的破坏为主，自然因素次之，主要表现为村庄建设、修路、扩张耕地、人为踩踏及自然坍塌等。

（46）第四十六段 大草沟壕堑（编码：630122382202170023）

位于湟中县共和镇大草沟村西面的山上。该段壕堑起自共和镇大草沟村西 0.025 千米处的山根下，止于共和镇转嘴村六社东 0.35 千米处的山梁垭口。此该段壕堑从大草沟村西面山根下开始，呈东北至西南向沿山坡而上，至 GPS0443 点到达山梁顶部，然后转为东南至西北向顺山梁而下。壕堑分布区域的山体略呈南北向，其东山下为大草沟，沟内有大草沟村等，西面山下为边墙沟，沟内有共（和）转（嘴）公路通过，村庄有转嘴村等（彩图七〇）。壕堑内长满柠条、马莲及冰草等。该段壕堑东北接大草沟长城，西北与转嘴壕堑 1 段相连；止点东北距大草沟烽火台 0.62 千米。

该段壕堑起自 GPS0438 点，止于 GPS0457 点，全长 1191 米。壕堑削山部分局部坍塌，高 2.5～3.5 米，壕堑被自然掩埋成平台状，台宽 2.5～12 米，壕堑口宽 5.5～7、底宽 4～4.2、深 0.2～1.2 米，垄底宽、顶宽均不详，高 0.8～1.2 米。此段壕堑的建筑方式为依山势从高处向下削挖，形成一定角度的陡壁，土堆低处为垄，从而构成壕堑，以达到军事防御的目的。依保存状况分为四个自然段：

第一自然段：起自 GPS0438 点，止于 GPS0439 点，长 42 米。壕堑保存较差。此段壕堑呈东北至西南向沿山坡而上。削山部分局部坍塌，高 2.5～3.5 米，壕堑口宽 5.5～6、底宽 4、深 0.8～1.2 米，垄底宽、顶宽均不详，高 0.8～1.2 米。壕堑底部洪水冲刷严重，现辟为上山之路。垄内侧挖有水渠一条。

第二自然段：起自 GPS0439 点，止于 GPS0455 点，长 1050 米。壕堑保存差。此段壕堑先呈东北至西南向沿山坡而上，至 GPS0443 点从山顶转呈东南至西北向沿山梁西南侧而下。削山部分坍塌成缓坡，壕堑被自然掩埋成台状，台宽 2.5～12 米。地表有水流冲刷痕迹。214 米～223 米段、940 米～952 米段、954 米～956 米段共长 23 米壕堑被水渠、便道所毁。

第三自然段：起自 GPS0455 点，止于 GPS0456 点，长 45 米。壕堑保存较差。此段壕堑呈西南至东北向沿山梁而下。壕堑口宽 6～7、底宽 4.2、深 0.2～0.6 米，垄尺寸不清。壕堑内有人为削挖痕迹。31 米～45 米段长 14 米壕堑因取土平田破坏严重，仅有痕迹可辨。

第四自然段：起自 GPS0456 点，止于 GPS0457 点，长 54 米。壕堑消失。该段壕堑因平田整地、修水渠被毁。此段壕堑位于山梁垭口处。

该段壕堑受各种自然和人为因素的破坏较为严重，整体保存状况差。全长 1191 米，其中 87 米保存较差，1027 米保存差，77 米消失。损毁原因有自然和人为因素两个方面，主要表现为风雨侵蚀及平田整地、修渠、便道破坏等。

（47）第四十七段　转嘴壕堑 1 段（编码：630122382202170024）

位于湟中县共和镇转嘴村六社东面的山坡上。该段壕堑起自共和镇转嘴村六社东 0.35 千米处的山梁垭口，止于共和镇转嘴村二社东 0.1 千米处的山根下。此段壕堑由山梁垭口处呈东南至西北向沿山坡而下直至边墙沟边。壕堑内侧（东北）为绵延向上的山梁，外侧（西南）边墙沟内有转嘴村，共（和）转（嘴）公路从村庄中间通过。壕堑内长满柠条、马莲及冰草等。该段壕堑东南与大草沟壕堑相接，西北与转嘴长城相连；其东距大草沟烽火台 0.57 千米，止点西北距转嘴烽火台 0.69 千米。

该段壕堑起自 GPS0457 点，止于 GPS0467 点，全长 1141 米。壕堑削山印痕高 4~5 米，台宽 5~7 米。此段壕堑的建筑方式为依山势从高处向下削挖，形成一定角度的陡壁，土堆低处为垄，从而构成壕堑，以达到军事防御的目的。依保存状况分为五个自然段：

第一自然段：起自 GPS0457 点，止于 GPS0459 点，长 153 米。壕堑保存差。此段壕堑呈东南至西北向沿山梁西南侧分布。削山印痕较为明显，高 4~5 米；壕堑被自然掩埋，仅剩痕迹可辨。壕堑西南部因挖槽种植柠条被破坏。

第二自然段：起自 GPS0459 点，止于 GPS0460 点，长 65 米。壕堑消失。该段壕堑因山体滑坡及挖槽种植柠条被破坏殆尽。

第三自然段：起自 GPS0460 点，止于 GPS0462 点，长 88 米。壕堑保存差。此段壕堑呈南北向沿山坡缓下。削山部分坍塌成缓坡，壕堑被自然掩埋成台状，台宽 5~7 米。

第四自然段：起自 GPS0462 点，止于 GPS0464 点，长 477 米。壕堑消失。该段壕堑因山体滑坡、修路被毁。

第五自然段：起自 GPS0464 点，止于 GPS0467 点，长 358 米。壕堑保存差。此段壕堑呈东南至西北向沿山坡至山根。削山印痕坍塌无存，高度不详，壕堑被自然掩埋，仅剩痕迹可辨。61 米~64 米段、182 米~188.2 米段、324 米~327 米段共长 12.2 米壕堑被山路、便道破坏。GPS0467 点西侧有一条小溪流，当地人把其称为边墙沟。

该段壕堑分布区域人类活动较为频繁，受人为因素的破坏非常严重，整体保存状况差。全长 1141 米，其中 586.8 米保存差，554.2 米消失。损毁原因以人为因素的破坏为主，自然因素次之，主要表现为山体滑坡、风雨侵蚀及修路、便道破坏、挖槽种树等。

（48）第四十八段　转嘴长城（编码：630122382101170025）

位于湟中县共和镇转嘴村二社中。该段长城起自共和镇转嘴村二社东 0.1 千米处的山根下，止于共和镇转嘴村二社西 0.08 千米处的山根下。此段长城呈东南至西北向横截边墙沟。该段长城东南接转嘴壕堑 1 段，西北与转嘴壕堑 2 段相连；起点东南距大草沟烽火台 0.97 千米；止点向北 0.58 千米处为转嘴烽火台。

该段长城起自 GPS0467 点，止于 GPS0468 点，全长 205 米。据当地村民介绍，此段长城原为土墙，后因村庄建设而被毁。当地人把转嘴村所在的山沟称为边墙沟。

该段长城位于沟谷之中，长期受人类活动的破坏，整段长城消失无存。损毁原因主要为人为因素的破坏，表现为村庄建设等。

转嘴村所在的边墙沟是从湟水谷地通往共和镇的主要通道。据记载："镇海营所管：七里有小康缠暗门，十里有等寺沟暗门，十里有大康缠暗门，十里有乾河暗门，十二里有页峡子暗门，三十五里有大班沙儿暗门，四十里有小班沙儿暗门，俱系极要。"[1] 清初镇海营设在今通海堡，该处西南距此段长城约 6 千米。里距虽与文献记载略有出入，但在此范围内只有此段墙体所在的边墙沟是条通道，需在墙体上开门以供出入，故推测"等寺沟暗门"应开在此段墙体上。

（49）第四十九段　转嘴壕堑 2 段（编码：630122382202170025）

位于湟中县共和镇转嘴村二社西面的山上。该段壕堑起自共和镇转嘴村二社西 0.08 千米处的山根下，止于共和镇转嘴村七社东北 0.27 千米处的山梁上。该段壕堑起自 GPS0468 点，止于 GPS0487 点，全长 1090 米。此段壕堑从山根开始呈东南至西北向沿山坡而上，至 GPS0472 点转为由东向西沿山梁南侧分布。壕堑东侧边墙沟内有共（和）转（嘴）公路通过。壕堑外侧（南）山下为麦芒沟，沟内有转嘴村七社，内侧（北）为绵延起伏的山梁。该段壕堑东南接转嘴长城，西北与王家山壕堑 1 段相连；起点向北 0.58 千米处的山嘴上为转嘴烽火台，止点西南距王家山烽火台 0.4 千米。

该段壕堑起自 GPS0468 点，止于 GPS0487 点，全长 1090 米。此段壕堑的建筑方式为依山势沿防御方向山梁一侧从高处向下削挖，形成一定角度的陡壁，土堆低处为垄，从而构成壕堑，以达到军事防御的目的。削山部分滑坡、坍塌严重，高度不详，壕堑被自然掩埋，仅有痕迹可辨。其中 767 米 ~ 773.2 米段、1058 米 ~ 1063 米段、1073 米 ~ 1078.8 米段、1085.5 米 ~ 1090 米段共长 21.5 米壕堑被山路破坏。地表长满柠条、边麻、狼毒花及冰草等。

该段壕堑分布于转嘴村二社西面山上，受各种自然和人为因素的破坏较为严重，整体保存状况差。全长 1090 米，其中 1068.5 米保存差，21.5 米消失。损毁原因有自然和人为因素两个方面，主要表现为山体滑坡、风雨侵蚀、植物生长及修路、种树种草、人为踩踏等。

（50）第五十段　王家山壕堑 1 段（编码：630122382202170026）

位于湟中县共和镇王家山村三社东面的山上。该段壕堑起自共和镇转嘴村七社东北 0.27 千米处的山梁上，止于共和镇王家山村三社（虎家湾）北 0.4 千米处的石山山腰。此段壕堑先由南向北沿山梁分布，至 GPS0495 点转为东南至西北向沿山梁西南侧延伸而下直至尕布沟东侧冲沟山腰。壕堑内侧（东北）有王家山村一社、四社，外侧（西南）有王家山村三社（虎家湾）。壕堑内长满马莲、狼毒花及冰草等。该段壕堑南接转嘴壕堑 2 段，西北与王家山长城相连；起点西南 0.38 千米处为王家山烽火台，向东 1.08 千米有转嘴烽火台。

该段壕堑起自 GPS0487 点，止于 GPS0513 点，全长 1463 米。壕堑削山印痕高 2.5 ~ 4 米，台宽 2.5 ~ 10 米，壕堑口宽 5 ~ 7.5、底宽 2.5 ~ 5、深 0.3 ~ 1.2 米，垄底宽 2.5 ~ 3.8、顶宽 0.8 ~ 1.2、高 0.3 ~ 1 米。此段壕堑的建筑方式为依山势从高处向下削挖，形成一定角度的陡壁，土堆低处为垄，从而构成壕堑，以达到军事防御的目的。依保存状况分为十三个自然段：

第一自然段：起自 GPS0487 点，止于 GPS0489 点，长 80 米。壕堑保存差。此段壕堑呈南北向沿山梁分布。削山印痕坍塌无存，其下堆土较多，至山梁顶部高约 3 米，壕堑被自然掩埋成台状，台宽 9 ~ 10 米，中部略凹。壕堑底部被辟为山路。63 米 ~ 80 米段长 17 米壕堑东部被便道破坏。

第二自然段：起自 GPS0489 点，止于 GPS0490 点，长 26 米。壕堑保较差。此段壕堑呈南北向沿山梁分布。削山部分坍塌严重，高约 3.5 米，壕堑口宽 6 ~ 7.5、底宽 4 ~ 5、深 0.8 ~ 1.2 米，垄底宽 3.8、顶宽 0.8 ~ 1.2、高 0.4 ~ 0.8 米。壕堑底部被辟为山路。

第三自然段：起自 GPS0490 点，止于 GPS0494 点，长 163 米。壕堑保存差。削山部分坍塌严重，高约 3.5 米，壕堑被自然掩埋成台状，台宽 3.8 ~ 6 米，中部略凹。壕堑底部被辟为山路。132 米 ~ 141

〔1〕（清）杨应琚：《西宁府新志》卷十三《建置·关隘》，青海人民出版社，1988 年，第 335 页。

米段长 9 米壕堑因修路破坏。

　　第四自然段：起自 GPS0494 点，止于 GPS0495 点，长 290 米。壕堑消失。该段壕堑被山路破坏殆尽。

　　第五自然段：起自 GPS0495 点，止于 GPS0497 点，长 157 米。壕堑保存较差。此段壕堑呈东南至西北向沿山梁西南侧而下。削山部分上部被山路破坏严重，壕堑口宽 6~7、底宽 2.5~3.5、深 0.3~1 米，垄底宽 2.6、顶宽 1、高 0.3~1 米，垄外侧被耕地蚕食严重。壕堑内种有杨树，底部有人为踩踏痕迹。

　　第六自然段：起自 GPS0497 点，止于 GPS0498 点，长 59 米。壕堑保存差。此段壕堑呈东南至西北向沿山梁西南侧缓下。削山部分坍塌成缓坡，壕堑被自然掩埋成台状，台宽 8~10 米，略向外倾斜，种有杨树。

　　第七自然段：起自 GPS0498 点，止于 GPS0500 点，长 73 米。壕堑保存较差。此段壕堑呈东南至西北向沿山梁西南侧分布。削山印痕坍塌无存，高度不详，壕堑口宽 5~6、底宽 2.5~3、深 0.4~0.8 米，垄底宽 2.5、顶宽 0.8、高 0.4~0.8 米。壕堑内种有杨树。

　　第八自然段：起自 GPS0500 点，止于 GPS0501 点，长 33 米。壕堑消失。该段壕堑被水渠和山路破坏。

　　第九自然段：起自 GPS0501 点，止于 GPS0503 点，长 100 米。壕堑保存差。此段壕堑呈东南至西北向沿山坡斜下。削山部分滑坡、坍塌严重，高度不详，壕堑被自然掩埋成台状，台宽 4~5 米，种有杨树和沙棘。95.1 米~100 米段长 4.9 米壕堑被便道所毁。GPS0502 点西南侧坡下为王家山村三社（虎家湾）村民房舍。

　　第十自然段：起自 GPS0503 点，止于 GPS0504 点，长 40 米。壕堑消失。该段壕堑被便道所毁。

　　第十一自然段：起自 GPS0504 点，止于 GPS0508 点，长 168 米。壕堑保存差。此段壕堑呈东南至西北向沿山腰分布。削山部分坍塌近直，其下堆土较多，高 2.5~4 米，壕堑被自然掩埋成台状，台宽 2.5~4.5 米，其上挖有育林坑。壕堑西南局部坍塌严重。1.1 米~1.5 米段宽 0.4 米壕堑被水泥小水渠破坏；106 米~111 米段、126 米~132.5 米段、145.5 米~152 米段共长 18 米壕堑被便道所毁。

　　第十二自然段：起自 GPS0508 点，止于 GPS0509 点，长 43 米。壕堑消失。该段壕堑因山体滑坡而被毁。

　　第十三自然段：起自 GPS0509 点，止于 GPS0513 点，长 231 米。壕堑保存差。此段壕堑呈东南至西北向沿山腰分布。削山印痕坍塌无存，高度不详，壕堑被自然掩埋，仅有痕迹可辨。30 米~32 米段、66 米~71 米段共长 7 米壕堑被便道、冲沟所毁。

　　该段壕堑分布区域人类活动较为频繁，受人为因素的破坏严重，整体保存状况差。全长 1463 米，其中 256 米保存较差，766.6 米保存差，440.4 米消失。损毁原因以人为因素的破坏为主，自然因素次之，主要表现为山体滑坡、风雨侵蚀、洪水冲击及修路、便道破坏、种树等。

　　（51）第五十一段　王家山长城（编码：6301223382106170026）

　　位于湟中县共和镇王家山村三社北面的山上。该段长城属山险，起自共和镇王家山村三社（虎家湾）北 0.4 千米处的石山山腰，止于共和镇王家山村一社西北 0.5 米处的尕布沟东侧山腰。此段山险大致呈南北向沿尕布沟东侧陡坡顶部分布。该段山险东南接王家山壕堑 1 段，西北与王家山壕堑 2 段相连。

　　该段山险起自 GPS0513 点，止于 GPS0520 点，全长 2110 米。此段山险充分利用尕布沟东侧高约 25~45 米、坡度 60°~75°的陡坡作为防御屏障，陡坡上土层较为瘠薄，除部分岩层裸露于外，大部植有杨树；至陡坡顶部后，山势虽仍绵延向上，但相对较缓，土层渐厚，平整有多级梯田并建有村庄。

该段山险属拉脊山西北部余脉，片麻状花岗岩体，除了裸露于外的岩石表层受到风化影响外，整体保存状况较好。损毁原因以自然因素的破坏为主，人为因素次之，主要表现为人工育林及自然风化。

（52）第五十二段　王家山壕堑2段（编码：6301223822021700027）

位于湟中县共和镇王家山村一社西北的尕布沟东侧山坡上。该段壕堑起自共和镇王家山村一社西北0.5千米处的尕布沟东侧山腰，止于共和镇北村一社东南0.5千米处的尕布沟东侧山根下。此段壕堑呈东南至西北向沿尕布沟东侧山腰而下直至山根。尕布沟内修有砂石路，沟内溪水长流。该段壕堑东南接王家山长城，西北与北村长城1段相连。

该段壕堑起自GPS0520点，止于GPS0525点，全长120米。此段壕堑的建筑方式为依山势从高处向下削挖，形成一定角度的陡壁，土堆低处为垄，从而构成壕堑，以达到军事防御的目的。削山部分局部外露岩层风化严重，高2~3.5米，壕堑被自然掩埋成台状，台宽1~4米，其上有水流冲刷痕迹并散落有较多石块。地表长有冰草、马莲等。

该段壕堑分布于尕布沟东侧山坡上，受自然因素的破坏较为严重，整体保存状况差。全部长120米壕堑均保存差。损毁原因主要为自然因素的破坏，表现为风雨侵蚀、风化、植物生长等。

（53）第五十三段　北村长城1段（编码：6301223821021700027）

位于湟中县共和镇北村一社东南面的尕布沟内。该段长城是石墙，起自共和镇北村一社东南0.5千米处的尕布沟东侧山根下，止于共和镇北村一社东南0.45千米处的尕布沟西侧山根下。此段石墙呈东南至西北向横截尕布沟。有条砂石路穿过此段墙体，沟内溪水长流（彩图七一）。该段墙体东南接王家山壕堑2段，西北与北村长城2段相连。

该段石墙起自GPS0525点，止于GPS0526点，全长56米。墙体保存较差。此段石墙系在自然基础上就地取材于河滩上的石块与深褐色土，外表用毛石干垒，内部壅土而成。石块形状不规则，直径（长）以0.25~0.45米居多。0米~10米段墙体被路破坏；10米~16米段长6米墙体底宽3.5、顶宽1、残高1.3米，墙体坍塌严重，两侧散落较多石块，石块缝隙中长有杂草；16米~35米段长19米墙体被溪流冲毁；35米~53米段长18米墙体底宽4、顶宽1.5、残高2.1米，墙体两侧散落石块较多，西南侧毛石干垒迹象明显，墙体顶部被土层覆盖，杂草丛生；53米~56米段为门道，宽3、残高约2米。GPS0526点处石壁峭立。

该段石墙地处沟谷之中，人类活动较为频繁，受自然和人为因素的破坏严重，整体保存状况差。全长56米，其中24米保存较差，32米消失。损毁原因以自然因素的破坏为主，人为因素次之，主要表现为自然坍塌、溪水冲毁及修路等。

尕布沟是从湟水谷地向南通往共和镇、盘道等的一条重要通道。据记载："镇海营所管：七里有小康缠暗门，十里有等寺沟暗门，十里有大康缠暗门，十里有乾河暗门，十二里有页峡子暗门，三十五里有大班沙儿暗门，四十里有小班沙儿暗门，俱系极要。"[1] 清初镇海营设在今通海堡，该处西距此段墙体约7.5千米；尕布沟又称"页峡（子）"。里距虽与文献记载略有出入，但根据名称等因素综合来分析，推测此段石墙西部的门道即为"页峡子暗门"。

（54）第五十四段　北村长城2段（编码：6301223821061700028）

位于湟中县共和镇北村一社东面的山上。该段长城属山险，起自湟中县共和镇北村一社东南0.45千米处的尕布沟西侧山根下，止于湟源县东峡乡下脖项村六社西南0.5千米处的山梁上。此段山险先

---

〔1〕　（清）杨应琚：《西宁府新志》卷十三《建置·关隘》，青海人民出版社，1988年，第335页。

呈东南至西北向由尕布沟西侧山根下沿石壁上升，至陡坡顶部后转呈西南至东北向沿尕布沟西侧陡坡顶部分布。该段山险止点位于湟中县与湟源县的分界线上，青（海）（西）藏铁路复线隧道工程正在此段山险上施工。该段山险东南接北村长城1段，西北与湟源县下脖项长城1段相连。

该段山险起自GPS0526点，止于GPS0532点，全长2070米。此段山险充分利用了尕布沟西侧高约50～80米、坡度70°～85°的陡坡作为防御屏障，陡坡上土层瘠薄，大多岩层外露；上至陡坡顶部后，山势虽仍绵延向上，但相对较缓，土层渐厚，平整有多级梯田和建有村庄。

该段山险属拉脊山西北部余脉，片麻状花岗岩体，除了裸露于外的岩石表层受到风化影响外，整体保存状况较好。损毁原因有自然和人为因素两个方面，主要表现为自然风化及掏挖隧道。

（55）第五十五段　下脖项长城1段（编码：630123382106170001）

位于湟源县东峡乡下脖项村六社西面的山上。该段长城属山险，起自东峡乡下脖项村六社西南0.5千米处的山梁上，止于东峡乡下脖项村六社西北0.18千米处的山坡上。此段山险先呈东南至西北向沿陡坡顶部延伸至GPS0533点，又转为西南至东北向沿山嘴而下穿过下脖项关直至山根。该段山险起点位于湟中县与湟源县的分界线上，向西为有"海藏咽喉"之称的西石峡，青（海）（西）藏铁路挖有隧道穿过此段山险。该段长城西南接湟中县北村长城2段，东与下脖项长城2段相连。

该段山险起自GPS0532点，止于GPS0535点，全长1050米。此段山险充分利用了陡峭的山坡作为防御屏障，至陡坡顶部后，山势绵延，相对较为平缓，平整有梯田。该段山险与建在湟水谷地南侧山嘴上的下脖项关构成了一道综合防御体系。

该段山险属拉脊山西北部余脉，片麻状花岗岩体，受人为因素的破坏较为严重，整体保存状况一般。损毁原因有自然和人为因素两个方面，相对而言，以人为因素破坏为主，主要表现为挖隧道、挖导流洞、修路及自然风化等。

（56）第五十六段　下脖项长城2段（编码：630123382101170002）

位于湟源县东峡乡下脖项村六社北面的湟水谷地内。该段长城属土墙，起自东峡乡下脖项村六社西北0.18千米处的山坡上，止于东峡乡下脖项村六社东北0.2千米处的湟水西岸。此段墙体呈西北至东南向横截湟水谷地。此处为西石峡（湟源峡）东口，西（宁）倒（淌河）一级公路从该段墙体上部通过。墙体内侧（西南）有下脖项村六社，外侧（东北）为湟水。该段墙体西接下脖项长城1段，东南与湟中县石板沟长城1段相连，西南距下脖项关0.18千米。

该段墙体起自GPS0535点，止于GPS0538点，全长362米。墙体底宽2.7、顶宽0.5～0.7、残高1.8～4米，夯层厚0.13～0.2米。此段墙体系在自然基础上用黄土、黑灰色土夯筑而成。依保存状况分为三个自然段：

第一自然段：起自GPS0535点，止于GPS0536点，长21米。墙体保存差。此段墙体坍塌严重，仅剩底部。18.6米～21米段长2.4米墙体被便道所毁。地表长满黄刺、柠条及冰草等，从高处山上掉落下来的碎石较多。GPS0536点南0.02千米处山根下为现代墓地。

第二自然段：起自GPS0536点，止于GPS0537点，长31米。墙体保存一般。墙体底宽2.7、顶宽0.5～0.7、残高1.8～4米，夯层厚0.13～0.2米，夯层中似夹有树枝。墙体西南侧为通向墓地的便道，东北侧为水渠，长满杨树。西南侧为修便道自基础向下切削，东北侧中段墙下堆土塌落。16米～18米段长2米墙体豁口处用石块垒砌。墙体顶部及两侧堆土上荒草杂生。墙体南侧0.08千米处有炸山修建水库的导流洞。

第三自然段：起自GPS0537点，止于GPS0538点，长310米。墙体消失。此段墙体在20世纪农业学大寨运动中挖墙垫地时被破坏，现为土路、公路。

　　该段墙体位于湟水谷地之中，人类活动频繁，人为破坏严重，整体保存状况差。全长 362 米，其中 31 米保存一般，18.6 米保存差，312.4 米消失。损毁原因以人为因素的破坏为主，自然因素次之，主要表现为挖墙垫地、便道破坏及自然坍塌等。

　　此段墙体地处素有"海藏咽喉"之称的西石峡（湟源峡）东口，自古以来就是一条从内地经青海通往西藏的重要交通孔道。据记载："喇课营所管：临城有喇课暗门，十二里有红土沟暗门，二十里有加隆沟暗门，五十里有西石峡暗门，俱系极要。"[1] 清代喇课营设在今拦隆口镇南门一村（城已无存），该处西南距此段墙体约 26 千米。里距虽与文献记载有出入，但根据名称等因素综合来分析，推测"西石峡暗门"应开在此段墙体上。

　　（57）第五十七段　石板沟长城 1 段（编码：6301223382107170029）

　　位于湟中县多巴镇石板沟村东南面的湟水谷地内。该段长城属河险，起自湟源县东峡乡下脖项村六社东北 0.2 千米处的湟水西岸，止于湟中县多巴镇石板沟村东南 0.6 千米处的 109 国道东侧。此段河险呈西北至东南向横截湟水。该处湟水为湟中县和湟源县的分界线。该段河险西北接湟源县下脖项长城 2 段，东南与石板沟壕堑相连；起点西距下脖项关 0.4 千米。

　　该段河险起自 GPS0538 点，止于 GPS0539 点，全长 75 米。此段河险属湟水的部分，其由西向东横贯县境中部，流域面积 3200000 平方米，其中在湟中县境内长 23.5 千米，沿途流经的乡镇主要为多巴镇。在各种人为因素的破坏及自然因素的影响下，河面已不复原来宽阔，流量也大减。

　　该段河险主要以海晏县包忽图山上的消融雪水为主，受自然和人为因素的影响，其流量锐减，整体保存状况一般。损毁原因以自然因素的破坏为主，人为因素次之，主要表现为全球气候变暖及乱砍滥伐造成水土流失等。

　　（58）第五十八段　石板沟壕堑（编码：6301223382202170028）

　　位于湟中县多巴镇石板沟村东面的山坡上。该段壕堑起自多巴镇石板沟村东南 0.6 千米处的 109 国道东侧山根下，止于多巴镇石板沟村东北 0.45 千米处的山梁上。此段壕堑从 109 国道东侧山根下开始，呈西南至东北向沿山坡而上，至 GPS0553 点转为东南至西北向继续沿山坡而上到山顶。该段壕堑位于湟水北侧山坡上，湟水谷地内有青藏铁路、109 国道及西（宁）倒（淌河）一级公路呈东西向穿过。地表长满冰草、狼毒花、柠条及沙棘等。该段壕堑西北接石板沟长城 1 段，北与石板沟长城 2 段相连；起点西北距下脖项关 0.5 千米，东距扎麻隆烽火台 1.4 千米（彩图七二）。

　　该段壕堑起自 GPS0539 点，止于 GPS0562 点，全长 1093 米。壕堑削山部分高 3～6 米，台宽 2～13 米，壕堑口宽 4.5～8、底宽 2～4、深 0.3～1.3 米，垄底宽、顶宽均不详，高 0.4～1.2 米。此段壕堑的建筑方式为依山势从高处向下削挖，形成一定角度的陡壁，土堆低处为垄，从而构成壕堑，以达到军事防御的目的。依保存状况分为五个自然段：

　　第一自然段：起自 GPS0539 点，止于 GPS0540 点，长 65 米。壕堑保存较差。此段壕堑由西向东沿山坡疾上。壕堑口宽 4.5～5.5、底宽 3～4、深 0.3～1.3 米。此段壕堑岩层外露，人为砍削而成。壕堑内除裸露于外的岩层外，长满杂草。

　　第二自然段：起自 GPS0540 点，止于 GPS0541 点，长 41 米。壕堑消失。该段壕堑因开采砂料而被挖毁。

　　第三自然段：起自 GPS0541 点，止于 GPS0550 点，长 361 米。壕堑保存差。此段壕堑呈西南至东北向沿山坡而上。削山部分局部坍塌严重，高 3.5～6 米，壕堑被自然掩埋成台状，台宽 2.3～13 米，

〔1〕（清）杨应琚：《西宁府新志》卷十三《建置·关隘》，青海人民出版社，1988 年，第 335～336 页。

由里向外倾斜。GPS0542、GPS0543点处有便道沿壕堑东南部而上。GPS0545、GPS0547点处各有一条冲沟。

第四自然段：起自GPS0550点，止于GPS0552点，长53米。壕堑保存较差。此段壕堑呈南北向沿山坡而上。削山部分坍塌较为严重，高5米，壕堑口宽6～8、底宽2～3.5、深0.4～1米，垄底宽、顶宽均不详，高0.4～1.2米。0米～5米段壕堑被冲沟所毁。此处为山嘴，壕堑特征较为明显。

第五自然段：起自GPS0552点，止于GPS0562点，长573米。壕堑保存差。此段壕堑呈东南至西北向沿山坡而上。削山部分高3～6米，局部坍塌较为严重，壕堑被自然掩埋成平台状，台宽2～9.6米。GPS0553点处壕堑东北部因洪水长期冲刷塌陷成坑，直径8、深约10米；139米～143米段壕堑被冲沟所毁；465米～478米段壕堑东北部被便道所毁；561米～565.7米段、568.2米～573米段共长9.5米壕堑东北部被人为取土挖毁。

该段壕堑受各种自然和人为因素的破坏较为严重，整体保存状况差。全长1093米，其中113米保存较差，930米保存差，50米消失。损毁原因以自然因素的破坏为主，人为因素次之，主要表现为风雨侵蚀、洪水冲击及开采砂料、修便道、取土等。

（59）第五十九段　石板沟长城2段（编码：630122382101170030）

位于湟中县多巴镇石板沟村东北面的山梁上。该段长城属土墙，起自多巴镇石板沟村东北0.45千米处的山梁上，止于多巴镇加拉山村一社西村口。此段墙体呈东南至西北向沿湟水北侧的山梁分布。墙体西南面山下为素有"海藏咽喉"之称的西石峡（湟源峡）东口，地理位置十分重要，加之此处为缓湾地带，山梁顶部较为平坦，故筑土墙以加强防御。墙体内侧（东北）南段为耕地，北段为村庄（加拉山村一社），种有杨树；墙体外侧（西南）南段荒草杂生，北段为便道。墙体顶部及堆土上长满杂草。该段墙体南接石板沟壕堑，西北与加拉山壕堑1段相连。

该段墙体起自GPS0562点，止于GPS0574点，全长569米。墙体底宽1.5～2.6、顶宽0.3～2.4、高0.4～3.5米，夯层厚0.18～0.3米。此段墙体系在自然基础上用黄土分段夯筑而成。依保存状况分为两个自然段：

第一自然段：起自GPS0562点，止于GPS0573点，长521米。墙体保存一般。墙体底宽1.5～2.6、顶宽0.5～2.4、内侧高0.4～1.7、外侧高1.4～3.5米，夯层厚0.18～0.30米，夯层中夹有杨树枝，发现有桩木孔洞，孔径0.07～0.09米。墙体局部坍塌较为严重，外侧底部掏蚀凹进，片状剥离现象严重（彩图七三）。3.7米～13.7米段长10米墙体外侧一半坍塌；79.7米～81.5米段长1.8米墙体坍塌成豁口，有人为攀爬痕迹；136.7米～140.2米段长3.5米墙体外侧坍塌；253.7米～257米段长3.3米墙体仅剩底部；392米～397米段长5米墙体因修便道被破坏。GPS0570点向东0.016千米处土包上建有亭子一座，当地人称为凤凰亭。

第二自然段：起自GPS0573点，止于GPS0574点，长48米。墙体保存较差。墙体顶宽0.3～0.8、残高1.4～2、夯层厚0.2～0.22米。该段墙体坍塌严重，墙体顶部村民用土压有刺类植物。37米～41米段、46.5米～48米段共长5.5米墙体被便道所毁。GPS0574点东侧有水泥电线杆一根。

该段墙体地处山梁之上，受各种自然和人为因素的破坏，整体保存状况一般。全长569米，其中516米保存一般，42.5米保存较差，10.5米消失。损毁原因有自然和人为因素两个方面，主要表现为坍塌、裂隙、片状剥离、植物生长及修便道、人为削挖、攀爬踩踏等。

（60）第六十段　加拉山壕堑1段（编码：630122382202170029）

位于湟中县多巴镇加拉山村一社西面的山梁上。该段壕堑起自多巴镇加拉山村一社西村口，止于多巴镇加拉山村一社西北0.23千米处的山梁上。此段壕堑呈东南至西北向沿山梁西南侧缓上。壕堑内侧（东北）为山梁，其上主要为耕地，外侧（西南）为山坡，被平整为梯田；内外两侧高差较大。壕堑内长有狼毒花、马莲、冰草等。该段壕堑东南接石板沟长城 2 段，北与加拉山长城 1 段相连。

该段壕堑起自 GPS0574 点，止于 GPS0579 点，全长 213.6 米。壕堑削山部分人为破坏严重，残高 1.5～3.5 米。此段壕堑的建筑方式为依山势沿防御方向山梁一侧从高处向下削挖，形成一定角度的陡壁，土堆低处为垄，从而形成壕堑，以达到军事防御的目的。依保存状况分为三个自然段：

第一自然段：起自 GPS0574 点，止于 GPS0575 点，长 47.6 米。壕堑保存差。此段壕堑略呈南北向沿山梁西侧分布。削山印痕较为明显，高 3～3.5 米，局部坍塌严重，其下堆土较多，壕堑被自然掩埋，仅有痕迹可辨。43.7 米～47.6 米段长 3.9 米壕堑东部被便道破坏。壕堑原被用作便道。GPS0575 点东侧及 GPS0575 点西侧各有水泥电线杆一根。

第二自然段：起自 GPS0575 点，止于 GPS0576 点，长 26 米。壕堑消失。该段壕堑被村民平整场地所毁。

第三自然段：起自 GPS0576 点，止于 GPS0579 点，长 140 米。壕堑保存差。此段壕堑呈东南至西北向沿山梁西南侧分布。削山部分人为破坏严重，残高 1.5～3 米，壕堑被利用为路，中部略凹，仅有痕迹可辨。

该段壕堑分布于加拉山村一社西面山梁上，距村庄较近，受各种人为因素的破坏严重，整体保存状况差。全长 213.6 米，其中 187.6 米保存差，26 米消失。损毁原因主要为人为因素的破坏，表现为平整场地、修路、修便道、取土等。

（61）第六十一段　加拉山长城 1 段（编码：6301223382101170031）

位于湟中县多巴镇加拉山村一社西北面的山梁上。该段墙体属土墙，起自多巴镇加拉山村一社西北 0.23 千米处的山梁上，止于多巴镇加拉山村一社西北 0.26 千米处的山梁上。此段墙体呈南北向沿山梁分布。墙体内（东）外（西）两侧山势均较为平缓，故筑土墙以加强防御。墙体内侧有壕沟一条与墙体并行，口宽 8、底宽 3、深 0.5～1.5 米，剖面呈“V”形，其内长满冰草、狼毒花、马莲等，未见特别加工修整痕迹，应为当时取土筑墙时所挖；墙体外侧为耕地。该段墙体南接加拉山壕堑 1 段，西北与加拉山壕堑 2 段相连。

该段墙体起自 GPS0579 点，止于 GPS0581 点，全长 47.4 米。墙体保存一般。此段墙体系在自然基础上用黄土夯筑而成。墙体底宽 2.4、顶宽 0.4、内侧高 0.7～1.5、外侧高 2.8～3.3 米，夯层厚 0.2～0.22 米，夯层中似有椓木孔洞，孔径 0.08 米。墙体内外两侧堆土较多，其中外侧堆土被下切 1～2 米。墙体顶部及两侧堆土上长满冰草、马莲等。

该段墙体地处加拉山村一社西北山梁之上，受自然因素的破坏较为严重，整体保存状况一般。损毁原因以自然因素的破坏为主，人为因素次之，主要表现为自然坍塌、片状剥离、植物生长及便道破坏、切削堆土等。

（62）第六十二段　加拉山壕堑 2 段（编码：6301223382202170030）

位于湟中县多巴镇加拉山村一社西北面的山梁上。该段壕堑起自多巴镇加拉山村一社西北 0.26 千米处的山梁上，止于多巴镇加拉山村三社南 0.4 千米处的山梁上。此段壕堑呈东南至西北向沿山梁西南侧分布。壕堑内侧（东北）为一小土包，外侧（西南）为荒坡，有条土路呈东南至西北向穿过。该段壕堑东南接加拉山长城 1 段，西与加拉山长城 2 段相连。

该段壕堑起自 GPS0581 点，止于 GPS0583 点，全长 178 米。据当地村民介绍，此处原挖有壕堑，后因平田整地被毁。现该处为耕地。

该段壕堑因平田整地而使全部长 178 米壕堑消失无存。损毁原因主要为人为因素的破坏，表现为平田整地。

（63）第六十三段　加拉山长城 2 段（编码：630122382101170032）

位于湟中县多巴镇加拉山村三社南面的山梁上。该段长城属土墙，起自多巴镇加拉山村三社南 0.4 千米处的山梁上，止于多巴镇加拉山村三社西南 0.2 千米处的山梁上。此段墙体从起点开始先呈东南至西北向沿山梁分布，至 GPS0586 点转为南北向沿山包东侧延伸。墙体顶部及堆土上长满冰草。该段墙体东接加拉山壕堑 2 段，西与加拉山壕堑 3 段相连。

该段墙体起自 GPS0583 点，止于 GPS0589 点，全长 317.5 米。墙体底宽 1.5、顶宽 0.4 ~ 0.6、残高 1.5 ~ 3 米，夯层厚 0.15 ~ 0.23 米。此段墙体系在自然基础上用黄土、黑灰色土夯筑而成。依保存状况分为三个自然段：

第一自然段：该段墙体起自 GPS0583 点，止于 GPS0584 点，长 26.5 米。墙体保存一般。墙体底宽 1.5、顶宽 0.6、残高 2 ~ 3 米，夯层厚 0.2 米，夯层中夹有杨树枝。0 米 ~ 4.5 米段墙体外侧（南）被便道破坏严重，仅剩内侧（北）少许；4.5 米 ~ 23.1 米段长 18.6 米墙体外侧底部酥碱凹进，局部表层坍塌，壁上有横向风雨侵蚀的凹槽；23.1 米 ~ 26.5 米段长 3.4 米墙体被便道所毁。墙体内侧为耕地，外侧为便道。

第二自然段：该段墙体起自 GPS0584 点，止于 GPS0585 点，长 49 米。墙体保存较差。墙体底宽、顶宽均不详，外侧（西南）略高于地面，内侧（东北）高 1.5 米。墙体内外侧均为耕地。墙体顶部现为田埂。

第三自然段：该段墙体起自 GPS0585 点，止于 GPS0589 点，长 242 米。墙体保存一般。墙体底宽不详，顶宽 0.4 ~ 0.6、外侧（西）高 0 ~ 1.5、内侧（东）高 2.8 ~ 4.5 米，夯层厚 0.15 ~ 0.23 米，夯层中零星夹有石块；似有桩木孔洞，孔径 0.08 米。墙体内（东）外（西）侧均为耕地。墙体内侧大部被坍塌堆土所掩埋，局部堆土因耕地扩张而被挖掉，出露墙壁表面片状剥离现象严重。115 米 ~ 117.3 米段、137 米 ~ 138.6 米段、146 米 ~ 148.8 米段墙体有三处豁口，有人为攀爬痕迹；177 米 ~ 207 米段墙体内侧自顶部向下 1.5 ~ 2 米部分坍塌成缓坡；230 米 ~ 242 米段长 12 米墙体上部被人为挖毁。GPS0586 点处墙体内侧有现代坟茔数座。

该段墙体地处人类活动较为频繁的地区，受各种自然和人为因素的破坏较为严重，整体保存状况一般。全长 317.5 米，其中 265.1 米保存一般，49 米保存较差，3.4 米消失。损毁原因以自然因素的破坏为主，人为因素次之，主要表现为自然坍塌、片状剥离、酥碱、植物生长及便道破坏、扩张耕地、攀爬踩踏等。

（64）第六十四段　加拉山壕堑 3 段（编码：630123382202170031）

位于湟中县多巴镇加拉山村三社西南面的山梁上。该段壕堑起自多巴镇加拉山村三社西南 0.2 千米处的山梁上，止于多巴镇加拉山村四社西南 0.25 千米处的山梁上。此段壕堑由东向西沿山梁分布。有条土路穿过该段壕堑。壕堑内侧（北）主要为耕地，外侧（南）有条为挖沙而修的简易路。壕堑内长满冰草、马莲、狼毒花等。该段壕堑东接加拉山长城 2 段，西北与加拉山壕堑 4 段相连。

该段壕堑起自 GPS0589 点，止于 GPS0596 点，全长 505.5 米。壕堑削山部分残高 2.5 ~ 3.5 米，台宽 8.5 米，壕堑口宽 4.5 ~ 7、底宽 3.5 ~ 4.3、深 0.5 ~ 1 米，垄底宽 2.5、顶宽 1、高 0.5 米。此段壕堑依地势的不同采取不同的构筑方式，陡峭处从高处向下削挖，形成一定角度的陡壁，土堆低处为垄，从而构成壕堑，以达到军事防御的目的；平缓处向下掘地挖土成沟，土堆两侧为垄。依保存状况分为五个自然段：

第一自然段：起自 GPS0589 点，止于 GPS0590 点，长 237 米。此段壕堑略呈东西向沿山包北侧分布。0 米～9 米段壕堑保存较差，削山部分成缓坡；壕堑口宽 6.2、底宽 3.5、深 0.5～0.8 米，垄底宽 2.5、顶宽 1、高 0.5 米。9 米～237 米段长 228 米壕堑因修梯田和路而被毁。

第二自然段：起自 GPS0590 点，止于 GPS0591 点，长 31 米。壕堑保存差。此段壕堑由北向南沿山梁分布。壕堑东部因修路被破坏，剩余部分宽 4.2～5 米，中部略凹。壕堑东侧为土路，西侧为耕地。

第三自然段：起自 GPS0591 点，止于 GPS0592 点，长 49 米。壕堑保存较差。此段壕堑由东向西沿山坡而上。壕堑口宽 6.7～7、底宽 4.3、深 0.5～1 米，北垄被人为挖掘破坏，南垄被洪水冲刷严重，尺寸均不清。壕堑底部埋设有自来水管。壕堑北侧为荒地，南侧有为挖沙而修的简易路。

第四自然段：起自 GPS0592 点，止于 GPS0593 点，长 44.5 米。壕堑保存差。此段壕堑继续由东向西沿山坡而上。削山部分高 2.5～3.5 米，局部坍塌，壕堑被自然掩埋成台状，台宽 8.5 米，垄部被洪水冲刷成多条浅冲沟。壕堑南侧为简易路。

第五自然段：起自 GPS0593 点，止于 GPS0596 点，长 144 米。壕堑消失。该段壕堑因人为挖沙、修路而被毁。

该段壕堑分布区域人类活动频繁，受人为因素的破坏严重，壕堑大部被毁，整体保存状况差。全长 505.5 米，其中 58 米保存较差，75.5 米保存差，372 米消失。损毁原因以人为因素的破坏为主，自然因素次之，主要表现为风雨侵蚀、洪水冲击及修梯田、修路、挖沙、埋设水管等。

（65）第六十五段　加拉山壕堑 4 段（编码：6301223822 02170032）

位于湟中县多巴镇拉卡村四社西面的山梁上。该段壕堑起自多巴镇加拉山村四社西南 0.25 千米处的山梁上，止于多巴镇拉卡山村四社西北 0.97 千米处的山梁上。此段壕堑由南向北沿北沟东侧山梁分布。壕堑内侧（东）山坳中有加拉山村、拉卡山村；外侧（西）为北沟，该沟是湟中、湟源两县界沟。壕堑内长满冰草、马莲及狼毒花。该段壕堑东南接加拉山壕堑 3 段，北与拉卡山壕堑 1 段相连。

该段壕堑起自 GPS0596 点，止于 GPS0633 点，全长 1486 米。壕堑削山印痕及削山部分坍塌印痕高 2.5～7 米，台宽 2.5～6.5 米，壕堑口宽 5.5～7、底宽 1～4、深 0.4～2.5 米，垄底宽 3～4.2、顶宽 1～2.5、高 0.3～1.3 米。此段壕堑的建筑方式为依山势沿防御方向山梁一侧从高处向下削挖，形成一定角度的陡壁，土堆低处为垄，从而构成壕堑，以达到军事防御的目的。依保存状况分为十九个自然段：

第一自然段：起自 GPS0596 点，止于 GPS0597 点，长 31 米。壕堑保存一般。此段壕堑呈东南至西北向沿山梁西南侧分布。削山印痕明显，高 3 米，壕堑口宽 5.5、底宽 2.6、深 0.5～2.5 米，垄底宽 3、顶宽 2.5、高 0.5～0.8 米。4 米～10 米段长 6 米壕堑东北部人为挖有长方形窑洞，从迹象观察挖沙时曾在此处搭建过帐篷；20 米～23 米段长 3 米壕堑东北部被便道破坏，此处还掏有窑洞一个。壕堑底部被利用为便道。GPS0596 点西侧为挖沙工地。

第二自然段：起自 GPS0597 点，止于 GPS0598 点，长 64 米。壕堑保存较差。此段壕堑由东向西沿山梁南侧分布。削山印痕明显，局部坍塌，高 2.5～3.5 米，壕堑口宽 6.5、底宽 2.5、深 0.5～0.8 米，垄底宽 3、底宽 2.4、高 0.5～0.8 米。壕堑底部有车辙痕迹。43 米～54 米段长 11 米垄被便道破坏。

第三自然段：起自 GPS0598 点，止于 GPS0599 点，长 42 米。壕堑保存一般。此段壕堑呈东南至西北向沿山梁西南侧分布。削山印痕明显，高 2.5～3 米，壕堑口宽 6、底宽 2、深 1.5～2.5 米，垄部宽厚，底宽 4、顶宽 1.4、高 1.3 米。

第四自然段：起自 GPS0599 点，止于 GPS0602 点，长 118 米。壕堑保存差。此段壕堑呈南北向沿山梁西侧缓上。削山部分坍塌成缓坡,壕堑被自然掩埋成台状,台宽2.5~6米,局部略凹。

第五自然段:起自GPS0602点,止于GPS0603点,长45米。壕堑保存较差。此段壕堑呈南北向沿山梁西侧分布。削山部分高约3米,壕堑口宽6、底宽1、深0.4~1.6米,剖面呈"V"形,垄底宽3.5、顶宽1.2、高0.4~0.8米。壕堑东部削山部分中部埋设有自来水管。

第六自然段:起自GPS0603点,止于GPS0606点,长129米。壕堑保存差。此段壕堑呈东南至西北向沿山梁西南侧分布。削山印痕坍塌无存,其下堆土较多,至山梁顶部高2.5~7米;壕堑被自然掩埋成台状,台宽3.2~4.8米。台上埋设有自来水管。

第七自然段:起自GPS0606点,止于GPS0609点,长129米。壕堑保存较差。此段壕堑呈南北向沿山梁西侧分布。削山印痕坍塌无存,至山梁顶部高2.5~4米,壕堑口宽5.8~6.8、底宽1.2、深0.4~0.8米,剖面呈"V"形,垄底宽3~4、顶宽1~1.5、高0.4~0.8米。

第八自然段:起自GPS0609点,止于GPS0612点,长136米。壕堑保存差。此段壕堑呈南北向沿山梁西侧而上。削山印痕坍塌无存,至山梁顶部高约3.5米;壕堑被自然掩埋成台状,台宽4~5米,中部略凹。20米处有便道斜上破坏了部分壕堑东部。

第九自然段:起自GPS0612点,止于GPS0613点,长37米。壕堑保存较差。此段壕堑呈南北向沿山梁西侧分布。削山印痕坍塌无存,至山梁顶部高3~4米,壕堑口宽5.6、底宽1.5、深0.5~1.6米,垄底宽3.5、顶宽1.1、高0.5~1米。23米~26.5米段长3.5米垄消失。

第十自然段:起自GPS0613点,止于GPS0615点,长66米。壕堑保存一般。此段壕堑呈西南至东北向沿山梁西北侧缓上。削山部分坍塌成缓坡,壕堑口宽5.5~6、底宽1.6、深0.8~2.2米,垄底宽3.5、顶宽1.1、高0.5~1米。40米~66米段壕堑东南部埋设有自来水管。

第十一自然段:起自GPS0615点,止于GPS0616点,长43米。壕堑保存差。此段壕堑呈南北向沿山梁西侧分布。削山印痕坍塌无存,至山梁顶部高3~4米;壕堑被自然掩埋,中部凹,垄不清。壕堑东部埋设有自来水管。

第十二自然段:起自GPS0616点,止于GPS0617点,长36米。壕堑保存较差。此段壕堑呈南北向沿山梁西侧而上。削山印痕坍塌无存,至山梁顶部高3~4米,壕堑口宽6.5、底宽4、深0.6~1.8米,垄底宽3.6、顶宽1.2、高0.5~1.1米。壕堑东部埋设有自来水管。

第十三自然段:起自GPS0617点,止于GPS0618点,长51米。壕堑保存差。此段壕堑呈东南至西北向沿山梁西南侧而上。削山印痕坍塌无存,至山梁顶部高3~4米;壕堑被自然掩埋成台状,台宽5米,其表有人为踩踏痕迹。壕堑东北部埋设有自来水管。

第十四自然段:起自GPS0618点,止于GPS0622点,长135米。壕堑保存较差。此段壕堑呈南北向沿山梁西侧分布。削山印痕坍塌无存,至山梁顶部高3~3.5米,壕堑口宽5.5~6.5、底宽2.2~2.3、深0.5~1.9米,垄底宽3.2~4.2、顶宽1.4~1.8、高0.4~1米。25米~28米段长3米垄消失;76米~87米段壕堑被洪水冲毁,现为便道;91米~93米段长2米壕堑被便道所毁。壕堑底部埋设有自来水管。

第十五自然段:起自GPS0622点,止于GPS0623点,长48米。壕堑保存差。此段壕堑呈南北向沿山梁西侧而上。削山印痕坍塌无存,至山梁顶部高2.5~3米;壕堑被自然掩埋成台状,台宽6.5米,中部略凹。壕堑底部埋设有自来水管。

第十六自然段:起自GPS0623点,止于GPS0625点,长72米。壕堑保存较差。此段壕堑呈南北向沿山梁西侧而上。削山印痕坍塌无存,至山梁顶部高2.5~3米,壕堑口宽6.8、底宽1.5、深0.5~0.8米,剖面呈"V"形,垄底宽3、顶宽1.6、高0.3~0.6米。壕堑东部埋设有自来水管。

第十七自然段：起自 GPS0625 点，止于 GPS0627 点，长 52 米。壕堑保存差。此段壕堑呈南北向沿山梁西侧分布。削山印痕坍塌无存，至山梁顶部高 3～4 米；壕堑被自然掩埋成台状，台宽 6～7 米，中部略凹。壕堑东部埋设有自来水管。

第十八自然段：起自 GPS0627 点，止于 GPS0628 点，长 21 米。壕堑保存较差。此段壕堑由西向东沿山梁北侧分布。削山印痕坍塌无存，至山梁顶部高 4～5 米，壕堑口宽 7、底宽 2.6、深 0.5～1.2 米，垄底宽 2.9、顶宽 0.7、高 0.5～1 米。壕堑底部埋设有自来水管。

第十九自然段：起自 GPS0628 点，止于 GPS0633 点，长 231 米。壕堑保存差。此段壕堑呈南北向沿山梁西侧分布。削山印痕坍塌无存，至山梁顶部高 5～7 米，壕堑被自然掩埋成台状，台宽 4.6～6.5 米，中部略凹。22 米～25 米段、67 米～70 米段、GPS0633 点北侧壕堑东部有便道斜上。壕堑底部埋设有自来水管。

该段壕堑分布于北沟东侧山梁上，受自然因素的破坏较为严重，整体保存状况差。全长 1486 米，其中 139 米保存一般，454 米壕堑保存较差，880 米保存差，13 米消失。损毁原因以自然因素的破坏为主，人为因素次之，主要表现为风雨侵蚀、洪水冲击及便道破坏、埋设水管等。

（66）第六十六段　拉卡山壕堑 1 段（编码：6301223822021700033）

位于湟中县多巴镇拉卡山村西面的山梁上。该段壕堑起自多巴镇拉卡山村四社西北 0.97 千米处的山梁上，止于多巴镇拉卡山村西北 1.05 千米处的山梁垭口。此段壕堑由南向北沿北沟东侧山梁分布。壕堑内侧（东）山沟中有目尔加村、拉卡山村；外侧（西）为北沟，该沟是湟中、湟源两县界沟。壕堑内长满冰草、马莲及狼毒花。该段壕堑南接加拉山壕堑 4 段，北与拉卡山壕堑 2 段相连。

该段壕堑起自 GPS0633 点，止于 GPS0670 点，全长 1602 米。壕堑削山印痕及削山部分至山梁顶部高 4～9 米，台宽 2.5～8 米，壕堑口宽 4.5～5.5、底宽 1～3.2、深 0.5～2.5 米，垄底宽 2.5～5、顶宽 1.1～2.4、高 0.4～1.3 米。此段壕堑的建筑方式为依山势沿防御方向山梁一侧从高处向下削挖，形成一定角度的陡壁，土堆低处为垄，从而构成壕堑，以达到军事防御的目的。依保存状况分为十二个自然段：

第一自然段：起自 GPS0633 点，止于 GPS0634 点，长 65 米。壕堑保存差。此段壕堑呈南北向沿山梁西侧分布。削山部分雨水冲刷严重，削山印痕无存，至山梁顶部高 4～5 米，壕堑被自然掩埋成台状，台宽 5～6 米，中部略凹。0 米～20 米段壕堑被从北沟而上的便道破坏。

第二自然段：起自 GPS0634 点，止于 GPS0635 点，长 34 米。壕堑保存较差。此段壕堑呈南北向沿山梁西侧分布。削山印痕坍塌无存，至山梁顶部高 5 米，壕堑口宽 4.5、底宽 1.2、深 0.5～1.3 米，垄底宽 4～4.5、顶宽 1.6、高 0.5～1.3 米。12 米～17.9 米段长 5.9 米垄消失。

第三自然段：起自 GPS0635 点，止于 GPS0638 点，长 156 米。壕堑保存差。此段壕堑呈东南至西北向沿山梁西南侧分布。削山印痕坍塌无存，至山梁顶部高约 4～5 米；壕堑被自然掩埋成台状，台宽 2.5～8 米，中部略凹。

第四自然段：起自 GPS0638 点，止于 GPS0639 点，长 26 米。壕堑保存一般。此段壕堑呈东西向沿山梁南侧分布。削山印痕坍塌无存，至山梁顶部高 4～5 米，壕堑口宽 5.4、底宽 1、深 0.8～2.5 米，垄底宽 5、顶宽 2.4、高 0.8～1.3 米。

第五自然段：起自 GPS0639 点，止于 GPS0645 点，长 250 米。壕堑保存差。此段壕堑呈南北向沿山梁西侧分布。削山印痕坍塌无存，至山梁顶部高 3～5 米；壕堑被自然掩埋成台状，台宽 3～7 米，局部凹；垄不清。

第六自然段：起自 GPS0645 点，止于 GPS0646 点，长 31 米。壕堑保存较差。此段壕堑呈西南至东北向沿山梁西北侧缓下。削山印痕坍塌无存，至山梁顶部高约5米，壕堑口宽5、底宽3.2、深0.4~1米，垄底宽2.5~3.5、顶宽1.3、高0.4~0.6米。

第七自然段：起自GPS0646点，止于GPS0647点，长58米。壕堑保存差。此段壕堑呈南北向沿山梁西侧分布。削山印痕坍塌无存，至山梁顶部高4~6米；壕堑被自然掩埋成台状，台宽5米，中部略凹。

第八自然段：起自GPS0647点，止于GPS0649点，长53米。壕堑保存较差。此段壕堑呈南北向沿山梁西侧分布。削山印痕坍塌无存，至山梁顶部高4~6米，壕堑口宽4.8~5.5、底宽2.2~2.6、深0.5~1.6米，垄底宽3~4、顶宽1.1、高0.5~0.6米。

第九自然段：起自GPS0649点，止于GPS0659点，长427米。壕堑保存差。此段壕堑呈南北向沿山梁西侧分布。削山印痕坍塌无存，至山梁顶部高4~9米；壕堑被自然掩埋成台状，台宽2.5~7.5米，中部略凹。43.5米~44.5米段长1米垄被便道所毁。

第十自然段：起自GPS0659点，止于GPS0660点，长35米。壕堑保存较差。此段壕堑呈南北向沿山嘴分布。削山印痕不清，高度不详，壕堑口宽5、底宽1、深0.4~1.8米，垄底宽3.5、顶宽1.2、高0.5~0.9米。

第十一自然段：起自GPS0660点，止于GPS0669点，长422米。壕堑保存差。此段壕堑呈南北向沿山梁西侧分布。削山印痕坍塌无存，至山梁顶部高4~6米，壕堑被自然掩埋成台状，台宽4.5~7米，局部凹，垄不清。331米~334.5米段长3.5米壕堑被便道所毁；390米~422米段壕堑曾被垦作耕地，现荒。

第十二自然段：起自GPS0669点，止于GPS0670点，长45米。壕堑消失。该段壕堑被山路破坏。此段位于山梁垭口处。

该段壕堑分布于北沟东侧山梁上，受自然因素的破坏较为严重，整体保存状况差。全长1602米，其中26米保存一般，153米保存较差，1354.5米保存差，68.5米消失。损毁原因以自然因素的破坏为主，人为因素次之，主要表现为风雨侵蚀及便道破坏、开垦耕地等。

（67）第六十七段　拉卡山壕堑2段（编码：6301223822021700034）

位于湟中县多巴镇拉卡山村西面的山上。该段壕堑起自多巴镇拉卡山村西北1.05千米处的山梁垭口，止于多巴镇目尔加村西0.45千米处的山腰上。此段壕堑先呈南北向由垭口沿山梁西侧而上，至山顶后穿行于山脊之上，随后从GPS0682点开始由西向东顺山坡而下，至GPS0688点又转为南北向沿山腰向下延伸，至GPS0693点又从西南折向东北，最后从GPS0693点变为由东向西直至止点。壕堑起点南侧为北沟，该沟是湟中、湟源两县界沟；止点东侧沟内为目尔加村。壕堑内外长满马莲、冰草、蒿草等。该段壕堑南接拉卡山壕堑1段，东北与目尔加壕堑相连。

该段壕堑起自GPS0670点，止于GPS0703点，全长1395米。壕堑削山印痕坍塌无存，高度不详，台宽3.5~5.2米，壕堑口宽4~7.3、底宽1.2~3、深0.3~2.5米，垄底宽3.1~5、顶宽1.8~2.3、高0.3~1.5米。此段壕堑的建筑方式为依山势从高处向下削挖，形成一定角度的陡壁，土堆低处为垄，从而构成壕堑，以达到军事防御的目的。依保存状况分为十七个自然段：

第一自然段：起自GPS0670点，止于GPS0674点，长110米。壕堑保存差。此段壕堑呈南北向由垭口沿山梁西侧而上。削山部分坍塌成缓坡；壕堑被自然掩埋，仅有痕迹可辨。壕堑西部被便道破坏。GPS0670点南侧有山路穿过。

第二自然段：起自GPS0674点，止于GPS0675点，长22米。壕堑保存一般。此段壕堑呈南北向通过山嘴。壕堑口宽5~5.5、底宽1.2~1.6、深0.5~2.2米，垄尺寸不清。

第三自然段：起自 GPS0675 点，止于 GPS0676 点，长 49 米。壕堑保存差。此段壕堑呈南北向转向山梁东侧。削山部分坍塌成缓坡；壕堑被自然掩埋成台状，台宽 5.2 米。壕堑西面中部修有便道。

第四自然段：起自 GPS0676 点，止于 GPS0677 点，长 64 米。壕堑保存较差。此段壕堑呈南北向沿山梁分布。壕堑口宽 4.8 ~ 5.4、底宽 1.6、深 0.4 ~ 1.2 米，垄尺寸不清。壕堑西侧为便道。

第五自然段：起自 GPS0677 点，止于 GPS0678 点，长 39 米。壕堑保存差。此段壕堑呈东南至西北向沿山梁西南侧分布。削山部分坍塌成缓坡；壕堑被自然掩埋，中部凹，垄不清。壕堑西南侧为便道。

第六自然段：起自 GPS0678 点，止于 GPS0679 点，长 18 米。壕堑保存一般。此段壕堑呈南北向通过山嘴。壕堑口宽 5.2 ~ 5.8、底宽 1.4、深 0.6 ~ 2.4 米，垄不清。

第七自然段：起自 GPS0679 点，止于 GPS0680 点，长 62 米。壕堑保存较差。此段壕堑呈东南至西北向沿山梁东北侧分布。削山部分坍塌成缓坡，壕堑口宽 6 ~ 7、底宽 2.5 ~ 3、深 0.4 ~ 1 米，垄底宽 3.1、顶宽 1.8、高 0.4 ~ 0.8 米。0 米 ~ 20 米段垄被便道所毁。

第八自然段：起自 GPS0680 点，止于 GPS0681 点，长 65 米。壕堑保存一般。此段壕堑呈东南至西北向沿山梁东北侧分布。削山部分坍塌成缓坡，壕堑口宽 5.5 ~ 6、底宽 2.2、深 0.6 ~ 2.5 米，垄部宽厚，底宽 4.5、顶宽 2.1、高 0.6 ~ 1.3 米。壕堑东北侧为耕地。

第九自然段：起自 GPS0681 点，止于 GPS0682 点，长 54 米。壕堑保存较差。此段壕堑呈东南至西北向沿山梁东北侧分布。削山部分坍塌成缓坡；壕堑口宽 5.1 ~ 5.6、底宽 1.8、深 0.3 ~ 1 米，垄底宽 3.4、顶宽 2.3、高 0.3 ~ 0.7 米。壕堑底部及西南部削山部分现为耕地。垄外侧被耕地破坏少许。

第十自然段：起自 GPS0682 点，止于 GPS0684 点，长 52 米。壕堑保存差。此段壕堑由西向东顺山坡而下。削山部分坍塌成缓坡，壕堑中部凹，垄不清。壕堑底部有水流冲刷痕迹。

第十一自然段：起自 GPS0684 点，止于 GPS0685 点，长 104 米。壕堑保存一般。此段壕堑继续由西向东顺山坡而下。削山印痕坍塌无存，高度不详，壕堑口宽 6.5 ~ 7.3、底宽 1.2、深 0.9 ~ 2.5 米，垄部宽厚，底宽 4.5 ~ 5、顶宽 2.1、高 0.9 ~ 1.5 米。壕堑底部水流冲刷严重，有人为踩踏痕迹。壕堑两侧为耕地。

第十二自然段：起自 GPS0685 点，止于 GPS0688 点，长 117 米。壕堑保存差。此段壕堑呈东西向沿山坡分布。削山部分坍塌成缓坡；壕堑被自然掩埋成台状，台宽 3.5 ~ 4 米，局部略凹。台上人为踩踏痕迹明显。壕堑两侧为耕地。

第十三自然段：起自 GPS0688 点，止于 GPS0689 点，长 26 米。壕堑保存较差。此段壕堑呈南北向沿山坡缓下。削山印痕坍塌无存，高度不详，壕堑口宽 4、底宽 1.3、深 0.7 ~ 1 米，垄底宽 2.8、顶宽 1.1、高 0.7 米。壕堑底部及垄上有人畜踩踏痕迹。

第十四自然段：起自 GPS0689 点，止于 GPS0690 点，长 85 米。壕堑消失。该段壕堑被山路、冲沟、便道破坏。

第十五自然段：起自 GPS0690 点，止于 GPS0700 点，长 426 米。壕堑保存差。此段壕堑呈西南至东北向顺山坡分布。削山部分坍塌成缓坡；壕堑被自然掩埋，仅有痕迹可辨。348 米 ~ 352.1 米壕堑被便道所毁。

第十六自然段：起自 GPS0700 点，止于 GPS0701 点，长 39 米。壕堑消失。该段壕堑被耕地破坏。

第十七自然段：起自 GPS0701 点，止于 GPS0703 点，长 63 米。壕堑保存差。此段壕堑呈西南至东北向沿山坡而下。壕堑原被垦作耕地，现荒，仅有痕迹可辨。

该段壕堑受各种自然和人为因素的破坏较为严重，整体保存状况差。全长 1395 米，其中 209 米保存一般，206 米保存较差，851.9 米保存差，128.1 米消失。损毁原因有自然和人为因素两个方面，主要表现为风雨侵蚀、洪水冲击及开垦耕地、便道破坏等。

（68）第六十八段　目尔加壕堑（编码：630122382202170035）

位于湟中县多巴镇目尔加村西面的山坡上。该段壕堑起自多巴镇目尔加村西 0.45 千米处的山腰上，止于多巴镇中村七社西南 0.05 千米处的山根下。此段壕堑先由南向北沿山腰分布，至 GPS0711 点转为西南至东北向沿山坡而下直至沟底。壕堑两侧主要为梯田。内侧（西南）沟内有目尔加村、中村，外侧（东北）为绵延向上的山体。壕堑内外长满马莲、冰草、蒿草等。该段壕堑西南接拉卡山壕堑 2 段，东北与中村长城 1 段相连。

该段壕堑起自 GPS0703 点，止于 GPS0739 点，全长 1712 米。壕堑削山印痕高 3.5～5 米，台宽 2～5 米，壕堑口宽 4～6、底宽 1.2～3、深 0.3～2.2 米，垄底宽 1.5～5、顶宽 0.6～3、高 0.3～1.8 米。此段壕堑的建筑方式为依山势从高处向下削挖，形成一定角度的陡壁，土堆低处为垄，从而构成壕堑，以达到军事防御的目的。依保存状况分为十八个自然段：

第一自然段：起自 GPS0703 点，止于 GPS0705 点，长 118 米。壕堑消失。该段壕堑被耕地、便道破坏。

第二自然段：起自 GPS0705 点，止于 GPS0706 点，长 48 米。壕堑保存较差。此段壕堑呈南北向顺山坡疾下。削山部分坍塌成缓坡，壕堑口宽 5～6、底宽 2.5～3、深 0.3～1.3 米，垄底宽 4.5～5、顶宽 2.5～3、高 0.3～1.3 米。

第三自然段：起自 GPS0706 点，止于 GPS0708 点，长 107 米。壕堑保存差。此段壕堑呈南北向沿山腰而下。削山部分坍塌成缓坡；壕堑被自然掩埋成台状，台宽 3.5～4.5 米，局部凹。62 米处有便道破坏了部分壕堑东部。

第四自然段：起自 GPS0708 点，止于 GPS0709 点，长 39 米。壕堑保存较差。此段壕堑呈西南至东北向沿山腰缓下。削山印痕坍塌无存，高度不详，壕堑口宽 5、底宽 2.1、深 0.6～1.9 米，垄底宽 3.5～4、顶宽 1.5、高 0.6～0.8 米。

第五自然段：起自 GPS0709 点，止于 GPS0714 点，长 140 米。壕堑保存差。此段壕堑呈西南至东北向沿山腰分布。削山印痕坍塌无存，高度不详；壕堑被自然掩埋，仅有痕迹可辨。

第六自然段：起自 GPS0714 点，止于 GPS0715 点，长 21 米。壕堑保存较差。此段壕堑呈南北向沿山腰而下。削山部分坍塌成缓坡，壕堑口宽 4.2、底宽 1.2、深 0.4～1.3 米，垄底宽 3、顶宽 1.5、高 0.4～0.6 米。

第七自然段：起自 GPS0715 点，止于 GPS0716 点，长 49 米。壕堑消失。该段壕堑因平整土地被破坏。

第八自然段：起自 GPS0716 点，止于 GPS0718 点，长 52 米。壕堑保存较差。此段壕堑呈西北至东南向沿山腰而下。削山印痕坍塌无存，高度不详，壕堑口宽 4～4.5、底宽 1.4、深 0.3～1.3 米，垄底宽 3.2、顶宽 1.1、高 0.6 米。

第九自然段：起自 GPS0718 点，止于 GPS0722 点，长 104 米。壕堑保存差。此段壕堑由西南向东北沿山腰而下。削山印痕坍塌无存，高度不详，壕堑被自然掩埋成台状，台宽 3～5 米。

第十自然段：起自 GPS0722 点，止于 GPS0723 点，长 44 米。壕堑消失。该段壕堑因山体滑坡而消失。

第十一自然段：起自 GPS0723 点，止于 GPS0729 点，长 214 米。壕堑保存差。此段壕堑呈西南至东北向沿山腰而下。削山印痕坍塌无存，高度不详，壕堑被自然掩埋成台状，仅有痕迹可辨。

第十二自然段：起自 GPS0729 点，止于 GPS0730 点，长 33 米。壕堑保存一般。此段壕堑由西向东转过山嘴。削山印痕明显，高 3.5 米，壕堑口宽 4.5、底宽 2、深 0.8~2.2 米，垄底宽 1.5~3、顶宽 0.6~1、高 0.8 米。

第十三自然段：起自 GPS0730 点，止于 GPS0734 点，长 216 米。壕堑保存差。此段壕堑呈西南至东北向沿山腰分布。削山印痕明显，高 3.5~5 米；壕堑被自然掩埋成台状，台宽 2~4 米。

第十四自然段：起自 GPS0734 点，止于 GPS0735 点，长 66 米。壕堑消失。0 米~49 米段壕堑被便道所毁；49 米~66 米段长 17 米壕堑被平田整地时的翻土所掩埋。

第十五自然段：起自 GPS0735 点，止于 GPS0736 点，长 26 米。壕堑保存差。此段壕堑呈西南至东北向沿山坡分布。削山部分上部被平整为耕地，壕堑被自然掩埋成台状，台宽 3.5 米，局部略凹。

第十六自然段：起自 GPS0736 点，止于 GPS0737 点，长 212 米。壕堑消失。该段壕堑因平整土地而被毁。

第十七自然段：起自 GPS0737 点，止于 GPS0738 点，长 58 米。壕堑保存一般。此段壕堑呈西南至东北向沿山坡分布。削山部分坍塌严重，局部被耕地破坏，壕堑口宽 4~5、底宽 1.9、深 0.4~2.1 米，垄底宽 2.8、顶宽 2、高 0.4~1.8 米。垄内侧有坍塌迹象，顶部有人为踩踏痕迹。

第十八自然段：起自 GPS0738 点，止于 GPS0739 点，长 165 米。壕堑消失。该段壕堑因平整土地而被破坏。

该段壕堑分布于尕尔加村西面山坡上，人类生产活动较为频繁，受人为因素的破坏严重，整体保存状况差。全长 1712 米，其中 91 米保存一般，139 米保存较差，828 米保存差，654 米消失。损毁原因以人为因素的破坏为主，自然因素次之，主要表现为开垦耕地、便道破坏及山体滑坡、风雨侵蚀等。

（69）第六十九段　中村长城 1 段（编码：6301223382101170033）

位于湟中县多巴镇中村七社西面的奔巴沟内。该段长城属土墙，起自多巴镇中村七社西南 0.05 千米处的山根下，止于多巴镇中村七社西 0.02 千米处的山根下。此段墙体呈西南至东北向横截奔巴沟。有条砂石路穿过该段墙体。墙体内侧（东南）为中村，外侧（西北）沟脑处有尕尔加村。该段墙体西南接尕尔加壕堑，东北与中村壕堑 1 段相连。

该段墙体起自 GPS0739 点，止于 GPS0741 点，全长 80 米。墙体底宽 1.4~1.7、顶宽 0.5~0.8、残高 0.5~2.5 米，夯层厚 0.14~0.16 米。此段墙体系在自然基础上用黄土分段夯筑而成。依保存状况分为两个自然段：

第一自然段：起自 GPS0739 点，止于 GPS0740 点，长 48 米。0 米~12 米段现为砂石路；12 米~24 米段现为耕地；24 米~31 米段墙体保存较差，呈土垄状，高 0.5~1 米；31 米~48 米段为冲沟。

第二自然段：起自 GPS0740 点，止于 GPS0741 点，长 32 米。墙体保存一般。墙体底宽 1.4~1.7、顶宽 0.5~0.8、残高 1.5~2.5 米，夯层厚 0.14~0.16 米。墙体外侧（西北）为坟地及耕地，内侧（东南）为村民庄院及耕地。墙体外侧表面片状剥离现象严重，壁上有横向风雨侵蚀凹槽，底部发现鼠洞，墙体中段下部有人为挖削迹象；墙体内侧中段紧贴墙壁人为下切 1~4 米，搭建有房屋；东北端墙体上有人为踩踏痕迹。14 米~18 米段墙体顶部高约 1.5 米的部分是村民为加固院墙用土坯间泥砌筑而成，外表抹泥。墙体顶部长满冰草。

该段墙体地处沟谷之中，受到自然和人为因素的破坏严重，整体保存状况差。全长 80 米，其中 32 米保存一般，7 米保存较差，41 米消失。损毁原因以人为因素的破坏为主，自然因素次之，主要表现为修路、扩张耕地、搭建房屋、人为挖削及坍塌、洪水冲击、片状剥离、鼠洞等。

（70）第七十段　中村壕堑 1 段（编码：6301223382202170036）

　　位于湟中县多巴镇中村七社西北面的山上。该段壕堑起自多巴镇中村七社西0.02千米处的山根下，止于多巴镇中村七社东北0.25千米处的边墙梁上。此段壕堑先呈西南至东北向由山根沿山坡而上，至GPS0743点转为由南向北继续顺山坡而上，从GPS0745点开始又变为西南至东北向沿山坡而上直至边墙梁上。壕堑内侧（东南）沟内为中村，外侧（西北）为绵延向上的山体。该段壕堑西南接中村长城1段，北与中村长城2段相连。

　　该段壕堑削山部分高2.5~3.5米，壕堑口宽8~10、底宽4.8、深0.8~2.1米，垄底宽3~4、顶宽1.2~2.5、高0.8~1.8米。壕堑起自GPS0741点，止于GPS0754点，全长656米。此段壕堑的建筑方式为依山势从高处向下削挖，形成一定角度的陡壁，土堆低处为垄，从而构成壕堑，以达到军事防御的目的。依保存状况分为三个自然段：

　　第一自然段：起自GPS0741点，止于GPS0742点，长55米。壕堑保存一般。此段壕堑呈西南至东北向沿山坡而上。削山部分坍塌近直，高2.5~3.5米，壕堑口宽8~10、底宽4.8、深0.8~2.1米，垄底宽3~4、顶宽1.2~2.5、高0.8~1.8米。40米~55米段长15米壕堑被平整为两级宽约3~4米的阶地，其上种有沙棘、杨树。垄坍塌痕迹明显，壕堑底部洪水冲刷严重，中央有便道向上。

　　第二自然段：起自GPS0742点，止于GPS0749点，长400米。壕堑保存差。此段壕堑呈西南至东北向沿山坡而上。削山部分坍塌严重，高度不详；壕堑被自然掩埋，仅有痕迹可辨。壕堑被平整为宽约2~3米的阶地，种有沙棘。壕堑西北侧有山路。壕堑内长满冰草、狼毒花及蒿草。

　　第三自然段：起自GPS0749点，止于GPS0754点，长201米。壕堑消失。该段壕堑因挖引水渠和修山路而被毁。

　　该段壕堑分布区域人类活动较为频繁，受人为因素的破坏严重，整体保存状况差。全长656米，其中55米保存一般，400米保存差，201米消失。损毁原因以人为因素的破坏为主，自然因素次之，主要表现为修路、平整阶地及风雨侵蚀、洪水冲击等。

　　（71）第七十一段　中村长城2段（编码：630122382101170034）

　　位于湟中县多巴镇中村七社东北面的边墙梁上。该段墙体起自多巴镇中村七社东北0.25千米处的边墙梁上，止于多巴镇中村七社东北0.3千米处的边墙梁上。此段墙体由南向北分布于中村七社东北面的边墙梁上。墙体内外两侧均为耕地，外侧（西）高于内侧（东）。该段墙体南接中村壕堑1段，北与中村壕堑2段相连。

　　该段墙体起自GPS0754点，止于GPS0755点，全长86米。此段墙体系在自然基础上用黑灰色土分段夯筑而成。墙体底宽1.6、顶宽0.6、残高0.8~2.2米，夯层厚0.15~0.2米。墙体坍塌严重，内外侧壁上有人为挖削痕迹。17米~21.8米段长4.8米墙体自然坍塌，仅剩底部。墙体顶部长满冰草。

　　该段墙体地处山梁之上，受自然因素的破坏较为严重，整体保存状况较差。全长86米，墙体均保存较差。损毁原因以自然因素的破坏为主，人为因素次之，主要表现为自然坍塌及任意削挖等。

　　（72）第七十二段　中村壕堑2段（编码：630122382202170037）

　　位于湟中县多巴镇中村七社东北面的边墙梁上。该段壕堑起自多巴镇中村七社东北0.3千米处的边墙梁上，止于拦隆口镇南门二村南0.36千米处的山坡上。此段壕堑由南向北沿边墙梁东侧顺坡而上，至GPS0770点转到山梁另外一侧，从GPS0776点开始又顺坡而下直至南门二村南面山坡上。壕堑内侧（东）山下有红林村十社，外侧（西）山下为梯田。壕堑内长满马莲、冰草、狼毒花等。该段壕堑西南接中村长城2段，西北与南门二长城相连。

　　该段壕堑起自GPS0755点，止于GPS0779点，全长1203米。壕堑削山部分坍塌无存，至山梁顶部高4~5米，台宽2.5~9.5米，壕堑口宽4.2~6、底宽1.1~2.1、深0.4~1.3米，垄底宽3.1~3.3、顶宽 1.1 ~ 1.7、高 0.4 ~ 0.8 米。此段壕堑的建筑方式为依山势沿山梁一侧从高处向下削挖，形成一定角度的陡壁，土堆低处为垄，从而构成壕堑，以达到军事防御的目的。依保存状况分为八个自然段：

第一自然段：起自 GPS0755 点，止于 GPS0757 点，长 92 米。壕堑保存差。此段壕堑呈南北向沿边墙梁而上。削山部分坍塌成缓坡，壕堑被自然掩埋成台状，台宽 3 ~ 4.5 米，其中部修整有一条宽约 2 米的便道。42 米 ~ 54 米段长 12 米部分壕堑被平整为宽约 0.8 ~ 1 米的两级阶地。

第二自然段：起自 GPS0757 点，止于 GPS0758 点，长 91 米。壕堑消失。该段壕堑被耕地所破坏。

第三自然段：起自 GPS0758 点，止于 GPS0759 点，长 36 米。壕堑保存较差。此段壕堑呈东南至西北向沿边墙梁东北侧而上。削山部分坍塌成缓坡，壕堑口宽 5.4 ~ 6、底宽 1.1、深 0.4 ~ 1.2 米，垄底宽 3.1、顶宽 1.7、高 0.4 ~ 0.7 米。壕堑底部及垄上挖有育林坑。

第四自然段：起自 GPS0759 点，止于 GPS0761 点，长 74 米。壕堑保存差。此段壕堑呈南北向沿边墙梁东侧分布。削山部分坍塌成缓坡，壕堑被自然掩埋成台状，台宽 3.2 ~ 4.5 米，中部略凹。

第五自然段：起自 GPS0761 点，止于 GPS0762 点，长 42 米。壕堑保存较差。此段壕堑呈西南至东北向沿边墙梁东南侧缓下。削山部分坍塌成缓坡，壕堑口宽 4.2 ~ 5、底宽 1.7、深 0.5 ~ 1.3 米，垄底宽 3.3、顶宽 1.6、高 0.5 ~ 0.7 米。16 米 ~ 24 米段长 8 米垄被阶地所毁。

第六自然段：起自 GPS0762 点，止于 GPS0774 点，长 517 米。壕堑保存差。此段壕堑先呈西南至东北向沿边墙梁东南侧分布，从 GPS0770 点开始转入山梁西北侧。削山部分坍塌成缓坡，壕堑被自然掩埋成台状，台宽 2.5 ~ 5.2 米，中部略凹。壕堑被平整为阶地。

第七自然段：起自 GPS0774 点，止于 GPS0775 点，长 103 米。壕堑保存较差。此段壕堑呈西南至东北向沿边墙梁西北侧而下。削山部分坍塌成缓坡，壕堑口宽 5.2、底宽 2.1、深 0.5 ~ 1.2 米，垄底宽 3.3、顶宽 1.1、高 0.5 ~ 0.8 米。壕堑被平整为多级阶地，种植沙棘。

第八自然段：起自 GPS0775 点，止于 GPS0779 点，长 70 米。壕堑保存差。此段壕堑呈东南至西北向沿山坡而下。削山印痕坍塌无存，至山梁顶部高 4 ~ 5 米，壕堑被自然掩埋成台状，台宽 2.5 ~ 9.5 米，局部凹。

该段壕堑受各种自然和人为因素的破坏严重，整体保存状况差。全长 1203 米，其中 181 米保存较差，931 米保存差，91 米消失。损毁原因以人为因素的破坏为主，自然因素次之，主要表现为风雨侵蚀及垦荒种地、平整阶地、整修便道等。

（73）第七十三段　南门二长城（编码：630122382101170035）

位于湟中县拦隆口镇南门二村中。该段墙体属土墙，起自拦隆口镇南门二村南 0.36 千米处的山坡上，止于拦隆口镇南门二村北面山根下。此段墙体从南门二村南面山坡而下呈东南至西北向穿过该村，直至北面山根下止。该段墙体东南接中村壕堑 2 段，西北与南门二壕堑 1 段相连。

该段墙体起自 GPS0779 点，止于 GPS0787 点，全长 899.7 米。墙体底宽 1 ~ 1.5、顶宽 0.4 ~ 0.5、残高 0.5 ~ 2.6 米，夯层厚 0.15 ~ 0.2 米。此段墙体系在自然基础上用含有砂砾的黑灰色土、红土、黄土分段夯筑而成。依保存状况分为五个自然段：

第一自然段：起自 GPS0779 点，止于 GPS0780 点，长 38 米。墙体保存一般。墙体底宽 1.5、顶宽 0.5、残高 0.8 ~ 2.6 米，夯层厚 0.15 ~ 0.2 米。墙体坍塌严重，内（东北）外（西南）两侧均为耕地。外侧堆土较多，墙体表面片状剥离现象严重，裂隙较多，还有众多的横向风雨侵蚀凹槽；内侧堆土被耕地下切 0.8 ~ 1 米。32 米 ~ 34 米段长 2 米墙体上部被人为挖毁。墙体顶部长满冰草、黄刺、沙棘等。

第二自然段：起自 GPS0780 点，止于 GPS0782 点，长 167 米。墙体保存较差。墙体内外两侧堆土呈缓坡状至顶，顶部成便道。墙体内侧（东）为荒坡，外侧（西）为耕地。墙体顶部及两侧堆土上长满冰草、马莲、狼毒花等。

第三自然段：起自GPS0782点，止于GPS0784点，长81米。墙体保存差。墙体坍塌严重，外侧堆土至顶，顶部外侧成便道。54米~66米段内侧墙体上种有杨树，树根外露；66米~81米段墙体内侧一半坍塌，仅剩外侧少许。墙体内（东）外（西）两侧均为耕地。墙体顶部及两侧堆土上长满杂草。

第四自然段：起自GPS0784点，止于GPS0786点，长123.7米。墙体保存较差。墙体底宽1~1.5、顶宽0.4~0.5、残高0.5~2.6米，夯层厚0.15~0.2米。墙体坍塌严重，局部呈土垄状。0米~69.7米段墙体内（东北）外（西南）两侧均为耕地，内侧墙体下种有杨树。墙体外侧表面有横向风雨侵蚀的凹槽，底部有酥碱现象，局部有人为挖削痕迹，内侧局部坍塌，表面裂纹较多；59.2米~61.9米段长2.7米墙体坍塌无存；69.7米~123.7米段墙体内侧为麦场，外侧为巷道。墙体顶部长满杂草。

第五自然段：起自GPS0786点，止于GPS0787点，长490米。墙体消失。该段墙体因村庄建设被毁。据当地老人介绍，此段墙体中曾挖出众多的石夯头。

该段墙体地处平川之中，人类活动频繁，整体保存状况差。全长899.7米，其中38米保存一般，288米保存较差，81米保存差，492.7米消失。损毁原因以人为因素的破坏为主，自然因素次之，主要表现为村庄建设、扩张耕地、便道破坏及坍塌、裂隙、片状剥离、植物生长、酥碱等。

从此段墙体向西通过沟脑可至湟中县、湟源县的界沟——北沟。据记载："喇课营所管：临城有喇课暗门，十二里有红土沟暗门，二十里有加隆沟暗门，五十里有西石峡暗门，俱系极要。"[1] 清代喇课营设在今拦隆口镇南门一村（城已无存），该处西南距此段墙体约11千米。里距与文献记载基本吻合，"南门"在青海方言中通"暗门"，依此推测"加隆沟暗门"应开在此段墙体上。

（74）第七十四段　南门二壕堑1段（编码：6301223822202170038）

位于湟中县拦隆口镇南门二村北面的山上。该段壕堑起自拦隆口镇南门二村北面山根下，止于拦隆口镇南门二村北0.1千米处的山梁上。此段壕堑由南门二村北面山根下开始呈东南至西北西沿山坡而上，至GPS0796点又转为东北至西南向沿山坡分布，从GPS0793点开始又变为东南至西北向直至山梁。壕堑内侧（北）为绵延向上的山体，外侧（南）山下为南门二村。该段壕堑东南接南门二长城，西与南门二壕堑2段相连。

该段壕堑起自GPS0787点，止于GPS0796点，全长528米。此段壕堑的建筑方式为依山势从高处向下削挖，形成一定角度的陡壁，土堆低处为垄，从而构成壕堑，以达到军事防御的目的。壕堑被平整为多级阶地，种植沙棘，仅有痕迹可辨。0米~40米段壕堑被山洪冲毁；49米~50米段有便道横穿壕堑；65.7米~69.7米段壕堑被便道破坏；75米处横向筑有护林墙；414米~417.5米段壕堑因取土筑护林墙而被毁；496米~503.3米段壕堑被便道破坏。壕堑内长满马莲、冰草、狼毒花等。

该段壕堑受各种自然和人为因素的破坏严重，整体保存状况差。全长528米，其中473.2米保存差，54.8米消失。损毁原因有自然和人为因素两个方面，主要表现为风雨侵蚀、洪水冲击及平整阶地、便道破坏、取土筑墙等。

（75）第七十五段　南门二壕堑2段（编码：6301223822202170039）

位于湟中县拦隆口镇南门二村西北面的占岭顶上。该段壕堑起自拦隆口镇南门二村北0.1千米处的山梁上，止于拦隆口镇占岭顶村东北0.26千米处的占岭顶上。该段壕堑先自东向西顺南门二村北面山梁分布，至GPS0806点转向南沿占岭顶东面山坡疾上，从GPS0808点开始又由东向西沿占岭顶缓缓

〔1〕（清）杨应琚：《西宁府新志》卷十三《建置·关隘》，青海人民出版社，1988年，第335~336页。

而上，直至封山育林区边缘。壕堑内侧（北）山下有峡口村、民联村，外侧（南）山下为南门二村所在沟谷。壕堑内长满马莲、冰草、狼毒花、蒿草等。该段壕堑东接南门二壕堑1段，西与占岭顶壕堑相连。

该段壕堑起自GPS0796点，止于GPS0825点，全长1750.5米。壕堑削山印痕3～5米，壕堑口宽4.2～6、底宽0.8～2.7、深0.4～3.1米，垄底宽4.5～4.9、顶宽2.5～4.1、高0.4～1米。此段壕堑依地势的不同采取不同的构筑方式，山坡上从高处向下削挖，形成一定角度的陡壁，土堆低处为垄，从而构成壕堑，以达到军事防御的目的；平缓处向下掘地挖土成沟，土堆两侧为垄。依保存状况分为十四个自然段：

第一自然段：起自GPS0796点，止于GPS0797点，长81米。壕堑消失。该段壕堑被山路、人为挖沙破坏。

第二自然段：起自GPS0797点，止于GPS0798点，长75米。壕堑保存差。此段壕堑由东向西沿山梁南侧分布。削山部分因挖沙破坏严重；壕堑被利用为路，仅有痕迹可辨。51米～58米段长7米壕堑被山路破坏。

第三自然段：起自GPS0798点，止于GPS0800点，长94米。壕堑保存一般。此段壕堑由东向西沿山梁南侧分布。削山印痕坍塌无存，至山梁顶部高4～5米，壕堑口宽4.2～5、底宽0.8～1.5、深0.4～2.4米，剖面呈"L"形，垄底宽4.7、顶宽4.1、高0.4～0.7米。GPS0799点处有便道而上。

第四自然段：起自GPS0800点，止于GPS0801点，长36米。壕堑保存较差。此段壕堑由北向南沿山嘴东侧分布。削山印痕坍塌无存，至山梁顶部高3～5米，壕堑口宽5、底宽0.8～1、深0.4～1.7米，垄底宽4.5、顶宽2.5、高0.7米。

第五自然段：起自GPS0801点，止于GPS0803点，长113.5米。壕堑保存差。此段壕堑呈东南至西北向沿山嘴西南侧而上。削山印痕坍塌无存，高度不详；壕堑被自然掩埋，仅有痕迹可辨。61.5米～68.5米、99.5米～107.5米段共长15米壕堑被便道、山路所毁。

第六自然段：起自GPS0803点，止于GPS0804点，长223米。壕堑消失。该段壕堑因山体滑坡、人为挖沙、修路所破坏。GPS0804点北侧有本康一座。

第七自然段：起自GPS0804点，止于GPS0805点，长52米。壕堑保存一般。此段壕堑呈东西向沿山梁而上。削山印痕坍塌无存，至山梁顶部高3米，壕堑口宽5.5～6、底宽1.7、深0.8～3.1米，垄底宽4.9、顶宽3.2、高0.8～1米。14米～17.3米段有便道横穿壕堑。东端壕堑内栽有杨树几棵。

第八自然段：起自GPS0805点，止于GPS0806点，长30米。壕堑保存较差。此段壕堑呈东北至西南向沿山梁分布。削山部分坍塌成缓坡，壕堑口宽5、底宽2.4、深0.6～1.4米，垄底宽、顶宽均不详，高0.5米。

第九自然段：起自GPS0806点，止于GPS0807点，长105米。壕堑消失。该段壕堑因山体滑坡而被全部掩埋。

第十自然段：起自GPS0807点，止于GPS0809点，长127米。壕堑保存差。此段壕堑呈东北至西南向沿占岭顶而上。削山部分坍塌成缓坡，壕堑被自然掩埋，局部凹，仅有痕迹可辨。

第十一自然段：起自GPS0809点，止于GPS0811点，长96米。壕堑保存较差。此段壕堑呈东北至西南向沿占岭顶而上。壕堑口宽5～5.5、底宽2.3～2.7、深0.5～1米，垄尺寸不详。壕堑底部下切成槽，宽2.3、深0.5～1.3米，槽底有水流冲刷痕迹。经了解，该槽是原来村民从占岭顶长期往山下拉树枝形成的。壕堑两侧均为耕地。

第十二自然段：起自 GPS0811 点，止于 GPS0816 点，长 291 米。壕堑保存差。此段壕堑呈东南至西北向沿占岭顶而上。壕堑被利用为便道，中部略凹，仅有痕迹可辨。壕堑两侧原为耕地，现荒。

第十三自然段：起自 GPS0816 点，止于 GPS0817 点，长 59 米。壕堑消失。该段壕堑因平整土地被毁。

第十四自然段：起自 GPS0817 点，止于 GPS0825 点，长 368 米。壕堑保存差。此段壕堑呈东北至西南向沿占岭顶分布。壕堑被利用为便道，中部略凹，仅有痕迹可辨。壕堑两侧为灌木林、小松树及荒地。GPS0825 点西北侧有封山育林水泥碑一块。

该段壕堑受各种自然和人为因素的破坏严重，整体保存状况差。全长 1750.5 米，其中 146 米保存一般，162 米保存较差，952.5 米保存差，490 米消失。损毁原因以人为因素的破坏为主，自然因素次之，主要表现为修路、便道破坏、平整土地、挖沙、拖树枝及山体滑坡、风雨侵蚀等。

（76）第七十六段　占岭顶壕堑　（编码：630122382202170040）

位于湟中县拦隆口镇占岭顶村东北面的占岭顶上。该段壕堑起自拦隆口镇占岭顶村东北 0.26 千米处的占岭顶上，止于拦隆口镇峡口村西 1.15 千米处的拉沙峡南侧山根下。此段壕堑先呈东南至西北向沿占岭顶分布，至 GPS0834 点转为由南向北沿山坡而下直至拉沙峡南侧山根下。壕堑分布区域为封山育林区。该段壕堑东接南门二壕堑 2 段，北与拦隆口镇峡口长城 1 段相连。

该段壕堑起自 GPS0825 点，止于 GPS0835 点，全长 1535 米。此段壕堑依地势的不同采取不同的构筑方式，陡峭处从高处向下削挖，形成一定角度的陡壁，土堆低处为垄，从而构成壕堑，以达到军事防御的目的；平缓处向下掘地挖土成沟，土堆两侧为垄。依保存状况分为四个自然段：

第一自然段：起自 GPS0825 点，止于 GPS0830 点，长 239 米。壕堑保存差。此段壕堑呈东西向沿占岭顶分布。壕堑被利用为便道，中部略凹，仅有痕迹可辨。壕堑两侧均种有小松树。GPS0825 点西北侧立有封山育林水泥碑一块。

第二自然段：起自 GPS0830 点，止于 GPS0831 点，长 84 米。壕堑消失。该段壕堑被山路破坏。壕堑南侧 0.1 千米处的山窝中建有护林站。该站周围的占岭顶村村民现已全部搬迁。

第三自然段：起自 GPS0831 点，止于 GPS0834 点，长 317 米。壕堑保存差。此段壕堑呈东南至西北向沿占岭顶分布。削山部分坍塌成缓坡，壕堑被利用为山路，中部凹。壕堑两侧山坡上均种有小松树。137 米 ~ 180 米段 GPS0831 点南侧有条山路顺山坡而下，GPS0833 点东侧立有封山育林水泥碑一块。

第四自然段：起自 GPS0834 点，止于 GPS0835 点，长 895 米。壕堑消失。该段壕堑因平整土地及山洪冲击而被毁。

该段壕堑分布于占岭顶上，人类活动频繁，受人为因素的破坏严重，整体保存状况差。全长 1535 米，其中 556 米保存差，979 米消失。损毁原因以人为因素的破坏为主，自然因素次之，主要表现为平整土地、修山路、便道破坏及风雨侵蚀、洪水冲击等。

（77）第七十七段　拦隆口镇峡口长城 1 段　（编码：630122382102170036）

位于湟中县拦隆口镇峡口村西面的拉沙峡内。该段长城属石墙，起自拦隆口镇峡口村西 1.15 千米处的拉沙峡内南侧山根下，止于拦隆口镇峡口村西 1.15 千米处的拉沙峡内北侧石壁下。此段石墙呈南北向横截拉沙峡。该段墙体为湟中县、湟源县分界线，墙体内侧（东）属湟中县，外侧（西）为湟源县，西距湟源县城关镇拉尔关村 1.03 千米。墙体止点石壁上用红漆写有县界字样。拉沙峡内有通往湟源县的砂石路，峡内溪水四季长流。该段墙体南接占岭顶壕堑，北与拦隆口镇峡口长城 2 段相连，东距民联烽火台 3.54 千米。

该段墙体起自 GPS0835 点，止于 GPS0838 点，全长 123 米。石墙坍塌严重，底宽、顶宽均不详，残高 1.1～2.5 米。此段石墙系在自然基础上就地取材于河滩上的石块与深褐色土，外表用毛石干垒，内部壅土而成。石块形状不规则，直径（长）以 0.35～0.55 米居多。依保存状况分为三个自然段：

第一自然段：起自 GPS0835 点，止于 GPS0836 点，长 51 米。墙体保存较差。墙体坍塌严重，底宽、顶宽均不详，残高 1.1～2.5 米。0 米～16 米段墙体上长满灌木及杂草，两侧各有冲沟一条；16 米～19 米段长 3 米墙体上部被便道破坏；19 米～51 米段长 32 米墙体表层被土覆盖，长满杂草，其内侧为灌木丛，外侧长满杨树。

第二自然段：起自 GPS0836 点，止于 GPS0837 点，长 38 米。墙体消失。该段墙体被拉沙峡内溪水冲毁。

第三自然段：起自 GPS0837 点，止于 GPS0838 点，长 34 米。墙体保存较差。0 米～6.7 米墙体坍塌严重，底宽不详，残高 1.2 米；6.7 米～14.2 米段有长 7.5 米墙体因挖渠引水被毁；14.2 米～20.1 米段有长 5.9 米墙体坍塌严重，底宽不详，残高 1.9 米；墙体顶部长满杂草；20.1 米～34 米段有长 13.9 米墙体因修路被毁。

该段石墙地处沟谷之中，受人类活动的影响和自然因素的破坏严重，整体保存状况差。全长 123 米，其中 51 米保存较差，12.6 米保存差，59.4 米消失。损毁原因以自然因素的破坏为主，人为因素次之，主要表现为自然坍塌、溪水冲毁及修路、挖渠等。

拉沙峡是从西纳川向西越过华石山通往湟源县的重要通道，现今仍有一条砂石路通往湟源县城。据《西宁府新志》"舆图"上所标，"剌沙尔阇门"应开在此段墙体上。

（78）第七十八段　拦隆口镇峡口长城 2 段（编码：6301223382106170037）

位于湟中县拦隆口镇峡口村西。该段长城属山险，起自拦隆口镇峡口村西 1.15 千米处的拉沙峡内北侧石壁下，止于拦隆口镇白崖一村三社西 1.32 千米处的沟脑石壁下。此段山险先由拉沙峡北侧石壁下呈南北向上升至石山顶部，再由东南向西北顺出龙沟南侧山脊蜿蜒而行，绕过出龙沟沟脑后又由西向东沿出龙沟北侧山脊延伸至大石嘴东面石壁下。该段山险起点地处湟中县和湟源县的分界线上，向西 1 千米处为湟源县城关镇拉尔关村。拉沙峡内有通往湟源县的砂石路，峡内溪水四季长流。该段山险南接拦隆口镇峡口长城 1 段，东与白崖一壕堑 1 段相连。

该段山险起自 GPS0838，止于 GPS0843 点，全长 5110 米。此段山险山高坡陡、沟深，土质瘠薄，阳坡大多岩层外露，植被稀疏，阴坡桦树成林，灌木茂盛。最高大石嘴海拔 3056.4 米。

该段山险属娘娘山西南山系，岩浆岩质山体，富含石英、黑云母、斜长石等矿物质，除了裸露于外的岩石表层受到风化影响外，拉沙峡内正在进行的炸山开矿是潜在危险，有可能危及此段山险，目前整体保存状况较好。损毁原因主要为自然因素的破坏，表现为自然风化等。

（79）第七十九段　白崖一壕堑 1 段（编码：6301223382202170041）

位于湟中县拦隆口镇白崖一村三社西面的沟内。该段壕堑起自拦隆口镇白崖一村三社西 1.32 千米处的沟脑石壁下，止于拦隆口镇白崖一村三社西 0.15 千米处的山坡上。此段壕堑从白崖一村西沟脑石壁下开始由西向东沿冲沟北侧向下延伸直至白崖一村三社西山坡上。壕堑内侧（南）为冲沟，外侧（北）主要为耕地。沟南侧阴坡上长满松树，北侧阳坡上为灌木丛。该段壕堑西接拦隆口镇峡口长城 2 段，东与白崖一壕堑 2 段相连。

该段壕堑起自 GPS0843 点，止于 GPS0861 点，全长 1219 米。壕堑削山部分高约 2.5～7 米，台宽 1～11 米，壕堑口宽 4.5～5.1、底宽 1.1～2.6、深 0.6～2.7 米，垄底宽 2～4.8、顶宽 0.8～4.2、高 0.5～1.2 米。此段壕堑的建筑方式为依地势从高处向下削挖，形成一定角度的陡壁，土堆低处为垄，从而构成壕堑，以达到军事防御的目的。依保存状况分为十一个自然段：

第一自然段：起自 GPS0843 点，止于 GPS0847 点，长 491 米。壕堑保存差。此段壕堑由西向东沿冲沟北侧顺坡而下。削山印痕坍塌无存，高度不详，壕堑被自然掩埋成台状，宽 3.5～11 米，局部略凹，垄不清。壕堑内有雨水冲刷、人畜踩踏痕迹，散落有较多石块。壕堑内长满沙棘（黑刺）、黄刺、冰草等。

第二自然段：起自 GPS0847 点，止于 GPS0848 点，长 44 米。壕堑保存较差。此段壕堑呈西南至东北向顺冲沟西北侧分布。削山部分局部坍塌，高约 5 米，壕堑口宽 5.1、底宽 1.1、深 0.7～1.9 米，剖面呈"L"形，垄底宽 4.8、顶宽 4.2、高 0.7～1.1 米。壕堑内外长满沙棘、黄刺及蒿草等。

第三自然段：起自 GPS0848 点，止于 GPS0852 点，长 306 米。壕堑保存差。此段壕堑由西向东沿冲沟北侧缓下。削山部分高 3.5～5.5 米，壕堑被自然掩埋成台状，宽 1～5.5 米，略向外倾斜。92 米～105 米、301 米～306 米段共长 18 米壕堑被便道破坏。地表长满冰草、蒿草等。

第四自然段：起自 GPS0852 点，止于 GPS0853 点，长 42 米。壕堑保较差。此段壕堑呈西北至东南向顺冲沟东北侧而下。削山部分高 3～4 米，壕堑口宽 4.5、底宽 1.6、深 0.6 米，垄底宽 2、顶宽 0.8、高 0.5 米。壕堑底部有雨水冲刷痕迹，垄顶部有人为踩踏迹象。壕堑内外长满马莲、冰草等。

第五自然段：起自 GPS0853 点，止于 GPS0854 点，长 52 米。壕堑保存差。此段壕堑呈西南至东北向顺冲沟西北侧延伸。削山部分坍塌近直，高 2.5～3 米，壕堑被自然掩埋，宽 6.5 米，中部凹，垄不清。垄部有人为踩踏痕迹。壕堑内长满马莲、冰草等。

第六自然段：起自 GPS0854 点，止于 GPS0855 点，长 48 米。壕堑保存一般。此段壕堑由西向东沿冲沟北侧缓下。削山部分高 3.2～4.2 米，壕堑口宽 5、底宽 2.6、深 0.8～2.7 米，垄底宽 3.1、顶宽 2.5、高 0.8～1.2 米。垄内侧有坍塌迹象，其南部边沿有人为踩踏痕迹。壕堑内长满马莲。

第七自然段：起自 GPS0855 点，止于 GPS0856 点，长 27 米。壕堑保存差。此段壕堑由西向东沿冲沟北侧平行分布。削山部分高 5.4 米，壕堑被自然掩埋，中部略凹，宽 3.4 米。壕堑内有人为踩踏痕迹，长有马莲、冰草等。

第八自然段：起自 GPS0856 点，止于 GPS0857 点，长 22 米。壕堑保存一般。此段壕堑由西向东沿冲沟北侧而下。削山部分坍塌痕迹明显，高 5.5～6.5 米，壕堑口宽 4.7、底宽 1.2、深 0.6～2.6 米，垄底宽 3.4、顶宽 1.3、高 0.6～1 米。垄南部有人为踩踏迹象。壕堑内长满马莲、冰草等。

第九自然段：起自 GPS0857 点，止于 GPS0858 点，长 42 米。壕堑保存差。此段壕堑呈西南至东北向顺冲沟西北侧而下。削山部分坍塌严重，高 3～4 米，壕堑被自然掩埋成台状，宽 3 米，局部略凹。壕堑西北部上面有土路。地表长满马莲。

第十自然段：起自 GPS0858 点，止于 GPS0859 点，长 32 米。壕堑消失。该段壕堑被土路破坏。

第十一自然段：起自 GPS0859 点，止于 GPS0861 点，长 113 米。壕堑保存差。此段壕堑由西向东沿土路北侧缓下。削山部分高约 5～7 米，壕堑被自然掩埋成台状，宽 1.5～5.5 米，由里向外倾斜。壕堑南部被土路下切约 1 米。39 米～56 米段长 17 米壕堑南部塌陷。地表长有冰草、马莲。

该段壕堑分布于白崖一村西面的沟内，受各种自然和人为因素的破坏较为严重，整体保存状况差。全长 1219 米，其中 70 米保存一般，86 米保存较差，1018 米保存差，45 米消失。损毁原因有自然和人为因素两个方面，主要表现为风雨侵蚀、植物生长及修路、种树、人畜踩踏等。

（80）第八十段　白崖一壕堑 2 段（编码：6301223822202170042）

位于湟中县拦隆口镇白崖一村一社北面的山上。该段壕堑起自拦隆口镇白崖一村三社西 0.15 千米处的山坡上，止于拦隆口镇白崖一村一社北 0.17 千米处的山梁垭口。此段壕堑从白崖一村三社西面山坡开始由西向东沿白崖一村北面山梁南侧分布，至 GPS0877 点转为西南至东北向直至山梁垭口。白崖一村地处壕堑内侧（南），外侧（北）山梁上主要为耕地。壕堑内长有马莲、冰草、沙棘及杨树等。该段壕堑西接白崖一壕堑 1 段，北与白崖一壕堑 3 段相连。

该段壕堑起自 GPS0861 点，止于 GPS0889 点，全长 1589 米。壕堑削山部分高约 3～5 米，台宽 2～5.5 米，壕堑口宽 5.2、底宽 1.3、深 0.4～1.3 米，垄底宽 3、顶宽 1.3、高 0.4～0.6 米。此段壕堑的建筑方式为依山势从高处向下削挖，形成一定角度的陡壁，土堆低处为垄，从而构成壕堑，以达到军事防御的目的。依保存状况分为十五个自然段：

第一自然段：起自 GPS0861 点，止于 GPS0864 点，长 160 米。壕堑保存差。此段壕堑由西向东沿山梁南侧延伸。削山部分高 4～5 米，壕堑被自然掩埋成台状，宽 2.4～5.5 米，略向外倾斜。壕堑局部有坍塌迹象。14 米～55 米、106 米～136 米段有便道斜上破坏了部分壕堑北部削山部分。

第二自然段：起自 GPS0864 点，止于 GPS0865 点，长 122 米。壕堑消失。该段壕堑被耕地破坏。

第三自然段：起自 GPS0865 点，止于 GPS0866 点，长 26 米。壕堑保存较差。此段壕堑由西向东沿山梁南侧缓下。削山部分坍塌痕迹明显，高约 5 米，壕堑口宽 5.2、底宽 1.3、深 0.4～1.3 米，垄底宽 3、顶宽 1.3、高 0.4～0.6 米。0 米～12 米段垄南部被耕地破坏；17 米～26 米段长 9 米壕堑北部因人为取土被毁。壕堑两侧为耕地。

第四自然段：起自 GPS0866 点，止于 GPS0871 点，长 425 米。壕堑保存差。此段壕堑由西向东沿山梁南侧分布。削山部分高 3～4 米，局部坍塌严重，壕堑被自然掩埋成台状，宽 3.3～9 米。壕堑局部被平整为阶地。5 米～7 米段长 2 米壕堑被便道所毁；8 米～10 米段长 2 米壕堑被护林沟破坏。

第五自然段：起自 GPS0871 点，止于 GPS0872 点，长 61 米。壕堑消失。0 米～40 米段壕堑被山路破坏；40 米～61 米段长 21 米壕堑被冲沟所毁。GPS0872 点旁有杨树 6 棵及木质电线杆一根。

第六自然段：起自 GPS0872 点，止于 GPS0875 点，长 149 米。壕堑保存差。此段壕堑呈西北至东南向顺山梁西南侧而下。削山部分近直，高 3～4.2 米，壕堑西南部坍塌严重，残存壕堑成台状，宽仅 2～3.4 米，其上挖有育林坑。地表长有杨树、蒿草。

第七自然段：起自 GPS0875 点，止于 GPS0876 点，长 24 米。壕堑消失。该段壕堑因山体滑坡而掩埋。

第八自然段：起自 GPS0876 点，止于 GPS0877 点，长 59 米。壕堑保存差。此段壕堑由西向东沿山梁南侧而下。削山部分局部坍塌，近直，高约 3 米，壕堑被平整为二层台，宽仅 2 米。52 米～53.5 米段长 1.5 米壕堑被人为挖槽破坏；55 米处壕堑北面下部掏有一洞。GPS0877 点附近杨树众多，东南侧有一个中国电信发射塔。

第九自然段：起自 GPS0877 点，止于 GPS0878 点，长 27 米。壕堑消失。该段壕堑因种树被破坏。

第十自然段：起自 GPS0878 点，止于 GPS0880 点，长 65 米。壕堑保存差。此段壕堑呈西南至东北向顺山梁东南侧分布。削山印痕坍塌无存，高度不详，壕堑被自然掩埋呈缓坡状，仅有痕迹可辨。地表长有杨树、蒿草、野花，还有水泥电线杆一根。

第十一自然段：起自 GPS0880 点，止于 GPS0881 点，长 35 米。壕堑消失。该段壕堑被人为取土挖毁。

第十二自然段：起自 GPS0881 点，止于 GPS0885 点，长 179 米。壕堑保存差。此段壕堑呈西南至东北向顺山梁东南侧分布。削山部分高约 3 米，壕堑东南部被山路利用，仅剩痕迹可辨。GPS0884 点东侧有大杨树两棵。

第十三自然段：起自 GPS0885 点，止于 GPS0886 点，长 75 米。壕堑消失。该段壕堑被耕地和山路所毁。

第十四自然段：起自 GPS0886 点，止于 GPS0888 点，长 99 米。壕堑保存差。此段壕堑呈西南至东北向沿山梁东南侧分布。削山部分高 3 米；壕堑被山路破坏严重，仅有痕迹可辨。

第十五自然段：起自 GPS0888 点，止于 GPS0889 点，长 83 米。壕堑消失。该段壕堑被山路破坏。GPS0889 点处为山梁垭口。

该段壕堑分布于白崖一村北面山梁上，受各种自然和人为因素的破坏较为严重，整体保存状况差。全长 1589 米，其中 26 米保存较差，1110.5 米保存差，452.5 米消失。损毁原因以人为因素的破坏为主，自然因素次之，主要表现为平整土地、修路、取土、种树及山体滑坡、风雨侵蚀、洪水冲击等。

（81）第八十一段　白崖一壕堑 3 段（编码：630122382202170043）

位于湟中县拦隆口镇白崖一村一社北面的山上。该段壕堑起自拦隆口镇白崖一村一社北 0.17 千米处的山梁垭口，止于拦隆口镇卡阳村二社东南 0.1 千米处的山坡上。此段壕堑从白崖一村一社北面山梁垭口处开始由南向北穿过山梁，随后顺坡而下直至卡阳村二社东南侧山坡上。壕堑内（东）外（西）两侧均为梯田。壕堑内长满马莲、冰草等。该段壕堑南接白崖一壕堑 2 段，北与卡阳长城相连。

该段壕堑起自 GPS0889 点，止于 GPS0898 点，全长 904 米。壕堑削山部分高 4 米，壕堑口宽 5.2～9、底宽 1.3～2、深 0.4～2.5 米，剖面呈"L"形，垄底宽 3.1～4.2、顶宽 1.1～2.5、高 0.4～1.8 米。此段壕堑依地势的不同采取不同的构筑方式，较为陡峭处从高处向下削挖，形成一定角度的陡壁，土堆低处为垄，从而构成壕堑，以达到军事防御的目的；平缓处向下掘地挖土成沟，土堆两侧为垄。依保存状况分为八个自然段：

第一自然段：起自 GPS0889 点，止于 GPS0890 点，长 27 米。壕堑保存差。呈南北向沿山梁垭口分布。削山部分痕迹明显，高 4 米，壕堑被自然掩埋成坡状，仅有痕迹可辨。壕堑西侧为山路。GPS0889 点处为山梁垭口，西南侧有杨树几棵。

第二自然段：起自 GPS0890 点，止于 GPS0891 点，长 240 米。壕堑消失。该段壕堑因修梯田被毁。

第三自然段：起自 GPS0891 点，止于 GPS0892 点，长 20 米。壕堑保存差。此段壕堑由南向北沿山梁分布。削山部分坍塌成缓坡，壕堑被自然掩埋成坡状，仅有痕迹可辨。

第四自然段：起自 GPS0892 点，止于 GPS0893 点，长 280 米。壕堑消失。该段壕堑因修梯田被毁。

第五自然段：起自 GPS0893 点，止于 GPS0894 点，长 94 米。壕堑保存差。此段壕堑由南向北顺山坡而下。削山部分被耕地破坏严重，壕堑被自然掩埋，局部凹，垄不清。

第六自然段：起自 GPS0894 点，止于 GPS0895 点，长 65 米。壕堑保存较差。此段壕堑由南向北顺山坡而下。削山部分上部被耕地所破坏，壕堑口宽 5.2、底宽 1.3、深 0.4～1.3 米，剖面呈"L"形，垄底宽、顶宽均不详，高 0.4～0.6 米。

第七自然段：起自 GPS0895 点，止于 GPS0897 点，长 150 米。壕堑保存一般。此段壕堑由南向北顺山坡而下。削山部分呈缓坡状，壕堑口宽 9、底宽 1.5、深 1.8～2.5 米，剖面呈"L"形，垄底宽 3.5～4.2、顶宽 2.5、高 1.2～1.8 米。44 米～69 米段、138 米～150 米段共长 37 米壕堑西部被耕地破坏。垄顶部人为踩踏痕迹明显。

第八自然段：起自 GPS0897 点，止于 GPS0898 点，长 28 米。壕堑保存一般。此段壕堑由南向北顺山坡而下。壕堑口宽 6、底宽 2、深 1.8 米，剖面呈"L"形，西垄底宽 3.1、顶宽 1.1、高 0.6～0.8 米；东垄内侧切削严重，高 0.6 米。12 米～28 米段长 16 米东垄被便道破坏。壕堑底部为便道。东垄顶部人为踩踏痕迹明显，西垄上有木质电线杆一根。

该段壕堑分布区域人类生产活动频繁，受人为因素的破坏严重，整体保存状况差。全长904米，其中178米保存一般，65米保存较差，141米保存差，520米消失。损毁原因以人为因素的破坏为主，自然因素次之，主要表现为修梯田、整修便道、人为踩踏及风雨侵蚀等。

（82）第八十二段　卡阳长城（编码：630122382101170038）

位于湟中县拦隆口镇卡阳村二社东面的沟内。该段长城属土墙，起自拦隆口镇卡阳村二社东南0.1千米处的山坡上，止于拦隆口镇卡阳村二社东0.08千米的山根下。此段长城由南向北横截卡阳沟。卡阳村位于长城外侧（西）沟内，现有一条砂石路穿过该段长城。该段长城南接白崖一壕堑3段，东北与卡阳壕堑相连。

该段长城起自GPS0898点，止于GPS0899点，全长94米。据当地老人介绍，此段长城原为土墙，中间开有一门，后因修路及平田整地而被毁。

该段长城位于沟谷之中，长期受人类活动的破坏，整段长城消失无存。损毁原因主要为人为因素的破坏，表现为平田整地和修路。

（83）第八十三段　卡阳壕堑（编码：630122382202170044）

位于湟中县拦隆口镇卡阳村二社东北面的山上。该段壕堑起自拦隆口镇卡阳村二社东0.08千米的山根下，止于上五庄镇小寺沟村东南0.67千米处的山根下。此段壕堑由卡阳村二社东山根下开始由南向北沿山坡而上，至GPS0903点到达山顶后顺山梁分布，从GPS0913点开始沿山梁另外一侧而下直至山根。壕堑内（东）外（西）两侧主要为耕地。该段壕堑西南接卡阳长城，东北与小寺沟长城1段相连。

该段壕堑起自GPS0899点，止于GPS0918点，全长1727米。壕堑削山部分高2.8～5米，台宽3～10米，壕堑口宽5.2～6.1，底宽1.8～2.2、深0.4～1米，垄底宽3.3、顶宽2.5、高0.4～0.8米。此段壕堑的建筑方式为依山势从高处向下削挖，形成一定角度的陡壁，土堆低处为垄，从而构成壕堑，以达到军事防御的目的。依保存状况分为十三个自然段：

第一自然段：起自GPS0899点，止于GPS0904点，长275米。壕堑保存差。此段壕堑呈西南至东北向由山根沿山坡而上。削山部分高2.8～5米，局部坍塌严重，壕堑被自然掩埋成台状，台宽3.5～10米。0米～36米段壕堑西北部削山部分坍塌成缓坡，东南部被路下切破坏严重，壕堑仅有痕迹可辨；205米～209米段、211米～214米段共长7米壕堑西北部被便道破坏；246米～248米段长2米壕堑被便道所毁。GPS0903点至山梁顶部地表蒿草杂生。

第二自然段：起自GPS0904点，止于GPS0905点，长89米。壕堑消失。该段壕堑被平整为耕地。

第三自然段：起自GPS0905点，止于GPS0906点，长53米。壕堑保存较差。此段壕堑呈东南至西北向沿山梁而上。削山部分坍塌成缓坡，壕堑口宽5.2～6.1、底宽1.8、深0.4～0.7米，剖面呈"L"形，垄底宽、顶宽均不详，高0.4～0.7米。0米～6米段壕堑西部取土成坑；26米～32米段长6米壕堑被便道破坏。壕堑内蒿草杂生。

第四自然段：起自GPS0906点，止于GPS0907点，长80米。壕堑消失。该段壕堑被平整为耕地。

第五自然段：起自GPS0907点，止于GPS0908点，长28米。壕堑保存差。此段壕堑由南向北沿山梁而上。削山部分坍塌成缓坡，壕堑被自然掩埋呈坡状，仅有痕迹可辨。地表荒草杂生。

第六自然段：起自GPS0908点，止于GPS0909点，长154米。壕堑消失。该段壕堑被平整为耕地。

第七自然段：起自GPS0909点，止于GPS0910点，长32米。壕堑保存差。此段壕堑呈西南至东北向沿山梁而上。削山部分坍塌成缓坡，壕堑被自然掩埋成台状，台宽3米。0米~3.5米段壕堑被便道所毁。台上长满马莲、野花等。

第八自然段：起自GPS0910点，止于GPS0911点，长18米。壕堑保存较差。此段壕堑由南向北沿山梁缓上。削山部分坍塌成缓坡，壕堑口宽6.1、底宽2.2、深0.4~1米，剖面呈"L"形，垄底宽3.3、顶宽2.5、高0.4~0.8米。壕堑内长有马莲、野花等。

第九自然段：起自GPS0911点，止于GPS0913点，长115米。壕堑保存差。此段壕堑呈东南至西北向转向山梁西南侧分布。削山印痕坍塌无存，高度不详，壕堑被自然掩埋成台状，台宽5.3米，局部略凹。17米~21米段壕堑西南部被便道破坏。地表长满马莲、狼毒花、蒿草等。

第十自然段：起自GPS0913点，止于GPS0914点，长310米。壕堑消失。该段壕堑被平整为耕地。此段壕堑通过山梁垭口。

第十一自然段：起自GPS0914点，止于GPS0916点，长111米。壕堑保存差。此段壕堑呈西南至东北向沿山梁东南侧分布。削山部分被耕地破坏严重，壕堑被自然掩埋成台状，台宽3.1米。台上荒草杂生。

第十二自然段：起自GPS0916点，止于GPS0917点，长120米。壕堑消失。该段壕堑被平整为耕地。

第十三自然段：起自GPS0917点，止于GPS0918点，长342米。壕堑保存差。此段壕堑呈西南至东北向沿山坡而下直至山根。山坡上部灌木林密布，无法穿越；山坡下部壕堑被洪水冲刷严重，仅有痕迹可辨。

该段壕堑分布区域人类生产活动频繁，受人为因素的破坏严重，整体保存状况差。全长1727米，其中65米保存较差，897.5米保存差，764.5米消失。损毁原因以人为因素的破坏为主，自然因素次之，主要表现为平田整地、修便道、修路及风雨侵蚀、洪水冲击等。

（84）第八十四段　小寺沟长城1段（编码：630122382101170039）

位于湟中县上五庄镇小寺沟村东面的西纳川内。该段长城属土墙，起自上五庄镇小寺沟村东南0.67千米处的山根下，止于上五庄镇小寺沟村东0.6千米处的公路西南侧。此段墙体从山根开始呈西南至东北向至西纳川河西南岸边。西纳川内有黑（嘴）上（五庄）公路通过。以墙体为界，内侧（东南）为拦隆口镇上庄村耕地，外侧（西北）为上五庄镇小寺沟村耕地。墙体顶部及两侧堆土上长满杂草。

该段墙体起自GPS0918点，止于GPS0920点，全长390米。墙体底宽0.7~1.8、顶宽0.3~0.6、内侧残高0~2.2、外侧残高2.3~3.3米，夯层厚0.12~0.18米。此段墙体系在自然基础上用含有砂砾的黑灰色土、黄土分段夯筑而成。依保存状况分为两个自然段：

第一自然段：起自GPS0918点，止于GPS0919点，长35米。墙体保存一般。墙体底宽0.7~1.8、顶宽0.3~0.6、内侧残高0~2.2、外侧残高2.3~3.3米，夯层厚0.12~0.18米。墙体内侧表面裂纹较多，版接缝明显，其中东端两条裂纹较宽，呈贯通状。0米~13米段墙体自然坍塌严重，内侧几与耕地齐平，外侧坍塌堆土成坡状；13米~15.7米段长2.7米墙体外侧大半从上至下坍塌，顶部略低于内侧耕地，墙体顶部及坍塌堆土上长满杂草；15.7米~18米段长2.3米墙体外侧一半向下垮落错位约0.7米；18米~25米段长7米墙体外侧上部表面片状剥离严重，中部有鸟类做窝几个，底部酥碱凹进，墙体上部及顶部长有黄刺、杂草；25米~29米段长4米墙体外侧下部坍塌严重，局部有烧灼痕迹；29米~31.6米段长2.6米墙体外侧一半向下垮落错位约1米；31.6米~35米段长3.4米墙体外侧一半坍塌，其下堆土较多，断面上夯层清晰。GPS0902点东面0.03千米处有一条小溪流由北向南流过。

第二自然段：起自 GPS0919 点，止于 GPS0920 点，长 355 米。墙体消失。该段墙体因扩张耕地所毁。

该段墙体地处西纳川内，受到扩张耕地等人为因素的破坏较为严重，整体保存状况差。全长 390 米，其中 35 米保存一般，355 米消失。损毁原因以人为因素的破坏为主，自然因素次之，主要表现为扩张耕地及风雨侵蚀、酥碱、片状剥离、植物生长等。

（85）第八十五段　小寺沟长城 2 段（编码：630122382107170040）

位于湟中县上五庄镇小寺沟村东面的西纳川内。该段长城属河险，起自上五庄镇小寺沟村东 0.6 千米处的公路西南侧，止于拦隆口镇南门一村西南 0.13 千米处。此段河险呈西南至东北向横截西纳川河。西纳川内有黑（嘴）上（五庄）公路通过。该段河险西南接小寺沟长城 1 段，东北与南门一长城相连。

该段河险起自 GPS0920 点，止于 GPS0921 点，全长 120 米。此段河险属西纳川河的部分。发源于海晏县的西纳川河是湟水中游的主要支流之一，其从西北向东南流经湟中县西北部，最后在多巴镇东侧注入湟水。该河流域面积约 790700 平方米，其中在湟中县境内长 35000 米；沿途流经湟中县的乡镇有上五庄镇、拦隆口镇及多巴镇。在各种人为因素的破坏及自然因素的影响下，河面已不复原来宽阔，流量也大减。

该段河险以海晏县内山系上消融雪水为主，受自然和人为因素的影响，使其流量大减，整体保存状况一般。损毁原因以自然因素的破坏为主，人为因素次之，主要表现为全球气候变暖及乱砍滥伐造成的水土流失等。

（86）第八十六段　南门一长城（编码：630122382101170041）

位于湟中县拦隆口镇南门一村西面的西纳川内。该段长城属土墙，起自拦隆口镇南门一村西南 0.13 千米处，止于拦隆口镇南门一村北面山根下。此段长城呈西南至东北向由水峡河东北岸边延伸至南门一村北面山根下。黑（嘴）上（五庄）公路穿过该段长城，墙体起点西南有西纳川河呈西北至东南向流过。长城内外两侧均为村庄。该段长城西南接小寺沟长城 2 段，东北与南门一壕堑相连。

该段长城起自 GPS0921 点，止于 GPS0922 点，全长 385 米。据当地村民介绍，此段长城原为土墙，后因村庄建设全部被毁。

该段长城位于平川之中，长期受人类活动的破坏，整段长城消失无存。损毁原因主要为人为因素的破坏，表现为村庄建设等。

西纳川是从湟水谷地穿过水峡至海晏县的重要通道。据记载："喇课营所管：临城有喇课暗门，十二里有红土沟暗门，二十里有加隆沟暗门，五十里有西石峡暗门，俱系极要。"[1] 清代喇课营设在今拦隆口镇南门一村（城已无存），该城原与此段长城相连。南门一村东南距东拉科村约 0.12 千米，"拉科"通"喇课"，"南门"在青海方言中通"暗门"，依此推测"喇课暗门"应开在此段墙体上。

（87）第八十七段　南门一壕堑（编码：630122382202170045）

位于湟中县拦隆口镇南门一村北面的山上。该段壕堑起自拦隆口镇南门一村北面山根下，止于拦隆口镇下红土沟村东南 0.62 千米处的山梁垭口。此段壕堑从南门一村西北面山根下开始，呈西南至东北向沿山坡而上，至 GPS0934 点转为西北至东南向沿山梁西南侧分布，至 GPS0939 点又变为西南至东北向沿山梁东南侧延伸直至下红土沟村东南山梁垭口处。西纳川内有黑（嘴）上（五庄）公路、西纳川河。壕堑内侧（东南）有南门一村、东拉科村、尼麻隆村，外侧（西北）为红土沟，沟内有下红土

_____

〔1〕（清）杨应琚：《西宁府新志》卷十三《建置·关隘》，青海人民出版社，1988 年，第 335～336 页。

沟村、上红土沟村。壕堑内长满狼毒花、冰草、马莲等。该段壕堑西南接南门一长城，东与上红土沟壕堑相连。

该段壕堑起自 GPS0922 点，止于 GPS0973 点，全长 2828 米。壕堑削山印痕高 1.5～4 米，台宽 1～11 米，壕堑口宽 4～5、底宽 0.6～1.8、深 0.4～1 米，垄不清。此段壕堑依山势的不同采取不同的构筑方式，山梁上从高处向下削挖，形成一定角度的陡壁，土堆低处为垄，从而构成壕堑，以达到军事防御的目的；山坡上向下掘地挖土成沟，土堆两侧为垄。依保存状况分为五个自然段：

第一自然段：起自 GPS0922 点，止于 GPS0923 点，长 49 米。壕堑消失。此段壕堑呈西南至东北向由山根而上。0 米～22 米段壕堑因人为取土、盖房被毁；22 米～49 米段长 27 米壕堑被洪水冲毁。该段壕堑东南侧山根下为南门一村一社。

第二自然段：起自 GPS0923 点，止于 GPS0925 点，长 52 米。壕堑保存较差。此段壕堑呈南北向沿山坡向上延伸。壕堑口宽 4～5、底宽 0.6～1.8、深 0.4～1 米，垄不清。42 米～49 米段长 7 米壕堑被便道破坏。壕堑底部有雨水冲刷痕迹，局部岩石外露。

第三自然段：起自 GPS0925 点，止于 GPS0958 点，长 1777 米。壕堑保存差。此段壕堑先由西向东沿山坡而上，至 GPS0928 点到达山梁顶部，继续沿山梁南侧延伸至 GPS0939 点，从该点开始转为西南至东北向沿山梁东南侧分布。削山部分坍塌严重，高 1.5～4 米，壕堑被自然掩埋成台状，台宽 1～11 米。壕堑局部被平整为耕地，仅有痕迹可辨。0 米～151 米段壕堑被人为修整成宽 1～2 米的阶地，种有沙棘、杨树；168 米处台边沿人为挖有宽 0.7～1 米的深槽，台上有青砖外露，似有墓葬痕迹，削山部分底部人为掏有一洞；260 米～266 米、286 米～289 米段壕堑被便道所毁；279 米～296 米段壕堑削山部分上部被便道破坏；516 米处壕堑削山部分下掏有 2 个窑洞；733 米～748 米段壕堑被破坏，生产队时期曾在此处建羊圈；774 米～791 米段壕堑削山部分上部被铲削近直；774 米、786 米、951 米、1188 米处削山部分下部各掏有窑洞一个，其中 951 米处窑洞外挖有一 5 米×5 米的坑状围墙；1293 米～1378 米段长 85 米壕堑西北部削山部分被人为削直。

第四自然段：起自 GPS0958 点，止于 GPS0959 点，长 250 米。壕堑消失。该段壕堑因平整土地被毁。

第五自然段：起自 GPS0959 点，止于 GPS0973 点，长 700 米。壕堑保存差。此段壕堑先呈西南至东北向沿山梁东南侧平行分布，至 GPS0964 点转为由西向东沿山梁南侧继续延伸。削山部分坍塌成缓坡；壕堑被自然掩埋，局部被辟作耕地和便道，仅有痕迹可辨。329 米处、524 米处有便道斜上破坏了壕堑削山部分；588 米～594 米段壕堑削山部分因挖沙成坑状。GPS0973 点处为山梁垭口。

该段壕堑受各种自然和人为因素的破坏严重，整体保存状况差。全长 2828 米，其中 52 米保存较差，2441 米保存差，335 米消失。损毁原因以人为因素的破坏为主，自然因素次之，主要表现为平田整地、植树种草、便道破坏、取土盖房、建羊圈、掏窑及风雨侵蚀、洪水冲击等。

（88）第八十八段　上红土沟壕堑（编码：6301223822202170046）

位于湟中县拦隆口镇上红土沟村南面的山上。该段壕堑起自拦隆口镇下红土沟村东南 0.62 千米处的山梁垭口，止于拦隆口镇伯什营村五社西北 0.6 千米处的土路旁。此段壕堑从下红土沟村东南面山梁垭口开始，呈西南至东北向沿山梁而上，至 GPS0981 点又顺山坡而下直至谷底。壕堑内侧（东南）有尼麻隆村、伯什营村，外侧（西北）红土沟内有上红土沟村、下红土沟村。以壕堑为界，西北为上红土沟村耕地，东南为伯什营耕地。壕堑内长满马莲、狼毒花、沙棘、冰草等。该段壕堑西接南门一壕堑，东北与伯什营壕堑相连；止点东南距伯什营堡 1.1 千米。

该段壕堑起自 GPS0973 点，止于 GPS0986 点，全长 1457 米。壕堑削山印痕高 2～3 米，壕堑口宽

4.5～6.5、底宽 1.8～2、深 0.4～1.5 米，垄底宽 2.5～3.3、顶宽 0.8～2、高 0.4～0.8 米。此段壕堑的建筑方式为依山势从高处向下削挖，形成一定角度的陡壁，土堆低处为垄，从而构成壕堑，以达到军事防御的目的。依保存状况分为八个自然段：

第一自然段：起自 GPS0973 点，止于 GPS0974 点，长 630 米。壕堑消失。该段壕堑因平整土地而破坏。GPS0957 点西侧有条便道呈西北至东南向穿过。

第二自然段：起自 GPS0974 点，止于 GPS0975 点，长 118 米。壕堑保存差。此段壕堑呈西南至东北向沿山梁分布。削山印痕坍塌无存，至山梁顶部高 2.5 米。0 米～14 米段壕堑被自然掩埋，中部略凹，宽 6 米，削山部分人为取土成坑；14 米～118 米段长 104 米壕堑被平整为耕地，仅剩痕迹可辨。

第三自然段：起自 GPS0975 点，止于 GPS0976 点，长 94 米。壕堑保存较差。此段壕堑继续呈西南至东北向沿山梁缓上。削山印痕坍塌无存，至山梁顶部高 2～3 米，壕堑口宽 4.5～6、底宽 1.8、深 0.5～1.5 米，剖面呈 "L" 形，垄底宽 2.5～3.3、顶宽 0.8～2、高 0.5～0.8 米。

第四自然段：起自 GPS0976 点，止于 GPS0980 点，长 228 米。壕堑保存差。此段壕堑呈西南至东北向沿山梁而上。削山部分坍塌成缓坡；壕堑中部凹，宽 5.5～6.5 米；垄不清。东南面沟内为尼麻隆村。

第五自然段：起自 GPS0980 点，止于 GPS0981 点，长 43 米。壕堑保存较差。此段壕堑呈西南至东北向沿山梁分布。削山印痕坍塌无存，至山梁顶部高 3 米，壕堑口宽 5～6.5、底宽 2、深 0.4～1.2 米，垄底宽、顶宽均不详，高 0.4～0.7 米。

第六自然段：起自 GPS0981 点，止于 GPS0982 点，长 92 米。壕堑消失。该段壕堑被耕地所破坏。此段壕堑从山梁顶部顺坡而下。

第七自然段：起自 GPS0982 点，止于 GPS0985 点，长 198 米。壕堑保存差。此段壕堑呈西南至东北向沿山坡向下延伸。削山部分坍塌成缓坡，壕堑被自然掩埋，仅剩痕迹可辨。壕堑两侧均为耕地。

第八自然段：起自 GPS0985 点，止于 GPS0986 点，长 54 米。壕堑消失。此段壕堑沿谷底分布。0 米～43 米段壕堑被耕地所毁；43 米～48 米段长 5 米壕堑被水流冲毁；48 米～54 米段长 6 米现为土路。GPS0969 点向北 0.7 千米为上红土沟村，东南 0.6 千米处为拦隆口镇伯什营村五社。

该段壕堑分布区域人类生产活动频繁，受人为因素的破坏严重，整体保存状况差。全长 1457 米，其中 137 米保存较差，544 米保存差，776 米消失。损毁原因以人为因素的破坏为主，自然因素次之，主要表现为平田整地、修路及风雨侵蚀、水流冲击等。

（89）第八十九段　伯什营壕堑（编码：630122382202170047）

位于湟中县拦隆口镇伯什营村五社西面的山上。该段壕堑起自拦隆口镇伯什营村五社西北 0.6 千米处的土路旁，止于拦隆口镇伯什营村三社西 0.4 千米处的山顶上。此段壕堑从伯什营村五社西北面土路旁呈西南至东北向沿山坡而上，直至三社西面山顶上。壕堑内侧（东南）有伯什营村，外侧（西北）红土沟内有上红土沟村；壕堑内外两侧主要为耕地。壕堑内长满马莲、狼毒花及蒿草。该段壕堑西南接上红土沟壕堑，东北与后河尔长城 1 段相连；起点东南距伯什营堡 1.1 千米。

该段壕堑起自 GPS0986 点，止于 GPS0996 点，全长 1013 米。此段壕堑的建筑方式为依山势从高处向下削挖，形成一定角度的陡壁，土堆低处为垄，从而构成壕堑，以达到军事防御的目的。依保存状况分为八个自然段：

第一自然段：起自 GPS0986 点，止于 GPS0987 点，长 69 米。壕堑保存差。此段壕堑呈西南至东北向沿谷底向山坡而上。削山部分被耕地破坏殆尽，壕堑被自然掩埋成台状，台宽 7.5～8.5 米。2 米处壕堑内有一取土坑。壕堑内挖有育林坑。GPS0986 西南侧有条土路呈西北至东南向通过。

第二自然段：起自GPS0987点，止于GPS0988点，长81米。壕堑消失。该段壕堑被耕地和便道所毁。西北侧山包上有打冰雹、过雨的炮点。

第三自然段：起自GPS0988点，止于GPS0990点，长53米。壕堑保存差。此段壕堑呈西南至东北向沿山坡缓上。削山部分坍塌成缓坡，壕堑中部凹，宽5～7米，垄不清。47米～50米段长3米壕堑西北部被人为取土挖毁。

第四自然段：起自GPS0990点，止于GPS0991点，长84米。壕堑消失。该段壕堑被耕地破坏。

第五自然段：起自GPS0991点，止于GPS0992点，长61米。壕堑保存差。此段壕堑呈西南至东北向沿山坡疾下。削山部分成缓坡。0米～38米段壕堑被垦为耕地，仅有地面痕迹可辨；38米～61米段长23米壕堑中部略凹。

第六自然段：起自GPS0992点，止于GPS0993点，长159米。壕堑消失。0米～28米段壕堑因1958年修水库时挖渠引水破坏，渠深15米；28米～159米段长131米壕堑被耕地所毁。

第七自然段：起自GPS0993点，止于GPS0995点，长185米。壕堑保存差。此段壕堑呈西南至东北向沿山坡疾上。削山部分坍塌成缓坡，被耕地破坏严重，壕堑被垦为耕地，仅有地面痕迹可辨。

第八自然段：起自GPS0995点，止于GPS0996点，长242米。壕堑消失。该段壕堑因平整耕地而被破坏。此处为山梁垭口。

该段壕堑分布区域人类生产活动频繁，受人为因素的破坏严重，整体保存状况差。全长1013米，其中447米壕堑保存差，566米壕堑消失。损毁原因以人为因素的破坏为主，自然因素次之，主要表现为平田整地、便道破坏、修渠、挖坑种树及风雨侵蚀等。

（90）第九十段 后河尔长城1段（编码：630122382101170042）

位于湟中县拦隆口镇后河尔村三社西面的山坡上及沟内。该段长城属土墙，起自拦隆口镇后河尔村三社西0.4千米处的山顶上，止于拦隆口镇后河尔村三社西0.1千米处的山根下。此段土墙先呈西南至东北向由山梁至山根，又转为南北向横截山沟。该段墙体所处的山坡较为平缓，故筑土墙以加强防御。墙体内侧（东南）有后河尔村，外侧（西北）沟内有上红土沟村。该段墙体西南接伯什营壕堑，西北与后河尔壕堑1段相连。

该段墙体起自GPS0996点，止于GPS1003点，全长513.7米。墙体底宽1.2、顶宽0.3～0.8、残高0.5～2.8米，夯层厚0.15～0.2米。此墙体山上部分系用黄土夯筑而成，沟内部分系用夹有砂砾的黑灰色土夯筑而成。依保存状况分为七个自然段：

第一自然段：该段墙体起自GPS0996点，止于GPS0997点，长44米。墙体保存差。此段墙体呈东西向沿山梁分布。墙体坍塌严重，仅剩底部，其顶部略高于外侧地面，距内侧地面高2.5米。墙体内外侧均为耕地。

第二自然段：该段墙体起自GPS0997点，止于GPS0998点，长36米。墙体保存较差。该段墙体呈西南至东北向沿山梁延伸。墙体底宽1.2、顶宽0.5～0.8、残高0.5～1.3米，夯层厚0.15米，夯层中似夹有树枝。墙体坍塌严重，内外两侧堆土较多，其中内侧堆土被人为削直。墙体上长有杂草。墙体内外两侧均为耕地，外侧高于内侧约1～2.5米。

第三自然段：该段墙体起自GPS0998点，止于GPS0999点，长45米。墙体保存差。此段墙体呈东西向沿山梁而下。墙体坍塌严重，大多呈土垄状。墙体内外两侧均为耕地。

第四自然段：该段墙体起自GPS0999点，止于GPS1000点，长74米。墙体消失。该段墙体被耕地破坏，现为田埂。

第五自然段：该段墙体起自GPS1000点，止于GPS1001点，长89米。墙体保存差。该段墙体呈西南至东北向沿山坡而下。墙体坍塌严重，其两侧被坍塌堆土掩埋，仅局部出露墙体。墙体内外两侧均为耕地。

第六自然段：该段墙体起自 GPS1001 点，止于 GPS1002 点，长 180 米。墙体消失。此段墙体被耕地、道路破坏。

第七自然段：该段墙体起自 GPS1002 点，止于 GPS1003 点，长 45.7 米。此段墙体呈南北向横截谷底北部。墙体底宽 1.2、顶宽 0.3、残高 1.8 ~ 2.8 米，夯层厚 0.18 ~ 0.2 米。墙体内侧自基部人为下切，墙体高悬，中段有宽 2 米部分墙体一半坍塌，紧贴墙体种有杨树，树东为耕地；墙体外侧底部有掏蚀现象，表面版接缝明显，呈贯通状，缝宽 0.08 ~ 0.25 米；墙体外侧种有杨树。15 米 ~ 27 米段长 12 米墙体坍塌，仅剩底部；墙体内外两侧均种有杨树。29.7 米 ~ 35.7 米段长 6 米墙体被水泥路破坏。35.7 米 ~ 39 米段长 3.3 米墙体被便道所毁。

该段墙体地处靠近村庄的区域内，受人为因素的破坏较为严重，整体保存状况差。全长 513.7 米，其中 17.7 米保存一般，42.7 米保存较差，190 米保存差，263.3 米消失。损毁原因以人为因素的破坏为主，自然因素次之，主要表现为耕地蚕食、修路及自然坍塌、植物生长等。

穿过该段墙体向西北可至红土沟。据记载："喇课营所管：临城有喇课暗门，十二里有红土沟暗门，二十里有加隆沟暗门，五十里有西石峡暗门，俱系极要。"[1] 清代喇课营设在今拦隆口镇南门一村（城已无存），该处东距此段墙体约 5.6 千米。名称、里距与文献记载基本吻合，依此推测"红土沟暗门"应开在此段墙体上。

（91）第九十一段　后河尔壕堑 1 段（编码：6301223822021700448）

位于湟中县拦隆口镇后河尔村三社西北面的山上。该段壕堑起自拦隆口镇后河尔村三社西 0.1 千米处的山根下，止于拦隆口镇后河尔村三社北面的山根下。此段壕堑从后河尔村三社西面山根下开始，呈东南至西北向沿山坡而上，至 GPS1012 点转为西南至东北向沿山坡而下，至 GPS1013 点又转为西北至东南向直至后河尔村三社北面山根下。壕堑两侧主要为耕地。壕堑内长满狼毒花、马莲、冰草等。该段壕堑东南接后河尔长城 1 段，东南与后河尔壕堑 2 段相连。

该段壕堑起自 GPS1003 点，止于 GPS1015 点，全长 772 米。壕堑削山印痕高约 2 ~ 5 米，壕堑口宽 4.8 ~ 7、底宽 1.2 ~ 1.8、深 0.4 ~ 2.5 米，垄底宽 3 ~ 3.8、顶宽 0.8 ~ 1.4、高 0.4 ~ 1.8 米。此段壕堑的建筑方式为依山势从高处向下削挖，形成一定角度的陡壁，土堆低处为垄，从而构成壕堑，以达到军事防御的目的。依保存状况分为九个自然段：

第一自然段：起自 GPS1003 点，止于 GPS1005 点，长 91 米。壕堑保存差。此段壕堑呈东南至西北向沿山坡而上。削山部分坍塌近直，其下堆土较多，高 3.5 ~ 5 米，壕堑被自然掩埋，仅有痕迹可辨。地表有水流冲刷痕迹，长有杨树。

第二自然段：起自 GPS1005 点，止于 GPS1007 点，长 71 米。壕堑保存较差。此段壕堑呈东南至西北向沿山梁西南侧而上。削山印痕坍塌无存，至山梁顶部高约 2 ~ 4 米，壕堑口宽 4.8 ~ 5.5、底宽 1.8、深 0.4 ~ 1.2 米，垄底宽 3、顶宽 0.8 ~ 1.4、高 0.4 ~ 1.1 米。垄顶部有人为踩踏痕迹。

第三自然段：起自 GPS1007 点，止于 GPS1009 点，长 56 米。壕堑保存差。此段壕堑呈东西向沿山梁南侧而上。削山印痕坍塌无存，至山梁顶部高 3 ~ 4 米，壕堑被自然掩埋成台状，台宽 4 米，台略向外倾斜。

第四自然段：起自 GPS1009 点，止于 GPS1010 点，长 45 米。壕堑消失。此段壕堑被平整为耕地。

〔1〕（清）杨应琚：《西宁府新志》卷十三《建置·关隘》，青海人民出版社，1988 年，第 335 ~ 336 页。

第五自然段：起自 GPS1010 点，止于 GPS1011 点，长 33 米。壕堑保存一般。该段壕堑呈南北向沿山梁西侧缓下。削山印痕坍塌无存，至山梁顶部高 3.5 米，壕堑口宽 7、底宽 1.2、深 1.5～2.5 米，剖面呈"L"形，垄底宽 3.8、顶宽 1.1、高 1.5～1.8 米。

第六自然段：起自 GPS1011 点，止于 GPS1012 点，长 108 米。壕堑保存差。此段壕堑呈南北向转向山梁东侧分布。削山部分及垄内侧被削直，壕堑底部被平整为耕地，呈槽状，仅有痕迹可辨。

第七自然段：起自 GPS1012 点，止于 GPS1013 点，长 130 米。壕堑消失。此段壕堑被耕地破坏。

第八自然段：起自 GPS1013 点，止于 GPS1014 点，长 150 米。壕堑保存差。此段壕堑呈西北至东南向沿冲沟西南侧分布。壕堑坍塌严重，仅剩痕迹可辨。119 米～139 米段长 20 米壕堑被人为取土挖毁。地表长满黑刺、黄刺及杂草等。

第九自然段：起自 GPS1014 点，止于 GPS1015 点，长 88 米。壕堑消失。此段壕堑被村庄和道路破坏。

该段壕堑分布区域人类生产活动频繁，受人为因素的破坏严重，整体保存状况差。全长 772 米，其中 33 米保存一般，71 米保存较差，385 米保存差，283 米消失。损毁原因以人为因素的破坏为主，自然因素次之，主要表现为平田整地、村庄建设、取土及风雨侵蚀等。

（92）第九十二段　后河尔壕堑 2 段（编码：6301223822202170049）

位于湟中县拦隆口镇后河尔村三社北面的山上。该段壕堑起自拦隆口镇后河尔村三社北面的山根下，止于拦隆口镇后河尔村三社北 0.55 千米处的占林沟沟口南侧。此段壕堑从后河尔村三社北山根下由南向北沿山坡而上，穿过山梁后顺坡而下直至占林沟沟口南侧。壕堑外侧（西）沟内有部分后河尔村三社居民点，内侧（东）为绵延起伏的山丘。GPS1022 点西北为占林沟，东北为直沟。该段壕堑西北接后河尔壕堑 1 段，北与后河尔长城 2 段相连。

该段壕堑起自 GPS1015 点，止于 GPS1022 点，全长 488 米。此段壕堑的建筑方式为依山势从高处向下削挖，形成一定角度的陡壁，土堆低处为垄，从而构成壕堑，以达到军事防御的目的。削山部分坍塌成缓坡，局部岩层外露。0 米～170 米段壕堑被自然掩埋成缓坡状；170 米～488 米段壕堑被平整为耕地，均只剩痕迹可辨；170 米～181 米段壕堑被便道所毁；326 米～366 米段壕堑被耕地破坏无存。壕堑内长满狼毒花、马莲等。

该段壕堑分布区域人类生产活动频繁，受人为因素的破坏严重，整体保存状况差。全长 488 米，其中 437 米壕堑保存差，51 米壕堑消失。损毁原因以人为因素的破坏为主，自然因素次之，主要表现为平田整地及风雨侵蚀等。

（93）第九十三段　后河尔长城 2 段（编码：6301223821102170043）

位于湟中县拦隆口镇后河尔村三社北面的占林沟沟口。该段长城属石墙，起自拦隆口镇后河尔村三社北 0.55 千米处的占林沟沟口南侧，止于拦隆口镇后河尔村三社北 0.64 千米处的占林沟沟口北侧。此段石墙呈南北向横截占林沟沟口。其内侧（东）为占林沟沟口，与东北面直沟相连，外侧（西）为占林沟。该段墙体南接后河尔壕堑 2 段，北与后河尔长城 3 段相连。

该段石墙起自 GPS1022 点，止于 GPS1024 点，全长 84 米。此段墙体被破坏严重，构筑方式不详。依保存状况分为两个自然段：

第一自然段：起自 GPS1022 点，止于 GPS1023 点，长 28 米。墙体保存差。仅剩地面痕迹可辨。墙体内外两侧均种有杨树。

第二自然段：起自 GPS1023 点，止于 GPS1024 点，长 56 米。墙体消失。该段墙体被占林沟内溪水及路所毁。

该段石墙地处沟谷之中，受人类活动的影响和自然因素的破坏严重，整体保存状况差。全长 84

米，其中28米保存差，56米消失。损毁原因以自然因素的破坏为主，人为因素次之，主要表现为修路及自然坍塌、溪水冲毁等。

（94）第九十四段　后河尔长城3段（编码：630122382106170044）

位于湟中县拦隆口镇后河尔村四社西南面的雪干梁上。该段长城属山险，起自拦隆口镇后河尔村三社北0.64千米处的占林沟沟口北侧，止于拦隆口镇后河尔村四社西0.3千米处的雪干梁上。此段山险由占林沟沟口北侧沿石壁上升至顶部，然后由南向北沿雪干梁顶部分布。该段山险外侧（西）为占林沟，沟内溪水潺潺，内侧（东）为直沟，沟内有后河尔村四社。该段山险南接后河尔长城2段，北与后河尔壕堑3段相连。

该段山险起自GPS1024，止于GPS1025点，全长910米。此段山险属娘娘山延伸支脉，山体高80米左右，山体表面除覆盖有0.2~0.3米的深褐色土层外，其余岩层外露。山体东西两侧均较为陡峭，不易攀爬逾越；山体顶部长满茂密的沙棘等灌木类植物及冰草等草本植物。当地人把该山梁称为雪干梁。

该段山险属娘娘山延伸支脉，岩浆岩质山体，除了裸露于外的岩石表层受到风化影响外，整体保存状况较好。损毁原因主要为自然因素的破坏，表现为自然风化等。

（95）第九十五段　后河尔壕堑3段（编码：630122382202170050）

位于湟中县拦隆口镇后河尔村四社西北面的雪干梁上。该段壕堑起自拦隆口镇后河尔村四社西0.3千米处的雪干梁上，止于拦隆口镇后河尔村四社西北0.9千米处的雪干梁上。此段壕堑由南向北沿雪干梁顶部分布（彩图七四）。壕堑内侧（东）为直沟，沟内有后河尔村四社，外侧（西）为占林沟。该段壕堑南接后河尔长城3段，北与后河尔长城4段相连。

该段壕堑起自GPS1025点，止于GPS1036点，全长1010米。壕堑削山印痕高1.5~6米，壕堑口宽4~6、底宽1~1.7、深0.4~1.5米，垄底宽3、顶宽1.4、高0.5~1.2米。此段壕堑的建筑方式为沿山梁一侧从高处向下削挖，形成一定角度的陡壁，土堆低处为垄，从而构成壕堑，以达到军事防御的目的。依保存状况分为五个自然段：

第一自然段：起自GPS1025点，止于GPS1027点，长102米。壕堑保存差。0米~17米段壕堑沿山梁疾下，壕堑口宽4、底宽1、深1.5米，垄不清，壕堑内外长满茂密的沙棘等灌木类植物及冰草等草本植物；17米~102米段壕堑呈南北向沿山梁东侧平行分布；西部向下削挖，土堆东侧为垄；削山印痕坍塌无存，局部岩层外露，至山梁顶部高1.5~6米；壕堑被自然掩埋成台状，台宽1.5~4米，略向外倾斜；垄因长期风雨冲刷坍塌消失。地表杂草丛生。

第二自然段：起自GPS1027点，止于GPS1032点，长561米。壕堑保存较差。此段壕堑呈东南至西北向沿山梁东北侧分布。削山部分坍塌成缓坡，壕堑口宽4.5~6、底宽1.1~1.7、深0.4~1米，垄底宽3、顶宽1.4、高0.5~1.2米。壕堑内外长满沙棘、黄刺及杂草等。

第三自然段：起自GPS1032点，止于GPS1033点，长19米。壕堑保存差。此段壕堑呈南北向沿山梁缓上。壕堑被两侧坍塌堆土所掩埋，局部凹，垄不清。壕堑内外长有沙棘、黄刺及杂草等。

第四自然段：起自GPS1033点，止于GPS1034点，长129米。壕堑保存较差。此段壕堑呈东南至西北向沿山梁疾上。壕堑口宽4.4~5、底宽1.5、深0.7~1米，垄不清。壕堑底部有雨水冲刷、人畜踩踏痕迹。壕堑内长满山地草甸。

第五自然段：起自GPS1034点，止于GPS1036点，长199米。壕堑保存差。此段壕堑呈南北向沿山梁而上。削山印痕坍塌无存，至山梁顶部高1.5~2米，壕堑被自然掩埋，中部凹，垄不清。壕堑内长满山地草甸，有人畜踩踏痕迹。

该段壕堑分布于后河尔村四社西面的雪干梁上，受各种自然因素的破坏较为严重，整体保存状况较差。全长 1010 米，其中 707 米保存较差，303 米保存差。损毁原因以自然因素的破坏为主，人为因素次之，主要表现为风雨侵蚀、植物生长及人畜踩踏等。

（96）第九十六段　后河尔长城 4 段（编码：630122382106170045）

位于湟中县拦隆口镇后河尔村四社北面的娘娘山上。该段长城属山险，起自拦隆口镇后河尔村四社西北 0.9 千米处的雪干梁上，止于李家山镇峡口村三社（进方滩）西北 1.32 千米处的贾尔吉峡西南侧山梁上。此段山险先由南向北沿雪干梁延伸，绕过直沟沟脑转为东西向，至贾尔吉峡西南侧山梁又转为由北向南沿山梁而行。该段山险南接后河尔壕堑 3 段，东北与李家山镇峡口壕堑相连。

该段山险起自 GPS1036 点，止于 GPS1040 点，全长 4700 米。此段山险属娘娘山主脉，岩浆岩质山体，山高坡陡、沟深，土质瘠薄，阴坡植被较为茂盛，阳坡植被稀疏，岩层大多外露，是天然的防御屏障。

该段山险除了裸露于外的岩石表层受到风化影响外，贾尔吉峡内正在进行的炸山开矿可能危及此段山险，目前整体保存状况较好。损毁原因主要为自然因素的破坏，表现为自然风化。

（97）第九十七段　李家山镇峡口壕堑（编码：630122382202170051）

位于湟中县李家山镇峡口村三社（进方滩）西北面的贾尔吉峡内。该段壕堑起自李家山镇峡口村三社（进方滩）西北 1.32 千米处的贾尔吉峡西南侧山梁上，止于李家山镇峡口村三社（进方滩）西北 1.18 千米处的贾尔吉峡西南侧山根下。此段壕堑由贾尔吉峡西南侧山脊由西向东顺坡而下，至 GPS1041 点转为西南至东北向延伸至沟底。壕堑分布区域山坡上长满沙棘等灌木和杨树。该段壕堑西南接后河尔长城 4 段，东北与李家山镇峡口长城 1 段相连。

该段壕堑起自 GPS1040 点，止于 GPS1043 点，全长 430 米。壕堑削山部分高 2～4 米，壕堑口宽 5～6.5、底宽 1.2～1.6、深 0.4～1 米，垄底宽、顶宽均不详，高 0.4～1 米。此段壕堑的建筑方式为依山势从高处向下削挖，形成一定角度的陡壁，土堆低处为垄，从而构成壕堑，以达到军事防御的目的。依保存状况分为两个自然段：

第一自然段：起自 GPS1040 点，止于 GPS1042 点，长 365 米。壕堑保存较差。此段壕堑沿山坡转呈西南至东北向而下。削山部分高 2～4 米，局部岩层外露，壕堑口宽 5～6.5、底宽 1.2～1.6、深 0.4～1 米，垄底宽、顶宽均不详，高 0.4～1 米。

第二自然段：起自 GPS1042 点，止于 GPS1043 点，长 65 米。壕堑消失。此段壕堑被山洪冲毁。

该段壕堑受自然因素的破坏较为严重，整体保存状况较差。全长 430 米，其中 365 米保存较差，65 米消失。损毁原因主要为自然因素的破坏，表现为风雨侵蚀、洪水冲击、植物生长等。

（98）第九十八段　李家山镇峡口长城 1 段（编码：630122382102170046）

位于湟中县李家山镇峡口村三社（进方滩）西北面的贾尔吉峡峡内。该段长城属石墙，起自李家山镇峡口村三社（进方滩）西北 1.18 千米处的贾尔吉峡西南侧山根下，止于李家山镇峡口村三社（进方滩）西北 1.17 千米处的贾尔吉峡东北侧石壁下。此段长城呈西南至东北向横截贾尔吉峡。有条砂石路穿过该段长城。该段长城西南接李家山镇峡口壕堑，东北与李家山镇峡口长城 3 段相连。

该段长城起自 GPS1043 点，止于 GPS1044 点，全长 165 米。据第二次全国文物普查资料显示，此段长城原为石砌，底宽 3.1、残高 1.6 米。在该段墙体西南 0.1 千米处贾尔吉峡西侧有一个石砌旗墩，墩南 0.2 千米处有一块平地，当地人称为西营盘，向东 0.2 千米处为东营盘。现这些遗迹均已无存。原石墙分布区域现修有过滤溪水的过滤槽，槽东山根下为砂石路。当地人称该段石墙为外石墙（李家山镇峡口长城 2 段为内石墙）。

该段长城由于自然和人为因素的破坏而损毁无存。损毁原因有自然和人为因素两个方面，主要表现为溪流冲毁及修过滤溪水的过滤槽、修路等。

沿贾尔吉峡向北越过娘娘山可达大通县境内。《西宁卫志》中记载的"小山峡榨"就位于此段墙体西北1.35千米处的贾尔吉峡内。《西宁府新志》"舆图"上所标的"小山峡闇门"应开在此段墙体上。

（99）第九十九段　李家山镇峡口长城3段（编码：630122382106170048）

位于湟中县李家山镇峡口村三社（进方滩）北面的娘娘山上。该段长城属山险，起自李家山镇峡口村三社（进方滩）西北1.17千米处的贾尔吉峡东北侧石壁下，止于李家山镇金跃村北2.9千米处的娘娘山南麓湟（中）大（通）交界上。此段山险从贾尔吉峡（香林峡）口东北侧石壁下开始向上至山梁顶部后由南向北沿棕龙沟西侧山梁分布，至GPS1045点转为由西向东绕过棕龙沟沟脑，然后呈西北至东南向沿棕龙沟东侧山梁而延伸直至湟中县与大通县交界处。该段山险西南接李家山镇峡口长城1段，东与大通县娘娘山长城相连。

该段山险起自GPS1044点，止于GPS1047点，全长12400米。该段山险属娘娘山主脉，岩浆岩质山体，山高坡陡、沟深，土质瘠薄，植被稀疏，多为裸岩及风化碎石，是天然的防御屏障。

该段山险除了裸露于外的岩石表层受到风化影响外，整体保存状况较好。损毁原因主要为自然因素的破坏，表现为自然风化等。

湟中县境内的明代长城总长度为105221.4米（其中包括湟源县境内长度1412米），其中壕堑51段共长60044.1米，土墙32段共长15831.3米，石墙4段共长428米，山险8段共长28540米，河险4段共长378米。随墙壕3段共长1056.9米。

3. 结构特点

湟中县位于西宁盆地西部，其地形地貌兼具有黄土高原和青藏高原二者的特色。长城所在区域的地貌特点系以低山丘陵地带为主。位于县境内的长城主线除个别山险与壕堑位于高山及中山山地外，其余大多修筑在河谷地及低山丘陵地带处。长城主线分布在湟水河及支流两岸的河谷地及低山丘陵地带，山体起伏高差大，长城蜿蜒上下穿越在河谷、沟谷阶地及山梁处。

湟中县境内的长城主线建筑方式因地制宜，灵活多样，长城本体亦由墙体与壕堑组成，壕堑是长城本体的主体结构，墙体中又包括土墙、石墙、山险及河险四种类型。土墙主要分布于河谷阶地之中，在一些山势较缓的山丘上如垭口等处也有少量分布。壕堑则主要位于低山丘陵地，少数位于中山山地。山势险峻的峡谷之内用石墙阻断。河险是利用滔滔河水，山险是利用中、高山的自然山体作为防御屏障。不同类型的长城相互连接，共同构成长城主体防御体系。分述如下：

（1）墙体

土墙

土墙共32段，总长15831.3米。湟中县境内的土墙主要分布于河谷阶地及沟谷处；其次，在一些位置较为重要、山势较缓的低山丘陵之上也有少量分布。海拔2440～2836米。各段墙体两端普遍与壕堑相衔接。墙体均系在自然基础上就地取材，用黄土、黑灰色土、红土分段版筑而成，部分墙体中含有砂砾较多；因墙体损毁严重，仅个别夯土墙版接缝较为清晰，版长4.5～5米；由于筑墙土质及黏度的差异，夯土层厚薄不均，厚0.1～0.36米，由底部向上夯层逐渐变厚，夯层随地势而起伏；为了加固墙体，部分墙体夯层中夹有桩木（已朽，仅剩孔洞），如新城长城3段第二自然段墙体基础部位的桩木孔洞共有六层，孔径0.3～0.9米，间距0.5米左右（彩图七五）。大多沿夯层平行分布。墙体底宽0.8～5、顶宽0.2～3.5、残高0.3～5.2米。

在墙体外侧局部地段发现有随墙壕3段，总长1056.9米。在新城长城1段、海马沟长城、红崖沟长城的土墙外侧发现有与墙体并行的随墙壕，剖面呈"U"形，口宽8.7～13、底宽2.6～10、深0.5～3.5米。随墙壕应为筑墙取土时所挖，又经修整，成为长城防御系统的有机组成部分。根据文献记载："万历二年（1574年）修完：自西川、乾河山、大小康缠、打草沟山等处起，哈尔卜山止，边墙一十五丈，底阔一丈，顶阔五尺，实台高一丈五尺，朵墙五尺，共高二丈，随墙挑壕一道，口阔二丈，深一丈五尺，底阔一丈。"[1]可见，湟中县境内的长城墙体外侧亦挖有随墙壕，由于随墙壕历经了数百年的风雨侵蚀及人类活动，不能排除多数已被自然掩埋或破坏。

据《西宁府新志》记载，在环绕西宁卫修筑的边墙上还建有19座阇门（或暗门）。在本次调查中，结合文献从名称和里距等要素分析推测，有14座阇门从南向北排列在湟中县境内的墙体上（详见本报告第六章结语中"关于阇门与峡榨"）。

石墙

共4段，长428米。石墙主要分布于两侧为石质山体的峡谷之内，海拔在2520～2888米之间。四段石墙均南端与壕堑相接，北端与山险相连。石墙均系在自然基础上就地取材于河滩上的石块与深褐色土，外表用毛石干垒，内部壅土而成。石块形状不规则，直径（长）以0.25～0.45米居多，如北村长城1段。墙体底宽3.5～4.5、顶宽1～1.5、残高0.6～2.5米。

山险

山险8段，总长28540米。湟中县境内的山险属拉脊山及其余脉、娘娘山及其余脉，山险分布区域海拔在2558～3270米之间，属中、高山地带，山势陡峻，坡陡沟深，地势高低起伏，山脉、沟壑密布，山地草场为这里的地貌特点。山险除部分表层覆盖有较薄的深褐色土层外，岩层大多直接暴露于外。各段山险均利用了陡峭挺拔的石质山体作为天然屏障，以达到军事防御的目的。

河险

4段，共长378米。湟中县境内的河险主要分布于大川之中，从南向北利用了长城所经过的河面——现宽63～120米的南川河、加牙河、湟水、水峡河（西纳川河）波涛汹涌的河水——作为自然屏障，以达到军事防御的目的。

（2）壕堑

壕堑51段，共长60044.1米。壕堑是湟中县境内的长城本体的主体，约占全县长城本体总长度的60%，从南向北横贯于全线之中。壕堑与多种类型的墙体组合连为一体，主要分布于低山丘陵之上。海拔在2478～3108米之间，普遍在2700米左右。壕堑的挖筑方式有两种，其一，从高处向下削挖，形成一定角度的陡壁，土堆低处为垄，即成壕堑，剖面略呈"L"形；其二，向下掘地挖土成沟，土堆两侧为垄，即成壕堑，剖面呈"U"形。两种壕堑的垄部均未见明显夯筑痕迹。壕堑的挖掘方式是依山体的地形变化而变化，一般在陡峭的山坡上即采用第一种挖掘方式，在平缓处则用第二种挖掘方式。因壕堑大多位于较陡峭的山梁处，其中51段壕堑中普遍采用的是单一的第一种挖掘方式，有9段壕堑混合采用了两种挖掘方式，如上新庄长城1段，陡峭的山坡上从高处向下削挖，形成一定角度的陡壁，土堆低处为垄，从而构成壕堑，以达到军事防御的目的；沟口平缓处向下掘地挖土成沟，土堆两侧为垄。削山部分高1.5～9米，台宽1～12米，壕堑口宽3.5～14、底宽0.6～6.8、深0.2～3.5米，垄底宽1.5～10、顶宽0.5～5、高0.2～2.8米，垄部未见明显夯筑痕迹。整体剖面呈"L"形或"U"形。

〔1〕（清）苏铣纂修，王昱、马忠校注：《西宁志》卷四《兵防志·隘口》，青海人民出版社，1993年，第192～193页。

4. 相关遗存

由于长期的人类生产、生活活动及诸多自然因素的破坏，湟中县境内明代长城的相关遗存消失殆尽，仅发现一处题刻，即上新庄题刻（编码：630122354110170001）。

题刻位于上新庄镇上新庄村十一社南 4.77 千米的贵德峡内石壁上。海拔 3227 米。石壁下即为上新庄壕堑 1 段的起点，也是湟中县明代长城南端起点。

题刻所处为一道东西向的石梁。石壁表面有人为砍削痕迹，砍削面积约 70 平方米。在距地面高 1.9 米处的石壁上，0.06 米×0.35 米的范围内共墨书 20 个字。最上面草书一个"寿"字，字径 0.04 米；其下 0.15 米处从右向左墨书三行"贾尔□五丈□尔加四丈□□□五丈"，正下方一行"共十八丈"，字径 0.015 米。从"共十八丈"来推断，其上三行左侧还应有一行，但由于石壁表面钙化严重，已无法看清（彩图七六）。

根据《西宁卫志》记载："申中族 一名申冲。洪武三十年招抚，居牧归德峡，后徙塞内孤山滩牛心堆西也。"[1] 又据《西宁府新志》记载："申中族：郡城南五十里……止计一十二庄：申中台……贶尔加……"[2] 由上面的文献记载分析，题刻中的贾尔□、□尔加应为申中族的庄名；故而推测题刻的内容可能是记述了当初修筑这段长城时申中族的几个村庄完成的长度。

第二节　其他墙体及壕堑

一　分布概述

分布在青海境内长城遗迹除上述提及的环绕于明代西宁卫城的一条长城主线外，在乐都县、互助县、大通县、湟中县、民和县、化隆县、贵德县和门源县，还有数段墙体及壕堑，各县的墙体与壕堑彼此不衔接，各自独立（表九、一〇）。这些墙体与壕堑有的距主线不远，有的与主线并列而行，关系密切，系为加强主线的防御而设置；有的远离主线，与主线毫无关联，居于交通要冲处，为扼守重要关隘而设置。置于不同的地理位置，其防御作用也不相一致。分别按县予以叙述。

二　各县分述

（一）乐都县

仅有壕堑一种类型，壕堑全长 5642 米，根据壕堑走向与保存状况的不同共分为 3 段，三段壕堑相互衔接连成一线。分布在乐都县马厂乡孟家湾村西南处，位于长城本体主线甘沟滩壕堑的内侧（东南侧），与长城主线大致平行，整体呈东北至西南走向。

〔1〕（明）刘敏宽、龙膺纂修，王继光辑注：《西宁卫志》卷二《兵防志·峡榨》，青海人民出版社，1993 年，第 64 页。
〔2〕（清）杨应琚：《西宁府新志》卷十九《武备·番族》，青海人民出版社，1988 年，第 487 页。

1. 详细描述

　　根据孟家湾壕堑走向与保存状况的不同可分为 3 段,分别定名为孟家湾村壕堑 1 段、孟家湾村壕堑 2 段和孟家湾村壕堑 3 段。壕堑均地处山坡,挖掘方式相同,先在山坡处(西北侧)由高向低处削挖,形成一定角度的陡壁后,掘地挖沟,沟内掘土堆于外侧(东南侧)形成土垄,整体剖面略呈"L"形。削山部分斩山印痕及坍塌印痕高 3.5~9 米,削山底部台宽 1~6 米,壕堑口宽 4.2~7.5、底宽 1.8~3.7、深 0.3~1.8 米,垄底宽 2.8~5.2、顶宽 1~2.1、高 0.3~1.8 米。垄部未见明显夯筑痕迹。按照以上分段顺序叙述如下:

表九　青海省明长城其他墙体或壕堑分布地点、长度及分段统计表　　　　单位:米

分布地点	总长度	墙体长度与分段				壕堑长度与分段
		土墙	石墙	山险	河险	
乐都县	5642 (3)					5642 (3)
互助县	785 (2)					785 (2)
大通县	2465 (3)		279 (1)			2186 (2)
湟中县	317.1 (2)	153.1 (1)	164 (1)			
民和县	722 (1)	722 (1)				
化隆县	164 (1)	164 (1)				
贵德县	404 (2)	404 (2)				
门源县	18406 (8)	16417 (5)	355 (1)	544 (1)	1090 (1)	
合计	28905.1 (22)	17860.1 (10)	798 (3)	544 (1)	1090 (1)	8613 (7)

　　说明:1. 括号内数字为其他墙体与壕堑的分段数;
　　　　　2. 此表长度为文物部门测量长度。

　　(1) 第一段　孟家湾村壕堑 1 段(编码:632123382202170007)

　　位于乐都县马厂乡孟家湾村西南霍家堡自然村。该段壕堑起自马厂乡孟家湾村西南霍家堡土路东侧,止于马厂乡孟家湾村西南岭腰。壕堑总体呈东北至西南走向,从马厂乡孟家湾村西南霍家堡土路东侧起,由东北至西南向穿越村庄,顺延山岭直到村西南的岭腰。此段壕堑地处脑山地区,黄土山体浑圆,波状起伏,沟谷切断深度大,冲沟横断面多呈"V"形,沟间形成狭长的梁峁地形,滑坡崩塌

表一〇　青海省明长城其他墙体或壕堑长度统计表

单位：米

县名	县代码	土　墙		山　险		河　险		石　墙		壕　堑		合　计	
		表面长度	投影长度	表面长度	投影长度	表面长度	投影长度	表面长度	投影长度	表面长度	投影长度	表面长度	投影长度
大通县	630121							277.46	277.01	2103.04	2076.37	2380.5	2353.38
湟中县	630122	139.52	139.23					159.95	156.48			299.47	295.71
民和县	632122	704.81	704.77									704.81	704.77
乐都县	632123									7432.53	7313.54	7432.53	7313.54
互助县	632126									738.84	730.6	738.84	730.6
化隆县	632127	704.16	674.2									704.16	674.2
门源县	632221	16861.57	16802.48	559.56	537.65	1120.35	1110.56	358.29	348.42			18899.77	18799.11
贵德县	632523	445.87	439.93									445.87	439.93
合　计		18855.93	18760.61	559.56	537.65	1120.35	1110.56	795.7	781.91	10274.41	10120.51	31605.95	31311.24

说明：此表长度数据为青海省测绘局测量数据。

等现象经常发生，由于植被稀疏、沟深坡陡，经水流的切断冲刷，水土流失极为严重。壕堑西北 0.095 千米处为孟家湾 1 号烽火台，西侧 0.03 千米为孟家湾 2 号烽火台。

壕堑起自 GPS0180 点，止于 GPS0182 点，全长 3090 米。整体呈东北至西南向。已消失。调查寻访中得知，孟家湾村西南霍家堡土路的修建直接利用了壕堑的台体，导致了本段壕堑消失。

（2）第二段　孟家湾村壕堑 2 段（编码：632123382202170008）

位于乐都县马厂乡孟家湾村西南大山岭腰处，远离村庄。该段壕堑起自马厂乡孟家湾村西南岭腰，止于马厂乡孟家湾村西南岭底。壕堑总体呈东北至西南走向，起于孟家湾壕堑 1 段止点，沿着山脊梁的海拔逐渐下降，止于孟家湾山脊梁底部。本段壕堑地形地貌同于上段。该段壕堑东北与孟家湾壕堑 1 段相接，西南与孟家湾壕堑 3 段相接。

该段壕堑起自 GPS0182 点，止于 GPS0206 点，全长 1796 米。壕堑削山印痕及削山部分坍塌印痕高 3.8 ~ 9 米，台宽 1 ~ 6 米，壕堑口宽 3.9 ~ 4.1、底宽 2.1 ~ 3、深 0.5 ~ 0.6 米，垄底宽 2.8 ~ 4.1、顶宽 1 ~ 1.5、高 0.5 ~ 0.6 米。根据保存状况和走向情况，分为十三个自然段：

第一自然段：起自 GPS0182 点，止于 GPS0189 点，长 331 米。壕堑保存差。壕堑先呈东北至西南向，继而转向东南至西北向，后又转向东北至西南向延伸。壕堑削山印痕高 4.5 ~ 9 米，平台宽 4.1 ~ 6 米。0 米 ~ 54 米段已开垦为育林坑，壕堑内种植蒿草、冰草、野胡草及人工种植的柠条；86 米 ~ 90 米段有雨水冲刷形成的冲槽；从 GPS0185 点向西南 20 米有宽 0.4、深 0.4 米的削挖痕迹；从 GPS0186 点向西南 4 米有长 4 米的冲刷坑。

第二自然段：起自 GPS0189 点，止于 GPS0191 点，长 65 米。壕堑保存差。壕堑先呈东南至西北向后转向东北至西南向延伸。削山印痕高 5 ~ 8 米，土崖底部平台宽 6 米。从 30 米向东南 20 米处有宽 0.3、深 0.4 米的引水槽；30 米 ~ 65 米段土崖底部的平台消失。

第三自然段：起自 GPS0191 点，止于 GPS0192 点，长 395 米。壕堑消失。壕堑呈东北至西南向。削山印痕高 8 米，土崖底部的平台消失。

第四自然段：起自 GPS0192 点，止于 GPS0193 点，长 65 米。壕堑保存差。壕堑呈东北至西南向。削山印痕高 5 米，土崖底部形成的平台宽 4.5 米。30 米 ~ 36 米处平台因冲沟冲断而损毁。

第五自然段：起自 GPS0193 点，止于 GPS0194 点，长 37 米。壕堑保存差。壕堑呈东南至西北向。0 米 ~ 10 米段削山印痕高 5 米，平台宽 4.5 米；10 米 ~ 32 米段削山印痕高 6 米，平台呈斜坡状，宽 2.5 米，中间挖有育林坑；32 米 ~ 37 米段部分平台因被雨水冲刷而损毁。

第六自然段：起自 GPS0194 点，止于 GPS0195 点，长 76 米。壕堑保存差。壕堑呈东北至西南向。削山印痕高 3.8 米，土崖底部平台宽 3.5 米，壕堑南侧前沿被冲塌。

第七自然段：起自 GPS0195 点，止于 GPS0196 点，长 23 米。壕堑保存较差。壕堑呈东北至西南向。壕堑口宽 4.1、底宽 3、深 0.6 米。从起点向西南 17 米处保存有土垄，垄底宽 2.8、顶宽 1、高 0.6 米。

第八自然段：起自 GPS0196 点，止于 GPS0198 点，长 397 米。壕堑保存差。壕堑呈东北至西南向。削山印痕高 5 ~ 9 米，平台宽 2 ~ 4.5 米。0 米 ~ 6 米段土垄底宽 2.8、顶宽 1、高 0.6 米；173 米 ~ 221 米段平台被掩埋；221 米 ~ 261 米段削山部分高 6 米，平台宽 4 米；261 米 ~ 328 米段平台呈斜坡状，平台部分被掩埋；328 米 ~ 367 米段平台被掩埋；367 米 ~ 397 米部分平台被掩埋，平台前沿宽 2 米。

第九自然段：起自GPS0198点，止于GPS0199点，长18米。壕堑保存差。壕堑呈东南至西北向。削山印痕高9米，平台被掩埋致使消失。

第十自然段：起自GPS0199点，止于GPS0200点，长105米。壕堑消失。壕堑呈东北至西南向。该段因山体滑坡及坍塌等原因，导致壕堑消失。

第十一自然段：起自GPS0200点，止于GPS0201点，长68米。壕堑保存较差。壕堑呈东南至西北向。壕堑口宽3.9、底宽2.1、深0.5米。0米～11米段有土垄，垄底宽4.1、顶宽1.5、高0.5米；11米～45米段削山部分高5米，平台宽4.5米；56米～68米段为冲刷坑。

第十二自然段：起自GPS0201点，止于GPS0205点，长156米。壕堑保存差。壕堑先呈东北至西南向，继而转向东南至西北向，后又转向东北至西南向延伸。壕堑削山印痕高5～12米，平台宽2.7～3.9米。0米～7米段壕堑被通向山脊的便道破坏，残存的削山部分高5米。7米～32米段壕堑底部平台宽3.9米，平台周围挖有育林坑；从第84米向东南33米处有冲刷坑。

第十三自然段：起自GPS0205点，止于GPS0206点，长60米。壕堑保存差。壕堑呈东南至西北向。0米～10米段削山印痕高6米，山脊底部的平台呈斜坡状，宽2.8米；10米～45米段平台变窄，仅宽1米；45米～60米段平台宽4.5米。

该段壕堑整体保存状况差。壕堑全长1796米，其中91米保存较差，1205米保存差，500米消失。损毁原因以自然因素为主，表现为山体滑坡、雨水冲刷，导致壕堑局部形成塌陷坑，壕堑内壁及垄部坍塌。人为因素表现为在壕堑内外侧挖育林坑种植柠条。此外，壕堑上长有茂密的野草植物，对壕堑也造成了一定的破坏。

（3）第三段　孟家湾村壕堑3段（编码：632123382202170009）

位于乐都县马厂乡孟家湾村西南山梁岭腰处，远离村庄。该段壕堑起自马厂乡孟家湾村西南岭底，止于马厂乡孟家湾村西南羊肠子沟沟底。此段壕堑总体呈东南至西北走向，起于孟家湾村壕堑2段止点，沿着山脊梁顺山势而下，止于孟家湾村西南羊肠子沟沟谷。本段壕堑地形特点同于上段。该段壕堑东北与孟家湾壕堑2段相连。在孟家湾壕堑3段止点南140米处为孟家湾堡。

该段壕堑起自GPS0206点，止于GPS0216点，全长756米。壕堑削山印痕高2～7米，平台宽2.5～5.6米。壕堑口宽4.2～7.5、底宽1.8～3.8、深0.3～5米，土垄底宽3.3～5.5、顶宽1.6～2.2、高0.3～2米。根据保存状况和走向分为四个自然段：

第一自然段：起自GPS0206点，止于GPS0211点，长288米。壕堑保存较差。壕堑先呈东南至西北向后转向东北至西南向延伸。削山印痕高3.5～7米，平台宽4.5～5.3米。壕堑口宽4.2～7.5、底宽1.9～3.7、深0.3～5米，土垄底宽3.3～5.5、顶宽1.2～2.2、高0.3～1.2米。15米～20米段台体挖有育林坑；156米～171米段垄底宽4.6、顶宽1.8、高0.8米，土垄上挖有育林坑；212米～243米段土垄被破坏，挖成凹槽；276米～286米段壕堑被冲刷成宽8、深4米的自然沟。

第二自然段：起自GPS0211点，止于GPS0214点，长113米。壕堑消失。壕堑先呈西北至东南向后转向东北至西南向。0米～14米段因山体滑坡造成壕堑消失；14米～84米段壕堑处于沟底，壕堑被破坏殆尽；84米～113米段被口宽15、底宽3、深8米的大沟冲断致使壕堑消失。

第三自然段：起自GPS0214点，止于GPS0215点，长124米。壕堑保存较差。壕堑呈东北至西南向。削山印痕高2～6米，壕堑口宽7.1～7.3、底宽3.4～3.8、深3.2～4.5米。此段壕堑局部被雨蚀冲毁形成沟槽或坑状、或局部土垄被损。

第四自然段：起自 GPS0215 点，止于 GPS0216 点，长 231 米。壕堑消失；壕堑呈东南至西北向。0 米～34 米段因修建窑洞导致壕堑消失；34 米～231 米段被山体滑坡破坏而消失；231 米处为羊肠子沟沟底。

该段壕堑整体保存状况较差。壕堑全长 756 米，其中 412 米保存较差，344 米消失。损毁原因以自然因素为主，位于山坡处的壕堑主要是山体滑坡和雨水冲刷造成壕堑损毁；地处冲沟或沟底处的壕堑已被沟水冲毁无存；人为修建窑洞直接破坏了部分壕堑。

2. 相关问题

孟家湾村壕堑地处羊肠子沟内，从其位于长城主线的内侧，与主线走向相并而行分析，该壕堑可能属长城主线的一条复线，这段双重壕堑地处的大范围应归属冰沟区域。据《西宁志》记载："隆庆六年（1572 年）修完：……又碾伯、冰沟、巴暖、三川、南川等地方，碹槎、边壕、沟涧、斩断石路二万二千六百六十九丈，各高、阔、深不等，俱不支钱粮。"[1] 经考证，冰沟区域内的长城主线（转花湾壕堑 1 段至碾线沟壕堑），系嘉靖三十年（1551 年）至三十一年（1552 年）所筑（参见本报告第六章结语），那么隆庆六年（1572 年）在冰沟一带所修的应是孟家湾壕堑。推测或因主线在经历了二十年的风雨侵蚀后有所损毁，因冰沟所处地理位置非常重要，为加强防御，因而在主线内侧又挖掘了一条壕堑，即孟家湾壕堑。由此推测，该处壕堑的修建年代应在隆庆六年（1572 年）。

冰沟地处重要的交通要道，"东去老鸦驿向北经冰沟驿，渡过大通河（即阁门河），经河桥驿而永登至兰州……"[2] 明清时这条古道是由西宁东去的官道。冰沟亦是控扼"丝绸南路"重要通道的关口，是由中原地区经甘肃进入青海的东门户。孟家湾村的壕堑位于这条冰沟古道的西北侧，地理位置十分重要，加强这一带的军事防御对于保障交通安全畅通具有十分重要的作用。

（二）互助县

互助县境内其他壕堑有 2 段，分别定名为马家庄壕堑、赵家庄壕堑。两段壕堑分别位于不同地点，各成一体。

1. 详细描述

（1）第一段　马家庄壕堑（编码：6321263822021700004）

位于互助县林川乡马家庄泉湾自然村西南山腰处。此段壕堑起自马家庄泉湾自然村西南 0.35 千米山腰处，沿着山脊蜿蜒前行，直至马家庄泉湾自然村西南 1 千米山腰处。壕堑位于马家庄长城 4 段夯土墙体内侧（东南侧），紧邻墙体并与墙体并列而行。

壕堑起自 GPS0134 点，止于 GPS0143 点，长 719 米。壕堑的挖掘方式为原地挖沟，沟中土堆一侧为垄。壕堑口宽 4.6～5.2、底宽 2.1～2.8、深 0.7～1.8 米；土垄底宽 1.8～4、顶宽 0.6～1.6、高 0.4～1.4 米。根据壕堑的走向和保存状况分为三个自然段：

第一自然段：起自 GPS0134 点，止于 GPS0139 点，长 339 米。壕堑保存较差。壕堑呈东北至西南向。壕堑口宽 4.6～5.2、底宽 2.1～2.8、深 0.7～1.8 米，土垄底宽 2.8～4、顶宽 1.3～1.6、高 1.2～1.4 米。124 米～297 米段壕堑东侧被耕地破坏，挖掘痕迹明显；297 米～319 米段壕堑被开辟为耕地，但印痕清晰可辨。

〔1〕（清）苏铣纂修，王昱、马忠校注：《西宁志》，青海人民出版社，1993 年，第 192 页。

〔2〕芈一之等主编：《西宁历史与文化》，辽宁民族出版社，2005 年，第 46 页。

　　第二自然段：起自 GPS0139 点，止于 GPS0140 点，长 155 米。壕堑消失。壕堑呈东北至西南向。壕堑被开辟为耕地。

　　第三自然段：起自 GPS0140 点，止于 GPS0143 点，长 225 米。壕堑保存差。壕堑先呈东北至西南向后转向由北至南走向。残存的土垄底宽 1.8 ~ 2.2、顶宽 0.6 ~ 0.8、高 0.4 ~ 0.6 米。0 米 ~ 75 米段壕堑被修建成土路，被填平。残存的土垄底宽 1.8、顶宽 0.6、高 0.4 米；75 米 ~ 171 米段壕堑被利用为田间土路；171 米 ~ 225 米段壕堑被填平修建成土路。

　　为了进一步搞清楚马家庄壕堑的结构特点，我们选择在马家庄壕堑第一自然段 GPS0136 点向西 50 米处的地点进行了解剖。解剖后，了解到壕堑的堆积地层分为 3 层，由上而下叙述：第①层为表土层，褐色土，夹杂红砂土颗粒和少量的黑褐土颗粒，土质较软，厚 0.06 ~ 0.36 米。此层下即露出土垄遗迹；第②层为黑褐土层，夹杂红砂土颗粒，土质较软，此层是墙体塌落形成的堆积，厚 0.1 ~ 0.74 米。壕堑和墙体开口于此层下，壕堑打破生土层中的红砂土层；第③层为生土层，可细分为两小层：③a 层为黑褐土层，较为纯净，土质硬，为有机质腐烂形成，厚 0.4 米。③b 层为红砂土层，颜色纯净，土质硬。

　　壕堑位于墙体东南侧。壕堑略呈 "U" 形，上宽下窄，口宽 3.94、底宽 0.4、深 1.7 米。壕堑内的填土依据土色可分为两层：H①层为黑褐土，土色较深，夹杂红砂土颗粒，厚 0.12 ~ 0.36 米；H②层为黑褐土，土色较浅，夹杂红砂土颗粒，厚 0.2 ~ 1.24 米（彩图三六）。

　　壕堑的东南侧堆土为土垄，土垄底宽 4.2、顶宽 1.2、高 1.2 米。垄的堆土顺地势向东南斜下，堆土可分为 4 层，由上而下叙述：L①层为红砂土，夹杂零星的褐土颗粒，厚 0.26 ~ 0.78 米；L②层为红褐砂土，土色较花，夹杂褐土颗粒、黑褐土颗粒，土质较软，厚 0.16 ~ 0.5 米；L③层为黑褐土，土色较纯，厚 0.08 ~ 0.22 米；L④层为红褐砂土，土色较花，夹杂褐土颗粒、较多的黄土颗粒，厚 0.1 ~ 0.32 米。此层下为红砂生土层，生土层地表凹凸不平，呈起伏状（图一二）。

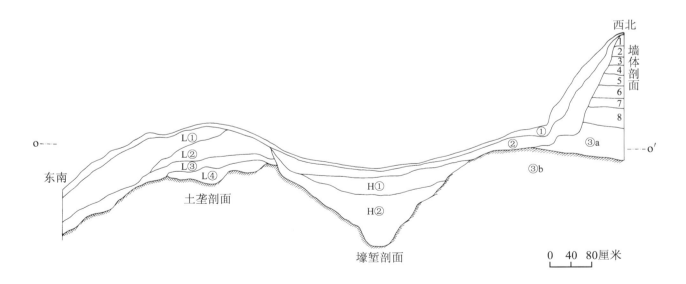

图一二　互助县马家庄壕堑与马家庄长城 4 段局部墙体剖面图

① 表土层　H①~H② 壕沟内填土层　② 墙体坍塌土　L①~L④ 土垄堆土层　③a~③b. 生土层　1~8. 墙体土层夯土层

位于马家庄长城 4 段墙体内侧的马家庄壕堑整体保存较差。壕堑全长 719 米，其中 339 米保存较差，225 米保存差，155 米消失。损毁原因以人为因素为主，表现为开辟耕地或修建道路，致壕堑损毁或消失；自然因素表现为因雨水冲刷，导致壕堑内淤土填塞及内壁与土垄坍塌。

（2）第二段　赵家庄壕堑（编码：632126382202170005）

位于互助县哈拉直沟乡赵家村西。该段壕堑起自哈拉直沟乡赵家村西 0.05 千米处，止于哈拉直沟乡赵家村西米子沟土崖下。壕堑整体基本呈东西走向。地处低山丘陵，周边山体低缓，沟壑纵横。本段壕堑东西向横截南北走向的哈拉直沟，地理位置较重要。

该段壕堑挖掘方式是向下掘地挖土成沟，土堆两侧成土垄，剖面略呈"U"形，垄部未见夯筑痕迹。上宽下窄，壕堑口宽 6.1、底宽 2.8、深 1.5 米。

壕堑起自 GPS0184 点，止于 GPS0185 点，全长 66 米，整体保存差。壕堑东侧靠近村庄，被村民取土挖毁，形成 3~4 米的深沟，沟里栽种白杨树。壕堑南北两侧为低山，现已平整为梯田，种植白刺和苜蓿。

2. 相关问题

马家庄壕堑位于长城主线马家庄长城 4 段内侧，位于墙体内侧，没有与墙体连为一线，故不属于长城本体，而应属马家庄长城 4 段墙体内侧的附属防御设施，是为加强这一带的设防工程而挖掘。

在主线马家庄长城 4 段区域内，外侧挖随墙壕，内侧掘壕堑（马家庄壕堑），共同组成了三重防线加强防御，这种设防工程在互助县境内仅属孤例。为何要在此地段重点设防？从地形观察，马家庄长城 4 段所在区域地形没有特殊变化。但该区域土壤结构以红砂土为主，土壤沙性大，易风化和雨侵，用此土壤夯筑的墙体黏结性与牢固性均差，由此采取了在墙体内外侧均设防，即采用壕堑、墙体、随墙壕三重防线来加强防御功能。故推测系土壤的结构，导致了其设防工程的复杂化。

赵家庄壕堑破坏严重，大部分已消失，仅存 66 米。这段壕堑位于哈拉直沟乡赵家村，东西向横截南北走向的哈拉直沟。壕堑所处位置是哈拉直沟中最为狭窄的地方，设防区域从米子沟的山顶处至赵家村河滩地，直线距离大约有 1.5 千米；壕堑东西两侧山地较险要，坡度 50°左右，人畜难以逾越。故在此设防修筑防御工程，既省时省力，也便于防守。据文献记载："哈喇只沟　在县东北七十里，边壕一道，长五百丈。隆庆元年，巡抚石茂华议督挑。"[1]（此处县指西宁县）在这处记载中，提到了在哈喇直沟处修筑的边壕，并对其位置、长度、修筑时间、督修人有明确的记载。赵家庄壕堑的所处位置，在西宁的东北方向，相距 35 千米，与上述记载相符；赵家庄壕堑多已消失，现存长度与记载已难对应，但这段壕堑的设防区域，即从米子沟的山顶处至赵家村河滩地，直线距离大约有 1.5 千米左右，与文献记载基本吻合。由此分析，我们认为赵家庄壕堑即是文献记述中的哈喇只沟边壕，其修建年代应在隆庆元年（1567 年）。

此外，在赵家村西侧（赵家庄壕堑的外侧）岔儿沟门，岔儿沟沟中有许多分岔，调查寻访中得知，其中的马场沟传说是鞑子（指蒙古人）蓄养马匹的地方；鞑子沟，是鞑子居住的地方；另在此处壕堑向北 3 千米的索不滩，传说是元末明初蒙古军队屯兵的地方，周围居住的土族，大多与索不滩居住的蒙古军队有姻亲关系。现今赵家庄壕堑的外侧居民均为土族。土族的来源有多种说法，其中之一是起源于察汉蒙古说，从上述赵家庄壕堑周边的人文状况分析推测，也可证挖掘此段壕堑的目的是为防御赵家村西侧蒙古人的侵扰。

---

〔1〕（清）查郎阿、刘于义修，许容纂：（乾隆）《甘肃通志》卷十一，台湾文海出版社据清乾隆元年刻本影印本，第 28 页。

（三）大通县

大通县境内其他墙体仅 1 段，定名为塔洼长城；壕堑 2 段，即元树尔壕堑 1 段和元树尔壕堑 2 段，均位于元树尔长城 1 段的内侧（南侧），两段壕堑相互衔接，总长 2186 米。墙体与壕堑所处地点不同，各自独立。分别叙述：

1. 详细描述

（1）第一段　塔洼长城（编码：630121382102170028）

位于大通县多林乡塔洼村南的冯家阳坡。该段长城属石墙，起自多林乡塔洼村南约 0.2 千米的冯家阳坡，止于多林乡塔洼村南约 0.3 千米的黑林河边。墙体起自塔洼村南的冯家阳坡，自东至西顺一棵树沟的北沿延伸，至黑林河东岸止，全长 279 米，略呈东北至西南走向，是一段独立的石墙（彩图七七）。东南距娘娘山长城约 36 千米，东南约 14 千米为宽多洛烽火台。

石墙分布在两侧为石质山体的黑林峡峡谷之中。墙体均系在自然基础上就地取材，用当地的黑褐色土结合石块垒砌而成，属土石混筑而成的石墙。垒砌方式由于墙体坍塌严重而不详，砌墙的石块来自墙体西侧的黑林河河滩。残存的墙体剖面略呈梯形，底宽 2～4、顶宽 1～2、高 0.6～1 米。根据墙体保存状况可分为三个自然段：

第一自然段：起自冯家阳坡山脚 GPS0258 点，止于 GPS0259 点西南 14 米处，长 79 米，墙体消失。略呈东北至西南走向。调查寻访中得知墙体在平整土地及修建大通至海晏的公路中已挖毁。

第二自然段：起自 GPS0259 点，止于 GPS0260 点，长 160 米，墙体保存程度较差。现存墙体已被改造为耕地中的田埂，墙体底宽 2～4、顶宽 1～2、高 0.6～1 米。

第三自然段：起自 GPS0260 点，止于 GPS0261 点即黑林河北侧，长 40 米，墙体在农田开垦中损毁，已消失。

此段长城总长 279 米，整体保存程度差，其中 160 米保存较差，119 米消失。墙体损毁严重，部分墙体在修建公路、平整土地的过程中全部被挖毁消失，残存的墙体也自然坍塌、墙体部分石块散落并遭人为踩踏等损毁。

（2）第二段　元树尔壕堑 1 段（编码：630121382202170007）

位于大通县桥头镇元树尔村南元树尔长城 1 段南侧的土山山腰之上。起自桥头镇元树尔村南 0.5 千米、元树尔长城 1 段南侧土山山腰，止于桥头镇元树尔村南 0.6 千米元树尔长城 2 段南侧土山山腰。元树尔壕堑 1 段东起自 GPS0221 点，止于 GPS0237 点，壕堑整体略呈从东至西走向，沿南侧山坡弯曲的地形修筑，在局部地段则依山势地形变化，呈现出了不同的走向与弯弯曲曲的布局。壕堑北侧密集生长有桦树、杨树等树木，南侧长有黑刺、冰草、蒿草等植物，壕堑内生长有黑刺、猫耳刺、冰草、蒿草等植物。元树尔壕堑 1 段位于元树尔长城 1 段和 2 段的南侧，距离土墙 5～36 米。

壕堑挖掘方式为北侧斩山为崖，下部形成平台，再向下掘地挖沟，土堆南侧成垄，即成壕堑。土垄是用挖掘出的砂石土直接堆积而成，未发现夯筑等其他加固痕迹。南侧土垄下是陡峭的山坡。壕堑整体剖面呈"L"形，斩山高度 2～4 米，壕堑口宽 8～11、底宽 1.5～5、深 0.6～1.5 米，土垄底宽 1.5～3.8、顶宽 1～1.5、残高 0.5～1.5 米。根据保存状况分为三个自然段：

第一自然段：起自 GPS0221 点，止于 GPS0225 点，长 191 米，壕堑保存较差。壕堑口宽 8～11、底宽 1.5～5、深 0.6～1.5 米，垄底宽 1.5～3.8、顶宽 1～1.5、残高 0.5～1.5 米。

第二自然段：起自 GPS0225 点，止于 GPS0226 点，长 73 米，壕堑保存差。壕堑口宽 8～11、底宽

1.5~4、深 0.6~1 米，壕堑北侧的土垄已经在平整土地的过程中消失。

第三自然段：起自 GPS0226 点，止于 GPS0237 点，长 811 米，壕堑保存较差。壕堑口宽 8~11、底宽 1.5~5、深 0.6~1.5 米，垄底宽 1.5~3.8、顶宽 1~1.5、残高 0.5~1.5 米。此段壕堑位于元树尔敌台附墙的西侧，与元树尔敌台的附墙相连接，并从断崖边缘穿过元树尔敌台的附墙向西延伸。

本段壕堑总长 1075 米，整体保存程度较差。损毁原因有自然和人为因素，表现为坍塌、淤塞以及动、植物的破坏和开垦农田。

（3）第三段　元树尔壕堑 2 段（编码：6301213822202170008）

位于大通县桥头镇元树尔村南元树尔长城 1 段南侧的土山山腰之上。起自桥头镇元树尔村南 0.6 千米的元树尔长城 2 段南侧土山山腰，止于桥头镇元树尔村南 1.2 千米的元树尔烽火台北侧土山。起自 GPS0238 点，止于 GPS0251 点，全长 1111 米。沿南侧山坡弯曲的地形修筑，总体呈东北至西南走向（彩图七八），壕堑依山势地形的变化，呈现出了不同的走向和弯曲的布局，在壕堑所在山体的北侧密集生长有桦树、杨树等树木，南侧有黑刺、冰草、蒿草等植物，壕堑所在的山坡已经退耕还林、还草，壕堑内生长有黑刺、猫耳刺、冰草、蒿草等植物。元树尔壕堑 2 段北与元树尔长城 2 段相邻，东侧为元树尔壕堑 1 段，壕堑止点处南侧约 20 米为元树尔烽火台。

壕堑挖掘方式同于元树尔壕堑 1 段。斩山高度 2~4 米，壕堑口宽 8~11、底宽 1.5~5、深 0.6~1.5 米，土垄底宽 1.5~3.8、顶宽 1~1.5、残高 0.5~1.5 米。根据保存状况及走向分为八个自然段：

第一自然段：起自 GPS0238 点，止于 GPS0239 点，长 68 米。壕堑保存较差。呈东南至西北走向。壕堑口宽 8~11、底宽 1.5~5、深 0.6~1.5 米，垄底宽 1.5~3.8、顶宽 1~1.5、残高 0.5~1.5 米。

第二自然段：起自 GPS0239 点，止于 GPS0240 点，长 49 米。壕堑保存较差。呈东北至西南走向。壕堑口宽 8~11、底宽 1.5~5、深 0.6~1.5 米，垄底宽 1.5~3.8、顶宽 1~1.5、残高 0.5~1.5 米。

第三自然段：起自 GPS0240 点，止于 GPS0242 点，长 126 米。壕堑保存较差。呈东南至西北走向。壕堑口宽 8~11、底宽 1.5~5、深 0.6~1.5 米，垄底宽 1.5~3.8、顶宽 1~1.5、残高 0.5~1.5 米。

第四自然段：起自 GPS0242 点，止于 GPS0243 点，长 117 米。壕堑保存较差。略呈东西走向。壕堑口宽 8~11、底宽 1.5~5、深 0.6~1.5 米，垄底宽 1.5~3.8、顶宽 1~1.5、残高 0.5~1.5 米。

第五自然段：起自 GPS0243 点，止于 GPS0246 点，长 311 米。壕堑保存较差。呈东北至西南走向。壕堑口宽 8~11、底宽 1.5~5、深 0.6~1.5 米，垄底宽 1.5~3.8、顶宽 1~1.5、残高 0.5~1.5 米。

第六自然段：起自 GPS0246 点，止于 GPS0248 点，长 215 米。壕堑保存较差。呈东北至西南走向。壕堑口宽 8~11、底宽 1.5~5、深 0.6~1.5 米，垄底宽 1.5~3.8、顶宽 1~1.5、残高 0.5~1.5 米。

第七自然段：起自 GPS0248 点，止于 GPS0249 点，长 161 米。壕堑保存较差。呈北至南走向。壕堑口宽 8~11、底宽 1.5~5、深 0.6~1.5 米，垄底宽 1.5~3.8、顶宽 1~1.5、残高 0.5~1.5 米。

第八自然段：起自 GPS0249 点，至 GPS0251 点，长 64 米。壕堑保存较差。略呈东西走向。壕堑口宽 8~11、底宽 1.5~5、深 0.6~1.5 米，垄底宽 1.5~3.8、顶宽 1~1.5、残高 0.5~1.5 米。

此段壕堑全长 1111 米，整体保存程度较差。损毁原因与元树尔壕堑 1 段基本相同。

2. 相关问题

塔洼长城，地处大通县的最西面，石墙分布在两侧为石质山体的黑林峡峡谷之中。据记载："黑林关在卫西六十里。两山如门，青海蒙古出入由此，即黑林边榨是也。"[1]（卫指清大通卫）。又据《西宁府新志》记载："黑林峡在卫西六十里山中，断而若门，水双流而似带。青海蒙古入内，取道于此。常置重捍以防焉。"[2] 又据调查寻访，今大通县青林乡卧马村，当地人俗称"黑林卧马村"，该村距大通县城关镇约六十里（城关镇即原清大通卫治所在地）。当地村民回忆，早年在黑林河南岸大石上凿有石环，环上拴有铁链设关卡，并派重兵把守至民国后期。由此寻访资料及结合文献资料推测，黑林边榨应在黑林卧马村一带。而塔洼长城位于黑林卧马村之西5千米左右，故推测塔洼长城应是黑林边榨，为防御西海蒙古而筑，即塔洼长城系关隘性质。

元树尔壕堑1段、2段，均位于主线元树尔长城1段、2段的南侧（内侧），相距5～36米，在该段长城的西侧挖有随墙壕。壕堑与长城墙体及随墙壕基本并行，构成了三道防御工程，是由于这里特殊的地理环境所造成。其一，元树尔长城1段、2段处土壤中含沙量多，就地取材用含沙量大的土壤夯筑土墙牢固性差。加之，这里海拔较高，冬季降雪丰富，夯筑的土墙墙体受风、雨、雪的侵蚀更为严重，使得原本不很坚固的土墙更加脆弱。其二，在元树尔长城1段、2段墙体两侧均为较缓的沟坡，沿墙体外侧的沟坡比较容易翻越拱北岭的山脊深入境内。鉴于上述原因并由此推测，位于元树尔长城1段、元树尔长城2段内侧的元树尔壕堑1段、2段，是为了加强此区域的防御而挖的设防工程，即此壕堑与土墙墙体及外侧的随墙壕共同构成了三重防御工事。

（四）湟中县

在湟中县境内发现有2段墙体，即土墙与石墙各一段，各成一体，互不相连。总长317.1米，分别为下营长城和李家山镇峡口长城2段。

1. 详细描述

（1）第一段　下营长城（编码：630122382101190014）

位于湟中县甘河滩镇下营村北面的平川内。该段长城属土墙，起自甘河滩镇下营村北0.25千米，止于甘河滩镇下营村北0.48千米。此段墙体由南向北至GPS0204点与主体墙体（上营长城）相连。墙体内（东）外（西）两侧均为耕地，东高西低。该段墙体属晚期增筑墙体，仅残存北段部分，位于主体墙体（上营长城）东侧，其北端与主体墙体相连（GPS0204点），南段部分因人为扩张耕地被毁，情况不详。墙体顶部及内外两侧堆土上长满杂草。该段墙体位于上营长城GPS0202～GPS0204段东侧，止点（GPS0204点）与上营长城相连。

该段墙体起自GPS09点，止于GPS0204点，全长153.1米。墙体系在自然基础上用红土夹少量黑灰色土分段夯筑而成。依保存状况分为三个自然段：

第一自然段：起自GPS09点，止于GPS0010点，长100.1米。墙体保存较差。墙体底宽2.2～2.9、顶宽0.6～2.1、残高1.1～3.3米，夯层厚0.18～0.25米。墙体两侧被耕地蚕食严重。83.1米～91.5米段墙体被便道所毁；91.5米～100.1米段长8.6米墙体被平整为耕地，仅余底部。

第二自然段：该段墙体起自GPS010点，止于GPS011点，长26米。墙体保存一般。墙体底宽2.3、顶宽0.4、外侧高0.5～1、内侧高2.5～2.8米，夯层厚0.16～0.25米，夯层随地势由北向南倾

〔1〕（清）杨应琚：《西宁府新志》卷十三《建置·关隘》，青海人民出版社，1988年，第339页。
〔2〕（清）杨应琚：《西宁府新志》卷五《地理·山川》，青海人民出版社，1988年，第178页。

斜。墙体内侧表层塌落，壁近直，夯层清晰，由下向上共有 13 层。GPS010 点向西 5.6 千米处为上营长城 GPS0203 点。

第三自然段：该段墙体起自 GPS011 点，止于 GPS0204 点，长 27 米。墙体保存一般。墙体残高 2.5～3 米，内外两侧均被堆土所掩埋。墙体顶部有人为踩踏痕迹。

该段墙体地处人类活动频繁的平川之中，耕地蚕食情况较为严重，整体保存状况较差。全长 153.1 米，其中 53 米保存一般，91.7 米保存较差，8.4 米消失。损毁原因以人为因素的破坏为主，自然因素次之，主要表现为植物生长、整修便道及自然坍塌、耕地蚕食等。

（2）第二段　李家山镇峡口长城 2 段（编码：6301223382102170047）

位于湟中县李家山镇峡口村三社（进方滩）西北的贾尔吉峡峡内。该段长城属石墙，起自李家山镇峡口村三社（进方滩）西北 2.56 千米处的贾尔吉峡西南侧石壁下，止于李家山镇峡口村三社（进方滩）西北 2.56 千米处的贾尔吉峡东北侧石壁下。此段石墙呈西南至东北向横截贾尔吉峡（香林峡）。该段石墙为峡榨性质的墙体。墙体东南距李家山镇峡口长城 1 段 1.35 千米。

该段石墙起自 GPS012 点，止于 GPS015 点，全长 164 米。石墙系在自然基础上就地取材于河滩上的石块及河滩上的砾石与深褐色土，外表毛石干垒，内部壅土而成。依保存状况分为三个自然段：

第一自然段：起自 GPS012 点，止于 GPS013 点，长 76.5 米。墙体保存一般。墙体底宽 4.5、顶宽 2、残高 1.8～2.5 米。墙体坍塌严重，两侧呈坡状。21 米～26.5 米段长 5.5 米墙体被便道破坏，现此处设置有护林铁丝栅栏；66.5 米～72.3 米段长 5.8 米墙体被便道所毁，现有一股细流从此缺口流过。墙体表面长满冰草、萱麻及沙棘等。起点处石壁峭立。

第二自然段：起自 GPS013 点，止于 GPS014 点，长 60.5 米。墙体消失。0 米～51.5 米段墙体被峡内溪水冲毁；51.5 米～60.5 米段长 9 米墙体因修路被破坏。

第三自然段：起自 GPS014 点，止于 GPS015 点，长 27 米。墙体保存较差。墙体底宽 3.5、顶宽 1.6、残高 0.6～1.4 米。墙体坍塌严重，两侧呈缓坡状。墙体表面长满冰草、萱麻及沙棘等。止点处石壁如削，壁下有峡内开采矿石的工人搭建的帐篷两顶。

该段石墙由于受人类活动的影响和自然因素的破坏较为严重，整体保存状况差。全长 164 米，其中 65.2 米保存一般，27 米保存较差，71.8 米消失。损毁原因以自然因素的破坏为主，人为因素次之，主要表现为自然坍塌、溪水冲毁及修路。

2. 相关问题

湟中县境内的下营长城和李家山镇峡口长城 2 段两段墙体，其修筑位置、墙体结构与防御功能均各异。

下营长城，仅残存北段部分，位于主线墙体（上营长城）GPS0202～GPS0204 点段东侧，其北端与主体墙体相连（GPS0204 点），南段部分因人为扩张耕地被毁，情况不详。从下营长城与主线墙体的位置分析，该段墙体的修建年代晚于主线，属晚期增筑的墙体。据史书记载，青海明代长城大规模的修缮共有三次。"宁郡塞垣，自明嘉靖丙午兵备副使王继芳、周京等缮治，厥后迤逦修整。至万历二十四年，兵备按察使刘敏宽，副将达云，同知龙膺，通判高第遍历荒度，增筑广堑，于是大备。国朝雍正十年，署西宁总兵官印务范散秩大臣时捷奏请动项重修。乾隆十年应琚率同知县张渡于残缺处复捐俸葺理，虽坦堑时有损益，而规模仍旧。"[1] 但此段墙体修筑于何时？为何要在主线东侧增筑一段墙体？均待考。

---

〔1〕（清）杨应琚：《西宁府新志》卷十三《建置·关隘》，青海人民出版社，1988 年，第 341 页。

李家山镇峡口长城 2 段，位于长城主线外侧，呈西南至东北向横截贾尔吉峡（香林峡），此峡口距西宁中心大约四十公里。据记载："小山峡榨　极冲　距卫治西北八十里、本峡口十里、西川六十里、乩迭沟新添堡二十五里、北川五十里、金冲沟三十里。虏零入，则加尔即族蕃、西川兵、乩迭沟兵御峡口，西宁兵出乩迭沟，北川兵出金冲沟，分御。虏大入，则诸兵又于加尔即蕃营上下合击之。"文献中的"加尔即"通"贾尔吉"[1]。从该段石墙的位置与上述记载相吻合，推断该段石墙为小山峡榨，李家山镇峡口长城 2 段属峡榨性质的墙体。

（五）民和县

民和县境内仅有一段土墙墙体，定名为边墙村长城，位于川口镇边墙村内（地图八）。

1. 详细描述

边墙村长城（编码：632122382101170001）

位于民和县川口镇边墙村内。此段长城属土墙，俗称边墙，起自川口镇边墙村东距文昌阁 0.1 千米的农田塄坎上，止于川口镇边墙村西兰（州）西（宁）高速公路边墙村大桥东侧 0.01 千米的湟水河岸边。此段长城东南起自 GPS0001 点，自东南向西北贯穿边墙村农家庄廓院落，至村西的兰西高速公路边墙村大桥北侧 GPS0008 点止，全长 722 米，整体呈东南至西北走向（彩图七九）。墙体位于湟水河南岸的二级阶地处，所在区域现在全部为耕地和果园。此段墙体为单独的墙体，没有相邻的墙体，周围 1 千米范围内没有同时期与之相关的其他遗存。墙体向北约 5 千米为小山子烽火台。

此段土墙是在自然基础上，就地取土，以粉沙状黄褐色土夹杂少量砂砾、河卵石等分段夯筑而成。沿湟水河的河岸走向修筑，台地平坦，几乎没有落差。现存墙体底宽 2.3、顶宽 0.6、高 1.3～3.5 米。夯筑方法系分段版筑而成，其版筑接缝较为清晰，每版长 3 米，夯土层厚 0.12～0.14 米。在 GPS0006 点附近，在墙体上有桦木暴露，桦木直径 6～8 厘米，桦木分别位于两版之中，残存的三根桦木左右间距 1.7 米，上下间距 0.7 米。墙体保存较差，底宽 2.3、顶宽 0.6、高 1.3～3.5 米，全长 722 米。主要根据墙体的保存状况分为七个自然段：

第一自然段：根据当地村民介绍，这段墙体起自川口镇边墙村村东距文昌阁 100 米的农田塄坎 GPS0001 点，在解放前还保存完好，止于 GPS0002 点，长 311 米。墙体消失。整体略呈东南至西北走向，墙体被村民修建住宅时破坏殆尽。

第二自然段：起自 GPS0002 点，止于 GPS0003 点，长度为 17 米。墙体保存程度一般。整体略呈东南至西北走向，墙体高 2.7 米（由于此段墙体被当地村民当作院落的围墙，而房主外出打工，故而墙基和顶宽不详）夯土层厚 0.12 米。墙体根部有酥碱风蚀形成的凹槽，高 0.8、深 0.2～0.3 米。墙体被村民利用为庄廓的围墙而保存至今。

第三自然段：起自 GPS0003 点，止于 GPS0004 点，长 31 米。墙体消失。整体略呈东南至西北走向。此段墙体被村民在修建住宅的过程中破坏殆尽。

第四自然段：起自 GPS0004 点，止于 GPS0005 点，长 145 米。墙体消失。整体略呈东南至西北走向。此段墙体被现今的人们修建道路、开垦农田等活动破坏殆尽。

---

〔1〕（明）刘敏宽、龙膺纂修，王继光辑注：《西宁卫志》卷二《兵防志·峡榨》，青海人民出版社，1993 年，第 61～62 页。

第五自然段：起自GPS0005点，止于GPS0006点，长142米。墙体保存较差。整体略呈东南至西北走向。仅见宽2.3、高0.8米的墙体，墙体局部被村民铲平修为便道。在GPS0005点的西北侧为近几年修建的边墙村广明寺的照壁及建筑群，对长城的整体风貌造成了一定程度的破坏。

第六自然段：起自GPS0006点，止于GPS0007点，长45米。墙体保存较差。整体略呈东南至西北走向。地势南高北低，墙体底宽2.3、顶宽0.6~1.2、北侧高为2.8~3.5、南侧高仅为0.3~0.6米。局部墙体被平整土地挖断，墙体断面显示出墙体高3.5米，夯层28层。墙体夯土层中发现桩木3根，直径7~8厘米，桩木左右间距1.7米，上下间距0.7米。在近GPS0006点处，墙体被人为挖掘了一个洞窟，高0.8、宽1、进深1.6米。此段墙体表面有酥碱、风蚀凹槽，凹槽高0.1~0.4、进深0.2米。

第七自然段：起自GPS0007点，止于兰（州）西（宁）高速公路边墙村大桥东侧GPS0008点，长31米。墙体消失。整体略呈东西走向，墙体已经在平整土地的过程中被破坏殆尽。此段墙体的止点据当地村民介绍，在湟水河的岸边，即兰西高速公路边墙村大桥东侧，故而在测量的过程中将止点定于此处。

本段长城总长722米，其中518米已消失，204米保存较差，残存的墙体断断续续，部分已被利用为田埂。损毁原因以人为因素为主，表现为平整土地、修建住宅、拓展院落、农田灌溉、兴修道路、墙体掏洞等，自然因素损毁表现为自然坍塌、风雨侵蚀、风化酥碱、植物生长等。

2. 相关问题

《西宁志》记载："万历元年（1573年）修完……又自巴暖三川、大山下暗门起，鹹水沟止，边墙一百六十二丈，底阔七尺，顶阔三尺，实台高一丈，朵墙四尺，共高一丈四尺，遇河石砌，临山斩削土石山崖共一千五百四十丈，石砌高一丈五尺，阔七尺，山崖高深三丈，阔一丈，俱不支钱粮。"[1]这段记载对巴暖三川（即指民和县地区）明长城的修筑年代、起止点、结构、总长度以及各类墙体的长度均有明确的记述。

文献记载，民和县境内的明长城系起自于大山下闇门，止于咸水沟，共长一千七百零二丈。起点大山下闇门的具体位置现已不清，当地民众普遍将比较高的山体统称为大山，此段长城南面均为比较高的山体，文献中所指的大山具体是指哪座山无从得知。止点咸水沟，在马场垣乡南侧。长城的总长度一千七百零二丈，明代长度计量单位分为布匹丈量、地理丈量与土木工程丈量三种，而地理里程丈量比现代的计量单位要短一些，公制与之长度之比大致为：1米≈3.228明尺，将文献中所记载的此段长城总长度换算为现代的计量单位长约5272.61米，但现在仅可见到其中的一段长城，即边墙村长城，其余的长城在历次的平整土地中被破坏殆尽；记载中的长城类型，有土墙、石墙和山险墙三类，土墙即文献记载的"边墙"一百六十二丈，换算为现代的计量单位长约501.86米。实地调查过程中发现的边墙村长城，根据现存墙体和口碑资料，获知这段土墙长约722米，在长度上与文献存有差异，可能是口碑资料略有误造成；石墙高一丈五尺，阔七尺，石墙在实地调查过程中遗迹已全无；山险墙，即"临山斩削土石山崖共一千五百四十丈……山崖高深三丈，阔一丈"，实地调查中亦未发现，主要是因此片区域大部分已开垦平整为梯田，地形已失原貌。

民和县境内的这条长城修筑年代和完工时间，据上述记载应在万历元年（1573年）。

〔1〕（清）苏铣纂修，王昱、马忠校注：《西宁志》卷四《兵防志·隘口》，青海人民出版社，1993年，第192~193页。

（六）化隆县

化隆县境内的明代长城仅有一段，定名为杏儿沟长城，位于塔加乡丹玛村北面的杏儿沟内（地图九）。

1. 详细描述

杏儿沟长城（编码：632127382101170001）

位于化隆县塔加乡丹玛村北面的杏儿沟内。该段长城属土墙，起自塔加乡丹玛村北 1 千米的榨子哈卡杏儿沟西侧断崖，止于塔加乡丹玛村北 1 千米的榨子哈卡山坡上。此段墙体由榨子哈卡杏儿沟西侧断崖呈东北至西南向而上，直至榨子哈卡山坡上。此处为低山丘陵，沟壑纵横，沟谷切断深度大，冲沟横断面多呈"V"形，沟间形成狭长的梁峁地形，滑坡、崩塌等现象经常发生，水土流失极为严重。杏儿沟内溪水长流，有民和至化隆的砂石路一条。

该段长城起自 GPS0001 点，止于 GPS0004 点，全长 164 米。此段墙体是在自然基础上以黄土夹杂少量小沙砾分段夯筑而成。依保存状况分为三个自然段：

第一自然段：起自 GPS0001 点，止于 GPS0002 点，长 52 米。墙体保存较差。墙体底宽 2.5、顶宽 0.4～0.8、高 0.5～2.5 米。墙体修筑在以河卵石堆积形成的台地上，墙体外侧的沟涧深 9 米。此段墙体壁上大多长有冰草、蒿草等植物。

第二自然段：起自 GPS0002 点，止于 GPS0003 点，长 17 米。墙体保存较好。墙体底宽 4.6、顶宽 1.5、内侧高 5、外侧高 7 米。榨子门洞东侧顶部斜向削去了一角，斜距长 2 米。此段墙体的自然基础内高外低，当时修筑墙体时，首先用片石垒砌找平了墙基，之后才在此基础上夯筑而成。现今外侧风雨侵蚀墙体根部，使高 1.2 米的墙基外露，对此段长城墙体的保存极为不利。在这段墙体的中部有一个拱形门洞（彩图八〇），高 3、宽 2.1、进深 4.6 米，门洞道路呈外低内高的斜坡，有用石头垒砌的踏步的痕迹，现门道中存留的两块较平的石头，应是当时摆放的踏步石头。门洞的外面有一条通往塔加乡的便道，经门洞走入榨子内侧，是一段东、西两面台地高，并将道路夹在中间的地形。东、西两面台地较为平整，东侧台地东西长 60、南北宽 30 米，西侧台地东西长 70、南北宽 20 米，疑为当时守卫榨子的士兵驻扎的营地。另外，门洞内有多个鸽子窝。墙体内有桩木，直径 10 厘米，为松木。

第三自然段：起自 GPS0003 点，止于 GPS0004 点，长 95 米。墙体保存差。此段墙体仅存墙基，仅有地面痕迹可辨，墙体宽度、高度等不详。

该段墙体由于受自然因素的破坏较为严重，整体保存状况较差。全长 164 米，其中 17 米保存较好，52 米保存较差，95 米保存差。损毁原因主要为自然因素，表现为坍塌、酥碱、风蚀、片状和粉状脱落、水流冲刷、植物生长、动物破坏及踩踏等。

2. 相关问题

杏儿沟长城位于化隆县东部地区塔加乡丹玛村北面的杏儿沟内，在明代化隆县东部地区曾属于西宁卫碾伯守御千户所管辖。墙体总长 164 米，墙体处现存有为出入而开的拱形门洞，并有守卫士兵营地遗迹，杏儿沟长城即是"杏儿沟榨"遗存。据《西宁卫志》记载："杏儿沟榨　次冲　距卫治东南三百九十里、古鄯一百二十里、杏儿沟口三十里、碾伯二百七十里、张家小寺八十里、巴州沟一百六十里。虏零入，哈咂寺番、古鄯兵出杏儿沟口，碾伯兵赴张家小寺，西宁兵赴巴州沟，夹击。虏大入，诸兵于张家小寺上下合击之。"[1] "杏儿沟榨"为明代西宁卫三十八处重要关隘之一。杏儿沟是从化隆

---

〔1〕（明）刘敏宽、龙膺纂修，王继光辑注：《西宁卫志》卷二《兵防志·峡榨》，青海人民出版社，1993 年，第 63 页。

东部地区进入中川、峡口、官亭的一条重要通道，在此设榨可能是为防御杏儿沟北部地区居住的塔加蒙古部落对民和三川地区的滋扰。"杏儿沟榨"，也是三十八处峡榨中为数不多的一处保存较完整的峡榨遗存，为了解明代设防工程提供了重要的实物资料。

（七）贵德县

贵德县境内的墙体共2段，属土墙，总长404米。这2段墙体互不衔接，自成一体，均地处河谷阶地，分别位于河西镇刘屯村（在热水河的一级阶地之上）及东沟镇周屯村（在东峡河的一级阶地处）（地图一〇）。定名为刘屯长城和周屯长城。分段描述如下：

1. 详细描述

（1）刘屯长城（编码：632523382101170001）

位于贵德县河西镇刘屯村南的农田之中。该段长城属土墙，起自河西镇刘屯村南0.5千米的西（宁）久（治）公路东面山坡，止于河西镇刘屯村南0.5千米的热水河东岸。此段长城自刘屯村村南约0.5千米的西久公路东面山坡，过西久公路，至刘屯村热水河东岸之间的农田止，整体呈东南至西北走向。长城两侧已全部被开垦为农田，种植春小麦、油菜等农作物，田间地头种植杨树、榆树等树木。墙体顶部和根部的坍塌土堆积上生长有冰草、蒿草、骆驼蓬等植物。此段墙体是一段独立的墙体，墙体东约3千米是贵德古城。

墙体的构造方式是在自然基础上，就地取土，以粉沙状黄褐土为主，并且夹杂少量红色沙土分段夯筑而成。版筑接缝不清，但夯层清晰，夯土层厚0.15~0.2米。现存墙体剖面略呈梯形，底宽1、顶宽0.5~0.8、高0.5~1.8米。此段长城整体保存程度较差，全长364米，根据保存状况分为三个自然段：

第一自然段：起自GPS0009点，止于GPS0011点，长143米。墙体消失。整体呈东南至西北走向。调查寻访得知，墙体起点原起自河西镇刘屯村南约0.5千米的西久公路东面山坡上，后因修建西久公路、平整土地挖毁，被热水河水冲毁。

第二自然段：起自GPS0011点，止于GPS0016点，长147米。墙体保存差。墙体蜿蜒曲折延伸，整体呈东南至西北走向。仅可看出大致的走向，墙体底部东南侧大多因平整梯田被削挖，故底部宽度不详。墙体顶宽0.5~0.8米，现存高度0.2~0.5米。

第三自然段：起自GPS0016点，止于GPS0020点，长74米。墙体保存较差。整体呈东南至西北走向。墙体底宽1、顶宽0.6、东侧高0.5、西侧高1.8米。墙体在GPS0019点处走向转为东西走向。

此段长城总长364米，整体保存差，其中74米保存较差，147米保存差，143米消失。损毁原因有自然和人为因素。人为因素表现为修建水渠、道路与住宅（彩图八一），农田浇灌；自然因素有自然坍塌、风雨侵蚀、风化、酥碱、植物生长和老鼠掏洞的破坏等。

（2）周屯长城（编码：632523382101170002）

位于贵德县东沟镇周屯村南、东峡河北的第一级阶地之上。该段长城属土墙，起自东沟镇周屯村南东南山坡上，止于东沟镇周屯村南东沟镇至新剑坪村的乡村公路东侧约0.01千米。此段长城自周屯村南东面山坡始，至西面的东沟镇至新剑坪村乡村公路东侧止，全长40米，整体呈东西走向。土墙的两侧现在已经全部被开垦为农田，种植农作物及杨树。在墙体顶部和墙体根部的坍塌土堆积上生长有冰草、蒿草、骆驼蓬等植物。墙体西侧的东沟河滩现在全部种植杨树。周屯长城是一段独立的墙体，东南距离刘屯长城约20千米。

墙体的修筑方式是在自然基础上，就地取土，以黄褐土夹杂少量红色沙土分段夯筑而成的土墙，土质疏松。夯土层厚 0.12 米。墙体底宽 1、顶宽 0.7、北侧高 0.4、南侧高 3.8 米。按其保存状况分为两个自然段：

第一自然段：起自 GPS0021 点，止于 GPS0022 点，长 17 米，墙体保存差。墙体底宽 1、顶宽 0.7、北侧高 0.4、南侧高 3.8 米；墙体北侧大部分被耕地湮没，露出的墙体顶部如同田埂，人为踩踏严重。墙体两侧坍塌土堆积呈斜坡状。

第二自然段：起自 GPS0022 点，止于 GPS0023 点，长 23 米，墙体消失。墙体被烧砖挖土、修建道路、扩建住宅破坏殆尽。

此段长城总长 40 米，整体保存差，其中 17 米保存差，23 米消失。损毁原因以人为因素为主，表现为烧砖取土、平整耕地、扩建住宅及踩踏等；自然因素主要为自然坍塌、风雨侵蚀等。

2. 相关问题

贵德县的刘屯长城，在文献中多有记载，最早见于《西宁府新志》："古边墙　在所西十里。黄水界其南，暖泉河绕于外。"[1]《甘肃新通志》中隶定其修筑年代为洪武七年："边墙，贵德厅境内自暖泉沟至黄河岸止，长八里，中设闇门二，明洪武七年（1374 年）建。上闇门通暖泉沟脑，一百二十里至巴失塘，为蒙番界，下闇门通撒通山，一百五十里至沙脑，亦蒙番界，俱拨兵驻守。"《贵德县志稿》记载更为详细，指明了墙体的具体位置："古边墙在治西十里，黄水界其南，暖泉河绕于外。在上为上闇门，是青海蒙番各族及贵德商民往来出口贸易孔道也。下闇门在文昌庙前，旧迹土墙尚在，余废。为走共和县及郭密番地贸易之要径焉。"[2] 又据李文实先生在 20 世纪 40 年代考察中见闻："其墙垣就今尚可见者，较西宁卫城周围诸线尤为高厚。"[3] 将史料记载与实地调查结果相对应，刘屯长城的现存长度与文献记载有误，实地调查的长度是 364 米，其中包括消失长度 143 米，其误差应属多重因素损毁造成。现存墙体损毁严重，上、下闇门遗迹已荡然无存。

周屯长城在文献中没有记载，具体构筑时代及相关问题不详。

（八）门源县

门源县境内发现有其他墙体两处（地图一一）：其一，浩门河河谷阶地长城；其二，老虎沟东岔长城。

1. 详细描述

浩门河河谷阶地长城

此段墙体起自门源县浩门镇头塘村西南 0.5 千米的尖帽山顶，止于北山乡老虎沟口古城角楼，总长度 18051 米，由南向北横截浩门河河谷阶地。全线由 5 段土墙、1 段山险与 1 段河险构成。山险地处高山地貌，河险、土墙位于河谷阶地的盆地之中。土墙主要修筑在老虎沟北侧第一阶地上，大部分已经在平整土地、耕种，修建村落、道路的过程中消失。现存土墙墙体的结构与上述长城本体的土墙结构类同。墙体是在自然基础上就地取土，以当地的含有大量沙石的黑褐色土分段夯筑而成，从损毁较甚的残存墙体来看，仅知夯土层厚度 0.15～0.18 米，局部的夯土层中夹杂的砾石较多，夯土层较厚；现存墙体剖面呈梯形，底宽 4、顶宽 0.5～1、高 0.8～1.2 米。墙体其他修筑特点均不详。

〔1〕（清）杨应琚：《西宁府新志》卷七《建置·古迹》，青海人民出版社，1988 年，第 246 页。
〔2〕姚钧纂修（稿本）：《贵德县志稿》卷二《地理》，据原稿本复印，1940 年。
〔3〕李文实：《河湟旧闻——青海地方史札记》，《青海社会科学》1980 年第 2 期。

此段墙体是由东南向西北依次展开调查的，依调查方向、墙体类型、保存状况的不同，将其分为7段，依次定名为：头塘长城1段、头塘长城2段、南关长城、西关长城、上圪瘩长城1段、上圪瘩长城2段、上圪瘩长城3段，七段墙体相互衔接，连为一线，组成了门源县境内的主要防御工程。分别详述如下：

（1）第一段　头塘长城1段（编码：632221382106170002）

位于门源县浩门镇头塘村西南。该段长城属山险，起自浩门镇头塘村西南0.5千米的尖帽山顶，止于浩门镇头塘村西0.1千米的夹道沟口。起点从头塘村西南0.5千米的尖帽山顶GPS0006点始，沿西南至东北走向的尖帽山山脊而下，到头塘村西0.1千米的夹道沟口GPS0009点（彩图八二）。全长544米，整体呈西南至东北走向。此段山险西南起点属浩门河河谷阶地长城南端起点，东北与头塘长城2段相连。

尖帽山位于门源县城南侧、浩门河南岸，是大坂山的一个支脉，山体为石质山体，上面覆盖少量的高山石质土，山势陡峭，两侧均是坡度75°以上的陡坡，难以攀爬逾越。本段山险即以尖帽山陡峭的山体作为天然的屏障，达到军事防御的目的。

此段长城总长544米，整体保存一般，局部存在损毁，损毁原因有自然因素与人为因素两类。自然因素的损毁主要表现在山体滑坡、坍塌；人为因素的损毁主要表现在开垦农田。现今在尖帽山山脊临近夹道沟口处向阳的部分山体被开垦为农田，破坏了本段长城的原始地貌。

（2）第二段　头塘长城2段（编码：632221382107170003）

位于门源县浩门镇头塘村西的浩门河道上。该段长城属河险，起自浩门镇头塘村西0.1千米的夹道沟口，止于浩门镇南关村西南2千米的浩门河北岸。河险起自头塘村西的夹道沟口GPS0009点，过浩门河到北岸南关村西南2千米的门源县三进硅铁有限公司厂区南墙外浩门河北岸岸边GPS0010点止（彩图八三）。全长1090米，整体呈西南至东北走向。此段长城南与头塘长城1段相接，北与南关长城相连。

本段河险利用了波涛汹涌的浩门河作为天然屏障，达到军事防御的目的。浩门河又名大通河，为湟水的支流，源于天峻县沙果林那穆吉林岭东端的扎来掌。干流先后流经天峻、刚察、祁连、门源、互助、民和等县，在民和县享堂与湟水汇合。

此段长城总长1090米，整体保存一般。损毁原因有自然因素和人为因素，随着全球气候变暖，河水的蒸发量增大，河流水量减少，直接改变了河险的自然状况；河道两侧拦洪坝等设施，也改变了河流的原始风貌。

（3）第三段　南关长城（编码：632221382101170004）

位于门源县浩门镇南关村西南的耕地之中。该段长城属土墙，俗称大边墙，起自浩门镇南关村西南2千米的浩门河北岸，止于门源县科技示范园以北0.3千米的土坎。此段墙体南起南关村西南2千米的浩门河北岸的门源县三进硅铁有限公司厂区围墙南侧的浩门河北岸岸边，呈东南至西北方向延伸至。整体呈东南至西北走向。长城两侧均为农田。此段长城南与头塘长城2段相连，北与西关长城相接。

残存墙体是在自然基础上，就地取土以黄褐土夹杂少量沙砾分段夯筑而成的土墙，版筑接缝已不清晰，夯土层厚0.12～0.15米。现存墙体底宽4、顶宽0.5～1、高0.8～1.2米。主要根据墙体保存状况分为三个自然段：

第一自然段：起自GPS0010点，止于GPS0011点，南北走向，墙体被开垦为农田和修建工厂、道路等建设项目破坏，已经消失。

第二自然段：起自 GPS0011 点，止于 GPS0012 点，长 240 米，墙体略呈西南至东北走向，保存较差。墙体底宽 4、顶宽 0.5 ~ 1、高 0.8 ~ 1.2 米。墙体位于农田中间，局部已被拓宽农田损毁，墙体顶部生长有密集的杂草。

第三自然段：起自 GPS0012 点，止于 GPS0013 点，长 2173 米，呈东南至西北走向，墙体被开垦为农田，已消失。

此段长城总长 2823 米，其中 2583 米消失，仅存墙体 240 米保存程度差。据当地村民和《门源县志》主要编纂人员之一的祁郁春老人介绍，在 20 世纪 50 年代的时候，此段长城还比较高大，当地人称大边墙。损毁原因以人为损毁较为严重，主要表现为开垦农田和修建工厂；此外还有自然坍塌。

（4）第四段 西关长城（编码：632221382101170005）

位于门源县浩门镇西关村西的耕地之中。此段长城属土墙，俗称大边墙，起自门源县科技示范园以北 0.3 千米的土坎，止于北山乡上圪瘩村东南 0.24 千米岗青公路北侧农田中。此段长城整体呈东南至西北走向（彩图八四）。长城两侧均开垦为农田，种植有农作物。此段长城东南与南关长城相连，西北与上圪瘩长城 1 段相接。

此段长城是自然基础上就地取土，以黄褐土夹杂少量沙砾分段夯筑而成的土墙。版筑接缝较为清晰，每版大致长 3.5 米左右，夯土层厚 0.12 ~ 0.15 米。现存墙体剖面略呈梯形，底宽 4 ~ 4.6、顶宽 1、高 2.5 米。略呈东南至西北走向。墙体两侧均开垦为农田，种植有农作物，墙体顶部已被利用为便道。根据保存状况分为五个自然段：

第一自然段：起自 GPS0013 点，止于 GPS0014 点，长 65 米。墙体保存较差。整体呈东南至西北走向。墙体底宽 2.3 ~ 4.6、顶宽 0.5 ~ 1、高 0.8 ~ 1.5 米。在墙体南侧台地之下有一条水渠。

第二自然段：起自 GPS0014 点，止于 GPS0016 点，长 214 米。墙体保存一般。整体呈东南至西北走向。墙体底宽 4.6、顶宽 1 ~ 1.8、东侧墙体高 1.2、西侧墙体高 3 米。墙体东侧地势较高，西侧地势较低。

第三自然段：起自 GPS0016 点，止于 GPS0017 点，长 46 米。墙体保存较差。整体呈东南至西北走向。墙体底宽 4.6、顶宽 0.2 ~ 0.8、东侧高 0.5、西侧高 3 米。平整土地挖毁局部墙体，使墙体顶部呈三角形，墙体上有多处鼠洞，亦直接破坏了墙体。

第四自然段：起自 GPS0017 点，止于 GPS0019 点，长 307 米。墙体保存一般。整体呈东南至西北走向。墙体底宽 4.6、顶宽 1 ~ 1.8、东侧墙体高 1.2、西侧墙体高 3 米。墙体地势东高西低。

第五自然段：起自 GPS0019 点，止于 GPS0020 点，长 61 米。墙体消失。整体呈东南至西北走向。在修筑岗（龙）青（石嘴）公路及公路护坡等相关设施中，完全损毁了此段墙体。

此段墙体总长 693 米，整体保存状况一般，其中 521 米保存一般，111 米保存较差，61 米消失。损毁原因人为因素的损毁较为严重，主要表现为修筑公路，拓宽农田，墙体顶部多数地段已为便道，长期踩踏致使墙体夯土疏松，坍塌成斜坡状；自然因素基本与上述墙体相同。

（5）第五段 上圪瘩长城 1 段（编码：632221382101170006）

位于门源县北山乡上圪瘩村。该段长城属土墙，俗称大边墙，起自北山乡上圪瘩村东南 0.24 千米岗青公路北侧，止于北山乡上圪瘩村西北 0.6 千米。墙体整体呈东南至西北走向，全长 2053 米（彩图八六）。长城两侧均为农田，种植有农作物。此段长城东南与西关长城相连，西北与上圪瘩长城 2 段相接。

墙体是以黄褐土夹杂少量沙砾分段夯筑而成的土墙。利用原生地面为基础直接夯筑而成。墙体上部，夯土含砂量多，反映出了此处地表黄土层较薄，夯筑高大的墙体较为困难。分段版筑，现存墙体版接缝不详，夯土层厚 0.12~0.15 米。此段长城根据墙体保存状况分为四个自然段：

第一自然段：起自 GPS0020 点，止于 GPS0023 点，长 378 米。墙体保存较差。墙体宽度不详，西侧高 3 米，东侧高度为零。自起点始向西 92 米的墙体顶部已被村内水泥道路占压。止点以南 10 米处的墙基下掏挖有窑洞，洞深 4、宽 3.5、高 2.5 米。

第二自然段：起自 GPS0023 点，止于 GPS0025 点，长 378 米。墙体略呈东南至西北走向。墙体在修建民居中破坏。

第三自然段：起自 GPS0025 点，止于 GPS0026 点，长 31 米。墙体保存较差。整体略呈东南至西北走向，墙体底宽 4.6、顶宽 1、高 1.5 米。

第四自然段：起自 GPS0026 点，止于 GPS0027 点，长 906 米。墙体消失。略呈东南至西北走向。墙体在修建住宅、道路以及平整土地中破坏。

此段长城总长 2053 米，其中 409 米保存较差，1644 米消失。损毁原因以人为的损毁最为严重，据当地村民介绍，20 世纪 50 年代，此段长城还比较高大，故当地人称大边墙。扩建村庄，修建民宅，大量拆毁，导致村庄内的长城消失。现存墙体之上修建成乡村便道，人为踩踏、车辆重压以及生活之需随意取土，均对墙体破坏极为严重。

（6）第六段　上圪瘩长城 2 段（编码：632221382101170007）

位于门源县北山乡上圪瘩村西北的耕地之中。该段长城属土墙，俗称大边墙。起自北山乡上圪瘩村西北 0.6 千米，止于北山乡上圪瘩村西北 1.3 千米。此段长城自上圪瘩村西北 GPS0027 点始，沿蜿蜒曲折的土坎向西北延伸，至上圪瘩敌台中心点 GPS0031 点止，整体呈东南至西北走向。此段长城墙体西侧是高度 2.5~3 米陡坡，墙体两侧均为农田，种植有农作物。此段长城东南与上圪瘩长城 1 段相连，西与上圪瘩敌台相接。

现存墙体底宽 5~8 米，顶宽不详，高度 0~0.2 米。墙体只留有地面痕迹，濒临消失。墙体顶部生长有大量的冰草、蒿草等植物。

此段长城全长 692 米，损毁严重，整体保存差。造成墙体损毁的人为因素，是 20 世纪五六十年代，大规模的平整土地对墙体造成毁灭性的破坏。现存墙体仅断续留有地面痕迹，被修筑为耕种便道，局部开垦为农田，已造成部分墙体完全损毁。

（7）第七段　上圪瘩长城 3 段（编码：632221382101170008）

位于门源县北山乡上圪瘩村西北。该段长城属土墙，起自北山乡上圪瘩村西北 1.3 千米，止于北山乡老虎沟口关角台。此段长城自上圪瘩村西北 GPS0031 点始，自南至北沿老虎沟河北岸高耸的河卵石堆积岸边顶部辗转延伸，至老虎沟口古城角楼中心点止，整体略呈南北走向顺山坡而上。此段长城南与上圪瘩长城 2 段和上圪瘩敌台相连，北与老虎沟口关相接。

此段长城修筑在上圪瘩村西部一道由古老的老虎沟河冲刷形成的河卵石堆积的河岸斜坡上，受损严重，现存墙体只留有地表痕迹，仅知局部墙体底宽 5~8、高 0~0.2 米，其他结构等均不详。根据保存状况可分为两个自然段：

第一自然段：起自上圪瘩敌台中心点 GPS0031 点，止于 GPS0032 点，长 426 米，墙体略呈东南至西北走向。仅留地表痕迹，濒临消失，墙体保存差。墙体底宽 5~8 米，顶宽不详，高 0~0.2 米，墙体外侧（西侧）是高 2.5~3 米的陡坡。

第二自然段：起自 GPS0032 点，止于 GPS0036 点，长 9730 米。已消失。整体呈东南至西北走向。据当地村民介绍，20 世纪还有断续的墙体与老虎沟口的石城相连，由于修筑水渠、平整土地挖掘墙体，河流改道冲毁墙体，导致墙体消失。

此段长城总长 10156 米，其中 9730 米消失，426 米保存差。此段长城损毁严重，损毁原因有人为因素与自然因素两类，表现为老虎沟河的改道、平整土地、修建水渠等。

浩门河河谷阶地长城，7 段墙体的总长度 18051 米。山险 1 段，长 544 米；河险 1 段，长 1090 米，山险与河险整体保存程度均一般。另有土墙 5 段，长 16417 米，大部分已消失，消失长度 14018 米，现存墙体 521 米保存一般，520 米保存较差，1358 米保存差。夯土墙体损毁严重，损毁原因主要有自然和人为两类因素，具体表现上已述及。

老虎沟东岔长城

此段墙体是一段独立的石墙，没有墙体与之相邻，南距上圪瘩长城 3 段约 10 千米。

老虎沟东岔长城（编码：632221382102170001）

位于门源县北山乡老虎沟东岔沟脑的东岔河西岸的山坡上。该段长城属石墙，俗称石边墙，起自北山乡老虎沟东岔石边墙沟与东岔河交汇处，止于北山乡老虎沟东岔石边墙沟口。此段长城自老虎沟东岔沟脑的东岔河西岸距河床 20 米高的崖壁上，墙体顺山坡而上，然后转而在一道凸起的山梁上修筑，至石边墙沟口西侧陡峭的山崖处止，墙体略呈东南至西北走向（彩图八五）。墙体两侧为夏季牧场。

此段墙体就近取材，在自然基础上用毛石干垒而成。石块与石块之间未夹泥土，墙体东南低西北高，落差较大。现存墙体底宽 2 ~ 5.6、顶宽 1.2 ~ 2.5、高 1.5 ~ 2.5 米。石块多为火成岩，石块最大者长、宽在 1 ~ 1.5、厚 0.6 米，一般石块的大小长、宽在 0.5 ~ 0.8、厚 0.3 ~ 0.5 米之间（彩图八七）。此段墙体整体保存较差，全长 355 米。根据保存状况分为三个自然段：

第一自然段：起自 GPS0001 点，止于 GPS0002 点，长 16 米。略呈东南至西北走向。底宽 2 ~ 5.6、顶宽 1.2、高 1.5 ~ 2.5 米。墙体南侧有一棵百年柏树生长在悬崖边，根深叶茂。

第二自然段：起自 GPS0002 点，止于 GPS0003 点，长 27 米。略呈东南至西北走向。墙体从底到顶逐渐收分，北壁垒砌整齐，南壁坍塌呈斜坡状，墙体底宽 5.6、顶宽 1.5 ~ 2.5、高 1.5 ~ 2.5 米。墙顶上有今人用石块堆砌的敖包，敖包上插有木杆并扎印有经文的布条。墙体止点处有宽 5.5、进深 5.6 米的缺口，缺口北侧的石墙被人为拆毁，墙体坍塌呈斜坡状，石块散落于地表。

第三自然段：起自 GPS0003 点，止于 GPS0005 点，长 312 米。略呈东南至西北走向。底宽 5.6、顶宽 1.5 ~ 2.5、高 1.5 ~ 2.5 米；石墙顺山而上，修筑在一道东南低西北高凸起的山梁上。局部墙体北壁垒砌齐整，南壁坍塌呈斜坡状，大部分墙体坍塌呈垄状。

此段长城总长 355 米，整体保存程度较差。损毁原因有人为和自然因素，主要表现在人为拆墙、牛羊踩踏及自然坍塌。

2. 相关问题

上述两处长城，在《门源回族自治县概况》、《门源回族自治县志》以及《中国文物地图集·青海分册》中均有一些简略记述，此次调查结果基本与上述记述的情况相符。

门源县的明长城修筑主要是为了防范游牧于门源盆地、甘州南山以及今祁连等县境内的游牧部落、蒙古部落与东蒙古部落由此进入西宁卫和庄浪卫近边。门源盆地位于祁连山和大坂山之间，是连接河西走廊和河湟谷地的交通要塞，由此向南翻越下大坂山，经今大通县可进入西宁盆地，向东南沿大通河可进入庄浪卫的守地。早在吐谷浑时期，就已经形成了一条主要的通道，称为丝绸之路青海道。明代天顺、成化时期，蒙古部落多次侵扰西宁卫、庄浪卫，所行路线极可能是经此然后沿大通河南下。故其战略地位极为重要，在此设防修筑长城的重要性也就不言而喻。

　　另老虎沟东岔长城属独立的一段墙体。石墙位于老虎沟内的东岔沟，位于由门源县浩门镇通往甘肃永昌古道的关口处，由其地理位置判断，这段石墙应具关隘性质。

第三节　保存现状及损毁原因

一　长城本体

　　青海省境内长城本体及相关遗存由于分布地点不同，所处地域的地貌特点及地质结构不一，长城本体及相关遗存的保存状况与损毁原因也不尽相同（表一一）。

（一）墙体

1. 土墙

　　土墙在各县均有分布，但长度不等，保存现状直接受周边地理环境的影响，各地保存状况表现不一。除大通县内的土墙墙体大多穿行在低山丘陵处，受人为的破坏较少外，其余各县土墙主要分布于河谷地或中山山地之中，或穿村而行、或横截沟口，这些地方均是人类生产、生活活动频繁的地区，加之诸多自然因素的破坏，多数地段墙体消失无存，现存墙体也已破坏严重。墙体的损毁原因来自于自然和人为因素两方面，相对而言以人为破坏为主。

　　自然因素：自然坍塌的现象很普遍，因土墙系因地制宜就地取材，普遍利用黄土，也有用红沙土或灰褐土夹杂黄土颗粒及少量的碎石子夯筑而成的，土质疏松，土层间空隙较大，长期受风雨侵蚀使墙体自然坍塌，现存墙体两侧多有斜坡状坍塌堆土（彩图八八）。其次，墙体裂隙。产生墙体出现裂隙的原因有三种情况，一是长期在内外自然营力作用下容易使墙体表面产生纵向裂隙；二是墙体版筑接缝形成的裂隙（彩图八九）；三是因筑墙方式而造成的裂隙，筑墙时通常先筑一半，后筑另外一半，这样因墙体中间部分黏结性的不足而容易产生横向裂隙，常把墙体从顶部至下一分为两半，这种现象在湟中县境内的土墙中非常普遍，对墙体造成的破坏尤为严重。如湟中县新城长城1段中因筑墙方式而形成的裂隙非常严重，最宽达0.15米，局部墙体仅剩一半（彩图九〇）。再有，在长期的干、湿作用下，逐渐使墙体表面形成一层硬壳，再在风雨侵蚀下呈片状脱落或粉状剥离，几百年来这种风化作用一直在侵蚀破坏着墙体；局部墙体底部因酥碱而出现有不同程度的凹进现象，底部凹进逐渐向墙基扩展，必将导致墙体坍塌（彩图九一）。此外，由于自然冲沟的发育，造成部分地段墙体消失，在墙体消失的断崖处，遇季节性洪水会造成部分墙体继续坍塌，墙体的消失面积在逐渐增多。季节性的洪水对墙体的破坏在湟中县及乐都县表现得尤为严重，如新城长城1段墙体外侧冲沟内的季节性洪水对墙体的破坏非常严重。

　　人为因素：由于土墙主要分布于河谷地及地势较平缓的低山丘陵之上，土墙的分布区域既是适于人类居住的区域，也是人类生产、生活活动频繁的地区，各种生产及生活活动，使部分墙体遭到了十分严重或毁灭性的破坏。长期的村庄建设使有些墙体已消失殆尽。居住在墙体附近的村民盖房、垫圈、改良土壤等，直接任意挖取土墙夯土；村民为扩张耕地挖毁墙体（彩图九二），有的墙体现已逐渐被蚕食仅剩一条窄坎，高大的墙体现在已经和耕地垄坎齐平（彩图九三），有的甚至消失；在墙体分布区域修建道路（彩图九四）；或在墙上种植树木（彩图九五）；或为行走方便，挖断墙体形成通道；

表一一　青海省明长城本体墙体保存状况统计表

单位：米

地点	长城墙体总长	土墙						石墙				三险墙				山险			河险			
	总长	长度	较好	一般	较差	差	消失	长度	较差	差	消失	长度	一般	较差	消失	长度	较好	一般	长度	一般	较差	消失
乐都县	15643.4	344.4		24	54.4		266									15299		15299				
互助县	69073.6	8472.6		2406	4161.3	29.3	1876					1478	1087	348	43	59123		59123				
大通县	41377	10132	2157	5451	1962.5	251	441	35	35			1215	1196		19	29302		29302	693		136	557
湟中、湟源县	45177.3	15831.3		2482.7	1343	462	11544.4	428	75	40.6	312.4					28540	27490	1050	378	315	63	
合计	171271.6	34780.3	2157	10363.7	7521.2	742.3	14127.4	463	110	40.6	312.4	2693	2283	348	62	132264	27490	104774	1071	315	199	557

或在墙体顶部开辟乡间小道（彩图九六），任意踩踏；还有长期的人为上下攀爬和踩踏等等。这些诸多的人为因素，造成了直接或间接的破坏，有的加速了墙体的损坏速度，有的对长城墙体的破坏甚为严重。

除上述因素外，许多鼠类在墙体附近的活动，对墙体基础部位造成了一定的损坏。植物生长，黑刺、沙棘等发达的植物根系生长过程中对墙体的破坏作用也不容低估，生长于墙体裂隙中的植物根系既可使其裂隙增宽加大，还可造成墙体夯土土质松软，使墙体坍塌（彩图九七）。

随墙壕整体保存状况较差。为加强防御，有意在墙体外侧挖掘的随墙壕，其损毁原因来自人为因素的破坏与土墙类同。自然因素，是因随墙壕的修筑方式系原地挖沟，利用沟中挖掘出的黄土或夹杂小石粒的沙石土堆积两侧成土垄，随墙壕内的边壁和土垄未经夯筑和加固，长期以来受雨水冲刷、流水切割侵蚀随墙壕，壕的两壁及土垄出现坍塌，壕内不同程度地填塞有淤土，或已被填平，使随墙壕时隐时现，失去了原有的防御功能。

此外，还有来自于动、植物的破坏，在随墙壕内外侧发现有很多鼠洞；随墙壕内外侧生长着根系发达的黑刺等植物，均对随墙壕带来了一定的破坏。

2. 石墙

石墙均是就地取石，外表用毛石干垒，内部壅土而成，结构较为松散，较易自然坍塌。石墙只分布在大通县和湟中县，因石墙的修筑地点地理环境有别，石墙的损毁程度不等，损毁原因不同。大通县的一段石墙位于老石山山脊，自然因素的破坏主要表现为坍塌，砌墙的石块散落，墙体体量变小。在石墙的墙体表面，现多生长有冰草、蒿草、黑刺、黄刺等根系发达的植物，植物生长也加速了石墙的损毁。人为因素主要表现在石墙周边挖坑植树，对墙体造成了一定程度的破坏。湟中县的石墙主要分布于峡谷之中，峡谷内四季长流的溪水对部分石墙造成破坏，有的已消失无存。此外，在峡谷内修建道路对局部墙体破坏严重（彩图九八）。

3. 山险墙

山险墙整体保存程度一般。山险墙只分布在大通县和互助县。墙体一般位于山坡上，长期裸露于旷野中，受自然的破坏较大，人为因素的破坏相对较小。自然因素主要是山体滑坡和自然坍塌，山险墙长期受风雨侵蚀容易发生坍塌，个别地段坍塌土的堆积呈斜坡状；石质山险墙，也因风雨侵蚀，使岩石风化成碎石片或片状脱落。此外，墙体上生长有比较密集的狼麻草、冰草等植物，对墙体亦有一定的损坏。人为因素主要表现为修建道路或便道从墙体穿过，直接破坏了山险墙。此外，大通县境内山险墙所在的山体上有多处高压输电线路和铁塔，对山险墙的整体风貌造成一定程度的影响。

4. 山险

山险分布于各县，均是利用石质山体作为防御屏障，自然和人为因素对其的破坏作用相对较小。自然因素主要表现为裸露于外的石质岩层的风化；其次，是山体的滑坡，个别山险的局部区域存在不同程度的山体滑坡现象。人为因素主要表现为开采矿石，对山体破坏严重。长期的开采已经破坏了部分山体原貌，必将导致山险的消失。如大通县的八寺崖长城，属山险，整体保存程度一般，局部遭到人为的炸山采矿损毁，在大扎板山和小扎板山上开采硅石的矿山，已使这一区域的部分山体不复存在。同时，矿山开采也破坏了长城的整体环境风貌。

5. 河险

河险仅分布在大通县与湟中县境内。受大环境的影响以及人为造成的水土流失，各段河险流量锐减。在5段河险中，只有大通县老营庄长城5段一河险，受到人为因素的破坏，主要是建设性活动的原因。由于此段河险位于西宁至大通县的交通要道之上，从 20 世纪以来，多次在此区域开山取石、修筑道路、修建工厂与住宅、围河筑坝等，导致北川河（大通河）逐步变窄。同时，这些建设性活动也破坏了此段长城的整体风貌。

（二）壕堑

壕堑的分布较广，长城主线上除湟源县外，各县均有修筑，长度不等。因各县长城的分布区域地理环境的差异，在不同地段依据地形特点来选用修筑不同类型的墙体或壕堑。如在乐都县与湟中县长城线路主要分布于高低落差较大的中山山地及低山丘陵地区，故长城本体选择了以壕堑为主体的防御工程。

壕堑整体保存状况差（表一二）。因壕堑大多穿梭于纵横交错的高山沟壑之间，普遍挖掘在低山丘陵的陡坡之处，自然损毁极为严重。壕堑所在的地形，植被稀疏，沟深坡陡，地层本身抗侵蚀能力弱，在各种内外营力作用下导致山体不同程度的滑坡是导致壕堑毁坏消失的主要之因（彩图九九）。其次，在长期的风剥雨蚀作用下，位于山岭处的壕堑，不但壕堑内填有众多的淤积物，或形成多处冲槽或塌陷坑，而且极易引起壕堑削山部分及土垄坍塌，导致壕堑多处被自然掩埋；位于沟谷底处的壕堑，多因雨水冲刷而被冲毁，造成壕堑消失。

人为因素：主要表现为开垦耕地、植树种草对部分壕堑的损毁较甚（彩图一〇〇）；在壕堑分布区域修建道路和便道（彩图一〇一）、开挖窑洞、修筑水渠、开采矿石（彩图一〇二），以及长期的人畜踩踏对局部壕堑的破坏亦十分严重。

此外，壕堑内茂密的灌木类和草本类植物的根系对壕堑的机械破坏作用不容低估。动物的破坏主要是啮齿类的老鼠在壕堑的土垄以及底部掏洞。这也是造成壕堑损坏的原因之一。

（三）相关遗存

1. 取土坑

位于大通县下庙沟 2 段长城南侧的取土坑，整体保存程度一般。由于此处历年来未进行耕种，故而取土坑的大致形状及走向保存得较为完整。导致取土坑已失原貌的因素是自然因素，主要表现以坍塌淤积为主，取土坑均为人工挖掘取土形成，坑壁是原生的黄褐土，其土质疏松，黏结性一般。因长期受风雨侵蚀，取土坑坑壁坍塌，取土坑内现堆积有深浅不等的淤积土。其次，取土坑内的植物生长及鼠洞的破坏对取土坑有一定影响。

2. 题刻

因该题刻刻于石壁上，由于长期受风雨侵蚀及石壁表面钙化等自然因素的影响，整体保存状况较差。题刻所在的石梁西端炸山采石，也是潜在的威胁。

二　其他墙体与壕堑

其他墙体及壕堑均损毁严重，甚至多已消失，现存墙体断断续续，整体保存状况差或较差（表一三）。损毁原因有自然与人为双重因素，还有动植物的损坏，具体表现与长城本体墙体及壕堑基本类同（彩图一〇三）。

表一二　青海省明长城本体墙垣保存状况统计表

单位:米

保存状况　　地点	长城本体墙垣总长度	保 存 状 况										
		一般	百分比	较差	百分比	差	百分比	消失	百分比	不详	百分比
乐都县	59694.6			6809.9		26416		26468.7			
互助县	488			375		113					
大通县	2663	241		2052		30		340			
湟中县	60044.1	1698		6531		36872.2		14872.6		70	
合计	122889.7	1939	1.6%	15767.9	12.8%	63431.2	51.6%	41681.3	33.9%	70	0.1%

表一三　青海省明长城其他墙体或墙体或壕堑保存状况统计表

单位:米

地点	墙体															壕堑			
	土墙						石墙					山险		河险					
	长度	较好	一般	较差	差	消失	长度	一般	较差	差	消失	长度	一般	长度	一般	长度	较差	差	消失
乐都县																5642	503	1205	3934
互助县																785	339	291	155
大通县							279		160		119					2186	2113	73	
湟中县	153.1		53	91.7		8.4	164	65.2	27	71.8									
民和县	722			204		518													
化隆县	164	17		52	95														
贵德县	404			74	164	166													
门源县	16417		521	520	1358	14018	355		355			544	544	1090	1090				
合计	17860.1	17	574	941.7	1617	14710.4	798	65.2	542	71.8	119	544	544	1090	1090	8613	2955	1569	4089

第四章

单体建筑调查成果

    本报告中单体建筑，仅涉及敌台与烽火台。敌台均骑夯土墙体而建，属长城墙体上的建筑设施，在文献中称其为"随墙墩"。烽火台属长城的附属设施，文献中称作墩、烽堠、墩台、烽墩及烟墩……在空间上虽不与长城墙体相连接，但它们与长城本体构成了完善的军防体系，就军事而言，与长城墙体密切相关。本次共调查敌台 10 座，烽火台 116 座（表一四）。

表一四   青海省明长城资源单体建筑各县数量总登记表   单位：座

类别 \ 数量 \ 地点	乐都县	互助县	大通县	湟中县	西宁市区	民和县	平安县	化隆县	贵德县	门源县	总　计
敌　台		4	5							1	10
烽火台	27	17	13	26	3	12	10	5	3		116
合　计	27	21	18	26	3	12	10	5	3	1	126

第一节   敌台

一   分布概况

    敌台共 10 座（表一五），仅上圪塔敌台位于门源县境内，其余位于互助县与大通县境内的长城主线墙体之上。敌台均修建在要冲之地，位于山顶或低山丘陵处，所居地形的制高点相对较高，视野开阔，周围环境能尽收眼底，便于有效观察敌情动态，从而进一步增强了长城墙体的防御功能。

表一五　青海省明长城敌台形制总登记表

单位：米

| 序号 | 名称 | 地点 | 编码 | 材质 | 形状 | 尺寸 | | | | 夯层厚度 | 海拔 | 地貌类型 |
						高	底（长×宽）	顶（长×宽）				
1	水洞村1号敌台	互助县	6321263521011170001	夯土	覆斗形	3.4	18.7×16.4	4.9×4.5		0.2	3400	高山山地
2	水洞村2号敌台	互助县	6321263521011170002	夯土	覆斗形	3.6～4.5	16.2×12	3.3×2.6		不详	3054	高山山地
3	泥睐村敌台	互助县	6321263821011170003	夯土	覆斗形	4.1	16.4×11.2	3×3		0.23～0.25	3011	高山山地
4	马家庄敌台	互助县	6321263521011170004	夯土	覆斗形	5.4	17×11.6	2.5×1.1		0.23	3027	高山山地
5	毛家寨敌台	大通县	6301213521011170002	夯土	覆斗形	7	9.5×9	5×4.7		0.15～0.2	2694	低山丘陵
6	下庙沟1号敌台	大通县	6301213521011170004	夯土	覆斗形	9	7×7	(2.5～2.7)×2.5		0.12～0.15	2489	低山丘陵
7	下庙沟2号敌台	大通县	6301213521011170006	夯土	覆斗形	8.5	9.6×7.8	(3～3.8)×(2.4～3.9)		0.15～0.2	2671	低山丘陵
8	上庙沟敌台	大通县	6301213521011170007	夯土	覆斗形	6.3	7.6×6.9	(1.8～2)×(1.5～2)		0.1～0.2	2678	低山丘陵
9	元树尔敌台	大通县	6301213521011170008	夯土	覆斗形	8	(14.2～14.3)×(13.4～13.8)	(5～5.5)×6		0.15～0.2	2870	中山山地
10	上圪墶敌台	门源县	6322213521011170001	夯土	覆斗形	2	(14.2～17.3)×(10.6～15.6)	8×(5～5.5)		0.15～0.2	2980	中山山地

二　分县叙述

（一）互助县

1. 综述

互助县境内明代长城敌台共发现 4 座，这些敌台均分布在本县林川乡，位于地形相对平坦的高山山地，敌台所在区域视野开阔，对周围环境一览无余。敌台均骑墙而建，以承接各段长城墙体，同时与墙体相依存。4 座敌台分别为：水洞村 1 号敌台，东北与龙王山长城 2 段山险相连，西侧与水洞村壕堑 1 段相接；水洞村 2 号敌台，东北与水洞村长城 4 段夯土墙相连，西南与水洞村长城 5 段夯土墙相接；泥麻村敌台，东北与泥麻村长城 1 段夯土墙相连，西南与泥麻村长城 2 段夯土墙相接；马家庄敌台骑于马家庄长城 4 段墙体上。敌台与敌台之间没有固定的距离，相邻之间的距离分别为：水洞村 1 号敌台西南 2.0873 千米处是水洞村 2 号敌台，水洞村 2 号敌台西南 3.535 千米处是泥麻村敌台，泥麻村敌台西南 2.853 千米处是马家庄敌台。

2. 详细描述

互助县境内的敌台按照从东北向西南的调查顺序，分别排列为水洞村 1 号敌台、水洞村 2 号敌台、泥麻村敌台、马家庄敌台。按此顺序分述如下：

（1）水洞村 1 号敌台（编码：632126352101170001）

位于互助县林川乡水洞村东北 1.75 千米小轱辘山顶。该敌台位于水洞村壕堑 1 段长城本体之上，东北与龙王山长城 2 段山险相连，西侧与水洞村壕堑 1 段相接。敌台东南侧有大轱辘湾，系为自然冲沟，积雪融化顺沟而流，北侧山下有水洞峡，水从东北向西南流淌。该敌台所处位置较高，能清楚地观察到南门峡水库及周围平川地带的动况。西南距水洞村 2 号敌台约 2 千米。

该敌台因自然坍塌较甚，加之人为改造为"俄博"使用，致使本敌台已失原状。敌台整体现底大顶小，略呈覆斗形，平面呈长方形，剖面呈梯形，但周边形状均不规整。敌台系在自然堆积的山坡上找平基础后，就地取土，用黑灰土夹杂小石粒夯筑而成的实体建筑（以下敌台台体建筑方式基本与此类同），夯层厚 0.2 米。台体残高 3.4 米；底部呈长方形，东西长 18.7、南北宽 16.4 米；顶部呈不规则圆形，南北长 4.9、东西宽 4.5 米（图一三）。

该敌台整体保存状况一般。因长期受风雨侵蚀等自然因素影响，致使台体坍塌严重，已失原状，表面呈粉状脱落或片状剥离；此外台体表面植物生长也对台体造成一定的破坏。人为因素破坏主要表现为：台体顶部被挖毁，用小石块垒砌，中间竖一旗杆，其上插旗幡，人为将敌台改为现代宗教祭祀建筑，祭山神的"俄博"。

（2）水洞村 2 号敌台（编码：632126352101170002）

位于互助县林川乡水洞村四社西南 0.02 千米处。该敌台东北与水洞村长城 4 段相连，西南与水洞村长城 5 段相接。敌台依缓坡状的地势而建，北高南低，东西两侧均为耕地（彩图一〇四）。该敌台东北距水洞村 1 号敌台约 2 千米。

敌台台体整体呈覆斗形，平面呈圆角方形，剖面略呈梯形，由底部向上逐渐收分。敌台系用黄土夹杂少量小碎石粒夯筑而成的实体建筑，夯层厚度不详。台体高 3.6～4.5 米；底部呈长方形，南北长 16.2、东西宽 12 米；顶部亦呈长方形，东西长 3.3、南北宽 2.6 米。台体四周壁面陡直，南壁中部覆

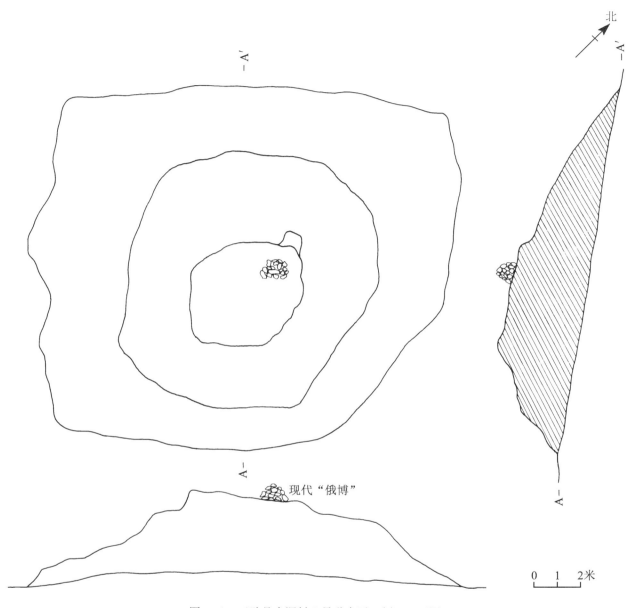

图一三 互助县水洞村 1 号敌台平、剖、立面图

压有一圈石块，用以加固台体（图一四）。

该敌台整体保存状况一般。损毁原因以人为因素为主，表现为村民为扩大耕地，在敌台底部取土，修建便道，致使敌台西侧有不同程度的坍塌；自然因素的表现基本同于上述敌台。

（3）泥麻村敌台（编码：632126352101170003）

位于互助县林川乡泥麻村八社村西南 0.06 千米处。该敌台东北与泥麻村长城 1 段相连，西南与泥麻村长城 2 段相接。该敌台地处村南地势较高的山梁上，东西两侧多为坡地，周围多为低缓的山丘，坡地被辟为耕地（彩图一〇五）。

该敌台台体整体呈不规则的覆斗形，因自然坍塌整体形状不甚规整，剖面略呈梯形，亦不规整。敌台系用夹杂小石粒的黑土堆积夯筑而成的实体建筑，夯层厚 0.23~0.25 米。台体高 4.1 米；底部呈长方形，东西长 16.4、南北宽 11.2 米；顶部略呈方形，边长 3 米。壁面的腰部覆压有一周石块，用以

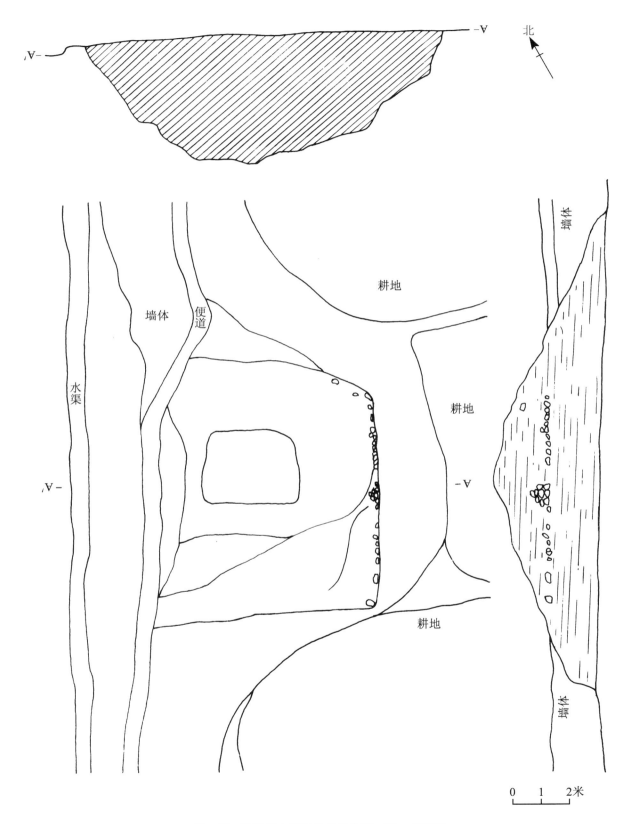

图一四　互助县水洞村 **2** 号敌台平、剖、立面图

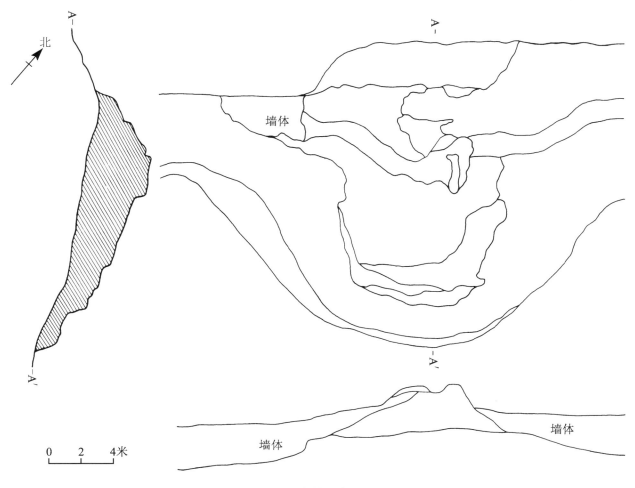

图一五 互助县泥麻村敌台平、剖、立面图

加固台体（图一五）。

该敌台整体保存状况一般。损毁原因以自然因素的破坏为主，表现同于上述敌台；人为因素次之，表现为村民为扩大耕地，挖毁局部敌台底部。此外台体周围长满野草等植物也对敌台造成一定程度的破坏。

（4）马家庄敌台（编码：632126352101170004）

位于互助县林川乡马家庄村泉湾自然村西南0.5千米的山腰处。马家庄敌台东北与马家庄长城4段相连，西南与马家庄长城5段相接。该敌台位于村外山坡处，所处地势西高东低，视野开阔（彩图一〇六）。

敌台台体整体呈覆斗形，平面形状为圆角长方形，剖面呈梯形，由底部向上部收分，收分2.2米。台体系用红砂土为主，夹杂少量灰褐土夯筑而成的实体建筑，夯层厚0.23米。该台体残高5.4米；底部与顶部均呈长方形，南北长17、东西宽11.6米；顶部东西长2.5、南北宽1.1米。台体东南角用红砂石块垒砌，用来加固墙体（图一六）。

台体四周散布零乱的青砖，青砖分两种：一种为长方形，长32、宽17、厚7厘米；一种方形，边长23、厚4厘米。从青砖分布的位置推测，青砖应该是用于本台体，但究竟是用于何处，用于包砌敌台还是用于建造本敌台的附属设施，难以推断，待考。

该敌台整体保存状况一般。损毁原因以人为因素的破坏为主，自然因素次之，具体表现与上述泥麻村敌台类同。此外植物生长、鼠害等也对台体造成了不同程度的破坏。

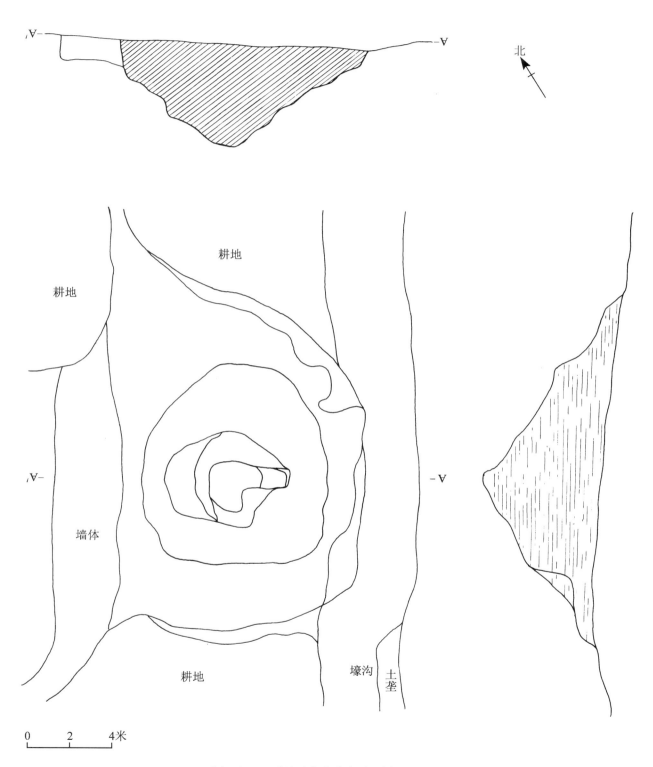

图一六　互助县马家庄敌台平、剖、立面图

（二）大通县

1. 综述

大通县境内的敌台总计 5 座，均分布于桥头镇，敌台所在区域地势高耸，视野开阔，周边环境尽收眼底。敌台皆骑墙而建，建于夯土墙体之上，与墙体相依存，都为黄土夯筑的实心台体。5 座敌台分别为：毛家寨敌台，北与毛家寨长城 2 段相连，南与毛家寨长城 3 段相接；下庙沟 1 号敌台，东北角与下庙沟长城 1 段第 1 自然段相连，西面与下庙沟长城 1 段第 2 自然段相接；下庙沟 2 号敌台，北与下庙沟长城 2 段相连，南与下庙沟长城 3 段相接；上庙沟敌台，东与下庙沟长城 3 段相连，西与上庙沟长城 1 段相接；元树尔敌台，东与元树尔长城 1 段相连，北与元树尔长城 2 段相接。敌台之间没有固定的间距，毛家寨敌台西南 4.35 千米处是下庙沟 1 号敌台，下庙沟 1 号敌台西南 1.05 千米是下庙沟 2 号敌台，下庙沟 2 号敌台西侧 0.44 千米是上庙沟敌台，上庙沟敌台西侧 1.94 千米是元树尔敌台。

2. 详细描述

大通县的敌台按照调查方向自东向西的顺序，依次排列为毛家寨敌台、下庙沟 1 号敌台、下庙沟 2 号敌台、上庙沟敌台、元树尔敌台。以此顺序分述如下：

（1）毛家寨敌台（编码：6301213521011170002）

位于大通县桥头镇毛家寨村西约 0.8 千米的大墩山山梁上。地势高耸，视野开阔。其西约 0.2 千米处是朔北乡马场村，东距毛家寨村约 0.8 千米，北与毛家寨长城 2 段相连，南与毛家寨长城 3 段相接，骑毛家寨长城 2 段、3 段墙体而建。西北侧 0.148 千米是毛家寨烽火台，东北与毛家沟烽火台遥遥相望，相距约 3 千米（彩图一〇七）。

毛家寨敌台位于大墩山的山顶，地势较高，视野开阔，可以瞭望东峡内的敌情，其北侧为一条沟谷通道，可由马厂村通往毛家寨村，从地形分析其沟谷在古代亦应为一条重要的通道。在此修建敌台，是为了加强此条沟谷的防御。此外，毛家寨长城 1 段在敌台的北侧约 12 米处呈直角拐弯，容易形成防御的死角，故而有必要在此修建敌台，以增强此段长城的防御。

敌台是在自然堆积的黄褐土山坡上找平基础就地取土，用黄褐土夯筑而成，内呈实体（以下敌台建筑方法与此类同）。夯土层较为清楚，夯土层厚 0.15~0.2 米，夯窝不详。整体呈覆斗状，平面略呈长方形，剖面略呈梯形，由底向上逐步收分，收分 2 米。敌台向墙体外侧（西侧）伸出 0.9 米，内侧（东侧）伸出墙体 6 米。台体高 7 米；底部南北长 9.5、东西宽 9 米；顶部略呈长方形，东西长 5、南北宽 4.7 米（图一七）。

敌台整体保存状况一般。台体表面呈现片状和粉状脱落，台体四壁出现不同程度的坍塌，周围有坍塌土堆积。造成敌台损毁及坍塌的原因以自然因素为主，主要表现为风雨侵蚀、风化、酥碱等。其次人为踩踏和平整土地也造成了损毁。西壁有一条现代踩踏出来的小路从南边登上敌台中部，小路宽 0.3~0.5 米，转而东向直达台体顶部。当地村民平整土地，在敌台底部取土，造成敌台的基础高出地表，直接破坏了敌台。还有植物生长及鼠洞也对敌台造成了不同程度的破坏。

（2）下庙沟 1 号敌台（编码：6301213521011170004）

位于大通县桥头镇下庙沟村村北约 0.05 千米的山坡上。东北与下庙沟长城 1 段第一自然段相连，西面与下庙沟长城 1 段第二自然段相接，并与下庙沟关相依存。

此处是娘娘山东南山麓山脊的延伸，它据守永安峡，峡口上下是地势平坦的川地，视野开阔，这里也是来犯之敌进攻的首选之地，为了加强此处的防御力量而设立敌台。

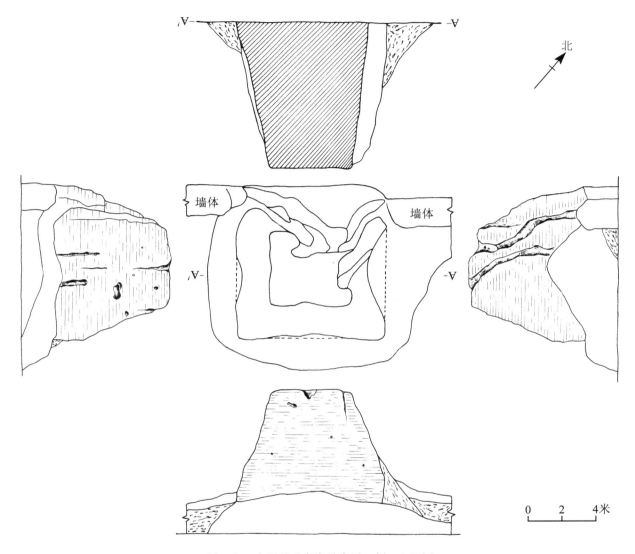

图一七　大通县毛家寨敌台平、剖、立面图

敌台骑墙体而建，就地取土，用黄褐土夯筑而成，夯土层内夹杂少量的碎石块。夯土层中间发现有桩木，桩木为杨树段，直径 8～10 厘米。夯土层厚 0.12～0.15 米。台体整体呈覆斗状，平面略呈正方形，剖面为梯形，由底向上逐渐收分，收分 2～2.7 米。台体高 9 米；底部东西长 7、南北长 7 米；顶部南北长 2.5～2.7、东西宽 2.5 米。敌台东北角及西壁均与下庙沟长城 1 段墙体相接（图一八）。

该敌台整体保存程度一般，局部尚有损毁，东、南、北壁均坍塌，底部坍塌土呈斜坡状。损毁及坍塌原因基本与毛家寨敌台相同。

（3）下庙沟 2 号敌台（编码：630121352101170006）

位于大通县桥头镇下庙沟村村北约 0.2 千米的山坡上。北与下庙沟长城 2 段相连，南与下庙沟长城 3 段相接。台体南 0.2 千米的山下是下庙沟村，庙沟河由北至南从村中流过；北距敌台 0.2 千米的山下是桥头镇阇门滩村及大通县城区。

此处是娘娘山东南山麓山脊的延伸，所在地山丘高耸，视野开阔。敌台的北侧是比较平缓的山坡，也是由大通县城进入庙沟的一条捷径，在此设立敌台是为了加强该段长城的防御。

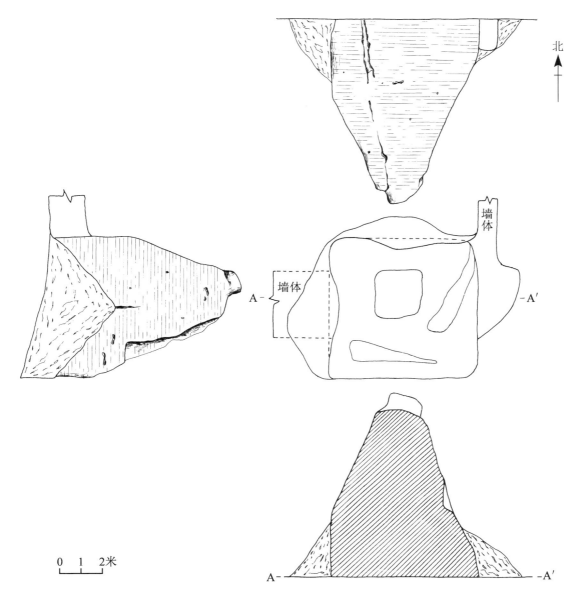

图一八　大通县下庙沟1号敌台平、剖、立面图

　　敌台是以黄褐土夯筑而成，夯土层内夹杂少量的碎石块，夯层厚0.15～0.2米。在敌台南壁可见到桩木痕迹3处，其中1处东西向横放，另外2处南北向横放，间距约1米，桩木直径6～8厘米，为桦树。台体上还可见到边麻、桦树枝条缠绕木楔的痕迹，木楔的长度不详，顶部边长2～3厘米。台体整体呈覆斗状，平面略呈长方形，剖面呈梯形，由底向上逐渐收分，收分2米。台体高8.5米；底部略呈长方形，东西长9.6、南北宽7.8米；顶部略呈不规则形，东壁长3.8、西壁长3、南壁长3.9、北壁长2.4米。下庙沟2号敌台北、南两面与长城墙体相接，并高出墙面6.9米（图一九）。在敌台的墙面上，有现代人攀爬台体的脚窝，但尚未发现有古人修筑通向台顶登台的台阶等遗迹。

　　敌台整体保存程度一般。台体表面呈现片状和粉状脱落，台体四壁出现不同程度的坍塌，四周堆积有坍塌土。损毁的原因主要为自然因素，主要表现同上述；人为破坏因素表现为取土、踩踏和刻划。

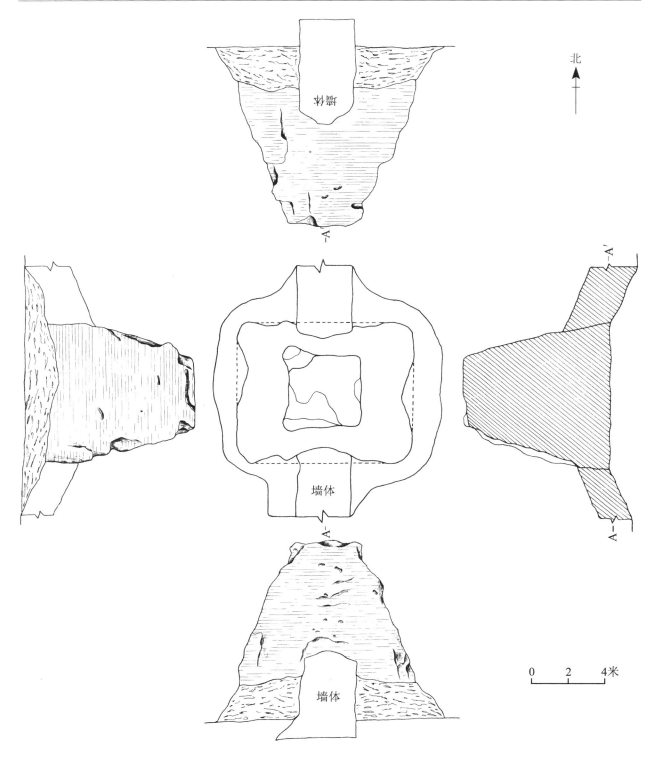

图一九　大通县下庙沟 **2** 号敌台平、剖、立面图

南壁壁面凹凸不平，遗留有现代人攀爬台体的脚窝，存有踩踏痕迹；西侧坍塌踩踏形成一条登台斜径；北壁东侧墙下有人工取土的痕迹。此外，敌台表面还见到了一些游人留下的刻划符号，及"某某到此一游"、"气势雄伟明长城"等。

（4）上庙沟敌台（编码：630121352101170007）

位于大通县桥头镇上庙沟村村北约 0.7 千米的山坡上。西与上庙沟长城相连，东与下庙沟长城 3 段相接（彩图一〇八）。台体南 0.7 千米的山下是上庙沟村，庙沟河由北至南从村中流过；北距敌台 1 千米的山下是桥头镇闇门滩村及大通县城区。敌台东南侧约 0.6 千米为庙沟中心完全小学，敌台东南约 0.44 千米是下庙沟 2 号敌台。

此处是娘娘山东南山麓山脊的延伸，所在地山丘高耸，视野开阔。敌台东北是比较平缓的山坡，也是由大通县城进入庙沟的一条捷径，为了加强此处的防御，在此修建了敌台。

敌台用黄褐土夯筑而成，内呈实体。夯土层较为清楚，夯层厚 0.1～0.2 米。敌台南壁可以见到桩木痕迹，仅存桩木孔洞，直径 6 厘米。台体整体呈覆斗状，平面略呈长方形，剖面略呈梯形，由底向上逐步收分，收分 1.6～3 米。台体高 6.3 米；底部东西长 7.6、南北宽 6.9 米；顶部坍塌较为严重，平面略呈不规则形，西壁长 1.8、东壁长 2、南壁长 1.5、北壁长 2 米。由于敌台坍塌等因素的影响，整体呈截尖锥形，风蚀、雨水冲刷较为严重，壁已倾斜，坡度约 65°。敌台东、西两面与长城墙体相接，并高出墙顶 6 米（图二〇）。在敌台壁面未发现有古人修筑的通向台顶的台阶等遗迹。

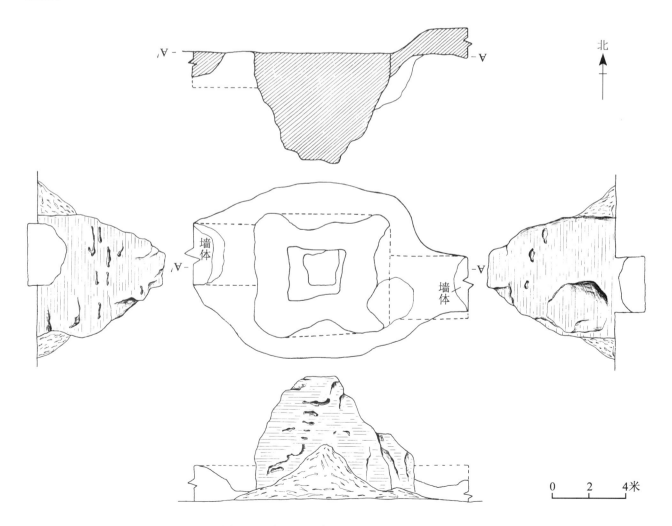

图二〇　大通县上庙沟敌台平、剖、立面图

敌台整体保存程度一般，局部损毁。台体表面呈现片状和粉状脱落，台体四壁出现不同程度的坍塌，敌台周围有坍塌土堆积。南壁凹凸不平，留有今人攀爬敌台踩踏出的脚窝。损毁原因基本与下庙沟2号敌台类同。

（5）元树尔敌台（编码：630121352101170008）

位于大通县桥头镇元树尔村村南0.8千米的山坡上。该敌台东与元树尔长城1段相连，北与元树尔长城2段相接（彩图一〇九）。台体东南0.5千米的山下是上庙沟村，庙沟河由南至北从村中流过；南距敌台0.5千米的山下是桥头镇元树尔村及青海煤业集团立井矿。敌台东与上庙沟敌台相呼应，相距1.94千米，东南过山下的庙沟河及庙沟村与南面的上关烽火台相望，相距约4千米。

敌台所在的山丘地势较高，视野开阔，敌台的北侧是地势较为平缓的山坡，也是今元树尔村进入庙沟的一条捷径；另外，长城在此处转为直角，容易形成防守的死角，在此处修筑敌台是为了加强此段长城的防御。

敌台用黄褐土夯筑而成，内呈实体。夯土层较为清楚，夯土层厚0.15~0.2米。整体呈覆斗状，平面略呈长方形，剖面略呈梯形，由底向上逐步收分，收分3米。台体高8米；底部略呈长方形，东壁长13.8、西壁长13.4、南壁长14.2、北壁长14.3米；顶部亦呈不规则形，东壁长5.5、西壁长5米，南、北壁长6米。敌台南壁中部有一条雨水冲刷沟，宽2.3米，贯穿台体。另外，有一道附墙与敌台北壁墙面相齐并延伸向西，长26米，底宽3.2、顶宽2.2、高4米，其中西端有16米内侧宽约1米的半壁墙体坍塌无存（图二一）。此段墙体被元树尔壕堑1段打破。

该敌台整体保存程度一般，局部尚有损毁，损毁原因及被毁现状与上庙沟敌台基本相同。

（三）门源县

门源县境内仅有1座敌台。

上圪瘩敌台（编码：632221352101170001）

位于门源县北山乡上圪瘩村村西北约0.9千米处。东南与上圪瘩长城2段相连，西北与上圪瘩长城3段相接。敌台所在的山丘高耸，视野开阔，其南与老虎沟河相望，在此处修筑敌台是为了增加此段长城的防御功能。敌台依墙而筑，台体东南0.9千米是上圪瘩村五社，由上圪瘩村通往田间的沙石路位于台体东侧，台体东、西侧的山坡下已辟为农田。

敌台是在自然堆积的河卵石上找平基础、以黄褐土夯筑而成的实体建筑，黄褐土从他处搬来，具体位置不详。夯土层厚0.15~0.2米。整体略呈覆斗状，因四壁坍塌严重，平面呈不规则圆形，剖面略呈梯形。台体高2米；底部东壁长15.6、西壁长10.6、南壁长14.2、北壁长17.3米；顶部东壁长5.5、西壁长5米，南、北壁长8米。敌台顶部中间有一个现代用石块垒砌的"俄博"（图二二）。

敌台整体保存状况一般。四壁坍塌较重，坍塌堆土呈斜坡状。损毁原因系自然坍塌，顶部遗留有人为踩踏的痕迹。

根据门源县明代长城修筑于明代，敌台与长城相依存，基本为同时修筑，故推测此敌台的修建年代为明代。

三　建筑方式

敌台的修建方式，是在原地面自然基础上找平底部基础后夯筑的实心台体。夯筑台体的建筑材

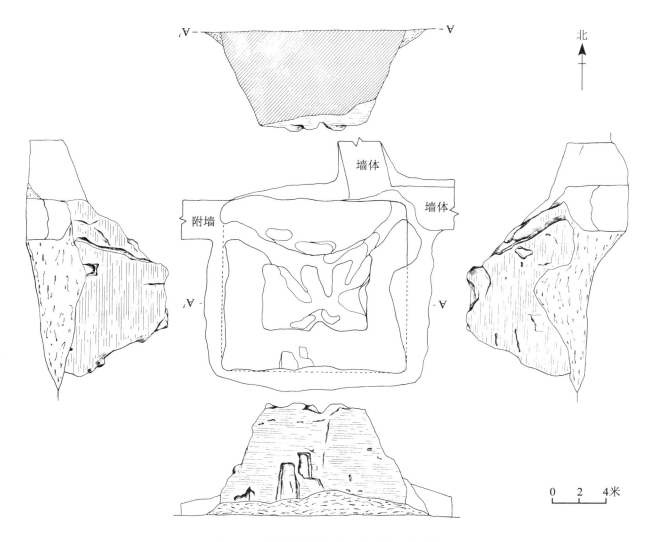

图二一　大通县元树尔敌台平、剖、立面图

料大多就地取土，采用原地的黄褐土、黑灰土等夯筑而成，夯土层中普遍夹杂有小石粒。建在门源县境内的上疙瘩敌台较特殊，敌台是在自然堆积的河卵石上找平基础，夯筑台体的黄褐土从他处搬来。各处敌台夯土层的厚度由于土质黏合度的不同略有差异，夯层厚 0.1 ~ 0.25 米。个别夯土层中残存有桩木痕迹，桩木孔径 6 ~ 10 厘米。如在大通县下庙沟 1 号敌台夯土层中间发现有桩木，桩木为杨树枝；下庙沟 2 号敌台南壁可见到 3 处桩木痕迹；上庙沟敌台南壁可以见到桩木痕迹，仅存桩木孔洞，直径 0.06 米。位于互助县的水洞村 2 号敌台、泥麻村敌台和马家庄敌台，环绕台体局部垒筑有石块，可能是用来加固台体。另在马家庄敌台的台体四周散布零乱的长方形及方形青砖，从青砖分布的位置推测，青砖应该是使用于本台体，但是用于包砌敌台还是用于建造敌台上的附属设施，已难推断。

　　台体整体呈覆斗形，由底部向顶部逐渐收分，剖面略呈梯形。台体现存高度 2 ~ 9 米；底部呈长方形或方形，东西长 7 ~ 18.7、南北宽 7 ~ 16.4 米；顶部平面亦呈长方形或正方形，东西长 1.8 ~ 8、南北宽 1.1 ~ 6 米。

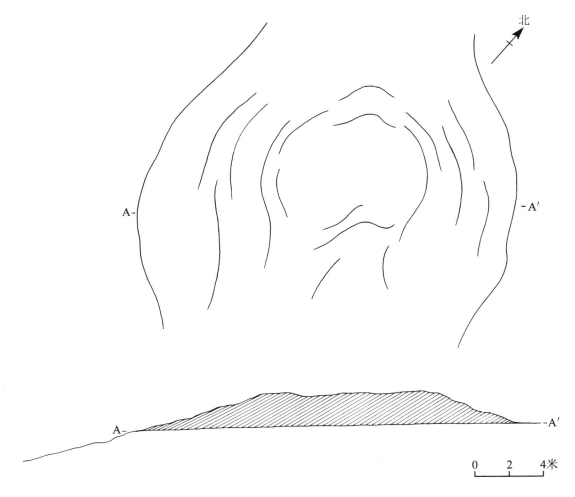

图二二　门源县上圪瘩敌台平、剖面图

四　文物标本

本次调查仅在马家庄敌台台体表面采集到两件灰砖，工作编号分别为 0002 和 0003，均为建筑构件。分述如下：

（一）工作编号 0002

长方形灰砖，灰砖呈长方形，长 32、宽 17、厚 7 厘米（图二三，1；彩图一一〇）。

（二）工作编号 0003

方形灰砖，灰砖呈方形，边长 23、厚 4 厘米。表面残留白灰（图二三，2；彩图一一一）。

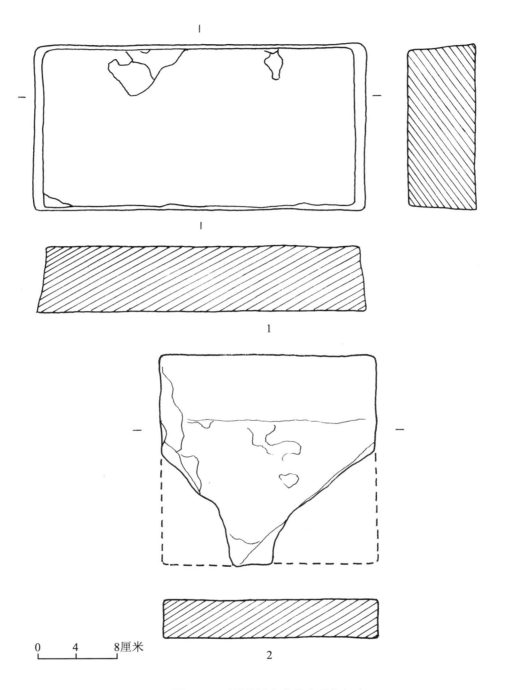

图二三　互助县马家庄敌台采集灰砖
1. 长方形灰砖（0002）　　2. 方形灰砖（0003）

第二节　烽火台

一　分布概况

本次调查的 116 座烽火台，分布地点位于民和县、乐都县、平安县、互助县、大通县、湟中县、化隆县、贵德县与西宁市（表一六）。这些烽火台修筑地形通常选择在易于相互瞭望的山顶及高岗处，个别修筑在河谷谷地的耕地中。充分反映出了"烽燧于高山四望险绝处置，无山在平地高过处置"[1] 的建造特点。

烽火台与长城本体的布局，各地不尽相同，多数置于长城内侧，少数布于长城外侧，只有部分紧邻长城本体，大多烽火台是在长城以外并向远处伸展，主要矗立在交通要道两侧、峡榨、闸门及关堡附近。烽火台的布局有的由数座烽火台组成烽燧线呈线状分布，走向大致按东西、南北向分布，走向清晰；也有的为点状布局，虽不成一定走向，但都可彼此联系。

二　分县叙述

（一）民和县

1. 综述

民和县境内的烽火台共发现 12 座，分别位于川口镇、古鄯镇、官亭镇等（地图八），烽火台所在区域地势高耸，视野开阔，周边环境尽收眼底。烽火台的布局，均位于黄河北岸交通线两侧的山头之上，构成了两条东西并列、南北走向的烽燧线：

其一：黄河北岸烽燧东线。调查中可见到的 4 座烽火台分别位于甘肃省与青海省境内，依次由川城烽火台（位于甘肃省永靖县川城乡，依地名定为川城烽火台）、后坪烽火台、段岭烽火台（位于甘肃省永靖县段岭乡，依地名定为段岭烽火台）、马家川烽火台组成。这条烽燧线居于青海省最东边，与甘肃省烽火台交错接壤，由青海境内的后坪烽火台向南传至甘肃省川城烽火台，进入甘肃境内继续向南传递至河州卫。其具体的传递路线由于没有实地调查甘肃永靖境内的烽火台，故情况暂不详。

其二：黄河北岸烽燧西线。烽燧线的走向基本是沿民和县官亭镇至川口镇的公路而行，先由南向北走向又转为东西走向，南端起自黄河北岸临津渡，途经官亭镇、满坪镇、古鄯镇、巴州镇至川口镇。依次由苏家窑子烽火台、胡李家烽火台、朱家岭烽火台、东湾烽火台、马家山烽火台、下胡家烽火台、果园烽火台、小垣烽火台、小山子烽火台、胡拉海烽火台 10 座烽火台组成，从苏家窑子烽火台至小垣烽火台为南北走向，自小垣烽火台至胡拉海烽火台，又沿湟水南岸从东向西而行与乐都县湟水南岸烽燧线东端的芦草沟 1 号烽火台相接。这条烽燧线的走向基本与西宁东去的东南驿路的走向一致，可衔接与传递黄河与湟水两岸的信息。

---

[1]　贺昌群：《烽燧考》，《贺昌群史学论著选》，中国社会科学出版社，1985 年，第 26 页。

表一六　青海省明长城烽火台形制总登记表

单位：米

序号	名称	地点	编码	形状	尺寸			夯层厚度	附属设施	海拔	地貌类型
					高	底（长×宽）	顶（长×宽）				
1	小垣烽火台	民和县	6321222353201170001	覆斗形	4.3	4.4×（3.7~4.2）	（2.5~2.7）×2.3	0.11~0.13		1889	河谷地
2	小山子烽火台	民和县	6321222353201170002	覆斗形	4	径长4.5~5.6	（1.9~2.1）×（1.3~1.7）	0.12~0.14	台体外侧有环壕	2063	中山山地
3	胡拉海烽火台	民和县	6321222353201170003	覆斗形	1.8	径长8.5~8.8	边长3.4	不详		2131	中山山地
4	果园烽火台	民和县	6321222353201170004	覆斗形	2.9	5.6×5.6	3.9×（3.2~4）	0.16		2115	中山山地
5	下胡家烽火台	民和县	6321222353201170005	覆斗形	5.6	7×7	5×4.8	0.09~0.13		2429	中山山地
6	马家山烽火台	民和县	6321222353201170006	覆斗形	4.2	径长5.2	径长0.6	0.08~0.12	台体外侧有围墙	2422	中山山地
7	胡李家烽火台	民和县	6321222353201170007	覆斗形	5	（5~7）×5.6	（3.2~3.3）×3	0.14~0.16		1974	中山山地
8	苏家峇子烽火台	民和县	6321222353201170008	覆斗形	3.7	5×4.9	2.5×1.5	0.1~0.12	台体外侧有环壕	2094	中山山地
9	朱家岭烽火台	民和县	6321222353201170009	覆斗形	4.6	（5.6~7.4）×（5.6~6.6）	（2.8~5.6）×2.8	0.11~0.13		2405	中山山地
10	后坪烽火台	民和县	6321222353201170010	覆斗形	5.1	6.9×6.9	3.4×（3~3.4）	0.18~0.2	台体外侧有围墙	2408	中山山地
11	马家川烽火台	民和县	6321222353201170011	覆斗形	4	6×6	5×5	0.12~0.14		2441	中山山地
12	东湾烽火台	民和县	6321222353201170012	覆斗形	2.3	径长7.1~7.5	2.4×2	0.12		2581	中山山地
13	转花湾村烽火台	乐都县	6321235353201170001	覆斗形	5.4~6	16.6×16.6	3.4×3.4	0.1~0.14	台体外侧有围墙	2463	中山山地
14	那家庄烽火台	乐都县	6321235353201170002	覆斗形	2.5	7.1×7	3.3×3	0.1~0.12	台体外侧有围墙和壕沟	2519	中山山地
15	孟家湾村1号烽火台	乐都县	6321235353201170003	覆斗形	5.2	9.5×8.4	7.8×5.8	0.1		2525	中山山地
16	孟家湾村2号烽火台	乐都县	6321235353201170004	覆斗形	3.1	6.6×5.6	3.5×3.1	0.1		2378	中山山地
17	马厂岭烽火台	乐都县	6321235353201170005	覆斗形	3.9~4.2	8.3×6.8	5.6×5.4	0.12		2328	中山山地
18	羊肠子沟烽火台	乐都县	6321235353201170006	覆斗形	7	5.5×4.6	1.4×1.3	0.1		2023	低山丘陵
19	碾木沟烽火台	乐都县	6321235353201170007	覆斗形	5.2~5.5	7.5×7.5	4.4×4.4	0.12		2299	中山山地
20	碾线岭烽火台	乐都县	6321235353201170008	覆斗形	3.2	20×19.5	4.1×3.9	0.2	台体外侧有环壕	2365	中山山地
21	扎门村烽火台	乐都县	6321235353201170009	覆斗形	2.4	（10.3~10.9）×（8~9.6）	2.6×2.6	0.23		2390	中山山地

续表

序号	名称	地点	编码	形状	尺寸			夯层厚度	附属设施	海拔	地貌类型
					高	底(长×宽)	顶(长×宽)				
22	仓岭沟村1号烽火台	乐都县	6321233532011700010	覆斗形	4.6	7.8×6.6	4.8×4.5	0.13~0.15		2706	中山山地
23	仓岭沟村2号烽火台	乐都县	6321233532011700011	覆斗形	4~4.2	6.3×6.3	4.8×4.8	0.11~0.12		2610	中山山地
24	仓岭沟村3号烽火台	乐都县	6321233532011700012	覆斗形	8	10.2×9.8	4.1×3.6	0.13		2640	中山山地
25	祁家山村烽火台	乐都县	6321233532011700013	覆斗形	6.8	11.5×11.5	6.7×6.7	0.12~0.15		2688	中山山地
26	胜利村烽火台	乐都县	6321233532011700014	覆斗形	3.6~6.2	22.3×18.9	7.6×5	0.21		2717	中山山地
27	墩湾村烽火台	乐都县	6321233532011700015	覆斗形	6	13×5.4	9×3.5	0.11		2598	中山山地
28	白崖坪村烽火台	乐都县	6321233532011700016	覆斗形	5.2	8.8×6.9	6.1×4.8	0.11~0.14		2350	中山山地
29	晁马家村1号烽火台	乐都县	6321233532011700017	覆斗形	7.2	10.8×10.5	3.3×3.3	0.11~0.14	台体外侧有环壕	2212	中山山地
30	晁马家村2号烽火台	乐都县	6321233532011700018	覆斗形	3.6	16.1×14	径长5.3	0.13~0.15	台体外侧有环壕	2168	低山丘陵
31	芦草沟1号烽火台	乐都县	6321233532011700019	覆斗形	10.3	8.3×7.5	2.9×2.9	0.13~0.15	台体西北26米处有5个小墩	2310	中山山地
32	芦草沟2号烽火台	乐都县	6321233532011700020	覆斗形	3	3.7×2.7	2.4×(1.1~1.8)	0.16	台体外侧有环壕	2303	中山山地
33	芦草沟3号烽火台	乐都县	6321233532011700021	馒头形	3.2	径长15	径长4.1	0.15~0.2		2393	中山山地
34	芦草沟4号烽火台	乐都县	6321233532011700022	覆斗形	5.2	7.2×7.2	3.4×2.7	0.13~0.15	台体外侧有环壕，附近有7个小墩	2390	中山山地
35	店子村1号烽火台	乐都县	6321233532011700023	覆斗形	5.7~6.4	10.5×10	7.8×7.8	0.16		1997	河谷地
36	店子村2号烽火台	乐都县	6321233532011700024	覆斗形	6	7×6.6	4.4×3.4	0.16		1977	河谷地
37	深沟村烽火台	乐都县	6321233532011700025	覆斗形	6.3~6.8	9.3×8.2	4.9×3.3	0.15	台体外侧西、南面有环壕	2200	低山丘陵
38	干沟烽火台	乐都县	6321233532011700026	覆斗形	7.3	9.6×(8.4~9.6)	(5~5.2)×(5~5.2)	0.1~0.12	台体外侧有环壕	2643	中山山地
39	城南墩烽火台	乐都县	6321233532011700027	覆斗形	6	(5.8~7.5)×(5.7~7.5)	5.6×4.5	0.14~0.2		2540	中山山地
40	石家营烽火台	平安县	6321213532011700001	覆斗形	5	5.5×4.5	(4.1~4.3)×(2.1~2.8)	0.12		2157	低山丘陵

续表

序号	名称	地点	编码	形状	高	底(长×宽)	顶(长×宽)	夯层厚度	附属设施	海拔	地貌类型
41	柳湾烽火台	平安县	632121353201170002	覆斗形	10	(7.2~9.7)×(7~7.8)	不详	0.12~0.14		2146	低山丘陵
42	上红庄烽火台	平安县	632121353201170003	覆斗形	5.3	(5.6~6.2)×5.1	2.3×1.2	0.09~0.11		2217	低山丘陵
43	东村烽火台	平安县	632121353201170004	覆斗形	1.7	(6.5~7)×(6.2~6.5)	2.6×1	0.09~0.1		2098	低山丘陵
44	石沟沿烽火台	平安县	632121353201170005	覆斗形	1.8	4.5×(2.5~2.6)	3.5×2.5	0.16~0.2		2353	中山山地
45	沈家烽火台	平安县	632121353201170006	覆斗形	3.4	7.5×7.5	(4~4.1)×4	0.08~0.12		2252	中山山地
46	糜子湾烽火台	平安县	632121353201170007	覆斗形	2.3	(2.6~2.9)×(2.6~2.9)	(1.4~2.2)×(1.8~1.9)	0.08~0.12		2853	中山山地
47	永安烽火台	平安县	632121353201170008	覆斗形	3	(6.8~7.8)×(6.8~7.8)	(4.9~5.1)×(3.4~4.8)	0.14~0.18		2852	中山山地
48	北岭烽火台	平安县	632121353201170009	覆斗形	2.6	(2.5~2.7)×(2~2.2)	不详	0.15~0.18		2950	中山山地
49	沙义岭烽火台	平安县	632121353201170010	覆斗形	3.5	(2.7~2.9)×(2.3~2.5)	(0.9~1.2)×(0.6~1.3)	0.13~0.17		2846	中山山地
50	马家庄烽火台	互助县	632126353201170005	覆斗形	4.2	6.1×5.2	5.6×3.8	0.08		2895	中山山地
51	直沟村烽火台	互助县	632126353201170006	馒头形	2.7	径长20.6		夯层不清		3331	中山山地
52	闸门烽火台	互助县	632126353201170007	覆斗形	5	6.3×4.3	4.5×2.3	0.24~0.26	台体西南92米处有5个小燧	2761	低山丘陵
53	格隆村烽火台	互助县	632126353201170008	覆斗形	5.8	22.8×22	4.5×3	不详	台体外侧有环壕	2931	中山山地
54	善马沟村1号烽火台	互助县	632126353201170009	覆斗形	3.7	4.9×(4.5~5.4)	2.7×(2.3~2.7)	0.2		2952	中山山地
55	上台子村1号烽火台	互助县	632126383201170010	覆斗形	4.6	6.7×6.6	4.4×4.5	0.18		2660	低山丘陵
56	上台子村2号烽火台	互助县	632126353201170011	覆斗形	2.9	10.1×9.4	8.4×4.5	0.15		2676	中山山地
57	善马沟村2号烽火台	互助县	632126353201170012	覆斗形	6	5.8×5	3.5×3.1	0.15~0.2		2676	中山山地

续表

序号	名称	地点	编码	形状	尺寸 高	尺寸 底(长×宽)	尺寸 顶(长×宽)	夯层厚度	附属设施	海拔	地貌类型
58	拉卡村1号烽火台	互助县	632126353201170013	覆斗形	4.2~5.7	4.8×4.8	4.4×4.2	0.13~0.16		2933	中山山地
59	拉卡村2号烽火台	互助县	632126353201170014	覆斗形	3.5	4.6×3.9	2.8×2.2	0.2		2989	中山山地
60	水湾村烽火台	互助县	632126353201170015	覆斗形	6	5.4×3.4	1.4×(1.2~1.4)	0.14		2373	中山山地
61	总寨村烽火台	互助县	632126353201170016	覆斗形	3.8	7.6×(6.8~7)	3.8×3.6	0.14	台体西北96米处有5个小墩	2558	中山山地
62	山城村烽火台	互助县	632126353201170017	馒头形	5.4	20.3×18.8	1.6×1.3	0.2		2997	中山山地
63	黑庄村烽火台	互助县	632126353201170018	覆斗形	6	17.6×15.4	2.2×2.1	0.16		3455	中山山地
64	七塔尔村烽火台	互助县	632126353201170019	馒头形	5.7~6.6	径长14.9	径长1.6	0.21	台体东侧残存壕沟	2911	中山山地
65	双树烽火台	互助县	632126353201170020	覆斗形	6	北壁长4.8	不详	0.07~0.14	台体周围有内外两道围墙	2566	中山山地
66	红嘴烽火台	互助县	632126353201170021	不详	3.3	不详	不详	0.1~0.14		2614	中山山地
67	毛家沟烽火台	大通县	630121353201170001	覆斗形	8.5	11.5×11.5	(5.8~7)×(5.8~7)	0.12~0.15		2816	中山山地
68	毛家寨烽火台	大通县	630121353201170003	覆斗形	3.75~4	东壁长6	东壁长3.6,北壁长3.3,南壁长4.5,西壁不详	0.12~0.15	台体外侧有一周环壕	2691	低山丘陵
69	下庙沟烽火台	大通县	630121353201170005	覆斗形	6	径长7.2	2.2×1.8	0.15~0.2		2556	低山丘陵
70	元树尔烽火台	大通县	630121353201170009	圆锥形	2.9	径长10		0.18	台体外侧有环壕	2959	低山丘陵
71	下毛伯胜烽火台	大通县	630121353201170010	覆斗形	3.3	5.2×5.2	4×4	0.15~0.2	台体北侧有围墙	2726	低山丘陵
72	宽多洛烽火台	大通县	630121353201170011	覆斗形	7.7	7.5×7	3.2×3.2	0.1~0.16	台体北侧有围墙	2732	河谷地
73	石庄烽火台	大通县	630121353201170012	覆斗形	7.7	11×11	6×6	0.15~0.18	台体外侧有环壕、围墙	2707	河谷地
74	长宁1号烽火台	大通县	630121353201170013	覆斗形	4.5	(3.2~4.2)×(2.8~3.6)	(5.1~7)×(3.5~6.4)	0.11~0.14		2368	河谷地

续表

序号	名称	地点	编码	形状	尺寸			夯层厚度	附属设施	海拔	地貌类型
					高	底(长×宽)	顶(长×宽)				
75	上关烽火台	大通县	63012135320117 0014	覆斗形	6	(7.8~8.5)×(7~7.5)	(6.2~6)×(5.2~5)	0.14~0.16	台体外侧有壕沟、围墙	2631	低山丘陵
76	长宁2号烽火台	大通县	63012135320117 0015	覆斗形	3.5	(3.1~3.2)×(2.9~3)	(1.6~2)×(1.5~1.9)	0.14~0.16		2436	低山丘陵
77	平乐1号烽火台	大通县	63012135320117 0016	覆斗形	3	3.8×3.8	3×(1.8~2.5)	0.14~0.16	台体外侧有环壕	2690	低山丘陵
78	平乐2号烽火台	大通县	63012135320117 0017	覆斗形	2.5	4.1×3.6	2.7×2	0.14~0.16		2573	低山丘陵
79	放马沟烽火台	大通县	63012135320117 0018	覆斗形	3.7	3.7×3.7	(1.2~1.5)×(0.9~1.1)	0.12~0.14		2573	低山丘陵
80	上新庄2号烽火台	湟中县	63012235320117 0001	覆斗形	7.5	不详	2.8×2.1	0.15~0.2		2937	低山丘陵
81	下峡门烽火台	湟中县	63012235320117 0002	覆斗形	3.6	南壁长5.6	4.3×4.3	0.07~0.2		2956	低山丘陵
82	上新庄1号烽火台	湟中县	63012235320117 0003	覆斗形	7.2	(7.45~8.8)×(6.6~7.4)	不详	0.15~0.23	外侧有围墙	2731	河谷地
83	加牙1号烽火台	湟中县	63012235320117 0004	覆斗形	3.7	8×8	6.7×6.7	不详		2768	低山丘陵
84	加牙2号烽火台	湟中县	63012235320117 0005	覆斗形	7.1	(10.5~11.4)×(8.4~10.5)	3.1×5.2	0.1~0.14	台体东北18米处有6个小燧	2759	低山丘陵
85	陈家滩1号烽火台	湟中县	63012235320117 0006	覆斗形	10.4	9.2×8.3	5.4×5.1	0.1~0.14		2691	低山丘陵
86	陈家滩2号烽火台	湟中县	63012235320117 0007	覆斗形	8.5	10.3×(7.5~7.7)	4×2.2	0.09~0.15	台体东0.154千米处有6个小燧	2758	低山丘陵
87	李九烽火台	湟中县	63012235320117 0008	覆斗形	5	12.6×(9.5~11.3)	5.3×5.1	0.1~0.2		2761	低山丘陵
88	坡西烽火台	湟中县	63012235320117 0009	覆斗形	6.7	9.5×9.5	不详	0.12~0.16		2716	低山丘陵
89	李家庄烽火台	湟中县	63012235320117 0010	覆斗形	5.85	6.8×6.4	不详	0.08~0.14	台体西13米处有6个小燧	2709	低山丘陵
90	下马申1号烽火台	湟中县	63012235320117 0011	覆斗形	7	8.3×8.3	4.8×4.8	0.09~0.14		2669	低山丘陵

续表

序号	名称	地点	编码	形状	高	尺寸 底(长×宽)	尺寸 顶(长×宽)	夯层厚度	附属设施	海拔	地貌类型
91	下马申2号烽火台	湟中县	6301223533201170012	不详	6.3	不详	不详	0.1~0.12		2671	低山丘陵
92	大草沟烽火台	湟中县	6301223533201170013	覆斗形	6.7	6.8×6.8	2.8×2.8	0.09~0.12		2655	低山丘陵
93	王家山烽火台	湟中县	6301223533201170014	覆斗形	5.9	不详	不详	0.07~0.13		2702	低山丘陵
94	转嘴烽火台	湟中县	6301223533201170015	不详	3.5	东西长11	6×2.1	0.2		2590	低山丘陵
95	水草沟烽火台	湟中县	6301223533201170016	覆斗形	3.8	5.2×5.2	4.2×4.2	0.14~0.2		2878	低山丘陵
96	后沟烽火台	湟中县	6301223533201170017	覆斗形	5	南壁长3.8	东壁长2.6、北壁长2.2、南壁长2.4、西壁不详	0.17~0.2		2940	低山丘陵
97	李家山烽火台	湟中县	6301223533201170018	覆斗形	7.7	6.4×5.1	3.4×1.6	0.12~0.22		2817	低山丘陵
98	民联烽火台	湟中县	6301223533201170019	覆斗形	5.3	6.6×6.6	2.9×2.5	0.15~0.23		2817	低山丘陵
99	下西河烽火台	湟中县	6301223533201170020	覆斗形	6	5.8×5.2	3.8×3.3	0.09~0.15		2777	低山丘陵
100	扎麻隆烽火台	湟中县	6301223533201170021	覆斗形	7.4	(6.5~7.6)×(6.7~7.3)	4.1×4.1	0.09~0.22		2675	低山丘陵
101	多四烽火台	湟中县	6301223533201170022	覆斗形	7	9.5×8.1	4.9×3.6	0.11~0.17		2708	低山丘陵
102	佐署烽火台	湟中县	6301223533201170023	覆斗形	4.3	8.1×7.3	西壁长4.8、北壁长3.4	0.09~0.19		2717	低山丘陵
103	徐家寨烽火台	湟中县	6301223533201170024	覆斗形	4	4.8×4.2	3.2×3	0.11~0.15		2747	低山丘陵
104	黄鼠湾一烽火台	湟中县	6301223533201170025	覆斗形	4.8	(5.3~9.5)×(5~9.5)	6×6	0.12~0.18		2745	低山丘陵
105	王沟尔烽火台	湟中县	6301223533201170026	覆斗形	5.5	南壁长7.5	东壁长3.7	0.1~0.18	台体西95米处有7个小燧	2862	低山丘陵
106	下吾具烽火台	化隆县	6321273533201170001	覆斗形	4.6	6.2×4.7	东壁长4.4	0.11~0.15		2839	河谷地
107	香里胡拉烽火台	化隆县	6321273533201170002	覆斗形	3.1	东壁长3.5、南壁长3.4、西壁长4.3	东壁长3.4、南壁长3.5	0.1~0.16		3010	低山丘陵
108	二塘烽火台	化隆县	6321273533201170003	覆斗形	3.9	4.4×3.6	3×2.8	0.1~0.16		2960	河谷地
109	公布昂烽火台	化隆县	6321273533201170004	覆斗形	5.1	(4.3~4.5)×(4.1~4.7)	3×2.4	0.11~0.13		2871	河谷地

续表

序号	名 称	地点	编 码	形状	尺 寸				夯层厚度	附属设施	海拔	地貌类型
					高	底（长×宽）	顶（长×宽）					
110	孕麻甫烽火台	化隆县	632127353201170005	覆斗形	3	3.8×3.4	2.8×2.2	0.07~0.11		2903	低山丘陵
111	查达烽火台	贵德县	632523353201170001	覆斗形	8	8×8	4.5×4	0.11~0.13		2249	低山丘陵
112	阿什贡烽火台	贵德县	632523353201170002	覆斗形	5.2	6×5	3.2×3.1	0.15~0.2		2256	河谷地
113	上刘屯烽火台	贵德县	632523353201170003	覆斗形	4.5	(2~4.2)×3.2	东壁长2、北壁长1.5	0.08~0.11		2336	河谷地
114	谢家寨烽火台	西宁市区	630103353201170001	覆斗形	6.5	11.4×10.4	7.9×6	0.11~0.17		2717	低山丘陵
115	元堡子烽火台	西宁市区	630103353201170002	覆斗形	7	10×(7.5~8.3)	6×(4.4~5)	0.11~0.18		2615	低山丘陵
116	三其烽火台	西宁市区	630105353201170001	覆斗形	6.6	6.8×6.8	3.6×3.6	0.12~0.16		2563	低山丘陵

2. 详细描述

12 座烽火台按编码顺序依次排列为小垣烽火台、小山子烽火台、胡拉海烽火台、果园烽火台、下胡家烽火台、马家山烽火台、胡李家烽火台、苏家窑子烽火台、朱家岭烽火台、后坪烽火台、马家川烽火台、东湾烽火台，以此顺序叙述如下：

（1）小垣烽火台（编码：632122353201170001）

位于民和县川口镇城区东面 0.05 千米的小垣上。台体东北山下是川塬新区，西面是川口镇，北距兰西高速公路 0.5 千米，过湟水河北岸有青藏铁路、109 国道等；它高居巴州川东面台塬的边沿，东北可观察到马厂垣和甘肃省兰州市红古区，南面可以瞭望到巴州沟、西沟、东沟，西面能看到小山子烽火台以东及湟水河两岸的情况变化，视野开阔，占据了瞭望察看敌情、传递信息的重要位置。烽火台南约 3 千米为果园烽火台，西约 6 千米与小山子烽火台遥遥相望。

该烽火台整体呈覆斗形，由底部向上收分 0.8 米，剖面呈梯形。台体系在自然基础上找平后就地取材，用黄土夯筑而成，土质纯净、细腻，夯层清晰，夯层厚 0.11 ~ 0.13 米。台体高 4.3 米；底部略呈不规则形，东、西壁长 4.4 米，南壁长 3.7、北壁长 4.2 米；顶部略呈长方形，东、西壁长 2.3 米，南壁长 2.7、北壁长 2.5 米（图二四）。

烽火台整体保存状况一般。台体被雨水侵蚀损毁严重，东、南、西壁各有一条宽 0.5 ~ 0.6 米上宽下窄的雨蚀沟槽。台体被人为因素损坏亦很严重，东壁被削挖致壁面形状凹凸；南壁上部被挖，形成上下两段阶梯状残壁；底部亦掏挖埋有两座现代墓葬；顶部东、西两壁人为踩踏攀爬痕迹明显。损毁原因自然因素主要表现为雨蚀等，人为因素表现为多处削挖。

该烽火台位于黄河西线烽燧线上，南连果园烽火台，西接小山子烽火台。黄河北岸烽燧西线南北走向自此烽火台转为东西走向，南与上川口堡相望。

（2）小山子烽火台（编码：632122353201170002）

位于民和县松树乡松树村东 0.5 千米的拉子山上。烽火台地势较高，视野开阔。位于湟水河南岸，山下北距湟水河约 0.8 千米。台体北面山下 0.2 千米是民和镁厂厂区，兰（州）西（宁）铁路、兰（州）西（宁）高速公路、109 国道均从台体山下的北侧穿过。烽火台西南约 1 千米为松树堡，西北距胡拉海烽火台约 3 千米，东侧距小垣烽火台约 6 千米（彩图一一二）。

该座烽火台系由台体及环壕组成。

台体整体呈覆斗形，由底部向上收分 1.5 ~ 2.5 米，剖面呈梯形。台体系在自然基础上找平，形成东西长 16、南北宽 14 米的长方形平台，然后就地取材，在平台上用黄土夯筑，夯层厚 0.12 ~ 0.14 米。台体高 4 米；底部略呈不规则圆形，直径约 4.5 ~ 5.6 米；顶部略呈不规则形，东壁长 2.1、西壁长 1.9、南壁长 1.7、北壁长 1.3 米（图二五）。

在烽火台的外围约 2.8 米处，环绕台体挖有壕沟（以下简称环壕），环壕略呈正方形，边长 21 米，口宽 12、底宽 3.5 ~ 5 米（图二六）。环壕内侧地势较高，底距内侧的平台高 5 米，外侧地势较低，底距地表 1.5 ~ 2.5 米。周边均未见土垄。

烽火台整体保存状况一般。台体四壁均有不同程度的坍塌，坍塌土堆积形成斜坡。台体顶部被人为踩踏已高低不平。因此地已经退耕还林还草，在烽火台的顶部坍塌土堆积处及环壕内均挖有育树育草坑，长 0.5、宽 0.3、深 0.1 ~ 0.4 米。自然因素损毁原因主要表现为台体自然坍塌、环壕淤塞；人为因素表现为开挖育林坑、踩踏攀爬等。

此烽火台坐落在胡拉海堡东南侧山顶，位于黄河北岸烽燧西线上，其东连小垣烽火台，西接胡拉海烽火台。

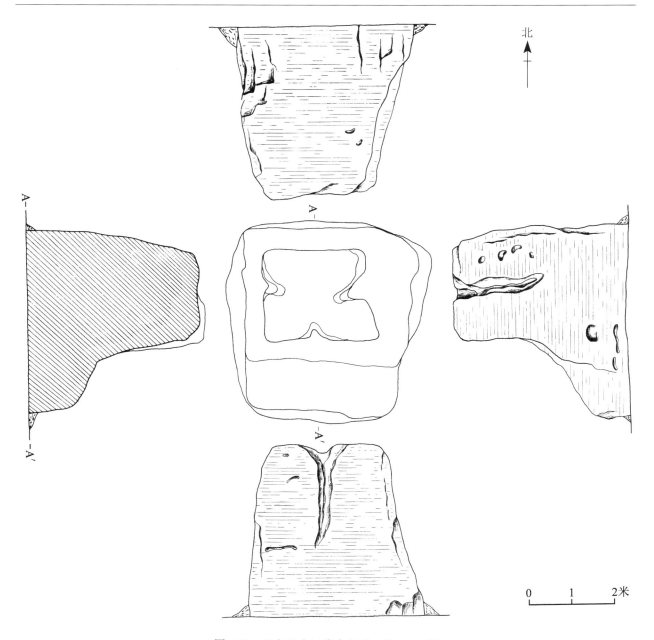

图二四　民和县小垣烽火台平、剖、立面图

（3）胡拉海烽火台（编码：632122353201170003）

位于民和县松树乡松树村西北的东岭山上。烽火台位于湟水北崖，台体北侧山下0.3千米处是民和县硅铁厂厂区，兰西铁路、兰西高速公路、109国道均从山下沿湟水河南岸穿过；东临杨家店村220米，西面1千米为胡拉海村。胡拉海烽火台东南距松树堡约1.5千米，距小山子烽火台约3千米。

台体整体呈平顶的锥体，由底部向上收分2.6米，剖面呈梯形。台体系在自然基础上找平，形成边长12米的方形平台，然后就地取材，在平台上用黄土夯筑而成，夯层厚度不详。台体高1.8米；底部略呈不规则圆形，直径约8.5～8.8米；顶部略呈方形，边长约3.4米（图二七）。

该烽火台坍塌严重，基本形制结构不清晰，整体保存程度较差。烽火台坍塌已失原状。造成烽火台损毁的因素主要表现为自然坍塌等。

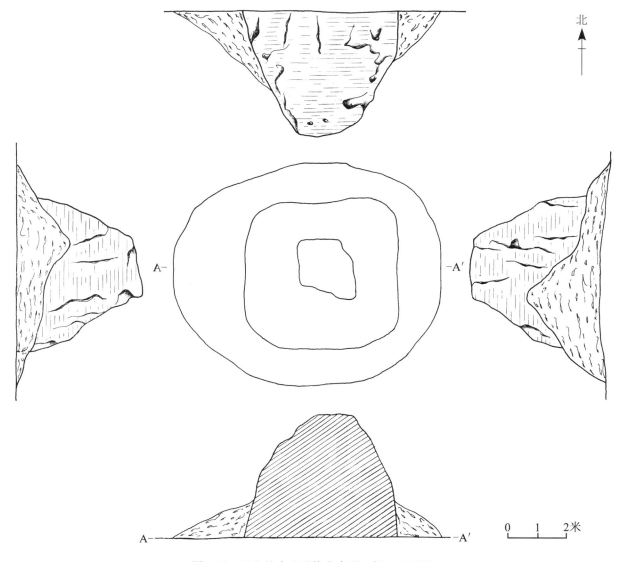

北

0 1 2米

图二五　民和县小山子烽火台平、剖、立面图

该烽火台置于胡拉海堡东侧山顶，黄河北岸烽燧西线西端，东与小山子烽火台相连，西与乐都县湟水南岸烽燧线南端的芦草沟 1 号烽火台相接。

（4）果园烽火台（编码：632122353201170004）

位于民和县川口镇果园村张家台自然村村东 0.6 千米的土山顶。该烽火台坐落在巴州沟东侧的山梁之上，地势高耸，视野开阔，周围远近环境一览无余。台体山底西侧为民和县川口镇果园村张家台自然村，川官公路从烽火台西面山下的巴州河谷中穿过；巴州河水从山下流经果园村向北汇入湟水河。烽火台北距小垣烽火台约 3 千米。

该烽火台整体呈覆斗形，由底部向上收分 0.8 米，剖面呈梯形。台体系在自然基础上找平后就地取材，用黄土夯筑而成的建筑实体，土质纯净、细腻，夯层清晰，夯层厚 0.16 米。台体高 2.9 米；底部略呈正方形，边长 5.6 米；顶部略呈长方形，中间下凹，两侧凸起，北壁长 4、南壁长 3.2 米，东、西壁长 3.9 米（图二八）。

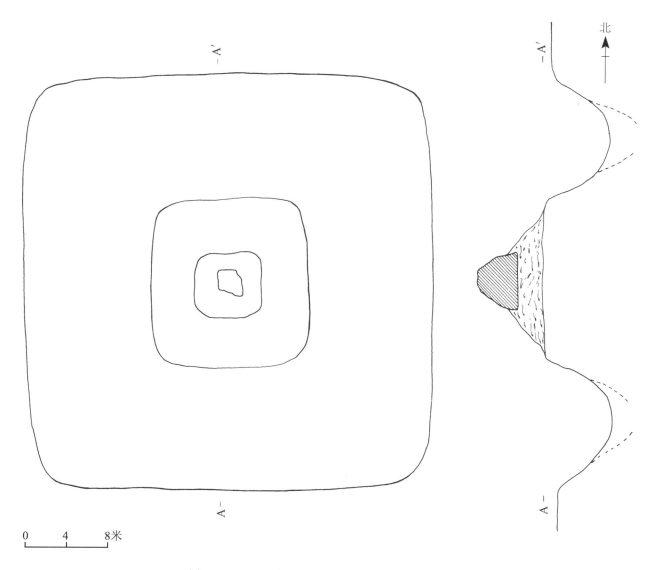

0　4　8米

图二六　民和县小山子烽火台台体与环壕平、剖面图

烽火台整体保存状况一般。西南部坍塌严重。东壁中部有一条上宽下窄的雨蚀沟槽，底部坍塌土堆积高 1.3 米；在南壁东南角有一个人为挖掘形成的深 1、高 1、宽 1.8 米拱形的洞窟；在西壁局部被人为挖毁，底部坍塌土堆积形成 1.5 米斜坡，烽火台的顶部挖有深 0.5 米的育树、育草坑。损毁原因主要为自然因素的破坏，表现为雨蚀、坍塌、片状剥离、动物破坏等；人为因素表现为在台体处任意挖土，台体顶部挖有育草坑等。

该烽火台位于黄河北岸烽燧西线上，南连下胡家烽火台，北接小垣烽火台。烽火台东侧山底即为从川口镇经过巴州通往官亭的交通线。

（5）下胡家烽火台（编码：632122353201170005）

位于民和县巴州乡下胡家村北 0.2 千米的一条南北向的山梁顶处。烽火台坐落在巴州沟南侧的山梁之上，地势高耸，视野开阔，周围远近环境一览无余。台体的北面山下有川官公路从巴州河谷中穿过，巴州河水从山下河谷中流入湟水河。北侧约 1 千米为漫湾村，西距羊羔滩村约 1 千米、距巴州沟

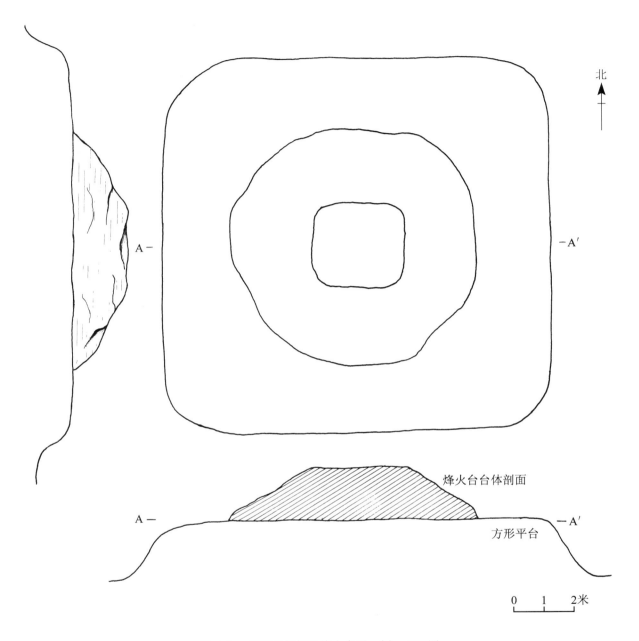

图二七　民和县胡拉海烽火台平、剖、立面图

约 1.2 千米。下胡家烽火台南距马家山烽火台约 5 千米。西北距巴州遗址约 2 千米（彩图一一三）。

　　该烽火台整体呈覆斗形，由底部向上收分 1～1.5 米，剖面呈梯形。台体用黄土夯筑而成，夯土层内可见到新石器时代至青铜时代的陶片、兽骨以及小石块等遗物，夯层清晰，夯层厚 0.09～0.13 米。夯层中夹有杨树枝，均按夯层平行铺放，树枝条最大直径 0.5 厘米，一般在 0.1～0.2 厘米之间；西壁可见到夯筑墙体时放置桩木的痕迹，现在桩木已经朽坏，遗留桩木孔洞三个，直径 0.12～0.14 米，东壁也可见到桩木孔洞，高 1.2 米，距南壁 1.3 米，直径 0.09 米；另外在夯层中还可见到木楔嵌于夯土层内，木楔顶面宽度 10 厘米，长度不详。台体高 5.6 米；底部略呈正方形，边长 7 米；顶部较平，顶部东西长 5、南北宽 4.8 米（图二九）。

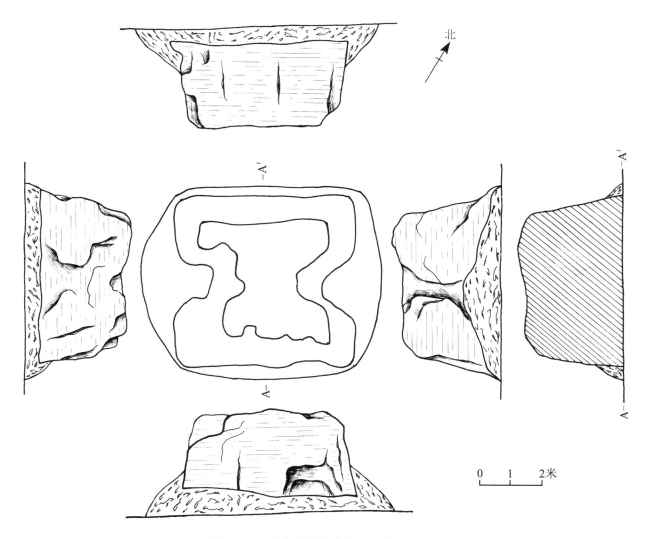

图二八　民和县果园烽火台平、剖、立面图

烽火台整体保存状况一般。在台体四壁均有坍塌土堆积成斜坡，高0.6~2.3米；东壁人为攀爬台体踩踏痕迹明显；在南壁中部有一道被人为挖掘形成宽1.4米的沟槽，从顶部贯穿至底部，并将沟槽修整为高低不等的三层台阶状，在底部的台阶处人为掏挖出进深1.8、高0.8、宽1.4米的洞窟。损毁原因主要为自然因素的破坏，表现为裂纹、坍塌、片状剥离等；人为破坏因素，表现为台体处任意挖有沟槽及洞窟。

该烽火台位于黄河北岸烽燧西线上，其南连马家山烽火台，北接果园烽火台。烽火台南面山下即为从川口镇经过巴州通往官亭的交通线。

（6）马家山烽火台（编码：632122353201170006）

位于民和县古鄯镇马家山村下阳山自然村村南0.2千米的土山顶。台体北面山下1千米为夏家河村，其西1千米为七里寺村；由古鄯通往七里寺的公路从七里寺村中穿过。烽火台西北约2千米为古鄯镇及古鄯古城（彩图一一四）。

该座烽火台由台体与围墙组成。

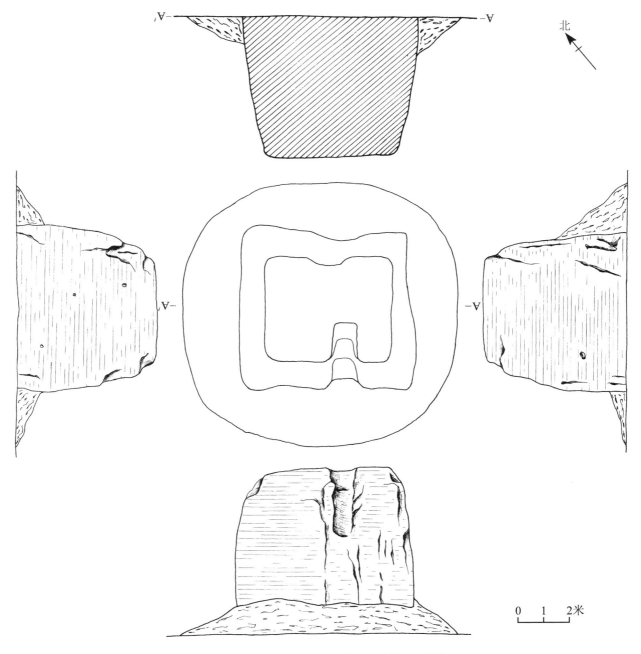

图二九　民和县下胡家烽火台平、剖、立面图

　　烽火台修筑在围墙包围的中央突兀的台地上，现今台地被人为削挖成从下至上逐步内收的三层台阶，最底一层高1.9米，中间一层高1.6米，最上一层高0.8米，台阶整体长7.5米，在此之上夯筑烽火台台体。台体整体呈覆斗形，由底部向上收分1.4米，剖面呈梯形。台体系用黄土夯筑，土质纯净、细腻，夯层清晰，夯层厚0.08～0.12米。台体高4.2米；底部略呈不规则圆形，径长5.2米；顶部因坍塌、侵蚀等成为圆锥形，直径约0.6米（图三〇）。

　　烽火台外有围墙，围墙是在自然基础上，就地取土，以黄土分段夯筑而成，夯层厚0.12～0.18米，版长3米。围墙夯层中夹有山柳枝条，均按夯层平行铺放，局部夯土层内可见到腐朽的木楔痕迹。围墙坐北朝南，门道设在南墙中部，门道宽2.8米。台体距南墙、东墙、北墙均为17米，距西墙28

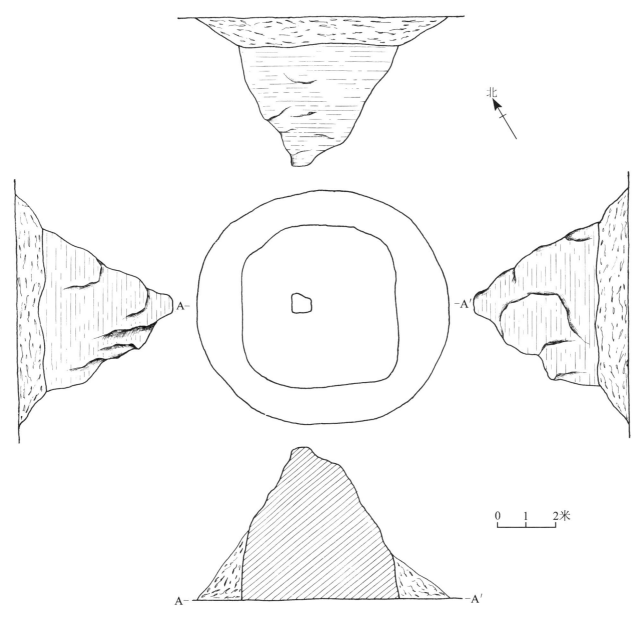

图三〇　民和县马家山烽火台平、剖、立面图

米。东墙向外侧略呈弧形，东墙长 65、南墙长 58、北墙长 72、西墙长 69 米，墙体高度不等，残高 0.6~6.5、底宽 2.6 米，夯层厚 0.12~0.16 米（图三一）。

　　烽火台整体保存状况一般。西南部坍塌严重；台体东壁有多处较窄的裂缝，裂缝内生长有冰草等植物；西、北壁已经坍塌成斜坡状；南壁局部有裂缝。南壁中部有一道被人为挖掘形成的沟槽，槽宽 1.2~1.4、进深 0.8 米，并且将沟槽内修整为高低不等的三层台阶状，在下部的台阶处有一处人为掏挖出的深 1.8、高 0.8、宽 1.4 米的洞窟；烽火台四周已经全部开垦为耕地，烽火台下部的台地被取土削挖，造成烽火台基础高悬地表 1~1.5 米。围墙也出现不同程度的坍塌、裂缝等，坍塌土堆积呈斜坡状。西、北墙体底部存有风蚀凹槽。台体及围墙损毁原因主要以自然因素为主，表现为坍塌、裂隙；人为因素为任意削挖台体。

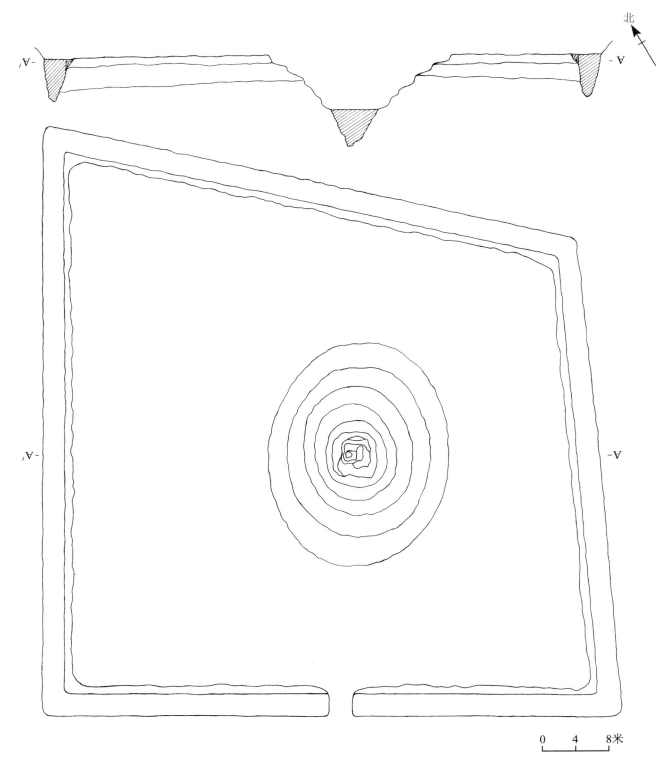

图三一　民和县马家山烽火台台体与围墙平、剖面图

　　此烽火台坐落在明代古鄯城附近的山顶，位于黄河北岸烽燧西线上，南连东湾烽火台，北接下胡家烽火台。

（7）胡李家烽火台（编码：632122353201170007）

位于民和县官亭镇胡李家村村北的凤凰山山顶。台体南面山下有川（口）官（亭）公路，过山下平川 3 千米为黄河，西南 0.2 千米为官亭 750 千伏变电所。北与朱家岭烽火台相距 5.5 千米（彩图一一五）。

烽火台整体呈覆斗形，由底部向上收分 1.5 米，剖面呈梯形。台体系用黄土夯筑而成，土质纯净、细腻，夯层清晰，夯层中夹杂少量的小块砾石，夯层厚 0.14～0.16 米。台体高 5 米；底部略呈长方形，东壁长 7、西壁长 5 米，南、北壁长 5.6 米；顶部略呈方形，东、西壁长 3 米，南壁长 3.3、北壁长 3.2 米（图三二）。

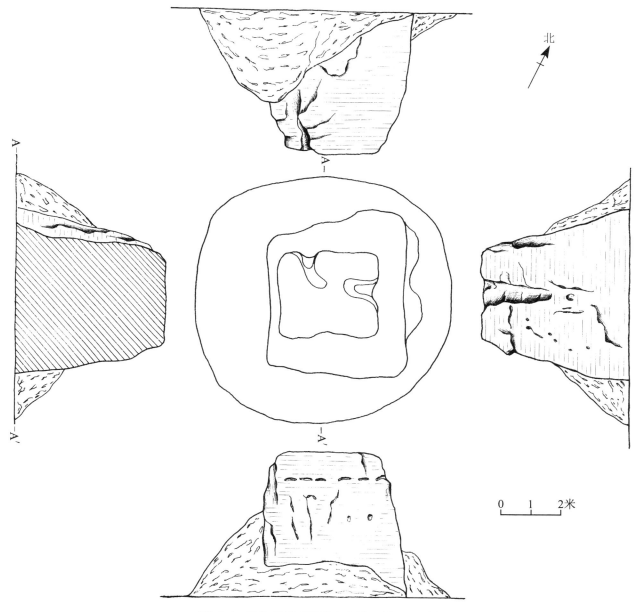

图三二 民和县胡李家烽火台平、剖、立面图

烽火台整体保存状况一般。烽火台的南壁中部有一条从顶贯穿至底的水冲沟槽，宽 0.2～0.4 米；西壁、北壁的风蚀严重，夯土层明显凸出壁面，西壁顶部有风蚀槽并存有人们攀爬烽火台留下的脚窝；顶部较平，中间有一个直径 0.38、深 0.1 米的圆坑。损毁原因主要为自然因素的破坏，表现同于上述。

该烽火台位于黄河北岸烽燧西线上，南连苏家窑子烽火台，北接朱家岭烽火台。烽火台北面山下即为从川口镇经过古鄯通往官亭的交通线。

（8）苏家窑子烽火台（编码：632122353201170008）

位于民和县官亭镇苏家窑子村西南1千米的一条南北走向的土山上。烽火台所在的土山地势较高，略呈北高南低，烽火台所在的位置视野开阔，烽火台的北面1千米是寨子山，东1千米为黄河，过黄河抵对岸为甘肃省积石山县大河家镇。川（口）官（亭）公路从东侧山下约0.8千米处通过，烽火台北侧约1.5千米为官厅镇寨子山村。苏家窑子烽火台北约3千米为胡李家烽火台。

烽火台由台体及环壕组成。

台体整体呈覆斗形，由底部向上收分约1.3米，剖面呈梯形。台体用黄土夯筑，夯层清晰，夯层厚0.1~0.12米。台体高3.7米；底部平面略呈长方形，南北长5、东西宽4.9米；顶部亦呈长方形，东西长2.5、南北宽1.5米。

烽火台的外围有环壕，就地掘土挖沟成壕，壕内挖出的土堆积一侧为土垄。由于环壕的挖掘，在烽火台台体的周围形成一个长方形的平台，平台南北长12、东西宽8米。平台四周均堆有台体坍塌形成的坍塌积土。平台的边缘即是烽火台外侧、环壕的内侧边缘。环壕略呈正方形，边长20米，内沿深0.5~1.7米，外沿深0.6~2米，东面未发现环壕的外缘。环壕内长满了冰草、蒿草等植物。壕沟开口宽5.5、底宽3~3.5、深2米，外侧边缘有土垄，土垄底宽1~1.5、顶宽0.2~0.5、高0.6~1米（图三三）。

烽火台整体保存状况一般。台体的顶部正中偏西有一个圆形的小坑，口径0.5、底径0.4米，斜壁，深0.1~0.15米，内有大量的木炭屑，坑壁已经被烧烤成暗红色的红烧土，厚约0.01米。顶部平台东南角被人为破坏形成了一处东西长3、南北宽2.1、深0.7米的椭圆形坑。在烽火台东壁和顶部留有现代人攀爬痕迹。环壕坍塌、淤塞。造成烽火台台体及环壕损毁原因主要为自然因素的破坏，表现同于上述。

该烽火台南临黄河，位于黄河北岸烽燧西线南端，其北与胡李家烽火台相连。烽火台西南面山下即为从川口镇经过古鄯通往官亭的交通线。

（9）朱家岭烽火台（编码：632122353201170009）

位于民和县甘沟乡朱家岭村东0.2千米南北向的土山上。烽火台所在的山丘地势较高，视野开阔，烽火台的西北约1.5千米是卡地卡哇寺，东约0.5千米是千家湾村，西侧的半山腰是东林村通往朱家岭村的乡间道路。东侧山下为东林沟，西侧山下是卡地卡哇沟。南距胡李家烽火台5.5千米。

烽火台整体呈覆斗形，由底部向上收分1.2~1.8米，剖面呈梯形。台体系在自然基础上找平后就地取材，用黄土夯筑而成的建筑实体，土质纯净、细腻，夯层清晰，夯层厚0.11~0.13米。台体高4.6米；底部呈不规则形，东壁长7.4、北壁长6.6米，西、南壁长5.6米；顶部东壁长5.6米，南、西、北壁长2.8米（图三四）。

烽火台整体保存状况一般。顶部被人为踩踏显得高低不平；有一处现代人挖掘的盗洞，盗洞平面略呈不规则形，东西长1.4、南北长1.7、深约1米。东壁、南壁保存相对较好，已经坍塌，坍塌土堆积呈斜坡，东壁壁面有黑色的霉斑；南壁底部有酥碱风蚀槽，高0.8、进深0.3~0.5米；北壁已全部坍塌呈斜坡；西壁有人为挖掘的一个长方形土洞，高1、宽0.9、进深1.2~1.3米。损毁原因主要为自然因素的破坏，表现与上述类同。

该烽火台位于黄河北岸烽燧西线上，南面与胡李家烽火台相连，北与东湾烽火台相接。烽火台西面山下即为从甘沟乡通往官亭镇的交通线。

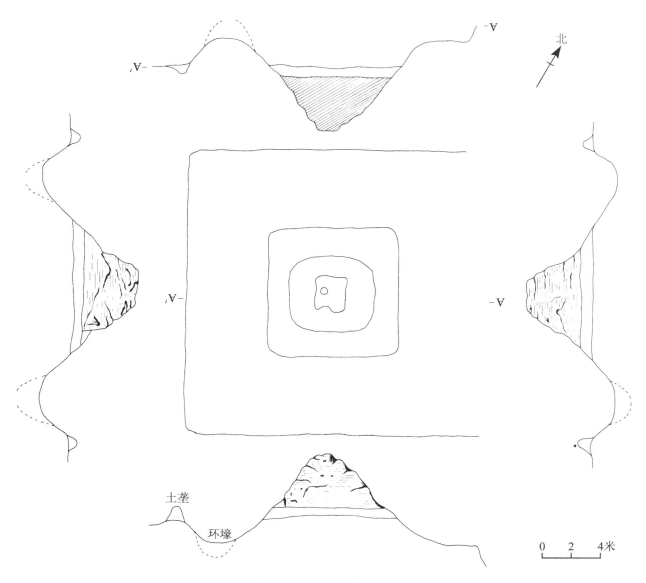

图三三　民和县苏家窑子烽火台台体与环壕平、剖、立面图

（10）后坪烽火台（编码：632122353201170010）

位于民和县转导乡后坪村村南 0.6 千米的土山顶。烽火台的南面山下 1 千米为马营沟，南侧 0.5
千米也是后坪村的村庄，北 0.6 千米为转导乡后坪村，北侧山下为西纳沟，马营乡通往甘肃省永靖县
的公路从山下沟中穿过，马营通往后坪的乡间道路从烽火台南面 0.05 千米处的山腰通过。后坪烽火台
北与甘肃省永靖县段岭乡的大庄烽火台遥遥相望（彩图一一六）。

该座烽火台由烽火台台体与围墙组成。

台体整体呈覆斗形，由底部向上收分 1.8 ~ 2.5 米，剖面呈梯形。台体系黄土夯筑，土质纯净、细
腻，夯层清晰，夯层厚 0.18 ~ 0.2 米。台体高 5.1 米；底部略呈正方形，边长 6.9 米；顶部略呈长方
形，东、南、北壁长 3.4 米，西壁长 3 米。

围墙位于台体四周，与台体相距 8 ~ 9 米。平面略呈方形，周长 96 米，面积 572 平方米。门道设
在南墙中部，门道宽 2.6 米。围墙墙体依地形在自然基础上，用黄褐色土分段夯筑，版长 3 米，夯层

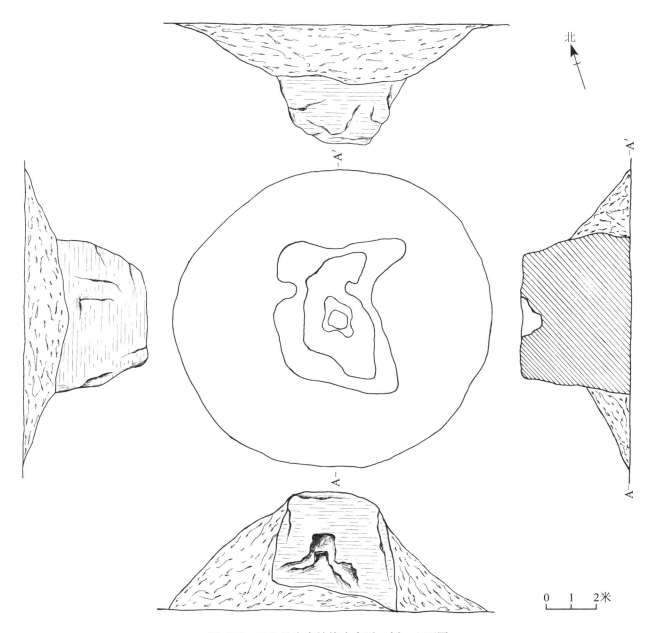

图三四　民和县朱家岭烽火台平、剖、立面图

厚 0.18 ~ 0.2 米。东、西墙长 28.2 米，南、北墙长 24.4 米，残高 0 ~ 2.5、底宽 1.8、顶宽 0.5 ~ 1.5 米。内高外低（图三五）。

　　烽火台整体保存状况一般。台体四周已开垦为耕地，在平整土地中，将台地下切，致现台基高于现在的地表 0.5 ~ 1.2 米；北壁中下部有一处人为挖掘的窑洞，宽 1.5、高 1.9、进深 3.7 米；在台体东壁和西壁有人们攀爬台体留下的脚窝，顶部有踩踏痕迹。围墙仅西、北两侧围墙保存相对较好，墙体高耸，壁面陡直，夯土层清晰；东墙和南墙保存一般，墙体顶部呈锯齿形；南北围墙外侧被削挖造成墙基暴露地表高 0.3 ~ 1.5 米，西南角被挖断，墙体顶部有不同程度的裂缝，并多处被铲挖形成大小不等的豁口、长短不一的残垣。损毁原因为人为和自然双重因素，表现同上述。

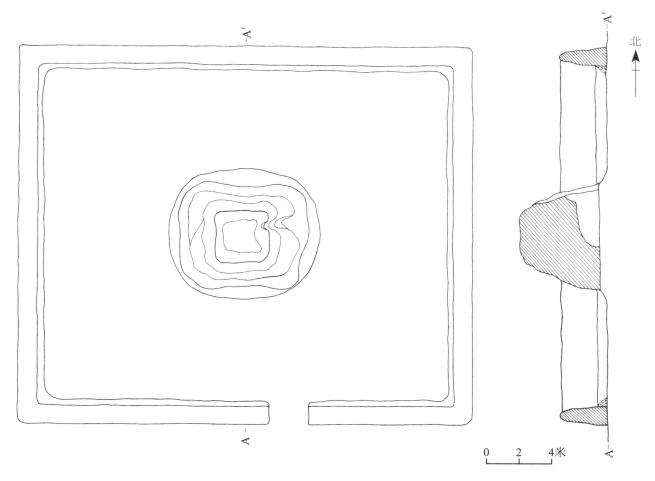

图三五　民和县后坪烽火台台体与围墙平、剖面图

该烽火台位于黄河北岸烽燧东线上，南面与甘肃省境内的川城烽火台相望，北面可与甘肃境内的段岭烽火台相连。

（11）马家川烽火台（编码：6321223532011170011）

位于民和县总堡乡马家川村黄家山自然村南侧约0.05千米，略呈东西走向的墩岭上。台体东距马家川村0.1千米，西南面0.05千米为总堡乡至马家川村的乡间道路，东面山下0.1千米是马家川河。马家川烽火台南约4千米为甘肃省永靖县段岭乡的大庄烽火台（彩图一一七）。

烽火台整体呈覆斗形，由底部向上收分0.5米，剖面呈梯形。台体系黄土夯筑，夯层厚0.12～0.14米。在烽火台的西南角发现木楔3个，斜插于两层夯土之间，木楔顶端略呈方形，长、宽约1.5厘米，暴露于外的部分长10厘米。台体高4米；底部略呈正方形，边长6米；顶部较平，呈正方形，边长5米（图三六）。

烽火台整体保存状况一般。台体底部在平整土地中被下切1～1.5米，墙体表面呈片状脱落，脱落层厚0.01米；西壁底部有酥碱风蚀槽，高1、进深0.1～0.15米；北壁有人为掏挖的洞穴，高0.5、宽0.7、进深1.5米，贯穿台体顶部。损毁原因主要为自然因素的破坏，表现同于上述。

该烽火台位于黄河北岸烽燧东线的北端，其南面与甘肃省境内的段岭烽火台相连。

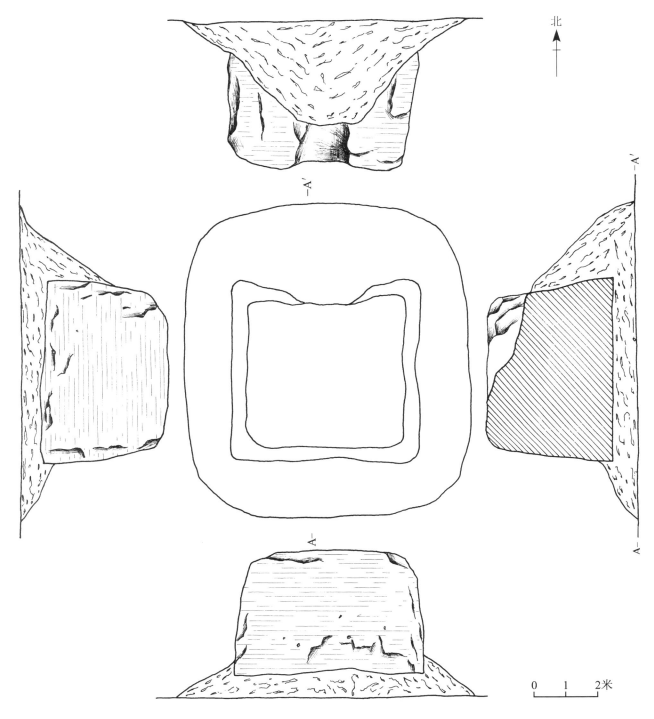

图三六　民和县马家川烽火台平、剖、立面图

（12）东湾烽火台（编码：632122353201170012）

位于民和县满坪乡东湾村的墩疙瘩山上。烽火台坐落在隆治沟南侧的山梁之上，地势高耸，视野开阔，周围远近环境一览无余。台体东临民和县东湾电视差转台，西侧靠民和县移动公司的微波电讯发射器，南临东湾村的农户庄廓；北面山下是隆治沟河，西北侧约0.8千米是东湾村清真寺，向西1.5

千米处山下是浪塘水库。烽火台东北约5千米为甘肃省永靖县的段岭烽火台。

　　该烽火台整体呈覆斗形，由底部向上收分2.7米，剖面呈梯形。台体用黑褐色土夯筑而成，由于坍塌严重，夯土层不清晰，局部发现夯土层堆积，夯土层厚0.12米。台体高2.3米；底部略呈圆形，直径7.1～7.5米；顶部略呈长方形，南北长2.4、东西宽2米（图三七）。

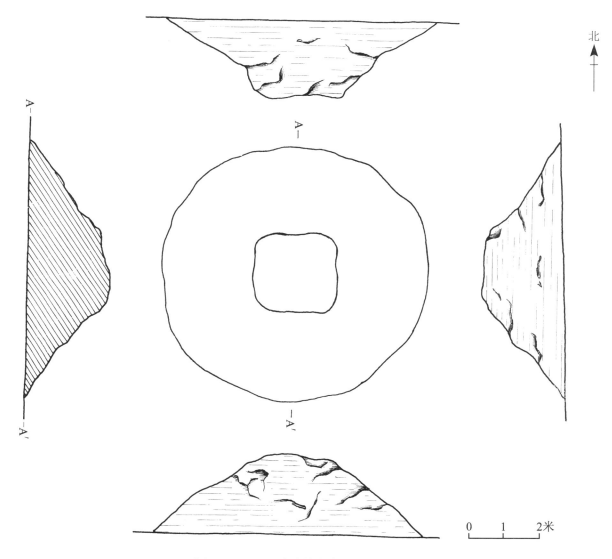

图三七　民和县东湾烽火台平、剖、立面图

　　烽火台坍塌严重，整体保存状况较差。台体顶部高低不平，四壁棱角消失；台体西、南、北三面均为农耕地，当地村民在耕种，逐步削挖烽火台，造成烽火台损毁，台体已失原状。台体顶部架设电线杆，紧临烽火台东侧和西侧先后修建了电视差转台、通讯微波台等工程，直接破坏了烽火台台体及周边的整体风貌；损毁原因除这些人为破坏外，还有自然因素的破坏，表现同上述。

　　该烽火台位于黄河北岸烽燧西线上，南与朱家岭烽火台相连，北与马家山烽火台相接。烽火台东面山下即为从川口镇经过满坪乡通往官亭镇的交通线。

（二）乐都县

1. 综述

乐都县境内共调查烽火台27座，分布在芦花乡、马厂乡、马营乡、高庙镇、寿乐镇、引胜乡、洪水镇、雨润镇和岗沟镇9个乡镇（地图四）。这些烽火台中店子村1号、2号烽火台分布于湟水河谷耕地中，海拔约2000米，境内区域地势平坦，气候温暖，水源充足。羊肠子沟烽火台、晃马家村2号烽火台、深沟烽火台则位于低山丘陵处，其余22座烽火台多分布在中山山地的山顶或山梁之上，海拔在2000～2800米，分布区域植被稀疏，沟深坡陡，沟谷切断深度大，冲沟横断面多呈"V"形。烽火台所处地形高耸，由烽火台顶部可将四周情况一览无余。27座烽火台中仅有转花湾村烽火台、胜利村烽火台、墩湾村烽火台3座烽火台分布在长城本体外侧（北侧），其余24座烽火台均分布在长城本体内侧（南侧）。

从烽火台的排列走向及地理位置分析，在本县有3条烽燧线分布于湟水南北两岸。

其一：湟水南岸烽燧线，由东向西依次由芦草沟2号烽火台、芦草沟1号烽火台、芦草沟3号烽火台、芦草沟4号烽火台、店子村2号烽火台、店子村1号烽火台、城南墩烽火台、深沟村烽火台组成。此条烽燧线东、西分别与民和县及平安县接壤，东与民和西线西端的胡拉海烽火台相接，西与平安湟水南岸烽燧线相连，将信息传至西宁卫。

其二：湟水北岸烽燧东线，从东北向西南行依次由转花湾村烽火台、那家庄烽火台、孟家湾1号烽火台、孟家湾2号烽火台、马厂岭烽火台、羊肠子沟烽火台组成。此条烽燧线东北始点位于青海与甘肃交界的冰沟处，途经冰沟城南下羊肠子沟至老鸦城。

其三：湟水北岸烽燧西线，从北向南依次由胜利村烽火台、墩湾村烽火台、白崖坪村烽火台、晃马家村1号烽火台、晃马家村2号烽火台组成。此条烽燧线北起马营乡白崖子湾南下经白崖坪至老鸦城。

湟水北岸东西两线，东西并行呈南北走向，分别沿乐都县古道北路及古道中路而行[1]。除上述烽燧呈线状布局外，有的烽火台系点状分布，相对独立位于山顶，筑于峡榨沟口附近，负责瞭望观察峡榨周边动况，这些烽火台虽不成一定走向，但都可相互联系。如碾线岭烽火台、扎门村烽火台、仓岭沟村1号烽火台、仓岭沟村2号烽火台、仓岭沟村3号烽火台，分别修筑在碾线沟峡榨、卯寨沟峡榨、羊官沟峡榨、胜蕃沟峡榨与土官沟峡榨沟口山头。

2. 详细描述

乐都县境内共调查烽火台27座，按照编码顺序排列分别为转花湾村烽火台、那家庄烽火台、孟家湾村1号烽火台、孟家湾村2号烽火台、马厂岭烽火台、羊肠子沟烽火台、碾木沟烽火台、碾线岭烽火台、扎门村烽火台、仓岭沟村1号烽火台、仓岭沟村2号烽火台、仓岭沟村3号烽火台、祁家山村烽火台、胜利村烽火台、墩湾村烽火台、白崖坪村烽火台、晃马家村1号烽火台、晃马家村2号烽火台、芦草沟1号烽火台、芦草沟2号烽火台、芦草沟3号烽火台、芦草沟4号烽火台、店子村1号烽火台、店子村2号烽火台、深沟村烽火台、干沟烽火台、城南墩烽火台。按此顺序逐一描述如下：

---

〔1〕　乐都县志编纂委员会：《乐都县志》，陕西人民出版社，1992年，第188页："县境内有古道三条。南路：从甘肃的莲花渡或临津渡（炳灵寺附近）过河进入今民和县的满坪，顺龙支沟到古都，途径李二堡、塘尔垣、峡门、乐都的中坝、桃红营、亲仁，出洛巴沟进瞿昙沟翻山至拉干邑，出巴藏沟至马哈拉堡西去西宁。中路：从甘肃省大河家过黄河经民和县北上永登县向西南出大沙沟，从河桥一带过大通河进入乐都的冰沟，南下羊肠子沟到老鸦城。北路：出大沙沟从马连滩过大通河西上牛站大坡，经芦花寺、马营古城，南下白崖子岭至白崖子西上。"

（1）转花湾村烽火台（编码：632123353201170001）

位于乐都县芦花乡转花湾村和红古湾村之间的山脊上。转花湾村烽火台地处山脊，周围多为东西向的山梁和沟谷，沟谷纵横，地形复杂。向北 0.4 千米处为转花湾村，向南 0.6 千米处为红古湾村，2千米处为冰沟。该烽火台位于长城外侧，北临转花湾村壕堑 2 段。

该烽火台由台体与围墙组成（彩图一一八、一一九）。

台体整体呈覆斗形，由底部向上逐渐收分，收分 6～6.9 米，剖面呈梯形。台体系就地取材用黄土夯筑而成，台体四周杂草丛生，夯层不甚清晰，厚约 0.1～0.14 米。残高 5.4～6 米；底部与顶部平面均呈正方形，底部边长 16.6 米；顶部边长 3.4 米。

台体外侧四周有围墙。墙体系夯筑而成，夯层清晰，厚 0.1 米。围墙与台体之间相距 5 米。墙体整体保存较差。东墙长 25.5、南墙长 24.8、西墙长 26、北墙长 25 米，其中有长 17.5 米墙体因人为破坏而消失。墙体高低不等，残高 1.4～2.9 米（图三八）。

该烽火台整体保存状况一般。台体顶部局部已破坏，现被改为"镇台"，镇台东西长 1.2、南北宽0.8、高 0.6 米，台体顶部西北角插有 6 根木桩，破坏了台体的原貌。因人为经常踩踏攀登台体，台体壁面形成了一条现代的斜向登台小径（以下简称登台斜径），对台体直接造成破坏。台体顶部已不同程度坍塌，四周散落的坍塌堆土高 0.7～2.2 米。损毁原因以人为因素的破坏为主，主要表现为附近村民长期踩踏在腰部形成登台斜径；自然因素表现为由于雨水冲刷形成的自然坍塌；此外植物生长也对台体造成一定的破坏。

转花湾村烽火台地处甘青交界处，位于乐都县境内中路古道的交通要道上，是乐都县湟水北岸烽燧东线的东端始点，东与甘肃省境内烽火台相望，西与那家庄烽火台连接。故从地理位置综合分析，它可将甘肃传来的信息沿冰沟沟谷传至那家庄烽火台，经孟家湾村 1 号烽火台、孟家湾村 2 号烽火台、马厂岭烽火台、羊肠子沟烽火台，传至老鸦古城。

（2）那家庄烽火台（编码：632123353201170002）

位于乐都县马厂乡那家庄村东南山岭上。烽火台台体四周已退耕还草、还林，种植苜蓿、榆树、冰草等，坡下辟为小块农田。烽火台地处山岭顶部，当地人称此烽火台为大墩。其西北 0.2 千米处有高庙－史纳公路和西山挡雨庙，东北为冰沟沟水。那家庄烽火台位于长城本体内侧，西北距甘沟滩村1 段壕堑止点 46 米。

该烽火台由台体、围墙及壕沟组成。

台体整体呈覆斗形，由底部逐渐向上收分，收分 1.2～3 米，剖面呈梯形。台体系就地取材用黄土夯筑而成。夯层分布较均，厚 0.1～0.12 米。台体残高 2.5 米；底部与顶部均略呈正方形，底部东西长 7.1、南北宽 7 米；顶部现为平顶，南北长 3.3、东西宽 3 米。

台体外围夯筑有围墙，台体建在围墙的西北角。围墙平面呈正方形，边长 16 米。围墙内因长期积水无法及时排出，导致中间坍陷，造成四周高，中间低。墙体底宽 1.3～1.7、顶宽 0.3～0.9、残高0.7～2.6 米。

东墙墙体外侧 5 米处坡下残存有一段壕沟，残长 15 米，口宽 9.6、底宽 2.5、深 1.7 米（图三九）。

烽火台整体保存状况一般。台体顶部因风雨侵蚀凹凸不平；西壁中部人为挖有一个进深 4.1、高1、宽 1 米的窑洞；北壁外表有霉斑。损毁原因以人为因素造成的破坏为主，表现为人为掏挖窑洞及人为攀爬；自然因素表现为风蚀、雨蚀，还有植物生长等。

该烽火台位于湟水北岸东线，置于转花湾村烽火台与孟家湾 1 号烽火台之间。

（3）孟家湾村 1 号烽火台（编码：632123353201170003）

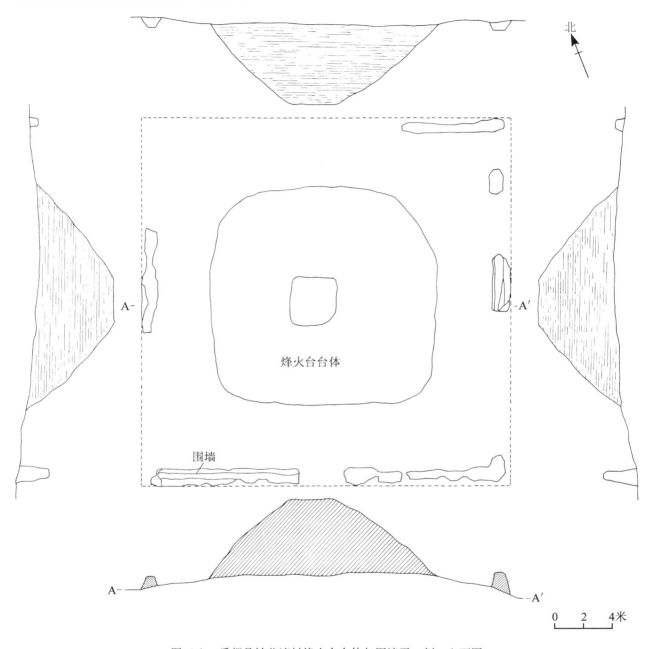

图三八　乐都县转花湾村烽火台台体与围墙平、剖、立面图

　　位于乐都县马厂乡通往芦花乡柏油路西侧岭上。烽火台西侧山岭下有一条东西向的自然大冲沟，其南侧 10 千米处有湟水河。该烽火台所处地形较高，周围多为南北向的山梁和沟谷，沟谷纵横，地形复杂。本烽火台位于长城本体内侧，其东距高庙 - 史纳公路 0.07 千米，东北距孟家湾村 0.2 千米，东南距孟家湾村壕堑 1 段起点 0.36 千米。

　　该烽火台台体整体呈覆斗形，从底部向上逐渐收分，收分 0.5 ~ 1.2 米，剖面呈梯形。台体系用黄土夯筑而成，夯层清晰，厚 0.1 米。在台体南侧和西侧底部有桩木孔洞，径长 0.1 米。台体残高 5.2 米；底部与顶部平面均呈长方形，底部南北长 9.5、东西宽 8.4 米；顶部南北长 7.8、东西宽 5.8 米（图四〇）。

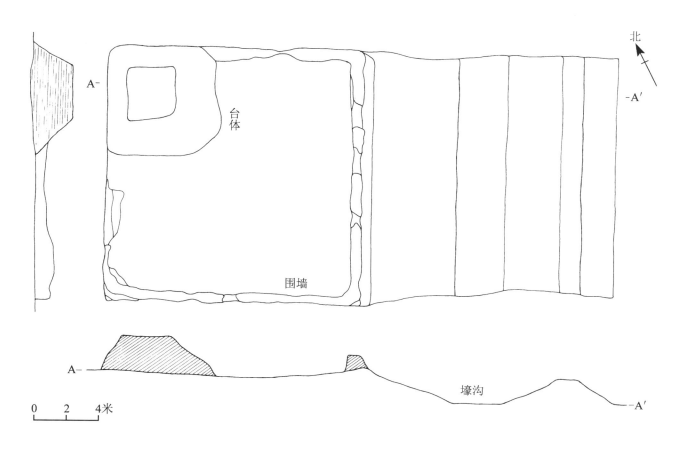

图三九　乐都县那家庄烽火台台体、围墙与壕沟平、剖、立面图

烽火台整体保存状况一般。在台体底部南侧、西侧和北侧三面均有台体坍塌而形成的堆土，堆土高 1.6~3.6 米，呈斜坡状。台体底部因拓扩耕地被削挖成直立状。损毁原因以自然因素为主，主要表现为自然坍塌、风雨侵蚀，此外还有草类生长；人为因素表现为人为踩踏及农耕削挖。

该烽火台位于湟水北岸东线，置于那家庄烽火台与孟家湾 2 号烽火台之间。

（4）孟家湾村 2 号烽火台（编码：632123353201170004）

位于乐都县马厂乡孟家湾村霍家堡西南 0.5 千米西侧山顶。该烽火台坐落于湟水北岸，南距湟水河 0.84 千米。烽火台地处岭顶，台体周围多为南北向的山梁和沟谷，沟谷纵横。本座烽火台位于长城内侧，东南距孟家湾村壕堑 1 段 0.5 千米，东北与孟家湾村 1 号烽火台相望。

该烽火台台体整体呈覆斗形，由底部向顶部逐渐收分，收分 0.7~1.5 米，平面呈长方形，剖面呈梯形。台体系用黄土夯筑而成，夯层清晰，分布均匀，夯层厚 0.1 米。西壁夯土中有木楔嵌入台体（彩图一二〇）。台体残高 3.1 米；底部呈长方形，东西长 6.6、南北宽 5.6 米；顶部略呈正方形，东西长 3.5、南北宽 3.1 米（图四一）。

烽火台整体保存状况一般。台体四周均有不同程度的自然坍塌，在底部形成坍塌堆土高 1.2~1.5 米，台体东南角坍塌较甚；四壁受雨水冲刷形成许多孔洞与凹槽，西壁尤为严重。台体因踩踏形成了一条由底至顶的登台斜径。损毁原因以自然因素为主，主要表现为自然坍塌、风雨侵蚀与草类生长等；人为因素表现为踩踏攀爬台体。

该烽火台位于湟水北岸东线，置于孟家湾村 1 号烽火台与马厂岭烽火台之间。

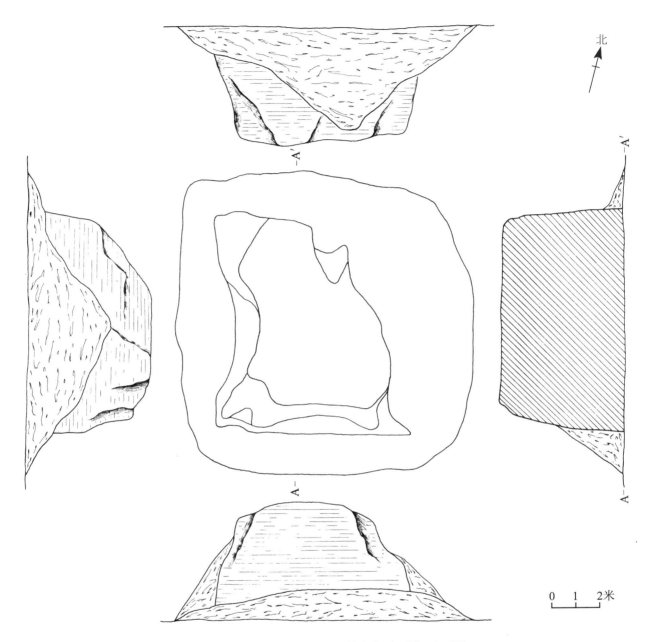

图四〇　乐都县孟家湾村 1 号烽火台平、剖、立面图

（5）马厂岭烽火台（编码：632123353201170005）

位于乐都县马厂乡马厂岭顶部。台体周围多为南北向的山梁和沟谷，沟谷纵横，山梁陡峭，地形复杂。北面山坡下有一条东西向的冲沟，西侧为东北至西南走向的羊肠子沟。马厂岭顶所处地势高耸，视野开阔，西南与羊肠子沟烽火台相望。该烽火台位于长城内侧，其西南距羊肠子沟烽火台 2 千米，西北距孟家湾堡 0.8 千米（彩图一二一）。

烽火台台体整体呈覆斗形，底大顶小，从底部向顶部渐收分 1~2.5 米，平面呈长方形，剖面呈梯形。台体是在自然基础上找平后，用黄褐土夯筑而成，夯层清晰，分布均匀，夯层厚 0.12 米。在台体中部和底部均发现有桩木，径长 10~12 厘米。台体残高 3.9~4.2 米；底部呈长方形，东西长 8.3、南

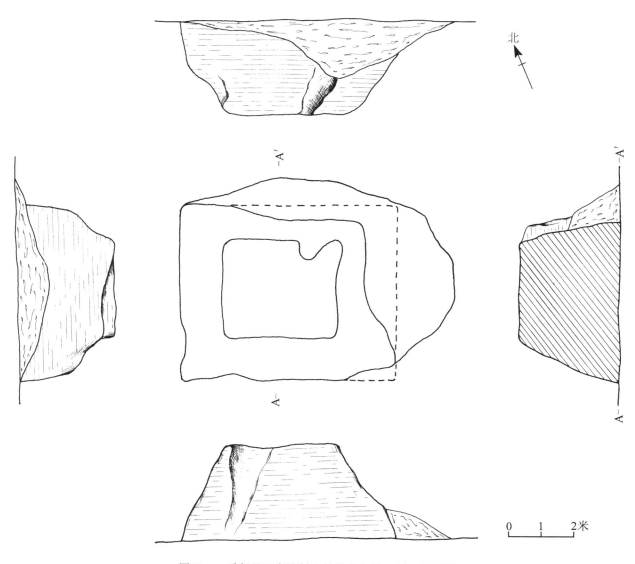

图四一　乐都县孟家湾村 2 号烽火台平、剖、立面图

北宽 6.8 米；顶部略呈方形，东西长 5.6、南北宽 5.4 米（图四二）。

　　烽火台整体保存一般。台体顶部塌陷严重，四壁底部坍塌堆土高 1.5～1.8 米，东壁坍塌较甚；东壁和南壁均因人为攀爬踩踏台体坍塌堆土而形成斜坡状登台小径；北壁底部掏挖有一处窑洞，洞宽 1、高 0.9、进深 1.3 米。损毁原因以人为因素的破坏为主，主要表现为在台体北壁底部掏挖窑洞及人为踩踏。自然因素表现为自然坍塌、片状剥离等；植物生长也对台体造成一定破坏。

　　该烽火台位于湟水北岸东线，置于孟家湾村 2 号烽火台与羊肠子沟烽火台之间。

　　（6）羊肠子沟烽火台（编码：632123353201170006）

　　位于乐都县马厂乡羊肠子沟东面山坡上，此处地形相对低缓。台体周围多为南北向的山梁和沟谷，沟谷纵横，地形复杂。烽火台西北为东北至西南走向的羊肠子沟，东、西侧为低缓的山坡，南距湟水河 6 千米，东北距马厂岭烽火台 2 千米。

　　烽火台台体整体呈覆斗形，底大顶小，从底部向顶部逐渐收分 1.5～2 米，平面呈长方形，剖面呈

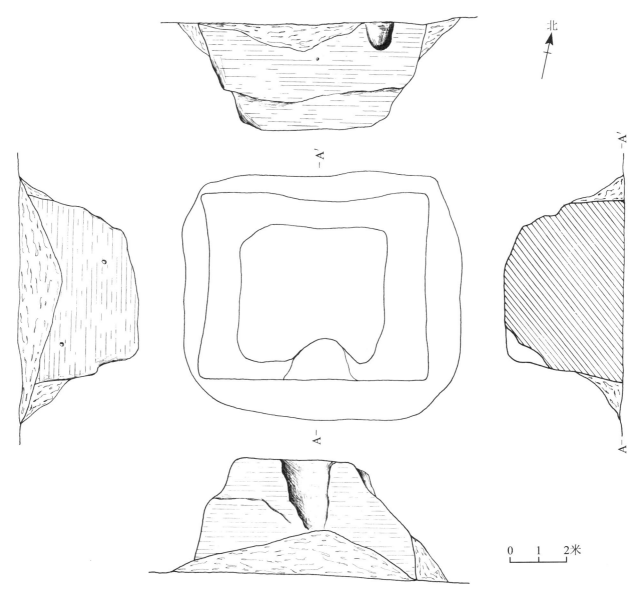

图四二　乐都县马厂岭烽火台平、剖、立面图

梯形。台体系用黄土夯筑而成，夯层清晰，分布均匀，夯层厚0.1米。在台体底部发现有�框木孔洞，径长0.15米。台体高7米；底部与顶部均呈长方形，底部东西长5.5、南北宽4.6米；顶部东西长1.4、南北宽1.3米（图四三）。

　　该烽火台整体保存状况一般。台体顶部有人工挖毁痕迹，西北角局部坍塌，东南角破坏较甚；台体四周底部坍塌堆土高1.5～5.3米；在台体东、南壁坍塌堆土处有登台斜径；北壁从上至下因雨水冲刷形成多条裂缝，中部坍塌严重，底部有一道长2.2米的凹槽。损毁原因与上述马厂岭烽火台类同。

　　该烽火台位于湟水北岸东线，东北与马厂岭烽火台相邻，南与老鸦城相望。

　　（7）碾木沟烽火台（编码：632123353201170007）

　　位于乐都县芦花乡碾木沟东侧山岭岭顶。烽火台南、北两侧为低缓的山梁，现已退耕还林，栽种

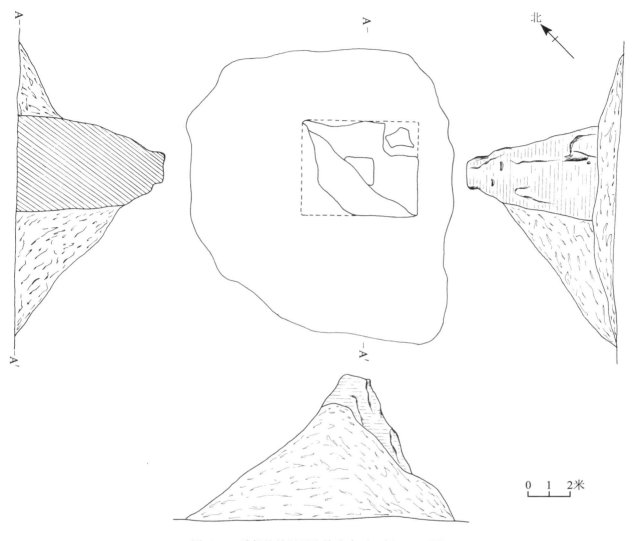

图四三　乐都县羊肠子沟烽火台平、剖、立面图

柠条、黄刺等低矮的灌木。西侧山下即为碾木沟，碾木沟为冰沟南下老鸦古城的一个重要通道，战略地位较为重要。该烽火台所处地形较高，视野开阔，便于远距离观察敌情。该烽火台位于长城内侧，西北距碾木沟壕堑0.22千米（彩图一二二）。

烽火台台体整体呈覆斗形，底大顶小，从底部向顶部逐渐收分1.9～2.5米，平面呈方形，剖面呈梯形。台体系用黄褐土夯筑而成，台体东壁上部夯层清晰，分布均匀，夯层厚0.12米。台体残高5.2～5.5米；底部呈圆角方形，边长7.5米；顶部略呈正方形，边长4.4米（图四四）。

烽火台整体保存状况一般。台体四壁均坍塌严重，底部坍塌堆土高1.3～2.2米。在台体东壁和南壁有多条上窄下宽的裂缝和因坍塌形成的凹槽；南壁从顶部至中部形成一道宽0.9、高2米的雨蚀沟槽，并有人为挖掘的凹槽；西侧有登台斜径；北壁底部有径长1米的盗洞。损毁原因自然因素同于上述烽火台。

（8）碾线岭烽火台（编码：632123353201170008）

位于乐都县芦花乡碾线岭岭顶。烽火台周围多为南北向的山梁和沟谷，沟谷纵横，地形复杂。山

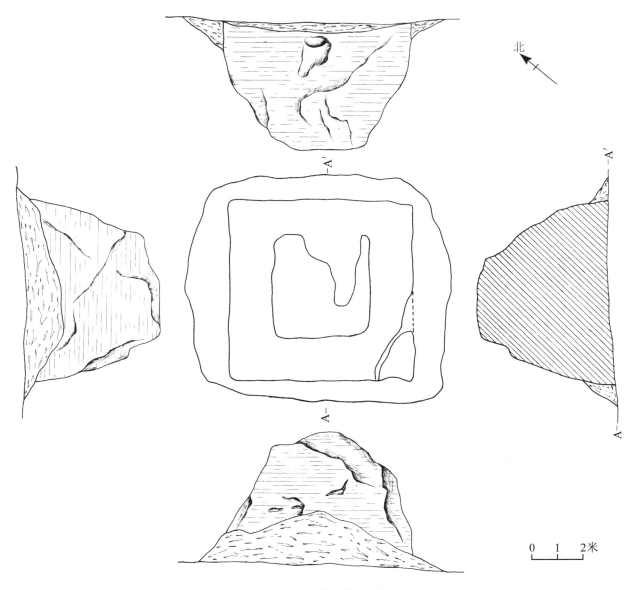

图四四　乐都县碾木沟烽火台平、剖、立面图

下东临脑那沟和碾木沟，西南靠碾线沟，沟内居住有 10 余户村民。本座烽火台位于长城内侧，北距碾线沟壕堑 0.89 千米，东南距碾木沟烽火台 2.1 千米，二者遥相呼应。

　　该烽火台由台体与环壕组成。

　　由于台体部分坍塌，形制不规整，台体整体呈覆斗形，底大顶小，从底部向顶部逐渐收分 6～6.3 米，平面呈圆角方形，剖面呈梯形。台体系用黄褐土夯筑而成，夯层厚 0.2 米。台体残高 3.2 米；底部呈圆角长方形，东西长 20、南北宽 19.5 米；顶部略呈方形，南北长 4.1、东西宽 3.9 米（图四五）。

　　环壕位于烽火台台体外围，是烽火台的外围防护设施。环壕口宽 3.4～3.8、底宽 2.6～3、深 1.4 米，四周土垄底宽 2.4～3.6、顶宽 0.9～1.4、残高 0.7～0.9 米。

　　该烽火台整体保存状况一般，局部有破坏痕迹。台体顶部人为挖了一个圆形蓄水坑。台体底部四周均有不同程度的坍塌，人为踩踏形成登台斜径。台体壁面长期受雨水冲刷，表面多处有沟槽，杂草

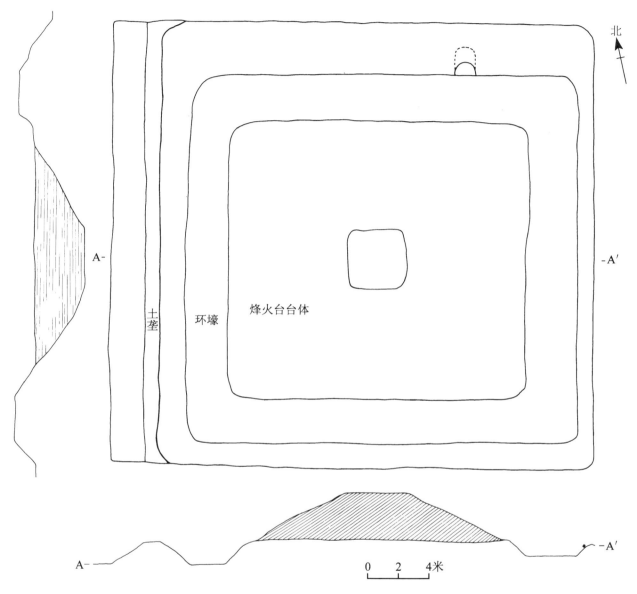

图四五 乐都县碾线岭烽火台台体与环壕平、剖、立面图

丛生。在环壕东侧土垄和北侧土垄顶部挖有水平槽，栽种柠条，环壕内长有冰草、柠条、黄刺等植物。环壕边缘有宽1.4、高1.6、深1.8米的盗洞。损毁原因以人为因素的破坏为主，表现为在台体顶部掏挖圆形蓄水池及踩踏攀爬；自然因素表现同上述。

《西宁志》记载："碾线沟墩 城东一百八十里。"[1] 此处的"城"指西宁卫城，而碾线沟烽火台位于乐都县马营乡碾线岭岭顶，岭下西南为碾线沟，此处位于西宁之北，相距大约90千米。该烽火台从位置、里距、地点均与文献记载的"碾线沟墩"相符，年代应为明代。

该烽火台地处碾线岭岭顶，碾线岭山下西南为碾线沟。据文献《甘肃新通志》记载："老鸦堡在县东五十里。汉破羌县故地。隋改湟（中）［水］县。明置马驿。城周二百四十六丈，高二丈五尺。

---

〔1〕 （清）苏铣纂修，王昱、马忠校注：《西宁志》卷四《兵防志·烽墩》，青海人民出版社，1993年，第189页。

所属下水磨沟、碾线沟峡榨二。"[1] 由此记载得知碾线沟沟谷设有峡榨。该烽火台即位于碾线沟沟口附近，故推测碾线岭烽火台应属峡榨烽火台。

（9）扎门村烽火台（编码：632123353201170009）

位于乐都县高庙镇扎门村西山墩岭顶顶部。烽火台所在山体为一凸起的独立山坡，位于山岭顶部，地形高耸，由台体向四周观察，可对卯寨沟和高庙镇的情形一览无余。东距卯寨沟1.5千米，卯寨沟水由北向南注入湟水。该烽火台位于长城内侧，北距扎门村壕堑和平顶村壕堑的相接处约0.127千米。

烽火台台体部分坍塌，形制不规整，台体整体呈覆斗形，底大顶小，从底部向顶部逐渐收分3.5~4.5米，平面呈圆角方形，剖面呈梯形。台体系用黄褐土夯筑，夯层厚0.23米。台体残高2.4米；底部呈圆角长方形，东西长10.3~10.9、南北宽8~9.6米；顶部略呈正方形，边长2.6米（图四六）。

烽火台整体保存状况一般。台体顶部原呈长方形，现挖有育林坑。底部四周坍塌堆土因踩踏形成了登台斜径。四壁表面形成风蚀凹槽；东壁、南壁、北壁中部和底部挖有长1、宽0.3米的条形育林坑，栽种有柠条和黄刺。南壁坍塌较甚，在台体西南角被人为削挖。损毁原因以人为因素为主，表现为人为挖育林坑、栽种柠条、铲削台体及人为踩踏；自然因素同于上述。

该烽火台地处山梁顶部，当地群众称此烽火台为墩岭顶。烽火台东侧为卯寨沟，据记载："碾伯堡在县（指西宁——编者）东一百三十里。明设西宁卫右所于此城。周三里，设官兵防守。所属峡榨五：上水磨沟、胜番沟、土官沟、羊官沟、卯寨沟。"[2] 由此记载得知卯寨沟设有峡榨，扎门村烽火台即筑在卯寨沟沟口附近，对沟内情况一览无余，推测扎门村烽火台可能属峡榨烽火台。

（10）仓岭沟村1号烽火台（编码：632123353201170010）

位于乐都县寿乐镇仓岭沟村东南1.5千米处的仓岭顶部。台体地处北山海拔较高处，山势平缓，周围大多已退耕还草，西距土官沟约4千米，东临羊官沟。该烽火台位于长城内侧，东南距仓岭沟村壕堑1段7米（彩图一二三）。

该烽火台台体整体呈覆斗形，从底部向顶部逐渐收分1~2米，平面呈圆角方形，剖面呈梯形。台体系用黄土夯筑而成，夯层清晰，夯层厚0.13~0.15米。夯层中发现有草绳。台体残高4.6米；底部与顶部均呈长方形，底部南北长7.8、东西宽6.6米；顶部东西长4.8、南北宽4.5米（图四七）。

该烽火台整体保存状况一般。台体顶部形状不规整，有塌陷坑。四壁坍塌，底部堆土呈斜坡，高1.3~1.8米。壁面均有雨蚀沟槽，东壁从顶到底通贯有一道宽0.8米的冲槽。台体表面草类茂盛，南壁底部有鼠洞。损毁原因以自然因素为主，表现同于上述。

该烽火台地处仓岭顶最高处，北与仓岭沟村壕堑1段紧邻，西北与仓岭沟村2、3号烽火台相望。烽火台东临羊官沟，从此处可清晰瞭望并察看到羊官沟内的情况。据文献记载："碾伯堡 在县（指西宁——编者）东一百三十里。明设西宁卫右所于此城。周三里，设官兵防守。所属峡榨五：上水磨沟、胜番沟、土官沟、羊官沟、卯寨沟。"[3] 由此记载可证羊官沟内设有峡榨，该烽火台即位于羊官沟西侧。故推测仓岭沟村1号烽火台可能属峡榨烽火台。

---

〔1〕（清）升允等修，安维峻等纂：（宣统）《甘肃新通志》第九卷，清宣统元年刻本，第75页。

〔2〕（清）查郎阿、刘于义修，许容纂：（乾隆）《甘肃通志》第十一卷，台湾文海出版社据清乾隆元年刻本影印本，第29页。

〔3〕（清）查郎阿、刘于义修，许容纂：（乾隆）《甘肃通志》第十一卷，台湾文海出版社据清乾隆元年刻本影印本，第29页。

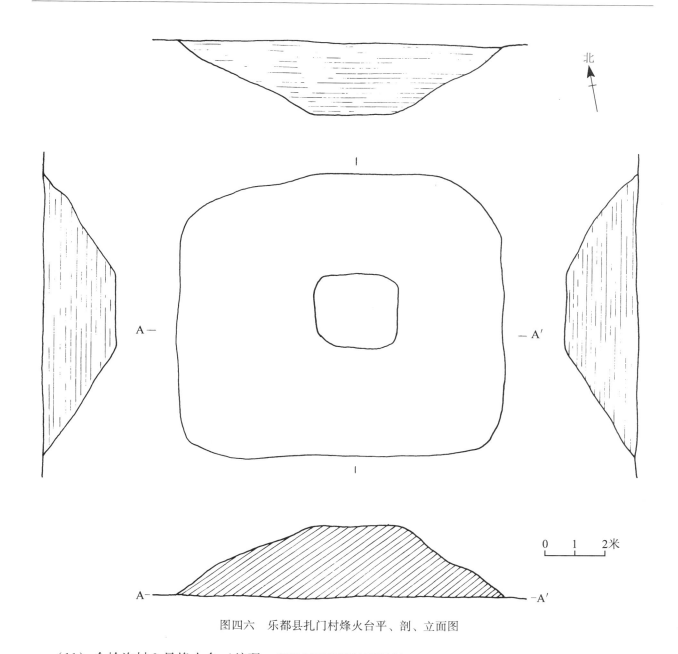

图四六　乐都县扎门村烽火台平、剖、立面图

（11）仓岭沟村 2 号烽火台（编码：632123353201170011）

位于乐都县寿乐镇仓岭沟村土官沟西山山梁顶部。烽火台地处山梁顶部，其西临引胜沟，东接土官沟，这两条沟均属南北走向，可通碾伯镇。该烽火台位于长城内侧，东北距仓岭沟村壕堑 3 段 1.1 千米，东南侧距仓岭沟村 1 号烽火台 3.9 千米。

该烽火台台体整体呈覆斗形，从底部向顶部逐渐收分 0.9～1.1 米，平面呈圆角方形，剖面呈梯形。台体系用黄土夯筑而成，夯层清晰，夯层厚 0.11～0.12 米。台体表面未发现桩木孔洞。台体残高 4～4.2 米；底部与顶部均呈正方形，底部边长 6.3 米，顶部边长 4.8 米（图四八）。

该烽火台整体保存状况一般。台体顶部人为挖有圆形蓄水池，直径 2.1、深 0.2 米。四壁顶部有不同程度坍塌，底部坍塌堆土高 1.9～2.7 米；南壁风蚀较甚，壁面呈现众多风蚀孔洞，孔洞直径 0.09～0.11 米；北壁顶部中间有宽 0.7、深 0.3 米的冲沟槽。损毁原因人为因素表现为在台体顶部掏挖圆形

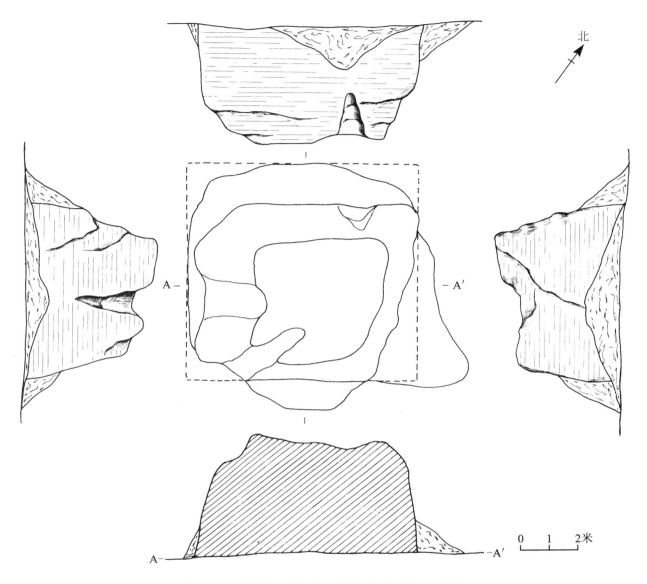

图四七　乐都县仓岭沟村 1 号烽火台平、剖、立面图

蓄水池及攀爬踩踏；自然因素表现同上述。

　　该烽火台地处山梁顶部，其西面为引胜沟（古称胜蕃沟），东面为土官沟，据《甘肃通志》记载，胜蕃沟与土官沟内均设有峡榨[1]。从仓岭沟村 2 号烽火台可一览无余地观察到两侧沟内情形，并直接将讯息传至碾伯城，故推测该烽火台可能属峡榨烽火台。

　　（12）仓岭沟村 3 号烽火台（编码：632123353201170012）

　　位于乐都县寿乐镇土官沟仓岭沟村西南山顶一东西向的山梁顶部。烽火台西临引胜沟，东靠土官沟，东西两侧多为低缓的山梁，此处多已退耕还草。该烽火台位于长城内侧，东北距仓岭沟村 2 号烽火台 2 千米（彩图一二四、一二五）。

　　烽火台台体整体呈覆斗形，从底部向顶部逐渐收分 2.8~3.5 米，平面呈圆角方形，剖面呈梯形。

---

〔1〕（清）查郎阿、刘于义修，许容纂：（乾隆）《甘肃通志》第十一卷，台湾文海出版社据清乾隆元年刻本影印本，第 29 页。

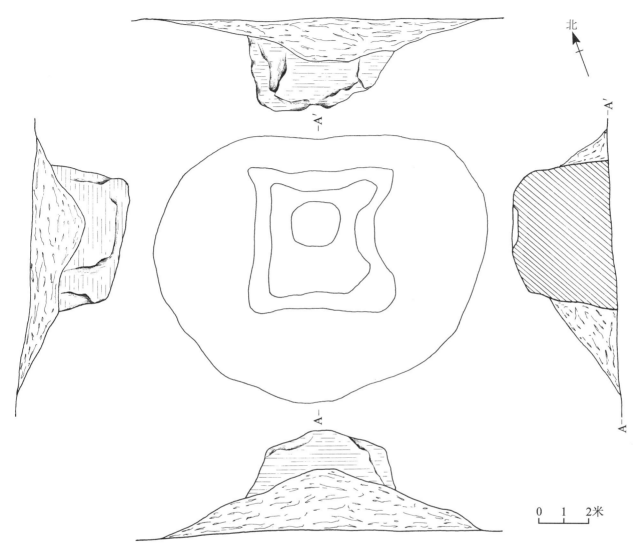

图四八　乐都县仓岭沟村 2 号烽火台平、剖、立面图

台体系用黄土夯筑而成，夯层清晰，分布均匀，夯层厚 0.13 米。台体表面风蚀严重，未发现桩木孔洞。台体残高 8 米；底部与顶部均呈长方形，底部南北长 10.2、东西宽 9.8 米；顶部南北长 4.1、东西宽 3.6 米（图四九）。

　　烽火台整体保存状况一般。台体顶部西南角、东北角均坍塌，底部形成坍塌堆土高 2.8～2.9 米；台体底部风蚀严重，有一条宽 0.4 米裂缝贯通台体；南壁有裂缝及雨蚀沟槽，雨蚀致西壁凹凸不平；台体顶部、北壁及坍塌堆土上长有冰草、蒿草等。损毁原因以自然因素为主，表现为自然坍塌、风蚀雨蚀及植物生长等。

　　该烽火台地处山梁顶部，其东为土官沟，西为引胜沟（古称胜番沟），据文献《甘肃通志》第十一卷记载，胜番沟与土官沟内均设有峡榨。由此烽火台可一览无余地观察到两侧沟内情形，并直接将讯息传至碾伯城，该烽火台的功能应同于仓岭沟村 2 号烽火台，亦属峡榨烽火台。

　　（13）祁家山村烽火台（编码：632123353201170013）

　　位于乐都县引胜乡祁家山村西南山山梁顶部。烽火台位于长城内侧，东距引胜沟 3 千米，引胜沟

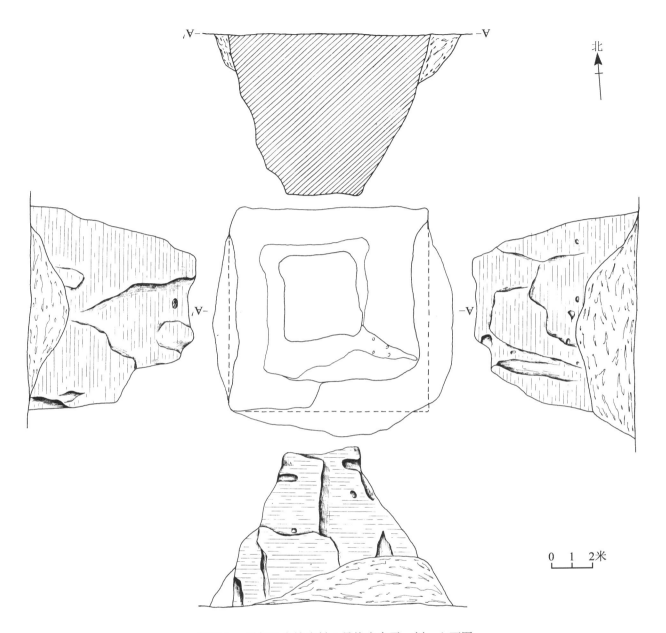

图四九　乐都县仓岭沟村 3 号烽火台平、剖、立面图

水由北向南注入湟水河，周围为草地，已退耕还草（彩图一二六）。

　　烽火台台体整体呈覆斗形，从底部向顶部逐渐收分约 3 米，平面呈圆角方形，剖面呈梯形。台体系用黄土夯筑，夯层清晰，分布均匀，夯层厚 0.12～0.15 米。在台体东壁和南壁均发现有桩木孔洞，直径 0.09 米。台体残高 6.8 米；底部与顶部均呈正方形，底部边长为 11.5 米；顶部边长 6.7 米（图五〇）。

　　烽火台整体保存状况一般。四壁自然坍塌，底部坍塌堆土高 1.6～3 米。南壁呈现诸多风蚀凹槽和孔洞，且发现蚁洞；西壁雨蚀沟槽从顶至底贯穿台体。损毁原因以自然因素为主，主要表现自然坍塌及风蚀凹槽和孔洞；此外蚁洞对台体也造成了一定破坏。

　　该烽火台地处山梁顶部，视野开阔，其西北为北山牧场，东面为引胜沟，由此烽燧可及时一览无

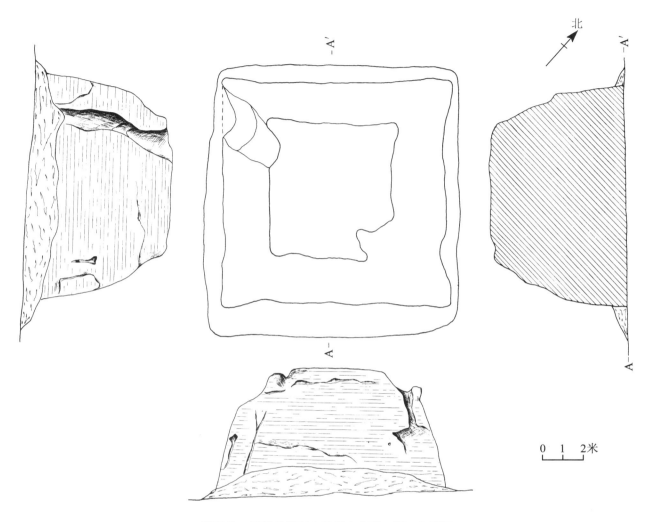

图五〇　乐都县祁家山村烽火台平、剖、立面图

余地观察到沟内及北山牧场情形。东南与仓岭沟村 2 号、3 号烽火台相望。

（14）胜利村烽火台（编码：632123353201170014）

位于乐都县马营乡墩湾村东南 0.2 千米处山顶。该烽火台周围多低缓的山丘，沟壑纵横。本座烽火台位于长城外侧，东面为碾线沟，西临白崖沟。南距墩湾村烽火台 2 千米、距白崖沟壕堑与碾木沟村壕堑 3.5 千米。

烽火台台体整体呈覆斗形，从底部向顶部逐渐收分 7 ~ 7.5 米，平面呈圆形，剖面呈梯形。台体系用黄土夯筑而成，夯层清晰，分布均匀，夯层厚 0.21 米。台体残高 3.6 ~ 6.2 米；底部呈长方形，东西长 22.3、南北宽 18.9 米；顶部亦呈长方形，东西长 7.6、南北宽 5 米（图五一）。

烽火台整体保存状况一般。台体顶部后期经过人为平整，种植苜蓿。东壁有登台斜径，长期的人为踩踏对台体造成了损毁。损毁原因以人为因素为主，表现为平整台体、种植植物及攀爬踩踏；自然因素同上述。

该烽火台位于湟水北岸烽燧西线，属此烽燧线的北端始点，南与墩湾村烽火台相连。

（15）墩湾村烽火台（编码：632123353201170015）

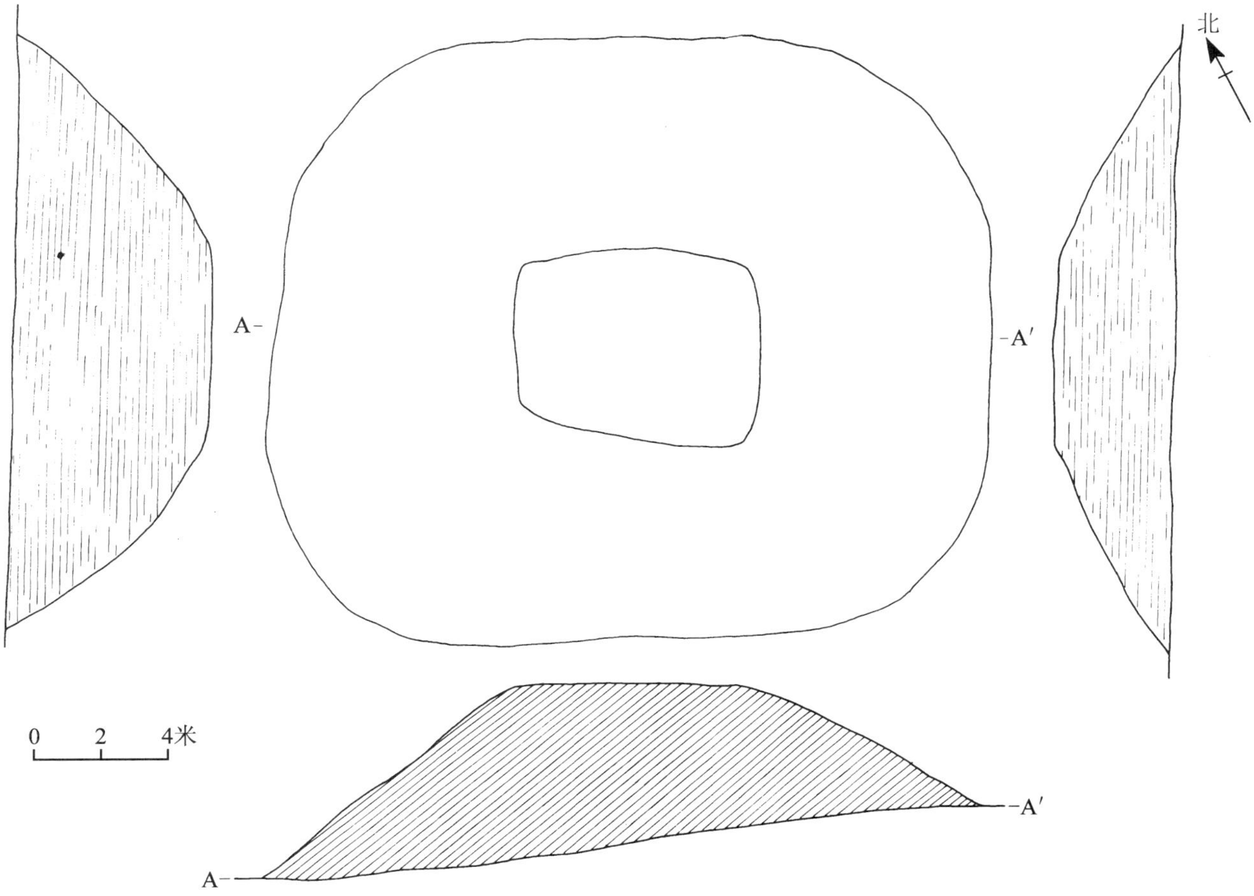

图五一 乐都县胜利村烽火台平、剖、立面图

位于乐都县高庙镇白崖子村向北通往马营乡墩湾村乡道东侧山梁顶部。烽火台东面为碾线沟、碾线岭，西靠白崖沟。该烽火台位于长城外侧，南距白崖沟壕堑1.5千米，南距白崖坪村烽火台5千米，北距胜利村烽火台2千米。

烽火台台体整体呈覆斗形，从底部向顶部逐渐收分2～3.8米，平面呈长方形，剖面呈梯形。台体系用黄土夯筑而成，夯层清晰，分布均匀，夯层厚0.11米。烽火台西壁发现有桩木孔洞，孔径0.2米。台体残高6米；底部呈长方形，南北长13、东西宽5.4米；顶部略显凹凸不平，略呈长方形，南北长9、东西宽3.5米（图五二）。

烽火台整体保存状况一般。台体顶部人为破坏比较严重，竖有木质三脚架测量标志，台体顶部东、西边缘部分坍塌，坍塌堆土宽2.6～3米。东壁呈片状剥离；西壁形成风蚀层，亦呈片状剥离。从台体顶部到底部有一条登台斜径。台体底部被拓宽耕地削挖成直立状，并挖有一处底宽1.19、高0.82、进深1.2米的避雨窑洞。损毁原因以人为因素破坏为主，表现为人为削挖、掏挖窑洞、踩踏攀爬；自然因素同于上述。

该烽火台位于湟水北岸烽燧西线，置于胜利村烽火台与白崖坪村烽火台之间。

（16）白崖坪村烽火台（编码：632123353201170016）

位于乐都县马营乡白崖坪村东南1千米处，地处白崖坪村通往马营乡的乡村土路东侧。烽火台靠近村庄，四周地势平坦，退耕还草，栽种榆树、黄刺和柠条，其东面有碾线沟，西邻白崖沟。该烽火台位于长

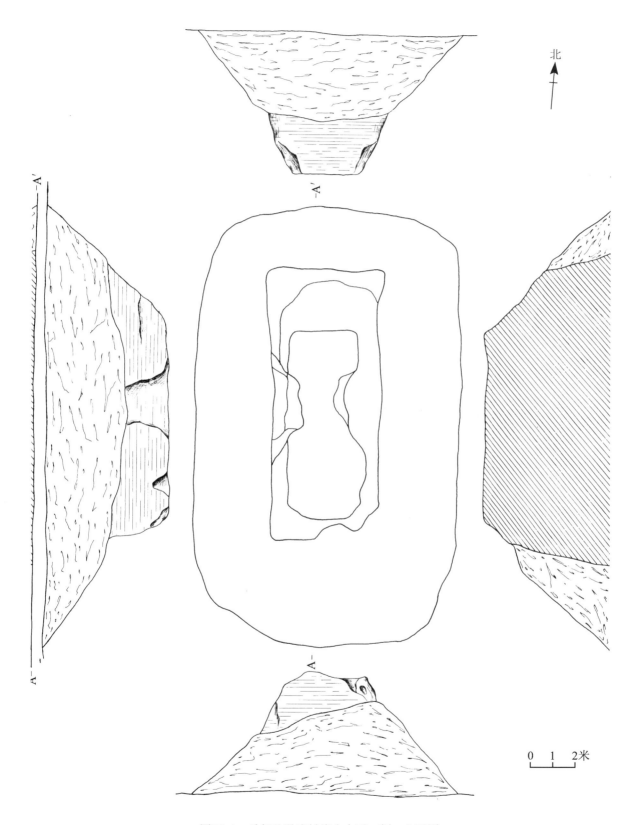

北

图五二　乐都县墩湾村烽火台平、剖、立面图

城内侧，西北距白崖沟壕堑 3.3 千米，南距晁马家村 1 号烽火台 2 千米（彩图一二七）。

　　该烽火台台体整体呈覆斗形，从台体底部向顶部逐渐收分 1～1.6 米，平面呈圆角方形，剖面呈梯形。台体系用黄土分段夯筑而成，夯层清晰，分布均匀，夯层厚 0.11～0.14 米。台体表面有椓木孔洞，南壁和北壁孔洞清晰，孔径 0.08 米。台体残高 5.2 米；底部与顶部均呈长方形，南北长 8.8、东西宽 6.9 米；顶部南北长 6.1、东西宽 4.8 米（图五三）。

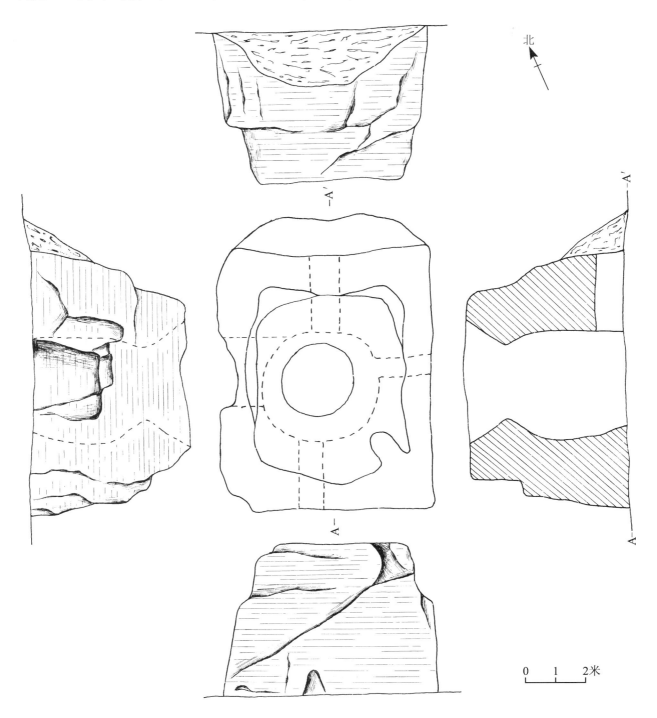

图五三　乐都县白崖坪村烽火台平、剖、立面图

烽火台整体保存状况差。台体四壁底部有 5 处人为掏挖的洞窟。东壁中部和底部呈现出数处风蚀凹槽孔洞；西壁的风蚀呈层状分布；南壁有一条登台斜径；北壁有宽 0.05 米的裂缝贯穿台体，并掏挖有窑洞，宽 1.1、高 2、进深 2.5 米。损毁原因有人为及自然双重因素，表现基本同于上述。

该烽火台位于湟水北岸烽燧西线，置于墩湾村烽火台与晃马家村 1 号烽火台之间。

（17）晃马家村 1 号烽火台（编码：632123353201170017）

位于乐都县高庙镇晃马家村东北 2.5 千米山梁顶部。该烽火台地处白崖岭南端岭顶，岭下东面为碾线沟，西临白崖沟。台体周围已退耕还草，多为草山。由此处岭顶远眺高庙镇河谷地可一览无余。该烽火台北距白崖坪村烽火台 2 千米，南距晃马家村 2 号烽火台 0.46 千米（彩图一二八）。

烽火台由台体与环壕组成。

台体整体呈覆斗形，从底部向顶部收分 3.4 米，平面呈圆角方形，剖面呈梯形。台体系用黄土夯筑而成，夯层清晰，分布均匀，夯层厚 0.11 ~ 0.14 米。有桩木孔洞，孔径 0.08 米，多布于南壁和北壁。台体残高 7.2 米；底部呈长方形，南北长 10.8、东西宽 10.5 米；顶部略呈正方形，边长 3.3 米（图五四）。

台体底部外侧有环壕。环壕距台体 7.4 米。环壕口宽 7、底宽 2、深 1.3 ~ 1.6 米，土垄底宽 3.9 ~ 6.7、顶宽 0.8、高 0.8 ~ 1.6 米。

烽火台整体保存状况一般。东壁因雨蚀形成自然沟槽，致壁面局部坍塌，坍塌堆土宽 1.1 米，并有一条登台斜径；南壁风蚀严重；西壁存有黑色菌斑，中部呈片状剥离，西南角底部坍塌，向台体内凹，底部坍塌堆土宽约 0.9 米；北壁顶部有一水冲沟槽，贯穿台体致壁面坍塌。损毁原因以自然因素为主，表现为自然坍塌、风雨侵蚀、片状剥离；人为因素表现为人为踩踏等。

该烽火台位于湟水北岸烽燧西线，置于白崖坪烽火台与晃马家村 2 号烽火台之间。

（18）晃马家村 2 号烽火台（编码：632123353201170018）

位于乐都县高庙镇晃马家村东北 1.5 千米山梁顶部。烽火台地处白崖岭南端岭顶，白崖岭为南北向山脊，沟谷相间。其西面为白崖沟，南有东西向的高庙至老鸦公路。烽火台北距晃马家村 1 号烽火台 0.46 千米。

烽火台由台体和环壕组成（彩图一二九）。

烽火台台体因坍塌已失原状，平面形制呈圆形。黄土夯筑，夯层清晰，分布均匀，夯层厚 0.13 ~ 0.15 米。台体残高 3.6 米；底部呈长方形，南北长 16.1、东西宽 14 米；顶部呈圆形，直径 5.3 米（图五五）。台体表面杂草丛生。

在烽火台台体外侧四周有环壕。环壕距台体 2.6 ~ 7.8 米。环壕口宽 5.5 ~ 6.1、底宽 2.9 ~ 3.7、深 1.5 ~ 2.25 米。壕堑东侧土垄已破坏。南、西、北土垄底宽 3.9 ~ 5.7、顶宽 2.1 ~ 3.9、残高 0.4 ~ 1.6 米。

烽火台整体保存状况较差。顶部被平整为平顶，在台体顶部和中部均挖有条形育林坑。损毁原因以自然因素为主，主要表现为自然坍塌、植物生长等；人为因素表现为在台体挖掘育林坑及人为踩踏等。

该烽火台位于湟水北岸烽燧西线，北邻晃马家村 1 号烽火台，南可遥望老鸦城及湟水南岸烽燧线。

（19）芦草沟 1 号烽火台（编码：632123353201170019）

位于乐都县洪水镇王家湾村东南 3 千米山顶处。烽火台台体周围多为南北向的山梁和沟谷，沟谷纵横，南面与民和县新民乡芦草沟接壤。烽火台位于湟水南岸，北距湟水河 2 千米，东南距芦草沟 2 号烽火台 0.125 千米。由烽火台所处山顶向东可俯视老鸦峡，东与民和县胡拉海烽火台相望（彩图一三〇）。

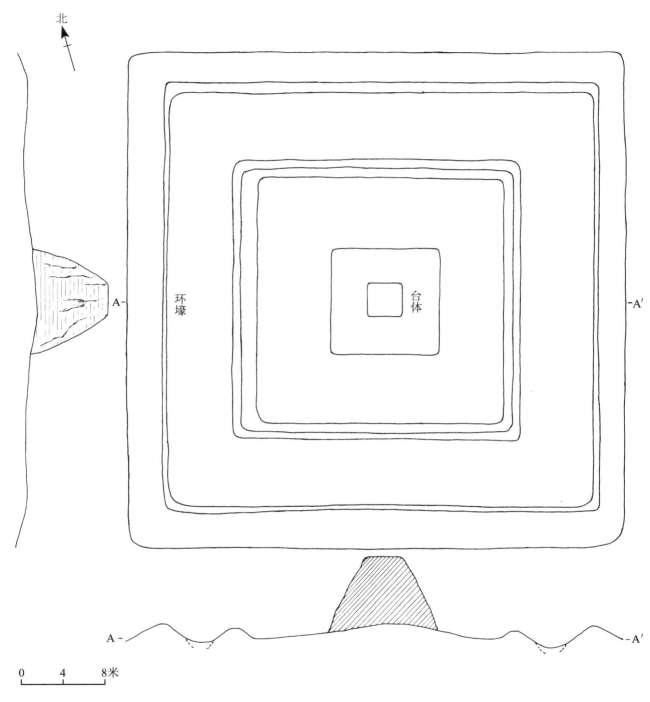

北

环壕

台体

A-

-A'

A-

-A'

0　4　8米

图五四　乐都县晁马家村 1 号烽火台台体与环壕平、剖、立面图

　　烽火台台体整体呈覆斗形，收分 2.7 ~ 3.5 米，平面呈圆角方形，剖面呈梯形。台体系用黄土夯筑，夯层清晰，分布均匀，夯层厚 0.13 ~ 0.15 米。台体表面杂草丛生。台体残高 10.3 米；底部呈长方形，南北长 8.3、东西宽 7.5 米；顶部近似正方形，边长为 2.9 米（图五六）。

　　在烽火台台体西北 26 米处由东南向西北依次排列有 5 个土堆，推测应为小燧，分别编为 S1 ~ S5，燧与燧之间相距约 7.2 ~ 7.3 米。燧系用黄土堆积而成，未见夯筑痕迹。平面形状均呈圆形。S1 底径

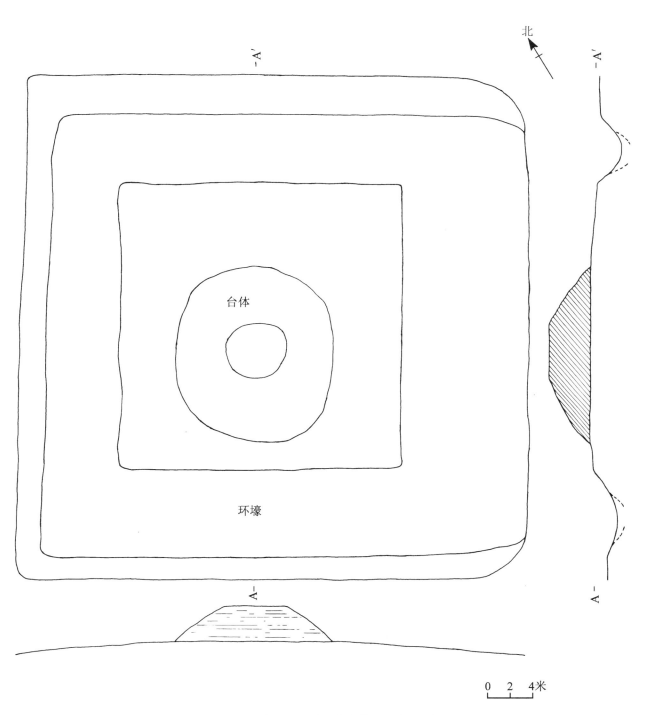

北

台体

环壕

A

A'

0　2　4米

图五五　乐都县晁马家村 2 号烽火台台体与环壕平、剖、立面图

3.2、顶径1.2、残高1.3 米；S2 底径3.3、顶径0.9、残高1.1 米；S3 底径3.5、顶径1、残高1.2 米；S4 底径3.3、顶径1、残高1 米；S5 底径2.7、顶径0.9、残高1.1 米。

　　烽火台整体保存状况一般。烽火台台体顶部东南角坍塌较为严重，坍塌堆土高约1.8 米。东壁有多处大小不一的风蚀孔洞，顶部被雨水冲刷形成一处宽1.8、高0.4 米的缺口，北端有条裂缝纵贯台体；南壁顶部东南角坍塌，堆土高4 米；西壁顶部亦有雨冲形成的缺口及纵贯台体的裂缝，底部大面

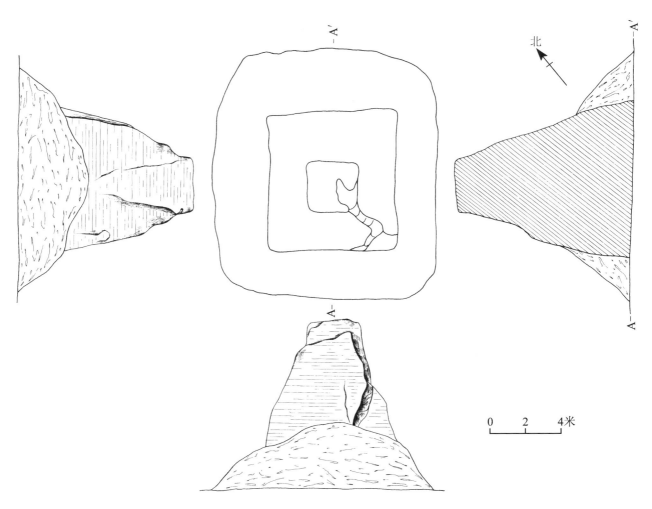

图五六　乐都县芦草沟 1 号烽火台平、剖、立面图

积坍塌，坍塌堆土高 5.9 米；北壁苔藓菌类微生物依附于壁面，出现大面积的黑斑。损毁原因以自然因素为主，表现为自然坍塌、雨侵风蚀、植物生长。

　　该烽火台位于本县湟水南岸烽燧线上，此条烽燧线的东端，东与民和烽燧西线西端的胡拉海烽火台相接，东南与芦草沟 2 号烽火台相连。

　　（20）芦草沟 2 号烽火台（编码：632123353201170020）

　　位于乐都县洪水镇王家湾村东南 3 千米山顶处。该烽火台地处乐都县洪水镇湟水南岸南山山顶上，周边沟谷纵横，地形复杂，南面与民和县新民乡芦草沟接壤，西北距芦草沟 1 号烽火台 0.125 千米。

　　本座烽火台由台体与环壕组成。

　　台体整体呈覆斗形，从底部向顶部逐渐收分。平面呈圆角方形，剖面呈梯形。台体系用黄土夯筑，夯层清晰，分布均匀，夯层厚 0.16 米。台体表面杂草丛生。台体残高 3 米；底部呈长方形，南北长 3.7、东西宽 2.7 米；顶部近似长方形，南北长 2.4、东西宽 1.1～1.8 米（图五七）。

　　在烽火台外围修筑有环壕，为烽火台的附属设施。环壕口宽 3.4～6.8、底宽 1.8～3.6、深 1.2～1.8 米，土垄底宽 1.6～3.8、顶宽 0.4～0.7、高 0.3～0.4 米。

　　该烽火台整体保存状况一般。台体顶部内凹，顶部及四壁均有不同程度的坍塌，尤以南壁和西壁坍

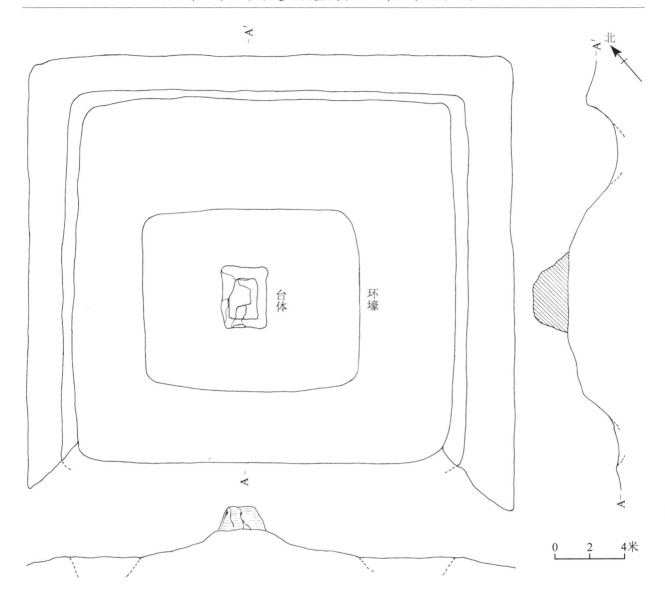

图五七　乐都县芦草沟 2 号烽火台台体与环壕平、剖、立面图

塌为甚，底部坍塌堆土高 0.7~1.3 米。东壁和北壁均有登台斜径；北壁挖有一处底宽 1、顶宽 0.86、进深 0.8 米小洞。损毁原因以自然因素为主，表现同于上述；人为因素表现为在台体底部掏洞及攀爬踩踏。

该烽火台位于本县湟水南岸烽燧线上，置于芦草沟 1 号烽火台与芦草沟 3 号烽火台之间。

（21）芦草沟 3 号烽火台（编码：6321233353201170021）

位于乐都县洪水镇王家湾村东南 2.5 千米山顶处。该烽火台地处乐都县洪水镇湟水南岸山顶上，周围多为南北向的山梁和沟谷，沟谷纵横，地形复杂，处于黄土高原的边缘地带，南面与民和县新民乡芦草沟为界。其西南距芦草沟 4 号烽火台 0.63 千米，东南距芦草沟 2 号烽火台 1.5 千米。

烽火台台体因损已失原貌，整体呈馒头状，平面呈圆形。台体系用黄土夯筑，夯层厚 0.15~0.2 米，台体表面杂草丛生。台体残高 3.2 米；底部与顶部均呈圆形，底部直径 15 米；顶部直径 2.5 米（图五八）。

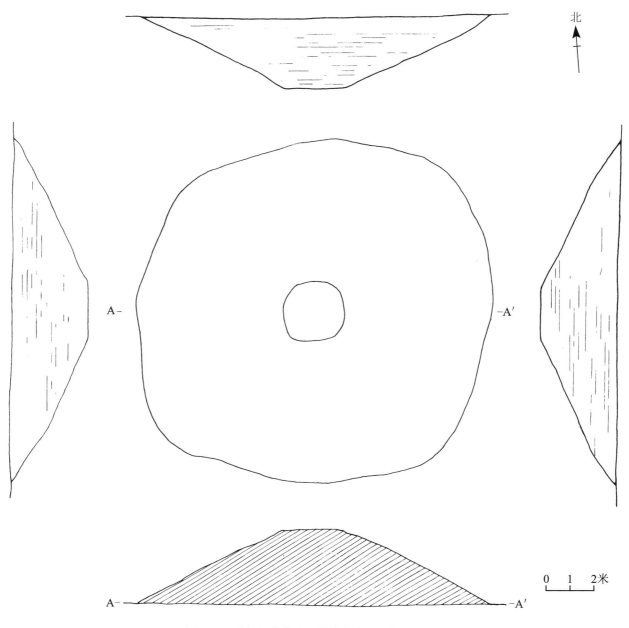

图五八 乐都县芦草沟 3 号烽火台平、剖、立面图

该烽火台整体保存状况一般。台体顶部已被人为挖毁；西壁掏挖有土洞。损毁原因有人为因素及自然因素，表现同上述。

该烽火台位于本县湟水南岸烽燧线上，置于芦草沟 1 号烽火台与芦草沟 4 号烽火台之间。

（22）芦草沟 4 号烽火台 （编码：632123353201170022）

位于乐都县洪水镇王家湾村东南 3.5 千米山顶。该烽火台地处洪水镇湟水南岸的南山山顶，周围多为南北向的山梁和沟谷，南面与民和县新民乡芦草沟接壤。东西两侧已退耕还草、还林。山梁下有一条土路通往高庙镇老鸦村。该烽火台东北距芦草沟 3 号烽火台 0.63 千米（彩图一三一）。

本座烽火台由台体、环壕和小燧组成。

　　烽火台台体整体呈覆斗形，从底部向顶部收分 1.6～2 米。台体平面呈圆角方形，剖面呈梯形。台体系用黄土夯筑，夯层厚 0.13～0.15 米。台体残高 5.2 米；底部呈正方形，边长 7.2 米；顶部略呈长方形，东西长 3.4、南北宽 2.7 米（图五九）。

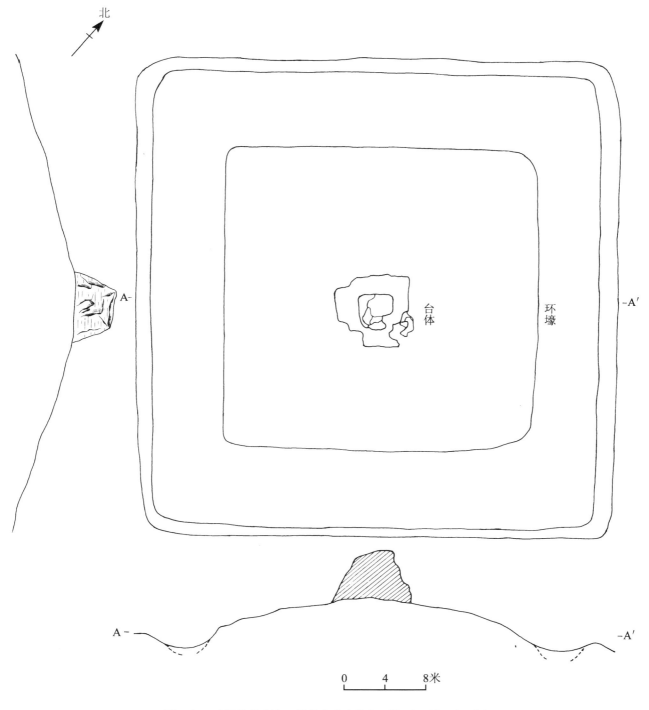

图五九　乐都县芦草沟 4 号烽火台台体与环壕平、剖、立面图

在烽火台台体外侧挖有环壕，距台体 12 米，口宽 4.8～10.4、底宽 2.1～4.1、深 2.1～2.6 米，垄底宽 2.9～5.5、顶宽 0.9～2.5、高 0.8～2 米。

烽火台台体至北 0.147 千米始从北向南排有 7 个土堆，推测为小燧，分别编为 S1～S7 号。小燧均用黄土堆积而成，未经夯筑，平面均呈圆形。燧与燧之间相距 13～16 米。台体北 0.147 千米处为 S1 号，底径 2.2、顶径 0.9、残高 0.8 米；S2 号，底径 7.5、顶径 3.5、残高 1.6 米；S3 号，底径 2、顶径 0.7、残高 0.6 米；S4 号，底径 4.1、顶径 2、残高 1.2 米；S5 号，底径 4.3、顶径 1.9、残高 1.4 米；S6 号，底径 4.3、顶径 1.9、残高 1.2 米；S7 号，底径 2.9、残高 0.4 米，顶部被挖成平顶。

烽火台整体保存状况一般。台体顶部坍塌内凹。东壁壁面及顶部坍塌，壁面有一条宽 0.4～0.5 米雨冲沟槽纵贯台体，在台体底部有风蚀孔洞；南壁与西壁损毁情况基本同于东壁；北壁壁面呈层状剥落，有登台斜径。损毁原因以自然因素为主，表现为自然坍塌、风雨侵蚀和植物生长；人为因素表现为在台体周围取土和攀爬。

该烽火台位于乐都县湟水南岸烽燧线上，置于芦草沟 3 号烽火台与店子村 1 号烽火台之间。

（23）店子村 1 号烽火台（编码：632123353201170023）

位于乐都县洪水镇湟水南岸的店子村一社村东南耕地中。烽火台北临湟水，地处川水地带，周围多为耕地，地势开阔。该烽火台东距店子村 2 号烽火台 0.4 千米。

烽火台台体整体呈覆斗形，从底部向顶部收分 1～1.6 米，平面呈圆角方形，剖面呈梯形。台体系用黄土夯筑，夯层厚 0.16 米。南壁有一个桎木孔洞，孔径为 0.12 米。台体残高 5.7～6.4 米；底部呈长方形，南北长 10.5、东西宽 10 米；顶部略呈方形，边长 7.8 米（图六〇）。

烽火台整体保存状况一般。台体顶部坍塌十分严重，中间坍塌呈圆形坑状，直径 1.7 米。东壁有两条贯穿台体的裂缝及雨蚀凹槽，另有一条登台斜径；南壁有两条裂缝，底部有一人为掏挖的小洞，底宽 0.8、高 1.3、进深 1.9 米；西南角底部坍塌；西壁顶部有雨蚀凹槽，壁面凹凸不平。损毁原因以自然因素为主，主要表现为风雨侵蚀；人为因素表现为掏挖台体、踩踏攀爬。

该烽火台位于本县湟水南岸烽燧线上，置于芦草沟 4 号烽火台和店子村 2 号烽火台之间。

（24）店子村 2 号烽火台（编码：632123353201170024）

位于乐都县洪水镇湟水南岸的店子村一社村东南耕地中。烽火台地处湟水南岸，北望 109 国道和湟水河，周边多为耕地，地势平坦开阔。西距店子村 1 号烽火台 0.4 千米（彩图一三二）。

该烽火台台体整体呈覆斗形，从底部向顶部收分 1.6 米，平面呈圆角方形，剖面呈梯形。台体系用黄土夯筑，夯层厚 0.16 米，台体表面有桎木孔洞，孔径为 0.13～0.15 米。台体残高 6 米；底部与顶部均呈长方形，底部南北长 7、东西宽 6.6 米；顶部南北长 4.4、东西宽 3.4 米（图六一）。

该烽火台整体保存状况一般。台顶中部塌陷内凹。东壁与北壁坍塌较甚，底部坍塌堆土高约 1.1～1.8 米；南壁掏挖有一洞龛，上窄下宽；西壁存有霉斑，有大小不一的风蚀槽孔及一条登台斜径；北壁有雨蚀沟槽。损毁原因以自然因素为主，表现为自然坍塌、风雨侵蚀及霉斑等。

该烽火台位于乐都县湟水南岸烽燧线上，置于店子村 1 号烽火台与城南烽火台之间。

（25）深沟村烽火台（编码：632123353201170025）

位于乐都县湟水南岸的雨润镇深沟村南靠后山山梁顶部。烽火台台体东北角有一人工修筑的水泥蓄水池，南面多为低缓的山丘，沟谷纵横。台体东侧呈斜坡状，北侧现已被辟为坡地，修成梯田，人工种植榆树。该烽火台地处湟水南岸山梁之顶，由此处向四周观察，对川内动静一览无余（彩图一三三）。

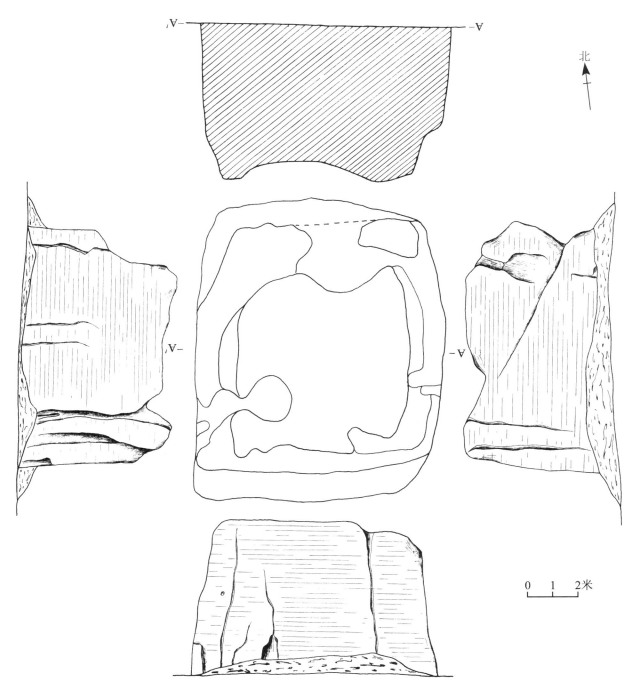

图六〇　乐都县店子村 1 号烽火台平、剖、立面图

本座烽火台由台体与环壕组成。

台体整体呈覆斗形，从底部向顶部收分 2.3~2.9 米，平面呈圆角方形，剖面呈梯形。台体系用黄土夯筑，夯层厚 0.15 米，北壁有桩木孔洞，孔径为 0.2 米。台体残高 6.3~6.8 米；底部与顶部均略呈长方形，底部南北长 9.3、东西宽 8.2 米；顶部南北长 4.9、东西宽 3.3 米（图六二）。

环壕残存在烽火台西侧和南侧，距台体 5.2~6.1 米。南侧环壕边缘距台体底部 6.1 米，环壕口宽

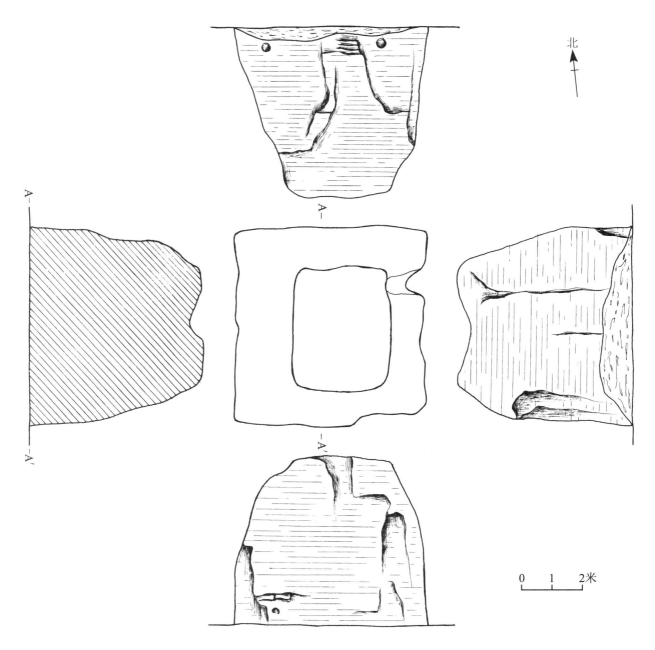

图六一　乐都县店子村 **2** 号烽火台平、剖、立面图

9.5、底宽 3.4、深 1.8 米；土垄残存局部，底宽 2.5、顶宽 0.5、高 1.6 米。西面环壕口部边缘距台体底部 5.2 米，环壕口宽 7.6、底宽 2.8、深 1.6 米；土垄底宽 2、顶宽 0.5、高 2.1 米。

　　烽火台整体保存状况一般。台体顶部局部坍塌。东壁有一条裂缝纵贯台体，底部内凹，东南角坍塌堆土高约 3.3 米；南壁与西壁雨水侵蚀壁面形成沟槽，南壁沟宽 0.6～1.2 米，西壁沟宽 0.1～0.3 米。西北角亦有一条水冲沟槽，长 1.7 米，台体西南角有两条裂缝长 3.9～4.2、宽 0.1 米。损毁原因为自然因素，主要表现为自然坍塌、雨水侵蚀。

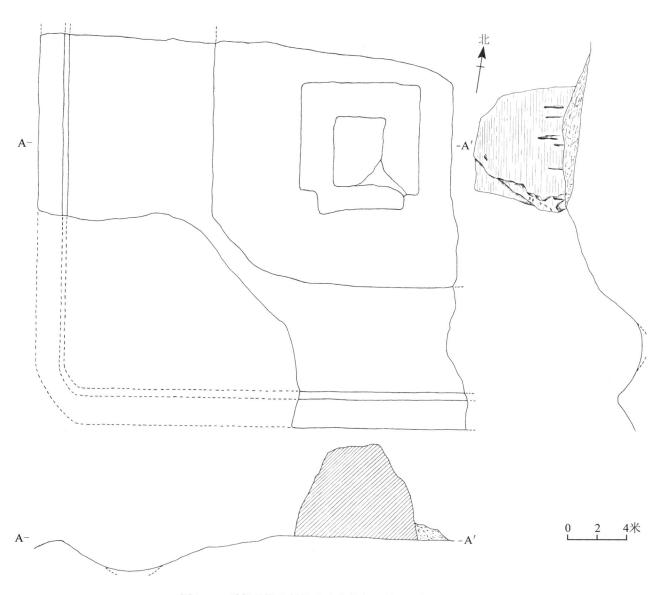

图六二　乐都县深沟村烽火台台体与环壕平、剖、立面图

《西宁志》记载："西宁卫　领墩七十有四，守瞭军三百四十五名……深沟墩　城东一百一十里。"[1] 这里"城"指西宁卫城。深沟墩位于碾伯县西 10 千米处的雨润镇深沟村，即距西宁城东 65 千米。故方向、里距记数都与文献记载相符。

该烽火台位于乐都县湟水南岸烽燧线西端，东邻城南墩烽火台，西连平安县东村烽火台。

（26）干沟烽火台（编码：632123353201170026）

位于乐都县雨润镇西北干沟西面山顶。烽火台坐落于湟水北岸一南北向的山梁顶部，所处地势较高，视野开阔，其东临干沟，西接上水磨沟。东南远眺乐都县城，西南远望平安县城，地理位置较重要（彩图一三四）。

---

〔1〕（清）苏铣纂修，王昱、马忠校注：《西宁志》卷四《兵防志·烽墩》，青海人民出版社，1993 年，第 186～188 页。

本座烽火台由台体和环壕组成。

台体整体呈覆斗形，从底部向顶部收分 2 米，平面呈方形，剖面为梯形。烽火台是在一处比较平缓的山梁顶部就地取材，用黄土夯筑，夯层厚 0.1～0.12 米。台体西壁发现有桩木孔洞，孔径为 0.08 米，并暴露有桩木残痕。台体残高 7.3 米；底部与顶部均略呈方形，底部东西长 9.6、南北宽 8.4～9.6 米；顶部边长 5～5.2 米（图六三）。

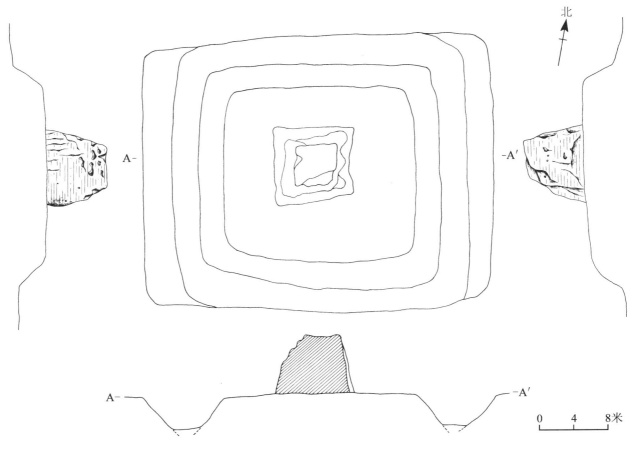

图六三　乐都县干沟烽火台台体与环壕平、剖、立面图

烽火台外围有一周环壕，为烽火台的护围设施。环壕距烽火台台体 5～7 米。环壕口宽 9.8、底宽 3.2、深 3.8 米。

烽火台整体保存状况一般。台体顶部表面部分塌陷。东壁壁面存有三条宽为 0.03～0.06 米的裂缝，被风蚀呈片状剥离；南壁表面有宽窄不一的竖向裂缝，壁面黄土剥落；西壁台体上部有上宽下窄的雨蚀冲沟，引起壁面部分坍塌；北壁存有黑色菌斑，部分脱落，台体底部呈片状剥离。损毁原因以自然因素为主，表现为风雨侵蚀、自然坍塌、霉斑等。

《西宁志》"烽墩"条记载："西宁卫　领墩七十有四，守瞭军三百四十五名……大硖口墩　城东九十里。"[1] 此处"城"指西宁卫城，干沟烽火台位于乐都县雨润镇西北干沟西面山顶，此处位于西宁城东约45千米，故根据地理位置及里距初步推测该烽火台可能是文献里记载的大峡口墩。其修建年代为明代。

〔1〕（清）苏铣纂修，王昱、马忠校注：《西宁志》卷四《兵防志·烽墩》，青海人民出版社，1993 年，第 186～188 页。

（27）城南墩烽火台（编码：632123353201170027）

位于乐都县岗沟镇赵家村西北 8 千米的墩岭岭顶。烽火台地处岭顶，视野开阔，向北远眺乐都县城尽收眼底，岭顶周围沟谷纵横（彩图一三五）。

烽火台台体因坍塌严重，台体被四周坍塌堆土覆盖，只露出局部台体。台体整体呈覆斗形，由底部向上收分 1.2 米，现有形状不甚规整，平面略呈方形，剖面呈梯形。台体用黄土夯筑，夯层厚 0.14~0.2 米。台体残高 6 米；底部略呈方形，东壁长 7.5、西壁长 3.8、南壁长 5.8、北壁长 7.5 米；顶部因坍塌已失原貌，形状不规则，其中部大面积坍塌，东西长 5.6、南北宽 4.5 米（图六四）。

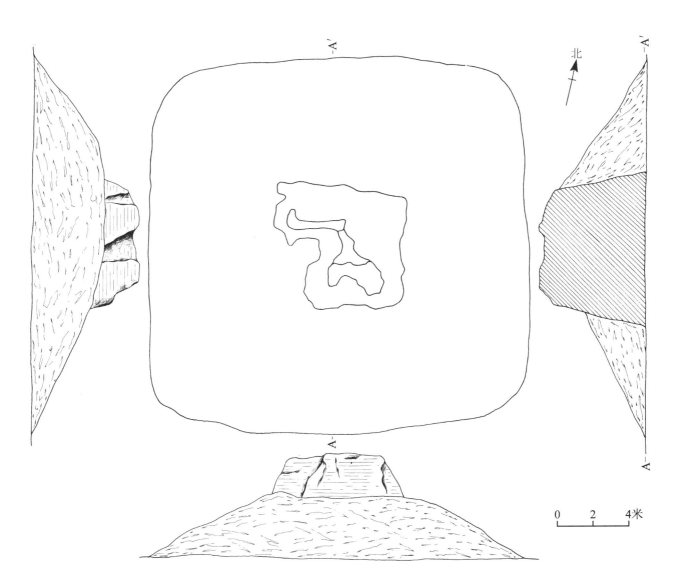

图六四　乐都县城南墩烽火台平、剖、立面图

该烽火台整体保存状况较差。台体因坍塌严重，致使平面形制不规则。台体顶部因人为掏挖致中间塌陷。东壁顶部有雨蚀沟槽，底部坍塌堆土高 3.5 米，底部有一处人为掏挖的盗洞，洞径 0.8、深 1.8 米；南壁有条状风蚀浅槽；西壁中部大面积坍塌，坍塌面宽 1~1.8、高 1.8 米；北壁有雨蚀沟槽

纵贯台体，壁面风蚀明显，呈层状分布。损毁原因以自然因素为主，表现基本同于上述；人为因素表现为在台体底部和顶部掏挖台体。

《西宁志》记载："西宁卫　领墩七十有四，守瞭军三百四十五名……城南墩　城东一百三十里。"[1] "城"指西宁卫城，城南墩烽火台位于乐都县岗沟镇赵家村西北墩岭岭顶，此处位于西宁卫城东约65千米。故无论从方位还是距离分析，都与此烽火台相吻合。城南墩烽火台应为明代所建。

该烽火台位于本县湟水南岸烽燧线上，置于店子村2号烽火台与深沟村烽火台之间。

（三）平安县

1. 综述

平安县共调查烽火台10座，分别位于小峡镇、平安镇，均坐落在湟水南岸（地图一二）。烽火台布局，主要位于交通线和堡寨的附近。烽火台中，沿湟水南岸的109国道分布有一条烽燧线，均位于湟水谷地南侧的山梁之上，由东向西由东村烽火台、石家营烽火台、柳湾烽火台和上红庄烽火台组成，烽火台间距里数基本相等。这条烽燧线的东端东村烽火台可与乐都县湟水南岸烽燧线相接。

2. 详细描述

平安县境内的烽火台，根据先后调查的编码顺序，依次排列为石家营烽火台、柳湾烽火台、上红庄烽火台、东村烽火台、石沟沿烽火台、沈家烽火台、糜子湾烽火台、永安烽火台、北岭烽火台和沙义岭烽火台，分别叙述如下：

（1）石家营烽火台（编码：632121353201170001）

位于平安县小峡镇石家营村南约0.5千米的台地上。烽火台坐落在湟水河南岸第二级阶地上，台地背靠石家营堡子岭，视野开阔，北1千米是109国道，1.5千米是兰（州）西（宁）高速公路；在109国道与兰（州）西（宁）高速公路之间，北距台体1.4千米处是东西流淌的湟水河；台体南侧与堡子岭之间有一条雨水冲刷形成的深沟相隔。该烽火台西约3千米为柳湾烽火台，向东约5.1千米为中村堡（彩图一三六）。

烽火台整体呈覆斗形，由底部向上收分1～1.3米，剖面呈梯形。台体系黄土夯筑，土质纯净，夯层清晰，夯层厚0.12米。夯层中发现有松木材质的框木，直径0.08米。台体高5米；底部略呈长方形，南北长5.5、东西宽4.5米；顶部略呈不规则形，东壁长4.1、南壁长2.8米，因台体东北角已坍塌，北壁长2.1米，西壁顶长斜距为4.3米（图六五）。

该烽火台整体保存状况一般。台体西北部坍塌严重，顶部呈南高北低斜坡状。东南角底部坍塌形成了高2、深1.3米的凹槽。南、北壁均有风蚀凹槽，西北角有人为攀爬台体形成的脚窝和斜坡；台体底部东、南、西壁被人为用挖掘机下挖5.3米造成台体高悬，并且在西面形成了一个长12、宽11、深5.3米的长方形沟槽，严重危及台体的保存。损毁原因主要有自然与人为双重因素，表现为自然坍塌、风蚀凹槽、人工削挖等。

此烽火台位于平安湟水南岸烽燧线上，东与东村烽火台相连，西与柳湾烽火台相接。

（2）柳湾烽火台（编码：632121353201170002）

位于平安县小峡镇柳湾村东约0.1千米的台地上。烽火台所处的台地位于湟水南岸，视野开阔，北侧紧临台地土崖下是国道109公路，北0.5千米是从西向东流淌的湟水河，东距台体0.05千米是平

---

[1]　（清）苏铣纂修，王昱、马忠校注：《西宁志》卷四《兵防志·烽墩》，青海人民出版社，1993年，第186～188页。

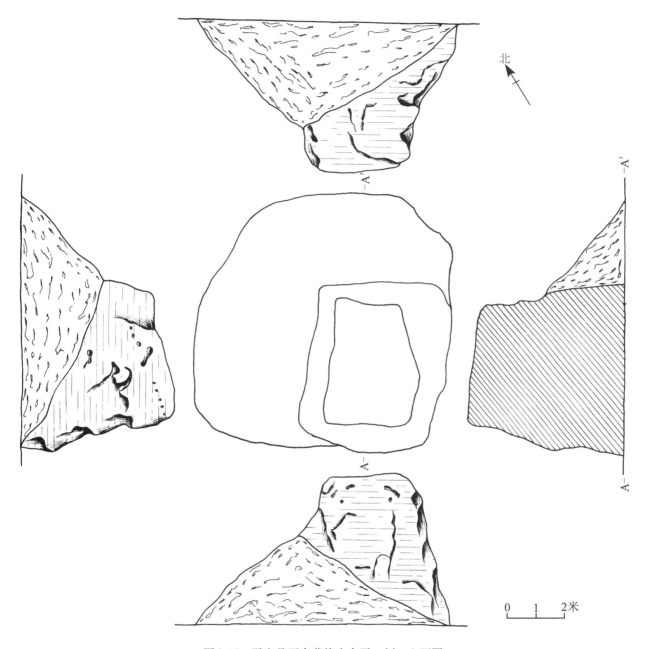

图六五　平安县石家营烽火台平、剖、立面图

安县种子公司良种繁育基地。该烽火台东约 3 千米与石家营烽火台遥遥相望，向西 3.7 千米可以看见上红庄烽火台（彩图一三七）。

该烽火台整体呈覆斗形，由底部向上收分 1～3 米，剖面呈梯形。台体用黄土夯筑，土质纯净，夯层清晰，夯层厚 0.12～0.14 米。夯层中夹有柳树枝，均按夯层平行铺放，在台体的东壁、北壁暴露有柳树枝条。台体高 10 米；底部因坍塌而略呈不规则形，东壁底宽 7.8、南壁底宽 7.2、北壁底宽 9.7、西壁底宽 7 米；顶部尺寸不详（图六六）。

该烽火台整体保存状况较差。东壁中部有一条漏斗状的冲沟；南壁坍塌严重，中部内凹，西南角残缺；北壁和东壁中部各有两条风蚀凹槽。底部因人为取土造成台基裸露，高悬地表达 3 米。损毁原

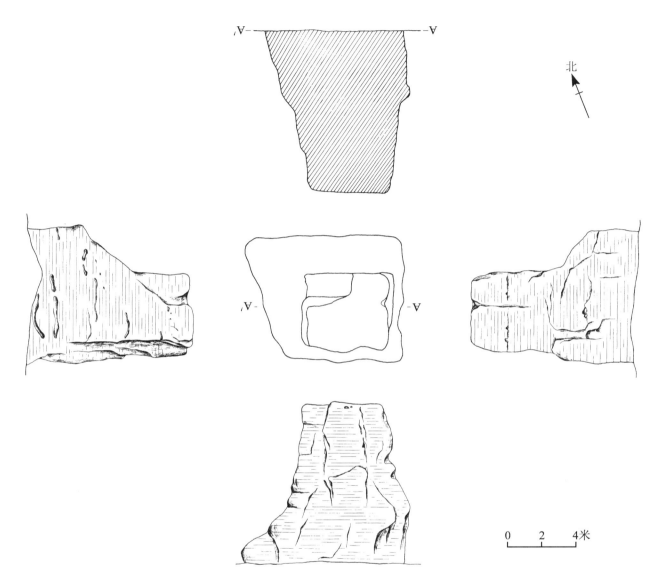

图六六　平安县柳湾烽火台平、剖、立面图

因主要为自然因素的破坏，表现为坍塌、风蚀等；人为因素有取土破坏等。

　　该烽火台位于湟水南岸烽燧线上，东与石家营烽火台相连，西与上红庄烽火台相接。

　　（3）上红庄烽火台（编码：632121353201170003）

　　位于平安县小峡镇上红庄村村南约0.4千米的山丘上。烽火台所处的小山丘位于湟水南岸，视野开阔。山丘西侧坡下是小峡镇销店村砖瓦厂，北面山坡有5个当地民众用土块、石块堆放的"镇"；向北0.5千米是109国道；北距湟水河1千米，该烽火台东3.7千米与柳湾烽火台遥遥相望（彩图一三八）。

　　该烽火台整体呈覆斗形，由底部向上收分1~1.9米，剖面呈梯形。台体用黄土夯筑，夯层清晰，厚0.09~0.11米。台体高5.3米；底部略呈不规则形，东壁长5.1、南壁长6.2、西壁长5.1、北壁长5.6米；顶部因人为踩踏而略呈长方形，东西长2.3、南北宽1.2米（图六七）。

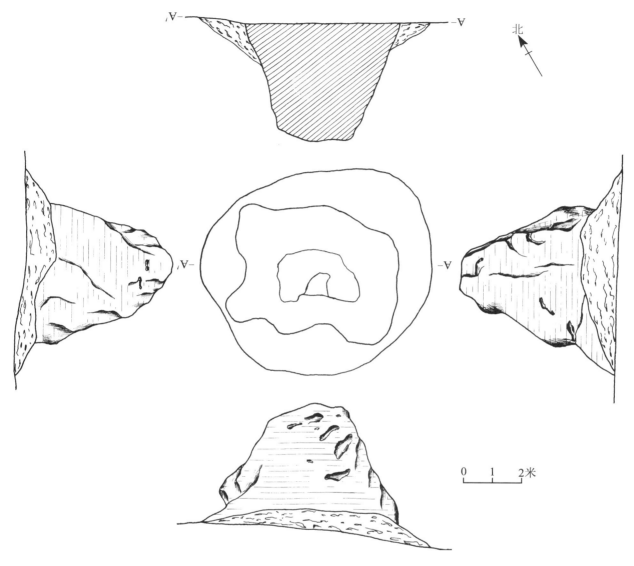

图六七　平安县上红庄烽火台平、剖、立面图

该烽火台整体保存状况一般。台体被当地的人们用作镇煞邪魔、保佑平安的"镇"，其顶部放置有包裹着红绸和经文的木桩。东壁底部有风蚀凹槽高 0.4、深 0.5 米，东北角因粉状、片状剥蚀脱落呈圆角形；因人们的祭祀活动，使南壁经常被踩踏，南壁中部坍塌成斜坡；西壁有雨蚀冲沟，宽约 0.3～0.5 米。台体西侧砖瓦厂挖掘取土烧砖形成的沟槽北距台体仅 7 米，严重危及台体的保存。损毁原因主要为自然因素的破坏，表现同上述。

该烽火台位于平安县湟水南岸烽燧线的西端，东面与柳湾烽火台相连，向西可与西宁相望。

（4）东村烽火台（编码：632121353201170004）

位于平安县平安镇东村村东约 0.3 千米的山丘上。烽火台所处的小山丘视野开阔，坡下紧邻 109 国道，北距青藏铁路 0.1 千米；平安镇砖瓦厂建于烽火台之东，南侧有一条南北向的深沟。该烽火台西约 3 千米与中村堡遥遥相望。

烽火台整体呈覆斗形，由底部向上收分 1.8 米，剖面呈梯形。台体用黄土夯筑，土质纯净，夯层

清晰，夯层厚 0.09～0.1 米。台体高 1.7 米；底部略呈不规则形，东壁长 6.5、西壁长 7、南壁长 6.2、
北壁长 6.5 米；顶部略呈长方形，南北长约 2.6、东西宽约 1 米（图六八）。

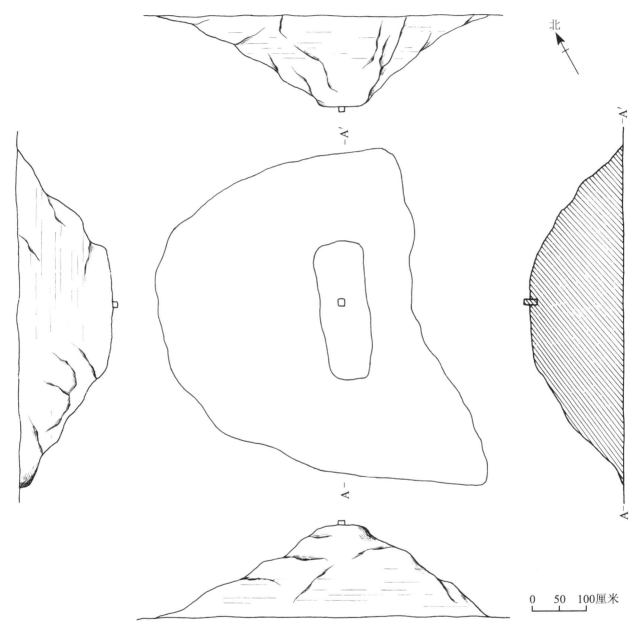

北

0　　50　　100厘米

图六八　平安县东村烽火台平、剖、立面图

　　该烽火台整体保存状况较差。烽火台顶部中心置有一个用水泥制作的测量标桩。四壁均出现不同
程度的坍塌、裂缝，表面有雨水侵蚀痕迹。损毁原因主要为自然因素的破坏，表现为裂纹、坍塌。
　　该烽火台位于平安县湟水南岸烽燧线的东端，东与乐都县湟水南岸烽燧线西端的深沟烽火台相接，
西与石家营烽火台相连。
　　（5）石沟沿烽火台（编码：632121353201170005）
　　位于平安县沙沟乡石沟沿村村南 0.05 千米的台地上。烽火台所处台地视野开阔，北距平安镇通往

沙沟乡的柏油公路 0.15 千米，向北 0.3 千米是南北向流淌的沙沟河，东北距白沈堡约 3 千米。

烽火台整体呈覆斗形，由底部向上收分 0.5～1 米，剖面呈梯形。台体用黄土夯筑，夯层清晰，夯层厚 0.16～0.2 米。夯土层之间放置有桦树枝条，西壁桦树枝条较多，显露伸出壁面。台体高 1.8 米；底部略呈不规则形，东壁长 2.5、西壁长 2.6、南壁长 4.5、北壁长 4.5 米；顶部略呈长方形，东西长 3.5、南北宽 2.5 米（图六九）。

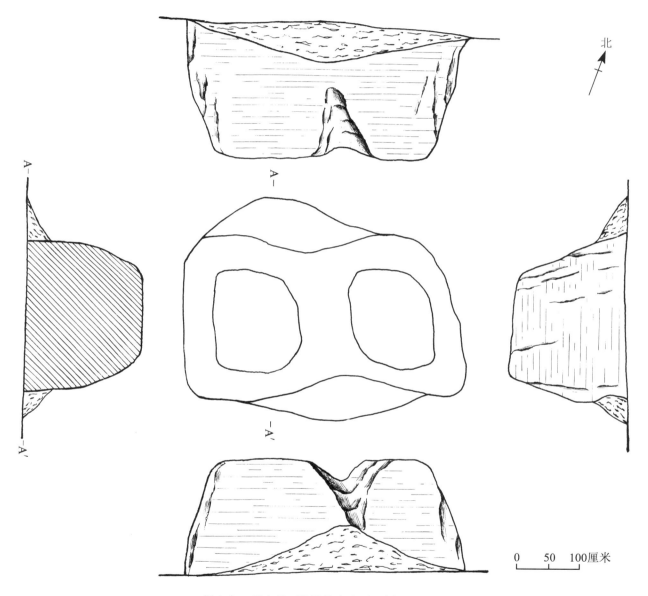

图六九　平安县石沟沿烽火台平、剖、立面图

该烽火台整体保存状况较差。烽火台四壁均出现不同程度的坍塌、裂缝，表面有雨水冲刷痕迹，在台体南壁、北壁有一条宽约 0.8 米的登台斜径。台体底部东、南、北三面临农田，农民为扩大耕地，不断削挖台体，农田灌溉严重危及台体的安危。损毁原因主要为自然因素的破坏，表现为自然坍塌、开裂、雨蚀等；人为破坏表现为削挖台体、农田灌溉。

该烽火台位于明代白沈堡附近的山梁之上，地势高耸，视野开阔，周围远近环境一览无余，可能是为扼守白沈堡而修筑，属堡寨烽火台。

（6）沈家烽火台（编码：632121353201170006）

位于平安县小峡镇沈家村窑房社东约0.03千米处的一个独立的山丘之上。烽火台四周均是陡峭的山崖，西距平安县至化隆县公路0.01千米，北距阿岱高速公路1千米，南距沈家村通往大红岭村的乡村道路约0.1千米，西南距白沈堡约2千米。

烽火台整体呈覆斗形，由底部向上收分2~2.5米，剖面呈梯形。台体用黄土夯筑，夯层中夹杂少量的碎石块和木炭屑，夯层厚0.08~0.12米。夯层间夹有松木材质的桩木，直径0.05米；并平行铺放有山柳和杨树枝条。台体高5米；底部由于坍塌严重，略呈圆角方形，边长7.5米；顶部略呈不规则形，南、北壁长4米，东壁长4.1、西壁长4米（图七〇）。

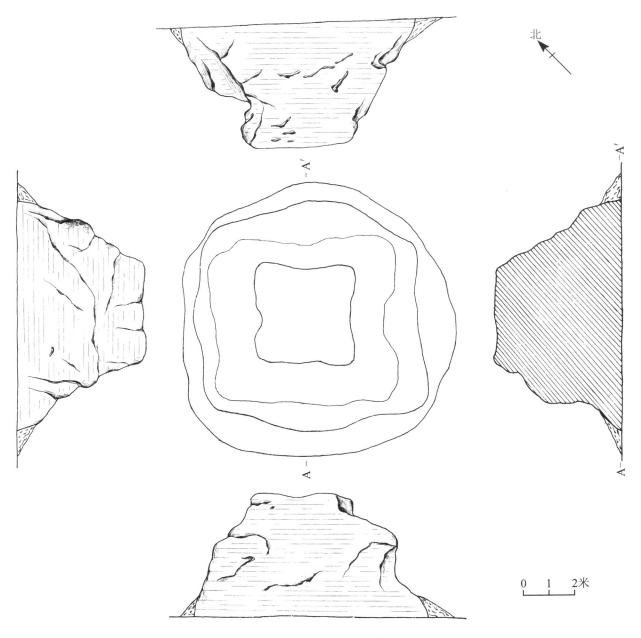

图七〇　平安县沈家烽火台平、剖、立面图

该烽火台整体保存状况较差。顶部内凹，北高南低。四壁均有不同程度的坍塌、开裂、风蚀孔槽；南壁坍塌严重，使壁面形成了二层台阶，中部有雨蚀凹槽，宽约 0.3 ~ 0.8 米，贯穿台体，还有一条登台斜径，底部挖有一处宽 1.2、高 1.5 米的避雨窑洞；近年修建的微波差转台紧临台体西侧，削挖破坏了部分台体北壁，对烽火台造成了直接的破坏。损毁原因以自然因素为主，表现为坍塌、裂纹、风蚀凹槽；还有人为削挖及踩踏。

该烽火台位于明代白沈堡附近的山梁之上，地势高耸，视野开阔，周围远近环境一览无余，可能为堡寨烽火台。

（7）糜子湾烽火台（编码：632121353201170007）

位于平安县小峡镇糜子湾村南约 0.5 千米处的一个东西向的山梁之上。烽火台南北两侧是陡峭的山崖，南侧半山腰有一条进入糜子湾村的村庄道路。西侧约 1.5 千米是平安镇至洪水泉乡的乡镇公路。烽火台西距永安烽火台约 4 千米。

烽火台整体呈覆斗形，由底部向上收分 2 ~ 3.4 米，剖面呈梯形。台体系用黄土夯筑，夯土层内夹杂少量的碎石块。夯层厚 0.08 ~ 0.12 米。台体高 2.3 米；底部略呈长方形，东壁长 2.9、南壁长 2.9、西壁长 2.6、北壁长 2.6 米；顶部略呈不规则形，东壁长 1.4、西壁长 2.2、南壁长 1.9、北壁 1.8 米（图七一）。

该烽火台整体保存状况较差。台体四壁均出现不同程度的坍塌、裂缝、雨水冲痕。台体底部北侧和西侧紧临耕地，为平整、拓宽农田取土削挖北壁和西壁的台基，使台体高悬地表 1.4 米；台体位于两座高压输电铁塔的中间，铁塔和高压线路的建设破坏了烽火台的整体风貌。损毁原因有自然和人为双重因素，表现同上述。

该烽火台位于交通要道南侧的山梁之上。烽火台东面山下即为平安镇至洪水泉乡的公路。

（8）永安烽火台（编码：632121353201170008）

位于平安县洪水泉乡中学南约 0.238 千米处的一个东西向的山梁之上。烽火台南北两侧山崖陡峭，南侧约 0.06 千米的半山腰有一条进入永安村的村庄道路。西距平安镇至洪水泉乡的乡镇公路约 1.5 千米，东距糜子湾烽火台约 4 千米（彩图一三九）。

烽火台整体呈覆斗形，由底部向上收分 1.5 ~ 2 米，剖面呈梯形。台体系用黄土夯筑，夯土层内夹杂少量的碎石块。夯层厚 0.14 ~ 0.18 米。台体高 3 米；底部略呈方形，边长 6.8 ~ 7.8 米；顶部略呈长方形，东壁长 4.9、西壁长 5.1、南壁长 4.8、北壁长 3.4 米（图七二）。

该烽火台整体保存程度较差。台体顶部堆有大量的石块和红砖碎块。四壁均有不同程度的坍塌、裂缝、雨水冲痕。南壁有 2 条宽 0.3 ~ 0.5 米雨蚀冲沟，贯穿台体；东壁和北壁下部被削挖，造成台基高悬地表 0.5 ~ 0.8 米；东壁和西壁均有一条宽 0.5 米的登台斜径。损毁原因同于上述烽火台。

（9）北岭烽火台（编码：632121353201170009）

位于平安县洪水泉乡北岭村村西约 1 千米的山丘上。烽火台所处的小山丘视野开阔，南 0.05 千米是洪水泉乡通往石灰窑乡的简易公路，台体四周均为农田。南约 3 千米与沙义岭烽火台遥遥相望（彩图一四〇）。

烽火台整体呈覆斗形，由底部向上收分 0.4 ~ 0.7 米，剖面呈梯形。台体系用黄土夯筑，夯层清晰，夯层厚 0.15 ~ 0.18 米。台体高 2.6 米；底部略呈长方形，西壁长 2、南壁长 2.7、东壁长 2.2、北壁长 2.5 米；顶部呈尖锥形，尺寸不详（图七三）。

该烽火台整体保存状况一般。台体四壁均出现不同程度的坍塌、裂缝、雨蚀冲痕；东、西壁中部有一个径长 0.1 ~ 0.18 米的椭圆形孔洞，横穿两壁。台体周围有破碎的灰砖，宽 15、厚 6.5 厘米，长

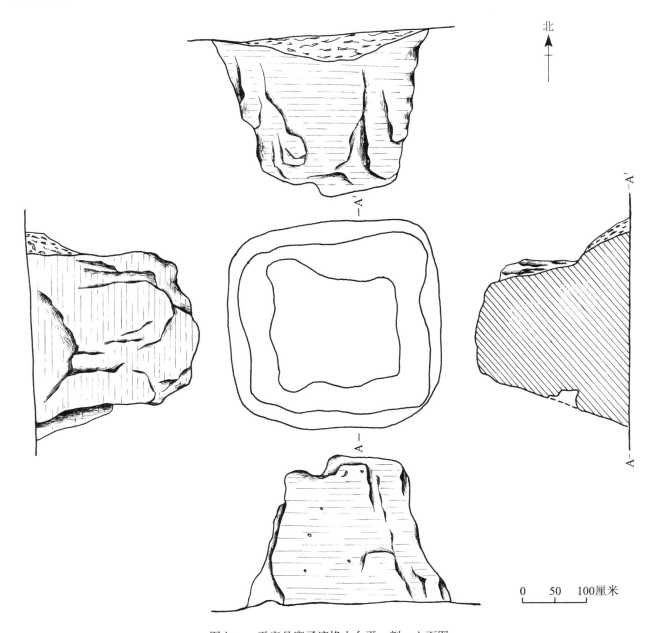

北

0 50 100厘米

图七一　平安县糜子湾烽火台平、剖、立面图

度不详。台体四周为农田，人们为拓宽耕地，削挖台体西壁。损毁原因同于上述永安烽火台。

（10）沙义岭烽火台（编码：632121353201170010）

位于平安县洪水泉乡沙义岭村中。南侧紧临沙义岭村通往永固村的简易土路，南距沙义岭村小学0.02千米，北距台体0.2千米有一座高压线铁塔。台体的东、西、北三面紧邻农田。该烽火台北约3千米与北岭烽火台遥遥相望（彩图一四一）。

烽火台整体呈覆斗形，由底部向上收分2.4～3.2米，剖面呈梯形。台体系用黄土夯筑，夯层清晰，夯层厚0.13～0.17米。台体高3.5米；底部略呈不规则形，东壁长2.5、西壁长2.3、南壁长2.9、北壁长2.7米；顶部因坍塌而略呈不规则形，东壁长1.2、西壁长0.9、南壁长0.6、北壁长1.3米（图七四）。

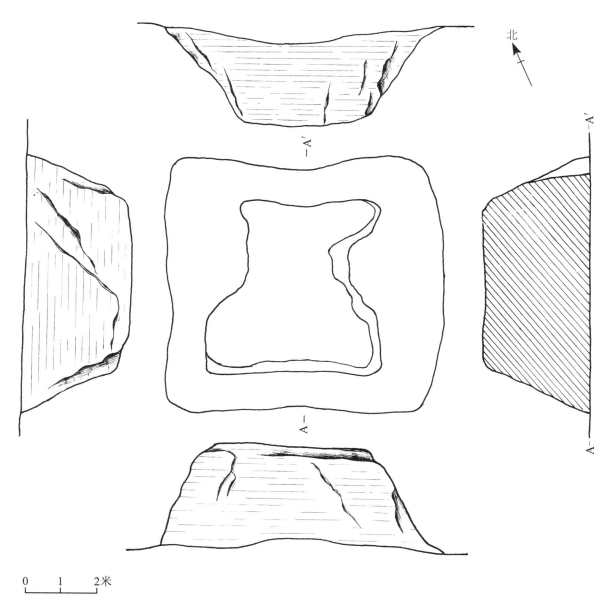

0　　1　　2米

图七二　平安县永安烽火台平、剖、立面图

该烽火台整体保存状况较差。台体顶部高低不平,四壁均出现不同程度的坍塌、裂缝、雨蚀冲痕;西南角有攀爬脚窝;南壁因修建道路被削挖。台体顶部及四周杂草丛生。损毁原因主要为自然因素的破坏,表现同于上述。

(四)互助县

1. 综述

互助县境内共调查烽火台17座,分布在松多乡、东和乡、塘川镇、台子乡、林川乡、威远镇6个乡镇(地图五)。这些烽火台均位于长城内侧,海拔2200～3900米,分布区域高低错落,坐落于中山山地、低山丘陵地高岗处。

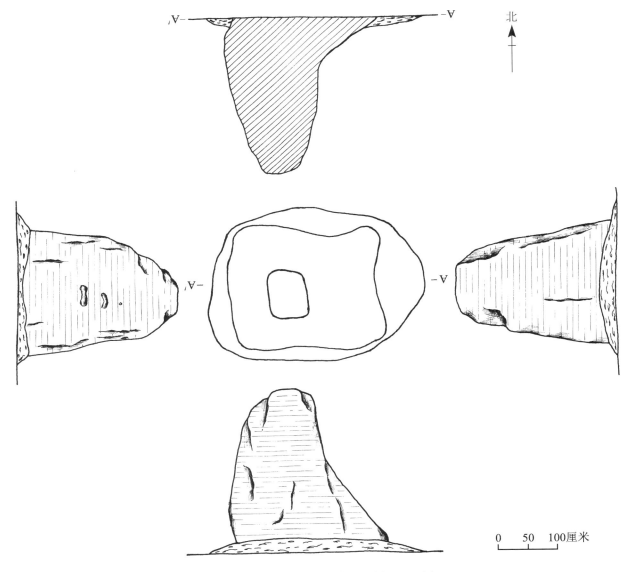

图七三　平安县北岭烽火台平、剖、立面图

互助县烽火台的布局，有的位于长城内侧，紧邻墙体；有的置于建有峡榨的附近山头；或独立在关堡一侧，这些烽火台虽无固定的走向，但可相互联系。本县境内仅有一条沙塘川烽燧线，从北向南沿沙塘川而行，依次由黑庄村烽火台、山城村烽火台、七塔尔村烽火台、红嘴烽火台、双树烽火台、总寨村烽火台和水湾村烽火台组成。沙塘川位于西宁东川湟水北岸，此川道是明代西宁卫通往威远营的必经之路。此条烽燧线的传递线路系从北面柏木峡峡口起，将峡内的信息传至威远营，再从威远营传至周边，至西宁卫城。

2. 详细描述

互助县 17 座烽火台，按照编码顺序依次排列为：马家庄烽火台、直沟村烽火台、闸门烽火台、格隆村烽火台、善马沟村 1 号烽火台、上台子村 1 号烽火台、上台子村 2 号烽火台、善马沟村 2 号烽火台、拉卡村 1 号烽火台、拉卡村 2 号烽火台、水湾村烽火台、总寨村烽火台、山城村烽火台、黑庄村烽火台、七塔尔村烽火台、双树烽火台、红嘴烽火台。以此顺序逐一描述如下：

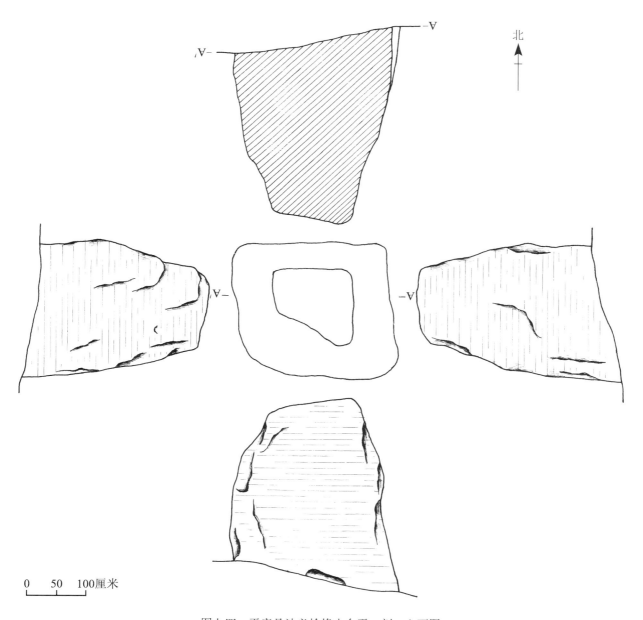

图七四 平安县沙义岭烽火台平、剖、立面图

（1）马家庄烽火台（编码：632126353201170005）

位于互助县林川乡马家庄村泉湾自然村西北0.2千米山顶上。该烽火台所处山顶，周围为低山坡地，生长有茂密的黑刺林，西南面与马家庄泉湾自然村相望，东北与泥麻村敌台、水洞村1号敌台和2号敌台相望。该烽火台位于长城内侧，紧邻墙体，西距马家庄长城2段墙体27米（彩图一四二）。

烽火台台体整体呈覆斗形，由底部向上收分1~1.2米，平面呈长方形，剖面呈梯形。台体是以红砂土为主夹有少量碎石子夯筑而成，土质含沙性大，夯层清晰，厚0.08米。台体壁面有圆形桩木孔洞，径长为0.3~0.4、深1.1米。台体残高4.2米；底部与顶部均呈长方形，东西长6.1、南北宽5.2米；顶部东西长5.6、南北宽3.8米（图七五）。

该烽火台整体保存状况一般。台体底部及四壁坍塌，四周坍塌堆土呈斜坡，高7米；壁面凹凸不

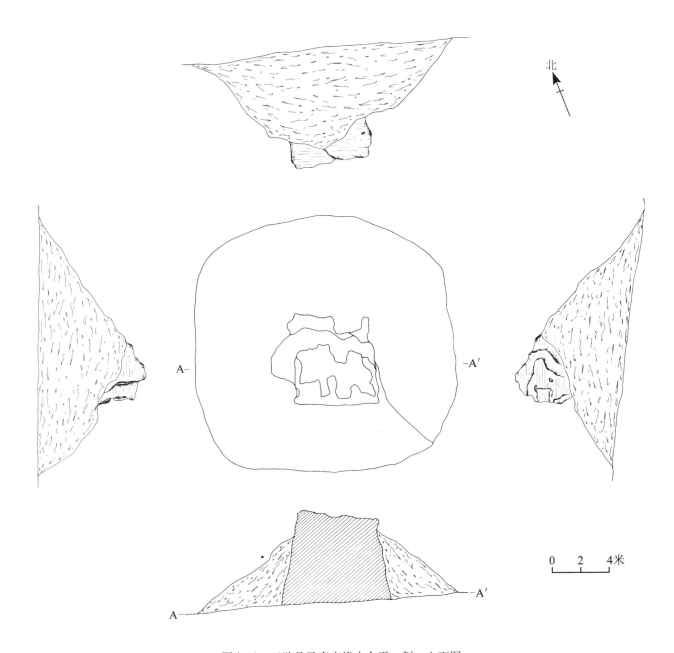

图七五　互助县马家庄烽火台平、剖、立面图

平。西壁因踩踏攀爬形成登台斜径。损毁原因有自然坍塌、风雨侵蚀、人为攀爬等。

　　该烽火台在文献中没有记载，又未发现实物证据，但其位于马家庄长城2段墙体东侧，紧邻墙体，属墙体的附属设施。故推测该烽火台的年代应与长城墙体同时代，即明代修建。该烽火台紧靠墙体，从其所处位置来分析，应为随墙性质的烽火台，其功能和用途与敌台基本相同，平时起瞭望和警戒作用，战时迅速传递信息。

　　（2）直沟村烽火台（编码：632126353201170006）

　　位于互助县台子乡上直沟村西北2千米的黑墩山山顶上。该烽火台位于黑墩山山顶，东南和西南分别有直沟和哇麻沟两条大沟从山顶直通到山下，山势陡峻。本座烽火台位于黑墩山长城山险内侧。

　　该烽火台台体因自然坍塌较为严重，整体呈不规整的馒头形，平面略呈圆形，剖面近似三角形。台体以黄土夯筑而成，夹杂少量小石子。台体表面杂草丛生，夯层不清晰。台体残高2.7米，径长20.6米（图七六）。

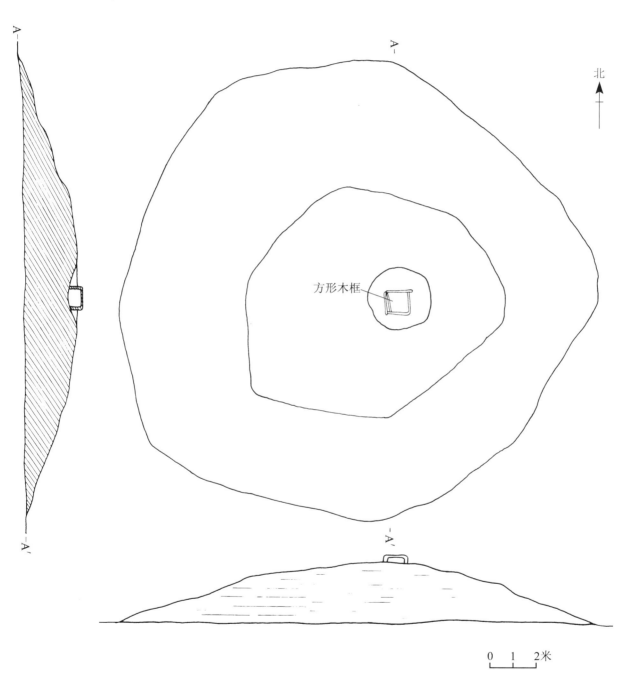

方形木框

北

0　1　2米

图七六　互助县直沟村烽火台平、剖、立面图

　　该烽火台整体保存状况一般。台体顶部挖有一个圆形坑，摆有祭品祭祀山神，被利用为宗教祭祀场地，俗称"俄博"；台体局部自然坍塌，台体周围有鼠洞。损毁原因有人为利用改造破坏台体及风雨侵蚀等。

　　根据文献记载："隆庆六年（1572年）修完：……又沙塘川、西石硖、黄草墩起，插把硖山墩止，边墙、山崖共二千九百六十一丈。……"[1] 现今调查的直沟村烽火台当地村民称为黄草墩，所在的山湾称为黄草滩。故推测直沟村烽火台即是文献中记载的黄草墩。

　　该烽火台位于黑墩山长城墙体东侧，故初步推测直沟村烽火台修建于明隆庆六年（1572年）。该烽火台地处黑墩山山顶，且紧靠墙体，视野开阔，从其所处位置分析，应为随墙烽火台，其功能和用途与敌台基本相同，平时起瞭望和警戒作用，战时迅速传递信息。

　　（3）闸门烽火台（编码：632126353201170007）

　　位于互助县台子乡南门峡峡口柏油路东0.2千米人头山山脊上。烽火台地处山脊，东西两侧耸立有人头山和平顶山，石山山体风蚀严重。本座烽火台位于墙体内侧，西南距南门峡闸门长城的起点处0.14千米（彩图一四三）。

　　烽火台台体整体略呈覆斗形，由底向上逐渐收分。平面呈长方形，剖面为梯形。台体黄土夯筑而成，夯层厚0.24~0.26米。台体残高5米；底部与顶部均呈长方形，底部东西长6.3、南北宽4.3米；顶部东西长4.5、南北宽2.3米。在台体西侧底部发现一些砌石，砌石宽2.9、高1.5米，应该是用于本座烽火台的建造或起加固作用（图七七）。

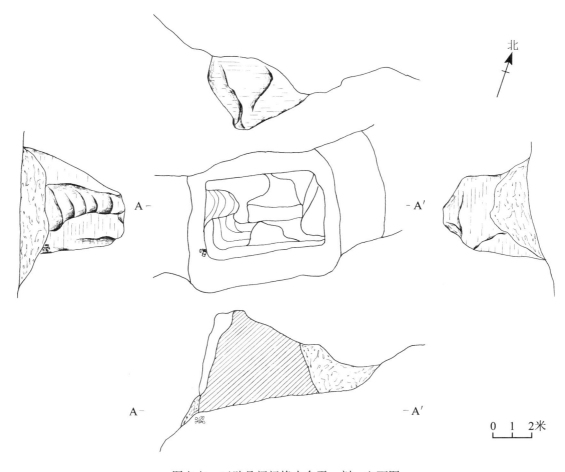

图七七　互助县闸门烽火台平、剖、立面图

〔1〕（清）苏铣纂修，王昱、马忠校注：《西宁志》卷四《兵防志·烽墩》，青海人民出版社，1993年，第192页。

在烽火台西南 92 米处山坡上，依次排列有五个土堆，推测属小燧，从东南向西北编为 S1～S5 号，小燧均用黄土为主夹杂少量碎石夯筑而成，夯层厚 0.24～0.26 米。S1 号底部平面呈长方形，东西长 8、南北宽 6.2、残高 3.9 米；S2 号底部与顶部略呈长方形，底部东西长 7.4、南北宽 7.8 米，顶部东西长 4.6、南北宽 4.4 米，残高 4.4 米；S3 号底部呈长方形，东西长 8.4、南北宽 7.2 米，残高 6.2 米；S4 底部呈长方形，东西长 6、南北宽 8.2 米，残高 6.5 米；S5 底部呈长方形，东西长 7.7、南北宽 6 米，顶部呈方形，边长 2.8 米，残高 5.6 米。

该烽火台整体保存状况一般。台体顶部及四壁均有不同程度的坍塌，尤以北壁和东壁更为明显。东壁坍塌底部形成一斜坡，其上种植黑刺和松树；西壁有雨蚀凹槽，宽 1.3～2、高 4.1 米；南侧和西侧的底部受雨水侵蚀形成横向沟槽，深 0.4～0.5 米。S1～S4 号烽燧后期遭盗掘，顶部均挖有盗洞，致使 S1、S4 号顶部坍塌。损毁原因以自然因素为主，表现为雨水冲刷和自然坍塌等，此外还有植物生长；人为因素表现为盗掘致毁燧体。

《西宁志》记载："隆庆六年（1572 年）修完：……又沙塘川、西石峡、黄草墩起，插把峡山墩止，边墙、山崖共二千九百六十一丈……西石峡石柞一道……筑墩三座。"[1]

从地理位置分析，推测南门峡闸门长城所在地区即是文献中记载的西石峡，故推测南门峡闸门长城应修建于明隆庆六年（1572 年）。闸门烽火台位于南门峡闸门长城东北 0.14 千米处，与之关系密切，故推测其应是西石峡石柞的筑墩三座中的一座，另两座筑墩从距西石峡石柞的位置分析推测，应是格隆村烽火台和善马沟村 1 号烽火台。

该烽火台地处山脊，负责南门峡峡内的预警情况，与其西南 5 个烽燧共同组成一个预警系统，将信息远传他处。故从其地理位置分析，该烽火台属文献记载的西石峡石柞的三个筑墩之一，故应为峡柞性质的烽火台。

（4）格隆村烽火台（编码：632126353201170008）

位于互助县台子乡格隆村北 0.2 千米的墩岭上。该烽火台坐落于山顶，其北面为格隆后山，有格隆沟通向平顶山，东面有南北向的南门峡河流淌而过。格隆村烽火台东南距互助县城 10 余千米，站在烽火台上东南可远望地势较为开阔的威远镇，东北与善马沟村 1 号烽火台遥遥相望。

本座烽火台由台体与环壕组成。

烽火台台体整体略呈覆斗形，从底向上逐渐收分，平面呈长方形，四角微带弧度，剖面为梯形。台体系是用黄褐色土，夹杂少量的红黏土夯筑而成。台体高 5.8；底部略呈方形，东西长 22.8、南北宽 22 米；顶部呈长方形，南北长 4.5、东西宽 3 米（图七八）。

烽火台台体外侧有一周环壕，环壕紧邻台体。环壕口宽 4.7、底宽 2.3、深 0.4～1.2 米。

该烽火台整体保存状况一般。台体自然坍塌。南壁掏挖有洞窟，摆放祭品，洞窟旁插立有一根旗杆，被利用改造为祭祀山神的场地；西南角有人为攀爬登台的脚窝。台体周围植物茂盛。损毁原因表现为风雨侵蚀、人为改造、攀爬等。

该烽火台地处墩岭，可将南门峡峡内的信息传送至善马沟村 1 号烽火台。从该烽火台与南门峡的地理位置分析，该烽火台应是文献记载的西石峡石柞的三个筑墩之一，应为峡柞烽火台。

（5）善马沟村 1 号烽火台（编码：632126353201170009）

位于互助县台子乡善马沟村二社村北 1 千米山顶上。该烽火台位于台子乡西北山顶，周围为农耕梯田。该烽火台东北与直沟村烽火台，东南与上台子村 1 号烽火台、善马沟村 2 号烽火台，西与格隆

---

〔1〕（清）苏铣纂修，王昱、马忠校注：《西宁志》卷四《兵防志·烽墩》，青海人民出版社，1993 年，第 192 页。

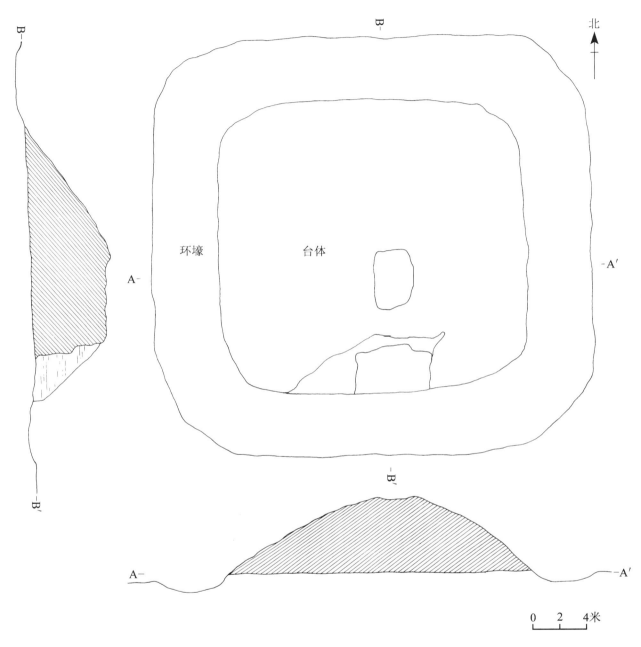

图七八　互助县格隆村烽火台台体与环壕平、剖面图

村烽火台均能遥相呼应（彩图一四四）。

　　烽火台台体整体呈覆斗形，底大顶小，由底部向上部逐渐收分 1.4～1.9 米，平面形状近似正方形，剖面为梯形。台体是用黄褐土夯筑而成，夯层厚 0.2 米。台体残高 3.7 米；底部与顶部均呈长方形，底部南北长 4.5～5.4、东西宽 4.9 米；顶部南北长 2.7、东西宽 2.3～2.7 米（图七九）。

　　该烽火台整体保存状况一般。烽火台局部被挖毁，晚期人们在四周用石块垒砌，并在台体顶部垒有一个梯形土墩，利用改建为祭山神、辟邪等宗教场地。损毁原因以人为因素造成的破坏为主，表现为人为削挖及改建等；自然因素表现为自然坍塌、风雨侵蚀等。

　　从该烽火台与南门峡的地理位置分析，该烽火台位于文献记载的西石峡石榨附近，应属峡榨烽火台。

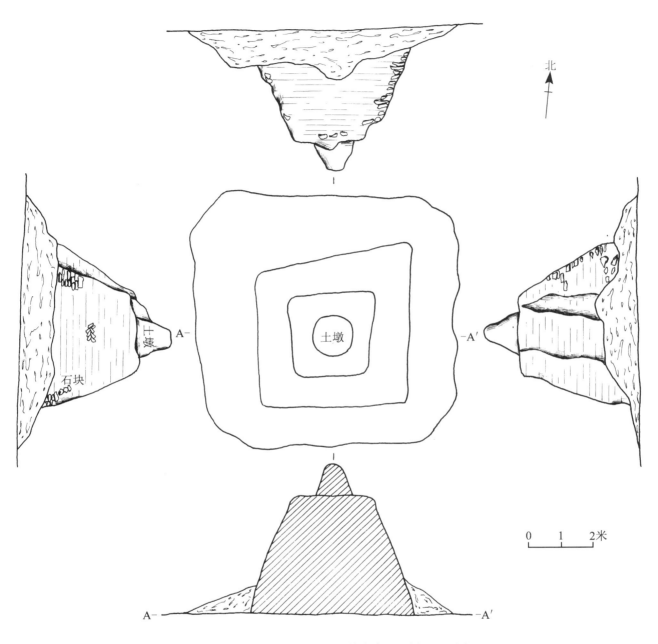

图七九　互助县善马沟村1号烽火台平、剖、立面图

（6）上台子村1号烽火台（编码：632126353201170010）

位于互助县台子乡上台子村西0.1千米的土崖上。烽火台台体四周多为坡地，修成梯田。其西临乡政府所在地，东临上台子村，东南距互助县城8千米，西北与善马沟村1号烽火台、格隆村烽火台、东北与直沟村烽火台遥相呼应，其北距上台子村2号烽火台0.139千米。

烽火台台体整体呈覆斗形，底大顶小，从底向上逐渐收分0.9～1.7米，平面呈长方形，剖面呈梯形。台体系用黄土夯筑，夯层厚0.18米。台体残高4.6米；底部与顶部略呈方形，底部东西长6.7、南北宽6.6米；顶部南北长4.5、东西宽4.4米（图八〇）。

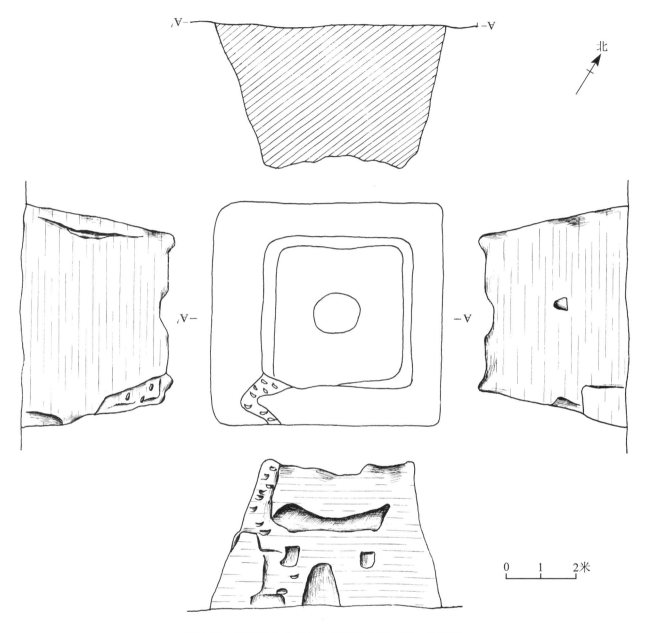

图八〇　互助县上台子村 1 号烽火台平、剖、立面图

　　该烽火台整体保存状况一般。台体壁面局部坍塌，表面呈粉状脱落和片状剥离，并有昆虫孔洞。南壁破坏较甚，底部掏挖洞窟，洞宽 1.2、高 1.4、进深 1.2 米。中部挖有东西长 3.4、南北宽 4.1、深 0.5 米的育林坑；西壁北侧有一条高 1.6、宽 0.1~0.26 米的裂缝。台体顶部及四周植物丛生。损毁原因有自然及人为因素，表现为风雨侵蚀、自然坍塌、人为挖洞、挖掘育林坑等。

　　（7）上台子村 2 号烽火台（编码：632126353201170011）

　　位于互助县台子乡上台子村西 0.1 千米土崖上。烽火台南、北两面为耕地，西与台子乡政府相望。烽火台南侧 0.1 千米处有一座庙宇，南距上台子村 1 号烽火台 0.139 千米，西北距格隆村烽火台 3 千米。

烽火台台体整体略呈覆斗形，底大顶小，由底向上逐渐收分 0.5~3.4 米，平面呈正方形，剖面呈梯形。台体系用黄土夯筑而成，夯层厚 0.15 米。台体残高 2.9 米；底部略呈方形，东西长 10.1、南北宽 9.4 米；顶边呈长方形，东西长 8.4、南北宽 4.5 米。在台体东侧和南侧增筑了一道外墙，外墙可能为晚期建筑。墙体底宽 1.1、顶宽 1、高 2.8 米（图八一）。

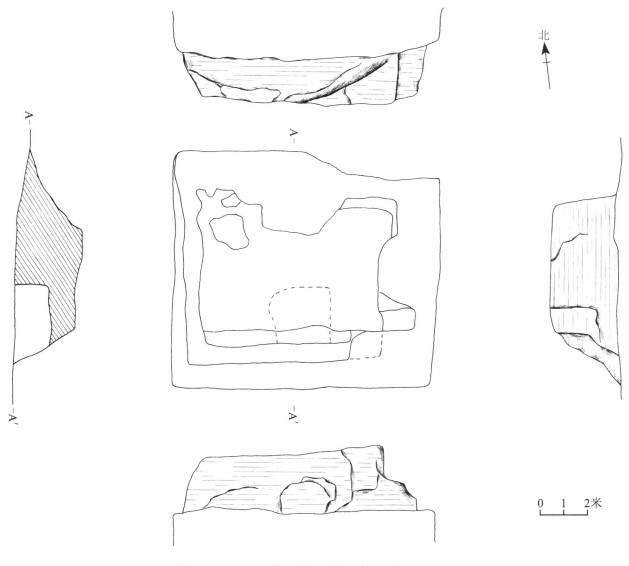

图八一　互助县上台子村 2 号烽火台平、剖、立面图

该烽火台整体保存状况一般。台体东壁、南壁、北壁均不同程度坍塌；南壁中部及底部各挖有一个洞，中部洞宽 2.3、高 1.4、深 2.5 米，底部被人为削挖，台体悬立于耕地中；北壁中部至顶部有一个缺口，缺口宽 2.5~3.3 米。损毁原因以人为因素为主，表现为人为挖洞、削挖台基；自然因素同于上述（彩图一四五）。

（8）善马沟村 2 号烽火台（编码：632126353201170012）

位于互助县台子乡善马沟村二社村中。烽火台地处低山丘陵地带，周边多为农耕梯田，东北临善马沟，北有东西向砂石路从台体穿过。东南与上台子村 1 号烽火台、西侧与格隆村烽火台遥相呼应。

烽火台台体整体呈覆斗形，台体底大顶小，由底向上逐渐收分约0.5～1米，平面呈长方形，剖面呈梯形。台体是用黄土夯筑，夯层厚0.15～0.2米，夯层之间夹铺柳条。台体残高6米；底部呈长方形，东西长5.8、南北宽5米；顶部略呈方形，东西长3.5、南北宽3.1米（图八二）。

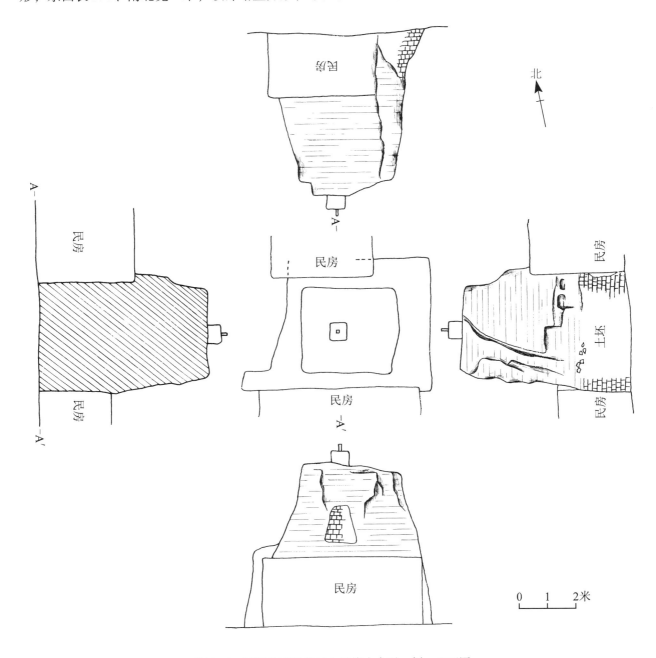

图八二　互助县善马沟村2号烽火台平、剖、立面图

该烽火台整体保存状况一般。台体顶部被改作利用为宗教场地（彩图一四六）。壁面有裂缝，表层脱落。南壁挖有拱形土洞，洞口用土坯垒补，洞口宽1.2、高1.4米，深不详。南北两侧建有民房。损毁原因人为因素有掏挖台体、利用改造台体原貌；自然因素表现为风蚀、雨蚀、草类生长等。

（9）拉卡村 1 号烽火台（编码：632126353201170013）

位于互助县松多乡拉卡村东南尕斯沟 1.5 千米处的山脊上，当地俗称为墩岭或大墩。烽火台地处东南至西北走向的山梁上，其东临水磨沟，西连尕斯沟。该烽火台西北距拉卡村 2 号烽火台 1.67 千米（彩图一四七）。

烽火台台体整体呈覆斗形，由底部向上逐渐收分 0.3~0.5 米，平面呈长方形，剖面呈梯形。台体用黄土夯筑而成，夯层厚 0.13~0.16 米；夯土中夹杂少量的碎石和树干，用以加固台体；台体东壁、西壁和北壁表面发现桩木孔洞，孔洞直径 0.14 米。西壁桩木孔洞上下间距 1.2 米，左右间距 1.7 米；东壁夯土中残存木楔。台体残高 4.2~5.7 米；底部略呈正方形，边长 4.8 米；顶部略呈方形，东西长 4.4、南北宽 4.2 米（图八三）。

该烽火台整体保存状况一般。台体顶部、东壁、南壁坍塌十分严重。顶部已失原貌，坍塌并存裂隙；西壁风蚀严重，有风蚀浅坑，呈片状脱落；北壁台体顶部因水冲呈台阶状，高低不平，壁面呈片状剥离，并有多条裂缝。损毁原因以自然因素为主，表现为自然坍塌、开裂、风雨侵蚀等。

《西宁志》记载："威远头墩　城东北一百五十里。"[1] 此处"城"指西宁卫城，而拉卡村 1 号烽火台位于威远镇东北方向的松多乡，此处位于西宁东北约 75 千米。故从方向和里距来分析，该烽火台即是文献中记载的威远头墩。

该烽火台地处山脊，当地俗称墩岭或大墩。该烽火台位于马营堡西北，北庄古城堡东南，可向两堡之间传递信息。故推测该烽火台可能为堡寨性质的烽火台。

（10）拉卡村 2 号烽火台（编码：632126353201170014）

位于互助县松多乡拉卡村西北 0.3 千米处的山梁上。烽火台四周已退耕还草，现为草山。其东面坡下 0.183 千米处有一条乡村沙石路，路东为水磨沟，东侧 6 米处有一座移动发射塔，其西北侧有本康沟。该烽火台东南距拉卡村 1 号烽火台约 1.67 千米。

烽火台台体整体呈覆斗形，由底部向上收分 0.7 米，平面呈长方形，剖面呈梯形。台体是用黄土夯筑而成，夯层厚 0.2 米，夯土中夹杂少量的碎石和石片。台体表面发现有桩木孔洞，孔径 0.12 米。台体较小，残高 3.5 米；底部略呈长方形，南北长 4.6、东西宽 3.9 米；顶部坍塌呈斜坡，已失原貌，南北长 2.8、东西宽 2.2 米（图八四）。

该烽火台整体保存状况一般。台体顶部因雨蚀而坍塌成斜坡状，底部被人为损毁严重，挖为台阶状；东壁顶部坍塌堆土呈斜坡，踩踏形成斜向登台小径；南壁凹凸不平；西壁存有风蚀凹槽。损毁原因自然因素表现为风雨侵蚀、自然坍塌；人为因素表现为踩踏攀爬。

《西宁志》记载："威远二墩　城东北一百五十里。"[2] 而拉卡村 2 号烽火台位于威远镇东北方向的松多乡，此处距离西宁东北 75 千米。故从方向和里距来分析该烽火台应是文献中记载的"威远二墩"之一墩。

该烽火台位于北庄古城堡东南，马营堡西北，可向两堡传递信息。故推测该烽火台可能为堡寨性质的烽火台。

（11）水湾村烽火台（编码：632126353201170015）

位于互助县塘川镇水湾村（西）宁互（助）公路西 0.4 千米处西山官岭山梁上。烽火台地处沙塘川西山比较低缓的山梁上，地势高耸，视野开阔。南距西宁市韵家口 5~6 千米，东北距总寨村烽火台 5 千米。

〔1〕（清）苏铣纂修，王昱、马忠校注：《西宁志》卷四《兵防志·烽墩》，青海人民出版社，1993 年，第 188 页。
〔2〕（清）苏铣纂修，王昱、马忠校注：《西宁志》卷四《兵防志·烽墩》，青海人民出版社，1993 年，第 188 页。

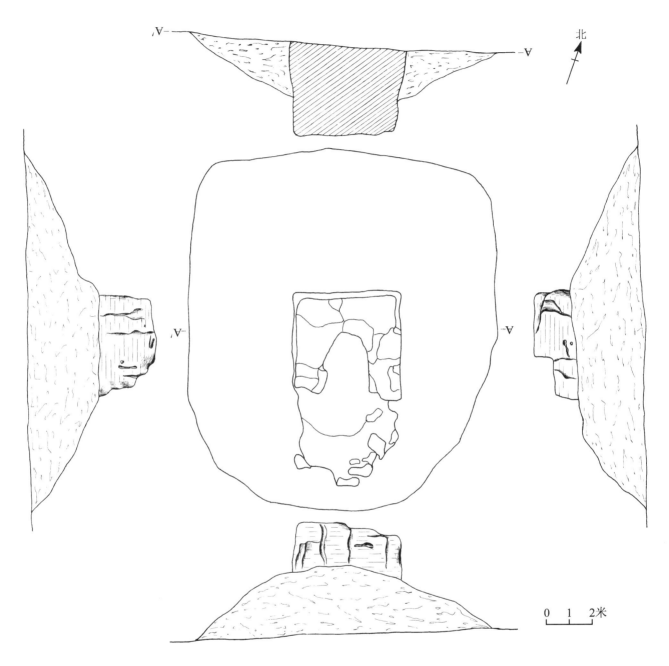

图八三　互助县拉卡村 1 号烽火台平、剖、立面图

　　烽火台台体整体呈覆斗形，由底向上逐渐收分，因顶部坍塌，收分尺寸不详，平面呈长方形，剖面呈梯形。台体是用黄土夯筑而成，夯土中夹杂少量的红土颗粒，夯层厚 0.14 米，分布比较均匀。台体残高 6 米；底部略呈长方形，南北长 5.4、东西宽 3.4 米；顶部因坍塌较甚，形制不规则，南北长 1.4、东西宽 1.2～1.4 米（图八五）。

　　该烽火台整体保存状况一般。台体顶部坍塌较甚，已失原貌，西南角因踩踏形成登台斜径。东壁顶部局部坍塌，有一条宽 0.5～0.7 米雨蚀沟槽及裂缝纵贯台体；南壁顶部有雨蚀凹槽，致壁面坍塌，西南角坍塌呈斜坡，并因踩踏形成登台斜径；西壁自上而下有两条裂缝，宽 0.25 米，台体底部有不规

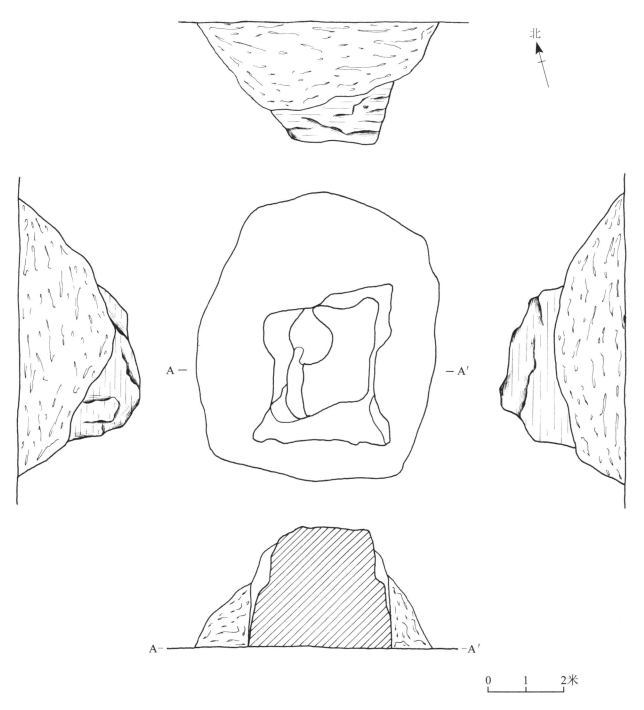

图八四　互助县拉卡村 2 号烽火台平、剖、立面图

则的风蚀痕迹，风蚀孔洞较多。损毁原因与拉卡村 2 号烽火台类同。

（12）总寨村烽火台（编码：632126353201170016）

位于互助县塘川镇总寨村东南 0.2 千米的东山山梁顶部。该烽火台位于沙塘川东侧南北向的山梁之上，地势高耸，视野开阔，周边远近情形尽收眼底。其东面为低缓的山丘，西面有（西）宁互（助）高速公路由此通过。烽火台周边多已修成梯田，种植有低矮的灌木。西南距水湾村烽火台 5 千米。

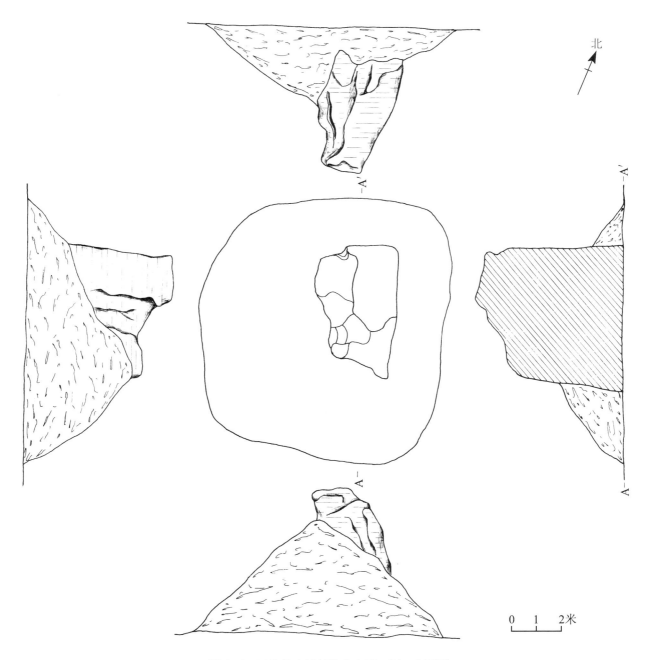

图八五　互助县水湾村烽火台平、剖、立面图

　　烽火台台体整体呈覆斗形，从底部向顶部逐渐收分，因顶部坍塌，收分尺寸不详，平面略呈圆角方形，剖面呈梯形。台体是用黄土夯筑而成，夯层厚0.14米。台体残高3.8米；底部略呈长方形，南北长7.6、东西宽6.8～7米；顶部形状不规则，南北长3.8、东西宽3.6米（图八六）。

　　在台体西北96米山梁处，从南向北依次排列有5个圆形小土堆，推测为小燧，编号为S1～S5号。台体西北96米处为S1号，底径2.3、顶径1、残高1.7米；S2号与S1号相距2米，底径3.7、顶径1.1、残高1.6米；S3号与S2相距6米，底径4.8、顶径1.4、残高1.3米；S4号与S3号相距6米，底径3.7、顶径1、残高1.5米；S5号与S4号相距9米，底径3.6、顶径1.3、残高1.4米。

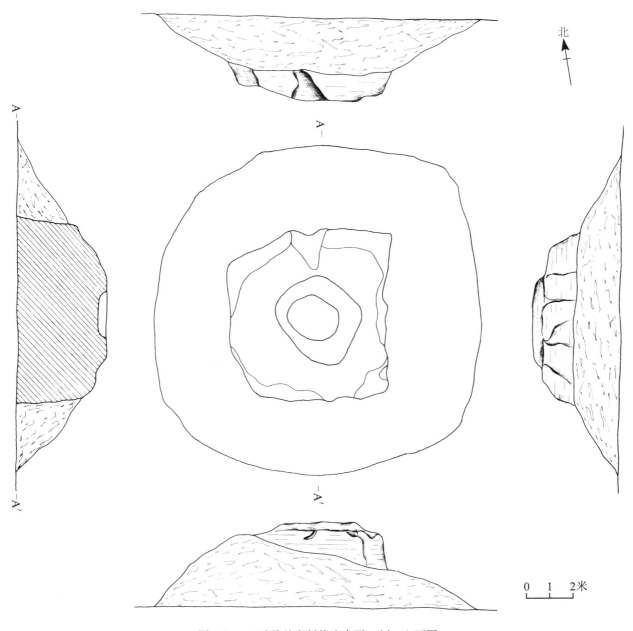

图八六　互助县总寨村烽火台平、剖、立面图

　　该烽火台整体保存状况一般。台体顶部人为挖有一个径长2.2米的圆形浅坑，坑内有碎酒瓶等祭祀品，台体被当地村民利用改造为祭祀山神等的宗教场地。东壁顶部有宽0.1~0.3米的雨蚀凹槽及两条裂缝，裂缝贯穿台体；南壁有登台斜径，壁面坍塌较甚，坍塌堆土高1.6米，底部有铲削痕迹，周围挖有水平状育林坑；西壁壁面有霉斑，顶部冰草丛生，中部有人为削挖取土痕迹，形成台阶状，底部种植柠条，西北角形成登台斜径；北壁台体部分坍塌，壁面凹凸不平。损毁原因以自然因素的破坏为主，表现为自然坍塌、风雨侵蚀及植物生长；人为因素表现为在台体底部及周围挖育林坑，种植柠条。

《西宁志》记载："牧羊川墩 城东北四十里"[1]，此处"城"指西宁卫城，而总寨村烽火台位于塘川镇总寨村东南，此处位于西宁卫城东北 20 千米，故从方向和里程数来分析，该烽火台即是文献中记载的牧羊川墩。

该烽火台位于沙塘川东侧的烽燧线上，北邻双树烽火台，南连水湾村烽火台，置于两者之间。

(13) 山城村烽火台（编码：632126353201170017）

位于互助县东和乡山城村西北 1 千米的西山山顶上。该烽火台地处西山山顶，向东可遥望柏木峡，向北与大坂山相望，东北距黑庄村烽火台 4 千米，西南距七塔尔村烽火台 4 千米。

烽火台台体四周坍塌严重，已失原貌，整体呈馒头状，平面略呈圆角方形，剖面为三角形。台体是用黄土夯筑而成，夯层厚 0.2 米。台体残高 5.4 米；底部略呈方形，东西长 20.3、南北宽 18.8 米；顶部略呈长方形，南北长 1.6、东西宽 1.3 米（图八七）。

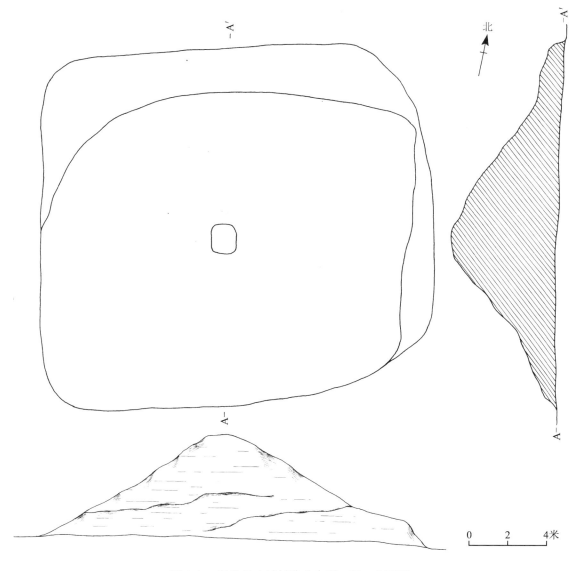

图八七 互助县山城村烽火台平、剖、立面图

〔1〕（清）苏铣纂修，王昱、马忠校注：《西宁志》卷四《兵防志·烽墩》，青海人民出版社，1993 年，第 188 页。

该烽火台整体保存状况一般。台体顶部及西壁底部被人为铲削，顶部已平为平顶。四壁坍塌成斜坡状，东壁坍塌较深。损毁原因以自然因素的破坏为主，表现为自然坍塌；人为因素表现为铲削及攀爬踩踏。

该烽火台位于烽燧线上，东北临黑庄村烽火台，西南接七塔尔村烽火台。

（14）黑庄村烽火台（编码：632126353201170018）

位于互助县东和乡黑庄村西北 1.5 千米处的山梁顶部。本烽火台位于东和乡西北侧的山梁顶部，地势高耸，视野开阔。烽火台东侧山下即为威远至北山的二级公路——威（远）北（山）公路，西南距山城村烽火台 4 千米。

烽火台台体整体略呈覆斗形，从底部向顶部逐渐收分 6.2~6.9 米，平面呈圆角方形，台体剖面为梯形（彩图一四八）。台体是用黄土夯筑而成，夯层厚 0.16 米。台体残高 6 米；底部略呈长方形，南北长 17.6、东西宽 15.4 米；顶部为平顶，略呈方形，南北长 2.2、东西宽 2.1 米（图八八）。

该烽火台整体保存状况一般。台体顶部经人为修整为平顶，四壁均有不同程度的坍塌。台体顶部及南壁生长有马莲草、冰草、馒头花等植物。损毁原因以人为因素的破坏为主，表现为人为削挖及踩踏；自然因素表现为雨水冲刷、自然坍塌及植物生长等。

该烽火台位于沙塘川烽燧线上，坐落在本条烽燧线的北端柏木峡附近，南与山城村烽火台相连。

（15）七塔尔村烽火台（编码：632126353201170019）

位于互助县东和乡七塔尔村西西山山梁上。烽火台位于东和乡西侧呈南北走向的山梁之上，地势高耸，视野开阔。东侧山下临威远镇至互助北山的二级公路——威（远）北（山）公路，西面坡下为互助县林川乡韭菜沟，东南为乡政府所在地宋家庄，东北距山城村烽火台 4 千米。

本座烽火台由台体与壕沟组成。

台体整体略呈馒头状，平面呈圆形，剖面略呈圆锥形。台体是用黄土夯筑而成的圆形台体，夯层厚 0.21 米。台体高 5.7~6.6 米；底部与顶部均略呈圆形，底部直径 14.9 米；顶部直径 1.6 米（图八九）。在台体北侧有一个圆形土堆，为人工堆积物，高 2.2 米，底部南北长 4.9、东西宽 4.5 米；顶部宽 1 米。

台体外围东侧残留壕沟遗迹。壕沟距离台体 2.1 米。壕口宽 9.9、底宽 3.2、深 0.9 米，土垄底宽 4.4、顶宽 1.8、高 0.9 米。

该烽火台整体保存状况一般。台体顶部被人为平整为平顶，壁面因雨水冲刷和人为踩踏成斜坡状。台体表面植物生长茂盛，有马莲草、冰草、馒头花等。北壁和西壁台体底部局部坍塌。损毁原因以自然因素为主，表现为雨水冲刷、自然坍塌、植物生长等；人为因素表现为人为平整和踩踏。

该烽火台位于沙塘川烽燧线上，北连山城村烽火台，南接红嘴烽火台。

（16）双树烽火台（编码：632126353201170020）

位于互助县塘川镇双树村西北 0.65 千米的山梁上。烽火台位于沙塘川川西侧的山梁之上，台体周围现为梯田，其东临沙塘川，北连沙沟，西、南有阴架沟。烽火台东距（西）宁互（助）公路、沙塘川河、（西）宁互（助）高速公路分别为 0.87 千米、1.75 千米、2.22 千米。

该烽火台由台体与围墙组成。

台体整体呈覆斗形，由底部向上逐渐收分，剖面为梯形。台体系用黄土夯筑，夯层清晰，夯层厚 0.07~0.14 米。台体残高 6 米；底部北壁长 4.8 米，其余三壁因破坏严重，长度不详；顶部情况不详（图九〇、九一）。

围墙：有内外两道（彩图一四九）。两道围墙依地势而建，内围墙平面略呈梯形，外围墙平面呈圆角三角形，均用黄土夯筑而成，夯层厚 0.14~0.2 米。内围墙位于台体周围 10~26 米处，周长约

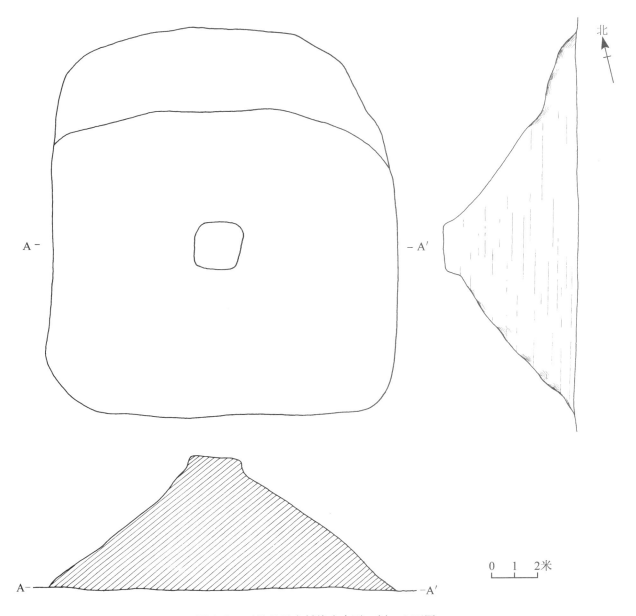

图八八　互助县黑庄村烽火台平、剖、立面图

125 米，底宽 0.6、残高 0.5～1.7 米。外围墙位于台体周围 22～44 米处，周长约 215 米，底宽 0.6、残高 0.5～2.2 米。这两道围墙仅在台体北部及西北部发现部分地面残墙，其余现为梯田田埂，几乎与地面齐平，其中外围墙西部长约 27 米因修梯田被毁。两道围墙门道不详。

　　该烽火台整体保存状况一般。台体东、南两壁破坏严重（彩图一五〇）；南端上部损毁无存；西壁北部表层坍塌较甚，壁面裂纹较多，并有风蚀坑窝；北壁壁面有霉斑，下部壁面片状剥离，中部有条裂纹通贯台体。台体西北角和东北角从上至下坍塌。围墙在梯田修建中破坏。损毁原因以人为因素的破坏为主。台体底部因修梯田被下切 1.5～4 米；内外两道围墙因平整梯田阶地被破坏，其中第二道围墙长 27 米墙体被破坏无存。自然因素表现为风蚀、霉斑、自然坍塌。

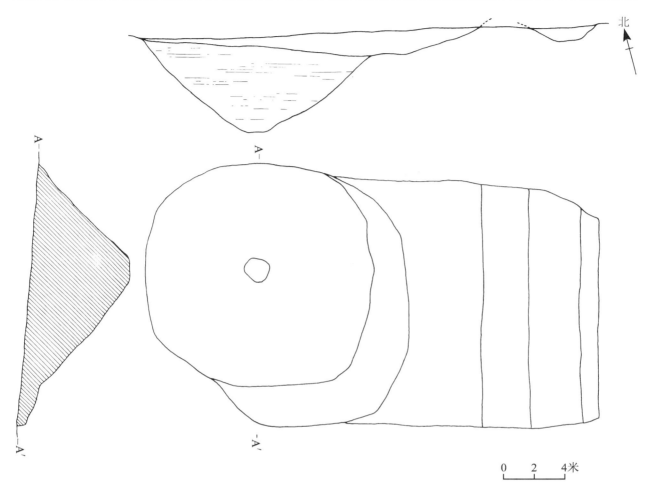

北

图八九　互助县七塔尔村烽火台台体与壕沟平、剖、立面图

据《西宁志》记载："西宁卫　领墩七十有四，守瞭军三百四十五名……双树儿墩　城东北六十里。"[1]　本座烽火台位于互助县塘川镇双树村，此处位于西宁卫城东北约 30 千米，故从方位、距离及名称来看，该烽火台即是文献中记载的双树儿墩。

该烽火台位于沙塘川烽燧线上，北与红嘴烽火台相临，南连总寨村烽火台，置于两者之中。

（17）红嘴烽火台（编码：632126353201170021）

位于互助县威远镇红嘴村东南 0.42 千米处的平川内。该烽火台位于威（远）北（山）公路 8 千米处西北侧的河谷地内，其西南 5 米处有编号为"10KV 互三路 56#"的木质电线杆一根，向北 0.05 千米处为通往红嘴村的水泥路。台体东侧为水渠，其余三面为耕地（彩图一五一）。由此处西南可望威远镇，东北与七塔尔村烽火台相望。

该烽火台台体因破坏严重，形制不详。台体系用黄土夯筑，夯层厚 0.1～0.14 米。台体残高 3.3米；台体因大部分被毁，底部及顶部尺寸不详（图九二）。

烽火台大部被毁，整体保存状况差。台体大部因修公路被毁，仅剩西部少许及堆土。台体被附近村民改造利用为宗教迷信的场所，顶部插有木棍，覆碗数只，东侧用砖砌煨桑炉一座。残余台体及堆

---

〔1〕（清）苏铣纂修，王昱、马忠校注：《西宁志》卷四《兵防志·烽墩》，青海人民出版社，1993 年，第 186～188 页。

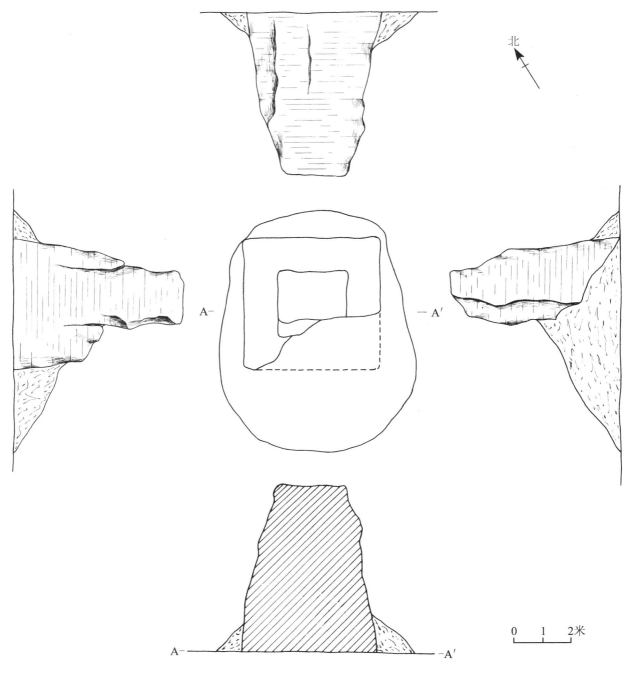

图九〇　互助县双树烽火台平、剖、立面图

土上长满冰草。损毁原因以人为因素造成的破坏为主，据当地村民介绍，该烽火台大部分是在修威（远）北（山）公路时被毁。附近村民把烽火台当作宗教迷信场所攀爬、踩踏，对台体造成一定程度的破坏。《西宁志》记载："西宁卫　领墩七十有四，守瞭军三百四十五名……红嘴儿墩　城东北一百二十里。"[1]　本座烽火台位于互助县威远镇红嘴村，此处距离西宁东北约60千米，故从方位、距离及

〔1〕　（清）苏铣纂修，王昱、马忠校注：《西宁志》卷四《兵防志·烽墩》，青海人民出版社，1993年，第186~188页。

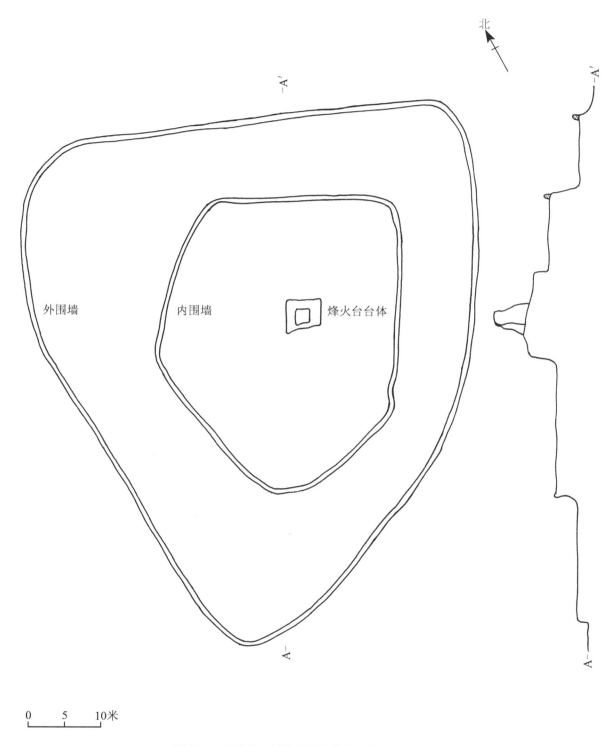

外围墙　内围墙　烽火台台体

0　5　10米

图九一　互助县双树烽火台台体与围墙平、剖面图

名称来看，该烽火台即是文献中记载的红嘴儿墩。

　　该烽火台位于沙塘川烽燧线上，北临七塔尔村烽火台，南接双树烽火台，并与威远营相望。

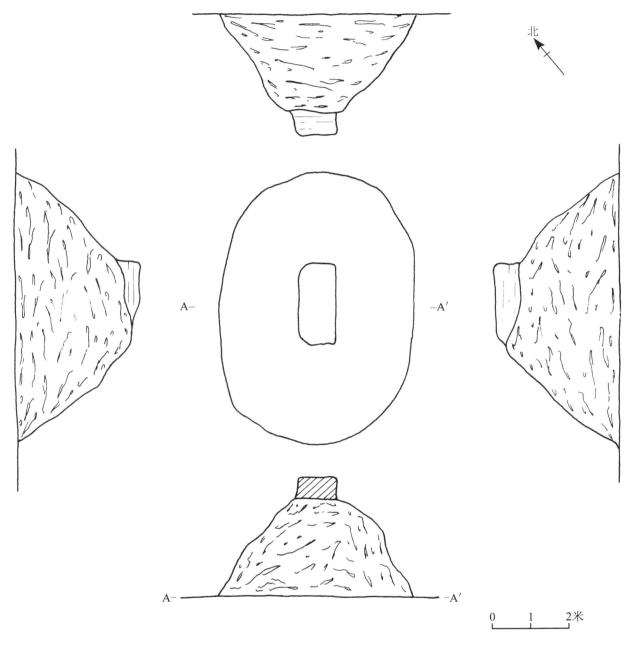

图九二　互助县红嘴烽火台平、剖、立面图

（五）大通县

1. 综述

　　大通县已调查的烽火台总计 13 座，分别位于该县的桥头镇、多林乡、长宁镇、黄家寨镇等乡镇。烽火台中，仅有 3 座烽火台分布在河谷地带，如长宁 1 号烽火台位于北川河的河谷地带，宽多洛烽火台位于黑林河的河谷地带，其余均分布于低山丘陵地的山梁之上。烽火台所在区域地势高耸，视野开阔，周边环境尽收眼底。烽火台与墙体的位置，有 4 座烽火台位于长城主线墙体外侧，其余均居长城主线内侧。烽火台的布局较为清晰，除毛家沟烽火台、毛家寨烽火台、下庙沟烽火台和元树尔烽火台呈东西走向临墙修建外，其他烽火台均沿黑林河与北川河西岸修筑，由数座烽火台组成了两条烽燧线：

其一：黑林河烽燧线，自西北向东南由白土崖豁烽火台（此座烽火台在2002年修筑大通至门源公路的过程中全部挖毁，其位置犹在，因其形制已不详，故在调查中未作登记）、宽多洛烽火台、下毛伯胜烽火台、石庄烽火台组成。此条烽燧线沿黑林河西岸修筑，置于长城主线外侧，塔洼长城（黑林边榨）内侧。

其二：北川河烽燧线，自西北向东南由上关烽火台、放马沟烽火台、平乐2号烽火台、平乐1号烽火台、长宁2号烽火台和长宁1号烽火台组成。这条烽燧线路沿北川河西岸修筑，置于长城主线内侧。

2. 详细描述

本县内的13座烽火台，按编码顺序分别排列为：毛家沟烽火台、毛家寨烽火台、下庙沟烽火台、元树尔烽火台、下毛伯胜烽火台、宽多洛烽火台、石庄烽火台、长宁1号烽火台、上关烽火台、长宁2号烽火台、平乐1号烽火台、平乐2号烽火台、放马沟烽火台，按此顺序分述如下：

（1）毛家沟烽火台（编码：6301213532011700 01）

位于大通县桥头镇毛家村第六自然村村北的墩墩山山顶。烽火台筑在当地村民称为"土墩墩"的一块突兀的土丘上，山丘北坡为林木带，有灌木及桦树、杨树等乔木，烽火台地势高耸、视野开阔。在烽火台的南边约0.5千米处是青海水泥厂通往矿山的厂区公路，公路两旁是毛家沟第六自然村。该烽火台位于墙体附近，台体南距毛家沟长城2段墙体以及毛家沟长城2段的随墙壕0.12千米；西南约2.9千米是毛家寨烽火台，东北约1千米是高耸的老石山。

该烽火台整体为覆斗形，由底向上逐渐收分2~2.4米。剖面呈梯形。台体系用黄土夯筑而成，夯层清晰，夯层厚0.12~0.15米。夯层中平行铺放有边麻、桦树枝条；还有材质为桦树的框木，直径8~11厘米；并有木楔斜插于夯土层中，木楔断面长、宽约1.5~2厘米，长度不详，有长8厘米的木楔暴露在台体之外。台体残高8.5米；底部平面呈正方形，边长11.5米；顶部局部已经坍塌，略呈不规则形，东壁残长7、南壁残长5.8、西壁残长5.8、北壁残长7米（图九三）。

烽火台整体保存程度一般。顶部偏南有一个长3.6、宽2.6、深0.5米的土坑，具体用途不详，坑内长满杂草。烽火台东壁有两条漏斗形的雨水冲刷沟，东壁的南侧掏挖有一处洞窟，形似梯形，底宽1.8、顶宽0.5、高3.5、深2.6米；南壁坍塌严重，坍塌堆土高1米；北壁墙角有一条登台斜径。损毁原因主要为自然因素的破坏，表现为自然坍塌、雨蚀等。

（2）毛家寨烽火台（编码：6301213532011700 03）

位于大通县桥头镇毛家寨村村西约1千米的小墩山的山顶。烽火台位于长城墙体北侧一处突出的山梁之上，地势较高，视野开阔。烽火台所在的山梁上黑刺茂密，将烽火台以及环壕全部覆盖，台体位于长城墙体附近，东距毛家寨敌台及与它南北相连的毛家寨长城2段、毛家寨长城3段0.148千米，东北与毛家沟烽火台相距2.9千米。

本座烽火台由台体与环壕构成。

烽火台台体整体为覆斗形，由底向上逐渐收分2.1米。剖面呈梯形。台体系用黄土夯筑而成，夯层清晰，夯层厚0.12~0.15米。夯层中平铺夹放有边麻、桦树枝条；还有径长为8厘米的框木，材质属桦树；并有木楔斜插于夯土层中，木楔断面长、宽3.5~4厘米，同排木楔间距约0.4米。台体残高

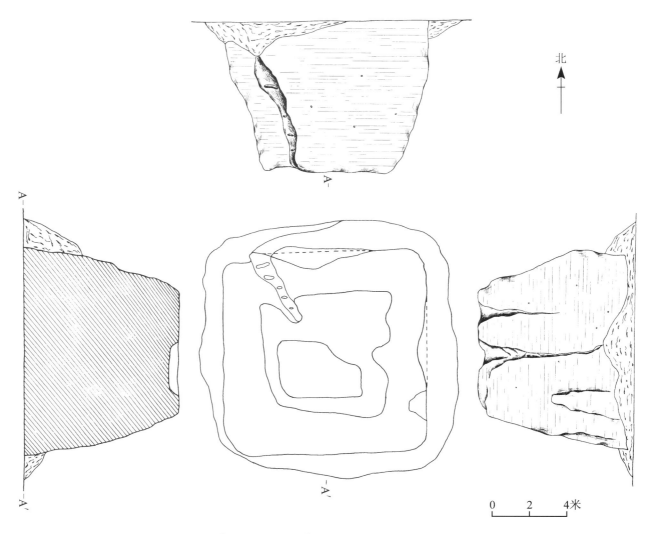

北

0 2 4米

图九三　大通县毛家沟烽火台平、剖、立面图

3.75~4 米；底部略呈不规则形，东壁长 6 米；顶部略呈不规则形，东壁残长 3.6、南壁残长 4.5、北壁残长 3.3 米，西壁已坍塌。

　　台体四周有一道环壕。壕沟内侧沟沿距台体 3~4.5 米，沟口宽 4.4~5.5、底宽 3~4.2、深 0.6~1.1 米，土垄系用沟内挖土堆积而成，未发现夯筑等加固痕迹，土垄大部分已经坍塌或者被黑刺等植物覆盖，具体尺寸不详。环壕已经坍塌淤塞，壕内长满了冰草、蒿草、黑刺等植物（图九四）。

　　该烽火台整体保存状况一般。烽火台西壁坍塌较为严重，壁面显得凹凸不平，坍塌土堆积高 1 米，呈斜坡；南壁和北壁墙角各有一条宽 0.6 米的登台斜径。损毁原因主要为自然因素的破坏，表现为自然坍塌等，还有人为踩踏攀爬。

　　（3）下庙沟烽火台（编码：630121353201170005）

　　位于大通县桥头镇下庙沟村村北 0.1 千米的山岭上。烽火台所在的山坡地势较高，视野开阔，南面坡下 0.3 千米为庙沟河。台体位于长城墙体附近，北距下庙沟长城 2 段墙体 17 米，东距下庙沟关 0.5 千米，并与下庙沟 1 号敌台相距 0.5 千米，南与上关烽火台遥遥相望，相距 1.4 千米。

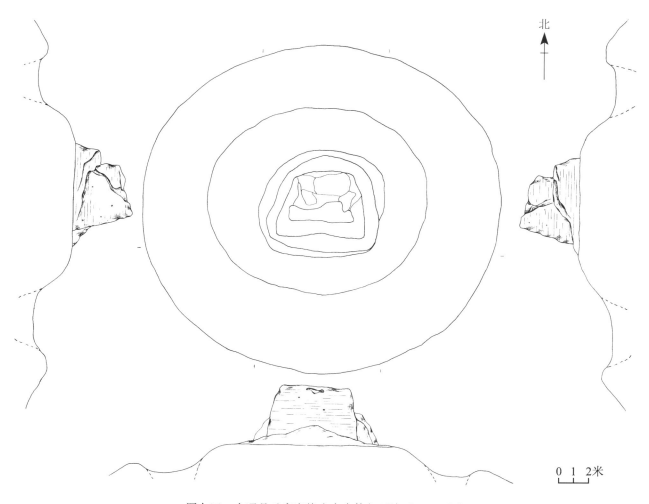

图九四 大通县毛家寨烽火台台体与环壕平、立面图

烽火台整体为覆斗形，由底向上逐渐收分2.2～3.4米。剖面呈梯形。台体系用黄土夯筑，土质纯净、细腻，夯层清晰，夯层厚0.15～0.2米。台体残高6米；底部呈不规则圆形，径长7.2米；顶部略呈不规则形，东西长约2.2、南北宽约1.8米（图九五）。

该烽火台整体保存状况一般。烽火台四壁均出现不同程度的坍塌、裂缝；北壁有一处掏挖的土洞，造成北壁上部坍塌，台体残缺；四壁踩踏痕迹明显，有多条登台斜径；台体的西南侧架设有电线杆破坏了烽火台的整体风貌。损毁原因自然因素表现为坍塌、裂缝等；人为因素有掏洞踩踏。

（4）元树尔烽火台（编码：630121353201170009）

位于大通县桥头镇元树尔村南约1.2千米俗称为"狗拉胡"的山丘顶部。烽火台所在山丘高耸，视野开阔，台体东1千米的山下是上庙沟村，桥头至上庙沟村的乡间公路从烽火台所处的山丘下通过，庙沟水由南至北从烽火台南侧山下流过。周边均已经退耕还林还草，生长冰草、蒿草、黑刺、白刺等灌木和草本植物。台体位于长城墙体附近，北与长城墙体南侧元树尔壕堑1段相邻，与元树尔长城2段相距0.45千米。东与元树尔敌台相距0.98千米。

烽火台整体为圆锥形，由底向上逐渐收分4米。剖面呈梯形。台体系用黄土夯筑而成，夯层清晰，夯层厚0.18米。台体残高2.9米；底部直径10米（图九六）。

北

0　1　2米

图九五　大通县下庙沟烽火台平、剖、立面图

　　该烽火台整体保存状况差。烽火台严重坍塌呈圆锥形，形制结构不详。损毁原因主要为自然坍塌。

　　（5）下毛伯胜烽火台（编码：6301213532011700010）

　　位于大通县城关镇下毛伯胜村村南约0.2千米的山头上。烽火台所处的小山丘视野开阔，可与北面宝库、新庄，西北的西山、青林，西面的逊让、多林相望。其北距城关镇下毛伯胜村约0.2千米，村内水泥道路与大通至海晏的公路相连，公路以北0.05千米是自西向东流淌的黑林河河水。烽火台东、西、北三面的山体坡度陡峭，东面的坡度在70°以上，不易攀爬。烽火台环壕周边均已开垦为梯田。

北

0 1 2米

图九六 大通县元树尔烽火台平、剖、立面图

　　本座烽火台系由台体与环壕构成。

　　烽火台台体整体为覆斗形，由底向上逐渐收分，收分 0.8 米。剖面呈梯形。台体系用黄土夯筑而成，夯层厚 0.15 ~ 0.2 米。台体高 3.3 米；底部呈正方形，边长 5.2 米；顶部呈正方形，边长 4 米。在烽火台台体南壁有一个类似二层台的夯土建筑，高 1.2 米；底部为正方形，边长 5.3 米；顶部为正方形，边长 4 米（图九七）。

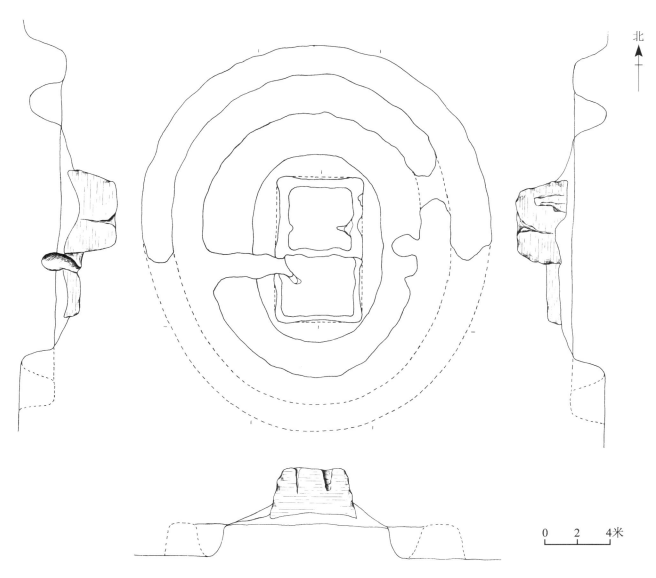

图九七　大通县下毛伯胜烽火台台体与环壕平、立面图

　　烽火台外侧有环壕。环壕内侧沟沿距台体东、西、北壁长 4 米，距南壁长 3.6 米。壕沟口宽 2 ~ 2.5、底宽 0.6、深 1.9 米，土垄高 1.8、底宽 1.8 米。壕沟除了南边的外侧土垄被毁之外，其余三边壕沟保存较好。

　　该烽火台整体保存状况一般。东壁北部坍塌形成了洞窟，东、西、南壁均有漏斗形雨蚀冲沟贯穿台体。东、西、北壁底部的坍塌堆土呈斜坡；在烽火台南侧有一条宽 2 米的小路从西面穿过壕沟沟底，至烽火台南壁转而向北至烽火台。台体壁面有登台脚窝。烽火台位于耕地中，台体及周边被削挖，致局部南侧环壕消失。东侧环壕内有一人为挖掘的土坑，宽1~1.4、深1.2米。损毁原因以自然因素为主，表现为坍塌、裂缝、雨蚀冲沟等。

该烽火台山丘之下即为黑林河和北川河，这两条河的河谷均是从青海湖进入大通境内的重要通道，下毛伯胜烽火台修筑在重要的交通要道上，应属要道烽燧。

（6）宽多洛烽火台（编码：630121353201170011）

位于大通县多林乡宽多洛村东北0.2千米的一个小山丘之上。烽火台位于黑林河河谷西侧，其所处的小山丘视野开阔，台体周边为耕地，种植农作物。西与黑林榨遥遥相望，相距约4千米，北距大通至海晏的公路约0.05千米，东南距下宽村0.2千米。

本座烽火台由台体与围墙组成。

台体整体为覆斗形，由底向上逐渐收分，收分2.5米。剖面呈梯形。台体系用黄土夯筑，夯土中夹杂有较多的灰土、少量的石块和极少的卡约文化夹砂陶片，夯层清晰，夯层厚0.1~0.16米，夯窝直径0.1~0.15厘米。台体高7.7米；底部略呈长方形，南北长7.5、东西宽7米；顶部呈正方形，边长3.2米（图九八）。

烽火台北侧有围墙，北墙直接利用了烽火台台体北壁，东、南、西三壁均为夯土墙体，就地取土，以黄褐色土夯筑而成，分段版筑，版长2.5米，夯层厚0.1~0.16米。围墙平面呈正方形，边长4、残高0.7~2.5米。东侧墙体中部有宽0.8米的缺口，可能为门道。围墙内外现有布纹瓦片碎片以及卡约文化夹砂灰陶和红陶片，因为较碎，未采集。

该烽火台整体保存状况一般。台体顶部西南角有一处宽1.2米的缺口。台体四壁普遍呈片状及粉状脱落，东壁自然损毁较甚，壁面凹凸不平；南壁中部有人为掏挖的洞龛，宽1.4、深0.7、高1.9米；东、西两壁底部有坍塌堆土。东北角有攀爬台体的脚窝。台体紧临农田，台基被削挖破坏，农田灌溉也对台体有一定程度的影响。造成烽火台体损毁的自然原因表现为自然坍塌、风雨侵蚀等；人为因素有削挖台基、掏挖台体。

该烽火台位于黑林河烽燧线上，西北与黑林榨遥遥相望，东南与下毛伯胜烽火台相望。

（7）石庄烽火台（编码：630121353201170012）

位于大通县良教乡石庄村村西约0.5千米的山丘之上。烽火台所在的山丘地势较高，视野开阔，周围大部分地区已经开垦为耕地，种植农作物。烽火台西北约6千米为下毛伯胜烽火台，东南约8千米为元树尔长城2段。东距（西）宁张（掖）公路约0.8千米、距石庄村0.5千米。

烽火台由台体、围墙、环壕组成（彩图一五二）。

台体整体为覆斗形，由底向上逐渐收分2.5米。剖面呈梯形。台体系用黄土夯筑而成，夯层清晰，夯层厚0.15~0.18米；夯层发现有桩木，木质为松木，直径6~12厘米。台体高7.7米；底部略呈正方形，边长11米；顶略呈正方形，边长6米。

围墙用黄褐土夯筑而成，版长2.5米，夯层厚0.18~0.26米。围墙的南侧开门，门道宽2.2米。围墙建于较高的山丘断崖的边缘，现存高内侧0~2.1米，外侧地势较低，墙体高1.0~3.5米。东墙长21米；南墙顶部呈锯齿形，长21米；西墙多已消失，长21米；北墙被烽火台从中部分为两段，各长9.5米，共19米。东侧以及北侧墙体也已经残断不堪。另在围墙中部又南北向筑有一道夯土隔墙将围墙一分为二，此墙与门道正对，南端与门道相距4米，其南端向西侧转折，伸出长度5米，墙体呈曲尺形，总长17米，墙高4.5~7、底宽3、顶宽0.6~1.3米。墙体底部发现有桩木孔洞1个，桩木直径约15厘米，南北向横贯墙体（图九九）。

环壕：台体的东、西、北面有半圆形壕沟，壕沟多被农田改造夷平，仅存西侧局部壕沟，长19、

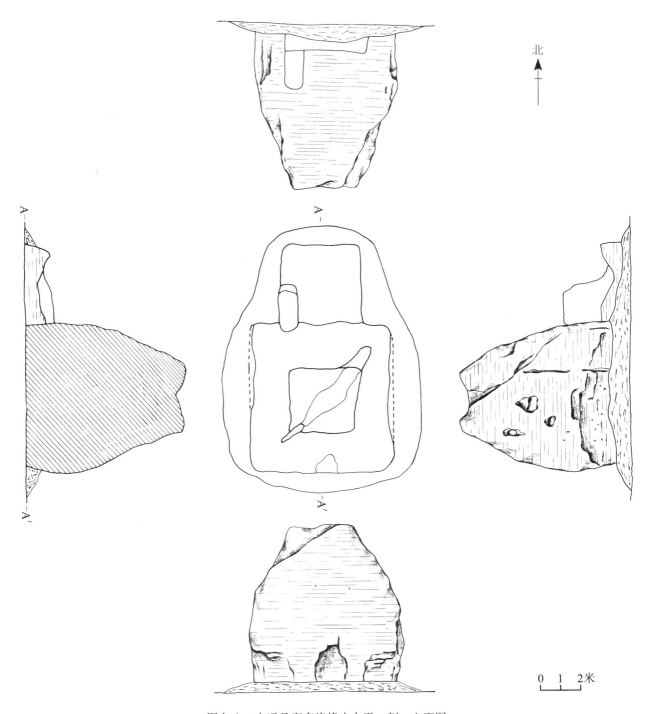

图九八　大通县宽多洛烽火台平、剖、立面图

宽3.2、深0.5米，外侧的土垄顶宽0.6～0.8、高1.3米。壕沟的西侧与围墙相连，环壕与台体相距12米。

　　该烽火台整体保存状况一般。顶部因踩踏形成了宽1.3米的缺口；西壁亦因踩踏呈现有一条登台斜径，台体四周紧临农田，农田开垦破坏了部分的环壕及围墙。损毁原因与上述宽多洛烽火台类同。

　　该烽火台位于黑林河烽燧线上，西北与下毛伯胜烽火台相邻，东南与元树尔长城2段相望。

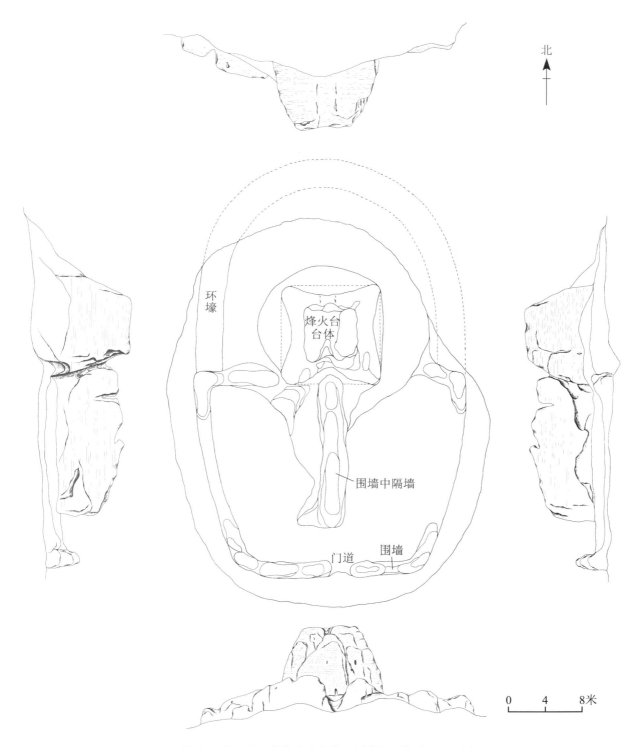

图九九　大通县石庄烽火台台体、围墙与环壕平、立面图

（8）长宁 1 号烽火台（编码：630121353201170013）

位于大通县长宁镇长宁村西约 1 千米、长宁村四社西侧约 0.05 千米处的台地边缘，烽火台东侧约 0.08 千米为西宁至大通铁路，东距长宁堡（现在已经消失）1 千米；南侧约 0.1 千米为长宁至岗冲的

县乡公路和大通县三中；西面即为景阳川；北面可以远眺大通县桥头镇、老爷山和毛家寨长城、老营庄长城、东闇门以及老营庄等。台体所在地形总体呈西高东低之势，具有地势高耸、视野开阔等优势，便于远距离观察。烽火台所在区域已经全部开垦为耕地，种植农作物，田埂、地头多栽植杨树，生长冰草、蒿草等野生草本植物。

台体整体为覆斗形，由底向上逐渐收分0.6～1.9米。剖面呈梯形。台体系夯筑而成，夯土土质下部高约1米是以夹杂有少量齐家文化陶片的灰褐色土和粉沙状黄褐土夯筑而成，上部用土质纯净的黄褐色土夯筑而成，夯层厚0.11～0.14米。台体残高5.5米；底部略呈不规则形，东壁长5.1、南壁长6.4、西壁长7、北壁长3.5米；顶部由于南壁从中心坍塌，平面呈"凹"字形，东壁长3.2、南壁长3.6、西壁长4.2、北壁长2.8米（图一〇〇）。

该烽火台整体保存状况一般。四壁均坍塌并被削挖，东壁已削挖成内弧形；南壁中心坍塌，形成一道宽1.3～1.6米的三角状凹槽，纵贯台体，并已成为登台便道；西壁顶端较为完整，底部可以见到明显削挖痕迹；北壁保存较为完整。烽火台位于耕地中，为拓宽耕地面积，削挖台体，造成了台基外露，高悬地表达0.8米。农田浇灌亦破坏了台体基础的稳定。造成烽火台的损毁原因同于上述。

此烽火台位于北川河烽燧线的南端，北与长宁2号烽火台相连。

（9）上关烽火台（编码：630121353201170014）

位于大通县新城乡上关村西的墩墩山山顶。烽火台地势高耸、视野开阔。周边山丘现多已退耕还林还草，密集生长有冰草、蒿草等草本植物。山丘较为平缓的地带开垦为农田，种植农作物。山丘下西侧为下庙沟村。该烽火台东边约1.5千米是新城乡上关村，越过上关村是大通县桥头电厂厂区；南临放马沟烽火台约0.21千米；北面与下庙沟长城1段相距约1.5千米；与庙沟山城相距约0.8千米；北与下庙沟烽火台相距1.4千米。

烽火台由台体、围墙、壕沟组成。

台体整体为覆斗形，由底向上逐渐收分1～1.9米。剖面呈梯形。台体系用黄土夯筑而成，夯层厚0.14～0.16米。台体高6米；底部略呈不规则形，东壁长7、南壁长8.5、西壁长7.5、北壁长7.8米；顶部由于坍塌严重，略呈不规则形，东壁长5、南壁长6.2、西壁长5.2、北壁长6米（图一〇一）。

围墙：夯筑而成，夯层厚约0.14～0.16米。东墙长21米，南墙坍塌仅可看出基本走向，西墙长6.9米，北墙长14米，底宽1.2、顶宽0.1～0.5、残高0.2～1.2米。西墙与烽火台的西壁相连。

壕沟：位于烽火台东侧约11米处，壕沟内高外低，壕沟长23、口宽11、底宽6～8、内侧深3、外侧深2.2～3米，未发现土垄。台体南、北、西三面山势陡峭，不易攀爬。台体东侧山脊地势平缓，易于攀登，故在此开挖壕沟增强防御。

烽火台整体保存状况一般。台体顶部呈斜坡状，东南高西北低，顶部中央向东偏移1米处埋有地质三角点的水泥桩，还竖有旗杆、经幡等物。由于此地区属于冰雹多发地区，为了有效防止冰雹灾害，在20世纪六七十年代，曾在烽火台上架设打冰雹的火炮，破坏了烽火台体顶部结构。东壁中部挖有洞窟，洞窟宽3.4、高2.3、进深2米，洞内供有香烛及祭品，距离东壁约1.5米处立有俄博，俄博略呈方形，边长约1.2米（彩图一五三）；南壁中部挖有洞窟，洞窟宽4.3、高2～3.1、进深2.6米，洞内插满了香烛；西壁中部有居住的窑洞，现已废弃；北壁顶端有踩踏形成的缺口，底有一条登台斜径。此外，烽火台的围墙、壕沟也出现不同程度的坍塌。损毁原因以人为因素为主，表现为顶部立有水泥桩、旗杆、经幡等。

此烽火台位于北川河烽燧线北端，北与下庙沟长城1段相望，南连放马沟烽火台。

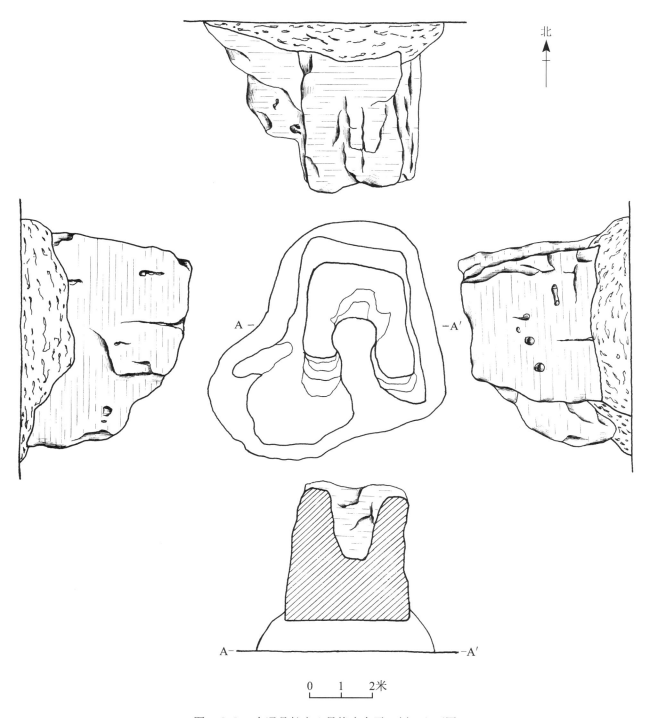

图一〇〇　大通县长宁 **1** 号烽火台平、剖、立面图

（10）长宁 **2** 号烽火台（编码：6301213532011700015）

位于大通县长宁镇长宁村西南约 3 千米的第六自然村村西旱台之上。烽火台所在山丘地势高耸、视野开阔，便于远距离观察。烽火台所在台地较平展，台体四周现在已退耕还林、还草，旱台北坡有杨树为主的林木带，东西两边坡度很陡，不易攀爬。该烽火台的东边约 1 千米处是长宁村第六自然村；南侧约 1.5 千米为景阳镇小寨村；西侧山梁下为大通县洪水沟；北侧约 2 千米为许家寨村；东北约 3

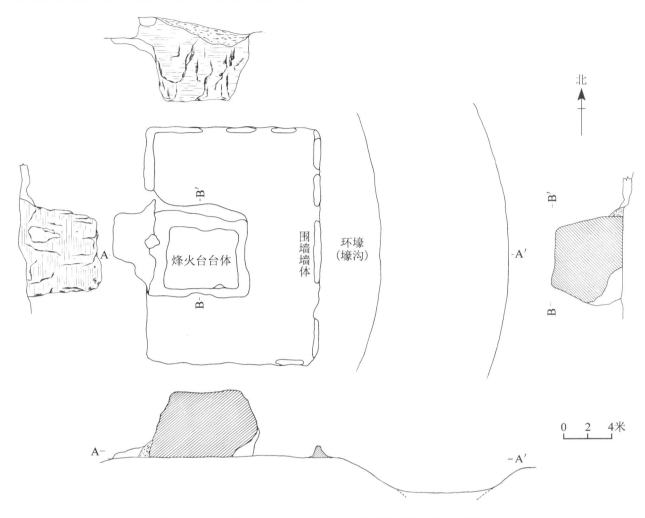

图一〇一　大通县上关烽火台台体、围墙与环壕平、剖、立面图

千米是明代长宁堡所在地，此堡现在已消失。烽火台东南与长宁1号烽火台相望，相距约1.6千米，西北与平乐1号烽火台相距4.1千米。

　　烽火台整体呈覆斗形，由底部向上收分0.5~0.8米，剖面呈梯形。台体系在自然基础上找平后就地取材，用黄土夯筑而成，夯层厚0.14~0.16米；夯层中夹有杨树枝，均按夯层平行铺放；还有桩木，桩木上下间距0.15米，桩木直径3~6厘米，木质为杨树；还发现有木楔，木楔长度不详，顶面直径1~3厘米。台体残高3.5米；底部略呈不规则形，东壁残长3.2、南壁残长2.9、西壁残长3.1、北壁残长3米；顶部由于坍塌严重，亦呈不规则形，东壁残长1.6、西壁残长2、南壁残长1.5、北壁残长1.9米（图一〇二）。

　　烽火台整体保存状况一般。西壁有一道从顶贯穿到底的漏斗状冲沟形成的裂缝，裂缝宽0.5~0.9米，在裂缝中可以见到腐朽的桩木；南壁中部有一条因踩踏形成的宽0.3~0.5米的斜坡小路，成为现代登台的便道。烽火台所在台地现已退耕还林，农耕中村民为了增加耕地面积，曾对台体基础部位进行削挖，现今在台体西壁见到明显削挖痕迹。同时，农田浇灌对台体基础的浸泡，造成台体部分坍塌。造成烽火台损毁的自然原因表现为自然坍塌、雨蚀冲沟等。

　　此烽火台位于北川河烽燧线上，北面与平乐1号烽火台相连，南与长宁1号烽火台相接。

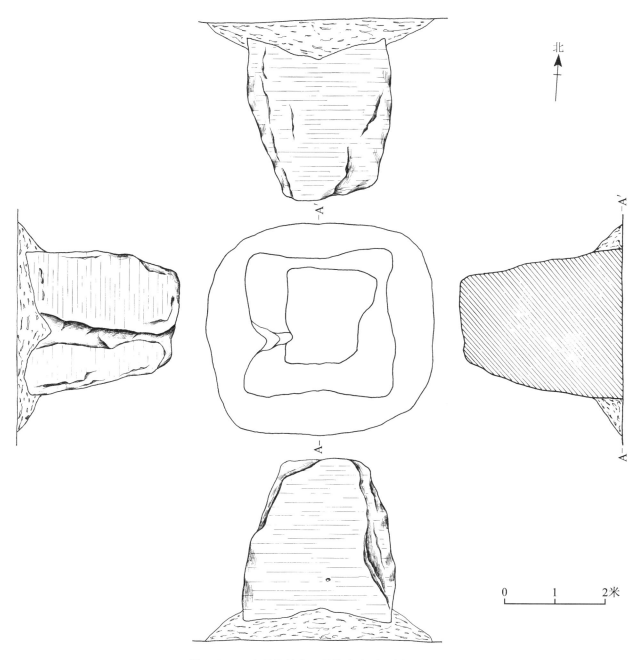

北

图一〇二　大通县长宁 2 号烽火台平、剖、立面图

（11）平乐 1 号烽火台（编码：630121353201170016）

位于大通县黄家寨镇平乐村西南约 3 千米的第三自然村村西的山梁之上。烽火台地处山丘地势高峻、视野开阔。周边台地现已退耕还草还林，台下的缓坡开垦为耕地。烽火台东北与平乐 2 号烽火台遥遥相望，相距约 0.8 千米；东北与平乐堡相望，相距 1.6 千米；烽火台东南约 4.1 千米为长宁 2 号烽火台。

本座烽火台由台体及环壕组成。

台体整体呈覆斗形，由底部向上收分 0.5 ~ 0.8 米，剖面呈梯形。台体系用黄土夯筑而成，夯层厚

0.14～0.16 米。夯层中夹有桦树枝，枝条直径 0.3～1 厘米，均按夯层平行铺放。台体残高 3 米；烽火台底部略呈正方形，边长 3.8 米；顶部由于坍塌严重，略呈不规则形，东壁长 2.5、西壁长 1.8 米，南、北壁长 3 米（图一〇三）。

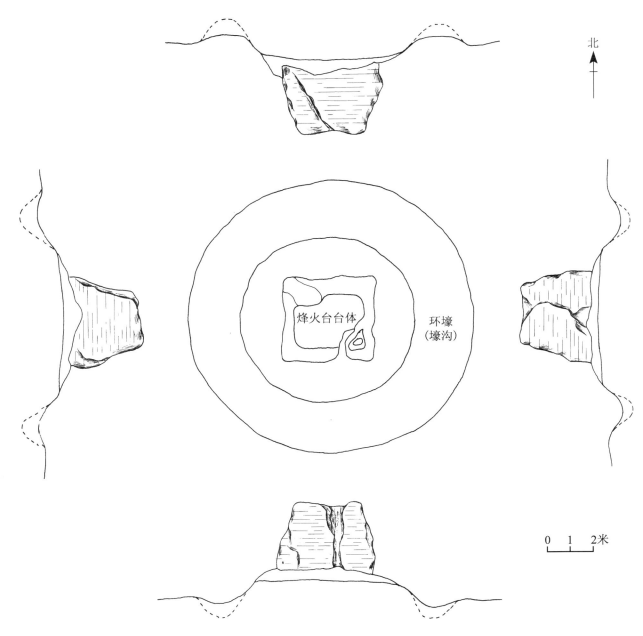

北

烽火台台体

环壕
（壕沟）

0 1 2米

图一〇三　大通县平乐 1 号烽火台台体与环壕平、立面图

　　台体外侧有环壕，壕沟距离台体 4～4.3 米。壕沟剖面略呈"U"形，壕沟口宽 2.5、底宽 1.8～2、深 0.2～0.7 米。环壕已坍塌和淤塞填平，壕内生长有密集的冰草、蒿草等植物。未发现壕沟外侧土垄。

　　烽火台整体保存状况一般。台体四壁均有不同程度的坍塌，底部有坍塌堆土。东壁挖有一处宽 1.2、高 0.7、进深 1.2～2.8 米的洞窟；南壁中间及东南角各有一条宽约 0.3～0.5 米的登台斜径；西侧壁面有削挖痕。损毁原因表现为自然坍塌，人为削挖、踩踏攀爬台体。

此烽火台位于北川河烽燧线上，北连平乐 2 号烽火台，南接长宁 2 号烽火台，置于平乐堡西南侧的山顶。

（12）平乐 2 号烽火台（编码：630121353201170017）

位于大通县黄家寨镇平乐村西南约 2 千米的第三自然村村西的山梁之上。烽火台所在的台地地势高峻，台地下缓坡处均开垦为耕地。烽火台西南与平乐 1 号烽火台相距 0.8 千米；北距平乐堡 1 千米。

烽火台整体呈覆斗形，由底部向上收分 0.5 ～ 1.25 米，剖面呈梯形。台体系用黄土夯筑而成，夯层厚 0.14 ～ 0.16 米。夯层中平行铺放有边麻、桦树枝。台体残高 2.5 米；底部略呈长方形，东西长 4.1、南北宽 3.6 米；顶部坍塌严重，略呈长方形，南北长 2.7、东西宽 2 米（图一〇四）。

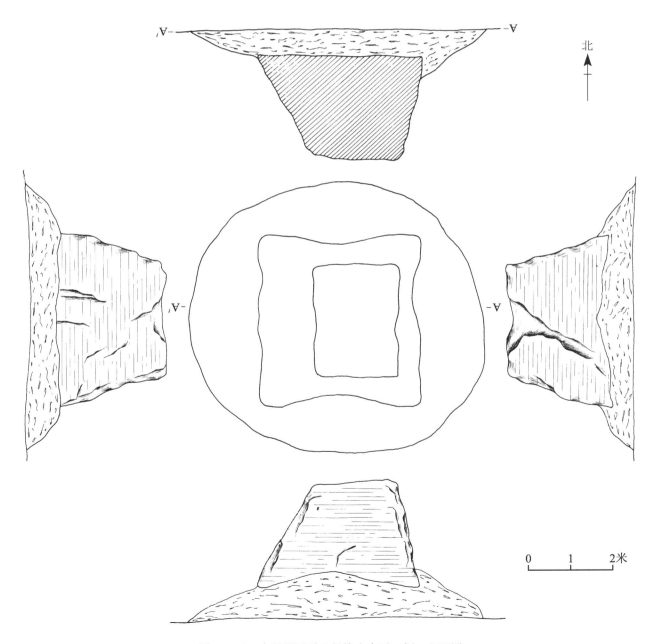

图一〇四　大通县平乐 2 号烽火台平、剖、立面图

烽火台整体保存状况一般。台体四壁均被削挖，底部有坍塌堆土。南壁有裂缝，底部有一长方形的盗洞。造成烽火台损毁的自然原因表现为自然坍塌、开裂，人为因素表现为人为削挖等。

此烽火台位于北川河烽燧线上，其北连放马沟烽火台，其南接平乐1号烽火台。

（13）放马沟烽火台（编码：630121353201170018）

位于大通县桥头镇放马沟村村东约1千米的山顶上。烽火台地处山丘视野开阔，位于北川河西岸，东距北川河约4千米，距北川渠0.2千米，距古城遗址约1.6千米；东南与平乐2号烽火台相距约2.5千米。

烽火台整体呈覆斗形，由底部向上收分1.1米，剖面呈梯形。台体系用黄土夯筑而成，夯层清晰，夯层厚0.12~0.14米。夯层中夹有桦树枝，均按夯层平行铺放，在四角发现较多。台体残高3.7米；底部略呈正方形，边长3.7米；顶部因坍塌而略呈不规则形，东壁长1.5、西壁长1.2、南壁长0.9、北壁长1.1米（图一〇五）。

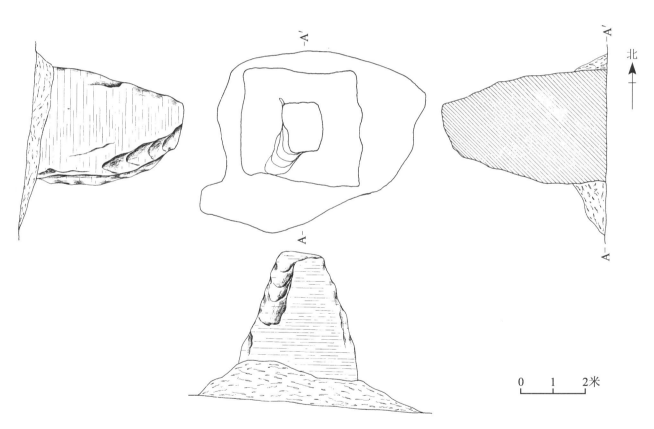

图一〇五　大通县放马沟烽火台平、剖、立面图

烽火台整体保存状况一般。东壁近顶端有横向风蚀凹槽，高0.3~0.5、深0.1~0.3米，东壁北部有一条冲沟和裂缝纵贯台体，底部的窑洞横穿台体东西壁，窑洞内为穹隆顶，高2.5、东西长1.8、南北宽1.4米，洞内有较多的木炭灰烬和未燃烧的树枝、树干等，四壁已经被熏黑，壁面有现代刻字"到此一游"等。从刻画的字符以及烟熏痕迹等推测，此窑洞应为现代人类活动的遗存；南壁有登台斜径和脚窝。损毁原因表现为自然裂隙、坍塌、风雨侵蚀、人为踩踏、掏挖窑洞等。

此烽火台位于北川河烽燧线上，其北连上关烽火台，其南连平乐2号烽火台。

（六）湟中县

1. 综述

湟中县共调查测量烽火台 26 座。这些烽火台主要分布于上新庄镇、鲁沙尔镇、甘河滩镇、汉东回族乡、共和镇、土门关乡、李家山镇、拦隆口镇、多巴镇、西堡乡、总寨镇、土门关乡（地图七）。除上新庄 1 号烽火台位于河谷地带外，其余 25 座烽火台均位于低山丘陵地之上。

烽火台大多位于长城内侧，其布局除修筑在闇门、关堡及峡榨附近的山体之上外，还建于南川与西川交通要道两侧的山梁之上。湟中县的 7 座烽火台与位于西宁市的 3 座烽火台共同组成了两条烽燧线路，依次传递报警讯息。

其一：南川烽燧线，由南向北由水草沟烽火台、加牙 1 号烽火台、加牙 2 号烽火台、陈家滩 1 号烽火台、陈家滩 2 号烽火台、谢家寨烽火台（位于西宁市）、元堡子烽火台（位于西宁市）组成。此条烽燧线沿南川通道的走向而行，负责向沿线的关堡及西宁卫城传讯报警。

其二：西川烽燧线，烽火台均位于西川河（即湟水河）北岸，从西向东由扎麻隆烽火台、多四烽火台、三其烽火台组成（位于西宁市），向东传递通讯至沿线的关堡及西宁卫城。

2. 详细描述

26 座烽火台按编码顺序分别排列为上新庄 2 号烽火台、下峡门烽火台、上新庄 1 号烽火台、加牙 1 号烽火台、加牙 2 号烽火台、陈家滩 1 号烽火台、陈家滩 2 号烽火台、李九烽火台、坡西烽火台、李家庄烽火台、下马申 1 号烽火台、下马申 2 号烽火台、大草沟烽火台、王家山烽火台、转嘴烽火台、水草沟烽火台、后沟烽火台、李家山烽火台、民联烽火台、下西河烽火台、扎麻隆烽火台、多四烽火台、佐署烽火台、徐家寨烽火台、黄鼠湾一烽火台、王沟尔烽火台，按此顺序分述如下：

（1）上新庄 2 号烽火台（编码：630122353201170001）

位于湟中县上新庄镇上新庄村十一社南 1.24 千米处的大桦坡上。该烽火台南面正对贵德峡，西南为玛鸡沟峡，西距南川河 0.9 千米、距西（宁）久（治）公路 1 千米。台体周围原为耕地，现退耕还草，向南 12 米处有条便道。烽火台位于长城内侧，西南距上新庄壕堑 4 段 0.12 千米，西北距阳坡台堡 0.43 千米，向北 1.51 千米处为上新庄堡。

该烽火台由于坍塌严重，台体大部被堆土所掩埋，仅暴露南壁大部和西壁、东壁局部；从暴露部分来看，其整体呈覆斗形，顶小底大，剖面呈梯形。台体系在自然基础上就地取材，用黄土夯筑而成，土质纯净、细腻，夯层厚 0.15 ~ 0.2 米；夯层中发现框木孔洞，孔径 4 ~ 6 厘米。台体残高 7.5 米；底部被堆土所掩埋，长度不详；顶部平面略呈长方形，南北长 2.8、东西宽 2.1 米（图一〇六）。

该烽火台整体保存状况一般。台体东壁多处坍塌，北端上部坍塌严重，下部被堆土所掩埋，堆土高约 3 米。壁面长有霉斑，底部被人为掏挖凹进，有烟熏火烤痕迹；南壁下部垮塌严重，中部从上至下有裂纹一条，壁上长有霉斑；西壁坍塌严重，东北部被堆土所掩埋，堆土高约 3 米；北壁全部被堆土所掩埋。台体周围发现有鼠洞。台体顶部及堆土上长满边麻、沙棘及冰草。损毁原因以自然因素的破坏为主，人为因素次之，主要表现为自然坍塌、动物破坏、植物生长、霉斑生长及人为掏挖等。

《西宁志》记载："西宁卫 领墩七十有四，守瞭军三百四十五名……大桦坡墩 城南八十里。"[1] "城"指西宁卫城，在今西宁市城中区。上新庄 2 号烽火台位于湟中县上新庄村十一社南面的大桦坡

---

〔1〕（清）苏铣纂修，王昱、马忠校注：《西宁志》卷四《兵防志·烽墩》，青海人民出版社，1993 年，第 186 ~ 187 页。

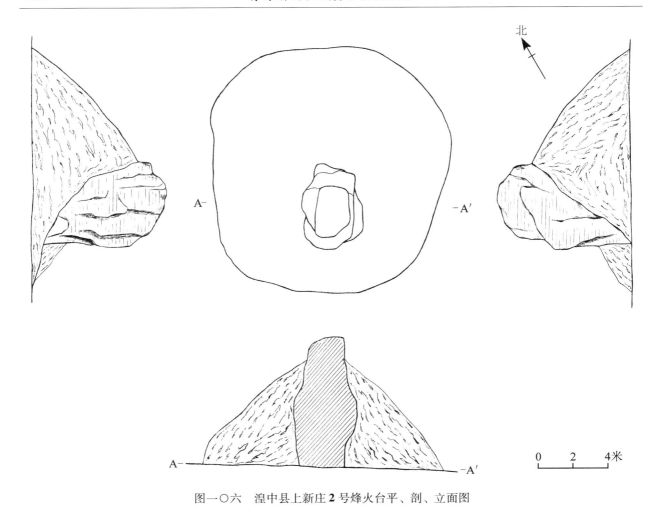

图一〇六　湟中县上新庄 2 号烽火台平、剖、立面图

上，其东北距西宁卫城约 35 千米，无论从方位、距离及名称来看都与此烽火台基本吻合，依此推测该烽火台即为"大桦坡墩"。该烽火台应为明代所建。

　　该烽火台位于玛鸡沟峡口东南，南面正对贵德峡，玛鸡沟峡是从湟水谷地通往黄河谷地的一条重要通道。从该烽火台所处位置来分析，应为峡榨性质的烽火台。玛鸡沟峡、贵德峡内如发现敌讯，遂立即报警。

　　（2）下峡门烽火台（编码：630122353201170002）

　　位于湟中县上新庄镇下峡门村四社西 0.36 千米处的大墩岭上。该烽火台东南为石峡门峡，向南约 0.4 千米有山高耸，当地人叫尕方台，向北 0.77 千米为下峡门村三社；台体西北侧有条便道呈东北至西南向穿过，南侧有条东西向的小冲沟，东北 0.156 千米处有移动、联通信号发射塔。烽火台所在处为一自然突起的土包，东侧山坡上为耕地，其余三面荒草杂生。烽火台位于长城内侧，西距上新庄壕堑 3 段 1.6 千米，东北距后沟烽火台 4.83 千米。

　　该烽火台整体呈覆斗形，由底部向上收分约 0.65 米，剖面呈梯形。台体系在自然基础上找平后就地取材，用含有少量砂砾的黄土夯筑而成，夯层清晰，厚 0.07～0.2 米。台体残高 3.6 米；底部南壁长 5.6 米，其余三壁被堆土所掩埋，长度不详；顶部略呈方形，边长 4.3 米（图一〇七）。

　　该烽火台整体保存状况一般。顶部及四壁局部损毁，台体顶部凹凸不平，四面均有豁口。东壁上部坍塌严重，其下堆土呈坡状，晚期踩踏痕迹明显；南壁表面片状剥离，有数条裂纹、多处鼠洞，中

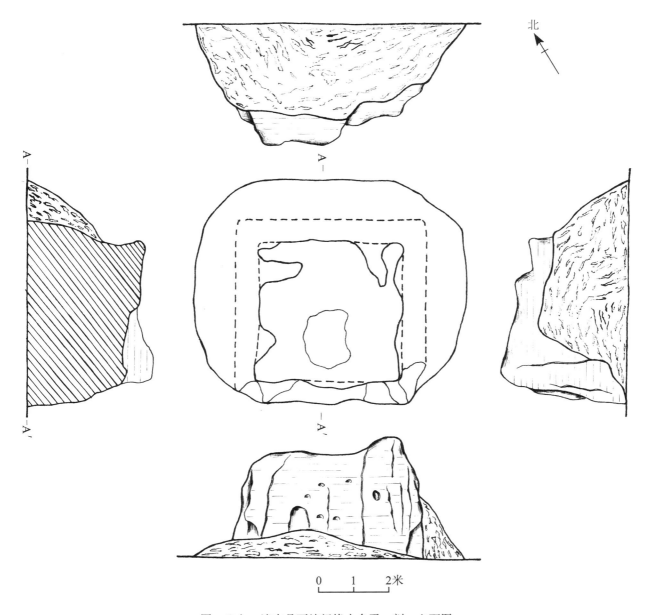

图一〇七　湟中县下峡门烽火台平、剖、立面图

部自底部向上有脚窝两排，攀爬痕迹明显；西壁坍塌严重，堆土至顶，其上有晚期踩踏痕迹；北壁上部坍塌严重，其下堆土呈缓坡状。台体顶部及周围堆土上长满冰草。损毁原因以自然因素的破坏为主，人为因素次之，主要表现为裂纹、坍塌、动物破坏、片状剥离、植物生长及人为攀爬、踩踏等。

该烽火台位于石峡门峡口西北，从其所处位置来分析，应为峡榨性质的烽火台。石峡门峡内如发现敌讯，遂立即报警。

（3）上新庄1号烽火台（编码：630122353201170003）

位于湟中县上新庄镇上新庄村七社北1.2千米处的台地上。该烽火台向南0.07千米处为一正在建的石灰厂，西北距闽辉新型砖厂0.174千米，西距西（宁）久（治）公路0.12千米，南川河从其西0.36千米处呈西南至东北向流过。台体周围均是耕地。烽火台位于长城内侧，西距新城长城2段1.32

千米，西北距加牙 1 号烽火台 0.92 千米。

该烽火台由台体与围墙组成。

台体整体呈覆斗形，由底部向上收分较大，收分 1 ~ 3.5 米，剖面略呈梯形。台体系在自然基础上找平后就地取材，用黄土夯筑而成，土质细腻，夯层清晰，厚 0.15 ~ 0.23 米。台体残高 7.2 米；底部东壁长 6.6、南壁长 8.8、西壁长 7.4、北壁长 7.45 米；顶部坍塌严重，呈不规则形（图一〇八）。

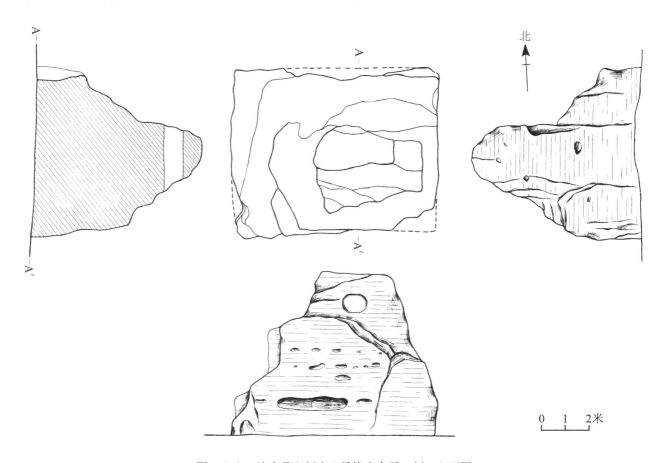

图一〇八　湟中县上新庄 1 号烽火台平、剖、立面图

台体四周筑有围墙，台体位于北墙中部（图一〇九）。围墙系用黄土夯筑而成，夯层清晰，厚 0.13 ~ 0.2 米。围墙平面呈长方形，东西长 23、南北宽 18 米。东墙南段残长 7.5 米，内侧高 1.8、外侧高 2.65、底宽 1.9、顶宽 1.5 米；北段残长 4.2 米，外侧高 0.8 ~ 1 米，内侧与耕地齐平。南墙西端、西墙南端出露少许墙体，其余被堆土所掩埋。北墙全部被掩埋，情况不详。

该烽火台整体保存状况一般。台体顶部坍塌严重，呈不规则形。东壁下部表层坍塌严重，有一道横向风蚀凹槽，晚期踩踏痕迹明显；南壁中部表面风蚀凹槽呈蜂窝状，局部表层坍塌近直，西部从上至下被人为挖成台阶状；西壁被人为破坏殆尽，呈三级阶梯状，并人为挖有一个宽 0.65、高 1.5、深 1.9 米的土洞，洞内有干草、灰烬，自底部向上 1.7 米部分块状塌落严重；北壁上部破坏严重，坍塌堆土呈坡状，从顶中部向下 2 米处人为掏有一贯通洞，口宽 0.65、高 1、进深 2.4 米。台体上长有较多的冰草。损毁原因以人为因素的破坏为主，自然因素次之，主要表现为取土施肥、人为掏洞、攀爬、踩踏及自然坍塌、风蚀、植物生长等。

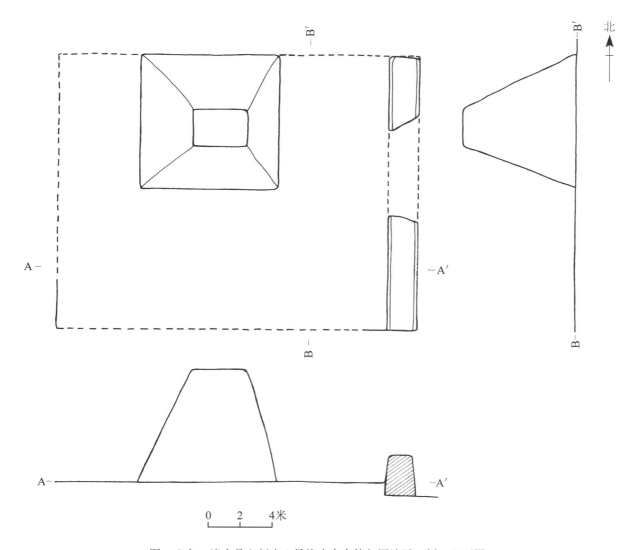

图一〇九　湟中县上新庄1号烽火台台体与围墙平、剖、立面图

该烽火台位于平川之中，从其带有围墙来分析，除了具有观察敌情、传递消息的功能外，还应具有其他作用，尚待考证。

（4）加牙1号烽火台（编码：630122353201170004）

位于湟中县上新庄镇加牙村六社南面的孤山顶部。该烽火台所在的山体为一平地突起的独立山包，当地人称其为孤山、独山、牛心山，其顶部面积约0.45万平方米，西南高、东北低，主要为耕地，还有几排杨树。当地人把其顶部的烽火台称为孤山大墩。台体东距西（宁）久（治）公路0.54千米，南川河从其东侧山下穿过；东北0.04千米处有联通信号发射塔一个，西南0.012千米处有山神庙一个。台体东、西、北三面现为耕地，南面荒草杂生。烽火台位于长城内侧，西距新城长城3段1.15千米，向东南0.92千米处为上新庄1号烽火台。

该烽火台整体呈覆斗形，由底部向上收分0.65米，剖面呈梯形。台体系在自然基础上就地取材，用包含有沙粒、石子及料礓石等的红土夯筑而成，台体表面风雨侵蚀严重，夯层不清。台体残高3.7米；底部平面呈正方形，边长8米；顶部平面亦呈正方形，边长6.7米（图一一〇）。

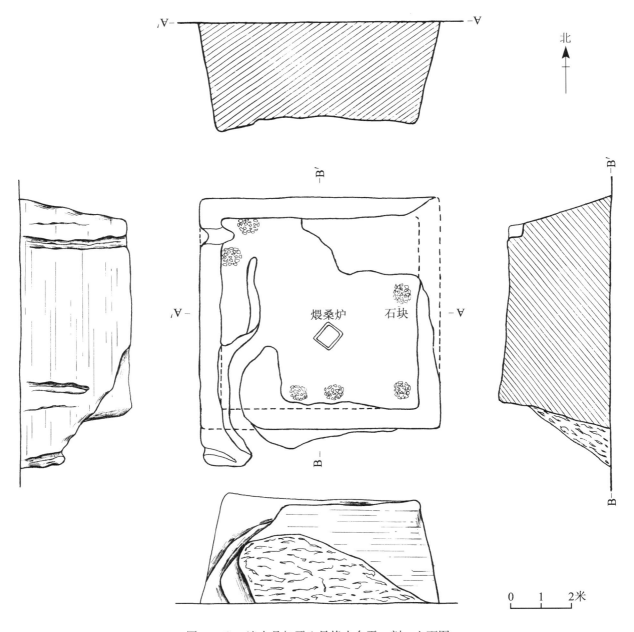

图一一〇　湟中县加牙 1 号烽火台平、剖、立面图

　　该烽火台整体保存状况一般。台体顶部正中用红砖砌有一方形高脚杯式煨桑炉，高 1.1 米，周围遗留有烧剩的草秸等物，其四周靠近台体顶部边沿处分布有小砾石堆 6 个，直径 0.6～0.7 米，顶部砾石有烧灼痕迹。台体西南部有晚期所挖的斜坡式通道可登临台顶，现为槽状，底部从下到上均用红色单砖砌成台阶，槽上宽 0.6～0.9、底宽 0.25～0.4 米。台体顶部东北角局部坍塌，堆土呈斜坡状，其上有晚期踩踏痕迹。东壁表面有片状剥离现象；南壁表层因长期风雨侵蚀，剥落严重，有风蚀凹槽一道；西壁有 3 条裂纹及长 2.6、宽 0.4、深 0.3～0.5 米雨蚀冲沟一条；北壁底部因酥碱而内凹。损毁原因以人为因素的破坏为主，自然因素次之，主要表现为不合理利用、攀爬、踩踏及裂纹、坍塌、雨蚀、风蚀、片状剥离、动物破坏、植物生长等。

《西宁志》记载："西宁卫　领墩七十有四，守瞭军三百四十五名……孤山儿墩　城南七十里。"[1]"城"指西宁卫城，在今西宁市城中区。加牙1号烽火台位于上新庄镇加牙村六社南的孤山上，其东北距西宁卫城约32千米，无论从方位、距离及名称来看都与此烽火台基本吻合，依此推测该烽火台即为"孤山儿墩"。该烽火台应为明代所建。

该烽火台地处一独立的山丘之上，视野开阔，位于南川烽燧线上，南与水草沟烽火台相望，北连加牙2号烽火台，其东即为从西宁经过湟中通往贵德的交通线。

（5）加牙2号烽火台（编码：630122353201170005）

位于湟中县上新庄镇加牙村四社东北1.77千米处的山脊上。该山体呈西南至东北走向，西北缓，山下为红崖沟，东南陡，山下有加牙河流过。台体东距南川河0.96千米、距西（宁）久（治）公路1.86千米。台体东临陡坡，西侧为耕地，南北两面荒草杂生。此处视野开阔，西南从上新庄起，东北至总寨，整个南川内的情况一览无余。烽火台位于长城内侧，西南距加牙壕堑1.81千米，南距加牙1号烽火台2.46千米，东北距陈家滩1号烽火台0.94千米。

烽火台整体呈覆斗形，由底部向上收分约1.6~3米，剖面呈梯形。台体系在自然基础上找平后就地取材，用黄土夯筑而成，土质纯净、细腻，夯层明显，厚0.1~0.14米；夯层中发现椽木孔洞，孔径以0.03~0.06米居多，少量孔径0.1~0.12米，台体底部居多。台体残高7.1米；底部西、南壁长10.5米，北壁长8.4、东壁长11.4米；顶部东、西壁残长3.1米，北壁长5.2米，南壁顶部被人为破坏（图一一一）。

在该烽火台东北18米处沿山脊方向依次分布有6个未见明显夯筑痕迹的圆形土堆，推测为小燧。燧与燧间距5.2~8.1米，底径2.6~4、高0.8~1.1米（彩图一五四）。

该烽火台整体保存状况一般。台体顶部凹凸不平，西北高，东南低。东壁表面呈鱼鳞状龟裂，片状剥离现象严重；南壁下部坍塌严重，西南角被人为挖成三级阶梯状；西壁表面霉斑现象严重，顶部被人为挖成北高南低的斜坡，北端自底部向上1.5米处有鼠洞一个；北壁表面坍塌成内弧形，有霉斑现象。损毁原因以人为因素的破坏为主，表现为人为挖掘。自然因素次之，主要表现为自然坍塌、片状剥离、动物破坏、霉斑生长等。

该烽火台位于南川烽燧线上，南连加牙1号烽火台，北接陈家滩1号烽火台。向东与从西宁经过湟中通往贵德的交通线相距不远。

（6）陈家滩1号烽火台（编码：630122353201170006）

位于湟中县鲁沙尔镇陈家滩村六社南0.35千米处的山梁上。该烽火台地处南川西侧的山梁之上，地势高耸，视野开阔，周围远近环境一览无余。该山体呈西南至东北走向，西北缓，东南陡。台体西北山下0.22千米处有西（宁）塔（尔寺）高速路通过，东面山下0.4千米处为南川河、加牙河交汇之处，北距蚂蚁沟水库1.35千米，湟中县城在其西北约2千米处。台体东临陡坡，其余三面为耕地。烽火台位于长城内侧，西南距加牙壕堑2.62千米，西北距陈家滩2号烽火台0.96千米，西南距加牙2号烽火台0.94千米。

该烽火台整体呈覆斗形，由底部向上收分约1.45~2.05米，剖面呈梯形。台体系用黄土夯筑而成，土质纯净、细腻，夯层清晰，厚0.1~0.14米；夯层中夹有杨柳树枝（彩图一五五），均按夯层平行铺放，以东南角最为密集；夯层中还发现椽木孔洞，以半圆形居多，孔径0.09~0.15米；另外在东南角距地面高1.8米处的台体表层发现木楔2根，长约0.2米，均嵌入壁里。台体残高10.4米；底部

〔1〕（清）苏铣纂修，王昱、马忠校注：《西宁志》卷四《兵防志·烽墩》，青海人民出版社，1993年，第186~187页。

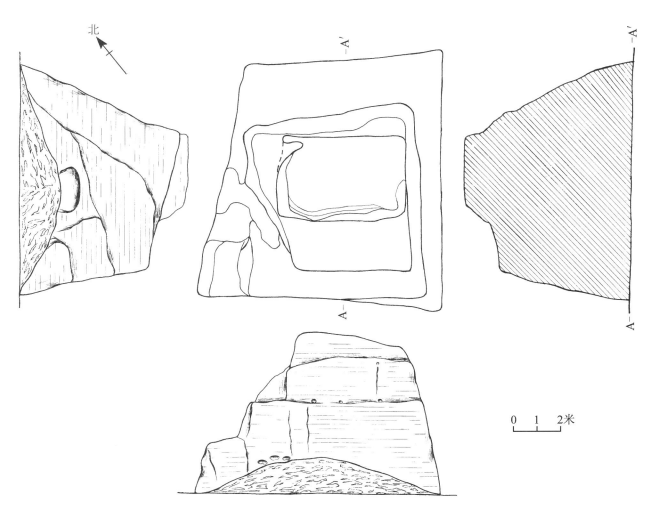

图一一一　湟中县加牙 **2** 号烽火台平、剖、立面图

平面呈长方形，南北长 9.2、东西宽 8.3 米；顶部平面亦呈长方形，东西长 5.4、南北宽 5.1 米（图一一二）。

　　该烽火台整体保存状况一般。台体周围因扩张耕地被整体下切 0.5～1.8 米。东壁表面鱼鳞状龟裂，片状剥离现象严重；南端自上而下有裂纹 2 条，宽 0.15～0.2 米，与南壁东端裂纹贯通，东南角随时有垮塌的危险，北端从上至下亦有裂纹一条，最宽约 0.15 米，顺裂纹两侧壁坍塌呈槽状，长期的雨水冲刷使裂纹有加宽趋势，壁中部有一鸟窝，底部有风蚀凹进现象；南壁大部残塌，仅余东端少许，顺坍塌断口处从上至下有裂纹一条，裂隙较宽；西壁仅残留北端约 1/2，余均坍塌，其壁下堆土呈斜坡状，高约 4 米；北壁除顶部坍塌少许外，基本保存较好，壁表面霉斑现象严重，西端从上至下有裂纹一条，西北角随时有崩塌之危。损毁原因主要为自然因素的破坏，表现为裂纹、坍塌、片状剥离、动物破坏、霉斑生长等。

　　该烽火台位于南川烽燧线上，南与加牙 2 号烽火台相邻，北连陈家滩 2 号烽火台。烽火台东南山下即为从西宁经过湟中通往贵德的交通线。

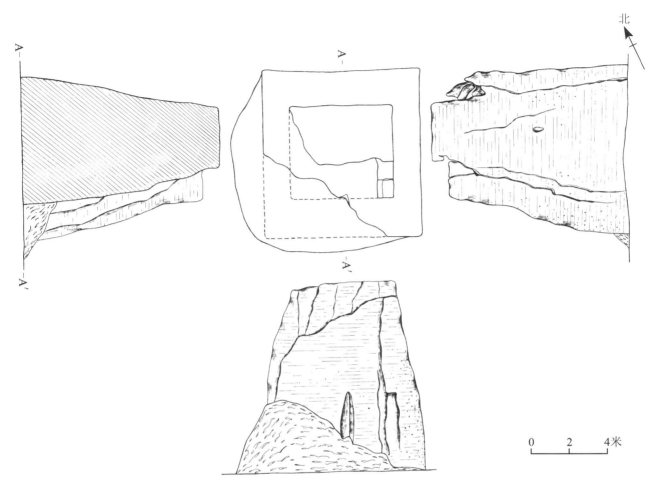

图一一二　湟中县陈家滩 1 号烽火台平、剖、立面图

（7）陈家滩 2 号烽火台（编码：630122353201170007）

位于湟中县鲁沙尔镇陈家滩村西 0.65 千米处的蚂蚁沟水库南面的山脊上。该烽火台地处南川西侧的山梁之上，地势高耸，视野开阔，周围远近环境一览无余。该山体呈东西走向，北缓南陡。台体北距蚂蚁沟水库 0.62 千米，西北距湟中县城 1.2 千米，南侧山下有西（宁）塔（尔寺）高速路通过，向东 1.2 千米处南川河在此拐了个弯。台体南临陡坡，其余三面荒草杂生，属退耕还草区。烽火台位于长城内侧，西南距加牙壕堑 2.68 千米，东南距陈家滩 1 号烽火台 0.96 千米。

该烽火台整体呈覆斗形，由底部向上收分约 2.3～3 米，剖面为梯形。台体系在自然基础上找平后就地取材，用黄土夯筑而成，土色纯净，质地细腻，夯层厚 0.09～0.15 米；夯层中似有桩木孔洞，孔径 0.1 米。台体残高 8.5 米；底部平面呈梯形，东、西壁长 10.3 米，南壁长 7.5、北壁长 7.7 米；顶部平面略呈长方形，东西长 4、南北宽 2.2 米（图一一三）。

在该烽火台东 0.154 千米处沿山脊方向依次分布有 6 个圆形土堆（彩图一五六），其中第 5 号土堆北侧断面处发现夯层，厚 0.1～0.12 米。推测这些土堆应属小燧。燧与燧间距 10～20 米，底径 3.2～5.2、高 1.1～1.6 米。

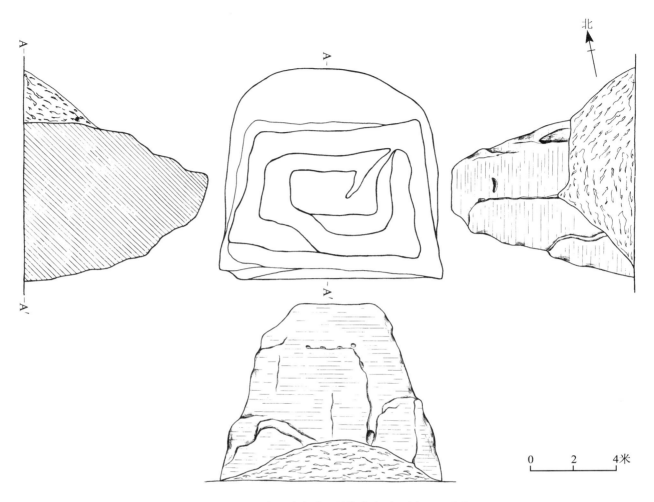

图一一三 湟中县陈家滩 2 号烽火台平、剖、立面图

该烽火台整体保存状况一般。台体顶部坍塌严重，凹凸不平。东壁表面片状剥离现象严重，中部从上至下有一条裂缝，宽 0.05、长 1.7 米，现被雨水冲刷成槽状，裂缝上部坍塌痕迹明显，东北与东南角亦有裂纹，有崩塌之危；南壁坍塌严重，上部有横向风蚀凹槽，从顶至下有一条长 6.7 米的裂缝，因雨水冲刷而加宽，壁下坍塌堆土高约 7.5 米，呈斜坡状；西壁顶部局部塌落，中部横向酥碱凹进，壁下堆土北高南低呈斜坡状，上有踩踏痕迹。台体表面有雨水冲刷的小凹槽，西南角有裂纹 2 条，分别长 4 米和 2.7 米，属卸荷性裂隙；北壁坍塌严重，堆土高 4.5 米，顶部残损处被雨水冲刷成凹槽。台体表面及顶部长有冰草等。损毁原因主要为自然因素的破坏，表现为裂纹、坍塌、雨蚀、风蚀、片状剥离、酥碱、植物生长，另有人为攀爬、踩踏等人为因素破坏。

《西宁志》记载："西宁卫 领墩七十有四，守瞭军三百四十五名……骂雨沟墩 城南六十里。"[1] "城"指西宁卫城，在今西宁市城中区。陈家滩 2 号烽火台位于蚂蚁沟水库南面山脊上，"蚂蚁沟"与"骂雨沟"谐音相近，其东北距西宁卫城约 26 千米，无论从方位、距离及名称来看都与此烽火台基本吻合，依此推测该烽火台即为"骂雨沟墩"。该烽火台应为明代所建。

该烽火台位于南川烽燧线上，其南连陈家滩 1 号烽火台，其北与西宁市的谢家寨烽火台相接。烽

〔1〕（清）苏铣纂修，王昱、马忠校注：《西宁志》卷四《兵防志·烽墩》，青海人民出版社，1993 年，第 186～187 页。

火台东南山下即为从西宁经过湟中通往贵德的交通线。

（8）李九烽火台（编码：630122353201170008）

位于湟中县甘河滩镇李九村北面的山梁上。该山体呈西南至东北向，西北缓，山下有前跃沟，东南陡，山下为石灰沟。台体西南距鲁（沙尔镇）多（巴镇）公路2.8千米。台体周围长满沙棘、柠条等。烽火台位于长城内侧，西距前跃壕堑1.4千米。该烽火台位于石灰沟西北侧的山梁之上，地势高耸，视野开阔，周围远近环境一览无余。

该烽火台由台基和台体组成。台基平面略呈梯形；仅在西北角发现夯层，系用黄土夯筑而成，夯层厚0.13～0.15米；台基高1.2～3.5米，西边长30、北边长16、南边长22、东边长30米。台体整体呈覆斗形，顶小底大，由底部向上收分约1米，剖面呈梯形；台体系用黄土夯筑而成，夯层厚0.1～0.2米，夯层中发现桩木孔洞，孔径0.1米。台体残高5米，底部平面呈梯形，东、西壁长12.6米，南壁长11.3、北壁长9.5米；顶部平面呈长方形，南北长5.3、东西宽5.1米（图一一四）。

该烽火台整体保存状况一般。台体东壁上部片状剥离现象严重，底部掏蚀凹进，北端从上至下垮塌；南壁西部坍塌极为严重，壁表面从上至下有裂纹4条，东端有垮塌危险，人为攀爬、踩踏痕迹明显；西壁表层除南、北两端底部外，其余大面积坍塌，壁表面从上至下有裂纹3条；北壁东端从上至下坍塌，壁整体呈弧形内凹。台体顶部及壁表面长有冰草。损毁原因主要为自然因素的破坏，人为因素次之，表现为裂纹、坍塌、片状剥离、植物生长及人为攀爬、踩踏等。

（9）坡西烽火台（编码：630122353201170009）

位于湟中县甘河滩镇坡西村西0.95千米处的山梁上。该山体呈南北走向，东侧山下为甘河川（滩），川内有鲁（沙尔镇）多（巴镇）公路，西侧山下为大康城川，川内有汉（东）通（海）公路、大康城川河；山梁两侧山势均较缓，长有柠条、沙棘、狼毒花等。台体周围荒草杂生。烽火台位于长城内侧，南距坡西壕堑0.08千米，西北隔大康城川与李家庄烽火台相望。

该烽火台整体呈覆斗形，由底部向上收分较大，收分约2.4米，剖面呈梯形。台体系在自然基础上找平后就地取材，用黄土夯筑而成，夯层厚0.12～0.16米；夯层中夹有桩木，为杨木，直径9～10厘米。台体残高6.7米；底部平面呈正方形，边长9.5米；顶部坍塌严重（图一一五）。

该烽火台整体保存状况一般。台体东壁壁面凹凸不平，有裂纹两条纵贯壁面；南壁中部有横向风蚀凹槽、上宽下窄的雨蚀浅冲沟纵贯顶底，东南底部掏蚀凹进，局部悬空；西壁上部坍塌，壁中部从上至下坍塌严重，呈弧形凹进，壁表面片状剥离现象严重，壁下堆土高约1.5米，中部有一鸟窝，北端底部风蚀内凹；北壁西端从上至下有裂纹一条。损毁原因主要为自然因素的破坏，表现为裂纹、坍塌、雨蚀、风蚀、片状剥离、动物破坏等。

《西宁志》记载："西宁卫　领墩七十有四，守瞭军三百四十五名……乾河墩　城西七十里。"[1]"城"指西宁卫城，在今西宁市城中区。坡西烽火台位于甘河川（滩）西侧山梁之上，其东距西宁卫城约33千米，无论从方位、距离及名称来看都与此烽火台基本吻合，依此推测该烽火台即为"乾河墩"。该烽火台应为明代所建。

该烽火台东侧山下甘河川（滩）内坡东长城5段墙体上原有甘河闸门一座，从其所处位置来分析，应是作为闸门报警的烽燧之一。

（10）李家庄烽火台（编码：630122353201170010）

---

〔1〕（清）苏铣纂修，王昱、马忠校注：《西宁志》卷四《兵防志·烽墩》，青海人民出版社，1993年，第186～187页。

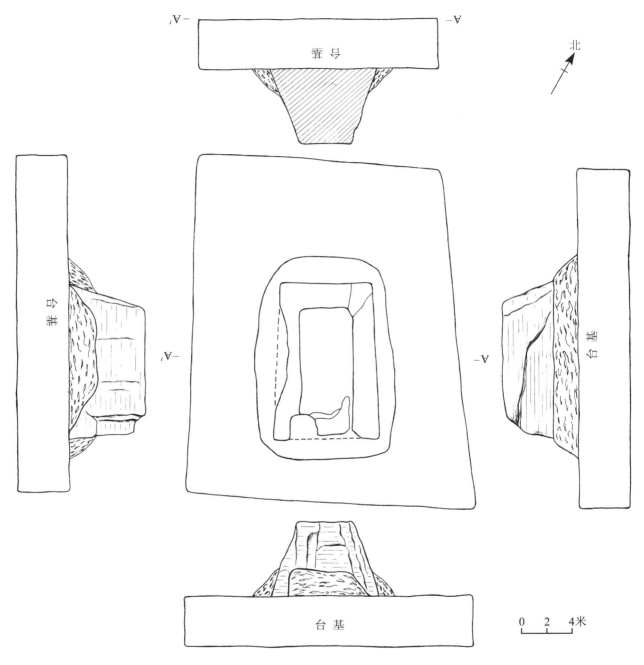

图一一四　湟中县李九烽火台平、剖、立面图

位于湟中县汉东回族乡李家庄村西 0.9 千米处的山梁上。该山体略呈南北走向，其东山下为大康城川，川内有汉（东）通（海）公路、大康城川河，此面山势较为陡峭，植被稀疏；其西山下为小康城川，川内有共（和）通（海）公路、小康城川河，此面山势较缓，种满柠条。台体周围长满冰草。烽火台位于长城内侧，南距李家庄壕堑 0.18 千米，东南 3.24 千米隔大康城川与坡西烽火台相望，西北 2.16 千米隔小康城川与下马申 1 号烽火台呼应。

该烽火台整体呈覆斗形，由底部向上逐渐收分，收分 0.9 ~ 1.4 米，剖面为梯形。台体系在自然基础上找平后就地取材，用黄土夯筑而成，土质细腻，夯层清晰，厚 0.08 ~ 0.14 米；夯层中发现桩木孔

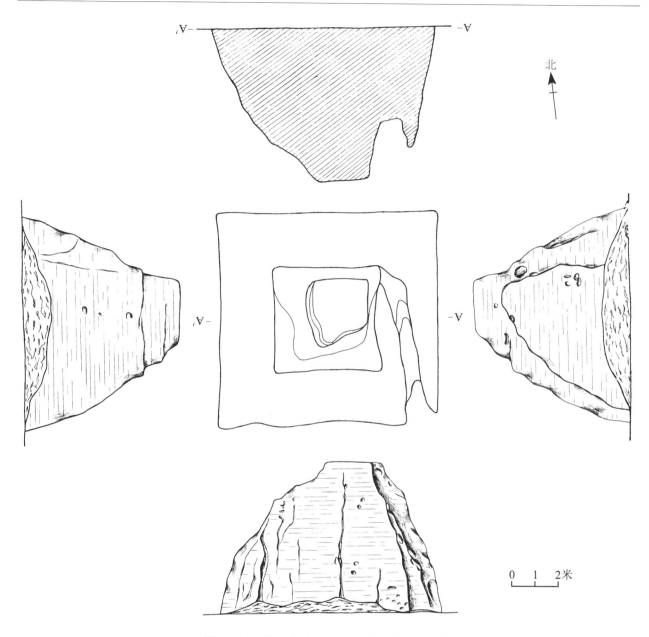

图一一五　湟中县坡西烽火台平、剖、立面图

洞，孔径 0.13 米。台体残高 5.85 米；底部平面呈长方形，南北长 6.8、东西宽 6.4 米；顶部坍塌成锥
状（图一一六）。

　　在该烽火台台体西 13 米处由东向西呈弧形分布有 6 个圆形土堆，均未见明显夯筑痕迹，推测这些
土堆可能为小燧。燧与燧间距 4.3～7 米，底径 2.8～5、高 0.8～1.2 米。

　　该烽火台整体保存状况一般。台体顶部坍塌成锥状。东壁表面呈鱼鳞状龟裂，底部高约 1 米的部
分风蚀凹进，东北角从上至下崩塌一块；南壁表面片状剥离现象严重，底部因坍塌、风蚀而凹进，局
部悬空，中上部有风蚀凹槽及坑窝，壁中部有一鸟洞，东南角底部有人为掏挖现象；西壁北端底部风
蚀凹进，南部从上至下有裂纹一条、鸟窝两个，西南角底部坍塌悬空；北壁西端底部坍塌较严重，东
端底部有鸟窝一个，表面从上至下有裂纹 6 条，部分裂纹中长满冰草。损毁原因以自然因素的破坏为

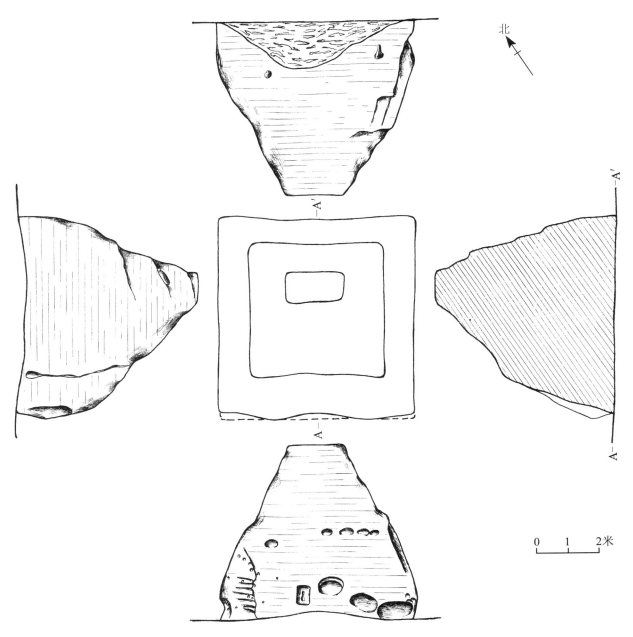

图一一六　湟中县李家庄烽火台平、剖、立面图

主，人为因素次之，主要表现为裂纹、坍塌、风蚀、片状剥离、动物破坏及人为掏挖等。

《西宁志》记载："西宁卫　领墩七十有四，守瞭军三百四十五名……大康缠墩　城西八十里。"[1]
"城"指西宁卫城，在今西宁市城中区。李家庄烽火台位于大康城川西侧的山梁上，其东距西宁卫城约37千米，无论从方位、距离及名称来看都与此烽火台基本吻合，依此推测该烽火台即为"大康缠墩"。该烽火台应为明代所建。

该烽火台东侧山下大康城川内下扎扎长城3段墙体上原有大康缠闇门一座，从其所处位置来分析，

〔1〕（清）苏铣纂修，王昱、马忠校注：《西宁志》卷四《兵防志·烽墩》，青海人民出版社，1993年，第186～187页。

应是作为闇门报警的烽燧之一。

（11）下马申 1 号烽火台（编码：630122353201170011）

位于湟中县共和镇下马申村西 0.75 千米处的山梁上。该山体呈南北走向，东面山下为小康城川，川内有共（和）通（海）公路、小康城川河，西面山下为大草沟，沟内有砂石路一条；山梁两侧山势均较为陡峭，长有沙棘、柠条、冰草等。台体周围荒草杂生。烽火台位于长城内侧，南距下马申壕堑 0.25 千米，向南 0.01 千米是下马申 2 号烽火台，东南 2.16 千米隔小康城川与李家庄烽火台相望，西北 1.15 千米隔大草沟与大草沟烽火台呼应。

该烽火台整体呈覆斗形，由底部向上收分 1.75 米，剖面呈梯形。台体系在自然基础上找平后就地取材，用黄土夯筑而成，土质细腻，夯层清晰，厚 0.09～0.14 米；夯层中夹有杨柳树枝，多数已朽，现呈小孔状；夯层中还残留有桄木，为杨木，直径 12～14 厘米；台体四角从上至下暴露有众多木楔。台体残高 7 米；底部平面呈正方形，边长 8.3 米；顶部平面亦呈正方形，边长 4.8 米（图一一七）。

该烽火台整体保存状况较好。台体东壁顶部坍塌，壁表面呈鱼鳞状龟裂，片状剥离现象严重，中部从上至下有裂纹一条，底部掏蚀凹进现象严重，壁上有晚期所刻的人名等刻字；南壁顶部局部坍塌，壁表面脱落严重，有许多杨柳树枝腐朽后所留的小孔，裂纹 3 条纵贯顶底，底部风蚀凹进或坍塌凹进局部悬空；西壁顶部坍塌成缓坡，壁上风蚀凹槽较多，底部坍塌凹进现象严重；北壁顶部高约 1 米部分坍塌呈二层台，壁表面呈鱼鳞状龟裂，片状剥离现象严重，有裂纹 2 条及横向风蚀凹槽，西端有一直径约 0.8 米的土洞。损毁原因主要为自然因素的破坏，表现为裂纹、坍塌、风蚀、片状剥离等。

《西宁志》记载："西宁卫　领墩七十有四，守瞭军三百四十五名……小康缠墩　城西一百里。"[1] "城"指西宁卫城，在今西宁市城中区。下马申 1 号烽火台位于小康城川西侧的山梁上，其东距西宁卫城约 38 千米，距离虽与文献记载出入较大，但从方位、名称来看都与此烽火台基本吻合，依此推测该烽火台即为"小康缠墩"。该烽火台应为明代所建。

该烽火台东侧小康城川内下马申长城墙体上原有小康缠闇门一座，从其所处位置来分析，应为该闇门报警的烽燧之一。

（12）下马申 2 号烽火台（编码：630122353201170012）

位于湟中县共和镇下马申村西 0.75 千米处的山梁上。该山体呈南北走向，东面山下为小康城川，川内有共（和）通（海）公路、小康城川河，西面山下为大草沟，沟内有砂石路一条；山梁两侧山势均较为陡峭，长有沙棘、柠条、冰草等。台体周围荒草杂生。烽火台位于长城内侧，南距下马申壕堑 0.24 千米，向北 0.01 千米是下马申 1 号烽火台。

烽火台坍塌严重，周围被坍塌堆土所掩埋，仅局部出露，形制不详。台体系用黄土夯筑而成，夯层厚 0.1～0.12 米。台体残高 6.3 米；堆土南北长 17、东西宽 12 米（图一一八）。

该烽火台坍塌严重，基本形制结构不清，整体保存状况一般。台体顶部坍塌严重，凹凸不平，有人为踩踏和雨水冲刷痕迹。除东面上部暴露少许台壁外，其余均被堆土所掩埋。台体顶部及周围堆土上长满冰草。损毁原因主要为自然因素的破坏，其次为人为因素，表现为自然坍塌、植物生长及人为攀爬、踩踏等。

该烽火台因破坏严重，又无任何遗物发现，与其北面的明代烽火台下马申 1 号烽火台仅相距 0.01 千米，从其夯层厚度及破坏程度来分析，推测其建筑年代应早于明代，具体年代不详。

---

[1]　（清）苏铣纂修，王昱、马忠校注：《西宁志》卷四《兵防志·烽墩》，青海人民出版社，1993 年，第 186～187 页。

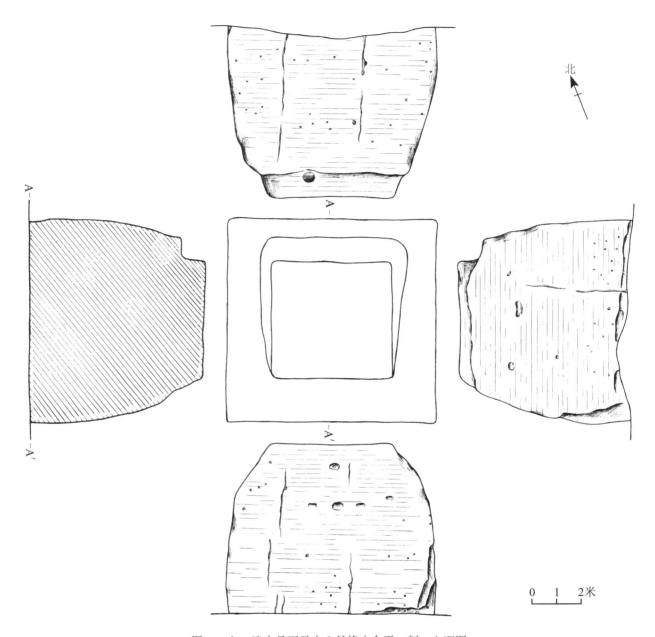

北

0　1　2米

图一一七　湟中县下马申 1 号烽火台平、剖、立面图

（13）大草沟烽火台（编码：630122353201170013）

位于湟中县共和镇大草沟村西北 0.45 千米处的山梁上。该山体呈南北走向，东面山下为大草沟，沟内有砂石路一条，西面山下为边墙沟，沟内有共（和）转（嘴）公路；山梁两侧山势均较缓，长有柠条、马莲及冰草等。台体周围荒草杂生。烽火台地处长城内侧，西距转嘴壕堑 1 段 0.57 千米，东南 1.15 千米隔大草沟与下马申 1 号烽火台相望，西北 1.47 千米与转嘴烽火台呼应。

该烽火台整体呈覆斗形，由底部向上收分约 1.6～2.4 米，剖面呈梯形。台体系在自然基础上找平后就地取材，用黄土夯筑而成，土质细腻，夯层厚 0.09～0.12 米；夯层中夹有较多的杨柳树枝，现大部分已朽，仅剩小孔；夯层中还发现有桩木孔洞，孔径 0.08～0.12 米。台体残高 6.7 米；底部平面呈正方形，边长 6.8 米；顶部平面略呈正方形，边长 2.8 米（图一一九）。

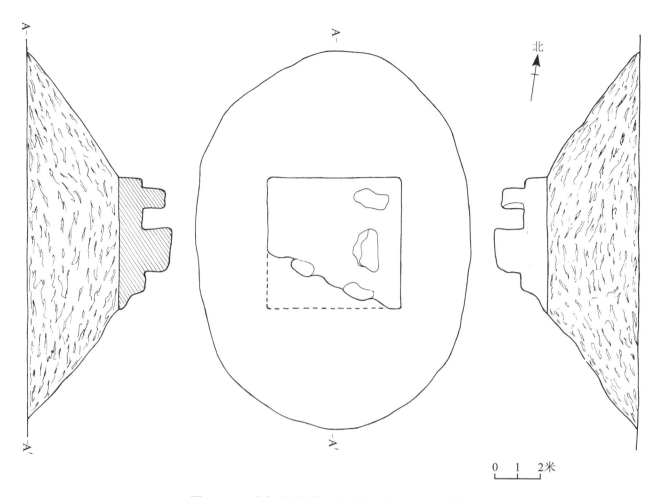

图——八 湟中县下马申 **2** 号烽火台平、剖、立面图

该烽火台整体保存状况一般。台体四壁、顶部均坍塌，四壁表片状剥离现象严重。东壁表层脱落严重，坍塌堆土高约 1.2 米，中部壁面凹凸不平，有鸟窝 2 个，北端由下向上有十余个脚窝可通台顶；南壁有风蚀凹槽及 3 条裂纹，底部雨蚀凹进；中部从上至下有上宽下窄浅冲沟一条，有鸟窝 2 个，底部局部坍塌；北壁表面片状剥离现象严重，壁下堆土较多，高约 0.6 米，中部有鸟窝 1 个。损毁原因主要为自然因素的破坏，表现为自然坍塌、雨蚀、风蚀、片状剥离、动物破坏等。

该烽火台位于大草沟西侧的山梁之上，地势高耸，视野开阔，周围远近环境一览无余。烽火台西侧山下边墙沟内转嘴长城墙体上开有"等寺沟闇门"，从其所处位置来分析，应是作为闇门报警的烽燧之一。

（14）王家山烽火台（编码：630122353201170014）

位于湟中县共和镇王家山村三社（虎家湾）南 0.8 千米处的大墩岭上。该山体呈西南至东北走向，西北缓，东南陡。台体南侧为麦刺沟，沟内有转嘴村七社，西北距尕布沟 1.04 千米。台体周围长满冰草、狼毒花等。烽火台位于长城外侧，东北距王家山壕堑 1 段 0.4 千米，东北 1.42 千米处的山嘴上为转嘴烽火台。

该烽火台下部被堆土所掩埋，从露出部分来看，整体约呈覆斗形，底大顶小，剖面呈梯形。台体系用黄土夯筑而成，夯层厚 0.07~0.13 米。台体残高 5.9 米；台体大部被堆土所掩埋，底宽不详，暴

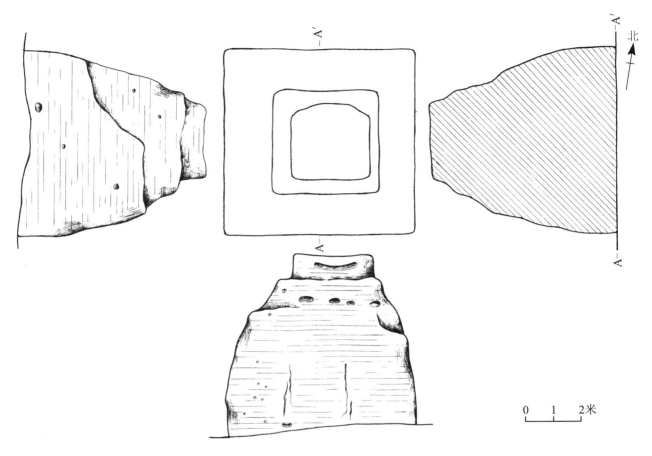

图一一九　湟中县大草沟烽火台平、剖、立面图

露部分东壁残长 4 米，北壁残长 6.3 米；顶部残塌严重（图一二〇）。

　　该烽火台整体保存状况一般。台体顶部残塌严重，西部呈坑状，有人为挖掘痕迹；台体下部掩埋于堆土之中。东壁上部仅存北面部分；南壁和西壁上部坍塌殆尽，雨水冲刷和人为踩踏痕迹明显，其下堆土高约 3 米；北壁上部表层大面积坍塌，呈弧形凹进，壁下堆土较多，堆土顶部长满黄刺。损毁原因以自然因素的破坏为主，人为因素次之，主要表现为自然坍塌及人为挖掘、踩踏等。

　　《西宁志》记载："西宁卫　领墩七十有四，守瞭军三百四十五名……哈儿卜墩　城西一百二十里。"[1] "城"指西宁卫城，在今西宁市城中区。王家山烽火台东距西宁卫城约 48 千米，距离虽与文献记载出入较大，但从方位来看与此烽火台基本吻合，依此推测该烽火台即为"哈儿卜墩"。该烽火台应为明代所建。

　　该烽火台四周可作为通道的沟谷众多，西北的尕布沟、西南的盘道沟等多处设有峡榨；加之此处地势高耸，视野开阔，地理位置十分重要。故从其所处位置来判断，应属峡榨性质的烽火台。尕布沟等沟内如发现敌讯，遂立即报警。

　　（15）转嘴烽火台（编码：630122353201170015）

　　位于湟中县共和镇转嘴村二社北 0.55 千米处的山嘴上。该烽火台南、北两侧为小山沟，东面山下

〔1〕（清）苏铣纂修，王昱、马忠校注：《西宁志》卷四《兵防志·烽墩》，青海人民出版社，1993 年，第 186~187 页。

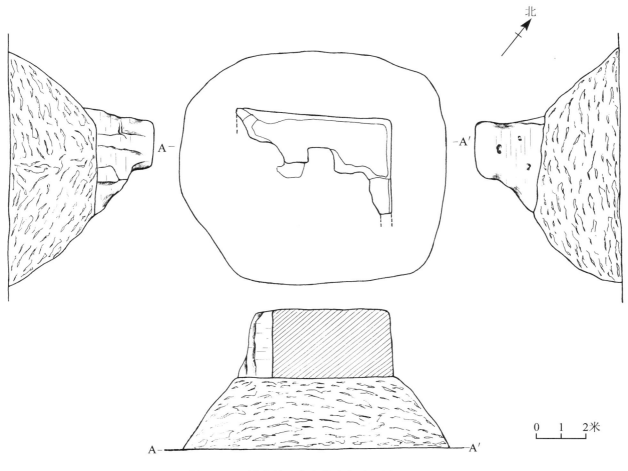

图一二〇　湟中县王家山烽火台平、剖、立面图

为边墙沟，尕主寺在其西南 0.35 千米处的小山沟内。台体北侧为耕地，南侧为土路，向东 8 米处为尕主寺转经塔，塔东边墙沟内有共（和）转（嘴）公路呈西南至东北向通过。烽火台位于长城内侧，向南 0.46 千米为转嘴壕堑 2 段，西距王家山壕堑 1 段 1.08 千米，西南 1.42 千米处为王家山烽火台，东南隔边墙沟与大草沟烽火台相望。

该烽火台大部被人为挖毁，仅残存北部少许，形制不详。台体系黄土夯筑而成，土质细腻，夯层厚 0.2 米。台体残高 3.5 米；残存台体底部东西长 11 米，南北不详；顶部东西长 6、南北宽 2.1 米（图一二一）。

该烽火台人为破坏严重，仅残存少许台体，基本形制不详，整体保存状况差。台体顶部被削平。除北壁下部少许外，其余大部被人为挖毁。南侧断面下堆土较多，散落有众多的夯土块。北部堆土下部因扩张耕地而有切削迹象，堆土上长满蒿草。损毁原因主要为人为因素的破坏，表现为修路挖毁台体。

《西宁志》记载："西宁卫　领墩七十有四，守瞭军三百四十五名……第四沟墩　城西一百里。"[1]"城"指西宁卫城，在今西宁市城中区。转嘴烽火台位于转嘴所在的边墙沟西侧山梁上，其东距西宁

---

〔1〕（清）苏铣纂修，王昱、马忠校注：《西宁志》卷四《兵防志·烽墩》，青海人民出版社，1993 年，第 186 ~ 187 页。

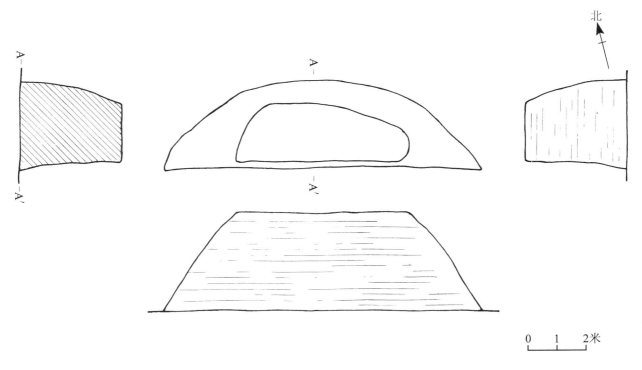

图一二一　湟中县转嘴烽火台平、剖、立面图

卫城约 45 千米，距离虽与文献记载略有出入，但从方位来看与此烽火台基本吻合，依此推测该烽火台即为"第四沟墩"。该烽火台应为明代所建。

该烽火台东侧边墙沟内转嘴长城墙体上原有第四沟闇门一座，从其所处位置来分析，应是作为闇门报警的烽燧之一。

（16）水草沟烽火台（编码：630122353201170016）

位于湟中县上新庄镇水草沟村南 0.56 千米处的山梁上。该烽火台位于南川东侧的山梁之上，地势高耸，视野开阔，周围远近环境一览无余。该山体呈西南至东北向，西北缓，东南陡。台体西北距西（宁）久（治）公路 1.25 千米、距南川河 1.4 千米，民（和）湟（源）公路从其南侧山下呈西南至东北向穿过；其向东 0.5 千米处山下为红牙合村，西南 1.04 千米处有上新庄村。台体南临陡坡，其余三面为耕地。此处西面南川，北面水草沟，南至下峡门，东至东沟滩，周围山川、沟壑尽收眼底。烽火台位于长城内侧，西距新城长城 2 段 2.17 千米，西北距上新庄 1 号烽火台 1.17 千米，东距后沟烽火台 3.57 千米，南距下峡门烽火台 3.29 千米。

该烽火台整体呈覆斗形，由底部向上收分约 0.5 米，剖面呈梯形。台体系用含有少量砂砾的黄土、灰褐土、红土夯筑而成，夯层厚 0.14～0.2 米，由底部向上逐渐变厚。台体残高 3.8 米；底部平面呈正方形，边长 5.2 米；顶部平面亦呈正方形，边长 4.2 米（图一二二）。

该烽火台整体保存状况一般。台体顶部凹凸不平，长满冰草。东壁北部从上至下有裂纹一条，长 2.2、宽 0.15～0.25 米，东南角下部坍塌凹进，底部有动物洞穴 2 个，壁下堆土高 1.5 米；南壁顶部坍塌呈坡状，西端从上至下坍塌，壁表面片状剥离现象严重，壁中部从顶部向下有一条长 28 米浅沟槽状的裂纹，中有鸟窝、底有鼠洞各一个；西壁呈弧形凹进，横向风蚀凹槽较多，中部偏南从下向上挖有脚窝，长期的人为攀爬使壁上部成豁口，壁下堆土高 1.2 米；北壁西部厚约 0.55 米的部分整体垮

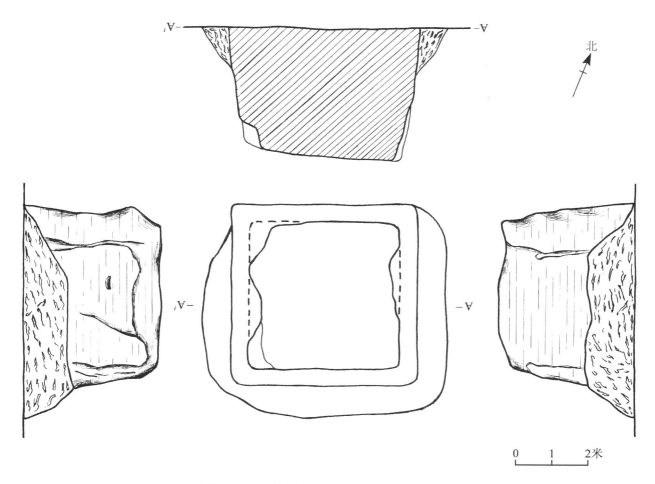

图一二二　湟中县水草沟烽火台平、剖、立面图

塌。损毁原因主要为自然因素的破坏，人为因素次之，表现为裂纹、坍塌、风蚀、片状剥离、动物破坏、植物生长及人为攀爬等。

该烽火台位于南川烽燧线的南端，其北与加牙 1 号烽火台相连。烽火台西侧山下即为从西宁经过湟中通往贵德的交通线。

（17）后沟烽火台（编码：6301223 53201170017）

位于湟中县土门关乡后沟村南 1.42 千米的山梁上。该山体呈西南至东北向，西北缓，东南陡，以山梁为界，西北属上新庄镇，东南为土门关乡。台体东侧为石窑沟，西侧为东沟，向东 1.1 千米为扁担沟沟口，向北 0.6 千米山梁垭口处有民湟公路穿过，西北山下 1 千米处有东沟滩村。台体所处的山梁较为平坦，原为耕地，现退耕还草。台体西距水草沟烽火台 3.57 千米，西南距下峡门烽火台 4.83 千米。

该烽火台整体呈覆斗形，由底部向上收分 0.5 ~ 0.95 米，剖面呈梯形。台体系在自然基础上用黄土及少量红土、灰褐土夯筑而成，夯层厚 0.17 ~ 0.2 米。台体残高 5 米；底部南壁长 3.8 米，其余三面被堆土所掩埋；顶部北壁长 2.2、东壁长 2.6、南壁长 2.4 米，西壁不详（图一二三）。

该烽火台整体保存状况一般。台体东壁表面有雨水冲刷痕迹，东南角从上至下坍塌；南壁自底部向上 2.6 米部分坍塌，底部掏蚀凹进现象严重，有烧烤痕迹，虫孔较多；西壁表面横向风蚀凹槽较多，

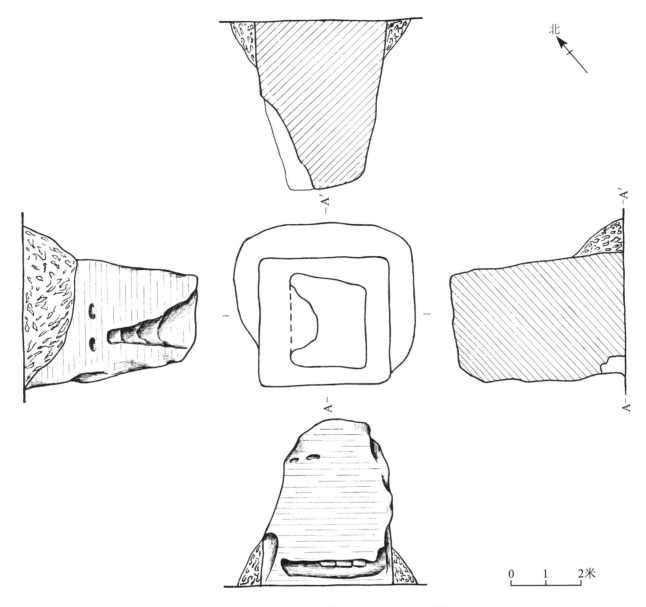

图一二三　湟中县后沟烽火台平、剖、立面图

中部自下而上挖有脚窝，人为攀爬痕迹明显；北壁表面有霉斑，片状剥离现象严重。损毁原因主要为自然因素的破坏，人为因素次之，表现为自然坍塌、风蚀、雨蚀、片状剥离、动物破坏、霉斑生长、植物生长及人为攀爬等。

　　《西宁志》记载："西宁卫　领墩七十有四，守瞭军三百四十五名……匾道沟墩　城南七十里。"[1]"城"指西宁卫城，在今西宁市城中区。后沟烽火台向东 1.1 千米处为扁担沟沟口，其东北距西宁卫城约 32 千米，无论从方位、距离及名称来看都与此烽火台基本吻合，依此推测该烽火台即为"匾道沟墩"。该烽火台应为明代所建。

　　〔1〕（清）苏铣纂修，王昱、马忠校注：《西宁志》卷四《兵防志·烽墩》，青海人民出版社，1993 年，第 186～187 页。

该烽火台东西两侧可作为通道的沟谷众多，从其所处位置来分析，应为峡榨性质的烽火台。扁担沟等沟内如发现敌讯，遂立即报警。

（18）李家山烽火台（编码：630122353201170018）

位于湟中县李家山镇李家山村东 1.7 千米处的山梁上。该山体呈东北至西南向，西北缓，东南陡。台体西面山下为云谷川，川内有大（堡子）云（谷川）公路、云谷川河，西北面白崖沟内原有李家山村五社，现已搬迁，南侧山下海子沟内有三（其）李（家山）公路通过。台体北侧为耕地，东临陡坡，西为绵延的山体，南侧荒草杂生。烽火台位于长城内侧，西北距李家山镇峡口长城 1 段 9.05 千米，西南距下西河烽火台 5.7 千米。

该烽火台整体呈覆斗形，由底部向上收分较大，收分 1~2.4 米，剖面呈梯形。台体系在自然基础上找平后就地取材，用黄土夯筑而成，夯层厚 0.12~0.22 米；台体底部夯层中有众多的桄木孔洞，个别孔洞中尚残留有桄木，为柏木，直径 4~11 厘米，一般每隔两层夹有一层桄木；其中北壁西部自底向上 0.9 米处按夯层横向排列有 9 个桄木孔洞，间距 0.1~0.35 米。台体残高 7.7 米；底部平面呈长方形，东西长 6.4、南北宽 5.1 米；顶部东西长 3.4、南北宽 1.6 米（图一二四）。

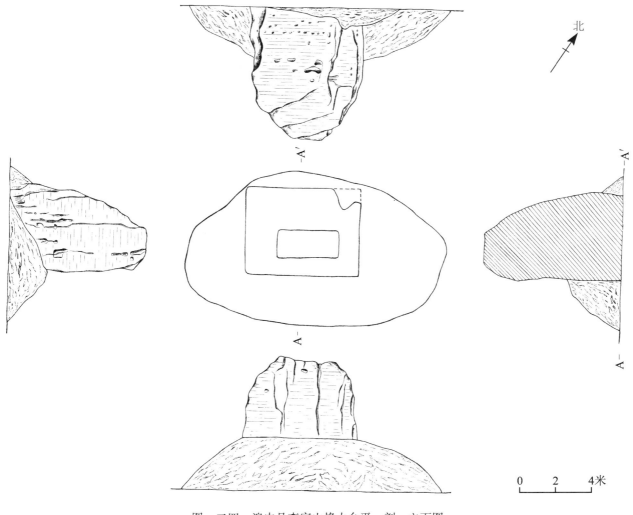

图一二四　湟中县李家山烽火台平、剖、立面图

烽火台整体保存状况一般。台体顶部坍塌较为严重，其上长有冰草。东壁中上部局部坍塌，下部桩木孔洞较多，底部向上高约 1 米部分坍塌近直，南端从上至下有裂纹一条；南壁坍塌较甚，壁下堆土呈坡状，高约 2.5 米，壁面从上至下有裂纹 3 条；西壁表层坍塌殆尽，顶部坍塌成坡状，壁下堆土高约 2.2 米，壁面从上至下有裂纹 3 条，中部有鸟窝 2 个；北壁东部宽约 1.6 米部分从上至下塌落，壁上部呈缓坡状，自底部向上高约 1 米部分坍塌凹进，中上部有几个鸟窝，下部桩木孔洞众多。损毁原因主要为自然因素的破坏，表现为裂纹、坍塌、雨蚀、动植物破坏等。

该烽火台位于云谷川东侧的山梁之上，地势高耸，视野开阔，周围远近环境一览无余。烽火台西北为贾尔吉峡，从其所处位置来分析，应为峡榨性质的烽火台。贾尔吉峡内如发现敌讯，遂立即报警。

（19）民联烽火台（编码：630122353201170019）

位于湟中县拦隆口镇民联村北 0.62 千米处的大墩梁上。该烽火台向西遥望拉沙峡口，东北山下为西纳川，西北 1.15 千米处的山坳中为峡口村五社。台体所在处为一突起的土包，周围均为耕地，四面堆土上长有沙棘、杂草等。烽火台位于长城内侧，西距拦隆口镇峡口长城 1 段 3.54 千米。

该烽火台整体呈覆斗形，由底部向上收分约 1.85～2.05 米，剖面呈梯形。台体系在自然基础上找平后就地取材，用黄土、灰褐色土夯筑而成，夯层厚 0.15～0.23 米；夯层中发现有桩木孔洞，孔径 0.1～0.25 米，一般每隔两层夹有数根桩木。台体残高 5.3 米；底部平面呈正方形，边长 6.6 米；顶部平面略呈长方形，东西长 2.9、南北宽 2.5 米（图一二五）。

烽火台整体保存状况一般。台体顶部中央人为挖有一直径 1.2、深 0.9 米的大坑，其北侧插有一杆幡。东壁顶部中央坍塌呈宽 0.8 米的豁口，有攀爬痕迹，其下坍塌堆土高 3.5 米；南壁上部大面积坍塌，壁下坍塌堆土高 2.2 米，壁上桩木孔洞较多，有鸟窝；西壁自顶部向下高约 1.5 米部分坍塌近直，表面凹凸不平，有横向风蚀凹槽，且有众多的桩木孔洞及虫孔，底部中央偏南人为掏有一高 1.3、宽 0.7、深 0.8 米的洞，壁局部悬空；北壁保存较好，表面有片状剥离现象，上部有一鸟窝。损毁原因以自然因素的破坏为主，人为因素次之，主要表现为自然坍塌、动物破坏、片状剥离、风蚀及人为掏挖、攀爬、不合理利用等。

《西宁志》记载："西宁卫　领墩七十有四，守瞭军三百四十五名……老掣山墩　城西七十里。"[1]"城"指西宁卫城，在今西宁市城中区。民联烽火台东南距西宁卫城约 36 千米，无论从方位、距离来看都与此烽火台基本吻合，依此推测该烽火台即为"老掣山墩"。该烽火台应为明代所建。

该烽火台位于西纳川西侧的山梁之上，地势高耸，视野开阔，周围远近环境一览无余。烽火台西面为拉沙峡，从其所处位置来分析，应为峡榨性质的烽火台。拉沙峡内如发现敌讯，遂立即报警。

（20）下西河烽火台（编码：630122353201170020）

位于湟中县李家山镇下西河村西 1.08 千米处的山梁上。该烽火台位于云谷川西侧的山梁之上，地势高耸，视野开阔，周围远近环境一览无余。山体呈西北至东南向，西北缓，东南陡。台体东侧山下为云谷川，川内有大（堡子）云（谷川）公路、云谷川河，西南山下为汉水沟。台体周围荒草杂生。台体东北距李家山烽火台 5.7 千米。

烽火台整体呈覆斗形，由底部向上收分 0.5～1.3 米，北壁收分较小，剖面呈梯形。台体系在自然基础上找平后就地取材，用黄土夯筑而成，夯层厚 0.09～0.15 米；夯层中夹有杨树枝。台体残高 6 米；底部平面呈长方形，南北长 5.8、东西宽 5.2 米；顶部平面亦呈长方形，南北长 3.8、东西宽 3.3 米（图一二六）。

〔1〕（清）苏铣纂修，王昱、马忠校注：《西宁志》卷四《兵防志·烽墩》，青海人民出版社，1993 年，第 186～187 页。

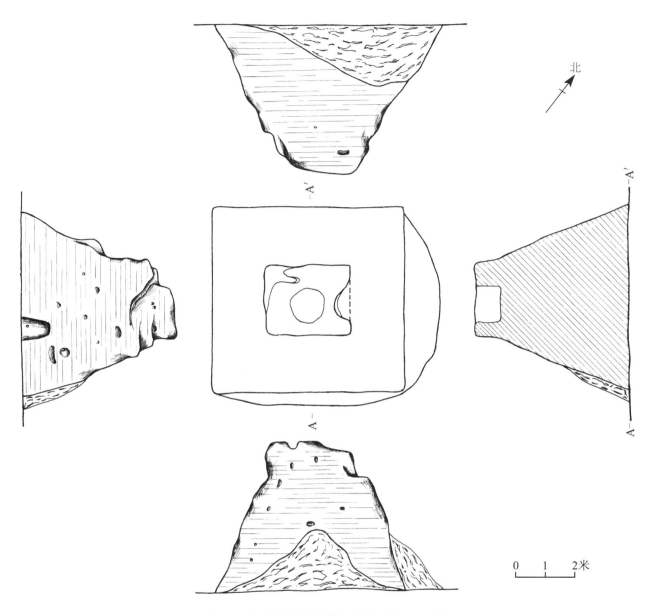

图一二五　湟中县民联烽火台平、剖、立面图

　　烽火台整体保存状况一般。台体东壁顶部呈凹弧形，壁表层片状脱落现象严重；南壁中上部有横向风蚀凹槽，中下部挖有几个脚窝，西端底部有坍塌痕迹；西壁中部自底向里掏有一高 1.4、下宽 1.2、上宽 0.54、深 2.3 米的大洞，洞北侧由底部向上挖有两排脚窝，攀爬痕迹较为明显；北壁表面有片状剥离现象，东端底部有坍塌痕迹。损毁原因与上述烽火台基本相同。

　　（21）扎麻隆烽火台（编码：630122353201170021）

　　位于湟中县多巴镇扎麻隆村北面的山梁上。该烽火台位于湟水北侧的山梁之上，地势高耸，视野开阔，周围远近环境一览无余。此处南临湟水谷地，东接山梁垭口，西连沟壑，北为绵延的山体。台体南距湟水 1.1 千米、距西（宁）倒（淌河）一级公路 1.4 千米、距 109 国道 1.45 千米、距青藏铁路 2.7 千米。台体周围荒草杂生，西北 35 米处有高压线铁塔一个，向北 8.5 米处有条口宽 14、深 3.5 米

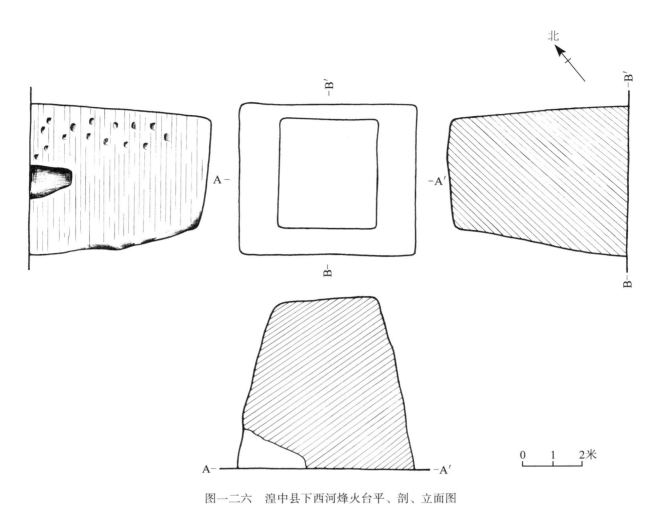

图一二六　湟中县下西河烽火台平、剖、立面图

　　的深沟，疑为当时取土筑台时所挖。烽火台位于长城内侧，西距石板沟壕堑 1.39 千米，东距多四烽火台 5.04 千米。

　　烽火台整体呈覆斗形，由底部向上收分 0.8~1.8 米，剖面呈梯形。台体系在自然基础上找平后就地取材，用黄土夯筑而成，夯层厚 0.09~0.22 米；夯层中发现有桩木孔洞，孔径 0.08~0.17 米，一般每隔两三层夹有一根桩木。台体残高 7.4 米；底部东壁长 6.5、西壁长 7.6、南壁长 6.7、北壁长 7.3 米；顶部东西两侧坍塌严重，现平面略呈正方形，边长 4.1 米（图一二七）。

　　烽火台整体保存状况一般。东壁坍塌严重，东南角从上至下坍塌殆尽，壁中部挖有脚窝可上台顶；南壁表层坍塌明显，有风蚀凹槽及裂纹一条；西壁顶部坍塌成缓坡，壁表面片状剥离现象严重，中部自底向里掏有一个宽 3.2、高 1.6、深 1.9 米的大洞，洞底遗留有木炭、草灰等，顶部有烟熏痕迹，上部悬空，随时有垮塌的危险，底部坍塌凹进；北壁保存较好，壁表面片状剥离现象严重，桩木孔洞较多，底部表层局部坍塌。损毁原因以人为因素的破坏为主，自然因素次之，主要表现为人为掏挖及裂纹、坍塌、风蚀、片状剥离、植物生长等。

　　该烽火台位于西川烽燧线的西端，东与多四烽火台相连。烽火台南侧山下即为由青海至西藏的交通线。

　　（22）多四烽火台（编码：630122353201170022）

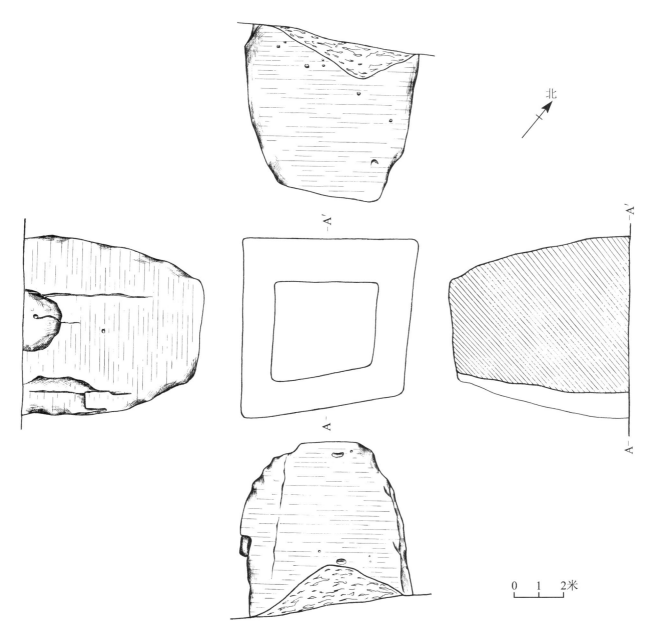

图一二七　湟中县扎麻隆烽火台平、剖、立面图

位于湟中县多巴镇多四村西北面的大墩岭（猪头山）上。该烽火台位于湟水北侧的山梁之上，地势高耸，视野开阔，周围远近环境一览无余。此处南临湟水谷地，东连西纳川口，南侧山下正对多巴高原训练基地。台体南距西（宁）倒（淌河）一级公路 1.67 千米、湟水 1.85 千米、109 国道 2.6 千米、青藏铁路 3.94 千米。台体位于为看守广播电视转播塔所建的院内。台体西距扎麻隆烽火台 5.04 千米。

该烽火台整体呈覆斗形，由底部向上收分 1.6～3 米，东、西两壁收分较大，剖面呈梯形。台体系在自然基础上就地取材，用黄土夯筑而成，夯层厚 0.11～0.17 米；夯层中夹有桩木，为杨木，直径 7～24 厘米，每隔两层夹有一层桩木。台体残高 7 米；底部平面呈长方形，东西长 9.5、南北宽 8.1

米；顶部平面亦呈长方形，南北长4.9、东西宽3.6米，东南角、西南角突起，高出台顶约0.8米（图一二八）。

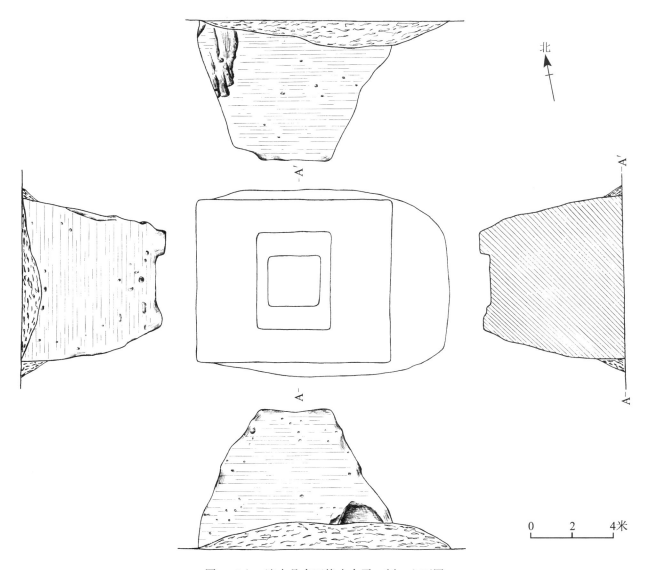

图一二八　湟中县多四烽火台平、剖、立面图

烽火台整体保存状况一般。台体周围1米以外整体被下切约5米，顶部中央挖有一长2.5、深0.1~0.5米的方形坑，其中心埋有一老式的广播电视接收天线（现已废弃），顶部地表长有冰草等杂草。东壁上部坍塌严重，壁上有登台斜径，人为踩踏痕迹非常明显；南壁上部表层局部坍塌，表面片状脱落现象严重。下部大块坍塌，并有晚期修补痕迹。顺桄木孔洞由底部向上挖有脚窝，底部掏蚀凹进；西壁上部有众多的风蚀坑窝，下部坍塌凹进；北壁整体保存较好，东北角下部和西北角中下部局部坍塌，壁表面有片状剥离现象。损毁原因有自然因素和人为因素两个方面，主要表现为自然坍塌、风蚀、片状剥离、植物生长及人为挖掘、安装天线、人为踩踏等。

《西宁志》记载："西宁卫　领墩七十有四，守瞭军三百四十五名……伯颜川墩　城西五十里。"[1]"城"指西宁卫城，在今西宁市城中区。西川（西宁市西面至西石峡东口段湟水谷地）古称"伯颜川"；多四烽火台东距西宁卫城约25千米，无论从方位、距离及名称来看都与此烽火台基本吻合，依此推测该烽火台即为"伯颜川墩"。该烽火台应为明代所建。

该烽火台位于西川烽燧线上，其西连扎麻隆烽火台，其东与西宁市三其烽火台相接。烽火台南侧山下即为由青海至西藏的交通线。

（23）佐署烽火台（编码：630122353201170023）

位于湟中县西堡乡佐署村西南1.42千米处的山梁上。此处北临湟水谷地，东连石灰沟沟口，北面山下有小寨村，东南山下有西花园村。台体北距青藏铁路1.15千米、109国道1.45千米、湟水1.9千米、西（宁）倒（淌河）一级公路4.22千米。台体北面为陡坡，其余三面原为梯田，现退耕还草，向东0.04千米处立有大地测量三脚木架一个。台体西北距多四烽火台10千米，东北距西宁市三其烽火台9.5千米。

该烽火台整体呈覆斗形，由底部向上收分1.65~1.95米，剖面呈梯形。台体系在自然基础上找平后就地取材，用含有少量砂砾的黄土夯筑而成，质地略显松散，夯层厚0.09~0.19米；夯层中发现有桩木孔洞，孔径0.04~0.13米。台体残高4.3米；底部平面呈长方形，南北长8.1、东西宽7.3米；顶部西壁残长4.8、北壁长3.4米，东、南二边破坏严重（图一二九）。

烽火台整体保存状况一般。台体顶部置有当地村民讲迷信所扎的丝绸小人一个，手持弓箭。东壁壁面多处坍塌，表面霉斑现象严重，中部从下至上挖有脚窝可登临台顶，现已成槽；南壁顶部坍塌殆尽，表层剥落严重，裂纹较多，有垮塌之危。中部有人为攀爬痕迹，西端下部坍塌近直；西壁局部表层坍塌，从上至下有裂纹1条；北壁表面有霉斑，下部片状剥离现象严重，长有冰草。损毁原因以自然因素的破坏为主，人为因素次之，主要表现为裂纹、坍塌、片状剥离、霉斑生长、植物生长及人为攀爬、踩踏等。

《西宁志》记载："西宁卫　领墩七十有四，守瞭军三百四十五名……华圆墩　城西四十里。"[2]"城"指西宁卫城，在今西宁市城中区。佐署烽火台位于西花园村西北2.15千米处的山梁上，东距西宁卫城约17千米，无论从方位、距离及名称来看都与此烽火台基本吻合，依此推测该烽火台即为"华圆墩"。该烽火台应为明代所建。

该烽火台位于湟水南侧的山梁之上，地势高耸，视野开阔，周围远近环境一览无余。

（24）徐家寨烽火台（编码：630122353201170024）

位于湟中县鲁沙尔镇徐家寨村南1.5千米处的山梁上。该山体呈南北走向，东缓西陡，山梁东侧为坝沟，西侧为东沟。台体西距徐（家寨）马（家滩）公路1.5千米，西北距塔尔寺旅游专线1.64千米、南川河2.3千米、西（宁）塔（尔寺）高速路2.78千米。台体周围荒草杂生。台体北距徐家寨堡1.65千米。

该烽火台整体呈覆斗形，由底部向上收分0.55~0.8米，剖面呈梯形。台体系在自然基础上就地取材，用黄土夯筑而成，土质细腻，夯层清晰，厚0.11~0.15米；夯层中夹有杨树枝，现大部分已朽，仅剩小孔。台体残高4米；底部平面呈长方形，南北长4.8、东西宽4.2米；顶部平面亦呈长方形，南北长3.2、东西宽3米（图一三〇）。

〔1〕（清）苏铣纂修，王昱、马忠校注：《西宁志》卷四《兵防志·烽墩》，青海人民出版社，1993年，第186~187页。
〔2〕（清）苏铣纂修，王昱、马忠校注：《西宁志》卷四《兵防志·烽墩》，青海人民出版社，1993年，第186~187页。

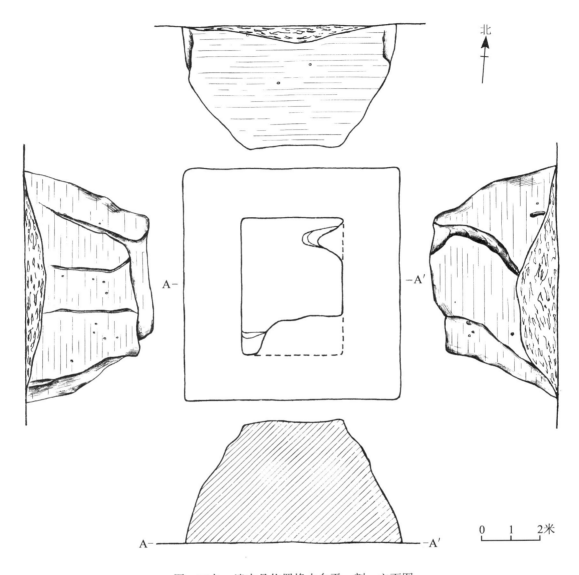

图一二九　湟中县佐署烽火台平、剖、立面图

　　烽火台整体保存状况一般。台体周围被整体下切 1~2 米。东壁表面有霉斑，片状剥离现象较为严重；南壁表层脱落严重，中部从顶部向下有条浅冲沟，上宽下窄，长 1.8 米；西壁局部坍塌，断面上夯层清晰；北壁上部坍塌成豁口，上宽下窄，长有霉斑、冰草，人为攀爬痕迹明显；壁下部表层脱落严重。损毁原因主要为自然因素的破坏，人为因素次之，表现为裂纹、坍塌、雨蚀、片状剥离、霉斑生长、植物生长及切削基础、人为攀爬等。

　　该烽火台位于南川南侧的山梁之上，地势高耸，视野开阔，周围远近环境一览无余。烽火台北距徐家寨堡 1.65 千米，从其所处位置来分析，应是作为关堡报警的烽燧之一。

　　（25）黄鼠湾一烽火台（编码：630122353201170025）

　　位于湟中县甘河滩镇黄鼠湾一村西北 0.96 千米处的山梁上。该山体呈南北走向，东侧山下为甘河川（滩），川内有鲁（沙尔镇）多（巴镇）公路，路东为甘河滩工业区，西侧山下为大康城川，川内有汉（东）通（海）公路、大康城川河；山梁两侧山势均较缓，长有柠条、沙棘、狼毒花等。台体周

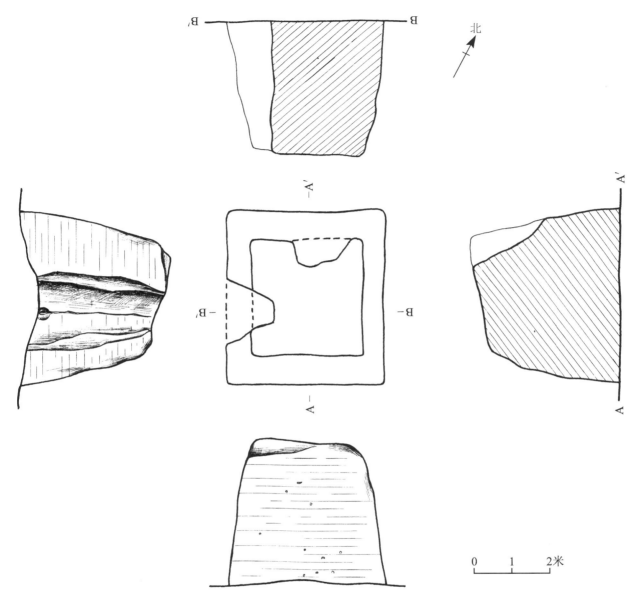

图一三〇 湟中县徐家寨烽火台平、剖、立面图

围荒草杂生，南面山下为黄鼠湾水库。烽火台位于长城外侧，东北距元山尔堡2.87千米。

该烽火台整体呈覆斗形，由底部向上收分约1.75米，剖面呈梯形。台体系在自然基础上找平后就地取材，用黄土、红土、黑土夯筑而成，夯层清晰，厚0.12~0.18米；夯层中发现几个桩木孔洞，孔径0.13米。台体残高4.8米；底部东、南壁长9.5米，北壁残长5、西壁残长5.3米；顶部平面略呈正方形，边长约6米（图一三一）。

烽火台整体保存状况一般。台体顶部残塌严重，人为挖有几个小坑，中央埋有大地测量水泥标志一块，编号"ⅣH420026"，顶部长满冰草。东壁顶部中部坍塌成宽2.5米豁口，壁表层坍塌严重，整体呈弧形凹进，有人为踩踏痕迹；南壁中部从上至下呈凹槽状，上宽下窄，人为攀爬痕迹非常明显。凹槽下部东侧挖有一个宽1.4、高0.7、进深1米的窑洞，局部被堆土所掩埋，窑洞顶部有烟炱。壁东

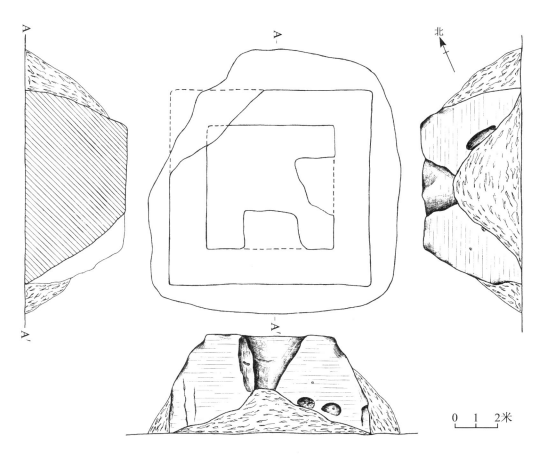

图一三一　湟中县黄鼠湾一烽火台平、剖、立面图

端下部掏蚀凹进，西端下部坍塌近直，此处从上至下有裂纹一条；西壁多处坍塌，壁中部从上至下有裂纹一条，壁表长有冰草；北壁西部从上至下残塌，表面片状剥离现象严重，壁及堆土上长有冰草。损毁原因自然因素的破坏为主，人为因素次之，主要表现为裂纹、坍塌、片状剥离、植物生长及埋设测量标志、人为掏挖、踩踏等。

　　《西宁志》记载："西宁卫　领墩七十有四，守瞭军三百四十五名……风堆墩　城西七十里。"[1]"城"指西宁卫城，在今西宁市城中区。黄鼠湾一烽火台东北距西宁卫城约 34 千米，无论从方位、距离来看都与此烽火台基本吻合，依此推测该烽火台即为"风堆墩"。该烽火台应为明代所建。

　　该烽火台位于甘河川（滩）西侧的山梁之上，地势高耸，视野开阔，周围远近环境一览无余。

　　（26）王沟尔烽火台（编码：630122353201170026）

　　位于湟中县土门关乡王沟尔村北面的大墩岭上。该山体呈西南至东北走向，东南陡，西北缓，山梁东南侧为王沟，西北侧为扁担沟。台体北距总（寨）田（家寨）公路 1.3 千米，向北 0.2 千米处有"官宁线 294 号"高压线铁塔一座。台体周围为耕地。台体西距后沟烽火台 3.27 千米，南距贾尔藏堡 2.7 千米。

　　该烽火台整体呈覆斗形，由底部向上收分 1.9 米，剖面为梯形。台体系在自然基础上就地取材，用黄土夯筑而成，夯层厚 0.1~0.18 米。台体残高 5.5 米；底部南壁长 7.5 米，其余三壁下部被堆土

────────────

〔1〕（清）苏铣纂修，王昱、马忠校注：《西宁志》卷四《兵防志·烽墩》，青海人民出版社，1993 年，第 186~187 页。

所掩埋，长度不详；顶部东壁长 3.7 米，其余三壁长度不详（图一三二）。

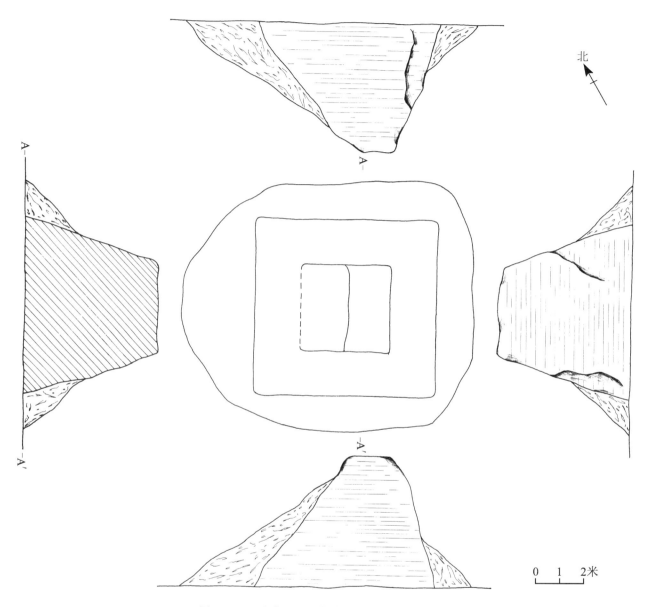

北

0　1　2米

图一三二　湟中县王沟尔烽火台平、剖、立面图

在该烽火台西 95 米处沿山脊方向依次分布有 7 个圆形土堆，均未见明显夯筑痕迹，推测这些土堆为小燧。小燧之间间距 6~18 米，底径约 3、高 0.8~1.2 米。

烽火台整体保存状况一般。台体西壁坍塌无存，其余三壁表层坍塌严重。除南壁外，其余三面台体下部均被堆土所掩埋。台体东西两侧人为踩踏痕迹明显，堆土及顶部长满冰草。损毁原因主要为自然因素的破坏，人为因素次之，表现自然坍塌、植物生长及人为攀爬、踩踏等。

《西宁志》记载"西宁卫　领墩七十有四，守瞭军三百四十五名……王沟尔墩　城南一百里"[1]。"城"指西宁卫城，在今西宁市城中区。王沟尔烽火台位于土门关乡王沟尔村北面大墩岭上，其北距

〔1〕（清）苏铣纂修，王昱、马忠校注：《西宁志》卷四《兵防志·烽墩》，青海人民出版社，1993 年，第 186~187 页。

西宁卫城约45千米，无论从方位、距离及名称来看都与此烽火台基本吻合，依此推测该烽火台即为"王沟尔墩"。该烽火台应为明代所建。

该烽火台西南为王沟，从其所处位置来分析，应为峡榨性质的烽火台。王沟内如发现敌讯，遂立即报警。

（七）化隆县

1. 综述

化隆县共测量烽火台5座。这些烽火台主要分布在巴燕镇、二塘乡、昂思多镇。二塘烽火台、公布昂烽火台、下吾具烽火台分布于河谷地带之中，尕麻甫烽火台、香里胡拉烽火台则位于低山丘陵之上。烽火台分布区域或地势高耸，或较为开阔，始终围绕于平（安）临（夏）公路两侧。由东南向西北由下吾具烽火台、香里胡拉烽火台、二塘烽火台、公布昂烽火台、尕麻甫烽火台组成一条烽燧线，由东南向西北依次传递讯息。

2. 详细描述

化隆县境内的5座明代烽火台按编码顺序排列分别为下吾具烽火台、香里胡拉烽火台、二塘烽火台、公布昂烽火台、尕麻甫烽火台，按此顺序分述如下：

（1）下吾具烽火台（编码：632127353201170001）

位于化隆县巴燕镇下吾具村东0.2千米的平川中。台体东北距巴燕河0.22千米，东距平（安）临（夏）公路0.55千米，向东0.18千米处为尕西沟村，向南0.05千米为乡村水泥路。台体周围均为耕地。烽火台西北距香里胡拉烽火台4.3千米。

该烽火台整体呈覆斗形，由底部向上收分0.85~1米，剖面呈梯形。台体系在自然基础上用黄土夯筑而成，夯层厚0.11~0.15米；夯层中发现有桩木孔洞，孔径0.06~0.1米。台体残高4.6米；底部平面呈长方形，南北长6.2、东西宽4.7米；顶部坍塌严重，东壁长4.4米（图一三三）。

烽火台整体保存状况一般。台体顶部长满冰草。台体东壁表层坍塌严重；南壁上部由西向东坍塌成坡状，有横向风蚀凹槽及三条裂纹；西壁坍塌，由上至下呈坡状；北壁西端从上至下坍塌，壁表面有片状剥离，有两条裂纹通贯顶底。损毁原因主要为自然因素的破坏，表现为裂纹、坍塌、风蚀、片状剥离、植物生长等。

该烽火台位于化隆县烽燧线的东南端，西北与香里胡拉烽火台相连。

（2）香里胡拉烽火台（编码：632127353201170002）

位于化隆县二塘乡香里胡拉村西南0.45千米处的山顶上。台体南距平（安）临（夏）公路0.27千米、巴燕河0.46千米，西南0.5千米处为二塘村。台体南临陡坡，其余三面较为平缓，周围荒草杂生。此处地势高耸，视野开阔。烽火台西北距二塘烽火台1.26千米，东南距下吾具烽火台4.3千米。

该烽火台整体呈覆斗形，由底部向上收分0.4米，剖面呈梯形。台体系在自然基础上用含有砂砾的黄土夯筑而成，夯层厚0.1~0.16米；夯层中发现桩木孔洞较多，以南壁分布最为密集，壁中部从上至下共有四排桩木孔洞，每隔两层夹有一层桩木，横向间距约0.2、孔径0.06~0.13米。台体残高3.1米；底部南壁长4.3米，东壁长3.5、西壁长3.4米，北壁坍塌无存；顶部南壁长3.5、东壁长3.4米（图一三四）。

烽火台整体保存状况一般。台体东壁北端宽约0.9米部分从上至下崩塌；南壁保存较好，西部从顶部向下有细小裂纹一条，底部酥碱现象较为严重；西壁北端从上至下坍塌，壁表面细小裂纹较多，

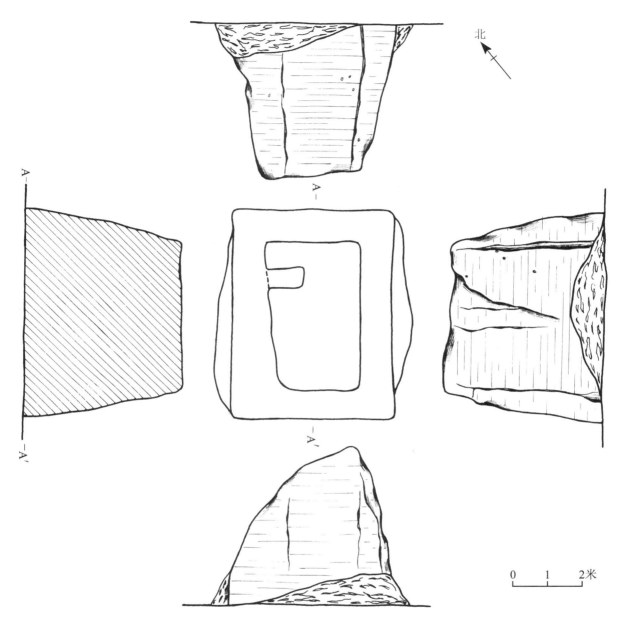

图一三三　化隆县下吾具烽火台平、剖、立面图

片状剥离现象严重，底部有酥碱凹进现象；北壁表层厚约 0.8 米部分全部坍塌，壁中从顶部向下有长约 1.2 米浅冲沟一条。底部人为掏挖有一处宽 0.5、高 1、进深 1.5 米的窑洞，人为攀爬痕迹明显。损毁原因以自然因素的破坏为主，人为因素次之，主要表现为裂纹、坍塌、雨蚀、片状剥离、酥碱、植物生长及人为掏洞、攀爬等。

该烽火台位于化隆县烽燧线上，东南与下吾具烽火台相连，西北与二塘烽火台相接。

（3）二塘烽火台（编码：632127353201170003）

位于化隆县二塘乡二塘村西北面山坡上。台体西南距平（安）临（夏）公路 0.05 千米、巴燕河 0.14 千米，隔公路与二塘乡乡政府相望。台体西临陡壁，其余三面为耕地。烽火台东南距香里胡拉烽火台 1.26 千米。

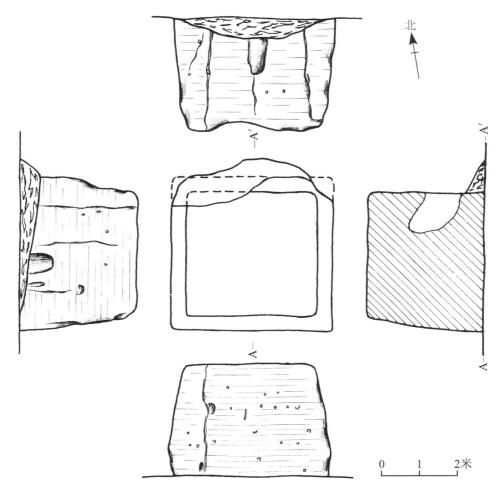

图一三四　化隆县香里胡拉烽火台平、剖、立面图

该烽火台整体呈覆斗形，顶小底大，由底部向上收分 0.4~0.9 米，以西壁收分最为明显，剖面呈梯形。台体系在自然基础上找平后用黄土夯筑而成，夯层厚 0.1~0.16 米。台体残高 3.9 米；底部平面呈长方形，东西长 4.4、南北宽 3.6 米；顶部平面亦呈长方形，东西长 3、南北宽 2.8 米（图一三五）。

烽火台整体保存状况一般。台体顶部长满杂草。东壁表层剥落严重，中部从下向上有台阶可至台顶，人为攀爬痕迹明显；南壁东部表层脱落，东南角坍塌凹进；西壁表面片状剥离现象较为严重，上部风蚀凹进，壁下基础因盖房被下切约 1.5 米；北壁表面霉斑较多，西北角下部局部坍塌。损毁原因以自然因素的破坏为主，人为因素次之，主要表现为自然坍塌、风蚀、片状剥离、霉斑生长、植物生长及人为攀爬等。

该烽火台位于化隆县烽燧线上，其东南与香里胡拉烽火台相邻，西北与公布昂烽火台相连。

（4）公布昂烽火台（编码：632127353201170004）

位于化隆县昂思多镇公布昂村北 0.45 千米处的平川中。台体南距平（安）临（夏）公路 0.03 千米、巴燕河 0.23 千米。台体周围均为耕地。烽火台西北距尕麻甫烽火台 3.65 千米。

该烽火台整体呈覆斗形，顶小底大，由底部向上收分 0.6~1 米，剖面呈梯形。台体系在自然基础

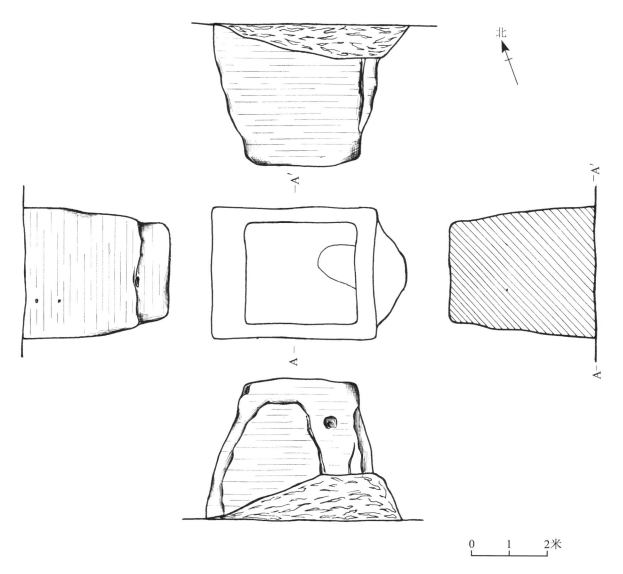

图一三五　化隆县二塘烽火台平、剖、立面图

上用黄土夯筑而成，夯层厚 0.11 ~ 0.13 米。台体高 5.1 米；底部东壁长 4.5、北壁长 4.1、西壁长 4.3、南壁长 4.7 米；顶部平面略呈长方形，东西长 3、南北宽 2.4 米（图一三六）。

　　烽火台整体保存状况一般。台体东壁上部有片状剥离现象，底部人为掏挖有一个宽 2、高 1.6、深 0.9 米的土洞；南壁下部表层坍塌较为严重，西南角坍塌；西壁底部掏蚀凹进，西北角部分坍塌；北壁顶部坍塌，壁上霉斑较多，底部酥碱凹进，人为攀爬痕迹较为明显。台体周边因扩大耕地被切削严重。损毁原因以人为因素的破坏为主，自然因素次之，主要表现为人为掏洞、攀爬及自然坍塌、片状剥离、酥碱、霉斑生长等。

　　该烽火台位于化隆县烽燧线上，东南连二塘烽火台，其西北与尕麻甫烽火台相接。

　　（5）尕麻甫烽火台（编码：632127353201170005）

　　位于化隆县昂思多镇尕麻甫村东北 1 千米处的山顶上。台体南距平（安）临（夏）公路 1.48 千米、昂思多河 1.6 千米，南面山下为西宁至化隆老公路。台体周围荒草杂生。此处地势高耸，视野开

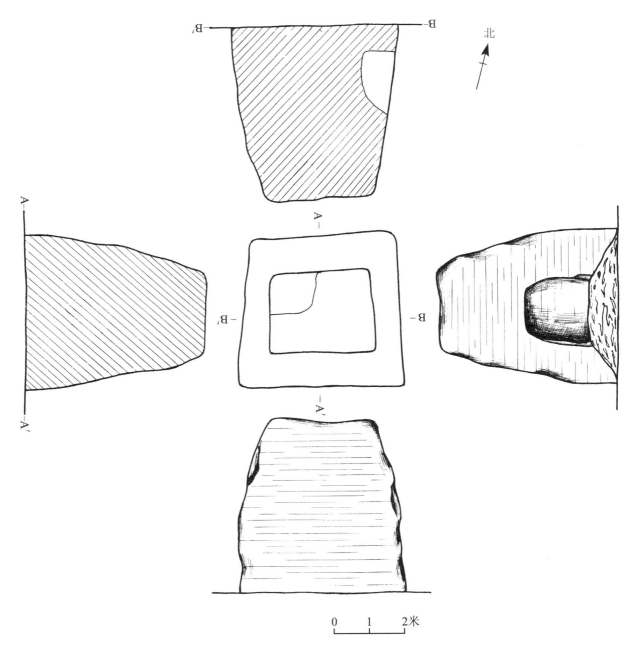

图一三六　化隆县公布昂烽火台平、剖、立面图

阔，附近环境一览无余。烽火台东南距公布昂烽火台 3.65 千米。

　　该烽火台整体呈覆斗形，由底部向上收分 0.5～0.6 米，剖面呈梯形。台体系在自然基础上找平后用黄土夯筑而成，夯层厚 0.07～0.11 米。台体残高 3 米；底部平面呈长方形，南北长 3.8、东西宽 3.4 米；顶部平面亦呈长方形，南北长 2.8、东西宽 2.2 米（图一三七）。

　　烽火台整体保存状况一般。台体东壁上部有霉斑现象，底部人为掏有一洞，宽 0.8、高 0.6、深 0.5 米；南壁表层脱落严重，壁中部及东南上部有横向风蚀凹槽；西壁上部有片状剥离现象，下部风蚀严重，呈坑窝状；北壁中部从下向上挖有脚窝，人为攀爬痕迹明显，底部有酥碱凹进现象。损毁原因与公布昂烽火台基本相同。

该烽火台位于化隆县烽燧线西北端，其东南与公布昂烽火台相连。

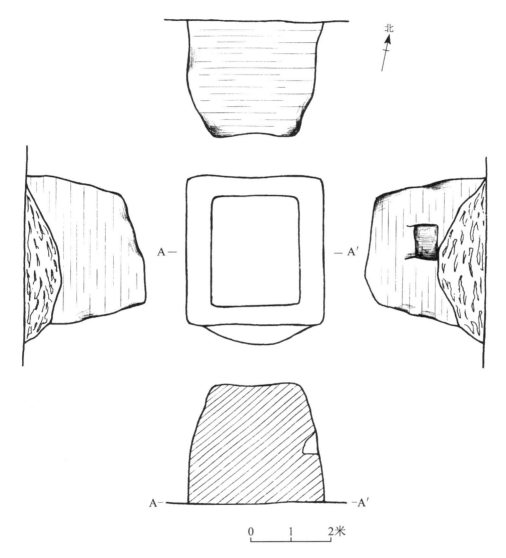

图一三七　化隆县尕麻甫烽火台平、剖、立面图

（八）贵德县

1. 综述

贵德县境内调查烽火台总计3座，位于河东镇与河西镇，其中查达烽火台、阿什贡烽火台位于黄河南岸的山梁之上。烽火台所在区域地势高耸，视野开阔，周边环境尽收眼底。烽火台之间间距较远，互不相连，难以相互传递信息。

2. 详细描述

按照烽火台的编码顺序，排列为查达烽火台、阿什贡烽火台、上刘屯烽火台，逐一描述如下：

（1）查达烽火台（编码：632523353201170001）

位于贵德县河东镇查达村村东约0.5千米的台地上。烽火台位于黄河的二级阶地之上，阶地地势平坦，由于雨水的冲蚀作用，阶地地貌支离破碎。烽火台所在的台地前伸，视野开阔。贵德至尖扎的柏油公路从西向东绕台地而行，北距黄河0.5千米，西临麻巴滩灌区二级站水渠和泵房。查达烽火台是贵德县的县级重点文物保护单位，保护标志牌竖立在烽火台的西北侧，紧靠烽火台台体。

烽火台整体呈覆斗形，由底部向上收分1.9~2.3米，剖面呈梯形。台体用黄土夯筑而成，土质纯净，夯层清晰，夯层厚0.11~0.13米。台体高8米；底部略呈正方形，边长8米；顶部略呈长方形，南北长4.5、东西宽4米（图一三八）。

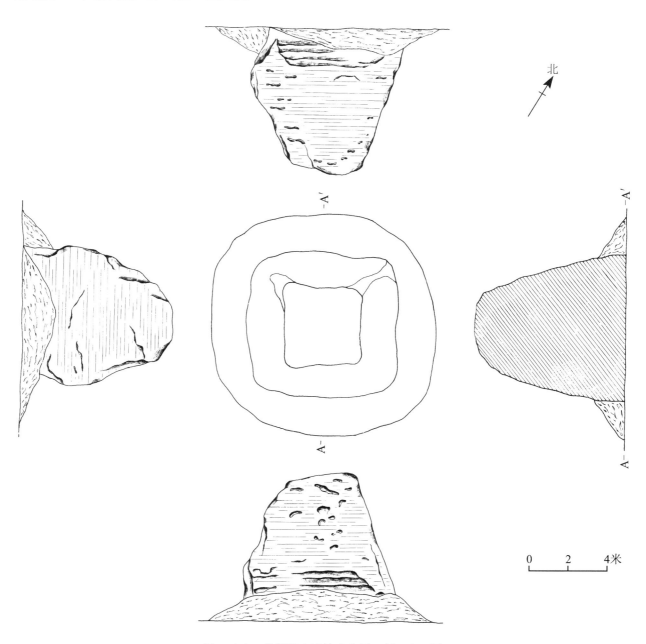

图一三八　贵德县查达烽火台平、剖、立面图

烽火台整体保存程度一般，烽火台的四壁均有不同程度的风蚀、酥碱凹槽，凹槽深0.5~0.8、高0.7~2米。底部坍塌堆土高1.2~1.8米。台体东北角有人为攀爬脚窝。损毁原因主要为自然因素的破坏，表现为裂纹、自然坍塌、片状剥离、风蚀、雨蚀等。

此烽火台是一个独立的烽火台，周边没有相关的烽火台与之相连。

（2）阿什贡烽火台（编码：632523353201170002）

位于贵德县河东镇麻巴村麻巴滩草山的尔吉沟口，地处扎马山北麓的山体前端。烽火台所在山丘高耸，视野开阔，地理位置重要，东至松巴峡、西至贵德城、北到河北尕让乡方向的情况均能一览无余。台体北临贵德县通往尖扎县坎布拉的柏油公路0.1千米，北距黄河0.5千米，黄河北岸贵德县尕让乡阿什贡村与此相望。在台体东面0.2千米的山坳中有一处麻巴村村民放牧居住的房屋和羊圈。

烽火台整体呈覆斗形，由底部向上收分1.4~1.7米，剖面呈梯形。阿什贡烽火台是在自然堆积的黄褐土夹杂有片石的山丘上找平，就地取材，台体用片石垒砌外壁，其内填充含有碎石的黄褐土，采用了石土两种材质修筑而成。烽火台的底部铺设较大的石块，有砂岩和火成岩。填充土呈层理结构，每层厚0.15~0.2米，未发现夯筑现象。外侧包石的石材有页岩、花岗岩、砂岩、火成岩等，多为扁平的石块，大小不等，大多为长35、宽25、厚5厘米或长30、宽15、厚10厘米的石块。视建筑情况的需要，在台体的不同部位放置有桩木，桩木为松木，直径5~12厘米。台体高5.2米；底部略呈长方形，南北长6、东西宽长5米；顶部亦呈长方形，南北长3.2、东西宽3.1米（彩图一五七）。烽火台东壁中部修筑的一道石砌台阶，其上半段修砌在东壁的壁面上，台阶大致宽0.5、深0.15、高0.2~0.3米，下半段是在台体外侧用石头垒砌略呈扇形斜坡状的基础，并在上面修砌台阶，其上宽1.5、下宽1.9、高1.3、长1.7米（图一三九；彩图一五八）。

烽火台整体保存程度一般。东、西、南外侧的包石部分坍塌，暴露出内部的填充土。烽火台东壁上的登台台阶局部坍塌。损毁原因主要为自然坍塌等。

该烽火台是一个单独的烽火台，周边没有相关的烽火台与之相连，也未见其他遗迹，故其性质待考。

（3）上刘屯烽火台（编码632523353201170003）

位于贵德县河西镇上刘屯村西0.5千米处的山顶上。此处山势陡峭，视野开阔，西南暖泉沟内的情况一览无余，向东可遥见贵德古城。台体西侧山下暖泉沟内有西（宁）久（治）公路通过，西北约0.5千米处为刘屯长城。烽火台西北距刘屯长城约0.5千米，东北距贵德古城约7千米。

台体整体呈覆斗形，平面呈椭圆形，剖面为梯形。烽火台由底向上逐渐收分2.1米。烽火台是在自然形成的山丘顶部，首先从烽火台西北侧的山脊上挖掘风化严重的扁平砂岩，依照地形、地势，由底向上逐层垒砌形成烽火台的大致形状，然后从东侧的山坡之上取土，以夹杂大量沙砾的黄色土夯筑而成实体建筑。烽火台四壁的夯土由于含砂量极大，夯土层厚度仅在局部可观测到，夯土层厚约0.08~0.11米，夯土内夹杂大量的沙砾以及少量的木炭屑、齐家文化的夹砂红陶片、泥质素面红陶片等。夯土层之间有木楔斜插于夯土层中，木楔之上有草绳缠绕。台体高4.5米；底部略呈不规则形，东壁长4.2、西壁长2米，南、北壁长3.2米；顶部已经坍塌严重，略呈三角形，顶部由于坍塌严重，现在已经难以攀爬，仅测量东壁长2、北壁长1.5米（图一四〇）。

烽火台整体保存较差。台体四壁均不同程度坍塌成斜坡状，堆积高1.2~1.8米。台体四壁均出现不同程度的裂缝，从上至下贯穿台体；并有酥碱风蚀凹槽，其中东北角的酥碱风蚀凹槽高0.4、深0.5米。损毁原因主要为自然因素的破坏，表现为自然坍塌、裂隙、风蚀等。

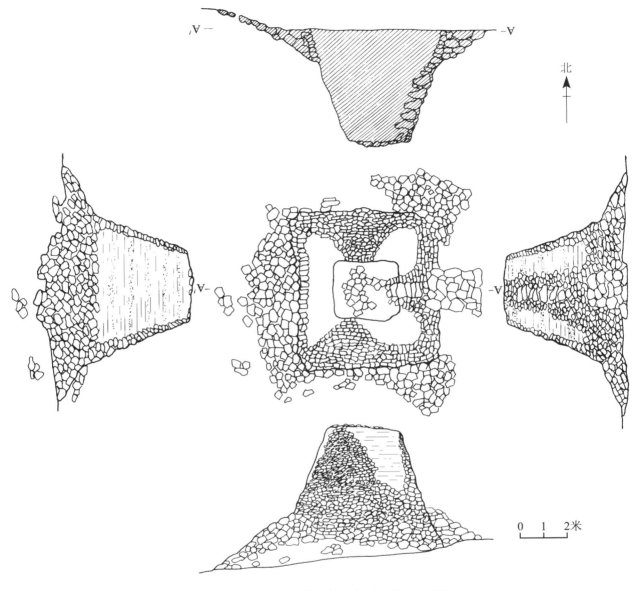

图一三九　贵德县阿什贡烽火台平、剖、立面图

（九）西宁市区

1. 综述

西宁市区共调查烽火台 3 座，位于西宁市城中区总寨镇谢家寨村北、总寨镇元堡子村西北及城北区大堡子镇三其村东北的山顶处（地图一二）。分别与湟中县的南川通道烽燧线、西川通道烽燧线相连接，共同组成交通要道报警烽燧线。

现位于西宁市城中区总寨镇的谢家寨烽火台、元堡子烽火台，总寨镇原辖地为湟中县，2008 年 3 月划归西宁市城中区。但青海省地图目前尚无新版变更县界，因本报告中《青海省明长城主线与其他墙体分布图》等地图所选用的青海省地图为 2003 年 10 月出版，当时总寨镇仍属湟中县，故谢家寨烽火台、元堡子烽火台在《青海省明长城主线与其他墙体分布图》等地图上的点位，仍在湟中县内。

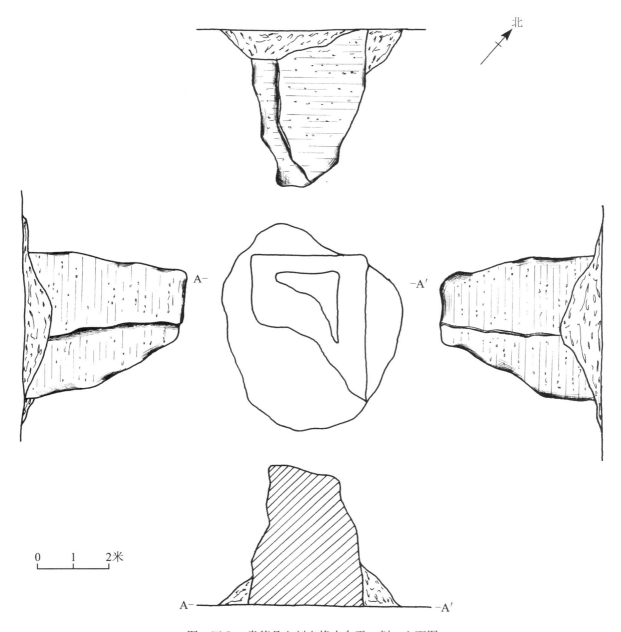

北

0 1 2米

图一四〇 贵德县上刘屯烽火台平、剖、立面图

2. 详细描述

3 座烽火台按编码顺序排列为谢家寨烽火台、元堡子烽火台、三其烽火台，按此顺序分述如下：

（1）谢家寨烽火台（编码：630103353201170001）

位于西宁市城中区总寨镇谢家寨村北 0.85 千米处的山梁上。此处为南川河西北侧山体，呈西南至东北走向，西北缓，东南陡。台体南距西（宁）塔（尔寺）高速 0.5 千米、南川河 1.3 千米、塔尔寺旅游专线 2 千米。台体周围荒草杂生，种有杨树。台体南距总寨堡 2.15 千米，东北距元堡子烽火台 4 千米。

该烽火台整体呈覆斗形，由底部向上收分 1.7～2.2 米，剖面呈梯形。台体系在自然基础上找平后就地取材，用黄土夯筑而成，夯层厚 0.11～0.17 米。台体残高 6.5 米；底部平面呈长方形，南北长 11.4、东西宽 10.4 米；顶部平面亦呈长方形，南北长 7.9、东西宽 6 米（图一四一）。

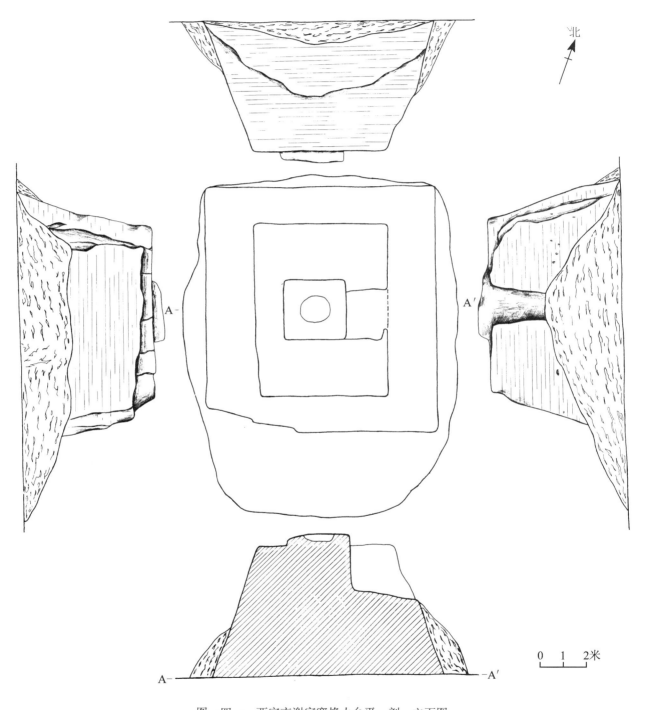

北

0 1 2米

图一四一　西宁市谢家寨烽火台平、剖、立面图

烽火台整体保存状况一般。台体顶部中央有一土堆，其中心挖有一圆形坑，直径 1.3、深 0.3 米。东壁顶部有一豁口，北端中下部坍塌较为严重，壁表面有霉斑；南壁顶部局部坍塌，西南角和东南角均坍塌，壁表面片状剥离现象明显；西壁表层坍塌严重，南北两端各有裂纹 1 条；北壁下部厚约 0.2～

0.4 米表层坍塌，壁表有霉斑，长满杂草。损毁原因以自然因素的破坏为主，人为因素次之，主要表现为裂纹、坍塌、片状剥离、霉斑生长、植物生长及人为挖坑、攀爬、踩踏等。

《西宁志》记载："西宁卫　领墩七十有四，守瞭军三百四十五名……鸳鸯墩　城南二十里。"[1]"城"指西宁卫城，在今西宁市城中区。谢家寨烽火台东北距西宁卫城约 11 千米，无论从方位、距离来看都与此烽火台基本吻合，依此推测该烽火台即为"鸳鸯墩"。该烽火台应为明代所建。

该烽火台位于南川烽燧线上，南面与湟中县陈家滩 2 号烽火台相连，北与西宁市元堡子烽火台相接。烽火台位于南川西北侧的山梁之上，地势高耸，视野开阔，周围远近环境一览无余。烽火台东南山下即为从西宁经过湟中通往贵德的交通线。

（2）元堡子烽火台（编码：630103353201170002）

位于西宁市城中区总寨镇元堡子村西北 1 千米处的山顶上。此处为南川河西北侧山体，地势高耸，视野开阔，向东北可遥见西宁市。台体东面山下为星家村，东南距西（宁）塔（尔寺）高速 1.4 千米、距南川河 1.64 千米。台体周围荒草杂生。台体西南距谢家寨烽火台 4 千米。

该烽火台整体呈覆斗形，由底部向上收分约 2 米，剖面呈梯形。台体系在自然基础上找平后就地取材，用黄土夯筑而成，质地坚硬，夯层清晰，厚 0.11～0.18 米；夯层中发现有桩木孔洞，孔径 0.1 米，数量较少。台体残高 7 米；底部南、北壁长 10 米，东壁长 7.5、西壁长 8.3 米。顶部南、北壁长 6 米，东壁长 4.4、西壁长 5 米（图一四二）。

烽火台整体保存状况一般。东壁顶部有一豁口，宽、高均为 1.2 米，表面片状剥离现象严重，中部从下向上挖有 4 个脚窝；南壁表层脱落严重，有风蚀凹槽，底部有酥碱现象，并人为掏有一宽 2.9、高 2.9、深 1.9 米的土洞；西壁中部有一条深槽纵贯台体，人为攀爬痕迹明显；北壁表面有霉斑，下部表层有脱落迹象。损毁原因以人为因素的破坏为主，自然因素次之，主要表现同于上述。

该烽火台位于南川烽燧线的北端，南与谢家堡烽火台相连。烽火台位于南川西北侧的山梁之上，地势高耸，视野开阔，周围远近环境一览无余。烽火台东南山下即为从西宁经过湟中通往贵德的交通线。

（3）三其烽火台（编码：630105353201170001）

位于西宁市城北区大堡子镇三其村东北 2.1 千米处的大有山上。台体北对山梁，南临湟水谷地，向西 1.5 千米处为海子沟，向南 1.9 千米处为西宁钢厂。台体南距西（宁）湟（源）公路 2.6 千米、距湟水 3.8 千米、距 109 国道 4.5 千米。台体周围地势较为平坦，原为耕地，现退耕还草。烽火台西南隔湟水与佐署烽火台相望。

该烽火台整体呈覆斗形，由底部向上收分 1.6 米，剖面为梯形（彩图一五九）。台体系在自然基础上就地取材，用黄土夯筑而成，夯层厚 0.12～0.16 米；夯层中夹有杨树枝。台体残高 6.6 米；底部平面呈正方形，边长 6.8 米；顶部平面略呈正方形，边长 3.6 米（图一四三）。

烽火台整体保存状况一般。台体顶部东南人为挖有一直径 1.5、深 1.2 米的大坑，西南角被挖成斜坡状，晚期人为踩踏痕迹明显。东壁表面片状剥离现象严重，有一条裂隙从上至下贯穿台体，中部从下向上挖有两排脚窝，壁下堆土较多，高约 2.1 米；南壁表层脱落严重，底部人为掏有一口径 1、深 1.8 米的大洞，并有鼠洞；北壁表面有霉斑现象。台体顶部及壁上长有冰草。损毁原因与上述烽火台相同。

该烽火台位于西川烽燧线东端，西与湟中县多四烽火台相连。烽火台位于湟水北侧的山梁之上，地势高耸，视野开阔，周围远近环境一览无余。烽火台南侧山下即为由青海至西藏的交通线。

---

[1]（清）苏铣纂修，王昱、马忠校注：《西宁志》卷四《兵防志·烽墩》，青海人民出版社，1993 年，第 186 页。

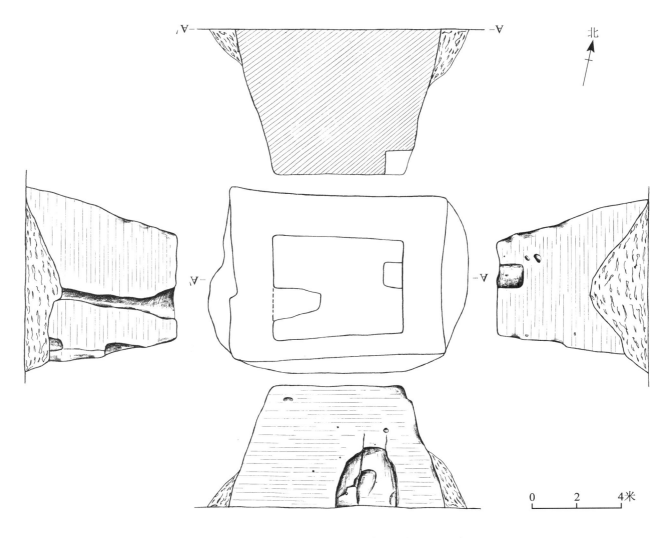

图一四二　西宁市元堡子烽火台平、剖、立面图

三　建筑方式

　　青海省境内的明代烽火台台体形制基本一致，均呈覆斗形，由底部向顶部逐渐收分，顶小底大，剖面呈梯形。烽火台残高 1.7～10.4、底部边长 2.8～22.3、顶部边长 0.6～9 米。以湟中县陈家滩 1 号烽火台最高，达 10.4 米。

　　台体通常是在自然基础上找平后就地取材，用黄土、红土、灰褐土夯筑。个别烽火台较特别，系先筑台基，在台基上再夯筑烽火台台体，如湟中县李九烽火台，烽火台由台基和台体组成。台基平面略呈梯形，仅在西北角发现夯层，系用黄土夯筑而成，夯层厚 0.13～0.15 米；民和县的胡拉海烽火台，台体系在自然基础上找平，形成边长 12 米的方形平台，后在平台上用黄土夯筑。由于不同地点土质及黏度的不同，夯土层厚薄不一，厚 0.07～0.26 米。部分烽火台为了加固台体，还在夯层中夹有边麻、树枝及桩木，树枝主要为杨树、柳树及桦树枝，均沿夯层平铺。如大通县毛家沟烽火台、平乐 2

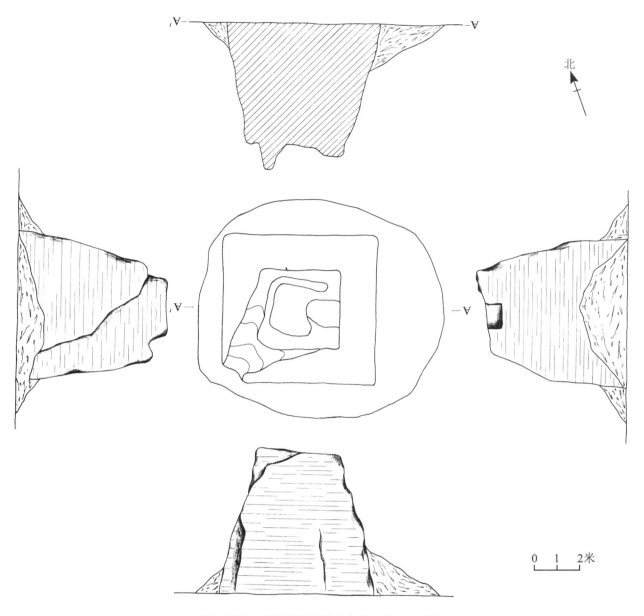

图一四三　西宁市三其烽火台平、剖、立面图

号烽火台夯土层之间夹杂一层边麻、桦树枝条；湟中县陈家滩 1 号烽火台东南角夯层中的树枝非常密集（彩图一六〇）。桩木木质有松木、柏木等，桩木大多已朽，尚留孔洞，有圆形和半圆形两种（彩图一六一），孔径 0.03 ~ 0.4 米。湟中县李家山烽火台，北壁西部自底部向上 0.9 米处按夯层横向排列有 9 个桩木孔洞，间距 0.1 ~ 0.35 米（彩图一六二）；化隆县香里胡拉烽火台夯层中发现桩木孔洞较多，以南壁分布最为密集，壁中部从上至下共有四排桩木孔洞，每隔两层夹有一层桩木，横向间距约 0.2 米（彩图一六三），孔径 0.06 ~ 0.13 米。少数烽火台内还遗留有固定夯板的木楔、草绳等，如在互助县拉卡村 1 号烽火台夯层内有木楔（彩图一六四）；湟中县下马申 1 号烽火台的四角暴露有众多木楔（彩图一六五）；乐都县仓岭沟村 1 号烽火台台体中发现有草绳（彩图一六六）。个别烽火台在腰部夯筑一层内墙或外墙，如互助县上台子村 1 号烽火台，在台体西壁壁面夯筑一段夹墙，底宽 1.1、顶宽

0.4、高4.6米；上台子村2号烽火台，在台体东侧和南侧增筑了一道外墙，墙体底宽1.1、顶宽1、高2.8米。另互助县闸门烽火台台体西侧底部发现有砌石，应为加固台体垒砌。此外，位于贵德县的阿什贡烽火台建筑方式独特，台体是在自然堆积的黄褐土中夹杂有片石的山丘上找平基础，就地取材，采用了土石两种材质修筑而成。烽火台台体外壁用片石磊砌，其内再填充含有大量碎石的黄褐土，底部铺设较大的石块，有砂岩和火成岩。填充土每层厚0.15～0.2米，未发现夯筑现象。外侧包砌的石材有页岩、花岗岩、砂岩、火成岩等，多为扁平的石块。

上下烽火台的方法，调查中始终未发现。在这批烽火台中有些烽火台台体表面发现有脚窝遗迹，但这些脚窝的挖掘年代已难判定，不能排除是现代人挖掘的可能，在台体顶部也未发现任何生活及报警设施。

烽火台大多仅有单一的台体，也有在台体外侧挖有环壕、或筑有围墙、或既有环壕又有围墙；少数烽火台系台体与小燧相组合。根据烽火台台体与相关附属设施的组合情况不同，可将这批烽火台分为六种不同类型（表一七）：

表一七　青海省明长城资源烽火台类型统计表　　　　　　　　　单位：座

地点 \ 数量 \ 类型	Ⅰ型（单一台体）	Ⅱ型（台体＋环壕或壕沟）	Ⅲ型（台体＋围墙）	Ⅳ型（台体＋环壕＋围墙）	Ⅴ型（台体＋燧）	Ⅵ型（台体＋环壕＋燧）	合　计
乐都县	17	6	1	1	1	1	27
互助县	12	2	1		2		17
大通县	8	3		2			13
湟中县	21		1		4		26
民和县	8	2	2				12
平安县	10						10
化隆县	5						5
贵德县	3						3
西宁市区	3						3
合　计	87	13	5	3	7	1	116

Ⅰ型：计87座，烽火台仅有单一的台体。各处的烽火台，均以此类型为主。

Ⅱ型：烽火台台体与环壕相组合，环壕即环绕烽火台台体外围挖有一周壕沟。

计13座，分布在乐都、互助、大通和民和县内。乐都县有6座，为碾线岭烽火台、晁马家村1号烽火台、晁马家村2号烽火台、芦草沟2号烽火台、深沟村烽火台、干沟烽火台；互助县有2座，为七塔尔村烽火台和格隆村烽火台；大通县有3座，为毛家寨烽火台、下毛伯胜烽火台、平乐1号烽火台；民和县有2座，为小山子烽火台和苏家窑子烽火台。

环壕与台体相距2.1～7.8米，均位于台体四周，呈方形或圆角长方形。

壕沟的挖掘方式是原地挖沟，土堆一侧或两侧为土垄。环壕大多基本完整，个别壕沟残存局部，或土垄消失。壕沟口宽2.5～12、底宽1.8～3.7、深0.2～3.8米；土垄底宽1～6.7、顶宽0.3～3.9、高0.1～1.8米。

Ⅲ型：烽火台台体与围墙相组合，即在台体外围夯筑有围墙。

计5座，分布在乐都县的有1座，即转花湾村烽火台；互助县有1座，为双树烽火台；湟中县有1

座，为上新庄1号烽火台；民和县2座，为马家山烽火台和后坪烽火台。围墙的修筑方式仅双树烽火台较特殊，在烽火台周围有内外两道围墙。两道围墙均是依地形而建，内围墙平面呈不规则形，外围墙平面呈圆角三角形，均用黄土夯筑，夯层厚0.14～0.2米。内围墙位于台体周围10～26米处，底宽0.6、残高0.5～1.7米。外围墙位于台体周围22～44米处，底宽0.6、残高0.5～2.2米。这两道围墙仅在台体北部及西北部发现部分地面残墙，其余现为梯田田埂，几乎与地面齐平，其中外围墙西部长约27米因修梯田被毁。两道围墙门道不详。

其余4座烽火台，均环绕台体四周筑有一周围墙。转花湾村烽火台、马家山烽火台和后坪烽火台，台体位于墙体之中，围墙墙体均夯筑，夯层厚0.12～0.2米，在马家山烽火台的围墙夯层中夹有树枝条，均按夯层平行铺放，局部夯土层内可见到腐朽的木楔痕迹。围墙形状呈长方形、略方形或不规则梯形，均坐北朝南，南侧开有门道，门道宽2.5、高3.4米。上新庄1号烽火台，围墙损毁严重，北墙被掩埋，但从围墙的复原形状来看，台体位于围墙北侧中部，北墙中部利用了烽火台台体北壁为墙体，即北墙与烽火台台体连为一体。

Ⅳ型：烽火台台体与围墙、壕沟相组合。

计3座，分布在乐都县的有1座，即那家庄烽火台；大通县有2座，为石庄烽火台及上关烽火台。台体位于围墙的位置略不同，分别叙述：

那家庄烽火台，台体外围夯筑有围墙，台体居于围墙内，位于墙内的西北角，围墙的局部北墙及西墙分别利用了烽火台台体的北壁与西壁，即围墙的北、西壁与烽火台台体的北、西壁连为一体。围墙东侧5米处挖有一段壕沟。

上关烽火台，台体居于围墙内，位于西段围墙的中部，西段围墙利用了烽火台台体的西壁为墙体，即西墙与烽火台的西壁相连。在围墙东侧挖有一条壕沟。

石庄烽火台，台体位于围墙外，围墙的南墙中部利用了台体南壁为墙体，即南墙与台体南壁连为一体。围墙整体呈梯形，围墙建于较高的山丘断崖的边缘处，内高外底。在围墙中部南北向夯筑有一道隔墙，将围墙一分为二。在烽火台台体的北、东、西三面有壕沟，呈半圆形。

Ⅴ型：烽火台台体与小燧相组合。

计7座，分布在乐都县的有1座，即芦草沟1号烽火台。互助县有2座，为闸门村烽火台和总寨村烽火台；湟中县有4座，为加牙2号烽火台、陈家滩2号烽火台、李家庄烽火台、王沟尔烽火台。

这7座烽火台在台体一侧13～154米处，顺山脊依次排列有5～7个土堆，土堆间距2～20米，大多未经夯筑，呈圆形，底径长0.9～5.2、高0.8～1.7米。闸门烽火台一侧的土堆不同于上述土堆特点，土堆均夯筑，呈长方形或近方形。经参照甘肃省山丹明代烽燧结构[1]，从这些土堆与烽火台台体的相距位置及依次有序排列分析推测，我们认为这些低矮的土堆也应该是史籍记载的"烽主昼，燧主夜"的燧。但在这些燧顶上未见到燃放烟火遗留下的烧土坑和灰层。

Ⅵ型：烽火台台体与小燧、环壕相组合。

仅分布在乐都县，计1座，即芦草沟4号烽火台。该烽火台周围有环壕，与台体相距12米。

烽火台台体北面有7个小燧，从北向南一字排开。小燧系用黄土堆积而成，未见夯筑痕迹。台体与燧相距147米，燧与燧相距13～16米。燧的台体均呈圆形，底径2～7.5、顶径0.7～3.5、高0.4～1.6米。

以上对这批烽火台的分型是为叙述清晰，各型的判定标准，仅依据烽火台现存状况而定。由于

〔1〕 甘肃省文物局、甘肃省文物考古研究所：《临洮战国秦长城山丹汉、明长城调查报告》，甘肃人民出版社，2007年。

烽火台的周边环境有的受到人为的改造，已失原貌，故不可能一一确定已定为Ⅰ型烽火台的台体周边现状即为原有面貌，因此不能排除有的烽火台外围原有壕沟被填平、原有围墙被破坏的可能。

第三节　保存状况及损毁原因

一　敌台

敌台整体保存状况一般，台体局部均损毁，四壁出现了不同程度的坍塌，损毁原因及具体表现基本同于下述烽火台。

二　烽火台

青海省境内的116座烽火台，整体保存状况大多为一般，少数保存较好或较差。这批烽火台均受到一定程度的破坏，损毁原因有自然因素、人为因素和动植物破坏三类，相对而言，以自然因素的破坏最为严重。

自然因素：烽火台自建成后，历经数百年的风雨沧桑，其内部夯土结构失稳、黏结力减弱，加上长期强烈的干湿及冷热交替、冻融、卸荷等外营力的作用，很容易使台体产生裂纹，再经反复风雨侵蚀使裂隙增大进而坍塌。烽火台大部分都有不同程度的坍塌，台体四周堆有坍塌土，坍塌较甚者台体大部已被坍塌堆土所掩埋。如湟中县王沟尔烽火台，台体西壁坍塌无存，其余三壁表层坍塌严重，除南壁外，其余三面台体下部均被堆土所掩埋。这是烽火台面临的最严重、最危险的损害。又如湟中县李家山烽火台不但坍塌严重，残存台体上裂纹甚多，随时有崩塌的危险（彩图一六七）。

又因气候干燥，日温差较大，旱季、雨季较为分明。由于温度、湿度的急剧变化，在冷热、干湿交替作用下，容易引起台体内外土体的不均匀收缩，使台体表面呈片状翘起并进而剥离，从而使烽火台的表层结构遭受严重的破坏。如下马申1号烽火台东壁表面片状剥离现象较为严重（彩图一六八）。在干旱的环境中，台体表面易形成盐类富集，使其表层结成硬壳，再加上内外土体间的不均匀收缩，导致台体表面呈鱼鳞状龟裂，最后脱落。如湟中县李家庄烽火台东壁，台体局部受节理切割破坏而呈块状剥落，上新庄1号烽火台西壁底部块状坍塌十分明显（彩图一六九）。

河湟谷地属高原凉温半干旱气候，年降水量约400～500毫米，以七、八两月降水量最为集中，常以大雨或暴雨形式出现，因此烽火台表面均可见到程度不同的雨水冲刷痕迹，严重者，由于长期雨水沿台体顶部顺流而下，反复的冲刷很容易在台体表面形成上宽下窄、深浅不一的雨蚀凹槽及冲沟。另外，台体上的裂纹长期经雨水冲刷而加宽、变深。如湟中县坡西烽火台东壁北端被雨水冲刷得凹凸不平，南壁中部有浅冲沟一条（彩图一七〇）。烽火台的附属设施环壕和围墙也遭到雨水冲刷的损毁，在烽火台台体外的环壕内现在多可见到泥土淤塞。由于风蚀，在烽火台表面普遍可见到因风力掏蚀作用而形成的横向凹槽、风蚀孔洞。这种现象以底部的掏蚀最为严重。如湟中县李家庄烽火台南壁的风蚀现象十分明显（彩图一七一）。

烽火台的夯土，由于毛细作用及易溶盐迁移，变得极为疏松，孔多而大，严重者土粒间连接力丧失，呈粉粒状脱落。一般发育于烽火台底部，部分台体底部因酥碱而凹进。

此外，在部分烽火台的北壁和东壁可见到霉斑现象，以北壁为常见。这些霉斑的生长对台体表层造成一定程度的破坏。推测霉斑一般生长于北壁和东壁的原因，则主要是在多雨潮湿的季节，日照的时间较其他壁面相对要少，故台壁表面长期受潮容易产生霉变。

人为因素：主要来自农业生产的破坏。烽火台所处区域，为中山、低山丘陵及河谷阶地，大多已被开垦为耕地。由于大部分的烽火台位于耕地之中，在历年的平整土地、修造梯田的过程中，当地村民从烽火台上取土，对烽火台进行削挖，同时，为了增加耕地面积，也不断削挖烽火台，直接导致烽火台的体量变小，大部分的烽火台表面现在还保留有铁锹、铁镢削挖的痕迹（彩图一七二）。有些烽火台周围因平田整地被下切严重，台体高悬，如湟中县陈家滩 1 号烽火台；还有的挖取台体夯土，当作肥料用以改良土壤，如上新庄 1 号烽火台。又随着近年来退耕还林、还草政策的实施，在烽火台底部及台体周围人为挖有三角形或条形的育林坑，种植柠条、小榆树等，对烽火台也造成一定程度的破坏。如乐都县扎门村烽火台，在台体东壁、南壁、北壁腰部和底部均挖有条形育林坑，坑长 1、宽 0.3 米，人工栽种柠条和黄刺（彩图一七三）。

因烽火台多位于制高点较高的山顶及山坡处，也受到一些因基本建设造成的不同程度的破坏。如湟中县多四烽火台，台体顶部挖坑埋有广播电视接收天线，台体周围被整体下切约 5 米，致使台体高悬（彩图一七四）；乐都县墩湾村烽火台顶部立有木质三脚架测量标志（彩图一七五）；转嘴烽火台因修路大部被毁；黄鼠湾一号烽火台顶部被埋有大地测量水泥标志；再如民和县的东湾烽火台位于村庄之内，地形较高，当地村民不仅将输电的电线杆栽到了烽火台的顶部，还紧靠烽火台修建了微波塔、电视转播站等设施，这些设施的修建不仅直接破坏了烽火台的主体，整体风貌亦造成了一定的破坏。

人为改建。有多处位于山顶的烽火台台体被改造或直接利用为现代宗教祭祀点，在台体旁边建庙，或在烽火台上建煨桑炉、插幡等，不一而足。较为多见的是将烽火台利用为当地避冰雹的"镇"台或祭山神的"俄博"。诸如湟中县佐署烽火台，在台体顶部置有当地村民讲迷信所扎的丝绸小人一个，手持弓箭（彩图一七六）。大通县上关烽火台在台体东、南两壁挖有洞窟，其内插满了香烛并摆放供品。互助县直沟村烽火台顶部改造为祭山神场地，俗称"俄博"（彩图一七七）。互助县格隆村烽火台南面壁掏挖洞龛，其上摆放祭品，旁边插立有一根旗杆。

开挖窑洞。当地村民在有的烽火台底部掏有窑洞，将其作为临时挡风遮雨的场所，这种窑洞往往直接开挖于烽火台的中部，造成烽火台的基础的空洞，极易造成烽火台的坍塌，或者成为以后坍塌的隐患。如湟中县扎麻隆烽火台，洞内底部尚遗留有木炭、草灰等；乐都县白崖坪村烽火台西侧底部（彩图一七八）、化隆县尕麻甫烽火台东壁底部、大通县上关烽火台、毛家沟烽火台的台体均有现代人掏挖的洞窟等。

攀爬和踩踏。大多台体壁面从底至顶因踩踏形成了一条登台斜径。烽火台主要为黄土夯筑，在经历了数百年的风雨侵蚀以后，台体表面已经酥软、风化，长期无意识的随意攀爬、踩踏，加剧了烽火台夯土的酥松、脱落。由于烽火台地处山顶，不仅是当地村民登高的最佳地点，也是当地放牧人员瞭望羊群的制高点。另外，为便于攀爬，还在烽火台上挖有脚窝，对台体造成了严重的破坏。

此外，由于部分盗墓者错误判断烽火台是古墓的遗存，在烽火台的顶部开挖盗洞，造成烽火台的破坏。如民和县朱家岭烽火台，烽火台的顶部有一个现代人挖掘的盗洞。

动植物破坏：在烽火台顶部及壁上普遍生长有耐寒、耐旱的冰草、沙棘等根系发达的植物，这些植物的根系不仅破坏了夯土的原有结构，而且也成为降水进入烽火台内部的通道，直接造成内部土质的流失，进而引发烽火台台体空洞、坍塌等一系列问题。再加上植物根茎的腐朽，使部分烽火台顶部土质的有机质含量明显增高，有的已经成为耕植土，处于完全风化的程度。

动物的破坏，主要为鼠类打洞、鸟类做窝及昆虫破坏等。由于大部分烽火台所在的山丘被开垦为农田，种植有小麦、油菜、洋芋等农作物，这在一定程度上为鼠类的繁殖提供了便利，故鼠害十分严重；部分区域虽然已退耕还林、还草，但是鼠害的破坏依旧严重。造成鼠害严重的主要原因是自然生态的失衡，鼠类天敌数量和密度减少等。另外，鸟类利用椽木孔洞等做窝，昆虫啮噬台体表面等，都对烽火台造成了一定程度的破坏。

此外，烽火台的附属设施环壕和围墙，由于历经风雨的侵蚀以及自然和人为的破坏，目前大部分的烽火台围墙已经出现坍塌、滑落等自然损毁和挖断、削挖等人为破坏，围墙顶部显得凹凸不平，局部出现缺失。环壕也多被改造或自然淤塞，造成烽火台环壕的深度降低，宽度增大。在围墙及环壕处生长有大量的植物，也是造成其损毁的因素之一。

第五章

关堡调查成果

长城墙体是防敌的主体，为了进一步增强长城墙体的防御功能，墙体之外还有一些附加设施，关即是修筑在长城墙体上的建筑设施之一。在长城的防守重点、交通要冲处，为便于控制交通往来，防止敌人入侵，墙体上不仅设城门，还建起能驻军、具有军防设施的城堡，此处城堡即被称作关或关城。堡，虽也属长城的附属设施，但不在长城城墙上，与墙体相分离。本次共调查关4座，大小城堡46座（表一八）。

表一八　青海省明长城资源关、堡各县市数量总登记表　　　　　　单位：座

类别 \ 数量 \ 地点	乐都县	互助县	大通县	湟中县	湟源县	西宁市区	民和县	贵德县	平安县	门源县	总计
关			1	1	1					1	4
堡	16	9	4	10		2	2	1	2		46
合计	16	9	5	11	1	2	2	1	2	1	50

第一节　关

一　分布概述

在青海省境内明长城本体墙体上共建有4座关（表一九），分布在长城主线上的有三座，分别位于大通县下庙沟长城1段、湟中县上营长城、湟源县下脖项长城1段处，另一座位于其他墙体门源县境内的上圪瘩长城3段处。

表一九　青海省明长城资源关形制总登记表

序号	名　称	地区	编　码	门向	平面形状	周长（米）	面积（平方米）	现存墙体设施	备注
1	下庙沟关	大通县	630121353101170001	不详	长方形	110	750		
2	上营关	湟中县	630122353101170004	南	正方形	212	2809	角楼 2 座	原有角楼 4 座
3	下脖项关	湟源县	630123353101170001	东	梯形	192.7	2115	马面 1 座，墩台 1 座	依山而建，关外另筑外城
4	老虎沟口关	门源县	632221353101170001	东	长方形	222	2990	散水口 1 处	依山而建

二　分县叙述

（一）大通县

仅发现 1 座，定名为下庙沟关（编码：630121353101170001）。

位于大通县桥头镇下庙沟村北的山坡上。此处是娘娘山东南山麓山脊的延伸，所处区域为黄土丘陵区，东面是西宁至大通的铁路和桥头至上庙村的乡间公路。过小石山是西宁至张掖公路，隔北川河为西宁至大通高速公路，南 0.2 千米处是庙沟水。关内现无人居住。关东面与下庙沟长城 1 段第 1 自然段相连，西面与下庙沟长城 1 段第 2 自然段相接，并与下庙沟 1 号敌台相依存（彩图一七九）。西南约 0.33 千米为下庙沟烽火台，南约 0.8 千米为庙沟山城。

该关平面略呈长方形，南北长 30、东西宽 25 米，周长 110 米，面积 750 平方米（图一四四）。堡墙系就地取土，以黄褐土分段夯筑而成，版长 3.1 米，夯层厚 0.15～0.2 米。

关门：已经消失，方位不详。

墙体：东墙已经消失，仅存北部利用敌台的墙体，长 6.8 米；南墙只残留东段墙体，残长 7.5、高 2.5、底宽 2.4、顶宽 1.2 米；西墙仅留有北部 13.3 米的墙体，高 3.8、底宽 3.7、顶宽 1.2 米；北墙西部有一段墙体长 3、宽 2.2、高 3 米，其余 14 米外侧被挖毁。

该关地处村庄附近的山坡上，人类活动频繁，破坏比较严重，整体保存状况较差。关门被破坏，墙体设施及关内遗迹无存。现存墙体，西墙底部有横向风蚀凹槽；北墙面凹凸不平。在北墙和南墙下有居民搭建的房屋，为拓展宅基地等居民在墙下任意取土长期取土，导致局部墙体已消失，造成严重破坏；关墙顶部及周边生长有根系发达的冰草、蒿草等低矮类植物。损毁原因以人为任意取土的破坏为主，自然因素主要表现为自然坍塌及植物生长等。

下庙沟关位于大通县长城主线上的"西闇门"西侧，"西闇门"是明代西宁卫通往西海及甘州地区的重要通道。该关在文献中虽无记载，但系长城防御体系的组成部分，是驻守"西闇门"的军事营地，其修筑年代应与大通县境内明长城主线同时修筑，建筑年代为隆庆六年（1572 年）。

（二）湟中县

仅发现 1 座，即上营关（编码：630122353101170004）。

位于湟中县甘河滩镇上营村中。该关东、北两侧及关内均有村民居住，西、南两侧紧靠城墙盖有

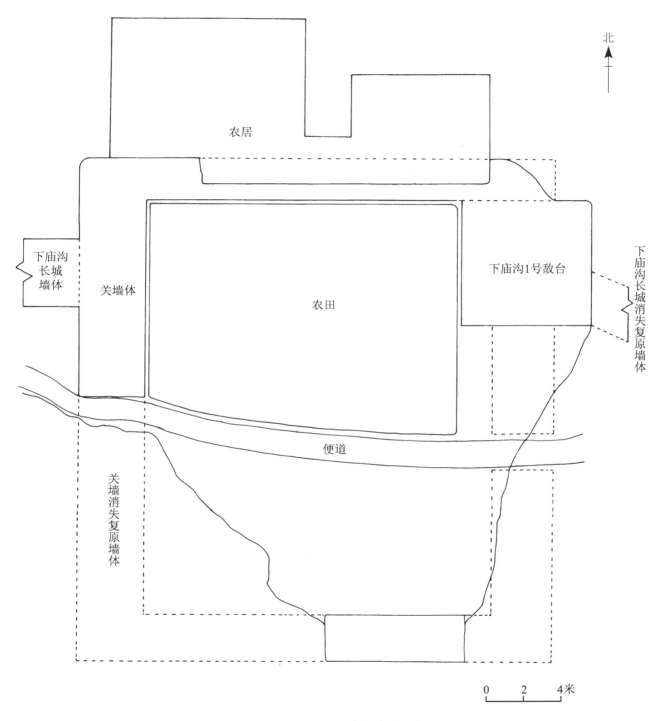

北

下庙沟
长城
墙体

关墙体

下庙沟1号敌台

下庙沟长城消失复原墙体

农居

农田

关墙消失复原墙体

便道

0　2　4米

图一四四　大通县下庙沟关平面图

商铺，西南部与上营城门相连，东南侧有建于清乾隆年间的关帝庙一座；南面商铺外为村公路，西面商铺外有鲁（沙尔镇）多（巴镇）公路呈东南至西北向穿过。该处是由南川经甘河滩至西川、经石灰沟至西宁的必经之路。

　　该关平面呈正方形，边长53米，周长212米，面积2809平方米。关门向南，推测关四角原各有角楼1个，现仅存2个角楼台基。城墙系用黄土分段夯筑而成，夯层厚0.13～0.14米（图一四五）。

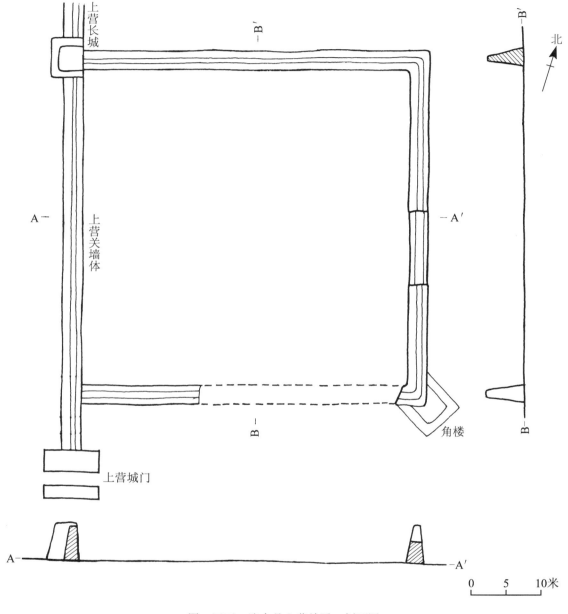

图一四五　湟中县上营关平、剖面图

　　关门：原位于南墙正中，已毁。

　　墙体：东、西、南、北墙体均长53米，高低不等，残高4～5.5、底宽2.8、顶宽0.4～0.7米（图一四五；彩图一八〇）。

　　角楼：现存2座。

　　东南角楼突出于墙外。角楼已毁，仅剩台基。台基残高6.5米；底部长7、宽6.5米；顶部损毁严重，尺寸不详。台基顶部长有榆树一棵，东南部高约1.5米部分为晚期修缮所筑。台基东南下部人为挖削痕迹明显。台基系用黄土夯筑而成，夯层厚0.13～0.2米。

西北角楼突出于墙外。角楼已毁,仅剩台基。台基残高5.5米;底部长5.6、宽4.7米;顶部呈正方形,边长3.5米,中心略凹。台基北面下部被人为取土削挖非常严重。台基系用黄土夯筑而成,夯层厚0.13~0.18米。

该关地处村庄之中,人类活动频繁,破坏比较严重。城墙大部分存在,基本格局较为清楚,整体保存状况一般。该关城门及城内遗迹损毁无存。东墙长11米因关堡内居民盖房而被毁,局部削薄墙体现象严重,尤其是东北角的角楼被破坏殆尽;南墙东段长36米损毁无存,西南角外的角楼也被破坏;西墙长3.5米被挖毁,其外侧自基础向下切削明显;北墙整体虽存,但内外两侧挖削极为严重,西北角的角台北壁下部因人为取土残损严重。损毁原因主要为人为因素的破坏,表现为依墙建房、开大门、人为取土等,另有自然坍塌所致的损毁。

该关西南角外为上营城门,亦即《西宁府新志》中所记载的"大班沙儿暗门"[1];西出闇门北经甘河滩可至西川,向南经塔尔寺可达南川,东入经石灰沟可至西宁。据当地村民介绍,原来关内还残存有马舍等建筑,所以当地人称其为马营城。该关应是为守护上营城门而建。该关在文献中没有记载,但其北与长城墙体相连,南与上营城门相邻,应与城门修建年代相近。推测该关建于明代。

(三)湟源县

湟源县境内关发现1座,即下脖项关(编码:630123353101170001)。

位于湟源县东峡乡下脖项村六社西面山嘴上。该关北距109国道、湟中县多巴镇石板沟村分别为0.3千米、0.35千米,东北距西(宁)倒(淌河)一级公路0.2千米,向南0.2千米处青藏铁路从山下隧道穿过,湟水从其西北0.12千米处的山下流过。该关地处有"海藏咽喉"之称的西石峡东口,是由西宁向西经柴达木盆地至西藏的交通要道。关内荒草杂生,无人居住。该关南北与下脖项长城1段相连,南距湟中县北村长城2段0.6千米,东北距下脖项长城2段0.18千米(彩图一八一)。

该关依山势而建,西高东低,平面略呈梯形,周长192.7米,面积2115平方米。关门向东;外城平面呈不规则形,门向不清;关南墙有马面1座,西墙中部筑有墩台一座(图一四六)。关墙系用含有砂砾的黄土分段夯筑而成,其中包含有灰瓦片、卡约文化陶片、汉代灰陶片,夯层厚0.13~0.2米。

关门:开于东墙中部。门宽3、进深3、残高0.5~2米。

墙体:损毁严重,现存墙体高低不等,有的仅存墙基。东墙以门为界分南北两段,北段长35米,南段长36米;南墙长11.5米;西墙长66.2米;北墙长41米。墙体均用黄土夯筑,夯层厚0.13~0.2米。墙体残高0.4~3.3、底宽1.8~2.5、顶宽0.4~1米。

马面:位于南墙中部外侧。残高7.3米;底部南北长8.1、东西宽5.3米;顶部呈二层台状,南北长5.5、东西宽3米,二层台宽0.75米,距顶部1米。马面系用黄土夯筑而成,其中包含有陶片、瓦片、木炭、动物骨骼及石块等,夯层北薄南厚,北面夯层厚0.07~0.1米,南面夯层厚0.18~0.22米,夯层中夹有桩木,直径5~8厘米。底部北高南低。顶部坍塌成二层台状,较为平坦。东壁的东南角发现木楔。

墩台:位于西墙中部,建筑方式与上述马面同,不同处是马面突出于墙外,而此墩是突出在墙内。残高6米;底部南北长6.2、东西宽4.8米;顶部南北长3、东西宽2.7米;系用黄土夯筑而成,夯层西薄东厚,西面夯层厚0.05~0.13米,东面夯层厚0.18~0.22米,夯层中夹有杨柳树枝。

---

[1] (清)杨应琚:《西宁府新志》卷十三《建置·关隘》,青海人民出版社,1988年,第335页。

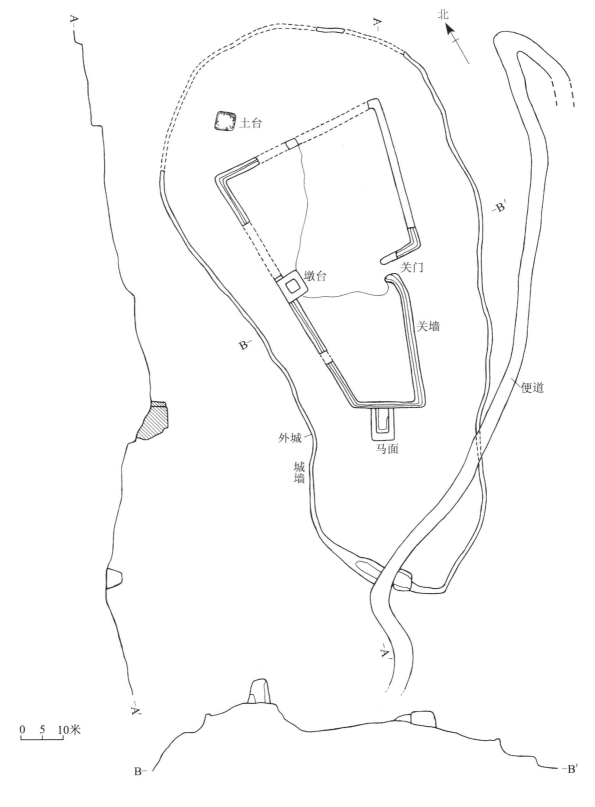

图一四六　湟源县下脖项关平、剖面图

外城：依山势而筑，平面呈不规则形，周长 355 米。墙体系用含有较多砂砾的黄土夯筑而成，夯层厚 0.1～0.12 米。西面墙体较为明显，其顶部与内侧地面齐平，外侧高 0.2～1.2 米；北面墙体被堆土掩埋，迹象不清。外城西南部有一条便道穿过。

土台：该关西北面距外城北墙 9 米处有一方形土台遗迹，边长 4.5、高 0.6 米，周壁用石块垒砌。当地人称其为将军台。

该关整体保存状况较差。关城内遗迹损毁无存。东墙长 6 米墙体坍塌严重，仅剩底部，墙外基础部分掏有窑洞；南墙东西两端坍塌较为严重，西南角有宽约 1 米的缺口，西部底部掏有窑洞一个，地表挖有育林坑；西墙长 36 米墙体坍塌呈垄状，有人为踩踏和攀爬痕迹；北墙长 27 米墙体坍塌无存。城内西墙墩台东侧人为挖有一南北长 21、东西宽 7、深 3～4 米的大坑。马面顶部坍塌严重，底部有风蚀凹槽，表面片状剥离现象严重。外城东、北面墙体坍塌严重，迹象不清；外城西南部有一条便道穿过。损毁原因以自然因素的破坏为主，人为因素次之，主要表现为风雨侵蚀、酥碱及便道破坏、挖窑挖坑、攀爬、踩踏等。

该关在文献中没有记载，又未发现任何实物证据，但从其建筑形制及方式来分析，推测该关建于明代。

（四）门源县

仅发现一座关，定名为老虎沟口关（编码：632221353101170001）。

位于门源县北山乡老虎沟口半山腰的山坡上。关所在的山坡突兀，视野开阔。西距此关 20 米的山下是老虎沟河，隔老虎沟河西面的山体高峻陡峭，不易攀爬逾越。南侧是一条东高西低的山沟。关内现无人居住。此关南与上圪瘩长城 3 段墙体相接，东侧是一条由门源通往甘肃永昌的古道，老虎沟口关即扼守在此交通要冲处（彩图一八二）。

该关平面呈略长方形，南北宽 46、东西长 65 米，周长 222 米，面积 2990 平方米。东墙中部辟有关门。墙体系在自然堆积的石头山坡基础上依地形而建，就地取用毛石干垒而成。西墙的中部有一个宽 1 米的散水口（图一四七）。

关门：开于东墙中部，门道宽 5 米，门道两侧的墙体高 3 米。

墙体：东墙长 26 米，墙体高 5、底宽 5.1、顶宽 1.4 米。南墙长 46 米，墙体高 1.2～2.5、底宽 5.1、顶宽 1.6 米；在西南角外侧有斜距 8 米长的护坡。西墙长 42 米，墙体高 1.7、底宽 5.1、顶宽 1.7 米；在西北角墙外有斜距 8 米长的护坡；另外在西墙中部距西北角 21 米处，有一处散水口，深 5.1、宽 1 米。从垒砌状况来看，两侧垒砌齐整，贯通墙体。北墙长 65 米，墙体高 1、底宽 5.1、顶宽 2 米。在西北角北墙一侧，有一个上城墙的踏步坡道，已坍塌，宽 1、长 5.1 米。墙体内侧或外侧已坍塌，两侧坍塌土呈斜坡状，长满了边麻等植物。

该关整体保存状况一般。四面墙体均有不同程度的损毁，但其基本格局仍清晰可辨。由于老虎沟口关地处高寒山区，这里雨水相对充沛，昼夜温差大，冰冻、消融等自然因素叠加，使石墙均有坍塌现象。石墙上生长有根系发达的冰草、蒿草、边麻、黑刺等植物，根部的生长对台体毛石干垒的表壁的稳定形成了危害。又因老虎沟口关东南角的角台被人们利用为"俄博"，长期受到人为的踩踏，造成石墙垒石坍塌。损毁原因以人为因素的破坏为主；自然因素次之，主要表现为自然坍塌、植物生长等。

北 ←

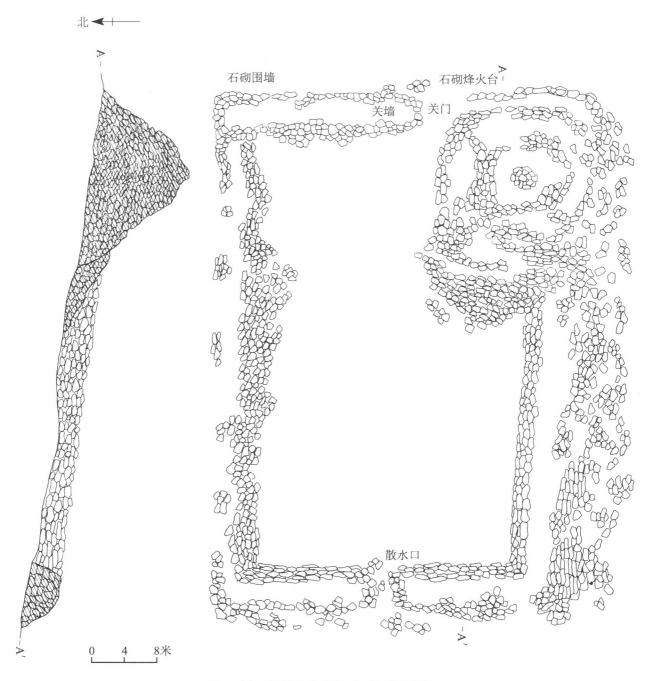

图一四七　门源县老虎沟口关平、剖面图

　　据《中国文物地图集·青海分册》、《门源回族自治县志》等相关资料的记述，此关与上圪瘩长城
3 段止点相连，是在 20 世纪 80 年代进行的青海省文物普查过程中发现的，2008 年进行的长城资源调
查过程中进行了复查。老虎沟口关扼守由门源通往甘肃永昌古道的交通要冲处，南与浩门河河谷阶地
长城上圪瘩长城 3 段墙体相接。

三　建筑形制

以上 4 座关，修建择址有两种特点：第一种是设于交通要冲的山腰处，如大通县下庙沟关、湟源县的下脖项关、门源县的老虎沟口关；第二种是设在平地要冲之地，如湟中县的上营关。建筑用材及方式，采用了黄土夯筑或毛石垒砌两种不同的建筑用材和修筑方式。关城布局基本清楚，平面形状呈方形、长方形及不规则形。关内相关设施已无存。墙体上的设施 4 座关各不相同，尚存有角楼、马面、墩台与敌台。湟源县下脖项关较特殊，关外有外城，依山形而筑，平面呈不规则形，周长 355 米。墙体系用含有较多砂砾的黄土夯筑而成，夯层厚 0.1～0.12 米。

第二节　城、堡

一　分布概述

根据本次长城资源调查的要求，我们主要选择了在长城沿线或与长城沿线有紧密关联的县市，对其区域内平面格局保存相对较为完整的城堡，或城堡已甚残，平面格局不清，但城堡的历史沿革清楚、地理及战略位置相对重要的堡寨进行了调查，共调查了城堡 46 座（表二〇）。这批城堡分布在乐都县、互助县、大通县、湟中县、民和县、平安县、西宁市区和贵德县。城堡大多修筑在河谷阶地的平地上，少数建于山谷的山腰或山顶处，建筑面积大小不等。位于山谷中依山而建的堡均为级别低、规模小的军堡；地处平川中的城堡，其功用复杂，以大小及级别高低不等的军事城堡为主，有卫县城、土司衙门、牧马苑及民堡等。各类城堡有的接近长城，或距长城不远，也有的远离长城。

二　分县叙述

（一）乐都县

1. 综述

据《西宁卫志》、《西宁志》等文献中记载，分布于乐都县境内的堡寨共计 60 余座，因堡寨大多分布于村庄中或村庄附近，已被毁无存或仅剩残墙断垣，格局基本不清。本次选择调查的 16 座堡，分布在芦花乡、马厂乡、马营乡、高庙镇、引胜乡、共和乡、雨润镇、洪水镇和碾伯镇。这些堡寨中有6 座（城背后 1 号堡、脑庄堡、寺磨庄 1 号堡、联星堡、迭尔沟堡、袁家庄堡）位于低山丘陵地之上，3 座（寺磨庄 2 号堡、老鸦古城、碾伯古城）分布在湟水河谷地带，其余 7 座堡寨（城背后 2 号堡、那家庄堡、孟家湾堡、碾木沟堡、碾线沟堡、上衙门堡、祁家堡）均分布于中山山地之上。其中有 11座位于长城墙体 1 千米之内，5 座远离长城墙体。除脑庄堡和寺磨庄 1 号堡位于长城墙体外侧，其余城堡都位于墙体内侧，均与长城本体有着密切联系，是长城防御体系重要的组成部分。

表二〇　青海省明长城资源城、堡形制总登记表

序号	名称	地区	编码	门向	平面形状	周长（米）	面积（平方米）	现存堡寨相关设施	备注	海拔（米）	地貌类型
1	城背后1号堡	乐都县	632123353102170001	南	长方形	418	10578	马面1座，瓮城1座		2881	低山丘陵
2	城背后2号堡	乐都县	632123353102170002	不详	不详	不详	不详			2330	中山山地
3	那家庄堡	乐都县	632123353102170003	南？	近方形	401	10100			2343	中山山地
4	孟家湾堡	乐都县	632123353102170004	不详	长方形	82.2	413.6	有护城壕175米，南北两侧有两道护城壕		2113	中山山地
5	碾木沟堡	乐都县	632123353102170005	西	方形	59.2	219.04	有护城壕57.6米，城门1座	依山而建	2148	中山山地
6	碾线沟堡	乐都县	632123353102170006	东	三角形	294	3432		依山而建	2269	中山山地
7	脑庄堡	乐都县	632123353102170007	不详	长方形	188	2088			2120	低山丘陵
8	寺磨庄1号堡	乐都县	632123353102170008	不详	不规则长条形	不详	不详	推测门朝北	依山而建	2101	低山丘陵
9	寺磨庄2号堡	乐都县	632123353102170009	南？	长方形	不详	不详		依山而建	1981	河谷地
10	上衙门堡	乐都县	632123353102170010	东？	方形	180	2025			2486	中山山地
11	联星堡	乐都县	632123353102170011	不详	不详	不详	不详		甚残	2217	低山丘陵
12	祁家堡	乐都县	632123353102170012	不详	不详	不详	不详		甚残	2445	中山山地
13	送尔沟堡	乐都县	632123353102170013	不详	不详	不详	不详		甚残	2201	低山丘陵
14	老鸦古城	乐都县	632123353102170014	不详	不详	不详	不详		甚残	1873	河谷地
15	碾伯古城	乐都县	632123353102170015	不详	不详	不详	不详	角楼2座，马面2座		2004	河谷地
16	袁家庄堡	乐都县	632123353102170016	不详	长方形	542	17638	马面1座，北墙外有护城壕		2135	低山丘陵
17	马营堡	互助县	632126353102170001	不详	三角形	287.2	4554	南、西、北面有护城壕	依山而建	2674	中山山地
18	北庄古城堡	互助县	632126353102170002	东	梯形	279	6162			2575	河谷地
19	师家堡	互助县	632126353102170003	东	长方形	340	7216	马面1座		2327	河谷地
20	新添堡	互助县	632126353102170004	东	近方形	669.4	29920	瓮城1座，角楼4座，马面2座		2527	河谷地
21	白崖堡	互助县	632126353102170005	西	长方形	298	5478	外城（罗城）1座，残存一段墙体		2537	河谷地

续表

序号	名称	地区	编码	门向	平面形状	周长（米）	面积（平方米）	现存堡寨相关设施	备注	海拔（米）	地貌类型
22	大通苑堡	互助县	63212635331021700006	西	不规整长方形	238	4130	角楼1座		2466	河谷地
23	陈家台堡	互助县	63212635331021700007	不详	长方形	不详	不详			2442	低山丘陵
24	下马圈堡	互助县	63212635331021700008	东	梯形	457	16642	角楼4座，马面4座		2506	低山丘陵
25	威远堡	互助县	63212635331021700009	南	长方形	不详	不详	瓮城1座		2496	河谷地
26	庙沟堡	大通县	63012135331021700002	不详	长方形	218	2928	角楼2座		2505	低山丘陵
27	新城	大通县	63012135331021700003	不详	不详	不详	不详	角楼1座	甚残	2438	河谷地
28	平乐堡	大通县	63012135331021700004	不详	不规整形	204	2432	马面1座		2499	河谷地
29	古城	大通县	63012135331021700005	不详	不详	不详	不详	马面2座	甚残	2413	河谷地
30	阳坡台堡	湟中县	63012135331021700001	不详	长方形	80	391	马面1座	依山而建	2860	河谷地
31	上新庄堡	湟中县	63012235331021700002	不详	不详	不详	不详	角楼1座	据村民介绍原有4座角楼	2801	河谷地
32	伯什营堡	湟中县	63012235331021700003	东	方形	104	676	马面2座，墩台1座		2713	低山丘陵
33	老幼堡	湟中县	63012235331021700005	东	方形	446	12432.25	瓮城1座，城楼1座		2564	河谷地
34	贾尔藏堡	湟中县	63012235331021700006	东	梯形	355	7935	角楼1座		2753	河谷地
35	新城堡	湟中县	63012235331021700007	南，北	方形	752	35344		堡门外原有瓮城，已消失	2699	河谷地
36	元山尔堡	湟中县	63012235331021700008	北	近梯形	148	1260	马面1座	依山而建，堡外有外城	2606	低山丘陵
37	董家湾堡	湟中县	63012235331021700009	西	不规则形	324	5040	马面2座，墩台1座	依山而建	2441	低山丘陵
38	徐家寨堡	湟中县	63012235331021700010	东	长方形	1320	98900	角楼1座		2529	河谷地
39	通海堡	湟中县	63012235331021700011	东，西	不详	不详	不详	关帝庙1座	甚残	2387	河谷地
40	松树堡	民和县	63212235331021700001	西？	不规则形	不详	不详	墩台1座（位于西墙内）	依山而建	2275	河谷地
41	古鄯古城	民和县	63212235331021700002	南	长方形	1008	63360	瓮城1座，城楼1座，马面6座	原有3座城门，文献记载有护城壕	2275	河谷地

续表

序号	名称	地区	编码	门向	平面形状	周长（米）	面积（平方米）	现存堡寨相关设施	备注	海拔（米）	地貌类型
42	白沈堡	平安县	63212135531021700001	不详	不详	不详	不详		甚残	2251	河谷地
43	中村堡	平安县	63212135531021700002	不详	不详	不详	不详		甚残	2100	河谷地
44	总寨堡	西宁市区	63010335531021700001	东	方形	856	45796	城门楼1座，堡门北侧有玉皇阁		2439	河谷地
45	西宁古城	西宁市区	63010335531021700002	东、西、南、北	长方形	4600	130万		据文献记载，原有瓮城1座，角楼4座，敌楼19座，还有护城壕和关厢	2260	河谷地
46	贵德古城	贵德县	63252335531021700001	消失	方形	2000	25万	城内北部中间有文庙及玉皇阁建筑群，马面16座，角楼2座	据文献记载，原有城楼2座，城楼上设逻铺32座。城墙上有垛口320处，四周同有护城壕	2218	河谷地

2. 详细描述

16 座城堡，按照编码顺序排列为城背后 1 号堡、城背后 2 号堡、那家庄堡、孟家湾堡、碾木沟堡、碾线沟堡、脑庄堡、寺磨庄 1 号堡、寺磨庄 2 号堡、上衙门堡、联星堡、祁家堡、迭尔沟堡、老鸦古城、碾伯古城、袁家庄堡。依此顺序分述如下：

（1）城背后 1 号堡（编码：6321233531021700001）

位于乐都县芦花乡城背后村南 0.2 千米的冰沟沟谷北侧山坡上。该堡位于城背后村西南，南、西两面均临大沟；南侧 0.2 千米处有冰沟水，注入甘肃境内大通河，属大通河的支流；北依大山。该堡附近现住有 100 余户居民，此处村民居住较为集中，人口有 300～400 人。该堡位于长城内侧，北距城背后村壕堑 0.8 千米。

该堡平面呈长方形，形制较为规整。南北长 123、东西宽 86 米，周长 418 米，面积为 10578 平方米。堡门位于南墙中部，门宽 6.5 米，门外有瓮城。北墙中部外侧筑有马面一座。堡墙及瓮城系用黄土分段版筑而成，夯层厚 0.1～0.13 米（图一四八；彩图一八三）。

墙体：损毁较甚，残存局部。东、西墙长 123 米，南、北墙长 86 米。墙体现存高 0.3～4.2 米，部分墙体消失无存或仅存墙基，底宽 3.6～4.2、顶宽 0.8～3.2 米。

马面：位于北墙中部外侧。高 7.7 米；底部南北长 15、东西宽 10 米；顶部东西长 9.8、南北宽 6.2 米。

瓮城：位于堡门外侧，呈方形。瓮城外城门位于东墙墙体中部，城门南北长 7.5、东西宽 3 米。墙体坍塌严重，外侧形成数米高的斜坡。西墙和南墙较为完整，东墙及北墙残存局部，底宽 3.6～3.8、顶宽 1.3～1.8、残高 3.5～5.5 米。墙体底部残蚀严重，有许多孔洞和风蚀的平行凹痕。

该堡整体保存较差。西、北、南墙墙体残存局部，东墙、南墙被开垦耕地损毁，仅存部分墙基。南墙墙体外侧风蚀严重，呈棋状或孔洞状，底有水蚀凹槽。墙体中间及底部有人为掏挖的梯形土洞及窑洞。西墙因村民扩张耕地，有长 80 米的墙体被拆毁。墙体底部植物生长茂盛。

该堡损毁原因：自然因素表现为风蚀、雨侵、日晒、植物生长等；人为因素有扩张耕地拆毁墙体。

冰沟，是古丝绸之路青海道的所经之地，亦是甘肃永登进入青海的重要门户。据《西宁府新志》及《甘肃新通志》记载，在明洪武十九年（1386 年）即在冰沟筑城，置冰沟驿。明成化时，因旧堡水远故移居他处另建新城，故冰沟城应有新、旧两处城池。冰沟城在民国十二年（1923 年）前一直是一个繁华的小镇，有商业店铺、旅店、社学、寺庙。民国十四年（1925 年）以后，因官道改老鸦峡而废，城址仍保存。

城背后 1 号堡俗称"冰沟新城"，位于冰沟北侧二级阶地上，为冰沟两侧最为开阔的地带，南望冰沟沟谷，北依山坡，长城主线城背后村壕堑位于山顶之上，呈环形将城围住，距乐都县城东北约 45 千米。据记载："冰沟堡　在县（指碾伯县）东九十里。明成化时，因旧堡水远移此。城高二丈五尺。"[1] 从城背后 1 号堡俗称"冰沟新城"、地理位置及与乐都县城的里距分析，城背后 1 号堡应是文献记载中后建的"冰沟新城"，始建于明成化年间，历史上曾一度繁荣，至 1925 年老鸦峡公路开通后废弃。

（2）城背后 2 号堡（编码：6321233531021700002）

位于乐都县芦花乡城背后村西北 0.5 千米的冰沟沟谷北侧山坡上。该堡位于城背后村东、北两面的山坡上，地势平缓，现已辟为梯田。堡附近现有居民 100 余户，人口 300～400 人。该堡位于长城内

---

[1]　（清）升允等修，安维峻等纂：《甘肃新通志》第九卷，清宣统元年刻本，第 75 页。

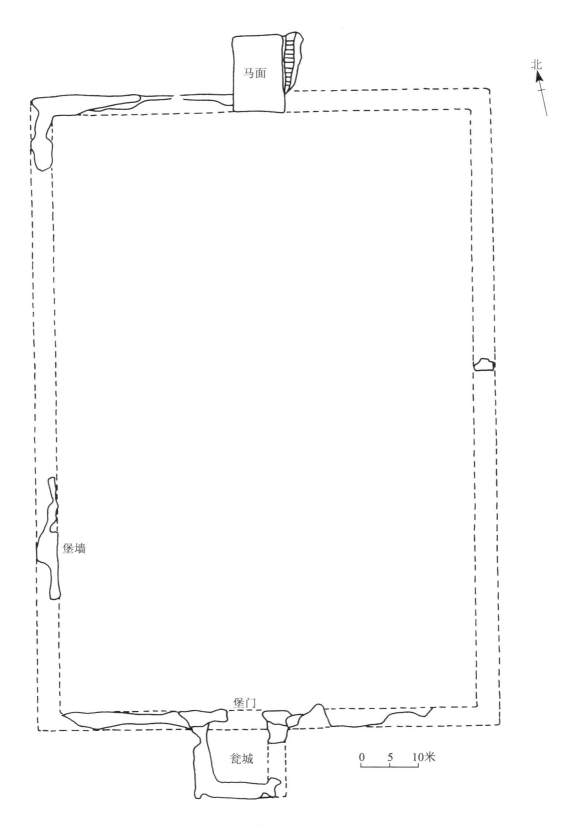

马面

北

堡墙

堡门

瓮城

0 5 10米

图一四八 乐都县城背后 1 号堡平面图

侧，北距城背后村壕堑 0.04 千米，东南临城背后 1 号堡。

该堡仅存局部，平面格局不清，周长及面积不详（图一四九）。城内建筑已荡然无存，现开辟为耕地。堡门位置尺寸不详。堡墙墙体用灰黑色土夯筑而成，夯层厚 0.13 米。

堡墙：仅存局部西墙、北墙和南墙，东墙已毁。南墙残长 5.5 米，墙体内残存有桩木；西墙长 17 米，墙体外侧残高 2 ~ 4.1、内侧高 0.65 ~ 3.55、底宽 1.9、顶宽 0.54 米。墙体外侧暴露有桩木痕迹，桩木直径 10 厘米；北墙残长 10 米，仅存墙基。

该堡整体保存差。墙体损毁十分严重，损毁原因系被历年的开垦荒地、修建梯田、挖取墙体施肥破坏。

（3）那家庄堡（编码：632123353102170003）

位于乐都县马厂乡那家庄西北 0.8 千米山湾中。该堡所在位置地势平坦开阔，东侧有冲沟，与冰沟相连。该堡东北 1.5 千米有冰沟沟水。堡周围现有住户十余户，人口 40 余人，以汉族为主，有少量土族。该堡位于长城内侧，北距甘沟滩壕堑 1 段 0.2 千米。

该堡近方形，形制较为规整，南北长 100 ~ 101、东西宽 96 ~ 104 米，周长 401 平方米，面积 10100 平方米。堡门已毁，从该堡的残存布局推测城门可能开在南墙中部，南墙从西向东 52 ~ 58 米处未发现墙基，故推测应为门道。又据当地老乡回忆介绍，城门亦位于南墙中部，在城门两边原立有砂石板。堡墙墙体系黄土夯筑，夯层厚 0.1 ~ 0.13 米。仅东墙保存较好，北墙、南墙和西墙损毁严重，残存局部（图一五〇）。

堡墙：东墙长 101、南墙长 104（有 10 米墙体消失）、西墙长 100（现残存两段，长分别为 21.5 米和 14 米）、北墙长 96 米。墙体底宽 1.4 ~ 4.6、顶宽 0.9 ~ 3.3、高 0.6 ~ 5.4 米。在东、西、南墙壁残存桩木痕迹，直径 10 厘米；东墙与西墙还存有 5 ~ 6 个木楔，西墙壁发现的 6 个木楔，呈梅花状分布，上下间距 1.3 米，左右间距 1.9 米，夯土层中还发现有草绳痕迹，直径 1.5 厘米。

该堡整体保存一般，墙体损毁较为严重，四面墙体断续残存局部墙体，并多数墙体已被耕地掩埋，平为梯田。损毁原因以人为因素的破坏为主，主要是在 20 世纪 50 年代开垦荒地、拆毁墙体肥田中破坏；自然因素表现为风雨侵蚀等原因造成墙体坍塌；其次，植物生长、鼠洞对墙体也造成了一定程度的破坏。

那家庄堡地处冰沟沟口南侧约 3 千米处的山坳中，地形开阔平缓，从甘肃永登进入青海乐都县的古道（中道）即从该堡东侧通过，该堡俗称"冰沟旧城"。《西宁府新志》记载："冰沟城　东去县治九十里。洪武十九年（1386 年）置冰沟驿，嘉靖中置防守官。城高两丈五尺。下厚二丈，壕深二丈，门一。皇清设把总一员，冰沟马驿驿丞一员。"[1] 又据《甘肃新通志》记载[2]，冰沟堡建于明洪武十九年（1386 年），明宪宗成化年间因吃水困难，城遂废弃。从该堡所处地理位置及俗称分析，该堡应属冰沟旧城，即是上述记载中最早建的"冰沟城"或"冰沟堡"，故推断那家庄堡始建于洪武十九年（1386 年），明宪宗成化年间废弃。

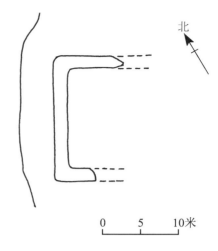

北

0　　5　　10米

图一四九　乐都县城背后 2 号堡平面图

〔1〕（清）杨应琚：《西宁府新志》卷九《建置·城池》，青海人民出版社，1988 年，第 268 页。

〔2〕（清）升允等修，安维峻等纂：（宣统）《甘肃新通志》，清宣统元年刻本，第 75 页。

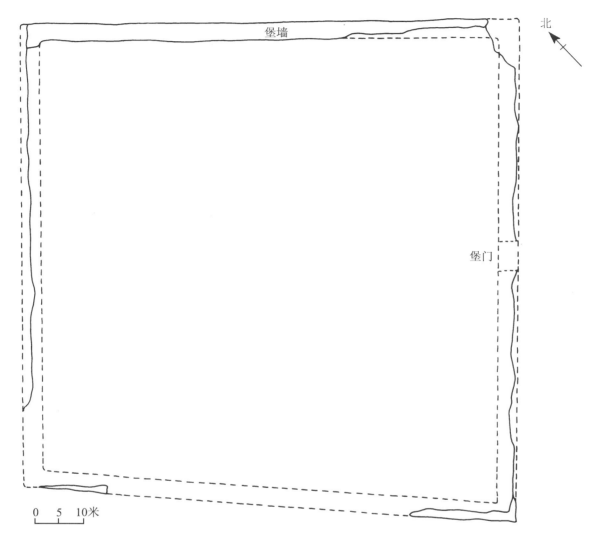

图一五〇　乐都县那家庄堡平面图

（4）孟家湾堡（编码：6321233531021700004）

位于乐都县马厂乡孟家湾村西南 5.6 千米山脊前端。该堡坐落在一南北向山坡上，东西两侧为南北向冲沟。西面为羊肠子沟，有一条土路向南通向高庙镇老鸦村。该堡附近无村庄。该堡位于长城内侧，东北距孟家湾村壕堑 3 段止点 144 米，西南距马厂岭烽火台 0.9 千米。

该堡平面格局及门向不清，残存平面呈长方形，东西长 23.5、南北宽 17.6 米。周长 82.2 米，面积 413.6 平方米。墙体及其附属设施无存，残存部分墙基。该堡距东侧山坡 6 米，距西侧山坡 8 米。南北两侧各有两道护城壕，距离和形制基本相同，护城壕长 175 米。第一道护城壕口宽 6.5、底宽 4.5、深 2.5 米。壕南侧土垄底宽 3.5～4.5、顶宽 0.92～2、高 1～1.2 米；第二道护城壕口宽 7.3、底宽 3.5、深 2.5 米，南垄底宽 3.2～3.5、顶宽 0.9～1.5、高 1～1.2 米。南垄向南 9.6 米处为自然形成的冲沟（图一五一；彩图一八四）。

该堡整体保存差，墙体大部分坍塌，残存部分墙基，周边杂草灌木丛生。损毁原因基本同于那家庄堡。

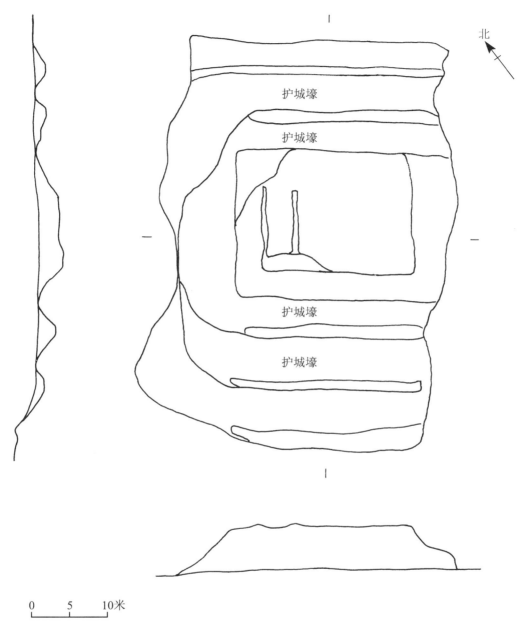

图一五一　乐都县孟家湾堡平、立面图

（5）碾木沟堡（编码：632123353102170005）

位于乐都县马营乡碾木沟东侧低缓的山梁上。该堡修建在一平整过的高台上，南北两侧均为低缓的山坡，西侧为自然冲沟，地势比较险峻。堡内外现为耕地，无人居住。该堡东南距碾木沟壕堑起点92 米，南距碾木沟烽火台 0.97 千米。

该堡平面格局清楚，呈方形。边长 14.8 米，现存周长 59.2 米，面积 219.04 平方米。堡门朝西，位于西墙中部。该堡利用地形而建，在一较平缓的山腰处，首先平整出方形台地，再依地形向四面挖削即成墙体。四面削挖的墙体残高 2、底宽 3.2~4.6、顶宽 0.6~0.8 米（图一五二；彩图一八五）。

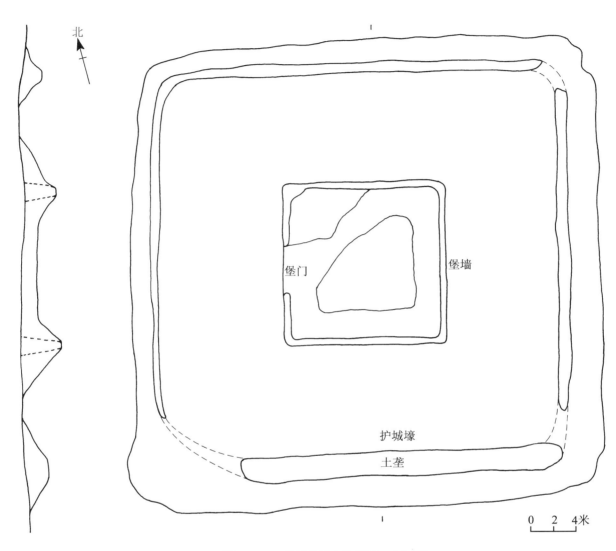

图一五二　乐都县碾木沟堡平、立面图

堡墙外侧有护城壕，护城壕长57.6米。沟内的土堆外侧即为土垄。东侧壕沟距堡墙10.2、南侧壕沟距堡墙10.2、西侧壕沟距堡墙11.2、北侧壕沟距堡墙10.3米，壕沟口宽10.2、底宽2.6～4.4、深2.2～2.4米，土垄底宽4.2～4.6、顶宽0.7～1.3、高1.4～1.6米。

该堡整体保存一般。墙体基本消失，仅从地面可以看出其残存痕迹。损毁原因以人为因素为主，表现为人为挖毁墙体取土肥田、扩垦耕地；自然因素表现为山洪、风雨侵蚀、植物生长等原因造成墙体坍塌。

（6）碾线沟堡（编码：632123353102170006）

位于乐都县马营乡碾线沟村东侧高耸的山岭上。该堡所在位置地势开阔，地形险峻，可对沟内情形一览无余。堡的周边现已无人居住。该堡位于长城内侧，东北距碾线沟壕堑起点0.26千米，东南距碾线岭烽火台0.8千米。

该堡平面格局清楚，基本呈三角形。东墙长128、北墙长78、西墙长88米，周长294米，面积3432平方米。堡门位于东墙略靠北端，宽10米（图一五三；彩图一八六）。残存部分墙体及墙基，堡内附属设施基本无存，仅存有一处灶台遗迹。

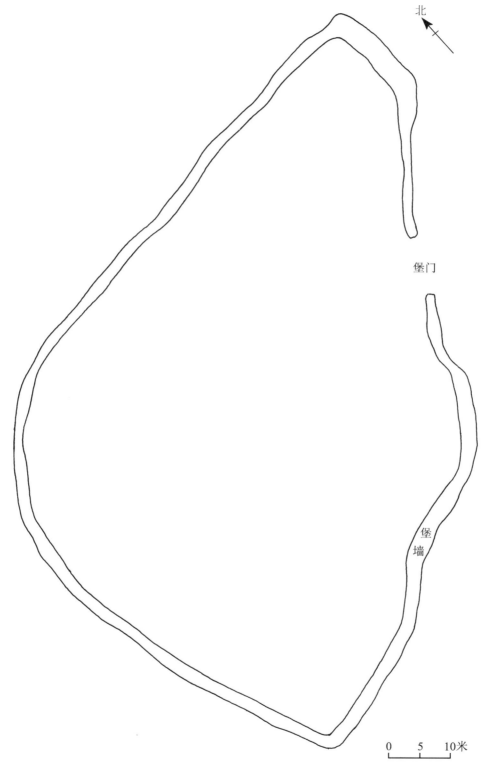

图一五三　乐都县碾线沟堡平面图

　　堡墙墙体系用黄土夯筑而成，夯层厚 0.11 米。墙体有不同程度的坍塌，内、外侧遗留有坍塌堆土。墙体底宽 2.1～3.3、顶宽 0.5～1.7、高 0.5～5.6 米。在西墙墙体内侧有一灶台遗迹，直径 0.4 米，可能属堡内驻兵时的遗存。

　　该堡整体保存一般，墙体坍塌较为严重。损毁原因基本同于上述碾木沟堡。

　　据记载："老鸦堡　在县东五十里。汉破羌县故地。隋改湟（中）［水］县。明置马驿……所属下水磨沟、碾线沟峡榨二。"[1] 而碾线沟堡位于碾线沟东侧山岭上，东北距碾线沟壕堑起点 0.26 千米，故推测该堡可能是专为守护长城及上述记载的碾线沟峡榨而修筑的军堡，该堡的修建年代应为明代。

　　（7）脑庄堡（编码：6321233531021700007）

　　位于乐都县水磨沟沟脑马营乡脑庄村内。脑庄堡位于水磨沟内，南北两侧为大山，地势险峻，该堡东北侧 0.2 千米有水磨沟水，向南注入湟水河，为湟水河较大的一条支流，沟内常年流水潺潺。其西北 50 米处有脑庄村卫生室，堡内现住有 6 户村民，人口 20 余人，均为土族。水磨沟沟口北面山上有寺磨庄 1 号堡，寺磨庄村民称山城岭山城。该堡位于长城外侧，其南侧为水槽沟壕堑。距乐都县城约 18 千米。

　　该堡平面呈长方形，东西长 58、南北宽 36 米，周长 188 米，面积 2088 平方米。堡门位置不清（图一五四）。残存墙体断断续续，堡的墙体均用黄土夯筑而成，夯层厚 0.24 米。

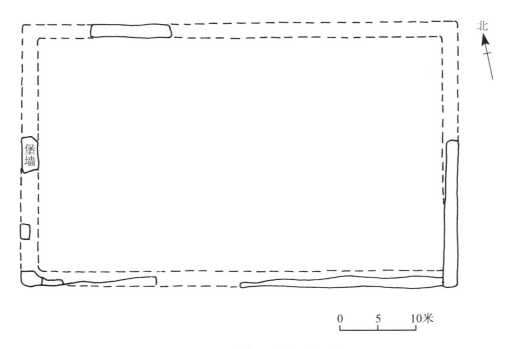

图一五四　乐都县脑庄堡平面图

　　堡墙东墙长 36、南墙长 58、西墙长 36、北墙长 58 米，墙体底宽 1.4～2.2、顶宽 0.3～0.9、高 1.1～3.25 米。

　　该堡大部分损毁，整体保存较差。堡墙南墙已被利用为农居的院墙，西墙东侧为农居，墙基被铲削损毁严重，部分墙体在农居基建时挖毁。损毁原因以人为因素的破坏为主；自然因素表现为受雨蚀、

〔1〕（清）查郎阿、刘于义修，许容纂：（乾隆）《甘肃通志》第九卷，台湾文海出版社据清乾隆元年刻本影印本，第 75 页。

风蚀等原因，致墙体中间出现裂缝及坍塌。

据记载："李土司下水磨沟庄　城东北四十里。"[1] 该处"城"即指碾伯县城。脑庄堡，位于今乐都县城之东北水磨沟沟脑马营乡脑庄村内，距碾伯县约18千米。据当地老人吴正刚介绍，该村内现仍居住有小李土司的后裔，该堡为东伯府李土司李英的后裔李化鳖的土司庄园。李化鳖为明土司世袭西宁卫指挥同知李化龙之弟，李光先的次子，在明末崇祯时期从李氏土司中独立分出，又称小李土司。从脑庄堡所处位置及与碾伯县城的里距，并结合寻访资料分析，该堡应属小李土司的堡寨。故推测该堡的修建年代可能为明代。

（8）寺磨庄1号堡（编码：632123353102170008）

位于乐都县高庙镇寺磨庄村山城岭顶。该堡地处山梁之上，地势险峻，所在山体为石山，石山风化较为严重，岩石裸露。南侧0.1千米有水磨沟水，系湟水支流，由北向南注入湟水。堡内现为寺磨庄李氏家族的坟茔，现有坟茔11座。附近有居民100余户，700余人，有汉、藏等民族。该堡位于长城外侧，东北距水磨沟壕堑起点0.2千米。

该堡依地形而建，整体呈南北向不规则长条形（彩图一八七）。堡南宽北窄，南北长约123、东西宽5~53米，周长、面积不详（图一五五）。该堡东、西、南三面险绝，唯北面可通至堡内，堡门应向北而开。堡内南部有一平面呈不规则形的自然土台，四周被铲削成斜坡状，高8~8.5米，可能供瞭望之用。

该堡除北面外，其余三面以断崖为障，未见墙体。北墙残长18米，墙体下部被堆土所掩埋，堆土底宽4.4米，墙体顶宽1.2~2.4、高4.2~4.4米。墙体系用黄土夯筑而成，夯层厚0.22米。墙体中发现木楔。

该堡整体保存一般，墙体风蚀较甚，均有不同程度的坍塌，并形成堆土，堆积土高2米以上。损毁原因人为因素表现为拓扩耕地挖毁墙体；自然因素表现为风雨侵蚀、植物生长。

（9）寺磨庄2号堡（编码：632123353102170009）

位于乐都县高庙镇寺磨庄村。该堡地处村中，西侧为水磨沟沟水，西南0.1千米处有寺磨庄村庙。该堡位于长城内侧，北距水磨沟壕堑1.9千米，西北距寺磨庄1号堡2.1千米。

该堡的修建受到了地形的限制，东、西面墙体外侧均为坡地，现已辟为耕地。平面格局不清，周长、面积不详。现状略呈长方形，东西残长27、南北残长29米。据当地村民李积林回忆介绍，原堡门朝南（图一五六）。

墙体用黄土夯筑而成，夯层厚0.2米。

堡墙现状已为残垣断壁，东墙残长16、西墙残长29、北墙残长27米，南墙被农居基建挖毁，仅北墙保存相对较好，墙体底宽2.5、顶宽0.9、高3.2~3.6米。

该堡整体保存一般。仅北墙保存较好，其余墙体残存局部或消失。损毁原因以人为破坏为主，表现为人为修建农居、取土肥田挖毁墙体；自然因素表现为风雨侵蚀使墙体有不同程度的坍塌，在墙体内外侧形成堆土，墙体底部形成风蚀凹槽。

（10）上衙门堡（编码：632123353102170010）

位于乐都县引胜乡上衙门村西北0.3千米处耕地中。该堡地处引胜沟，引胜沟沟谷地势开阔，东西两侧高山耸立，沟中有公路由北山林场向南出仓家峡通至乐都县。堡内现已开垦为农田。该堡位于长城内侧，西北距仓家峡长城1.1千米。

---

[1]（清）杨应琚：《西宁府新志》卷十二《建置·堡寨》，青海人民出版社，1988年，第313页。

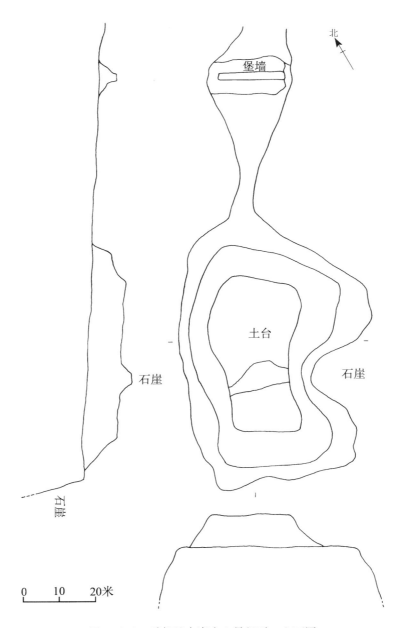

图一五五　乐都县寺磨庄 1 号堡平、立面图

　　该堡平面格局呈方形，边长 45 米，周长 180 米，面积 2025 平方米。堡门位置不清，据上衙门村民傅亮介绍，堡门原位于东墙中部。现堡内历史设施无存。堡墙采用黄土夯筑，夯层厚 0.23 米。

　　堡墙：东墙仅残长 3 米；北墙残长 18 米，底宽 3.6、顶宽 1.5~2.8、高 1.6~2.2 米。南墙与西墙均被平毁，已被利用为耕地田埂（图一五七）。

　　该堡整体保存差，损毁严重。此堡系于 20 世纪 60 年代被平毁，辟为农田，部分墙体由于坍塌现用大石块垒砌。

　　该堡地处引胜沟，位于引胜乡上衙门村，此地俗称赵土司衙门，据《土族史》研究[1]，赵土司

----

〔1〕　吕建福：《土族史》，中国社会科学出版社，2001 年，第 474 页。

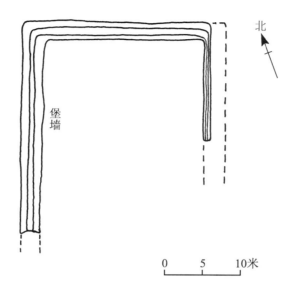

图一五六　乐都县寺磨庄 **2** 号堡平面图

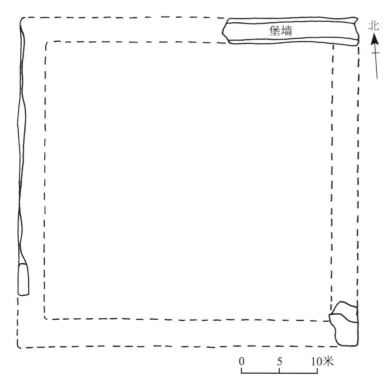

图一五七　乐都县上衙门堡平面图

辖地在今乐都县引胜沟赵家湾庄、赵家寺庄，双塔沟赵家庄等处。从上衙门堡地处引胜沟及俗称分析，推测该堡应属赵土司衙门，故修建年代为明代。

（11）**联星堡**（编码：632123353102170011）

位于乐都县共和乡联星村三社。联星村为共和乡政府所在地。该堡地处川水地带，东临碾伯镇至共和乡的共和达拉公路，西距弩木赤沟水 0.2 千米，该沟水系湟水支流，由北向南注入湟水。堡内现有住户 3 户，10 余人。

　　该堡平面格局不清，形状不详，堡门位置不清。堡墙系用黄土夯筑，夯层不清晰，仅残存局部南墙与西墙（图一五八）。南墙残长 12 米（现已被铲削利用为农居院墙）（彩图一八八）；西墙残长 35.5 米，底宽 0.9~3.6、顶宽 0.6~3.3、残高 1.3~4.7 米。墙体中发现有桩木及木楔痕迹。

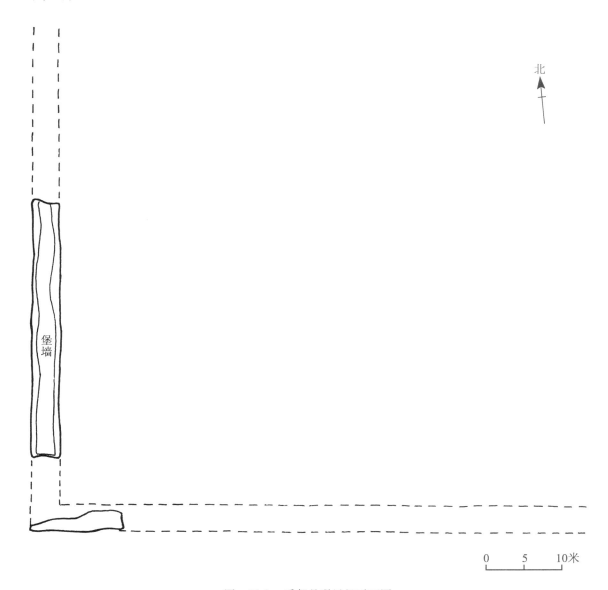

图一五八　乐都县联星堡平面图

　　该堡整体保存差。格局不清，损毁严重，东墙和北墙已消失，南墙和西墙残存部分墙体。损毁原因以人为因素为主，堡墙因村民修建农居被挖毁；自然因素表现为自然坍塌、植物生长。

　　据记载："城东……一百二十里有深沟堡、旱庄堡、弩木只沟营。"[1] 这里的"城"指西宁卫城。

　　联星堡俗名官堡子，堡现在所处位置当地村民称为弩木赤，因周围有一条弩木赤沟，由此得名。

　〔1〕（明）刘敏宽、龙膺纂修，王继光辑注：《西宁卫志》卷二《兵防志·堡寨》，青海人民出版社，1993 年，第 56 页。

又据《乐都县志》记载："明宪宗成化十六年（1480 年），都督鲁鉴在西宁卫境内设马营 12 处，每营派守兵 15 名。明武宗正德七年（1512 年）废。乐都境内的 3 处是：努木赤沟马营、迭尔沟马营、羊肠子沟马营。"[1] 从联星堡地处乐都县通往达拉乡的交通要道上，又周边有一条弩木赤沟，从其所处位置推测，该堡可能属弩木赤沟马营，应始建于 1480 年，废弃于 1512 年。

（12）祁家堡（编码：632123353102170012）

位于乐都县共和乡祁家堡村中。该堡地处川水地带，地势平缓，东西两侧高山耸立。堡东南 50 米处有祁家堡村小学，西侧 0.2 千米处有弩木赤沟水和碾伯镇至共和乡的共和达拉公路，弩木赤沟水由北向南注入湟水，为湟水的一条支流。堡的周边共有村民 100 余户，1000 余人，居民居住比较集中。

该堡平面格局不清，周长及面积不详。据当地村民介绍该堡原呈长方形。堡墙系用黄土夯筑而成，夯层清晰，夯层厚 0.23 米。堡墙大部分消失，残存局部南墙与北墙。南墙残长 3 米；北墙残长 4 米，墙体底宽 3.6、顶宽 0.8～1.1、高 1.8～4 米（图一五九）。

该堡整体保存差。北墙倒塌严重，坍塌堆土高 2 米以上，东墙和西墙因修建农居挖毁消失。损毁原因以人为破坏为主，表现为村民挖毁墙体肥田、修建庄院、拓宽耕地。

祁家堡俗称祁土司衙门。祁土司分东西二祁，居于民和、乐都境内祁土司为东祁土司。据《青海历代建置研究》，祁土司"世居碾伯以北胜番沟，所辖十一庄，一千余户。辖地分布于乐都县部分地区，相传二十一代，至第三代以'祁'为姓。"[2] 由上述研究推测该堡为东祁土司府衙所在地，修建年代为明代。

（13）迭尔沟堡（编码：632123353102170013）

位于乐都县雨润镇迭尔沟村中。迭尔沟村东西两面均为山势较平缓的红砂岩石山，其西侧距迭尔沟水 0.1 千米，迭尔沟呈南北走向。该堡附近现有村民 80 余户，400 余人。

该堡东、南、北三面墙体均消失，平面形状、周长及面积不详。西墙残长 35 米，墙体用黄土夯筑而成，夹杂少量大小不一的河滩砾石和碎石子夯筑，版筑痕迹清晰，版长 8.7 米。墙体底宽 2.8、顶宽 0.7、高 1.85～6.1 米（图一六〇）。

该堡整体保存差，仅残存一段西墙。损毁原因基本同于上述祁家堡。

据记载："城东……一百八十里有阿蛮堡、杏园堡、老鸦城堡、楪儿沟马营。"[3] 此外"城"指西宁卫城，而迭尔沟堡地处乐都县雨润镇西北迭尔沟口外侧，此处在西宁城东 90 千米处；又据《西宁志》记载："西石硖马营、旧红崖子沟马营、奴木只沟马营……楪儿沟马营、羊脑子沟马营、松林坡马营〔原注：右十二马营，俱成化十六年（1480 年）都督鲁鉴监设，每营屯兵五十名，防范西番。自正德七年（1512 年）海虏占据西海（青海湖一带），遂废〕。"[4]

"楪儿沟"与"迭尔沟"读音相同，故从里距、方向及名称上分析推测迭尔沟堡可能属上述文献记载中的"楪儿沟马营"，该堡始建于成化十六年（1480 年），废弃于正德七年（1512 年）。

（14）老鸦古城（编码：632123353102170014）

位于乐都县高庙镇老鸦村西南。老鸦古城南距湟水河 0.2 千米距兰西高速公路 0.1 千米，北靠

〔1〕 乐都县志编纂委员会：《乐都县志》，陕西人民出版社，1992 年，第 399 页。
〔2〕 青海省社会科学院历史研究所：《青海历代建置研究》，1987 年，第 239 页。
〔3〕 （明）刘敏宽、龙膺纂修，王继光辑注：《西宁卫志》卷二《兵防志·堡寨》，青海人民出版社，1993 年，第 56 页。
〔4〕 （清）苏铣纂修，王昱、马忠校注：《西宁志》卷四《兵防志·堡寨》，青海人民出版社，1993 年，第 180 页。

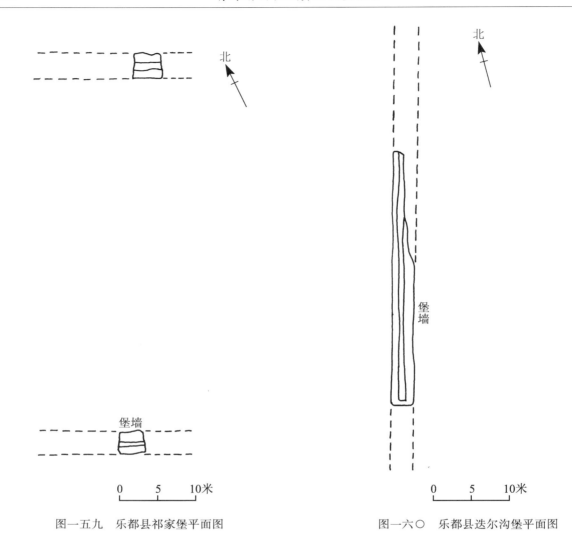

图一五九　乐都县祁家堡平面图　　　　　　图一六〇　乐都县迭尔沟堡平面图

阿拉古山脉，西邻自然冲沟。该城坐落于羊肠子沟和碾线沟二、三级阶地上，地势平坦，人口稠密。该古城内外原居住有很多居民，因湟水北侵，村民北迁，现在老鸦村民大多居住在城东北一带，现有村民 400 余户，2000 余人，民族以汉族为主，有少量回族。老鸦古城于 1983 年被公布为县级文物保护单位。

该古城西墙和南墙消失，平面格局、周长及面积不详。现仅存局部东墙和北墙。墙体系用黄土为主，夹杂少量碎石子夯筑而成，夯层厚 0.21 米。东墙残长 2 米；北墙残长 7.8 米，墙体底宽 1.2 ~ 2.3、顶宽 0.7 ~ 1.2、高 1.1 ~ 3.65 米（图一六一）。

该古城整体保存差。古城位于湟水北岸，受湟水长年侵蚀，西墙和南墙倒塌消失较早，据当地一位年逾八旬的老翁介绍，南墙消失时间早于西墙。

据记载："城东……一百八十里有阿蛮堡、杏园堡、老鸦城堡、椟儿沟马营。"[1] 此处"城"指西宁卫城，而老鸦古城位于高庙镇老鸦村西南，此处距离西宁城东 90 千米。又据《西宁府新志》记载："老鸦城　东去县治五十里，汉破羌县故地。隋改为湟水县。明洪武十九年置马驿。嘉靖元年置防守官。万历二十四年（1596 年），兵备刘敏宽檄增敌楼。城高二丈五尺。周回长二百四十六丈，壕

---

〔1〕（明）刘敏宽、龙膺纂修，王继光辑注：《西宁卫志》卷二《兵防志·堡寨》，青海人民出版社，1993 年，第 56 页。

图一六一　乐都县老鸦古城平面图

阔两丈。"[1]

　　从该古城所处地理位置分析，老鸦古城可能属明代的老鸦马驿遗存。

　　（15）碾伯古城（编码：632123353102170015）

　　位于乐都县碾伯镇古城大街北侧乐都一中和乐都县政府家属院内。该古城周围为乐都县城区，地势开阔，其南侧 0.5 千米有湟水河和 109 国道东西向穿过。1982 年碾伯古城公布为县级文物保护单位，立碑 2 座，一座位于北墙外侧，一座立于乐都县第一中学校园内北墙南侧。

　　碾伯古城南墙已消失，仅存北墙、局部东墙和西墙，故平面形制不清，东西长 358 米，南北宽、周长及面积不详。东北角、西北角立有角楼，北墙外侧筑有马面两座（图一六二）。

　　墙体系用黄土分段版筑而成，版长 4.3 米。东墙残长 35 米，墙体顶部被破坏削挖，人为削挖高11、底宽 13.6、顶宽 7.5 米。地面散落有灰陶片、碎砖、白灰等遗物；西墙残长 61 米，底宽不详，顶宽 0.9~2.2 米；北墙总长 358 米，墙体底宽 14、顶宽 5、残高 8 米（彩图一八九）。

　　角楼：东北角楼残高 11 米；底部东西长 19.1、南北宽 18.4 米；顶部东西长 11.1、南北宽 7.5 米，在角楼东北角被破坏削挖成台阶状。西北角楼高出墙体 2.4 米；底部东西长 19.7、南北宽 18.6 米；顶

〔1〕（清）杨应琚：《西宁府新志》卷九《建置·城池》，青海人民出版社，1988 年，第 267~268 页。

部东西长 11.6、南北宽 9.1 米。

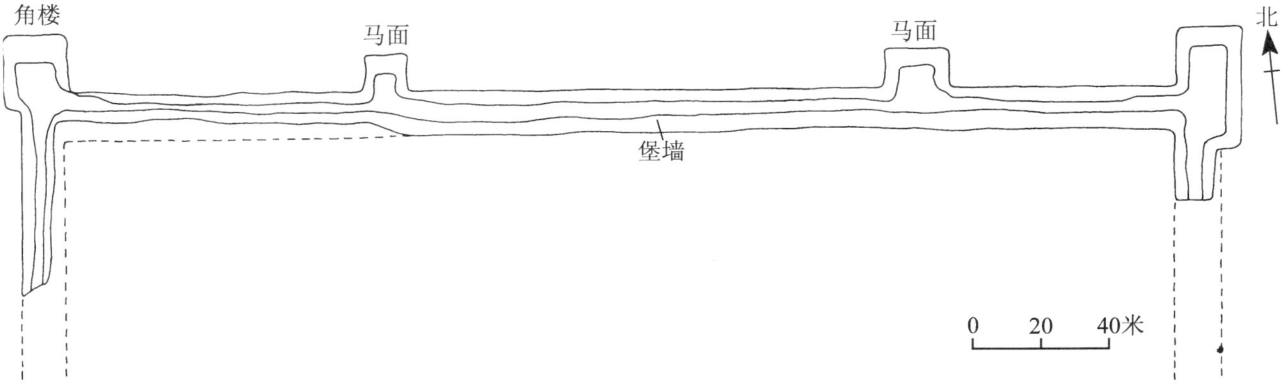

图一六二　乐都县碾伯古城平面图

马面：北墙东部马面高 11 米；底部东西长 12.1、南北宽 7.5 米；顶部东西长 7.1、南北宽 5.5 米。北墙西部马面高 10.5 米；底部东西长 14.6、南北宽 8.5 米；顶部东西长 10.1、南北宽 7.4 米。

碾伯古城整体保存较差。北墙保存较为完整，西墙和东墙残存局部。西墙底部部分被人为削挖，利用为乐都县中学和邓家庄村民的院墙；东墙大部和南墙由于扩建道路、城市建设等原因已完全消失。1958 年碾伯城东门楼等还存在，后被拆毁，现在碾伯古城内建有学校和商店。

据《乐都县志》记载，历史上碾伯古城明代建筑有西来寺、关帝庙等；清代旧县署位于内城东北角，北临城墙根为"后花园"。县府西侧为旧都司衙门（今为乐都县机关驻地），都司衙门北为粮库，粮库西侧为文庙，文庙西侧为柴草场（今乐都县一中所在地）。柴草场南有城隍庙、吕祖庙、百子宫。东关原有关帝庙、静修寺、天主堂、文昌宫（凤山书院旧址）、真武庙、西来寺等。现碾伯古城仅保留有西来寺、关帝牌坊、城隍庙等少数建筑物，东关城墙从 1958 年至 1975 年陆续拆除。古城风韵荡然无存。

又据《西宁府新志·建置》记载："碾伯城……明洪武十九年（1386 年），置嘉顺马驿，又置右千户所。嘉靖三十三年，增置守备。万历十二年，改置游击。二十二年（1594 年），游击达云修补加砖堞焉。兵备副使刘敏宽檄增敌楼。"[1] 在《乐都县志》"城乡建设"中记载："县城始建于明洪武十九年（1386 年），清康熙十七年（1678 年），湟水泛塌南城墙。乾隆二十九年（1764 年），知县韩芳用以工代赈办法，将南城墙北移 15 丈，并修补了东、北城垣。"[2]

由上述文献记载推测，碾伯古城始建于洪武十九年（1386 年），增筑于万历二十二年（1594 年），修缮于乾隆二十九年（1764 年）。

（16）袁家庄堡（编码：6321233353102170016）

位于乐都县洪水镇袁家庄村东面城垣台上。堡所处位置地势较为平坦，其东、南、北三面临自然冲沟。堡内现为耕地，无人居住。

该堡平面略呈长方形，东西长 167、南北宽 104 米，周长 542 米，面积 17638 平方米。堡门位置不详。北墙中部筑马面，外侧残存有一段护城壕（图一六三）。

堡墙系用黄土版筑而成，版长 2.8～3 米，夯层厚 0.08～0.11 米。

〔1〕（清）杨应琚：《西宁府新志》卷九《建置·城池》，青海人民出版社，1988 年，第 266～267 页。

〔2〕乐都县志编纂委员会：《乐都县志》第二编"经济"第八章"城乡建设·县城建设"。陕西人民出版社，1992 年，第 216 页。

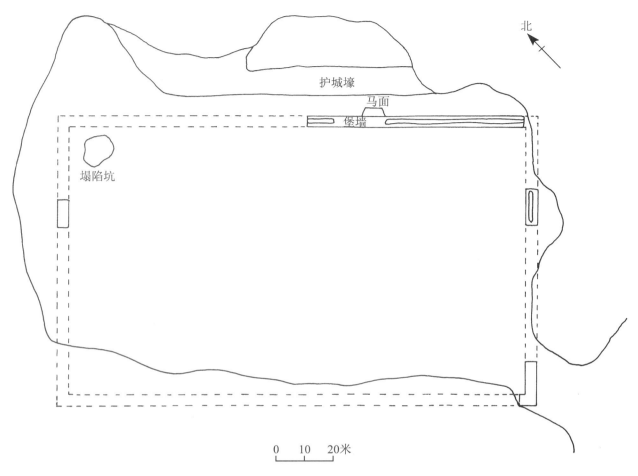

图一六三　乐都县袁家庄堡平面图

堡墙：东墙（残存中部及南端两段）共长 29 米，西墙残长 10 米，北墙（残存东西两段）共长 68 米，南墙仅残存局部东南角（多被山洪冲毁，原墙体处现为冲沟），残高 1～5 米。

马面：位于北墙中部，呈覆斗形，黄土夯筑，夯层厚 0.05～0.09 米。残高 6 米，底部东西长 7、南北宽 3 米。马面东西两壁均有风蚀凹槽。

护城壕：长 50、宽 10、深 1.5～2 米。

该堡整体保存较差。损毁原因以自然因素破坏为主，堡墙多因山洪冲击、山体滑坡、风雨侵蚀等原因破坏严重；人为因素破坏次之，表现为修建便道、扩张耕地而挖毁堡墙。

（二）互助县

1. 综述

《西宁卫志》、《西宁志》等文献中记载的互助县境内的堡寨共计有 16 座，这些堡寨主要分布于村庄之中或村庄附近，大多因现代人们日常生活或生产活动被毁无存或仅剩残墙断垣。根据本次明代长城调查的需要，从中选择了 9 座距长城墙体较近、平面格局保存相对较为完整、地理位置较为重要的城堡进行了调查。本次调查的城堡分布在松多乡、五什乡、丹麻镇、哈拉直沟乡、威远镇、塘川镇、五峰乡 7 个乡镇。这些堡大部分分布于河谷地中，一般位于长城墙体内侧，远离长城墙体，多设置在交通要道处或峡榨附近，根据传递信息的需要，每隔一定距离便修筑一座城堡。依托这些堡寨，以长城本体为防御中心，再配合烽火台的遥相呼应，共同构成一道攻守兼备的纵深防御体系。

2. 详细描述

互助县共调查堡 9 座，按照编码顺序排列分别为：马营堡、北庄古城堡、师家堡、新添堡、白崖堡、大通苑堡、陈家台堡、下马圈堡、威远堡。现以此顺序描述如下：

（1）马营堡（俗称羊胸子马营）（编码：632126353102170001）

位于互助县松多乡马营村西北面山坡上。该堡地处松多乡马营村西面的石山腰部，周围多为低缓的小山，山上多已退耕还林，种植牧草。该堡东侧有上水磨沟河，河东面为村庄，村庄不大，现有住户 50 余户，200 余人，多为藏族，占人口总数的 80% 以上。该堡东南距拉卡村 1 号烽火台 1.5 千米。该堡在 20 世纪 80 年代第二次全国文物普查时已调查，并建有记录档案。东北山坡下立有"张卡山遗址"保护碑一座。

该堡平面格局清楚，略呈三角形，周长 287.2 米，面积 4554 平方米（图一六四；彩图一九〇）。堡门朝向不详。堡墙东西两墙利用了自然地形加以修整，即成墙体；南北墙系用黄土夯筑而成，夯层厚 0.13 米。墙体外侧南、西、北面有护城壕沟。

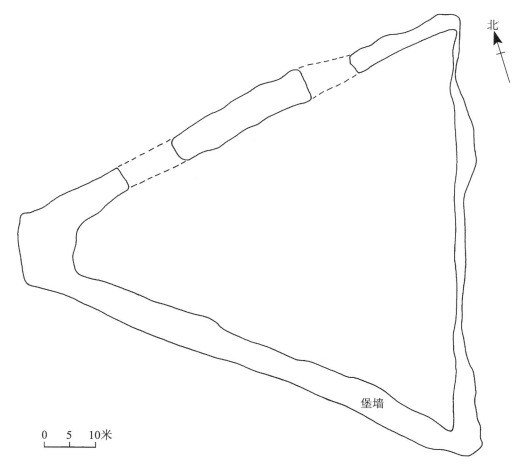

图一六四　互助县马营堡平面图

堡墙：东墙长 85 米，其构筑方式利用了当地的自然地形，将石崖铲削从而形成陡峭的崖壁，东墙下面为石崖；西墙南北长 16.2、东西宽 11.5 米，墙体高 5 米，该墙亦利用了狭窄地形为自然墙体，该段墙体高于其他墙体；南墙长 93、北墙长 93 米，墙体底宽 7.5、顶宽 1.1~3、高 3.2 米。

墙体外侧南、西、北面有护城壕沟，长 192 米，口宽 13.9~16.2、底宽 4.5~8.1、深 2~3.4 米。

该堡整体保存状况一般。南墙顶部因受风蚀、雨蚀等自然因素的破坏，墙体向内侧坍塌，形成多处缺口；北墙由于人为挖断墙体，对墙体造成破坏。损毁原因以人为铲削破坏为主；自然因素表现为该堡地处脑山地区，长期自然风雨侵蚀等因，墙体坍塌较甚。

马营堡位于松多乡马营村西北面山坡上，俗称羊胸子马营。从所在地名及俗称分析该堡应属明右十二马营中的"羊胸子沟马营"。《西宁志》记载："〔原注：右十二马营，俱成化十六年（1480 年）都督鲁鉴监设，每营屯兵五十名，防范西番。自正德七年（1512 年）海虏占据西海，遂废〕。"所谓"右十二马营"，即"西石硖马营、旧红崖子沟马营、奴木只沟马营、黑松林马营、西番沟马营、马安山马营、白土坡马营、小硖口马营、石硖山口马营、楪儿沟马营、羊脑子沟马营、松林坡马营"[1]。其中"羊脑子沟马营"，在《青海方志资料类编》中又作"羊胸子沟马营"[2]，就此马营名称两处记载有异，"脑"可能是"胸"的笔误，若以后者为准推测，马营堡可能属十二马营中的"羊胸子沟马营"，故该堡始建于成化十六年（1480 年），废弃于明武宗正德七年（1512 年）。

（2）北庄古城堡（编码：632126353102170002）

位于互助县五什乡南 1.5 千米的北庄村村中。北庄古城堡东西两侧均为低缓的山丘、小沟，海拔 2500 多米。西侧 0.2 千米处有红崖子沟河，由北向南注入湟水。该堡内现居住村民 10 余户，60~70 口人。该堡东墙外侧东北角立有一座县级文物保护碑，碑上有"互助土族自治县县级文物保护单位：北庄古城堡，2006 年 5 月 26 日公布，互助土族自治县人民政府立"字样。2008 年北庄古城堡又被公布为省级文物保护单位，但无省级文物保护标志碑。

该堡平面格局较清楚，平面形状呈梯形。现存墙体周长 279 米，面积 6162 平方米。堡门开于东墙中部，已遭破坏。城内历史设施现已无存。堡墙墙体采用黄土夯筑，夯层厚 0.2~0.23 米（图一六五）。

堡墙：东墙残长 79、南墙残长 52、西墙残长 70、北墙残长 78 米，墙体底宽 3.6、顶宽 0.8~1.5、高 3.2~5 米。北墙、东墙外侧有一层夹墙，疑为后期修补之痕。

该城整体保存状况一般。损毁原因以人为因素为主，表现为人为削挖破坏墙基，人为踩踏致墙体顶部形成多处缺口等；自然因素表现为由于风雨侵蚀造成的墙体自然坍塌。

（3）师家堡（编码：632126353102170003）

位于互助县哈拉直沟乡哈拉直沟河东师家村中。该堡位于互助县哈拉直沟乡川水地带，地势较为开阔，土质肥沃，自然条件较为优越，西距哈拉直沟河 0.2 千米，系湟水支流。现堡内居住村民 14 户，60 余人。

该堡平面呈长方形，南北长 88、东西宽 82 米，周长 340 米，面积 7216 平方米。堡门已破坏，据寻访当地村民，城门原开于东门。城内设施不详。墙体用黄土分段版筑而成，版长 4 米。西墙中部外侧有一座马面（图一六六）。

〔1〕（清）苏铣纂修，王昱、马忠校注：《西宁志》卷四《兵防志·堡寨》，青海人民出版社，1993 年，第 180 页。

〔2〕王昱主编：《青海方志资料类编》，青海人民出版社，1987 年，第 824 页。

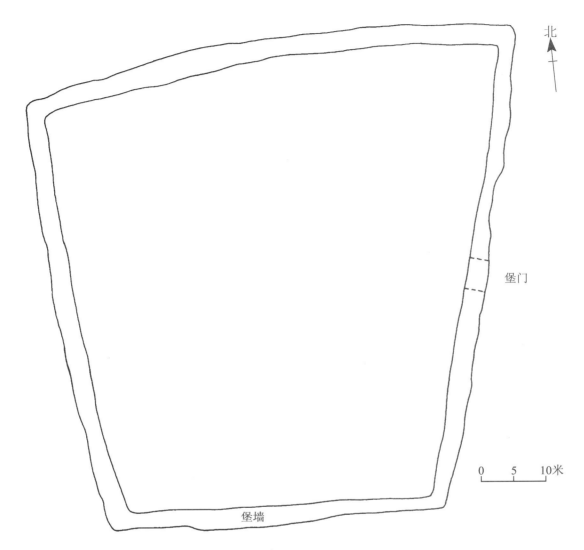

北

堡门

0　5　10米

堡墙

图一六五　互助县北庄古城堡平面图

　　堡墙：东墙残长 44、南墙残长 61.5、西墙残长 88、北墙残长 82 米，墙体底宽 1.1 ~ 4.1、顶宽 1 ~ 2.4、残高 0.4 ~ 4.7 米。

　　马面：位于西墙中部，高 4.6 米；底部呈长方形，东西长 8.3、南北宽 7.3 米；顶部呈方形，边长 5.5 米。

　　该堡形制基本完整，整体保存状况一般。损毁原因以人为破坏为主，表现为村民建房、拓宽耕地挖毁墙体，造成局部墙体消失；自然因素主要表现为风雨侵蚀等造成的自然坍塌。

　　据记载："师家堡　城东北五十里。"[1] 此处城指西宁卫城，该堡位于哈拉直沟乡哈拉直沟河东师家村中，此处距离西宁城东 25 千米，故从师家堡的地名及所处位置分析，该堡应是上述文献中记载的师家堡。其修建年代属"万历元年（1573 年）都御史廖逢节议题帮筑城堡"[2] 之一。

〔1〕（清）苏铣纂修，王昱、马忠校注：《西宁志》卷四《兵防志·堡寨》，青海人民出版社，1993 年，第 183 页。
〔2〕（清）苏铣纂修，王昱、马忠校注：《西宁志》卷四《兵防志·堡寨》，青海人民出版社，1993 年，第 181 页。

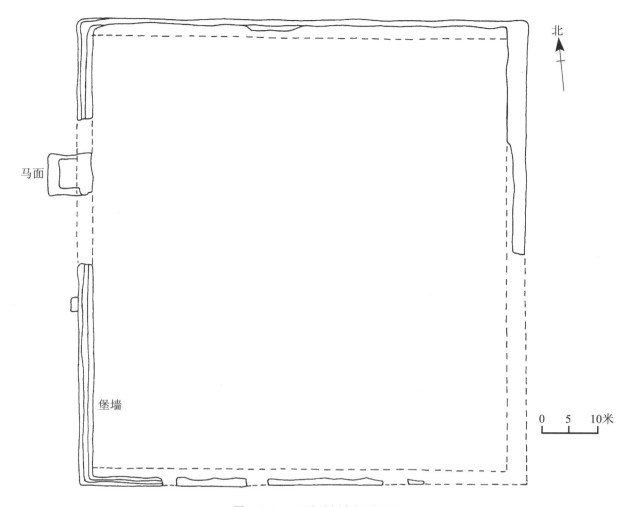

图一六六　互助县师家堡平面图

（4）新添堡（编码：632126353102170004）

位于互助县丹麻镇新添堡村中。该堡地处哈拉直沟中部地带，由此向北通至丹麻镇，南达哈拉直沟乡，地势开阔。东临湟水支流哈拉直沟河0.5千米，此河由北向南注入湟水。堡内修建有新添堡小学，附近现有住户20余户，100余人。新添堡在第二次全国文物普查中已调查登记，并建有记录档案。

该堡平面格局略呈方形，现存周长669.4米，面积29920平方米。城门开在东墙中部，宽15米，城门外侧筑有瓮城。堡墙四角均建角楼。马面共2座，分别位于南墙与西墙中部。堡墙及瓮城墙体系用黄土夯筑，夯层厚0.12～0.15米（图一六七）。

堡墙：东墙长170、南墙长165.9、西墙长157.5、北墙长176米，墙体底宽1.4～3.6、顶宽0.3～2.3、高0.5～7.2米。

瓮城：位于东墙中部。仅残存南墙，长16、高1.2米。瓮城东北角坍塌严重。

角楼：共4座。黄土夯筑，夯厚0.12米。东南角楼，高3米；底部东西长4.8、南北宽4.2米；顶部南北长3.1、东西宽2.4米，角楼顶部因长期攀爬踩踏现呈斜坡。西南角楼，高2.6米；底部南北长5.6、东西宽5.4米；顶部南北长3.4、东西宽3米。西北角楼，高4.2米；底部东西长7.4、南北

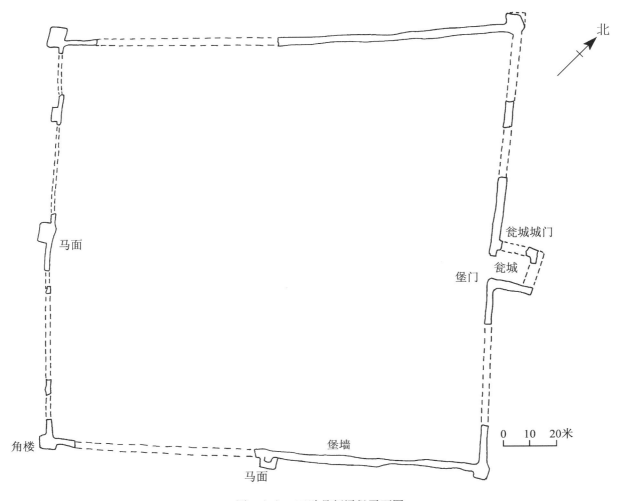

图一六七　互助县新添堡平面图

宽 6.2 米；顶部南北长 3.4、东西宽 3.2 米。东北角楼，高 7.6 米；底部东西长 5.2、南北宽 3.6 米；顶部南北长 4.7、东西宽 3.5 米，角楼底部坍塌，用泥土混合石块补修。

　　马面：2 座。南墙中部马面，残高 3.8 米；底部呈长方形，东西长 6.9、南北宽 3.4 米；顶部呈方形，边长 1.4 米。黄土夯筑，夯层厚 0.1～0.13 米。西墙中部马面，残高 3.8 米；底部南北长 7.4、东西宽 3.2 米；顶宽 2.3 米。

　　该堡整体保存状况一般。堡墙大部分断续存在，局部消失。东墙墙体外侧因人为搭建猪圈，致墙体外侧坍塌严重，其中一段被挖断而消失；南墙断续存在，局部拓宽耕地挖毁墙体，墙体底部掏有土洞，自然坍塌较严重；西墙因村民修建庄廓、修院墙、开荒种地，使部分墙体消失。瓮城仅残存一段南墙。马面底部坍塌十分严重。损毁原因以人为破坏为主，表现为人为扩张耕地、修院建房随意挖毁墙体；自然因素次之，表现为长期受风蚀、雨蚀、植物生长等因素的破坏，致使部分墙体坍塌。

　　据记载："新添堡　城东北八十里。"[1]

〔1〕（清）苏铣纂修，王昱、马忠校注：《西宁志》卷四《兵防志·堡寨》，青海人民出版社，1993 年，第 178 页。

该堡与班家湾堡、破寨子堡俱嘉靖十四年（1535 年）筑。本次调查的新添堡名称与上述记载相吻合，并且所处位置亦于明代西宁卫之东北。从名称及地望分析，均与上述记载中"新添堡"相符，故推测该堡的修建年代为嘉靖十四年（1535 年）。

（5）白崖堡（编码：632126353102170005）

位于互助县威远镇北 2.5 千米白崖村村中。白崖堡位于威远镇地势开阔的沙塘川地带，周围川地黄土发育较好，地势平缓。该堡西侧 0.4 千米处有沙塘川河，由北向南注入湟水。堡内现有住户 10 余户，40 余人。

该堡整体格局不清，在调查寻访中，据当地村民介绍，白崖村堡原有内城和外城（外城即罗城）。外城系 1958 年开拓耕地，取用堡墙夯土作肥料，挖毁消失。外城现仅保留有局部西墙，残长 40 米，墙体底宽 1.2、顶宽 0.2 ~ 1.4、高 1.6 ~ 1.8 米，夯层厚 0.16 ~ 0.21 米。

白崖堡堡内格局基本完整，平面呈长方形，周长 298 米，面积 5478 平方米（图一六八）。城门已破坏，据村民介绍门开于西墙。堡墙墙体是用黄土分段版筑，夯层清晰，版长 4 米，夯层厚 0.16 ~ 0.17 米。

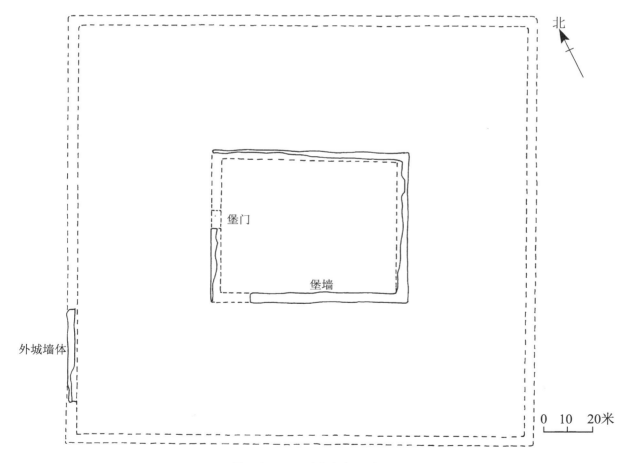

图一六八 互助县白崖堡平面图

堡墙：东墙长 66、南墙残长 67、西墙残长 32、北墙长 83 米，墙体底宽 1.3 ~ 4.8、顶宽 0.3 ~ 2、高 1.6 ~ 6.2 米（彩图一九一）。

该堡整体保存状况一般。墙体断续存在，墙体壁面风蚀孔洞比比皆是，自然坍塌情况严重。墙体顶部多处被人为削挖，底部人为下切取土，墙体内部村民修建庄廓，外侧搭建猪圈均对墙体造成破坏。

损毁原因以人为破坏为主，表现为于墙体内外侧修房建圈，人为削挖取土；自然因素表现为风雨侵蚀导致墙体开裂、表面脱落、部分坍塌。

据记载："祁土司世居西宁县南九十里寄彦才沟……土民八百余户，明时分为四族，国初分八族，共七百户。……散处各庄，朵思代庄、白崖子、吉家庄、写尔定、张家湾、喇哇庄、宗盛庄。"[1]《甘肃通志稿·民族三·族姓三》记载："（西祁）土司世居县南九十里，散处各庄如下：朵思代庄、白崖子、吉家庄、写尔定、张家湾、喇哇庄、宗盛庄。"[2] 又据白崖村年老村民介绍，民国时期祁土司最后一代百户仍在此堡中生活过。根据上述文献记载和调查获得的材料初步分析，白崖堡即为西祁土司所辖土司庄院。故推测，白崖堡始建于明代，清代沿用。

（6）大通苑堡（编码：632126353102170006）

位于互助县塘川镇大通苑村小学中。该堡所处为河谷地，地势开阔，周围为低缓的山丘。其西距西宁至互助公路约10米。堡内现建有大通苑小学。

该堡平面格局比较清楚，平面呈不规整长方形。现存周长238米，面积4130平方米。堡城门朝向西。东北角有一座角楼（图一六九）。堡墙体是用黄土版筑，版长3.1～5.6米。

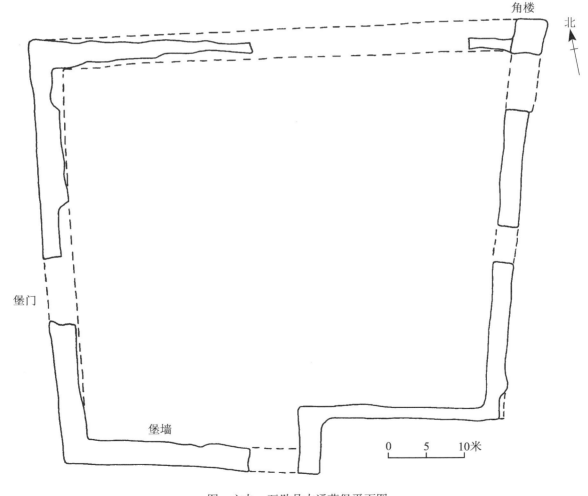

图一六九　互助县大通苑堡平面图

〔1〕（清）升允等修，安维峻等纂：（宣统）《甘肃新通志》卷四二，清宣统元年刻本，第35～36页。

〔2〕《甘肃通志稿·民族三·族姓三》"地址"条。

堡墙：东墙残长 52、南墙残长 57、西墙残长 59、北墙残长 70 米，墙体底宽 2.1~3.6、顶宽 1.1~1.9、高 3~5.7 米。

东北角楼：高 5.4 米；底部东西长 3.2、南北宽 4.8 米；顶部东西宽 1.7、南北长 2.8 米（彩图一九二）。

该堡整体保存状况一般。损毁原因以人为因素为主，表现为在堡内修建大通苑小学，墙体内外侧修建房屋，搭建厕所，取土垫圈，任意削挖墙体；自然因素表现为墙体受风雨侵蚀、植物生长等因素破坏，坍塌现象严重。

据《西宁志》记："大通苑　城东北六十里，"[1] 嘉靖十三年（1534 年）新筑。又据《西宁卫志》记载："威远……七十里大通苑堡、新添堡、董家寨、纳零沟、魏家堡。"[2]

从大通苑堡的地名及所处位置分析，该堡与上述记载中大通苑及大通苑堡相吻合，属西宁卫下辖十六苑中的大通苑遗存，修建年代为嘉靖十三年（1534 年）。

（7）陈家台堡（编码：632126353102170007）

位于互助县五峰乡陈家台村中。该堡两侧为低缓的山丘，其北距互助县威远镇到五峰乡公路 5 米，南侧距下马圈沟河 0.3 千米，该沟水向西南注入大通县的北川河。堡内现有住户 3 户，10 余人。

该堡平面格局不清，仅存有东北角（图一七〇）。墙体用黄土版筑，版长 4.2 米，夯层厚 0.15~0.17 米。

堡墙：东墙残长 33、北墙残长 48 米，墙体底宽 1.2~3.6、顶宽 0.4~1.8、残高 3.2~4.5 米。

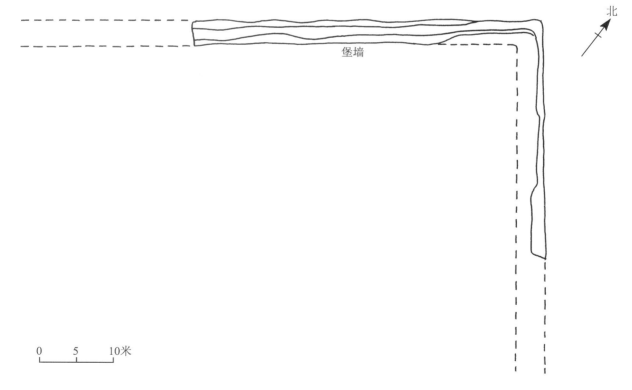

北

堡墙

0　　5　　10米

图一七〇　互助县陈家台堡平面图

〔1〕（清）苏铣纂修，王昱、马忠校注：《西宁志》卷四《兵防志·堡寨》，青海人民出版社，1993 年，第 178 页。

〔2〕（明）刘敏宽、龙膺纂修，王继光辑注：《西宁卫志》卷二《兵防志·堡寨》，青海人民出版社，1993 年，第 55~56 页。

该堡整体保存较差。损毁原因以人为因素为主，表现为人为削挖、拆毁墙体建房，削挖墙体的现象普遍，致使墙体消失；自然因素表现为雨水冲刷，引起墙体北侧底部坍塌成斜坡状；此外草类生长茂盛等亦对墙体造成一定程度的损毁。

据记载：陈土司的先祖为陈子明，为江南汉人。1367 年，明王朝首先授元朝淮安右丞陈子明为指挥使，使其世居西宁以北五十里之陈家台[1]（即今天互助县五峰乡陈家堡）。又据考古文物资料：20世纪 80 年代初，在互助县五峰乡陈家台村发掘出土了一通陈土司陈辅墓志铭[2]。由上述记载推测，陈家台堡应为陈土司居住的地方，故推测该堡的修建年代为明代。

（8）下马圈堡（编码：6321263353102170008）

位于互助县五峰乡下马圈村二社村西 38 米的山上。该堡地处互助县五峰乡与大通县长宁镇之间的交通要道处。其南侧距北川河支流下马圈沟河 0.6 千米，该河水向西南注入北川河。堡内现辟为耕地。

该堡平面格局清楚，略呈梯形。周长 457 米，面积约 16642 平方米。堡门开在东墙中部。墙体用黄土分段版筑而成，夯层厚 0.1～0.15 米。角楼 4 座，置于堡墙四角。马面 4 座，筑于东墙堡门南北两侧、南墙与西墙中部（图一七一）。

堡墙：东墙残长 137、南墙残长 57、西墙残长 157、北墙残长 106 米，墙体底宽 0.8～5、顶宽0.3～1.8、残高 0.8～6.2 米。

角楼：共 4 座。西北角楼，位于墙体西北角，突出于西墙外侧，底部南北长 6.7、东西宽 4.2 米；顶部南北长 5、东西宽 3.7 米。角楼顶部坍塌，后期经人为平整。西南角楼，高 6.6 米；底部南北长5.2、东西宽 3.9 米；顶部南北长 2.4、东西宽 2.2 米，角台底部局部坍塌。东南角楼，残高 5.4 米；底部东西长 8.2、南北宽 8.1 米；顶部东西长 6.5、南北宽 5.7 米（彩图一九三）。东北角楼，残高 7.7米；底部南北长 5.9、东西宽 5 米；顶部东西长 4.5、南北宽 3.3 米。

马面：共 4 座，版筑，每版长度不等，为 1.6、1.8、2.4 米，夯层厚 0.1 米。西墙中部马面，残高 5.2 米；底部南北长 4.6、东西宽 3.8 米；顶部南北长 3.6、东西宽 2.6 米。马面顶部中间有宽0.1～0.15 米的裂缝，底部西北角坍塌，坍塌高 3、宽 2.5、深 2.8 米。南墙中部马面，高 6.4 米；底部东西长 5.2、南北宽 4.8 米；顶部南北长 3.2、东西宽 3 米。东墙堡门南侧马面，残高 3.6 米；底部南北长 4.9、东西宽 3.8 米；顶部南北长 3.3、东西宽 3.2 米。东墙堡门北侧马面，残高 5 米；底部东西长 5.6、南北宽 4.8 米；顶部东西长 4.6、南北宽 3.2 米。马面底部局部坍塌。

该堡格局基本完整，整体保存状况一般。损毁原因以人为因素为主，表现为人为拓扩耕地，拆毁、踩踏、攀爬墙体现象严重，致使墙体多处形成断口；自然因素表现为长期受风雨侵蚀，致墙体自然坍塌。

据记载："下马圈堡　城东北一百里。"[3] 嘉靖十四年（1535 年）筑。本次调查的下马圈堡名称与上述记载相吻合，并且所处位置亦于明代西宁卫之东北。从名称及地望分析，均与上述记载中"下马圈堡"相符，故推测该堡的修建年代为明嘉靖十四年（1535 年），清代沿用。

（9）威远堡（编码：6321263353102170009）

位于互助县威远镇古城村村北。该堡周围地势开阔广衍，古称沙塘川、广牧川，自然条件优越。该堡东距西宁至互助公路约 20 米，距沙塘川河 1 千米。堡内现有住户 3 户，余处已辟为耕地。该堡在第二次全国文物普查时已登记在册，建有记录档案。

〔1〕《甘肃通志稿·民族三·族姓三》第 53～59 页。

〔2〕 卢耀光：《陈辅墓志铭考略》，《青海文物》1988 年第 1 期。

〔3〕（清）苏铣纂修，王昱、马忠校注：《西宁志》卷四《兵防志·堡寨》，青海人民出版社，1993 年，第 178 页。

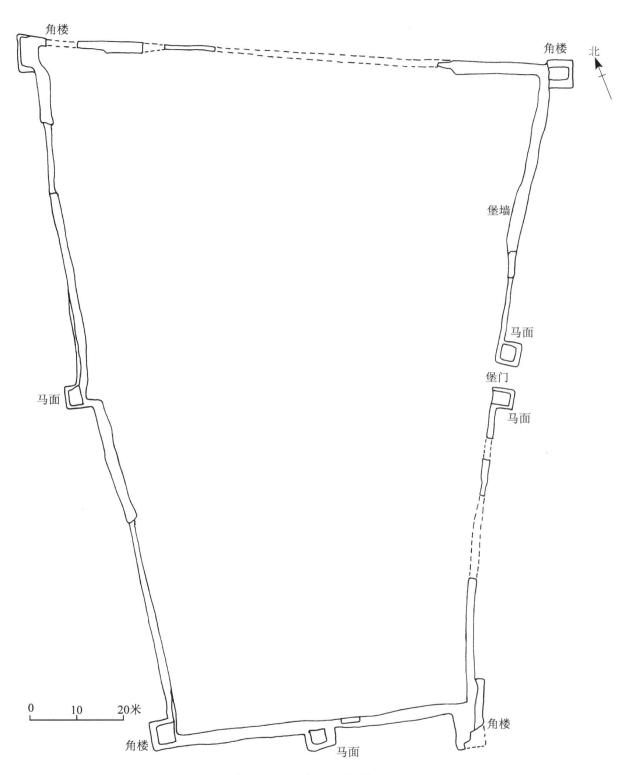

图一七一　互助县下马圈村堡平面图

　　该堡平面略呈长方形。周长、面积不详。堡门朝南，位于南墙中部。城门外筑瓮城。堡墙及瓮城墙体均夯筑，夯层厚0.09～0.13米。堡墙现存南、西、北三面墙体，东墙消失（图一七二）。

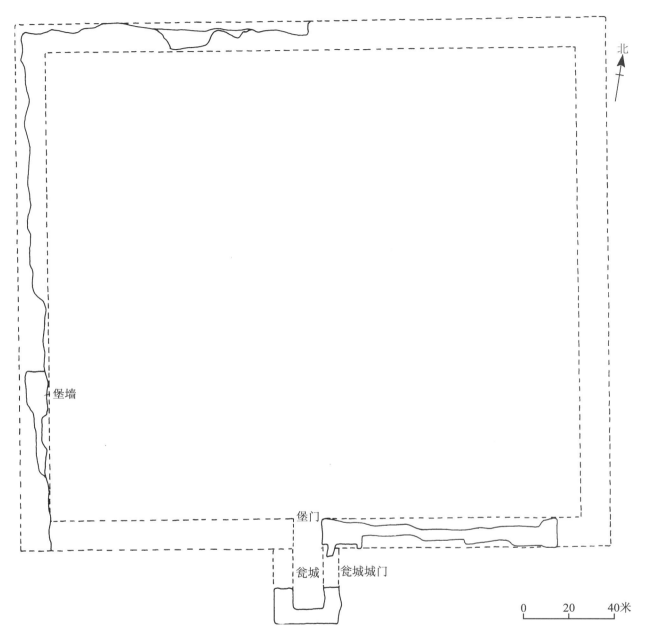

图一七二　互助县威远堡平面图

堡墙：南墙残长 239、西墙残长 228、北墙残长 124 米，墙体底宽 0.6 ~ 12.8（包括墙体坍塌堆土宽度）、顶宽 0.4 ~ 3.6、残高 1.2 ~ 6.6 米。

瓮城：增筑于南墙外侧，呈梯形，瓮城门开在东侧。东墙与西墙长 14、南墙长 20 米，墙体底宽 4.6 ~ 7.2、顶宽 1.4 ~ 3.4、高 5.4 ~ 7.2 米。

该堡整体保存状况一般。因村民平整土地、修建农居等致使东墙消失，局部西墙与北墙被夷平利用为耕地田埂。损毁原因以人为破坏为主，表现为平整耕地，修建住房、便道，人为踩爬损毁墙体；自然因素表现为风雨侵蚀，造成墙体部分坍塌，墙体内侧形成高达数米的堆积土。

据记载："威远堡　城东北八十里。"[1] 这里"城"指西宁卫城，该堡与班家湾堡、破寨子堡均为嘉靖十四年（1535 年）筑。又据清代乾隆时纂修的《甘肃通志》记载："威远堡　在县（原志在碾伯县条下，应为西宁县，故列此——编者）东北八十里，北至阇门边墙二十里。明嘉靖年筑。城周三里，设官兵驻守。又有沙塘川堡、破寨子堡、班家湾堡、新添堡、下马圈堡，俱在县东北。"[2] 从威远堡的地名及与西宁的里距均同于文献记载分析，该堡应是上述记载中的"威远堡"。故推测，威远堡始建于嘉靖十四年（1535 年），清代沿用。

（三）大通县

1. 综述

大通县的堡共有 4 座，分布在桥头镇和黄家寨镇，除庙沟堡位于低山丘陵地外，其余的堡均位于大通县北川河右岸河谷地带之上，长城墙体的内侧，堡的附近均有烽火台。

2. 详细描述

按编码顺序依次排列为庙沟堡、新城、平乐堡、古城，以此顺序分别描述如下：

（1）庙沟堡（编码：630121353102170002）

位于大通县桥头镇下庙沟村村南约 0.05 千米的山坡上。庙沟堡所处区域为黄土丘陵区。庙沟堡内外全为耕地，种植有春小麦等农作物。庙沟堡东面是（西）宁大（通）铁路和桥头镇至上庙村的乡间公路。过小石山是宁张公路，隔北川河为宁大高速公路。向北 0.8 千米处是庙沟河。堡的南侧为下庙沟村三社。北侧约 0.8 千米为下庙沟长城 1 段（彩图一九四）。

该堡平面略呈长方形，东西长 61、南北宽 48 米，墙体残断。周长 218 米，面积 2928 平方米。堡门位置不详。东南角及西南角有角楼。堡内相关设施无存。堡墙系在自然堆积的黄褐土山坡基础上找平、就地取土，以黄褐土夯筑而成，夯层厚约 0.12 ~ 0.14 米。墙体夯土在下部 1 米左右使用黄褐色土夹杂灰褐色土夯筑而成，夯土层内夹杂泥质灰陶片、红陶片等青铜时代文化陶片，而上部均为黄褐色土，夯土较为纯净。堡墙损毁严重，仅存东墙和南墙局部，东墙长 48、南墙残长 31.2 米，墙体底宽 1.4、顶宽 0.3 ~ 0.8、高 6 ~ 6.5 米（图一七三）。

角楼：2 座。东南角楼，高 5.3 米，底部长 3、宽 3 米，顶部长 2.8、宽 2.2 米。顶有垛墙的残痕，残存垛墙高 0.2 ~ 0.5、宽 0.5 米，靠近角楼顶部的夯土层中有直径 1 ~ 2 厘米的杨树枝。西南角楼，坍塌为土堆，形制不清。

整体保存程度较差。仅存东墙和南墙，残存墙体也出现不同程度的坍塌、裂缝，西南角楼亦坍塌损毁。损毁原因以人为因素的破坏为主，表现为当地村民取土垫圈、扩建住宅、踩踏等。堡内为农田，长期耕作、平整土地、农田浇灌，造成了墙基暴露、基础不稳、裂缝较多。自然因素次之，主要表现为风雨侵蚀、自然坍塌等。

庙沟堡在《西宁卫志》、《西宁志》、《西宁府新志》等文献中均有记载，《西宁卫志》记载："北川……万历二十四年（1596 年）……又有庙沟山城。"[3] 原注标明为万历二十四年（1596 年）增筑。《西宁志》亦记载："庙沟山城　城北八十里。"[4] 这里的"城"指当时的西宁卫城，庙沟堡置西宁之

〔1〕（清）苏铣纂修，王昱、马忠校注：《西宁志》卷四《兵防志·堡寨》，青海人民出版社，1993 年，第 178 页。

〔2〕（清）查郎阿、刘于义修，许容纂：（乾隆）《甘肃通志》第十一卷，台湾文海出版社据清乾隆元年刻本影印本，第 30 ~ 31 页。

〔3〕（明）刘敏宽、龙膺纂修，王继光辑注：《西宁卫志》卷二《兵防志·堡寨》，青海人民出版社，1993 年，第 55 页。

〔4〕（清）苏铣纂修，王昱、马忠校注：《西宁志》卷四《兵防志·堡寨》，青海人民出版社，1993 年，第 183 页。

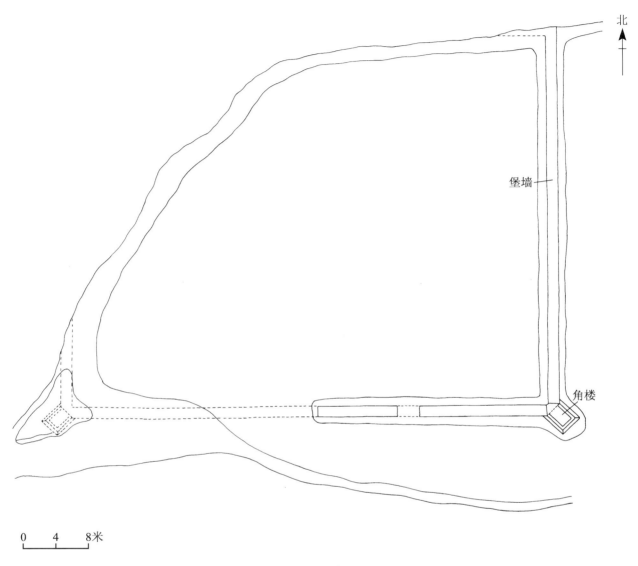

北

堡墙

角楼

0　4　8米

图一七三　大通县庙沟堡平面图

北，两者里距与记载基本吻合，故推测庙沟堡即"庙沟山城"，该堡始建于明代，清代沿用。

（2）新城（编码：630121353102170003）

位于大通县桥头镇新城乡新城村内。新城地处北川河二级阶地。新城西约 0.8 千米为上关烽火台，西北距上关长城 3 段 1.83 千米，北距下庙沟长城 1 段墙体 2 千米。

该堡仅残存北墙，故平面格局等均不详。堡墙系分段夯筑，版长 3.1 米，夯层厚 0.14~0.16 米。北墙长 165 米，底宽 5、顶宽 2~2.5、高 11 米。墙体外侧残存一座马面，底部长 8、宽 6 米，伸出墙外 7 米；顶部长 6、宽 4.5 米（彩图一九五）。

新城整体保存程度差。现存北墙，残存墙体及马面也有不同程度的坍塌与裂缝。损毁原因以人为因素的破坏为主，该城位于新城村内，村民因修建道路、住宅等，取土挖毁墙体；20 世纪 50 年代修建宁大铁路，铁路轨道占压了新城堡的西墙及南、北部分城墙，破坏了其整体布局，造成大部分城墙消失。自然因素同于上述庙沟堡。

据记载："永安城　北去府治七十里。……南距旧城五里，人谓之新城。明时移今驻扎游击一员，千把总各一员。"[1] 这里的"府"指当时的西宁府城，也就是明代西宁卫城，在今西宁市城中区，从该区至新城 35 千米，里距与记载基本吻合，而且城池的名称迄今仍然沿用明代的旧称，故此城为明代所建，清代沿用。

（3）平乐堡（编码：630121353102170004）

平乐堡位于大通县黄家寨镇平乐村村北约 0.3 千米的土山山坡上（彩图一九六）。地势高耸、视野开阔。该堡南侧山下，黄家寨镇东流村至清水沟大哈门村的乡间公路及清水沟水自西向东从村中穿过；东 0.3 千米是自北向南流淌的北川渠。北距上关长城 1 段 6.5 千米，距放马沟烽火台 2.5 千米。南与平乐 1 号烽火台相距 1.5 千米，与平乐 2 号烽火台相距 0.98 千米。

该堡平面略呈不规整形，东西长 64、南北宽 38 米，周长 204 米，面积 2432 平方米。堡门、堡内设施均消失。有马面 2 座，分置西墙与北墙（图一七四）。堡墙墙体夯筑，夯层厚 0.14 ~ 0.16 米。

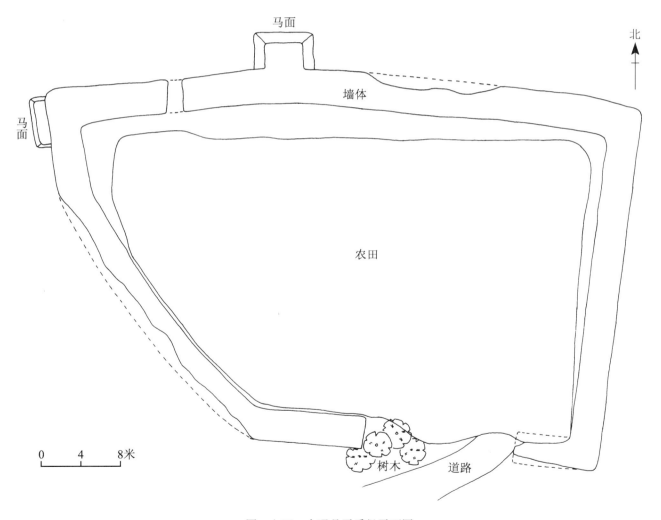

图一七四　大通县平乐堡平面图

〔1〕（清）杨应琚：《西宁府新志》卷九《建置·城池》，青海人民出版社，1988 年，第 262 页。

堡墙：东墙长 38、南墙长 35.6、西墙长 33、北墙长 64 米，墙体底宽 3.2、顶宽 1、残高 3.8 ~ 4 米。

马面：2 座。西墙马面，位于西墙北端，北距西北角 1.5 米，南北长 5.2、东西宽 2.2、高 4 米；北墙马面，位于北墙中部，东西长 4、南北宽 3.5、高 4.5 米。

该堡整体保存状况一般。基本格局清晰可辨，四面墙体有不同程度的损毁。损毁原因以人为破坏为主，堡墙西、南、北墙及北墙马面内侧都有人工取土的痕迹，南墙有 21 米墙体破坏殆尽；水渠从北墙西段穿过，被人为挖开宽 1、高 3.9 米的豁口。西墙马面南侧因人为掏挖土洞，造成该马面顶部坍塌。自然风蚀较严重，在东墙、北墙表面因风蚀形成了高 0.3 ~ 1、进深 0.2 ~ 0.4 米的横向凹槽，墙面凹凸不平，表面剥蚀、坍塌的墙土堆积成斜坡，其上生长有冰草、蒿草等野草。

此堡在文献中没有记载，又未发现实物证据，但从堡的平面格局、堡墙的夯层厚度、建筑方式和马面等来判断，推测其始建于明代。

（4）古城（编码：630121353102170005）

位于大通县桥头镇古城村。古城东距宁张公路 1.5 千米，距北川河 2 千米，北邻桥电铝业有限公司厂房，西距自北向南流淌的北川灌渠 0.05 千米。西北距上关长城 1 段 4.28 千米。西约 1.7 千米为放马沟烽火台。

该堡平面格局等情况均不详，仅存局部东、西墙。堡墙夯筑，夯层厚 0.1 ~ 0.12 米。夯土层之间有夹杂桩木的痕迹，桩木直径 8 ~ 12 厘米。堡墙东墙残长 103、西墙残长 50 米，墙体底宽 6、顶宽 1 ~ 1.5、高 6 米（图一七五）。东墙残存马面 1 座。底部南北长 5.5、东西宽 3 米，顶部南北长 4、东西宽 2.3 米。

该堡整体保存状况差。残存的东墙、西墙局部墙体，也有不同程度的坍塌。损毁原因以人为因素的破坏为主，表现为修建住宅，拓展院落等；自然因素同于上述。

据记载：“永安城　北去府治七十里。……南距旧城五里，人谓之新城。”[1] 永安城即调查定名的“新城”，“新城”南距古城 2.5 千米，由“新城”与古城的相距里程，以及新城与古城的称谓表明二者的渊源关系，推断上述记载中的旧城即调查定名的古城，故古城的修建年代为明代，清代沿用。

（四）湟中县

1. 综述

湟中县共测量堡寨 10 座。《西宁卫志》、《西宁志》等文献中记载的湟中县境内的堡寨共计有 40 余个，这些堡寨主要分布于村庄之中，大多被毁无存或仅剩残墙断垣，格局不清；由于调查工作任务重、时间紧，我们仅选择距长城较近、平面格局较为完整、比较重要的堡寨进行了测量。测量的这些堡寨主要分布于湟中县上新庄镇、拦隆口镇、李家山镇、土门关乡、鲁沙尔镇、甘河滩镇、多巴镇。堡寨分布区域的地貌大多以河谷地为主，有少量分布于低山丘陵地之上。除元山尔堡外，其他堡寨均位于长城内侧。依托这些堡寨，以长城本体为防御中心，再配合烽火台的遥相呼应，共同构成一道攻守兼备的纵深防御体系。

2. 详细描述

湟中县境内的 10 座堡按编码顺序排列分别为阳坡台堡、上新庄堡、伯什营堡、老幼堡、贾尔藏堡、新城堡、元山尔堡、董家湾堡、徐家寨堡、通海堡，按此顺序分述如下：

---

〔1〕（清）杨应琚：《西宁府新志》卷九《建置·城池》，青海人民出版社，1988 年，第 262 页。

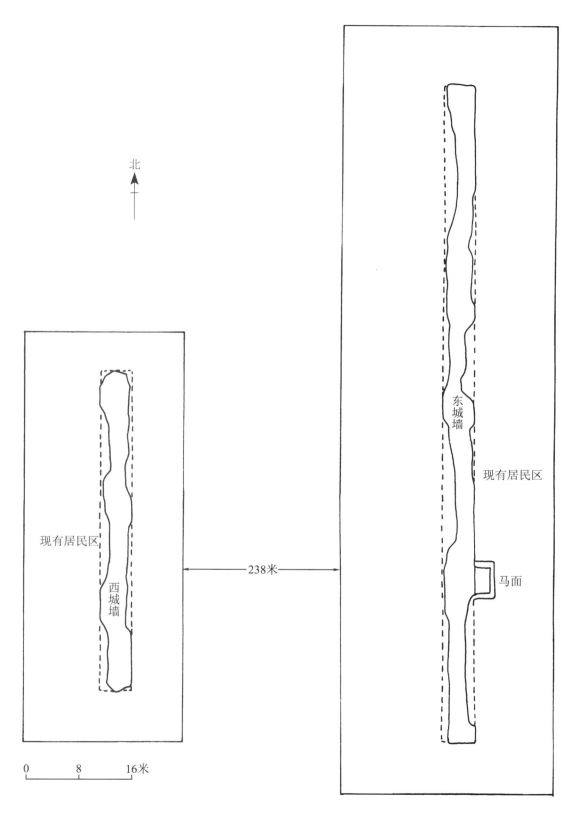

北

238米

现有居民区

东城墙

现有居民区

马面

现有居民区

西城墙

0　　8　　16米

图一七五　大通县古城平面图

（1）阳坡台堡（编码：630122353102190001）

位于湟中县上新庄镇阳坡台村东南 0.7 千米处的台地上（当地人称为营盘台）。该堡北距上新庄村十一社 1 千米，西距南川河 0.45 千米，距西（宁）久（治）公路 0.52 千米，南面正对贵德峡，西南为玛鸡沟峡。堡周围均为耕地。当地村民把该堡称为上营盘，上新庄堡称为下营盘。该堡西南距上新庄壕堑 4 段 42 米，东南距上新庄 2 号烽火台 0.43 千米，向北 1.3 千米处为上新庄堡。

该堡依地势而建，北高南低，平面呈长方形，南北长 23、东西宽 17 米，周长 80 米，面积 391 平方米。门向不清（图一七六）。堡墙先依地势由南向北挖掘一长方形地槽，再在槽壁内侧夯筑墙体，黄土夯筑，夯层厚 0.15～0.18 米。

堡墙：东墙消失，仅存北部槽壁，南墙残长 1.4 米，西墙残长 2.3 米，北墙全部消失，墙体底宽 0.7、顶宽 0.45、残高 1.6～1.8 米。

该堡四面墙体残损严重，整体保存状况较差。该堡东墙和北墙全部消失，西墙和南墙各残存一小段。堡北部被人为下切严重，北面底部掏有窑洞。东墙南部外因取土而形成一块场地。堡内原被平整为耕地，现荒。损毁原因以人为因素的破坏为主，自然因素次之，主要表现为不合理利用、平整土地及自然坍塌等。

该堡在文献中没有记载，又未发现任何实物证据，加之残损严重，具体修建年代不详。

（2）上新庄堡（编码：630122353102190002）

位于湟中县上新庄镇上新庄村十一社村民李长宁家东面台地上。该堡西、南两面为断崖，下有民房，北侧为耕地，东侧下部悬空。堡内为耕地。该堡南距上新庄壕堑 4 段 90 米、上新庄 2 号烽火台 1.51 千米、阳坡台堡 1.3 千米，向北 70 米处为县级文物保护单位——南门墓群。

据当地老人介绍，该堡 1958 年前仍保存较为完整，四角均有角楼，平面大致呈方形，但门向说不清楚。该堡仅残存东北角楼、北墙基部及少许东南角楼。北墙呈土垄状，东端与角楼相连，残长 7.1、残高 0.5～1.5 米。东北角楼已毁，仅剩台基，外高 3.9 米（东北角），内高 2.2 米；底部呈长方形，南北长 4.7、东西宽 3.75 米；顶部亦呈长方形，南北长 3.5、东西宽 3.1 米，北面和东面稍高，其上原建有角楼；台体系用黄土夯筑而成，夯层厚 0.15～0.17 米。东南角楼仅残存少许，残高 2 米（图一七七）。

该堡被人为破坏严重，仅存东北部，整体保存状况差。该堡四面墙体因取土施肥、垫圈等破坏严重，仅北墙残存基部，呈土垄状，其余三面墙体消失无存。堡西南部因长期取土、扩建庄院等形成高 8～10 米的断崖；东南侧自东墙基部向下高 5.5 米的部分被下切，其下建有庄院；东北角楼除东壁外，其余三壁均有不同程度的坍塌，其中西壁有晚期攀爬痕迹，台体顶部荒草杂生，西南侧边缘露出石块；东南角楼仅残存少许。损毁原因主要为人为因素的破坏，自然因素次之，表现为人为取土、扩建庄院及自然坍塌等。

该堡在文献中没有记载，又未发现任何实物证据，加之破坏严重，具体修建年代不详。

（3）伯什营堡（编码：630122353102170003）

位于湟中县拦隆口镇伯什营村五社北面山嘴上。该堡南为陡坡，东、西两侧为梯田，北为绵延的山体。向北 35 米处有一座山神庙。西墙外有晚期所筑围地的矮墙。该堡周围荒草杂生，并有少量杨树。西北距伯什营壕堑 0.98 千米。

该堡平面呈正方形，边长 26 米，周长 104 米，面积 676 平方米。东墙中部开门，宽 2.9、残高 0.5 米。北墙和西墙中部各有马面 1 座；堡墙系用黄土夯筑而成，夯层厚 0.17 米。四面墙体被坍塌堆土掩埋，底宽不详，残高 1～2.8 米（图一七八）。

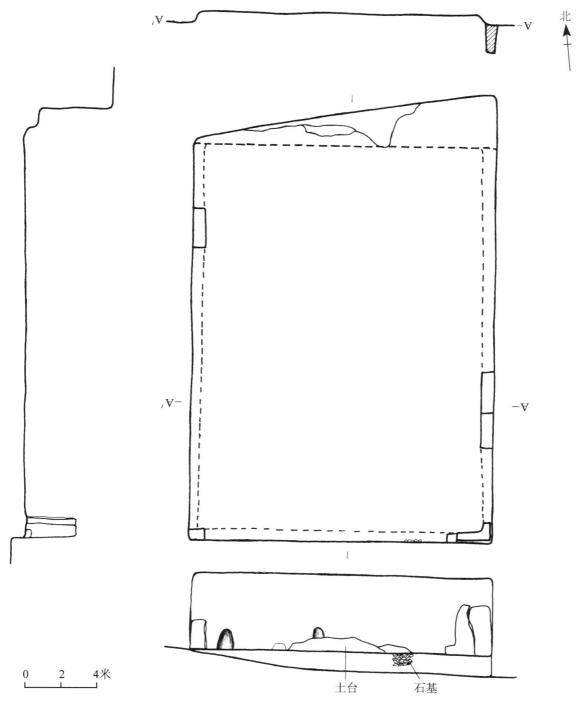

图一七六　湟中县阳坡台堡平、剖、立面图

马面：2座。北墙马面，残高6米；底部东西长12、南北宽11米；顶部东西长7.5、南北宽5.5米。西墙马面，残高4.1米；底部东西长4.5、南北宽3.2米；顶部东西长2.5、南北宽1.6米。

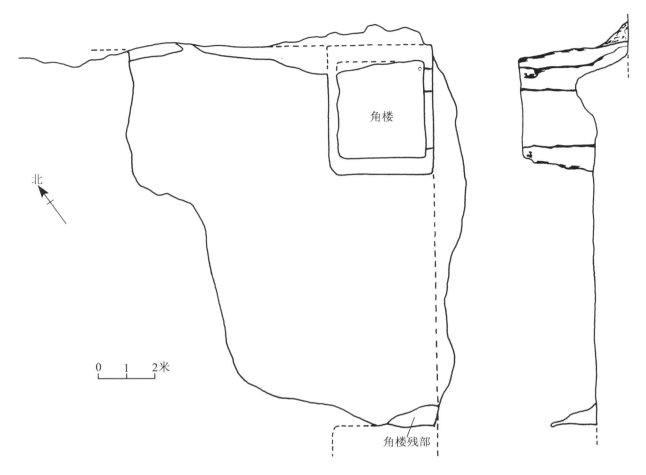

图一七七　湟中县上新庄堡平、立面图

　　该堡四面墙体虽有不同程度的残损，但基本格局较为清楚，整体状况一般。堡内荒草杂生，四面墙体坍塌严重，大部被坍塌堆土所掩埋，墙体上人为踩踏痕迹明显。北墙马面的四壁亦不同程度坍塌，其东壁上部坍塌严重，堆土呈坡状，高 3.5 米；南壁西南上部及东南下部坍塌，表面裂纹较多，壁中部下人为掏挖有一宽 2.3、高 1.3 米的弧形槽，内有烧烤痕迹，西端自底部向上 2.5 米处有人为掏挖的一直径 0.32 米的小洞，内有烧灼痕迹，壁底部有掏蚀凹进现象；西壁表面片状剥离现象严重，其下堆土高约 2 米；北壁中段上部有浅冲沟一条，上宽下窄，其下堆土呈缓坡状，冲沟内及堆土上有明显攀爬和踩踏迹象；台基顶部长满冰草。西墙马面东北上部有明显坍塌迹象。损毁原因以自然因素的破坏为主，人为因素次之，主要表现为自然坍塌、植物生长及人为掏挖、踩踏等。

　　该堡在文献中没有记载，又未发现任何实物证据，但从其建筑形制及方式来分析，推测该堡建于明代。

　　（4）老幼堡（编码：630122353102170005）

　　位于湟中县鲁沙尔镇老幼堡东村中。此处为南川河右岸的二级阶地，地势较为平坦。该堡向东 0.65 千米处为会龙山，西距南川河 0.22 千米，塔尔寺旅游专线、西（宁）塔（尔寺）高速路分别从其西侧 0.14、0.54 千米处通过。堡内外均为村舍、巷道。东村和西村原皆为老幼堡村，后一分为二。堡内现有居民 21 户，人口 160 余人。该堡东北距徐家寨堡 1.9 千米，西南距陈家滩 1 号烽火台 3.05 千

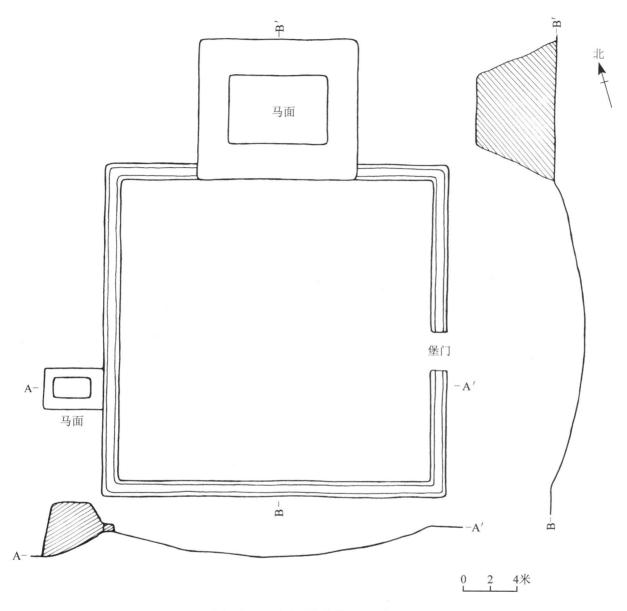

图一七八　湟中县伯什营堡平、剖面图

米。

　　该堡平面呈正方形，复原边长 111.5 米，周长 446 米，面积 12432.25 平方米。东墙中部开门，宽约 5.5 米。门外有瓮城，堡门南侧有城楼一座（图一七九）。堡墙系用黄土分段夯筑而成，局部夹有黑灰色土，夯层厚 0.09~0.14 米。

　　堡墙：东墙（以堡门及城楼为界，分为南、北两段）南段墙长 31、北段墙长 54.7 米，南墙（断续残存三段）共长 78、西墙残长 21、北墙残长 58 米，墙体底宽 2.8、残高 2~6.2 米。

　　瓮城：平面呈长方形，门向南开，现残存北墙及南墙各一段。北墙残长 18 米，墙体底宽 1.5、顶宽 0.6、残高 5 米。南墙残长 4 米，墙体底宽 2、顶宽 1.2、残高 4 米。

　　城楼：位于堡门南侧，仅剩台基，呈覆斗形，高 12 米；底部南北长 17、东西宽 9 米；顶部南北长

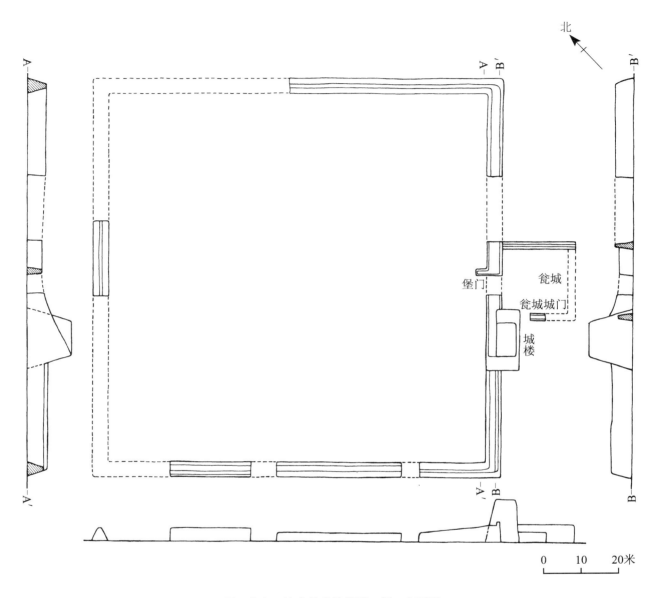

图一七九　湟中县老幼堡平、剖、立面图

9.4、东西宽 5.5 米。台基系用黄土夯筑而成，夯层厚 0.085～0.135 米，夯层中夹有桩木，直径 13～17 厘米。据当地村民介绍，台基顶部原有房舍三间，周围带有回廊。城楼带有斜坡式登城步道，其先从堡门北侧由西向东，然后折向南顺堡门顶部及台基西壁斜上直至台顶，宽约 1.7 米。台基顶部及步道上现长满杂草。

　　该堡四面墙体均有不同程度的损毁，但其基本格局仍清晰可辨，整体保存状况较差。堡门及瓮城城门被破坏，墙体设施及城内遗迹无存。东墙北段长 17.5 米墙体消失无存；北墙近半因村民盖房被毁；西墙仅残存 21 米墙体，大部分墙体因村民盖房及自然坍塌而消失。瓮城东墙及南墙大部被破坏无存。城楼夯土台基除西壁外，其余三壁倾圮严重。损毁原因以人为因素的破坏为主，自然因素次之，主要表现为村庄建设及自然坍塌、植物生长等。

根据文献记载，该堡始建于明代，清代继续沿用。《西宁卫志》"堡寨"篇记载："南川……（距西宁卫城）三十里有老幼堡。"[1]《西宁志》记载："西宁卫　领堡寨九十有九。……老幼堡　城南六十里。"[2] 这里的"城"指当时的西宁卫城，原注标明为嘉靖十四年（1535 年）增筑；《西宁府新志》记载："老幼堡　城南四十里。"[3] 这里的"城"指当时的西宁府城。东村和西村合称老幼堡；原西宁卫城、西宁府城均在今西宁市城中区，其西南距老幼堡约 20 千米，里距与《西宁卫志》、《西宁府新志》中的记载基本吻合，但与《西宁志》中的记载出入较大。

（5）贾尔藏堡（编码：630122353102170006）

位于湟中县土门关乡贾尔藏村东部。该堡东为水泥巷道，南临香沟河，西连村民房舍，北接小广场，广场内建有戏台。该村四周山丘环抱，树木众多。堡内现有村民 8 户，人口 37 人，均为汉族。该堡北距王沟尔烽火台 2.7 千米。

该堡平面呈梯形，周长 355 米，面积 7935 平方米。东墙中部偏北开门，已毁，尺寸不详（图一八〇）。系用黄土分段夯筑而成，夯层厚 0.13～0.18 米；夯层中夹有树枝。

堡墙：东墙（残存两段）共长 62、南墙长 4.7、西墙长 98、北墙长 92 米，底宽 2～5.2、残高 2.1～5.5 米。

该堡整体保存状况较差。除南墙外，其余三面堡墙大部分存在，基本格局较为清楚，墙体设施及城内遗迹无存。该堡内外被人为整体下切 2.5～3.5 米，墙体高悬。堡门已残毁无存，现仅见一宽约 9 米的缺口，此处有一条东西向水泥巷道通往堡内。东墙北段内侧墙体被村民盖房时削直，部分被村民修大门时挖毁，南段墙体内侧坍塌严重；香沟河的不断冲刷使该堡南侧形成断崖，东南部墙体正是被该河冲毁，南墙除部分自然坍塌外，其余被村民扩建庄院挖毁，墙体断面上的挖掘痕迹宛然；西墙内外两侧人为削薄墙体迹象较为严重，西南角有长 12 米墙体自顶部向下 2.9 米部分被村民盖房挖毁；北墙西段内侧人为挖削现象严重。墙体顶部长有茂密的冰草。损毁原因以人为因素的破坏为主，自然因素次之，主要表现为胡搭乱建、人为取土及自然坍塌、河流冲刷等。

据记载："加尔藏庄　城南四十里。"[4] 这里的"城"指当时的西宁府城，在今西宁市城中区，其南距贾尔藏堡约 30 千米，贾尔藏与"加尔藏"谐音同，但里距与文献记载出入较大。该堡疑为明代所建，清代沿用。

（6）新城堡（编码：630122353102170007）

位于湟中县上新庄镇新城村内。该堡南、北城墙外与村民房舍相连，西墙外除北部墙下有两户村民房舍外，余为空地，空地西侧有水泥路呈南北向穿过，东墙外除南部有一户村民房舍依墙搭建外，其余均为耕地。该堡东距南川河 0.75 千米，距西（宁）久（治）公路 1.05 千米。堡内现有居民 21 户，160 余人。该堡西距新城长城 3 段 0.15 千米，北距宋代古城——上新庄城址 0.34 千米，向南 1.14 千米为黑古城（清代，省级文物保护单位），东北距加牙 1 号烽火台 0.8 千米。

该堡平面呈方形，边长 188 米，周长 752 米，35344 平方米。南墙、北墙中部各开一门，已毁，尺寸不详；门外原有瓮城，因破坏殆尽，形状不详；南门西面内侧残存一段斜坡式登城步道（图一八一）。堡墙系用黄土分段夯筑而成，局部用黑灰色土夯筑，夯层厚 0.07～0.15 米。

〔1〕（明）刘敏宽、龙膺纂修，王继光辑注：《西宁卫志》卷二《兵防志·堡寨》，青海人民出版社，1993 年，第 54 页。

〔2〕（清）苏铣纂修，王昱、马忠校注：《西宁志》卷四《兵防志·堡寨》，青海人民出版社，1993 年，第 176 页。

〔3〕（清）杨应琚：《西宁府新志》卷十二《建置·堡寨》，青海人民出版社，1988 年，第 305 页。

〔4〕（清）杨应琚：《西宁府新志》卷十二《建置·堡寨》，青海人民出版社，1988 年，第 306 页。

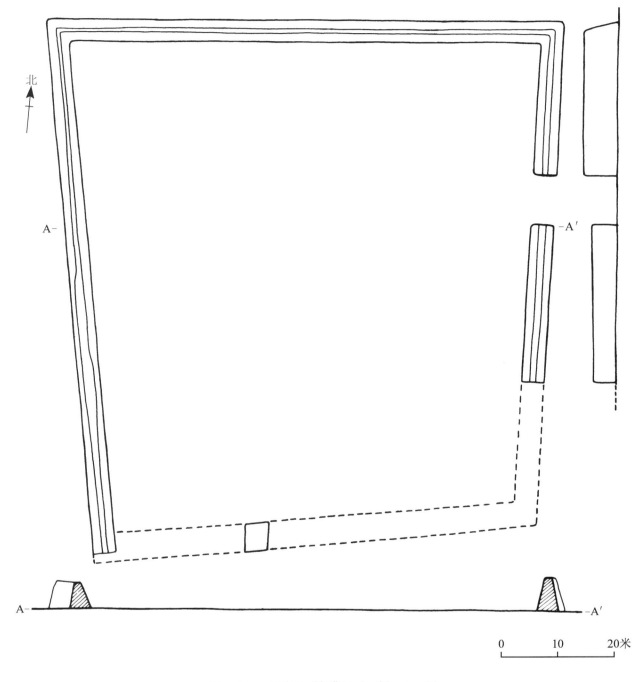

图一八〇 湟中县贾尔藏堡平、剖、立面图

堡墙：四面墙体均长 188 米，底宽 1.6～5、残高 1.8～5.8 米。南墙从东南角向西 104.5 米处残存有南北向夯筑登城步道，长 4、宽 0.8 米。

瓮城：北门外瓮城被破坏无存，南门外瓮城仅残存少许残迹。

该堡四面堡墙大部分存在，基本格局较为清楚，整体保存状况一般。该堡城门、瓮城及城内设施破坏殆尽；东墙局部坍塌，村民用土坯加以修补；南墙长 21 米墙体上部因村民盖房被毁，长 29 米墙体因盖房、修路被破坏无存；西墙长 12.3 米墙体坍塌无存，长 22.2 米墙体因盖房被挖毁，长 21 米墙体外侧一半坍塌；北墙长 13 米墙体外侧大半坍塌，长 23 米墙体因修路被破坏。损毁原因以

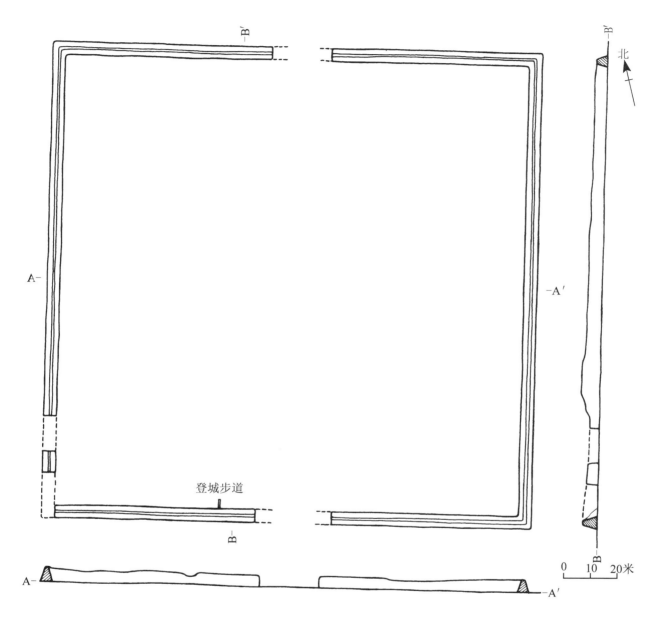

图一八一　湟中县新城堡平、剖面图

人为因素的破坏为主，自然因素次之，主要表现为村庄建设、削挖堡墙、掏挖窑洞及自然坍塌、酥碱等。

该堡在文献中没有记载，但在城门附近曾出土一块明代石碑，已佚失。再结合其建筑形制及方式来分析，推测该堡建于明代。

（7）元山尔堡（编码：630122353102170008）

位于湟中县甘河滩镇元山尔村西面元山上。该山为一独立的山包，东缓西陡。堡西为甘河滩工业区，有西部矿业的铅业、锌业等工厂。该堡西距鲁（沙尔镇）多（巴镇）公路、甘河分别为1、1.4千米。堡内现为耕地，无人居住。该堡位于长城外侧，东距前跃壕堑1.51千米，西南距黄鼠湾一烽火台2.87千米。

　　该堡依山势而建，平面近梯形，周长 148 米，面积 1260 平方米。北墙中部开门，宽 4、残高 0.3 米。堡外有外城（罗城），外城北面有马面 1 座（图一八二）。堡墙系用黄土分段夯筑而成，外城墙体系用黄土、红土分段夯筑而成，夯层厚 0.1~0.17 米，夯层中夹有杨树枝。

　　堡墙：东墙长 46、南墙长 26、西墙长 46、北墙长 30 米，墙体底宽 1.8、内侧高 0.5~2、外侧高 1~3.7 米。堡地面高出外城地面 1.5~2.5 米。

　　外城：依山势而建，平面呈不规则形，周长 320 米。城门向东开，北部东西向有一道隔墙，长 37 米，北侧高 1.2~2.1、南侧高 0.5~1.2、墙体底宽 1.8、顶宽 0.3~0.7 米。其东端与外城东墙间有一长 5.6 米的缺口。

　　马面：1 座。位于外城北墙上，残高 4.8 米；底部呈正方形，边长 7.1 米；顶部凹凸不平。

　　该堡四面墙体虽坍塌严重，但其基本格局仍清晰可辨，整体保存状况较差。该堡东墙长 17 米，南墙长 12 米墙体仅剩基部；东南角和西南角人为踩踏成便道；西墙长 13 米，北墙长 11.7 米墙体因基础滑坡而消失；西壁内侧及外侧堆土被人为切削严重，其中外侧基础底部掏有窑洞。外城南墙和西墙外侧局部垮塌严重；局部墙体顶部被人为削平，砌以土坯；西墙北段基础被下切严重；外城东南角和西南角长期踩踏成便道。堡及外城内现被垦为耕地，堡内中央有现代坟茔。损毁原因以自然因素的破坏为主，人为因素次之，主要表现为自然坍塌、植物生长及扩张耕地、建筑破坏、攀爬、踩踏、掏挖窑洞等。

　　该堡在文献中没有记载，又未发现任何实物证据，但从其建筑形制及方式来分析，推测该堡可能建于明代。

　　（8）董家湾堡（编码：630122353102170009）

　　位于湟中县李家山镇董家湾村四社东南 0.28 千米处的山嘴上。该堡西距大（堡子）云（谷川）公路 0.78 千米，距云谷川河 1.04 千米。堡南北两侧为沟，东为绵延向上的山体，西临陡坡。堡内现为耕地，无人居住。该堡东南距清代城堡——董家湾城址 0.6 千米（彩图一九七）。

　　该堡依山势而建，平面呈不规则形，周长 324 米，面积 5040 平方米。堡门开于西墙中部，上宽 7、下宽 3、残高 4~4.7 米。东墙、北墙外各有马面 1 座。堡内有墩台 1 座（图一八三）。堡墙、马面、墩台均用黄土夯筑而成，夯层厚 0.07~0.15 米；堡墙夯层内夹有桵木，直径 6 厘米；墩台夯层中夹有杨树枝，还有桵木孔洞，孔径 0.08~0.16 米，壁表面木楔众多。

　　堡墙：东墙（残存两段）共长 11.2、南墙残长 51、西墙长 122.3、北墙长 91 米，墙体底宽 1.2~4、残高 0.5~4.7 米。

　　马面：2 座。东墙马面，残高 4.4 米；底呈方形，边长 4 米；顶部残塌严重。北墙马面，残高 3.6 米；底呈方形，边长 3.8 米；顶部较为平坦，南北长 2.9、东西宽 2.2 米。

　　墩台：1 座。位于堡内西部，残高 7 米，底部东西长 10、南北宽 8.6 米，因无法攀援，只是从远处观察，顶部周围有一圈矮墙。墩南有一堵墙，南北向，长 6.5、底宽 2、顶宽 0.8 米，北高南低呈斜坡状，顶部有踩踏痕迹，其北端高 3.9 米，距墩南壁 1 米，推测该墙应是登临墩顶的通道。

　　该堡墙体虽局部被破坏严重，基本格局仍清晰可辨，整体保存状况较差。该堡东墙大部被毁；南墙东端长约 12 米墙体因平田整地被破坏；西墙长 4.8 米墙体被推土机挖毁，长 40 米墙体因山体滑坡而消失；北墙长 6 米墙体坍塌无存，顶部人为踩踏痕迹明显。堡内墩台西、南二壁表层局部坍塌，东壁底部风蚀凹进现象较为严重，东、西壁底部虫孔较多。损毁原因有自然因素和人为因素两个方面，主要表现为山体滑坡、自然坍塌、风蚀及平田整地、人为踩踏等。

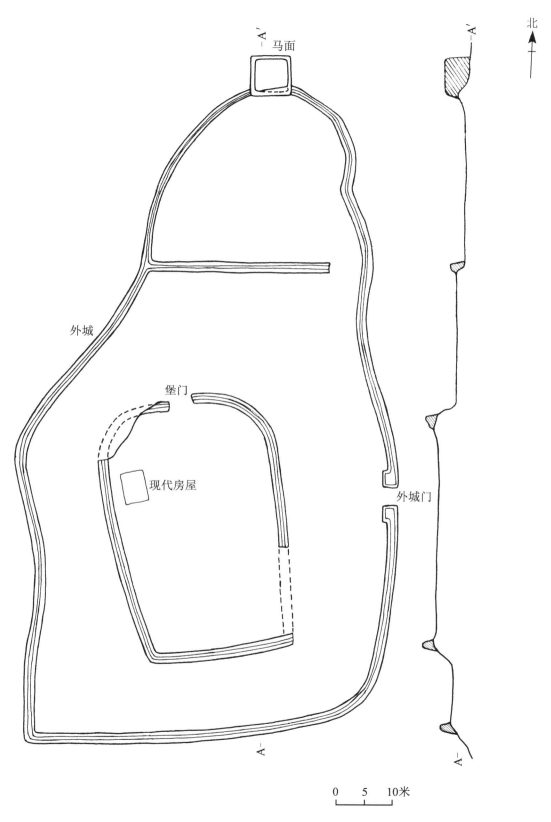

图一八二 湟中县元山尔堡平、剖面图

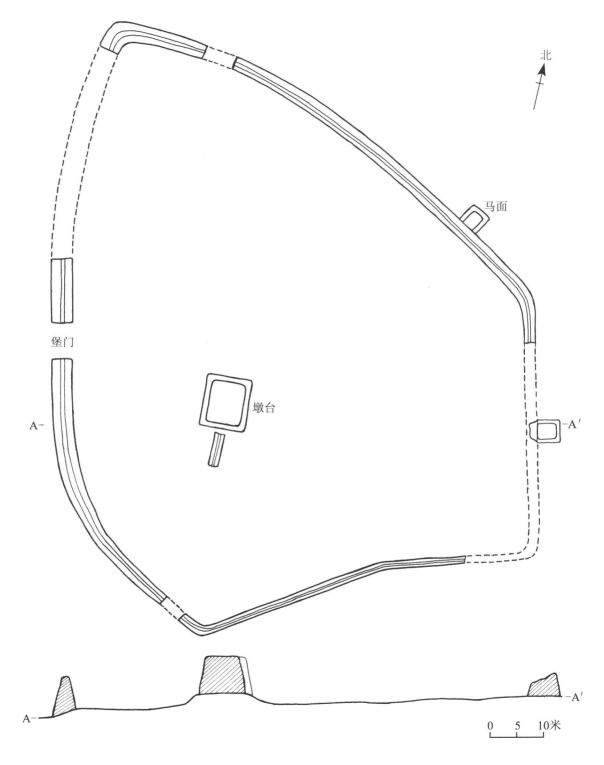

北

马面

堡门

墩台

A -

- A′

A -

- A′

0　5　10米

图一八三　湟中县董家湾堡平、剖面图

该堡在文献中没有记载，又未发现任何实物证据，但从其建筑形制及方式来分析，推测该堡可能建于明代。

（9）徐家寨堡（编码：6301223531021700010）

位于湟中县鲁沙尔镇徐家寨村内。此处为大南川河右岸的二级阶地，地势较为平坦。该堡南依会龙山，其余三面为平川。西（宁）久（治）公路从村庄西北部呈东北至西南向穿过，西北0.38千米处有大南川河呈西南至东北向流过。堡内现有汉族居民300余户，1000余人。该堡南距徐家寨烽火台1.65千米，西南距老幼堡2千米。

该堡平面呈长方形，南北长430、东西宽约230米，周长1320米，面积98900平方米。堡门已毁。据当地村民介绍，堡门开于东墙正中；该堡四角原均有角楼，后被破坏。现仅存东北角楼（图一八四）。堡墙系用黄土分段夯筑而成，土质细腻，质地坚硬，夯层厚0.13~0.24米；夯层中发现有桩木孔洞，直径0.08米。

堡墙：东墙残长5.3、南墙（残存四段）共长59、西墙残长46、北墙残长17米，墙体底宽1.2~5、残高2~5.5米；

角楼：位于堡东北角，顶部损毁无存，仅剩下部，残高1.8、宽3米左右。据当地老人介绍，原该堡四角均有角楼。

该堡堡墙大部缺失，基本格局仅依稀可辨，整体保存状况差。堡内遗迹损毁无存。堡墙残存断墙七段。损毁原因主要为人为因素的破坏，表现为人为取土、村庄建设；自然因素有自然坍塌、风雨侵蚀、酥碱等。

根据文献记载，该堡始建于明代，清代继续沿用。《西宁卫志》第54页记载："南川……（距西宁卫城）四十里有毛家寨。又五里为伏羌堡，置守备官"[1]；《西宁志》记载："西宁卫　领堡寨九十有九。……伏羌堡　城南五十里。"[2]　这里的"城"指当时的西宁卫城，原注标明为嘉靖十四年（1535年）增筑；《西宁府新志》第305页记载："伏羌堡　城南三十里。"[3]　这里的"城"指当时的西宁府城。徐家寨古称伏羌堡；原西宁卫城、西宁府城均在今西宁市城中区，其西南距徐家寨堡约18千米，里距与文献记载出入较大。

（10）通海堡（编码：6301223531021700011）

位于湟中县多巴镇通海城中村。此处为湟水中游南岸的河谷地带，地势较为平坦。堡东北隔湟水与多巴镇相望，向南1.3千米、西南1.5千米分别为甘河川（滩）口和大康城川口，北侧109国道由东向西从村中通过，北距湟水、西（宁）倒（淌河）一级公路分别为0.45、1.05千米。堡内现有汉族居民300余户，1000余人。该堡北距多四烽火台2.3千米。

该堡被破坏殆尽，平面格局不详。据当地村民介绍其平面呈长方形，东、西墙中部各辟有一门。堡东部有关帝庙1座。堡墙系用黄土夯筑而成，夯层厚0.13米。现仅存西墙一段，残长7、高1.2、底宽1.2米。墙体内侧为村民庄院，外侧为空地。墙体顶部用土坯砌筑加高。

关帝庙：位于该堡东部。现仅存大殿，为灰瓦歇山顶，前廊后殿，面阔3间，进深3间。其东侧有晚期所修的娘娘庙一座，面阔3间，进深1间。

〔1〕（明）刘敏宽、龙膺纂修，王继光辑注：《西宁卫志》卷二《兵防志·堡寨》，青海人民出版社，1993年，第54页。

〔2〕（清）苏铣纂修，王昱、马忠校注：《西宁志》卷四《兵防志·堡寨》，青海人民出版社，1993年，第176、182页。

〔3〕（清）杨应琚：《西宁府新志》卷十二《建置·堡寨》，青海人民出版社，1988年，第305页。

北

角楼

堡门

堡墙

0　　20　　40米

图一八四　湟中县徐家寨堡平面图

城中村内现存有清光绪年间重修镇海堡东西二门的四块石质门额。西门上的两块门额现镶嵌于城西小学校门外东墙上，一块宽1.3、高0.8米，其上阴刻"統領安西馬步全軍提督軍門前署理西寧鎮海協鎮都督府齊朗阿巴圖魯湖南湘鄉喻勝榮敬/海西門/大清光緒八年歲次壬午六月上浣吉日立"；另一块宽1.6、高0.84米，其上阴刻"統領安西馬步全軍提督軍門前署理西寧鎮海協鎮都督府齊朗阿巴圖魯湖南湘鄉喻勝榮題/固我邊圉/大清光緒七年歲次辛巳桂月中浣吉日立"。东门上的两块门额现立于原东门处，一块宽1.3、高0.8米，其上阴刻"統領安西馬步全軍提督軍門前署理西寧鎮海協鎮都督府齊朗阿巴圖魯湖南湘鄉喻勝榮敬/鎮東門/大清光緒八年歲次壬午六月上浣吉日立"；另一块宽1.65、高0.8米，其上阴刻"統領安西馬步全軍提督軍門前署理西寧鎮海協鎮都督府齊朗阿巴圖魯湖南湘鄉喻勝榮提/撫若斯民/大清光緒七年歲次辛巳桂月中浣吉日立"。

该堡堡墙被破坏殆尽，基本格局已不可辨，整体保存状况差。堡墙除西墙残存局部外，其余消失无存。损毁原因主要为人为因素的破坏，表现为村庄建设、人为取土等。

该堡始筑年代不详，明、清沿用。据《西宁卫志》[1] 和《西宁府新志》[2] 记载，该堡东西长约307、南北宽约243米，东西各开一门，外有瓮城。明嘉靖元年（1522年）置防守官，万历二十一年（1593年）扩建，改设游击。清初改游击为参将，雍正五年（1727年），将镇海营移至丹噶尔城。

（五）民和县

1. 综述

民和县调查的堡有2座，分别为松树堡、古鄯古城。分布在松树乡、古鄯镇两个乡镇，其中松树堡建于山坡之上，古鄯古城建于丘陵之上。这两座古城均远离长城墙体，周围山头之上有烽火台分布。

2. 详细描述

（1）松树堡（编码：6321223531021700001）

位于民和县松树乡松树村西的山坡上。松树堡处于较为陡峭的山坡之上。它的东面山下松树沟水从南至北流过松树村注入湟水河，背靠东岭山，据守松树沟。川口至普化寺的公路从城堡中穿过。松树堡的南北侧临山谷，山谷十分陡峭，东侧为松树河河道断崖，松树堡高出河道约8~10米，堡内现有居民21户，160余人。距离最近的墙体为民和县川口镇的边墙村长城，位于松树堡东南约20千米。松树堡东与小山子烽火台相望，相距约1.3千米（彩图一九八）。

该堡平面略呈不规整形，损毁严重，面积、周长不详，城内设施等均已消失。堡西部有一道隔墙，堡门不详，堡墙系以黄褐色土夯筑而成，夯层厚0.1~0.12米，夯土层内夹杂有碎石块和小块的砾石（图一八五）。

堡墙：东墙未见墙体，推测原因有三，其一：东墙处于村庄之内，由于村民取土、修路、扩建庄廓等人为活动造成了墙体的消失；其二：东墙所在位置的东侧约15米就是松树河，断崖高耸达10米以上，是天然的防御工事，没有必要修筑城墙；其三：由于受松树沟河的冲刷致墙体全部消失。南墙长187、北墙总长351米，西墙呈圆弧形，中部有一墩台。现存墙体断续存在，保存现状不一，残高1.5~2.5、底宽2.6、顶宽0.5~1.2米。

---

〔1〕（明）刘敏宽、龙膺纂修，王继光辑注：《西宁卫志》卷一《地理志·城池》，青海人民出版社，1993年，第51页；卷二《兵防志·堡寨》，第55页。

〔2〕（清）杨应琚：《西宁府新志》卷九《建置·城池》，青海人民出版社，1988年，第262页。

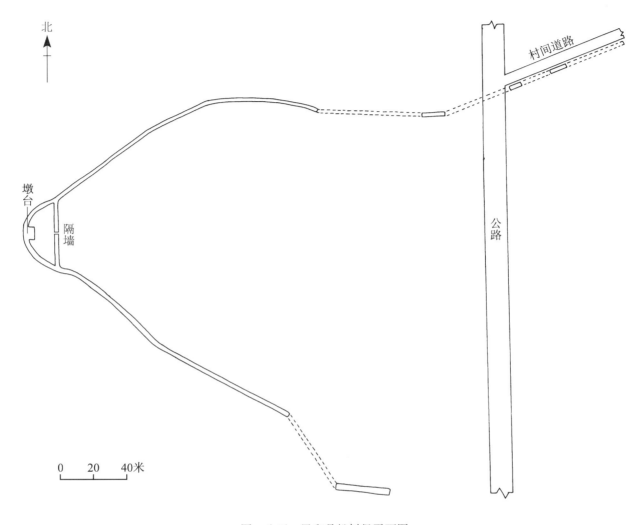

图一八五　民和县松树堡平面图

隔墙：位于堡西部，距离堡西墙约19米，墙体底宽3.6～4、高8.5米，顶部尺寸不详，隔墙中部有一宽2米的缺口。

墩台：位于西墙中部，平面略呈正方形，高8.5、底边长8.2米，系黄土夯筑而成，夯土层厚0.12～0.14米，墩台距隔墙12米。

该堡地处村庄附近，人类活动频繁，破坏较为严重。四面墙体均有不同程度的损毁，但其基本格局仍清晰可辨，整体保存状况较差。松树堡位于村庄中的东墙和北墙、南墙地段因村民修建住宅、拓展院落、修筑村庄道路以及公路等活动，将墙体破坏严重。松树堡的西墙外侧是村民开垦的农田，在平整土地的过程中，削挖西墙外的山坡，造成西墙基础现在高悬地表1.5～2.3米，随时有坍塌的可能；局部城墙下有居民搭建的房屋，为拓展宅基地村民在墙下取土，严重破坏了松树堡的完整性。西墙的东侧有一个自然形成的平台，宽30米，地势较平缓，土堆的下面有盗洞，其中最大的一个土堆直径约15米；四周各有一个盗洞。损毁原因以人为因素的破坏为主，自然因素次之，主要表现为村庄建设及自然坍塌、植物生长等。

《西宁志》记载："万历元年（1573 年）都御史廖逢节议题帮筑城堡，志书未载，今增入……松树堡　城东一百七十里。"[1] 这里的"城"指当时的西宁卫城；原注标明为万历元年（1573 年）增筑。原西宁卫城在今西宁市城中区，从该区至松树堡约 90 千米，里距与《西宁志》中的记载基本吻合，即调查的松树堡就是《西宁志》记载的松树堡，为万历元年（1573 年）修筑。

（2）古鄯古城（编码：632122353102170002）

位于民和县古鄯镇马家巷村、古鄯村等村内，是古鄯镇政府所在地（彩图一九九）。此处为巴州河右岸的二级阶地，地势较为平坦，川（口）官（亭）公路从古鄯古城中穿过。古城现在为古鄯镇政府所在地，古城内外已被村庄环绕，人口较多。城东南约 2 千米为马家山烽火台。

该堡平面略呈长方形，南北长 264、东西宽 240 米，周长 1008 米，面积 63360 平方米。城门现存南门，城门外有瓮城，北墙有城楼台基，马面 6 座分筑于东墙、南墙与北墙上（图一八六）。城墙与马面系用黄土分段夯筑而成，版长 3 ~ 3.7 米，夯层厚 0.09 ~ 0.15 米。

城墙：四面墙体中北墙较完整，其余三面均断续保留有局部墙体。北墙长 239 米，墙体顶宽 1.5 ~ 3.2、残高 6 米。

城楼：1 座。位于北墙中部，东西长 40 米，高出现在地表 8 米，城楼台体向城墙外侧伸出 20 米，向墙体内侧伸出部分不详，夯层及构筑方式等不详。现在城楼台体上建为寺院，城楼已遭严重破坏。

瓮城：1 座。位于南门外，损毁严重，现仅存瓮城西墙局部，长 32 米，其余墙体及城门均消失。

马面：6 座。分置于东墙、南墙与北墙，各段墙体均残存有马面 2 座。马面长 9、宽 6、高 7 米左右。

根据文献记载，古城的城外原有护城壕，深一丈五尺，宽二丈，但现因损毁和淤塞地表遗迹全无。

该堡整体保存状况较差。四面墙体均有不同程度的损毁，堡门及瓮城城门被破坏，墙体设施及城内遗迹无存。古鄯古城墙体两侧建有居民宅院，为拓展宅基地在墙下任意取土，现存墙体均有人工取土挖毁痕迹，其中南墙外侧人为削挖损毁尤为严重，墙基外露高悬于地表 7 ~ 10 米。古城北侧现在被改造为庙宇，在城楼夯土台基上修建了寺院。城镇建设，大量修筑房屋和道路，拆除旧建筑，导致现在城内设施已经全部消失，相关的古建筑全部无存。损毁原因以人为因素的破坏为主，自然因素次之，主要表现为城镇与村庄基建、自然坍塌等。

该古城在文献中有多处记载，《西宁卫志》记载："古鄯城　东去卫（治）二百七十里。西汉为龙支县故地，为西部都尉治。晋为小晋兴城。明洪武十九年（1535 年），置古鄯马驿。万历十二年置守备。"[2] 这里的"卫"指当时的西宁卫城；原注标明为洪武十九年置。《西宁府新志》记载比《西宁卫志》更为详细："古鄯城……（万历）二十四年（1596 年）兵备刘敏宽檄增敌楼。周回长六百六十六丈。城高三丈四尺，下厚二丈八尺。壕深一丈五尺，阔二丈。门二，城楼二，角楼四。"[3] 根据文献记载，明代洪武十九年（1535 年）在此处初置古鄯马驿。

〔1〕（清）苏铣纂修，王昱、马忠校注：《西宁志》卷四《兵防志·堡寨》，青海人民出版社，1993 年，第 181 ~ 186 页。
〔2〕（明）刘敏宽、龙膺纂修，王继光辑注：《西宁卫志》卷一《地理志·城池》，青海人民出版社，1993 年，第 51 页。
〔3〕（清）杨应琚：《西宁府新志》卷九《建置·城池》，青海人民出版社，1988 年，第 268 页。

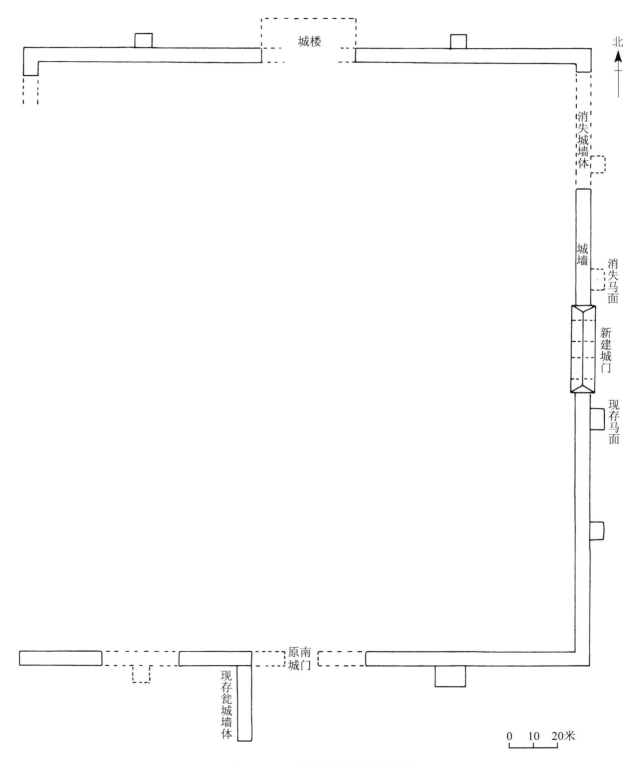

图一八六　民和县古鄯古城平面图

（六）平安县

1. 综述

在平安县境内只调查了 2 座堡，即白沈堡与中村堡，均位于平安镇河谷地带。

2. 详细描述

根据调查的编码顺序，详细描述如下：

（1）白沈堡（编码：632121353102170001）

位于平安县平安镇白家村村内。白沈堡西北侧临白沈沟河 20 米，北侧约 0.8 千米是阿岱高速公路，南侧约 0.6 千米是平安县至化隆县的公路。堡内现有住户 20 余户，100 余人，均为汉族。白沈堡东与沈家烽火台相距约 2 千米，西与石沟沿烽火台相距约 3 千米。

该堡平面格局不清，堡门及城内设施消失（图一八七）。堡墙系用黄土分段夯筑，版长 3.1~3.3 米，夯层厚 0.1~0.17 米。局部夯层中夹有黑灰色淤土。夯土层内夹杂木楔，木楔用成束的冰草、山柳枝条缠绕；还残存有桩木，直径 8~12 厘米。

堡墙：东墙保存完整，长 186 米；南墙残长 48 米；北墙残长 49 米。墙体底宽 3、顶宽 1~2、高 5.3~8 米。西墙已消失，系被白沈沟河洪水冲毁。

该堡整体保存状况差，破坏严重。调查寻访中获知，被损毁消失的西墙全部墙体及南、北局部墙体，均被白沈堡西北侧的白沈沟洪水冲毁。损毁原因以自然因素为主，主要表现为洪水冲毁、自然坍塌；人为因素的破坏次之。

该城无文献记载，始建年代待考。

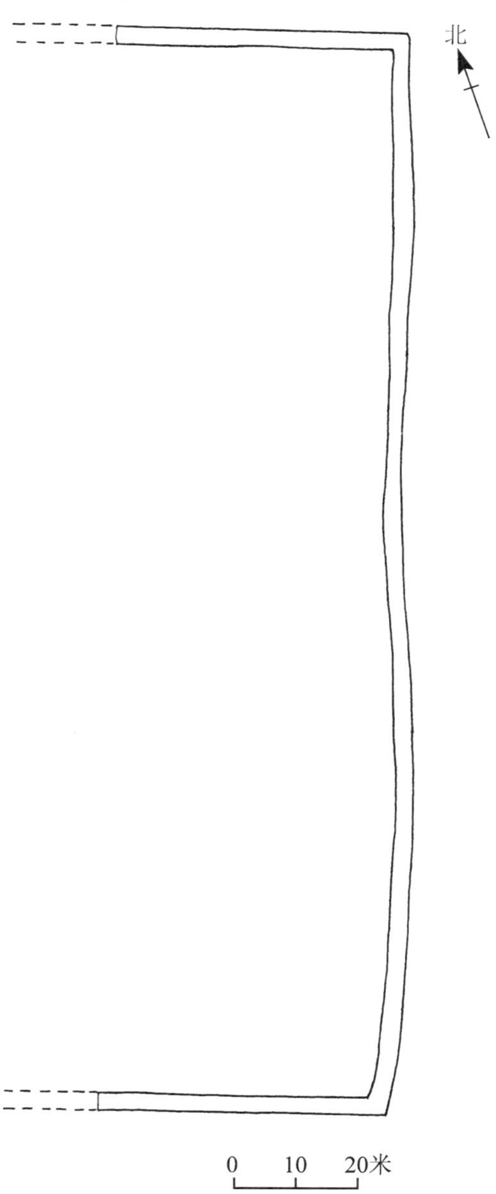

（2）中村堡（编码：632121353102170002）

位于平安县平安镇中村。中村堡南距国道 109 公路 0.2 千米，青藏铁路、某铁路专线均从中村堡穿过。堡北墙紧临县粮油加工厂围墙，该厂西墙修砌在中村堡西墙上，厂区压在中村堡遗址之上。东南约 2.3 千米是东村烽火台，西约 5 千米为石家营烽火台。

该堡残损严重，基本格局等均不详。堡墙系用黄土分段夯筑而成，夯层厚 0.12 米。

堡墙：仅存北、西墙部分墙体。西墙残存 6、北墙残存 16 米，墙体底宽 2.5、残高 1~3.5 米。

该堡整体保存状况差。因地处村庄和平安驿火车站之中，人为破坏极为严重。已毁墙体均在铁路建设、工厂基建和修建住宅、拓展院落等建设中破坏。

中村堡位于现平安县城之东，据本次调查的寻访资料，现中村堡即平戎堡堡址。据明万历年间成书的《西宁卫志》记载："城东……七十里有平戎堡，置防守官。"[1] 这里的"城"指当时的西宁卫

图一八七 平安县白沈堡平面图

---

〔1〕（明）刘敏宽、龙膺纂修，王继光辑注：《西宁卫志》卷二《兵防志·堡寨》，青海人民出版社，1993 年，第 56 页。

城。从中村堡位于今平安县平安镇中村，地处平安县城，位于西宁之东，与西宁相距约35千米，从位置及里距分析，结合寻访资料，推测中村堡可能属明平戎堡堡址。

（七）西宁市区

1. 综述

西宁市区调查堡寨2座，为西宁卫城与总寨堡。其中总寨堡位于现西宁市城中区总寨镇总南村内，原辖地为湟中县，2008年划归西宁市城中区，但青海省地图目前尚未变更。本报告中《青海省明长城主线与其他墙体分布图》等地图所选用的青海省地图为2003年10月绘制，总寨镇归属湟中县，故总寨堡在《青海省明长城主线与其他墙体分布图》等地图上的点位，仍在湟中县内。

2. 详细描述

按编码顺序排列分别为总寨堡、西宁古城遗址，按此顺序分述如下：

（1）总寨堡（编码：630103353102170001）

位于西宁市城中区总寨镇总南村内。此处为南川河右岸的二级阶地，地势平坦；其东0.2千米处为城南新区，总寨至土门关的公路从村庄东部由北向南穿过，向北0.48、0.9千米处分别为西（宁）久（治）公路、南川河。堡内现有汉族居民300多户，人口1000余人。该堡北距谢家寨烽火台2.15千米。

该堡平面呈方形，边长214米，周长856米，面积45796平方米。堡门开于东墙中部。门宽2.8、进深6.5、高3.4米，其上建有门楼；堡门北侧建有玉皇阁（图一八八）。堡墙系用黄土分段版筑而成，土质细腻，质地坚硬，夯层厚0.14～0.15米；夯层中发现桩木，直径8厘米；版接缝明显，版长约3米。

门楼：建于堡门之上，灰瓦硬山顶，面阔3间，进深3间。堡门两侧墙体包砌有素面青砖，规格为长31、宽15、厚7厘米（彩图二○○）。

堡墙：东墙残长1.9、西墙残存两段总长23、北墙残存两段总长28米，墙体底宽1.8～5、高2.5～4.6米。南墙消失。

玉皇阁：建于堡门北侧。其下为覆斗形实心夯土台基，底部长14、顶部长10、高11米，外包青砖。玉皇阁为土木结构建筑，灰瓦悬山顶，周围带有回廊，面阔3间，进深1间，其内供有三皇。为省级文物保护单位。

该堡基本格局仅隐约可辨，整体保存状况差。该堡内遗迹损毁无存。堡墙仅残存五段，共长52.9米；其中南墙消失无存。因墙体内外均为村民庄院，损毁原因主要以人为破坏为主，表现为墙体两侧削挖取土极为严重，依墙修建民房，墙体顶部人为踩踏等；自然因素表现为自然坍塌、风蚀等。

根据文献记载，该堡始建于明代，清代继续沿用。《西宁卫志》记载："南川……（距西宁卫城）二十里有总堡。"[1]《西宁志》记载："西宁卫　领堡寨九十有九。……南川总堡　城南六十里。"[2]这里的"城"指当时的西宁卫城，总堡即指总寨堡。《西宁府新志》记载："总堡　城南二十二里。"[3]这里的"城"指当时的西宁府城。原西宁卫城、西宁府城均在今西宁市城中区，其西南距总寨堡约11千米，里距与《西宁卫志》、《西宁府新志》中的记载基本吻合，但与《西宁志》中的记载出入较大，可能记录有误。另外，从堡门的建筑用料和门楼的建筑风格来判断，应为清代晚期重建；现存玉皇阁为1997年维修而成。

---

〔1〕（明）刘敏宽、龙膺纂修，王继光辑注：《西宁卫志》卷二《兵防志·堡寨》，青海人民出版社，1993年，第54页。

〔2〕（清）苏铣纂修，王昱、马忠校注：《西宁志》卷四《兵防志·堡寨》，青海人民出版社，1993年，第176页。

〔3〕（清）杨应琚：《西宁府新志》卷十二《建置·堡寨》，青海人民出版社，1988年，第305页。

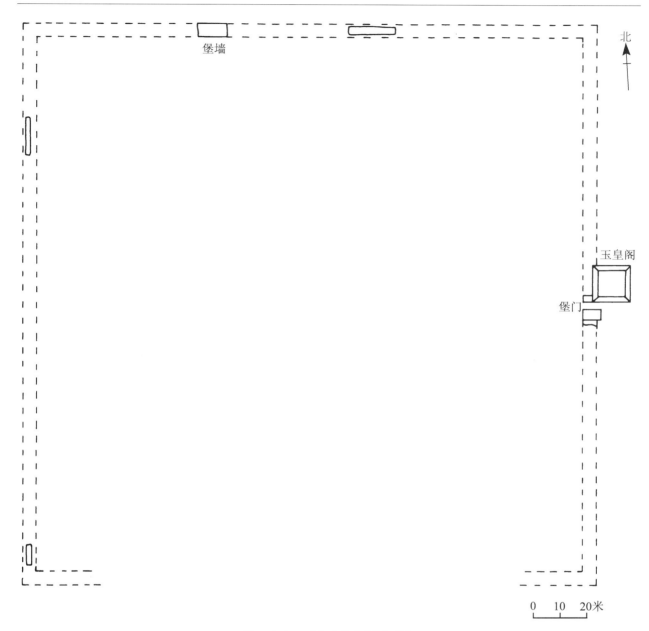

图一八八　西宁市总寨堡平面图

（2）西宁古城（编码：6301033353102170002）

位于西宁市城中区。此处为湟水南岸的二级阶地，地势较为平坦。该城北距湟水 0.5 千米，西距南川河 0.18 千米。

该城根据文献记载及实地调查来看，平面略呈长方形，东西长约 1300、南北宽约 1000 米，周长 4600 米，面积 130 万平方米。城门及墙体设施已破坏无存（图一八九）。城墙系在自然基础上找平后就地取材，用砂砾土、黄土分段版筑而成，夯层厚 0.15～0.2 米。嘉靖二十一年，墙外包砖。

城门：原有四门，现已无存。

东墙：残存两段。一段位于花园北街西约 75 米、原西宁第五皮鞋厂内（现正在拆迁），长 54、高 8～12 米，底宽、顶宽均不详；其中 0 米～32 米段墙体东边因搞基建被削直，西部由于盖楼被挖掉一半；中段长约 2.3 米墙体土色有异，显然系晚期修缮所为；墙体东侧下散落有较多包砌城墙的

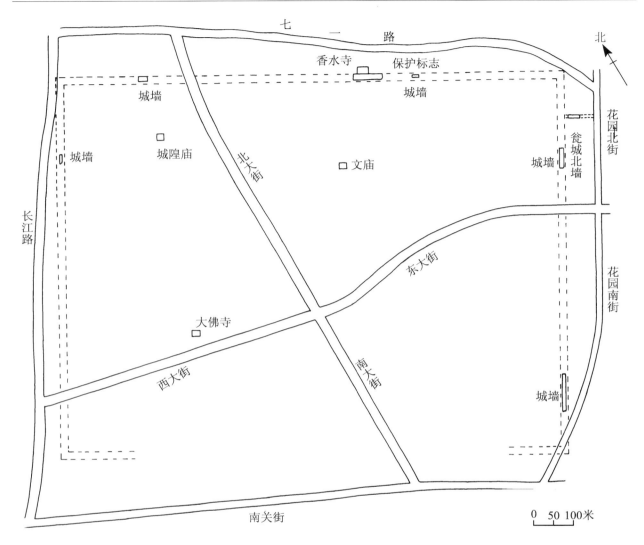

图一八九　西宁市西宁古城平面图

青砖，部分砖面上模印有"官月"二字。另一段位于花园南街西约 15 米处（最近）的居民区内，长 107 米，高 3～9 米，底宽、顶宽均不详；此段墙体系用黄土夯筑而成；墙体两侧及顶部均为民居。

南墙：全部消失无存。

西墙：残存一段，长 25 米，位于长江路东侧约 30 米、张氏集团大楼北侧，仅残存部分墙基。墙体东侧为民居，西侧因基建施工被下切约 3 米（彩图二〇一）。

北墙：残存四段。从西向东依次为：第 1 段墙体位于西宁市工商管理所家属楼北侧，长 23 米，高 6～10、底宽 6～12.5、顶宽 3 米；墙体周围均为高大建筑。第 2 段墙体位于西宁市城中区文化馆（设在香水寺内）南侧的土崖之上，长 75 米，高 12、底宽 19、顶宽 7 米；此段城墙外部包砖，大多为素面砖，少量砖面上模印有"月"字，砖长 43、宽 22、厚 10 厘米，包砖厚度 0.9 米，错缝砌筑，用白灰作为黏合物；此段城墙为省级文物保护单位。第 3 段墙体位于瑞和园小区北侧，西距第 2 段城墙约 59 米，长 20 米，高 2.3～9、底宽 6、顶宽 2 米，夯层厚 0.15～0.2 米。第 4 段位于新民家园小区北侧，长 30 米，高 2～3、底宽 2.6、顶宽 2 米。

关厢：位于东门外，仅残存一段北墙，长37米，高12、底宽7、顶宽2.7米；系用沙砾土夯筑而成，夯层厚0.2~0.3米；墙体周围散落有较多包砌城墙的青砖，部分砖面上模印有"官"字，砖长39、宽18、厚8厘米。

根据文献记载，该城四面墙体上均开有城门，门外有瓮城，还有4座角楼，19座敌楼，城外有护城壕，东门外连有关厢。城内主要设施原有公署、仓储、学校、庙宇等数十处，现大多已毁。

该城整体保存状况差。城墙大部缺失，仅残存数段，墙体设施及城内遗迹多数损毁无存。损毁原因主要为人为因素的破坏，表现为城市建设等。

该城为明代西宁卫的卫城，在《西宁卫志》、《西宁志》等文献中均有记述，《西宁府新志》对该城的历史沿革、城池结构与规模、历次增修等均有详尽的记载："西宁府　城因厓为基，池不能环，古湟中地。汉建西平亭，魏黄初三年为西平郡。凭倚西平亭，增筑南西北三城。晋因之。元魏、隋为鄯州，大业中复为西平，唐为鄯州西平郡、都督府。没吐蕃，号青唐城。宋复建鄯州，崇宁中改为西宁州，元因之。明洪武十九年，命长兴侯耿秉文率陕西诸卫军士筑之。基割元西宁州故城之半，周围九里一百八十步三尺；高厚皆五丈。月城高四丈，壕深一丈八尺，阔二丈五尺。门四，角楼四，敌楼一十九，逻铺三十四，东门连关厢，商贾市肆皆集焉。嘉靖二十一年，兵备副使王昺重修，于稍门添月城。万历三年，总制兵部尚书石茂华、巡抚都御史侯东莱会题加修。兵备副使平康裕、董汝汉，分守参将萧文奎、凉庄游击吴铖，督率军民庀材加修，腹土肤砖，始称巩固。二十二年，兵备副使余良枢、参将达云创建东城楼，又补筑城，广袤七百五十八丈，门楼二，敌台四，角楼二，逻铺六。二十四年，按察使刘敏宽委通判高第增置关城悬楼一十八座。皇清康熙四十八年，卫守备廖腾炜补修。雍正三年，改为郡治。十一年，办理噶斯军需散秩大臣兼署西宁总兵官印务范时捷以城堞多颓缺，奏请重修。委署北川营游击晏嗣汉，同原任西宁道杨汇经营督理。董其役者，为署城守营司孙兰、西宁县知县沈予绩。修垣为丈者一千五百三十有六，内衰实土，外甓用砖，东西南北为门。为楼者四，增修者二，加甓如之。四隅增瞭望楼四，为睥睨者一百九十有八，为炮台者三十有一，为驰道、为榨门者各四。言言仡仡，金汤益固矣。"[1]

（八）贵德县

贵德县内仅调查贵德古城一座，即贵德守御千户所的所城，其余的堡寨基本消失。

贵德古城（编码：6325233531021700001）

位于贵德县河阴镇城区中心，地处热水河、东沟河冲积形成的扇面前端及黄河南岸的第一级阶地上。北距黄河0.5千米，东约1千米是东沟水，西约1.5千米是热水河，两河分别在古城的东侧、西侧汇入黄河。古城城外距墙体约20~70米处有环城公路，城内有路面宽绰的北大街，另外东距古城约2千米是西宁至久治的西久公路。南面与刘屯长城1段相望，相距约5千米。2001年6月由国务院公布为全国重点文物保护单位。

该堡平面呈方形，边长500米，周长2000米，面积25万平方米。城门已经消失。马面16座分筑在四面墙体之上（图一九○）。城墙、马面及角楼，系用黄土分段夯筑而成，版长痕迹3.1~3.3米，夯层厚0.11~0.13米。墙体夯土层中有桩木，直径10~18厘米，木质为松木；局部夯土层之间插有木楔，木楔顶面长、宽在2~4厘米，总体长度不详，暴露于外的部分长0.08米。墙体剖面呈梯形，底

---

〔1〕　（清）杨应琚：《西宁府新志》卷九《建置·城池》，青海人民出版社，1988年，第259~261页。

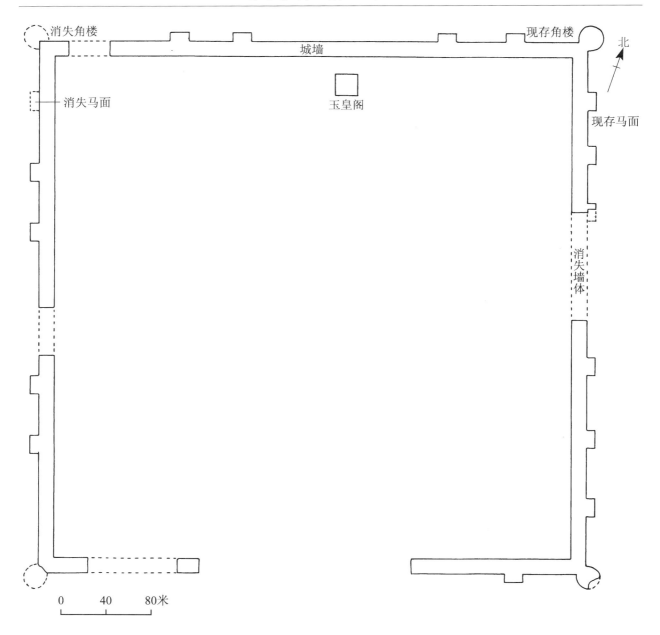

图一九〇　贵德县贵德古城平面图

宽 14、顶宽 3.8、高 11 米。古城坐北朝南。

城门：已经消失。根据《西宁府新志》、《贵德县志稿》等记载，贵德古城开南、北二门，南门为正门，为文启门，北门为平安门。现在南、北二门已经全部被毁。

城墙：东墙中部被损毁，现存缺口长 102 米。缺口将东墙分为南北两段：南段墙体长 230 米，墙体上筑有马面 3 座，马面之间相距 50 米左右；北段长 152 米，墙体上亦筑马面 3 座，马面之间相距 34 米左右。南墙中部 192 米无墙体，现存墙体分为东西两段：东段长 152 米，墙体中部筑有马面 1 座；西段长 140 米。西墙中部无墙体，有一段长 44 米的缺口，缺口将墙体分为南北两段：南段 198 米，墙体有 2 座马面；北段长 242 米，墙体上筑有 3 座马面（彩图二〇二）。北墙保存基本完整，仅西端有长 38 米的墙体被损毁。本段墙体上有马面 4 座。北墙中部原有一段宽 5 米的缺口，该缺口可能是贵德县古城北门的位置。2007 年贵德县文物管理所按照修旧如旧的原则对墙体进行了修补，用夯土封堵了此段缺口。在缺口的南侧坐落有玉皇阁，墙体北侧立有贵德县人民政府树立的县级文物保护单位的保护标志。

马面：共计 16 座。修筑在各段墙体之上，北墙有马面 4 座，东墙有 6 座，西墙有 5 座，南墙损毁严重，现存马面 1 座。马面均凸出在墙体之外，剖面呈梯形，高 11 米左右；底部长 17、宽 8 米；顶部长 13、宽 6.7 米。

角楼：2 座。其中东南角楼保存一般，东北角的角楼保存较为完整，呈圆锥体，高 11、底径 22、顶径 9 米。

护城壕：根据《西宁府新志》、《贵德县志稿》等记载，古城四周有护城壕，护城壕深一丈五尺，阔三丈二尺，现已全部淤塞填满或者在城市扩建的过程中全部消失。

城内历史设施：据文献记载，原有 2 处城楼，城楼上设 32 处逻铺，城墙上有 320 处垛口，但是这些设施现在已经全部无存。现存的历史设施有贵德文庙及玉皇阁，由国务院公布为全国重点文物保护单位。

玉皇阁：明洪武三年（1370 年），征西将军邓愈率兵进占贵德，改贵德州为归德州。洪武十三年（1380 年）贵德城筑就，万历二十年（1592 年）贵德玉皇阁建成。建筑包括山门、过厅、东西配殿和玉皇阁。山门为中柱式硬山建筑，明间中缝安通间门，两边砌墙，前后形成明廊；过厅亦为硬山建筑，面阔三间，分心四柱，前后出廊。玉皇阁又名万寿观，是整个建筑群之首，誉为"仙阁插云"，通高 26 米，有凌空出世、昂首天外之感。底面为正方形，基础台基高 1.4 米，基础台基上再砌高 9.9 米的砖包土筑正台基，上起三层楼阁，一层金柱通接二层檐柱，三檐柱坐在二层匜梁上，中间四根内金柱为三层通柱。三层平板枋上安 24 攒五踩斗栱。整个大木结构榫卯互锁，受力合理，承压均匀，结构十分严密。每层正面枋下均安通口龙凤花板装饰，一层门两边有六幅砖雕草花，雕刻细腻，寓意深远。青瓦歇山顶吻兽齐全。正脊中间有三尊青狮白象驮宝瓶，显示着北方古建筑的特点，加上富有地方特色的建筑彩画，使整个建筑显得造型华美，富丽堂皇。玉皇阁属道教建筑，三层楼阁中，顶层奉"天"，立玉皇神位；中层奉"地"，立土地神位；下层奉"人"，立皇帝牌位。"天地人"共奉，包含着"天人合一"的重要思想。

文庙：由棂星门（牌坊）、泮池、戟门、乡贤祠、名宦祠、七十二贤祠和大成殿组成。大成殿供奉孔子之神位，历来为文人祭孔和集会的场所，是整个建筑群体量最大的单体建筑。九檩单檐歇山大木，面阔五间，分心四柱，甘青地方做法，柱径硕大，翼角高翘，虽不施斗栱，前檐用地方做法"平枋假猫儿头"，在前檐形成一个多层次的木雕装饰，高大巍峨中显出华丽。

贵德古城四面墙体损毁严重，其中南墙破坏较甚，东墙和西墙有缺口，北墙保存相对较好。城内设施除玉皇阁与文庙外，大部分的设施已经被毁荡然无存。损毁原因以人为因素为主，主要表现为拓展农田、城镇、道路、民宅建设等挖毁了古城。自然因素，主要表现为风雨剥蚀、酥碱脱落等致墙体坍塌、裂缝、表面酥化呈片状剥蚀等破坏。此外，鼠洞及墙体处生长的植物对墙体亦造成了一定的破坏。

据记载："贵德城　南去府治二百二十里，旧吐蕃地。元至元间，置贵德州，筑城，后废。明洪武三年（1370 年），征西将军邓愈开复其地。七年，委河州左卫指挥筑修土城。八年，设守御千户所，至十三年工竣。万历十八年增修。周回三里八分。长六百八十三丈五尺，高三丈五尺。根宽二丈八尺，顶宽一丈二尺。设南北二门，城楼一，上置守铺三十二间，壕深一丈五尺，阔三丈二尺。皇清设守御所千总一员。"[1] 由此记载可断贵德古城修筑于明代洪武七年（1374 年），完工于洪武十三年，万历

---

〔1〕（清）杨应琚：《西宁府新志》卷九《建置·城池》，青海人民出版社，1988 年，第 271~272 页。

十八年（1590 年）增修，清代沿用。

三　建筑特点

以上述及的 46 座城堡中，有 12 座堡损毁严重，仅残存局部墙体，整体布局及现状等均不详。其余 34 座堡的平面形状基本清楚，有长方形 14 座、方形或近方形 9 座、梯形 4 座、三角形 2 座、不规整形 5 座共五种。这些城堡之所以选择不同的平面形状，与城堡选址的地形有直接关联。

通常修建于沟谷阶地（平川内）平地上的城堡，不受地形限制，规模有大有小，面积 413.6 ~ 130 万平方米。平面形状较为规整，以长方形或方形为主，个别为梯形。城堡的墙体均是在自然基础上就地取材，用黄土分段版筑而成，夯层清晰，夯层厚 0.07 ~ 0.28 米，版长 1.6 ~ 4.3 米。个别夯层中夯窝清晰（彩图二〇三）。部分夯层中发现有桩木、木楔和草绳痕迹，桩木孔径一般为 0.06 ~ 0.11 米。如在那家庄堡墙体内即有木楔和草绳，木楔发现了 6 个，呈梅花状分布，间距 1.3 ~ 1.9 米（彩图二〇四）；草绳直径 15 厘米，草绳与木楔间距 0.2 米。湟中县阳坡台堡堡墙建筑方式很特殊，先依地势由南向北挖掘成槽，再在槽壁内夯筑墙体，墙体系用黄土夯筑而成，夯层厚 0.15 ~ 0.18 米，其南墙其余部分仅剩墙基，其中由东南角向西 3.5 米处有长 0.9、高 0.7 米部分的墙基系用石块垒砌。

位于山腰或山顶上的堡寨则多依地形而建，修建格局及大小均受到地形限制，平面形状以不规整形或三角形为多，偶见长方形或梯形，面积不大，219.04 ~ 5040 平方米。堡墙的建造首先在山顶或山腰平整出较平坦的台地，再依地形在四周夯筑墙体或依山体削挖出墙体。有的堡仅在一面修筑有夯土墙，其余三面均无夯筑墙体，而是利用自然山岩作为天然屏障，如乐都县寺磨庄 1 号堡就属此种修筑形式。互助县马营堡平面呈三角形，即据地形因地制宜修建，东面利用了山体的崖壁，经铲削石崖形成陡峭的崖壁，即为东墙，南墙和北墙是就地取材，利用当地黄土夯筑而成。

城门或堡门，多损毁。除西宁卫城于东、南、西、北四墙各开一门，湟中县新城堡于南、北墙，通海堡于东、西墙开有两门外，其余能辨出堡门的普遍只开有一个门，门向以朝东者的居多，少数朝西或朝南，极个别朝北。为了加强城门的防御能力，建筑在平地的城堡一般在城门外还筑有瓮城。有 8 座城堡在城门外筑有瓮城，瓮城的城门与城堡的城门不在一条直线上，都偏开一门，位于城堡城门的旁侧。瓮城的平面格局有长方形、近方形、半圆形。

城堡内的布局均不详，其他设施只有西宁古城（西宁卫城）与贵德古城（归德所城）城内，尚存有部分建筑群外，其余城、堡内设施均已荡然无存。建于城墙上的设施，现尚存有城楼、城门楼、角楼和马面。

城楼建于城门之上，角楼建于城的两角或四角处，城楼与角楼均仅存底部台基，其他结构均不详。城楼台基现存有 2 座，均呈长方形；角楼底部台基有长方形或圆形两种不同形状。

部分城堡紧靠墙体筑有马面，马面均用黄土夯筑，夯层厚 0.09 ~ 0.18 米，都突出在墙体之外。城堡现存有马面的有 13 座，通常规模小的堡只在墙体中部筑有 1 ~ 2 座马面，而规模较大的城墙体上现存马面 2 ~ 6 座不等，贵德古城现存有 16 座马面。

个别城的城外还建有外城。如元山尔堡，外城平面呈不规则形，门向东开；外城北面有马面 1 座。此外，为加强城的防御功能，部分城堡外尚存有护城壕。

第三节　保存现状及损毁原因

一　关

四座关的保存现状，有一般或较差两种情况，被损程度及损毁的主要原因各不相同。大通县下庙沟关地处村庄附近的山坡上，湟中县的上营关置于村庄中。这两座关的损毁原因除自然坍塌外，主要为人为因素的破坏，表现为村民依墙盖房、开大门、人为取土、拓展宅基地及因农田挖毁关墙等。湟源县的下脖项关与门源县的老虎沟口关均地处山谷中，远离村庄，损毁原因主要是风雨侵蚀、自然坍塌，受人为破坏的因素相对较少。下脖项关有一条便道穿越该关的外城，关墙底部挖有窑洞，使该关局部受损；老虎沟口关被人们用作祭祀神灵的俄博，长期受到人为的踩踏，使部分石墙垒石坍塌。

二　城、堡

据文献记载，青海境内明代时期修建的城堡有 240 座之多，经调查许多已损毁消失。本次调查的 46 座城堡，其中有 12 座是位于低山丘陵地上，8 座位于中山山地上，其余均修建在河谷地带的平地上。相对而言，居于山谷的堡寨保存得相对要好，整体保存状况多为一般，墙体均已不同程度坍塌，但平面布局基本清楚。其损毁原因主要来自于自然因素，堡的墙体均用黄土夯筑而成，在经历了数百年的风雨侵蚀以后自然坍塌（彩图二〇五）；还有山体滑坡的损毁，建于山嘴或山顶上的个别堡寨，受山体滑坡的影响较大，个别堡在农业建设平整土地中被推土机损毁。如湟中县董家湾堡西墙北段长 40 米墙体因山体滑坡而消失无存；大段墙体因村民平田整地用推土机推毁。

位于河谷地的城堡，因建于人口密集的城镇及村庄之中，多数整体保存状况较差，主要受人为损毁严重。随着城市与农村经济建设及人口的发展，许多城堡的墙体在各种建设中被严重损毁，如大通县新城、古城的大部分墙体，在修筑铁路、村庄道路等过程中挖毁，造成墙体消失。其次，依墙盖房（彩图二〇六）、任意削薄墙体；人为取土，长期挖取城堡墙体的夯土作肥料、盖房、垫圈等；另在堡寨基础部位掏挖窑洞住人或存储物品，均对堡寨造成了较为严重的破坏。还有一些位于村庄之外的城堡在平田整地中被损毁；长期的人为攀爬和踩踏对堡墙也有一定程度的破坏。受自然损毁的因素，有部分紧邻河谷的城堡受到河中洪水的冲毁，如乐都县老鸦古城南部城墙被湟水冲毁、湟中县贾尔藏堡东南部堡墙被香沟河冲毁、平安县白沈堡的大部分墙体被白沈沟内的洪水破坏；其他自然因素基本与长城本体夯土墙体类同。

第六章

结　语

一　青海省明长城主线的修建背景

　　青海省境内走向呈拱形的明代长城主线，即文献记载中的边墙。在文献《西宁府新志》與图上，标绘出了西宁周边的边墙基本是围绕着明代西宁卫城，从北、西、南三面构成拱卫形状（图一九一），调查结果长城主线的走向基本与文献吻合。

　　西宁是青海省省会，青藏高原及河湟地区的中心城市。位于湟水之中，居四川交汇之地，扼东西交通之要，是东连中原、沟通南北、西通西域"丝绸之路南道"的必经之地；由中原赴西藏的门户，"唐蕃大道"上的重镇。"西宁"地名源于北宋，北宋徽宗崇宁三年即1104年改鄯州为西宁州，意在希望西方安宁。"西宁"之名相沿至今，已有900年历史。数百年来，西宁始终是河湟的中心。因又是河湟地区极为重要的军事重地和交通枢纽，故历史上长期被视为西陲重镇（图一九二）。

　　1368年，元灭明兴。明朝在灭掉元朝之后，原来的统治者蒙古贵族退回旧地，仍保持有一定的军事力量，不断南下骚扰掠夺，长期与明对峙。明代置边防重心于北方，设立"九边"以防蒙古，而西北边卫因其处于"南捍诸蕃，北拒蒙古"的特定的地理位置，在军政建置上大都成为管军管民的军民卫所。明代的西宁系西北边卫中重要的一卫，从明代建置沿革的变化，改元西宁州置西宁卫，即反映出这个时代的特点。

　　西宁卫建置于洪武六年（1373年）正月，宣德五年（1430年）升为军民指挥使司，正式成为具有兼理地方民政职能的军政合一的机构。明代西宁卫军民兼治，下辖西宁在城中、前、后、左、右及中左六个千户所。洪武八年，改元贵德州为归德守御千户所（治今贵德县河阴镇），隶陕西都司。自该年起，还在今青海省西部地区陆续设置"塞外四卫"，即安定、阿端、曲先、罕东四卫，亦由西宁卫兼辖。西宁卫作为兼司地方行政的机构，其下有编户四里，即巴州、红崖、老鸦、三川，由卫经历司进行管理。对周围藏族各部（明代统称"西宁十三族"）也行监督权，各部落僧俗头目"每月赴卫听受约束"[1]。

---

　　[1]《明英宗正统实录》卷二十七。弘治初置西宁兵备道后，"扶治蕃夷"也是陕西按察副使的重要职责。

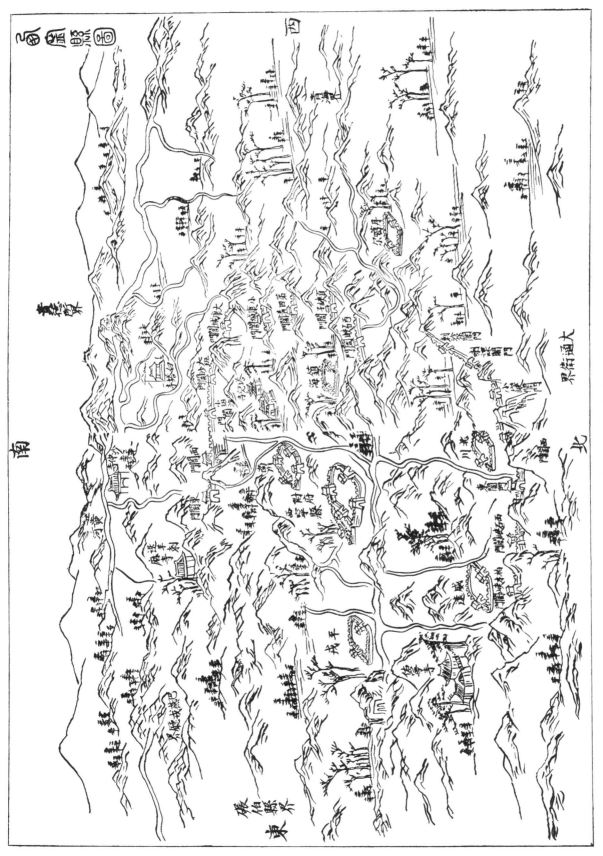

图一九一　西宁县图

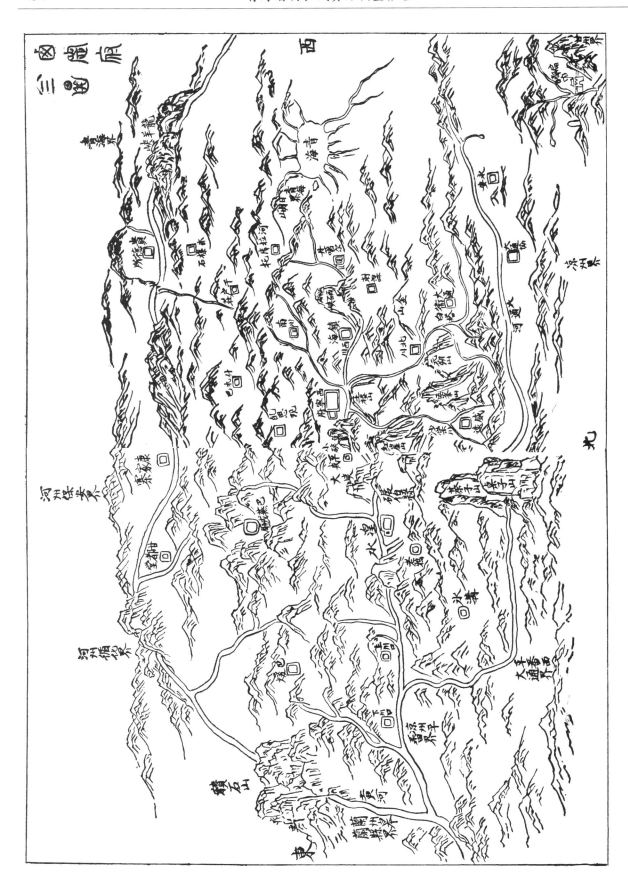

图一九二　西宁府全图

自明武宗正德以后数十年间，先后有多股居住在土默特川的东蒙古部落，成批迁徙到青海湖周围地区。此后，边陲不安，西宁不宁。明朝官方把进入青海湖一带的蒙古侮称作"海寇"，现代史学称作"西海蒙古"。明正德四年（1509年），因内部矛盾，蒙古亦不剌、卜儿孩部率部西进，占据青海湖地区。之后，东蒙古首领俺答率丙兔、火落赤等部落先后入据，因他们中有的在内争中失败，为求生存空间，也有为寻求新的牧场，扩展领地，驻牧西海。他们不但抢掠原在此驻牧的藏族部落，使"诸蕃逃亡，遂据有其地"，而且互相攻伐，西海多事，使青海湖地区陷入一片战火之中，并与明朝边卫数次发生军事冲突，导致边陲不宁。这就是青海历史上有名的长达数十年的"海寇"之患。从1512年进攻西宁北川起，到1541年进攻碾伯，在长达三十年的岁月里，西宁南、北、西三川战火不息。明王朝驻西宁卫的总指挥、总兵等武官先后战死，一时间"西海蒙古"成为明代西部边防大患，西北防卫也成了明王朝的重中之重，加强西宁卫的防御措施就成了当务之急。为了加强西北边疆防务，明朝廷听从总制延绥、宁夏、甘肃三镇军务杨一清的建议，下令修筑边墙，构筑烽燧，"以备夷骑"。为防御"西海蒙古"，加强西宁卫的防务，明代大兴土木，除在青海境内修筑边墙、闇门外，还大力修缮西宁、碾伯、镇海等城池，或新筑，或重修。其中修建长城就成为抵御西海蒙古、保境安民的首选的有效手段，青海境内的明长城即是在此历史背景之下，在民族矛盾比较尖锐的历史时期产生的。

二　青海省明长城的修建时间

本次调查的长城本体中的土墙及壕堑，在文献中分别称其为边墙与边壕。据《西宁志》、《西宁府新志》记载，青海境内边墙与边壕的修建，始于明世宗嘉靖二十五年（1546年），由西宁兵备副使王继芳、周京等修筑，至明神宗万历二十四年（1596年），西宁兵备副使刘敏宽、副将达云、同知龙膺、通判高第进行了修缮和增筑完工，历时达五十年之久。修建过程可分为三个阶段：

第一阶段：创建阶段，明代嘉靖二十五年至隆庆六年（1546～1572年）。

此阶段修筑的边墙与边壕，只是在西海蒙古进犯较为频繁的通道位置修筑长城，阻止西海蒙古的大规模入侵扰边，在西宁卫周边尚未形成完整的防御体系。据《西宁志》、《西宁府新志》记载，在这一时期共修筑了以下多处城堑、边墙或边壕。

其一：修建年代最早的城堑。修筑于嘉靖二十五年，由西宁兵备副使周京、王继芳及守备薛卿等人主持修建。"插把硖、黑松林硖　俱在城北一百里。两硖悬距，中多孔道，海虏所从内侵，边人苦之。嘉靖丙午兵备副使周安［京］、王继芳偕守备薛卿，缮治城堑，延属五十余里，西宁始就枕席云。"[1] 此记载中的城堑，有学者认为是修建年代最早的一段边墙[2]，我们认为其"城堑"之意不一定即是边墙，也有可能是城堡，此段记载是指在西宁以北今大通县境内长达五十余里便于"西海蒙古"出入的交通要道一带，修建了多处城堡，扼守"孔道"。

其二：嘉靖三十年至三十一年（1551～1552年），西宁卫兵备副使范瑟倡议并督修了今乐都县境内转花湾村壕堑1段至碾线沟壕堑共9段的长城。"乃以九月（辛亥年）兴工，逾岁告竣。工始于大通河之河墀，止于碾线沟之西献百四十里。为墩台者四，为闇门者三。为夫役二千六百有奇"[3]。结合调查资料经考证文中记述的"工始于大通河之河墀，止于碾线沟之西献百四十里"。这段长城横跨甘青两省，东起

---

〔1〕（清）苏铣纂修，王昱、马忠校注：《西宁志》卷四《兵防志·隘口》，青海人民出版社，1993年，第191页。

〔2〕卢耀光：《青海的边墙》，《青海民族学院学报》（社会科学版），1998年第2期。

〔3〕（清）杨应琚：《西宁府新志》卷十三《建制·关隘》，青海人民出版社，1988年，第926～927页，范瑟《创建定西门记》。

自甘肃省境内永登县边墙岭壕堑 1 段（东距大通河 1.7 千米左右），向西行至边墙岭壕堑 3 段，与青海省境内长城主线东端始点乐都县转花湾村壕堑 1 段相接，继续西行至碾线沟壕堑止点止。实地调查该段长城结构均为壕堑，全长约 26 千米，与文献记载中的 140 明里（约 75 千米）相差甚大，推测如不是误记，有可能是虚报长度（为表功而虚报数字），或是某些地段已消失，造成数据不合。推测乐都县境内转花湾村至碾线沟段的明长城本体修筑于嘉靖三十年至三十一年（1551～1552 年）。

其三："撒儿山口　城东北一百五十里。有边一道，延二十里。"[1]

其四："北石硖口　城北一百里。自靖边墩起，抵草入山，新筑边一道，延二十里。"[2]

其五：隆庆元年（1567 年）由巡抚石茂华督修完成了哈拉直沟边壕，长 500 丈。"哈剌只沟　在县东北七十里，边壕一道，长五百丈。隆庆元年，巡抚石茂华督挑。"[3] 此条边壕位于互助县境内哈拉直沟乡赵家村，即赵家庄壕堑。

这些边墙及边壕均位于西宁卫北部，封锁了北川、沙塘川、乐都县冰沟等地的主要隘口通道。以上所述的边墙及边壕，除哈拉直沟边壕和乐都县位于冰沟一带的壕堑（转花湾壕堑 1 段～碾线沟壕堑）已确定调查外，另两条因多种原因，主要是由于古今地点的差异，尚不能确定是否包含在已调查的长城本体之内。

第二阶段：发展阶段，隆庆六年至万历二年（1572～1574 年），为大规模修筑阶段。

调查结果所标绘出的青海境内长城主线，大多是修筑在这一时期，并已形成基本框架。此条长城主线东起乐都县，途经互助县、大通县，至湟中县止，按县区分又可分为四个线段，在顺治《西宁志》中，先后简略记载了各县长城的修筑年代、长城结构、具体长度。

其一：乐都县，"隆庆六年修完：……又碾伯、冰沟、巴暖三川、南川等地方，硖柞、边壕、沟涧、斩断石路二万二千六百六十九丈，各高、阔、深不等，俱不支钱粮"。"万历元年（1573 年）修完：……又自碾伯土官沟苏家大凹上年停工边墙起，厦儿巴营止，边壕二千五百丈，口阔、深各二丈，底阔一丈。"[4] 以上记载中述及的三处地点，碾伯、冰沟、土官沟，均在乐都县辖区内。乐都县境内的明代长城，穿越于乐都县境内北部，涉及地点多，经分析大多在碾伯、冰沟、土官沟范围之内。隆庆六年所修冰沟区域的边壕为孟家湾壕堑，已在上文论述过；另转花湾至碾线沟段的长城本体系嘉靖年间所修。根据上述文献记载，碾线沟以西乐都县境内的明长城本体应均修筑于隆庆六年（1572 年）至万历元年（1573 年）。

其二：互助县，"隆庆六年修完：……又沙塘川、西石硖、黄草墩起，插把硖山墩止，边墙、山崖共二千九百六十一丈，内墙底阔一丈，顶阔五尺，实台高一丈五尺，朵墙五尺，共高二丈，随墙壕一道，四［口］阔二丈，底阔一丈，深一丈五尺，斩山崖高一丈五尺，西石硖石柞一道，底阔一丈五尺，顶阔八尺，实台高一丈五尺，朵墙五尺，共高二丈，筑墩三座，共用本色粮一千九百八十一石二斗，折色银一千四百二十二两五钱零……"[5] 经分析文献中提及的四处地点，即沙塘川、西石峡、黄草墩、插把峡山墩均在互助县境内，此段记载记述的正是长城主线穿越互助县境内的长城线段，故互助县境内的长城主线修筑完工于隆庆六年（1572 年）。

〔1〕（清）苏铣纂修，王昱、马忠校注：《西宁志》卷四《兵防志·隘口》，青海人民出版社，1993 年，第 191 页。

〔2〕（清）苏铣纂修，王昱、马忠校注：《西宁志》卷四《兵防志·隘口》，青海人民出版社，1993 年，第 192 页。

〔3〕（清）查郎阿、刘于义修，许容纂：（乾隆）《甘肃通志》卷十一，台湾文海出版社据清乾隆元年刻本影印本，第 28 页。

〔4〕（清）苏铣纂修，王昱、马忠校注：《西宁志》卷四《兵防志·隘口》，青海人民出版社，1993 年，第 192、193 页。

〔5〕（清）苏铣纂修，王昱、马忠校注：《西宁志》卷四《兵防志·隘口》，青海人民出版社，1993 年，第 192 页。

其三：大通县，"隆庆六年（1572 年）修完：自娘娘山沙儿岭起，剜板山下止，边墙、水关、山崖共四千四百三十三丈，内墙底阔一丈五尺，顶阔七尺，实台高一丈五尺，朵墙四尺，共高一丈九尺，斩山崖高二丈，随墙墩五座，随墙壕一道，口阔一丈，底阔七尺，深一丈八尺。"[1] 自娘娘山沙儿岭起，扎板山下止的这段边墙，即是长城主线中的大通线段始止点，长城主线途经大通县内，东端与互助县连接，起自扎板山（即文献中记述的"剜板山"），止于娘娘山与湟中县相接。故大通县境内的长城主线修建的完工年代在隆庆六年（1572）年。

其四：湟中县，"隆庆六年修完：自娘娘山沙儿岭起，剜板山下止，边墙、水关、山崖共四千四百三十三丈……又碾伯、冰沟、巴暖三川、南川等地方，碳柞、边壕、沟涧、斩断石路二万二千六百六十九丈，各高、阔、深不等，俱不支钱粮。

万历元年（1573 年）修完：自南川大桦坡起，西川乾沟止，边墙、壕关、土石、山崖共一万二百四十二丈，内边墙底阔一丈，顶阔五尺，实台高一丈五尺，朵墙五尺，共高二丈，边壕口阔二丈，深一丈五尺，底阔一丈，斩削土、石山崖高深一丈五尺，阔一丈，修砌水关底阔一丈五尺，顶阔五尺，实台高一丈五尺，朵墙五尺，共高二丈，用过本色粮四千一百六石五斗……

万历二年（1574 年）修完：自西川、乾河山、大小康缠、打草沟山等处起，哈尔卜山止，边墙一十五丈，底阔一丈，顶阔五尺，实台高一丈五尺，朵墙五尺，共高二丈，随墙挑壕一道，口阔二丈，深一丈五尺，底阔一丈，斩山崖长二千四百四十丈，高深一丈五尺，阔一丈，共用食米行粮二千三百三十七石四斗八升。"[2]

文献里的"南川"就是指湟中县南部，"南川大桦坡"即为今上新庄镇上新庄村十一社南的山坡，"西川乾沟"约为甘河滩镇坡东村的位置，"哈尔卜山"为尕布沟西侧山体（共和镇北村所在山体）。从文献记载分析，贵德峡内的长城（上新庄壕堑 1 段至上新庄壕堑 4 段）应是修筑于隆庆六年（1572 年），从上新庄村十一社（上新庄长城 2 段）开始，至坡东村（坡东壕堑 4 段）的这段长城均修筑于万历元年（1573 年），而从坡东村西（坡东长城 5 段）开始，一直到西石峡（下脖项长城 2 段）为止的这段长城则修筑于万历二年（1574 年）。此外，湟中县从西石峡（石板沟长城 1 段）至娘娘山（李家山镇峡口长城 1 段）段长城的修筑年代无明确记载，推测应在此后万历二十四年左右修建。故湟中县境内明长城，据文献记载是从南向北分两个阶段修筑完成的，第一阶段为隆庆六年至万历二年（1572～1574 年），第二阶段为万历二十四年（1596 年）。

此外，1572～1574 年还修建了化隆县的杏儿沟、大通县的黑林榨、湟中县的香林口榨等长城附属设施。

第三阶段：完成阶段，明万历二十四年（1596 年）。

明万历二十三年（1595 年）湟中三捷后（明军先后在甘州甘浚山、西宁南川、西宁西川对西海蒙古实施了军事打击，明军均获全胜，史称"湟中三捷"），西海蒙古势衰。"宁郡塞垣，自明嘉靖丙午兵备副使王继芳、周京等缮治，厥后迤逦修整。至万历二十四年，兵备按察使刘敏宽，副将达云，同知龙膺，通判高第遍历荒度，增筑广堑，于是大备。"[3] 据此记载分析，湟中县内未有明确记载的从西石峡至娘娘山段长城的修筑年代，可能修筑于万历二十四年（1596 年）。这也是整个青海省长城主线中修筑最晚的一段明代长城。由此，使西宁卫北部与西南部边墙最后在这里合龙，连成一片，青海的明代长城主线最终定形。

〔1〕（清）苏铣纂修，王昱、马忠校注：《西宁志》卷四《兵防志·隘口》，青海人民出版社，1993 年，第 192 页。

〔2〕（清）苏铣纂修，王昱、马忠校注：《西宁志》卷四《兵防志·隘口》，青海人民出版社，1993 年，第 192～193 页。

〔3〕（清）杨应琚：《西宁府新志》卷十三《建置·漏泽园附》，青海人民出版社，1988 年，第 341 页。

青海境内边墙与边壕的修建历经了五十年，环西宁卫而修的长城主线，历经了二十多年之久。在此期间，虽发挥了一定的防御功能，但仍未能阻止强悍的瓦剌它卜囊、火落赤等西海蒙古部铁骑的进袭。西宁卫经常受丙兔、火落赤、永邵卜等部落的攻袭，"遭虏蹂践，不可胜计"。直到明万历二十三年（1595 年），明军在都御使田乐等的率领下，取得了被誉为"盖二百年无前之奇捷"的"湟中三捷"后，西海蒙古一蹶不振，西宁卫近边才进入较为安定的时期。

三　青海省明长城主线调查成果与文献印证的相关问题

本次调查的主要成果：利用科学的调查手段，全面标绘出了环西宁卫长城主线的具体走向、分布地点；精确地测绘出了长城主线全线表面长度共计 331831.41 米；摸清了长城本体的结构类型。长城属于人工建筑，不仅长城的分布与走向，在很大程度上受地理环境的影响，其修建方式与地理环境也有着密切的联系。青海省境内明长城主线，采取了传统的"因地形，用险制塞"的科学设防，以及因地制宜、就地取材的科学方法，合理利用了各地段的地理条件，采用了不同建筑材料，修筑起结构方式不同的长城本体，形成了严密而又科学的军事防御体系，充分发挥出了长城的军事防御功能。"逢川筑墙、遇梁挑壕、依山斩墙、用险制塞"是这条长城主线的修筑特点。即遇川（沟）则筑土为墙，逢土山开壕堑墙，逢石山、河流则利用自然山体、河流作为防御屏障。长城主线全线系由墙体及壕堑两大类组成。

纵观结语第二部分引用的有关文献，除记载了青海省境内的长城本体的修筑时间外，还对这条主线的修筑地点、结构类型及有关尺寸、修筑长度等均有零星记载。本次调查所构成的各项成果，如长城本体分布地点与走向、准确长度、长城的结构类型等，从多方面丰富、完善、补充了文献记载的内容，有的印证了文献记载，有的与记载有一定差距，也有的已难以相互对应。

以长城主线中具有一定代表性的大通县线段为例，调查结果：大通县境内长城总长 44040 米，长城走向南端与互助县的扎板山相接，由南向北至北川河转而折向由东向西至娘娘山与湟中县境内的长城衔接，长城本体结构由墙体——夯土墙、石墙、山险墙、河险、山险及壕堑组成。部分地段墙体外侧修有随墙壕，与长城本体共同构成双重防线。个别特殊地段内侧挖筑有壕堑，与土墙、随墙壕共同组成了三道防线。夯土墙体底宽 1.5～10（包括墙体两侧坍塌堆土的范围）、顶宽 0.3～2.5、高 0.5～7.3 米，未见垛墙；随墙壕口宽 3～15、底宽 1.5～6、深 0.5～2.8 米，土垄底宽 1.4～4、顶宽 1～1.5、高 0.5～2.5 米。长城本体的附属设施，在土墙墙体之上共建有五座敌台。

关于这段长城主线的相关情况，在《西宁志》中曾记载："隆庆六年（1572 年）修完：自娘娘山沙儿岭起，劄板山下止，边墙、水关、山崖共四千四百三十三丈，内墙底阔一丈五尺，顶阔七尺，实台高一丈五尺，朵墙四尺，共高一丈九尺，斩山崖高二丈，随墙墩五座，随墙壕一道，口阔一丈，底阔七尺，深一丈八尺。"[1] 文献中，对此区域的长城走向，未作详细的描述，仅记述"自娘娘山沙儿岭起，劄板山下止"；长城墙体的结构类型只记有"边墙、水关、山崖共四千四百三十三丈"，"边墙"即夯土墙；"水关"根据文献记载和实地调查分析，应是指大通县明长城穿越的北川河地段，即"老营庄长城 5 段"。此段长城是以老爷山与小石山之间奔流的北川河作为天然的屏障，达到防御的目的。在河流之上还设有榨，即为"水关"；"山崖"即山险；"斩山崖"即山险墙。文献中记述的大通县境

---

〔1〕（清）苏铣纂修，王昱、马忠校注：《西宁志》卷四《兵防志·隘口》，青海人民出版社，1993 年，第 192 页。

内的长城墙体总长度计四千四百三十三丈，是夯土墙、河险与山险三种类型的总和。明代长度计量单位分为布匹丈量、地理丈量与土木工程丈量三种，而地理里程丈量比现代的计量单位要长一些，公制与之长度之比大致为：1 米≈3.228 明尺，将文献记载中的长度换算为现代的计量单位，则大通县境内明长城长约为 13732.96 米，而实地调查的土墙、河险、山险总长度 40127 米，文献对长城本体墙体中的石墙、山险墙及壕堑的长度均未记述或漏记，故文献记载与实际调查结果存有差异。

"内墙底阔一丈五尺，顶阔七尺，实台高一丈五尺，朵墙四尺，共高一丈九尺，斩山崖高二丈"，此段记述反映出了在大通县境内的明长城有内墙和外墙之别，其中内墙指"边墙"，即大通县境内的长城主线的土墙。实地调查结果在主线以外，还有一道具有峡榨性质的墙体，即塔洼长城，应是大通县境内的"外墙"。由于历经几百年的风雨侵蚀，现存的夯土墙体已不见垛墙，墙体的规格尺寸与文献记载也难以相互对应。"斩山崖高两丈"基本与调查结果的山险墙的高度基本吻合。

"随墙墩五座，随墙壕一道，口阔一丈，底阔七尺，深一丈八尺"。"随墙墩"是指长城墙体上的附属设施，即敌台，其数量均与调查结果相合。调查结果中显示出的在土墙的墙体之外还有一道壕沟即"随墙壕"，也印证了文献记载。由于平整土地等原因，大部分的"随墙壕"已经消失，现存的"随墙壕"也因坍塌、淤塞等因，已失原貌，长、宽、深等均与文献记载存有较大的差异。为了进一步了解"随墙壕"的实际规格，调查中我们对互助县的一段"随墙壕"进行了局部解剖，解剖结果：随墙壕口宽约 5、底宽约 1.1、深约 2.9 米。与文献中所记载的互助县境内"随墙壕一道，口阔二丈，底阔一丈，深一丈五尺"仍有一些差异，但解剖后的"随墙壕"现存尺寸更接近文献记载。

调查结果与文献印证后反映出的相关问题可大致归纳为以下四点：

其一：长城主线走向的确定，丰富并完善了文献记载。

其二：长城本体防御工程的结构类型，印证并补充了文献记载。

其三：科学测量的长城本体的现存长度与文献记载的长度有别。

其四：长城本体中夯土墙体的现存尺寸与文献记载存有差异。

长城主线的其他各县线段，实际调查结果与文献记载相印证后所反映出的问题与大通县线段基本类同。

四 烽火台的分布、功能分析与年代推测

（一）分布及特点

本次调查的烽火台除贵德县调查的三座各自独立，互不关联，并不属明代西宁卫外，其余各处的烽火台均分布在西宁卫的辖区内，虽布局不同，但可相互联系。从布局特点分析来看，有的以线形分布，即由数座烽火台组成烽燧线，大致是按东西、南北走向分布，走向清晰；有的则呈点状分布。从走向及地理位置分析，这些烽燧线有的相互衔接，也有的相对独立、自成一线。分布在以西宁为中心的东、南、西、北及东北方向，主要坐落于由西宁通往东西南北的交通古道上，其中又以湟水南北两岸交通道路上居多。

线状分布：

1. 西宁以东的烽燧线，共有五条，分布在湟水南北两岸及黄河北岸。

①湟水南岸有一条烽燧线：由西宁向东途经平安县、乐都县、民和县，西端起自平安县湟水南岸

烽燧线西端的上红庄烽火台，至乐都县与其湟水南岸烽燧线西端深沟村烽火台相接，继续东行，与民和县黄河北岸烽燧西线胡拉海烽火台相连。自小垣烽火台始，这条烽燧线转为由北向南行，自川口镇途经巴州镇、古鄯镇、满坪镇、官亭镇至黄河北岸临津渡苏家窑子烽火台。这条湟水南岸烽燧线的走向基本与由西宁东去的古道东南驿路的走向一致，古道东南驿路从西宁东行经平安驿至老鸦驿过湟水东南行，经民和县境的巴州驿，又至古鄯驿，在官亭一带南渡黄河，可接长宁驿（今甘肃省积石山县大河家西），与河州（今甘肃省临夏回族自治州）相通。

湟水北岸烽燧线有三条，自西向东排列：

②沙塘川烽燧线：位于互助县境内，从北向南沿沙塘川而行，依次由黑庄村烽火台、山城村烽火台、七塔尔村烽火台、红嘴烽火台、双树烽火台、总寨村烽火台和水湾村烽火台组成。沙塘川位于西宁东川湟水北岸，东西两山夹峙，沙塘川河穿行其间，其河发源于南门峡乡的七塔尔峡和岔巴峡、柏木峡、花石峡四股支流，由北向南在西宁市傅家寨注入湟水。此川道是明代西宁卫通往威远营的必经之路。此条烽燧线的传递线路系从北面柏木峡峡口起，将峡内的信息传至威远营，再从威远营传至西宁卫城。

③位于乐都县境内的湟水北岸烽燧西线：从北向南依次由胜利村烽火台、墩湾村烽火台、白崖坪村烽火台、晃马家村1号烽火台、晃马家村2号烽火台组成。此条烽燧线北起马营乡白崖子湾南下经白崖坪至老鸦城。这条烽燧线基本沿乐都县境内的北路古道而行，北路出大沙沟，从马莲滩过大通河西上牛站大坡，经芦花寺、马营古城，南下白崖子岭至白崖子西上[1]，经老鸦城西上至西宁。

④位于乐都县境内的湟水北岸烽燧东线：从东北向西南依次由转花湾村烽火台、那家庄烽火台、孟家湾村1号烽火台、孟家湾村2号烽火台、马厂岭烽火台、羊肠子沟烽火台组成。此条烽燧线东北始于青海省与甘肃省交界的定西关之西冰沟处，途经冰沟城南下羊肠子沟至老鸦城。此烽燧线沿乐都县古道中路而行，"中路从甘肃省大河家过黄河经民和县北上永登县向西南出大沙沟，从河桥一带过大通河进入乐都的冰沟，南下羊肠子沟到老鸦城"西行至西宁[2]。

⑤黄河北岸分布有东西两条烽燧线：均位于民和县境内。

黄河北岸烽燧东线：调查中可见到的四座烽火台分别位于甘肃省与青海省境内，依次由川城烽火台（位于甘肃省永靖县川城乡，故本报告中定为川城烽火台）、后坪烽火台、段岭烽火台（位于甘肃省段岭乡，故本报告中定为段岭烽火台）、马家川烽火台组成。这条烽燧线居于青海省最东边，与甘肃省烽燧交错连接，由青海省境内的后坪烽火台向南传至甘肃省川城烽火台，进入甘肃省境内继续向南传递至河州卫。其具体的传递路线由于没有实地调查甘肃省永靖县境内的烽火台，故情况暂不详。

黄河北岸烽燧西线：即上已述及的湟水南岸烽燧线的部分线段，烽燧线的走向基本是沿民和县官亭镇至川口镇的公路而行，先由南向北走向又转为东西走向，南端起自黄河北岸临津渡，途经官亭镇、满坪镇、古鄯镇、巴州镇至川口镇。依次由苏家窑子烽火台、胡李家烽火台、朱家岭烽火台、东湾烽火台、马家山烽火台、下胡家烽火台、果园烽火台、小垣烽火台、小山子烽火台、胡拉海烽火台10座烽火台组成，从苏家窑子烽火台至小垣烽火台为南北走向，自小垣烽火台至胡拉海烽火台，又沿湟水南岸从东向西而行，与乐都县湟水南岸烽燧线东端的芦草沟1号烽火台相接。这条烽燧线的走向基本与古道东南路的走向一致，可衔接与传递黄河与湟水两岸的信息。

2. 西宁以西的烽燧线，即西川通道烽燧线。

烽火台均位于西川河（即湟水河）北岸，从西向东由扎麻隆烽火台、多四烽火台、三其烽火台组

〔1〕 乐都县志编纂委员会：《乐都县志》第二编"经济"第六章"交通·古道"，陕西人民出版社，1992年，第188页。
〔2〕 乐都县志编纂委员会：《乐都县志》第二编"经济"第六章"交通·古道"，陕西人民出版社，1992年，第188页。

成，向东传递通讯至沿线的关堡及西宁卫城。西川南北两山对峙，以西川河（湟水流经该地称西川河）为界分为南北两岸。由西宁西去的通道过拦隆口，经湟源，翻日月山，均由西川河南北两岸西行。西行进入牧区，"烟簇土屋柳罩头"的河湟农业区的景象到此终止。西川通道即古道西路，西宁是唐蕃古道上的大站，在元明时期是入藏驿道上之要塞，这条古道清代称作西宁到拉萨的官马大道。

3. 西宁以南烽燧线，为南川通道烽燧线。

自南向北由水草沟烽火台、加牙 1 号烽火台、加牙 2 号烽火台、陈家滩 1 号烽火台、陈家滩 2 号烽火台、谢家寨烽火台、元堡子烽火台组成。此条烽燧线沿南川通道的走向而行，负责向沿线的关堡及西宁卫城传讯报警。南川东西两山对峙，南川河穿行其间，南川通道是西宁南行通往贵德的必经之道，即古道南路，其走向为西宁经申中驿南去贵德，乃古归义城道，再南行可顺古河南道通益州（今四川省成都市）。

4. 西宁以北有两条烽燧线，为北川河烽燧线与黑林河烽燧线，分别置于长城墙体的内外侧。

①北川河烽燧线：位于长城主线内侧，基本沿西宁北川的北川河西岸自北向南排列，分别由上关烽火台、放马沟烽火台、平乐 1 号烽火台、平乐 2 号烽火台和长宁 1 号烽火台、长宁 2 号烽火台组成。北川东西两山夹峙，从大坂山流来至北川河穿行其间，以河为界分为东西两片，是由西宁北通河西走廊张掖的必经之道，即古道北路。西宁北行，越大坂山，渡大通河到门源，西行到永安城，走扁渡口，进入甘肃省民乐县，即古西平张掖道。东晋时僧人法显从长安出发去天竺取经，走此路。隋大业五年隋炀帝西巡耀兵，亦途经此路到达张掖。

②黑林河烽燧线：位于长城主线外侧、其他墙体塔洼长城的内侧，沿黑林河西岸阶地由北向南排列为一线，由白土垭豁烽火台（此座烽火台在 2002 年修筑大通至门源公路的过程中全部挖毁，其位置犹在，因其形制已不详，故在调查中未作登记）、宽多洛烽火台、下毛伯胜烽火台、石庄烽火台组成。黑林河河谷是从大通县通往青海湖的捷径，河谷宽阔，"流水四时不涸"，现在大通县至海晏县的公路也是沿此条河谷修建。此处是明代西海蒙古由北边进入西宁的一条重要通道。在本次调查中，在此条通道沿线不仅发现了这条烽燧线，而且也发现了关榨性质的长城——塔洼长城。塔洼长城应是黑林边榨，为防御西海蒙古而筑。

点状分布：

除上述烽燧的分布外，还有一些不成走向的烽燧，以点状分布，彼此间未组成明显的烽燧线，虽不成一定走向，但可相互联系。扼守位置有三种：

其一：扼守在某些峡榨附近的山头。

其二：扼守在闇门附近的山头。

其三：扼守在城堡附近的山头。

（二）功能分析

青海省境内明代烽火台的功能与作用，从这批烽火台的分布特点分析，大致可以分为以下几种类型：

1. 驿路烽燧

西宁对外交通联络主要靠陆路，自汉代以来就设有驿站，历代相沿。明代西宁卫的交通状况已有较大的改观，并出现了纵横相连的多条邮驿线。明制，陆路设马驿，专为公差往来、递送使客、飞报军情服务。明代西宁卫下设有 7 马驿，洪武十四年（1381 年），西宁卫始置在城、老鸦 2 驿，以官兵充驿卒。

洪武十九年（1386 年），又增置马驿 5 处：平戎驿（今平安）、嘉顺驿（今乐都碾伯镇）、冰沟驿、巴州驿、古鄯驿。每个驿站按制配有人员与马匹，7 驿中共有驿夫 94 名，马骡 94 匹。各站驿夫不再由官军充任，而是改为佥点编户 4 里土民自备马骡牛只应差[1]。还增置西宁卫递运所 5 处：在城、平戎、嘉顺、老鸦、冰沟，递运所用以转运粮食和其他军需物品等。每所设夫 40 名、车 40 辆、牛 40 头。另自西宁卫城向东至冰沟口设有 14 处急递铺，初期急递铺是不分昼夜传达四方紧急文书，后变为马驿"递紧要公文，铺舍传寻常事件"[2]。

"明代西宁卫的驿传设施，主要集中在湟水流域，以西宁城为西部终端，向东依次经平戎、嘉顺、老鸦、冰沟与庄浪卫相连，全长一百五十公里，庄浪卫东南行可通兰州、临洮……从老鸦驿过湟水东南行，八十里可至民和县境的巴州驿，又三十里至古鄯驿，又九十里在官亭一带南渡黄河，可接长宁驿（今甘肃省积石山县大何家西），与河州（今甘肃省临夏回族自治州）相通"[3]。

分布在湟水流域的乐都县湟水北岸的东西烽燧线及由平安经乐都抵民和达黄河北岸的湟水南岸烽燧线，均沿古道而行。这几条古道也是明代重要的驿路，其驿路都连接着通向远方的古道，把西宁与中原和边疆联结到一个巨大的交通网上。烽燧沿着其交通古道及驿站布置修筑，其功能应属驿路烽燧，其作用显然是保护通讯及商旅往来。

2. 军事烽燧

明代西宁卫为了防御驻牧于环青海湖地区的西海蒙古的侵扰，采取了一系列的防御措施，除了修筑长城（边墙）外，在山口关隘或挑壕筑墙，或修设峡榨，以防"虏患"，要冲之处筑堡寨，驻兵防守，大修堡寨、烽燧、闇门、峡榨。"西宁如以孤絙悬弹丸，掷之群虏掌中，左右前后，无所倚仗。堂皇篱落，自为中外吁危矣。所恃者，通年碳碎［榨］、闇门、边墙、水洞、城堡、营寨、墩堠栉次鳞比，在在创造，时时增修，足少恃焉。"[4]

军事烽燧：有的随长城墙体而行，有的建于重要的防守通道处。如大通县黑林河谷、互助县沙塘川河谷，都是西海蒙古进入西宁卫的重要通道。沿其河谷而布置的烽燧线，应属军事防御所需。

此外，还有一些不成走向，独立扼守在峡榨及闇门附近的"峡榨烽火台"或"闇门烽火台"，均属军事烽燧。如湟中县上新庄 2 号烽火台，即位于玛鸡沟峡口东南，南面正对贵德峡，玛鸡沟峡是从湟水谷地通往黄河谷地的一条重要通道，玛鸡沟峡、贵德峡内如发现敌讯，遂立即报警；下峡门烽火台，位于石峡门峡口西北；王家山烽火台，该烽火台四周可作为通道的沟谷众多，西北的尕布沟、西南的盘道沟等多处设有峡榨；李家山烽火台，该烽火台位于云谷川东侧的山梁之上，地势高耸，视野开阔，周围远近环境一览无余，烽火台西北为贾尔吉峡；民联烽火台，烽火台西面为拉沙峡；后沟烽火台，该烽火台东西两侧可作为通道的沟谷众多，如扁担沟等；王沟尔烽火台，该烽火台西南为王沟。上述位于湟中县的 7 座烽火台均修筑在重要的峡口或沟口附近，烽火台所处位置地势高耸，视野开阔，周围远近环境一览无余。如峡内或沟内发现敌讯，遂可立即报警。由此推测，这些烽火台应属峡榨烽燧，即军事烽燧之一。诸如此类功能的峡榨烽火台，在乐都县也有分布，如碾线岭烽火台，西南侧筑有碾线沟峡榨；扎门村烽火台筑于卯寨沟峡榨的西侧；仓岭沟村 1 号烽火台东侧有羊官沟峡榨、西部有土官沟峡榨，该烽火台即建于两处峡榨之中。

〔1〕（清）苏铣纂修，王昱、马忠校注：《西宁志》卷二《驿传》，青海人民出版社，1993 年。
〔2〕（清）杨应琚：《西宁府新志》卷十《驿传》，青海人民出版社，1988 年，第 288 页。
〔3〕芈一之：《西宁历史与文化》，辽宁民族出版社，2005 年，第 257～258 页。
〔4〕（明）刘敏宽、龙膺纂修，王继光辑注：《西宁卫志》卷二《兵防志》，青海人民出版社，1993 年，第 53 页。

闇门烽火台：分布在长城闇门附近的山梁之上，位于长城内侧，一般不组成烽燧线，如发现警讯，则向闇门报警以加强防御。举湟中县 5 座闇门烽火台为例：转嘴烽火台，该烽火台东侧边墙沟内转嘴长城墙体上原有第四沟闇门一座；大草沟烽火台，烽火台西侧山下边墙沟内转嘴长城墙体上开有页峡子闇门一座；下马申 1 号烽火台，该烽火台东侧小康城川内下马申长城墙体上原有小康缠闇门一座；李家庄烽火台，该烽火台东侧山下大康城川内下扎扎长城 3 段墙体上原有大康缠闇门一座；坡西烽火台，该烽火台东侧山下甘河川（滩）内坡东长城 5 段墙体上原有乾河闇门一座。从这些烽火台所处位置来分析，应是作为向闇门报警的军事烽燧之一。

军堡烽火台：还有一些立于依山而建典型的军堡附近的山体之上的烽火台，亦属此类军事烽燧。如互助县拉卡山 1 号烽火台与拉卡山 2 号烽火台，分别筑于马营堡及北庄古城堡中间。

（三）　年代推测

烽火台也称作墩、烽堠、墩台、烽墩及烟墩……顺治《西宁志·兵防志》中对明代西宁卫不同时期所建的烽火台数量、位置以及守护军队的人数均有记述。据记载，嘉靖至隆庆年间，由守备朱勋、兵备周京、都御使廖逢节等官员，先后四次在西宁卫周边高山之巅修筑烽墩（烽火台）101 座，分别以西宁卫为中心向东、东北、西、南、北五个方向分布，烽火台之间间距或十里，或二十里、三十里、五十里，依地形特点而建，以能在视线内互相瞭望为准。南线最远的是"新添墩　城南一百里"；北线最远的是"靖边墩　城北一百二十里"；西线最远的是"所思堂墩　城西一百二十里"；东线最远的是"匾坡墩　城东三百五十里"；东北线最远的属"威远三墩　城东北一百五十里"。烽墩覆盖于东至今民和巴州、官亭，南至拉脊山下，西至湟中上五庄，北至今大通大坂山南。并依烽墩的重要性及地理位置的不同，派驻三名或五名守瞭军士，有敌情白天放烟，夜间举火，与西宁卫周边的长城、星罗棋布的堡寨一起，共同构成一道严密的防御体系。《边政考》（西宁卷四）描绘了西宁卫周边的烽墩及堡寨分布的情况[1]（图一九三），据《明史·边防·民状》记载，堡寨烽燧的戍卒，除了战时举烽报警，往来施援外，平时则"走阵、哨探、守瞭、焚荒诸事，无敢惰。稍违制，辄按军法"。从而可见，明代兵防制度之严密。

本次调查的烽火台共 116 座，其中除贵德县境内的烽火台不属西宁卫外，其余大多居于西宁卫辖区之内，即民和县、乐都县、平安县、互助县、大通县、湟中县、西宁市区、化隆县。分析文献中所记述的这些烽墩与西宁卫的方位关系与里程，可推出这些烽墩大部分的分布地点基本同于上述，但是由于古今地名的变化及记述地理里程方面的差异，给实地调查的烽火台与文献记载烽墩的对应考证工作带来较大的困难，很难将此次实地调查的烽火台与文献里记载的烽火台一一对号入座。如分布于乐都县境内的明代烽火台在《西宁志》中有明确记载的共有 27 座，经仔细研究考证，其中有 5 座与文献记载基本符合，文献记载的其余 22 座未能与实际调查相对应，其中有 1 座已消失无存；分布于湟中县境内的明代烽火台在《西宁志》中有明确记载的共有 26 座，本次调查的 26 座烽火台中，有 14 座烽火台与文献记载的情况基本吻合；文献记载中其余 12 座未能对上（或未发现）的烽火台中，有 2 座已确定消失无存，还有上营城门外的 1 座现被包筑于雷公庙中；分布于互助县境内的明代烽火台在《西宁志》中有明确记载的共有 11 座，本次调查的 17 座烽火台，经仔细研究考证，其中有 10 座与文献记载

〔1〕（明）张雨：《边政考》，《中国西北文献丛书》总 78 册，辑三卷，第 378～379 页。

图一九三　西宁卫周边烽墩及堡塞分布图（摘自《边政考》）

基本符合，文献记载中的1座未能与实际调查的相对应。韵家口原有一座烽火台，在修建西宁至互助的高速公路时遭破坏而消失。总之在这次调查的116座烽火台中，只有29座可与文献记载的情况基本吻合；个别烽火台文献虽有记载，经调查可确定消失无存。这些与文献记载基本吻合的烽火台应为明代所建，至于具体年代，尚待进一步的研究和考证。其余未能与文献相印证的烽火台或未有记载的烽火台，对照可确定为明代烽火台的特点，从其夯层厚度、建筑方式及形制等来判断，初步推测其大多应建于明代，也有个别烽火台的年代尚有疑问。

五 关堡的功能推测

明代兵制，京师建五军都督府统领军事。各行省设都指挥使司，统率其下卫所番汉诸军，一郡者设所，连郡者设卫。一般每卫辖五个千户所，每千户所辖十个百户所。边卫战略地位重要的，一卫所辖可超过五个千户所。如河州卫辖八个千户所，归德所为其一；西宁卫辖六个千户所（5个在西宁卫城中，1个在碾伯城）。而且，在行政建置上实施以卫所兼管民政的体制，使诸多军事单位成为军政兼统的行政地理单位。据《西宁志》"兵防志"记载，西宁卫东起今民和县，西至今湟源县湟水两岸，原领"堡寨"99座，自隆庆至万历时，又增置141座，共计240座堡寨。这些堡一般建筑在险关要隘、交通枢纽之地，作为军事据点，是明代西宁卫防御体系中的重要一环。

本次调查的城堡有46座，经综合分析这批城堡的地理位置及地名，对照相关文献记载，有多数可与文献记载中的明代堡寨相对应。同时，亦对这些城堡的功能予以初步分析，推测其功能用途有多种类型，其中以大小军堡为主，民堡不多，有卫城、所城、驿城，也有土司衙门及居所，还有牧马苑。以下分类叙述：

（一）卫、所城

明代兵制，卫下设所，千户所、百户所所驻之地也筑城。本次调查的城堡中有卫城1座，所城2座。

卫城

西宁古城即西宁卫城故址，位于今西宁市中心。文献多处都有记载，明西宁卫城，始建于明洪武十九年（1386年），基割元西宁州故城之半，由长兴侯耿秉文率陕西诸卫军士修筑。"周围九里一百八十步三尺；高厚皆五丈。月城高四丈，壕深一丈八尺，阔二丈五尺。门四，角楼四，敌楼一十九，逻铺三十四，东门连关厢，商贾市肆皆集焉"[1]。

所城

碾伯古城，属于西宁卫右千户所所城，也是嘉顺马驿的所在地。"碾伯城 东去府治一百三十里，即南凉乐都城故地。……明洪武十九年置嘉顺马驿，又置右千户所。嘉靖三十三年，增置守备。万历十二年，改置游击。二十二年，游击达云修补加砖堞焉。兵备刘敏宽檄增敌楼。城高三丈五尺，下宽二丈七尺至三丈五尺。东西长一百五十丈，南北长一百一十二丈。门三，城楼三，月城二。池深二丈

---

〔1〕（清）杨应琚：《西宁府新志》卷九《建置·城池》，青海人民出版社，1988年，第260页。

五尺，东关外城门三"〔1〕。

贵德古城，属于归德守御千户所的所城。"贵德城，南去府治二百二十里，旧吐蕃地。元至元间，置贵德州，筑城，后废。明洪武三年，征西将军邓愈开复其地。七年，委河州左卫指挥筑修土城。八年，设守御千户所，至十三年工竣。万历十八年增修。周回三里八分。长六百八十三丈五尺，高三丈五尺。根宽二丈八尺，顶宽一丈二尺。设南北二门，城楼一，上置守铺三十二间，壕深一丈五尺，阔三丈二尺。皇清设守御所千总一员"〔2〕。

（二）驿城

古代除了用烽燧以烟火传递军事信息外，另外一种通讯方式，是派人（信使）投递官府文书及相关信息，称作驿传，驿传又称作邮传和邮递。西宁对外交通联络主要靠陆路，自汉代以来就设有驿站，历代相沿。明制，陆路设马驿，专为公差往来、递送使客、飞报军情服务。明代西宁卫下设有 7 马驿，初期在西宁卫城及老鸦设有 2 驿，后又增置马驿 5 处：平戎驿（今平安）、嘉顺驿（碾伯城）、冰沟驿、巴州驿、古鄯驿。本次调查的城堡中除上已述及的西宁卫城及碾伯古城（嘉顺驿）外，还有四座沿驿路而建的驿站（驿城），由东向西置于平安、乐都、民和三县，即平戎驿、老鸦驿、冰沟驿和古鄯驿。

中村堡，即平戎驿（平戎城）。"平戎城　东去府治七十里，汉安夷县故址。明洪武十九年置平戎马驿。嘉靖元年，置防守官。城高三丈，下厚二丈五尺，壕深一丈五尺，阔一丈五尺，门二。万历二十四年，兵备副使刘敏宽增敌楼十三座，并浚其壕。皇清康熙年，以郡城设镇，撤防守官，仍置马驿，设驿丞一员"〔3〕。

老鸦古城，即老鸦驿（老鸦城）。"老鸦城　东去县治五十里，汉破羌县故城地。隋改为湟水县。明洪武十九年置马驿。嘉靖元年置防守官。万历二十四年（1596 年），兵备刘敏宽檄增敌楼。城高二丈五尺。周回长二百四十六丈，壕阔两丈。皇清设把总一员，老鸦马驿驿丞一员。"〔4〕

那家庄堡，该堡又称冰沟旧城，即冰沟驿（冰沟城）。"冰沟城　东去县治九十里。洪武十九年（1386 年）置冰沟驿，嘉靖中置防守官。城高两丈五尺。下厚二丈，壕深二丈，门一。皇清设把总一员，冰沟马驿驿丞一员"〔5〕。又据《青海地方旧志五种》第 95 ~ 96 页记载，明太祖洪武十九年始设驿站，称冰沟驿，并筑土城以确保道路的畅通。当地群众称为旧城。由于此堡位于山湾中，距离冰沟水源 3 公里之遥，道路崎岖，取水困难，故于明宪宗成化年间废弃。

城背后 1 号堡，即冰沟堡，后建的冰沟驿。据《甘肃通志》记载："冰沟堡在县（指西宁——编者）东二百二十里。明成化时，因旧堡水远，移堡于此。今设兵防守。汛内隘口五：东榨口、西榨口、壕湾堑口、赵家铺断壕、圪丁麻搭。"〔6〕 明世宗时兵备副使范瑟于世宗嘉靖三十年（1551 年）在城东南 7 千米处修筑定西关，冰沟遂成为内地进入青海的门户。冰沟城的地位由此奠定。

古鄯古城，即古鄯马驿。"古鄯城……明洪武十九年置古鄯马驿。嘉靖四十一年置操守官，万历十二年改守备。二十四年（1596 年）兵备刘敏宽檄增敌楼，周回长六百六十六丈。城高三丈四尺，下厚

〔1〕 （清）杨应琚：《西宁府新志》卷九《建置·城池》，青海人民出版社，1988 年，第 266 ~ 267 页。
〔2〕 （清）杨应琚：《西宁府新志》卷九《建置·城池》，青海人民出版社，1988 年，第 271 ~ 272 页。
〔3〕 （清）杨应琚：《西宁府新志》卷九《建置·城池》，青海人民出版社，1988 年，第 261 页。
〔4〕 （清）杨应琚：《西宁府新志》卷九《建置·城池》，青海人民出版社，1988 年，第 267 ~ 268 页。
〔5〕 （清）杨应琚：《西宁府新志》卷九《建置·城池》，青海人民出版社，1988 年，第 268 页。
〔6〕 （清）查郎阿、刘于义修，许容纂：（乾隆）《甘肃通志》第十一卷，台湾文海出版社据清乾隆元年刻本影印本，第 29 ~ 30 页。

二丈八尺。壕深一丈五尺，阔二丈。门二，城楼二，角楼四。"[1]

（三）军堡

军堡与卫、所、驿城不同，是以军事防御为主的设施。屯军的城堡或营地属于军城或军堡。驻军的城堡建置规模要明显小于卫、所、驿城。军城或营地修建择址出于军事之需，依地形而建，靠近长城，或距长城不远，或筑于扼守的关隘及要冲之地附近。"明代军城有镇城、路城、堡城之别，其规模大小不同。镇城、路城为军事长官所驻之地，一般的士兵住在堡城之中，因而堡城数量最多。"[2] 军城按其级别可分两种，级别高规模大的称作城，级别低规模小的称作堡。

经对照文献记载、分析本次调查的城堡所处的地理位置，有一部分可确定为军堡，或疑为军堡。军堡的择址建于河谷阶地，或筑在山脊、山坡处。一些规格高的军事长官指挥驻地军城，均建于河谷地处，受人为损毁极为严重。乾隆《西宁府新志》对这些城的建筑形制、规模、驻守军事官员的等级均有明确记载。

诸如位于互助县境内的威远堡现已损毁，残留局部。《西宁府新志》记载："威远城 东北去府九十里。东西各长一百二十五丈，南北各长一百一十八丈。高三丈。根厚二丈四尺，顶厚一丈。今驻扎都司一员，把总一员。"[3] 居于湟中县的通海堡，现仅存7米西墙，从地望等综合分析应属镇海城（堡），据记载："镇海城 西去府四十里。明嘉靖元年，置防守官。万历二十一年，改设游击。东西长九十六丈，南北长七十六丈。设东、西二门，东月城三面，长十五丈；西月城三面，长十八丈。高二丈五尺，根厚二丈，顶厚一丈。"[4]

地处西宁南川的徐家寨堡，即文献中的伏羌堡，《西宁卫志》记载："南川……（距西宁卫城）四十里有毛家寨。又五里为伏羌堡，置守备官。"[5]

位于大通县的新城，据记载："永安城 北去府治七十里。周回长一百九十六丈，高三丈。根厚二丈五尺，顶厚一丈六尺……南距旧城五里，人谓之新城。明时移今驻扎游击一员，千把总各一员。"[6]

除上述有明确记载的规格高的军城外，还有两类可确定为军堡，其一：可推测为驻扎骑兵的马营，如乐都县的联星堡（即弩木只沟马营）、迭尔沟堡（即揲儿沟马营），马营都建于平川；其二：驻守在长城峡榨、关隘附近，交通要冲之地的城堡。这类为防御而建的军堡，大多修筑在山谷，个别置于二级台地上，以小型堡城居多，堡城依据防守需要，依地形修建，故堡城的规模与平面形状受到了地形限制。如建于山谷的军堡形状多种，以三角形和不规则形为主，也有梯形、长方形和方形，规模通常较小。如扼守在乐都县长城峡榨及冰沟驿附近的孟家湾堡、碾木沟堡、碾线沟堡、寺磨庄1号堡、寺磨庄2号堡等即属此类军堡。均依山而建，面积不足1000平方米，结构简陋，有的堡墙直接利用了山体，斩山为墙。举碾木沟堡为例，该堡位于马营乡碾木沟东侧低缓的山梁上。该堡平面格局清楚，平面形状呈方形，该堡利用地形而建，在一较平缓的山腰处，先平整出方形台地，再依地形向四面挖削即成墙体。

〔1〕（清）杨应琚：《西宁府新志》卷九《建置·城池》，青海人民出版社，1988年，第268页。

〔2〕 景爱：《长城》，学苑出版社，2008年。

〔3〕（清）杨应琚：《西宁府新志》卷九《建置·城池》，青海人民出版社，1988年，第262页。

〔4〕（清）杨应琚：《西宁府新志》卷九《建置·城池》，青海人民出版社，1988年，第262页。

〔5〕（明）刘敏宽、龙膺纂修，王继光辑注：《西宁卫志》卷二《兵防志·堡寨》，青海人民出版社，1993年，第54页。

〔6〕（清）杨应琚：《西宁府新志》卷九《建置·城池》，青海人民出版社，1988年，第262页。

（四）土司的衙门或居所

西宁卫属边卫，因是少数民族交错杂居、互争雄长之地，故在此推行土司制度、茶马互市、尊崇宗教等是明廷经略西宁卫的重要方略。土司制度的基本特点是部落酋长制与封建官僚制相结合。土司制度兴起于元，成熟于明，上接唐代羁縻州府制。早在唐代今青海一带已出现就其部落划地设官的地方政权形式，而土司的正式定名则在明代。故青海境内各家土司大多始于明代，清代沿袭。

土司职分文武，秩有高下，名目颇多。青海境内仅有武土司，其名称有都指挥使、都指挥同知、指挥使、指挥同知、指挥佥事、千户、副千户、百户、副百户等。明代西宁卫地区的土司职衔，多为明代西宁卫所的指挥使、指挥同知、指挥佥事、千户、百户等官。土司承袭任命，均由吏部管理。洪武三十年定制，凡领兵者即属武职土司，改属兵部管理。明代卫所制度，"一郡者设所，连郡者设卫"，"卫所外统之都司，内统于五军都督府"[1]。自卫指挥使以下，其官皆世袭。边地卫所，兼领土兵，管军管民，西宁卫即属此类军民卫所。故明代青海土司的官衔大多是卫所官员职衔，如指挥使、指挥同知等。

明代在青海境内的世袭土司，主要设于青海东部的农业区河湟地区，在今海北州西部和柴达木地区设"塞外四卫"，分领牧业区藏蒙各族。明时，西宁卫土司十五家，清初从东李土司分出一家小李土司，成十六家，即西祁土司、西李土司、汪土司、纳土司、吉土司、陈土司、东李土司、小李土司、赵土司、阿土司、东祁土司、冶土司、甘土司、朱土司、辛土司、喇土司，主要分布在西宁周边、互助县、乐都县、民和县、湟中县等地。

本次调查的城堡中，有5处属土司的衙门或居所。乐都县有3处，即祁家堡子（祁土司衙门）、上衙门堡子（赵土司衙门）、脑庄堡子（李土司居所）。互助县境内有2处，陈家台堡（陈土司衙门所在地）、白崖堡（祁土司衙门所在地）。

（五）牧马苑

马为重要的骑乘工具，是征战、骑射、驿传不可缺乏的重要战备资源。因此，养马、征马是历代王朝的大政之一。明代将养马作为一项长期国策，与茶马互市同为解决战马缺乏所采取的两项基本国策。明代初年，在今民和县、乐都县、互助县和西宁市的优良农耕区广设牧马苑监。洪武三十年（1397年）设甘肃行太仆寺，定牧马草场，永乐四年（1406年）至六年（1408年）先后设立陕西、甘肃二苑马寺，每寺下辖六监二十四苑，甘肃苑马寺所辖甘州一监，庄浪一监，西宁卫有四监十六苑[2]。当时上苑牧万匹，中苑七千，下苑四千。据《秦边纪略》，甘泉监在广牧川（即互助县沙塘川），辖广牧、麒麟、温泉、红崖四苑。祁连监在广牧川之西，领西宁（今西宁西川马坊）、大通、永安、古城四苑。临川监在今民和县暖川，辖岔水、巴川、暖川、大河四苑。宗水监在今民和县三川，辖清水、美都、永川、黑城四苑。正统二年（1437年），撤销了甘肃苑马寺，并甘肃苑马寺所牧养马匹隶属陕西苑马寺。

大通苑堡，经分析该堡属甘肃苑马寺祁连监下辖四苑中的大通苑。

---

〔1〕《明史·兵制》。

〔2〕《明太宗实录》卷八二，永乐六年八月丙申。参见崔永红：《青海经济史·古代卷》，青海人民出版社，1998年，第195页。

（六）民堡

民屯堡寨，也叫"村堡"，起初是村民为防匪患及抵御侵扰，自行募捐修建的自卫性堡垒。随着堡寨数量的增多，在历次外敌入侵的过程中其重要性和有效性日益凸显，于是官方有意识地把其组织起来，将其纳入由长城本体、军堡、烽火台、峡榨、闇门等组成的防御系统中。平时，照常耕作，战时，村民就及时将家畜、粮食等生活、生产用具等转移至堡寨之内，实行坚壁清野，同时以堡寨为依托，反击来犯之敌。及至后来，官方大力加以提倡，如嘉庆年间大学士德楞泰在《筹令民筑堡御贼疏》中建议："为今之计，莫如劝民修筑土堡，或十余村联为一堡，或数十村联为一堡，贼近则更番守御，贼远则出入耕作，各保自家，自必奋勇。"[1] 至今仍有许多以"堡"、"寨"命名的村镇。由于史料重于记录战事，而对堡本身记录较少，加之现存堡寨大多被严重破坏，许多建筑特征被毁无存，堡内住满村民，军堡和民堡已很难区分。如湟中县新城堡，从其规模及设施来看，似为军堡，但无法求证。另外，有些民堡，极有可能是军民两用，平时由当地村民居住，战时则屯兵以守。

六　关于闇门与峡榨

"西宁如以孤絙悬弹丸，掷之群庬掌中，左右前后，无所倚仗。堂皇篱落，自为中外吁危矣。所恃者，通年硖碎[柞]、闇门、边墙、水洞、城堡、营寨、墩堠栉次鳞比，在在创造，时时增修，足少恃焉。"[2] 由此记载可知，明代西宁卫为了防御驻牧于环青海湖地区的西海蒙古的侵扰，除了修筑边墙、堡寨、烽燧外，另还建有闇门与峡榨等防御设施。

（一）闇门

闇门也称暗门，是指在长城沿线一些重要的通道处所开的方便之门。据《西宁府新志》的文献记载及其舆图标示，长城主线上共有 19 座闇门[3]（参见图一九一）。但舆图上只标出 16 座闇门，经对照《西宁府新志》文献记载，发现舆图上标示的剌沙尔闇门、小山峡闇门、柏木峡闇门均不见文献记载，而文献中记述的另三座——闇门乾（甘）河闇门、加隆沟闇门、红土沟闇门，又未在舆图上标示。

1. 闇门的位置

19 座闇门仅大班沙儿闇门保留至今，其余 18 座闇门遗迹无存。通过此次实地调查，根据地名及各段长城所处的地形地貌，基本确定了这些闇门的位置，印证了文献记载。19 座闇门分别位于互助县、大通县、湟源县、湟中县的长城本体上。

互助县有 2 处：

柏木峡闇门，位于龙王山长城 2 段上。

西石峡闇门，位于南门峡闸门长城上。

大通县有 2 处：

东闇门，位于毛家寨长城 4 段止点处。

〔1〕　贺长龄辑：《皇朝经世文编》卷八九《兵政》，德楞泰《筹令民筑堡御贼疏》。

〔2〕　（明）刘敏宽、龙膺纂修，王继光辑注：《西宁卫志》卷二《兵防志》，青海人民出版社，1993 年，第 53～54 页。

〔3〕　（清）杨应琚：《西宁府新志》十三《建置·关隘》，青海人民出版社，1988 年，第 335～336 页。

西闇门，位于上关长城 4 段止点处，即今闇门滩山与小石山相夹的地方。

湟源县有 1 处：

西石峡闇门，位于下脖颈长城 2 段上。

湟中县有 14 处，从北向南依次为：

小山峡闇门，位于李家山镇峡口长城 1 段上。

红土沟闇门，位于后河尔长城 1 段上。

喇课闇门，位于南门一长城上。

刺沙尔闇门，位于拦隆口镇峡口长城 1 段上。

加隆沟闇门，位于南门二长城上。

页峡子闇门，位于北村长城上。

第四沟闇门，位于转嘴长城上。

小康缠闇门，位于下马申长城上。

大康缠闇门，位于下扎扎长城 3 段上。

乾（甘）河闇门，位于坡东长城 5 段上。

大班沙儿闇门，位于上营长城起点处。

小班沙儿闇门，位于南门壕堑 1 段中（实地调查中，据当地一位老人介绍，此段长城原为壕堑，后因村庄建设被毁，于是我们按壕堑登记。但从此处的地形、地貌来分析，该段长城应为夯筑土墙，此位老人可能记忆有误）。

虾蟆沟西闇门，位于新城长城 2 段上。

红山嘴东闇门，位于上新庄长城 2 段上。

2. 闇门的现状

这 19 座闇门中除 1 座外，其余 18 座因长期人类的生产、生活活动而被毁无存。仅存的 1 座闇门位于湟中县甘河滩乡上营村中、上营长城起点处，即上营城门，亦即文献中提到的"大班沙儿闇门"。该闇门内为长方形，外呈拱形，以青砖包砌；门宽 3.1、高 3.5、进深 7.55 米；以毛石垒砌基础，高 0.95 米，其余土坯砌筑，外表抹泥。城门上有土木结构门楼一座，灰瓦硬山顶，面宽三间，进深两间。该闇门至今仍是附近村民出入的通道。虽然绝大部分闇门已被破坏，无迹可寻，但在原来建有闇门的地方仍保存有"闇门滩"、"南门"等地名或村名（"南门"在青海方言中通"暗门"）。

3. 闇门的结构

在此次实地调查寻访中了解到，闇门的建筑结构因所处地理位置的不同而有所不同。位于交通要道处的闇门，如上营城门（大班沙儿闇门）、乾（甘）河闇门、喇课闇门等，门洞较宽，建筑均较为规整，有些门洞上还建有门楼等，其旁边另设有守护闇门的关城；其余通道处的闇门仅是在墙体上掏一拱形门洞，以供出入。另外，有些闇门附近的山体上还建有专为闇门报警的烽火台，如乾（甘）河闇门西侧山梁上有坡西烽火台。

4. 闇门的年代

因闇门均建于长城本体上，故其年代大多与各段墙体的修建年代相同。大致完工于隆庆元年至万历二十四年（1567～1596 年）。

（二）峡榨

峡榨也称作碶柞、边榨，是明代西宁卫为防环青海湖地区西海蒙古的侵扰攻掠而在各交通要道设置的军事设施，用来阻敌侵扰、查察行旅，与边墙、闇门、堡寨、烽燧等共同构成一个网络式的防御系统，是当时西宁卫防御西海蒙古的第一道防线。至清代以后，峡榨遂逐渐废弃。这次明长城的调查中，对部分峡榨也进行了实地调查，发现除极少数峡榨，如化隆县杏儿沟榨、湟中县木哈尔峡榨、湟中县小山峡榨（李家山镇峡口长城2段）、大磨石沟榨等仍保留有部分遗迹外，大部分峡榨已被毁无存，但有些峡榨附近至今还保留有扎子沟、扎子等地名或自然村名。

1. 峡榨的位置

西宁市周围群山环抱，其与外部的联系多是通过较大的沟谷实现的。峡榨大多位于西宁市四周的沟谷之内，一般设在沟口或沟谷内较为狭窄的地方，主要分布于西宁市西、北、西南、东南，即今湟中县、大通县、互助县、化隆县、乐都县、民和县，以湟中县数量最多。根据《西宁卫志》记载，峡榨距卫治西宁城数十里、数百里不等，最远的杏儿沟榨，距卫治东南三百九十里[1]。

除少数外，如细沟儿榨、园树儿榨、大闇门水洞榨等与长城相连，其余峡榨大多位于长城本体外围。

2. 峡榨的数量

根据《西宁卫志》记载，峡榨"共三十八处，极冲二十七处，次冲十一处"[2]，但该书中实际列出峡榨的仅有36处，其中"极冲"峡榨25处：捏尔朵峡榨、经纳峡榨、打石（峡）榨、大磨石沟榨、白崖子榨、白石头下盘道二榨、白石头东栏二榨、洛栏榨、西石峡榨、锁思党榨、剌撒尔榨、剌尔宁榨、大乩迭沟脑（榨）、柏杨沟榨（湟中县）、老虎沟峡榨、小山峡榨（湟中县？）、娘娘山崖石城子崖（榨）、大闇门水洞榨、细沟儿榨、园树儿榨、北川劁枝［板］山山崖（榨）（大通县）、北石峡榨、燕麦川边榨（互助县）；"次冲"峡榨11处：王沟尔峡榨、马鸡沟峡榨、木哈尔峡榨、小寺沟山崖榨、大寺沟峡（榨）、北插峡榨、鹿石山崖（榨）、隆思哥榨（湟中县）、葱槛鞏口榨（乐都县）、思打岔峡榨（民和县）、杏儿沟榨。是记录有误抑或是漏记？翻阅《边政考》西宁图卷四，其中有思包乌和写尔两处峡榨在《西宁卫志》中并未录入[3]。另外，《甘肃新通志》中还记载有位于今乐都县的上水磨沟、胜番沟、土官沟、羊官沟、卯寨沟、下水磨沟、碾线沟等峡榨[4]，这些峡榨在《西宁卫志》中均未列入。

3. 峡榨的类型

明代西宁卫的峡榨是因地制宜而建的，从建筑形式上来划分，可分为夯土墙、石墙、壕堑、水栅、木栅五种类型，其中夯土墙、石墙俗称截沟墙。

夯土墙：是在交通要道的沟谷之内筑墙横截沟谷。如杏儿沟峡榨，至今仍保存有长164、高0.5～5米的夯土墙，墙体上还开有高3、宽2.1、进深4.6米的拱形门洞，是其中一处保存较好的峡榨。有些峡榨不但筑有土墙，还在两侧山坡挖有壕堑，如大磨石沟榨的土墙已被毁无存，但两侧山坡上的壕堑仍依稀可辨。

石墙：是在沟谷之内用石墙以阻断交通。如贾尔吉峡内的李家山镇峡口长城2段，长164、残高0.6～2.5米，外表用河滩上的毛石干垒，内部壅土而成。

壕堑：如燕麦川长边，就是利用壕堑作为峡榨，以阻断交通。"哈剌只沟 边壕一道，长五百丈，

〔1〕（明）刘敏宽、龙膺纂修，王继光辑注：《西宁卫志》卷二《兵防志·峡榨》，青海人民出版社，1993年，第64页。

〔2〕（明）刘敏宽、龙膺纂修，王继光辑注：《西宁卫志》卷二《兵防志·峡榨》，青海人民出版社，1993年，第64页。

〔3〕（明）张雨：《边政考》卷四，《中国西北文献丛书》总78册，辑三卷，第380页。

〔4〕（清）升允等修，安维峻等纂：（宣统）《甘肃新通志》，清宣统元年刻本，第九卷第75页，第十一卷第29页。

隆庆元年巡抚都御使石茂华议行，兵备副使周京督挑。"[1]

水栅：比较典型的是木哈尔峡榨。木哈尔峡今称门担峡，水栅位于该峡北口，宽约 10 米，峡口两旁如削的石壁上各凿有放"门担"的石窝坑，分内外两层，每层各 8 个，内外层间隔 1.61 米左右。传说在明、清时代，塞外若发生兵事，即在这里放置石栓，中置巨石，形成高约四五米的一道石墙，堵住峡口，可以阻止对方骑士冲入。石墙巨石下的空隙处仍是潺潺清水，淙淙漫流，蜿蜒入塞。因此，称为"水栅"[2]。

木栅：这种峡榨是在交通要道设置木栅以阻断交通。如细沟尔榨，木质构件已无存，但据当地人传说，沟内曾设有木栅，两侧山坡上尚有壕堑遗迹。

4. 峡榨的修筑年代

明代西宁卫峡榨的修筑分前后几个阶段。第一阶段为嘉靖二十五年（1546 年）以前，据《边政考》记载，这一阶段修筑了"思包乌峡榨"、"写尔峡榨"、"王沟尔峡榨"、"捏尔朵峡榨"、"木哈尔峡榨"等[3]；第二阶段为隆庆六年至万历元年（1572～1573 年），大部分峡榨修筑于此阶段。据《西宁志》记载："隆庆六年修完：自娘娘山沙儿岭起……西石硖石柞一道，底阔一丈五尺，顶阔八尺，实台高一丈五尺，朵墙五尺，共高二丈，筑墩三座……又碾伯、冰沟、巴暖三川、南川等地方，硖柞、边壕、沟涧、斩断石路二万二千六百六十九丈。"第三阶段为万历二十四年（1596 年），"湟中三捷"后，"议大修边榨"[4]，峡榨至此完善，形成了一套有效的防御体系。

（三）闇门与峡榨的防御功能

在《西宁卫志》中，对西宁卫周边各峡榨的方向、位置，以及距西宁卫城及相关重要堡寨的里距、根据敌情戍兵出防的路线、阻敌防御应变措施等，都一一有详细的记载，并有多处在述及峡榨中同时提及闇门，诸如："捏尔朵峡榨　极冲　距卫治南九十里、伏羌堡四十里、闇门三十里、匾担沟四十里、西川七十里、塔尔湾五十里。虏零入，则申中族蕃、南川兵出闇门，西宁兵出匾担沟，西川兵出塔尔湾，分御。虏大入，则诸兵又于水草沟上下合击之。

木哈尔峡榨　次冲　距卫治南八十里、伏羌堡五十里、本川闇门三十里、匾担沟四十里、西川四十里、双山堡三十里、班撒儿闇门三十里、碾伯二百一十里、平戎一百四十五里、寄彦才沟八十里。虏零入，申中族蕃、南川兵御闇门，西宁兵出匾担沟，西川兵、双山堡出班撒儿闇门，分御。碾伯、平戎兵赴寄彦才沟应援。虏大入，诸兵于申中族上下合击之。

经纳峡榨　极冲　距卫治西南一百一十五里、西川七十里、班撒儿闇门四十里、塔儿湾三十里、南川五十里、南川闇门四十里。虏零入，则班撒儿族蕃、西川兵御闇门，西宁兵出塔儿湾，南川兵出闇门，分御。虏大入，则诸兵又于班撒儿闇门上下合击之。

打石（峡）榨　极冲　距卫治西南一百一十里、甘河闇门六十里、西川六十里、大康缠沟六十里、班撒儿闇门四十里。虏零入，则坡家族蕃御甘河闇门，西川兵出大康缠沟，西宁兵出班撒儿闇门，分御。虏大入，则诸兵又于班撒儿闇门上下合击之。

大磨石沟榨　极冲　距卫治西南九十里、西川三十里、大康缠闇门二十里、甘河闇门二十五里。虏

〔1〕（清）苏铣纂修，王昱、马忠校注：《西宁志》，青海人民出版社，1993 年，第 192 页。

〔2〕刘兴业：《湟中县境内的明代长城》，《湟中文史资料选》，1989 年。

〔3〕（明）张雨：《边政考》卷四，《中国西北文献丛书》总 78 册，辑三卷，第 380 页。

〔4〕（明）刘敏宽、龙膺纂修，王继光辑注：《西宁卫志》卷二《兵防志·峡榨》，青海人民出版社，1993 年，第 57～64 页。

零入，则剌卜尔族蕃御榨。西川兵出大康缠沟阃门，西宁兵出甘河阃门，分御。虏大入，则诸兵又于大康缠阃门上下合击之……"[1]

这些记载直观地反映出，阃门与峡榨关系之密切，峡榨属防御体系中的首道防线，长城本体及阃门则为第二道防线，两者均具有重要的防御作用。阃门所处的地形极为重要，既为出兵的重要通道，也占有聚兵伏敌的有利地形。

明代西宁卫的边墙与阃门、峡榨、堡寨、烽燧等共同组成一个网络式的系统，并采用了兵民联防共同抗敌的防御措施。防御人员，不只是卫属戍兵守将，还有众多的番、汉百姓。一旦遇敌侵扰，烽火台立即报警，当地百姓首先进行防御，随后酌情集中各地优势兵力前往夹击。其兵力配备遵循集中、分散相结合的原则，较好地解决了漫长防线与兵力相对不足之矛盾，从而能节省兵力与军费。另外，《西宁卫志》中对充分利用峡榨设防及灵活御敌的作战方案也有详尽的描述："以上峡榨皆海虏入寇道也。盖西宁旧防羌未防虏，故惟榨为多。虏一闯榨，官军不知所之。乙未创虏，遂议迎堵方向，为之图说，曰西宁边榨，共三十八处，极冲二十七处，次冲十一处。三面环列，逼近虏巢。胡马秋高，淹忽面[而]至。各营将士，闻警莫之。至于近境诸番，各有派定关隘。若不预加申饬，临时漫无适从。兹则绘图注说刊布，悉知胡骑零来，则各趋信地；虏众大举，则齐赴合营。机宜务欲按图，兵马无烦再调，以战以守，或庶几乎。然此道其常而已矣，顾变化难执一律，而运用在乎一心。倘如虏分道而我多援，则分而应之，伏而邀之；如虏分道而我无援，则择而敛之，合而击之；如虏谋不秘，我侦豫明，则集兵榨内以待之；如烽火失传，腥膻内蹂，则统众相机而向之。恪遵其常而勿背，通达其变而勿胶，务先为不可胜以待敌之可胜，立于不败，不失为敌人之败夫，然后为善之善者欤。"[2]

阃门与峡榨作为当时西宁卫整体防御系统中的一环，历史上在遏敌侵扰，保障人民生产、生活等方面曾发挥过巨大的作用，但随着历史的变迁，这些曾经的军事设施已失其原有功用，只能作为人们思古、凭吊的对象。

七　长城损毁的主要原因及对策

在世界文化遗产的群星中，中国长城是人类最伟大的工程，其建筑工程之浩繁、规模之恢弘、形制之严整、所经地形之复杂，无不凝聚着中国劳动人民的聪明智慧和伟大才能。"长城丰碑不仅铭刻了中华民族大融会大结合的历史事实，而且也是各族人民智慧与血汗的结晶"。在人类历史文化遗产中具有其独特性和唯一性，堪称世界最雄伟壮观的奇迹之一。青海省明长城是中国长城的组成部分，在它历经了四百多年沧桑后的今天，我们所面对的这段古老长城已残破不堪，它不仅过去遭到了各种不同程度的自然损毁和人为破坏，现在依然面临着更为严重的人为破坏和自然坍塌，加强对长城的保护已刻不容缓。

（一）青海省明长城资源损毁原因

纵观上述青海省长城本体及相关资源的保存现状，青海省境内的长城本体及长城资源由于分布地点不同，所处地域的地貌特点及地质结构不一，其保存状况与损毁原因也不尽相同。损毁原因有自然与人为双重因素。

〔1〕　（明）刘敏宽、龙膺纂修，王继光辑注：《西宁卫志》卷二《兵防志·峡榨》，青海人民出版社，1993年，第58、59页。
〔2〕　（明）刘敏宽、龙膺纂修，王继光辑注：《西宁卫志》卷二《兵防志·峡榨》，青海人民出版社，1993年，第63～64页。

自然因素：

长城本体中的墙体因历经长年的风雨侵蚀，墙体自然坍塌现象非常普遍，现存墙体两侧多有斜坡状坍塌堆土；其次，墙体裂隙；还有风雨侵蚀，使墙体发生片状脱落、粉状剥离、风蚀凹槽；另有自然冲沟的发育，造成位于冲沟地段的墙体消失。壕堑大多穿梭于纵横交错的高山沟壑之间，普遍挖掘在低山丘陵的陡坡之处，植被稀疏，沟深坡陡。壕堑整体保存状况差，壕堑内填有众多的淤积物，或形成多处冲槽或塌陷坑，多处被自然掩埋，时隐时现，已难以辨出壕堑的原貌；位于沟谷底处的壕堑，多被雨水洪水冲毁消失。山体滑坡、雨水冲刷等自然因素是造成壕堑损毁破坏的主要原因。

除上述因素外，鼠类的繁殖、植物的生长，亦对长城本体造成了一定的损坏。

人为因素：

随着历史的变迁、时间的推移，长城已失原有的防御功用。由于对长城的认识及宣传不够，当地公众及建设单位保护意识欠缺，没有认识到保护长城的重要性。居住在长城内外的农民，将长城作为一条阻碍自身发展的土垄，为农业生产拓宽耕地及取土育田逐年蚕食墙体；为生活之需取土垫圈、挖土盖房肆意挖毁墙体；或为修建道路、或为方便行走开挖便道任意挖断墙体；或在墙体上种植树木；任意踩踏攀爬，对墙体的破坏甚为严重，加速了墙体的损坏速度；部分乡镇等各项基础建设、企业开山采矿亦直接对长城本体造成了毁灭性的破坏。地处低山丘陵的壕堑，受到人为破坏的主要表现是开垦耕地、植树种草、修建道路、修挖水渠、人畜踩踏等。农业生产、生活及建设破坏等是人为损毁长城的主要原因。

（二）保护对策的建议

首先要根据《中华人民共和国文物保护法》确定的"保护为主，抢救第一，合理利用，加强管理"十六字工作方针、国务院颁布的《长城保护条例》，制订长城总体保护规划，坚持依法保护，采取切实措施，加大宣传及保护力度，做好长城保护的各项工作。

1. 做好"四有工作"。目前，在已摸清长城家底的基础上，当务之急应尽快成立长城保护机构，监管长城沿线的保护工作。长城分布区域各县市应成立由县、乡、村共同组成的保护机构，明确分管职责，逐层落实各项职责，负责长城沿线长城本体及附属建筑物的保护工作；及早树立保护标志，以本次调查资料为基础，在保存较好、相对独立的长城本体墙体及壕堑、单体建筑、关堡附近分别酌情树立保护标志；在长城两侧及附属建筑物周边，准确划定出保护范围及控制地带，设置保护栅栏，制止及减少人为各类破坏；建立记录档案，对长城保护等信息作永久保存。

2. 加固维修。维修长城，是保护长城的重要手段。采取"全面保护，重点维修，重点开发"的方针，根据长城本身的价值、保存现状、交通条件及能否配合旅游开发利用等，确定重点地段，采取有力措施，充分利用比较成熟的化学及物理技术，对重点地段及相关长城资源进行加固保护、抢救维修，防止自然坍塌及减缓风雨侵蚀等对其的自然破坏。对长城附近危及长城的河流及水渠进行改道及疏通，修砌拦洪堤坝，防止洪水对长城造成新的破坏。

3. 加大宣传力度，强化地方基层组织及公众保护长城的意识。要保护长城，首先要科学认识长城、了解长城，要向广大公众传播有关长城的基础知识；要大力宣传《长城保护条例》、《中华人民共和国文物保护法》及保护长城的重要意义，提高公众长城保护意识，爱我长城，护我长城，加强保护，防止新的人为破坏。

附　录

青海省明长城资源调查工作大事记

2007 年调查工作大事记

3 月 27 日　2006 年正式启动的全国长城资源调查工作，涉及十几个省、直辖市、自治区，青海省未列入首期公布的名单之中，未参加相关会议和培训等前期工作。为此，青海省文化厅向国家文物局上报了《关于将青海省境内长城列为全国长城调查范围的请示》（青文物局字〔2007〕10 号）。

4 月 13～15 日　国家文物局委托中国文物研究所副所长、长城资源调查工作项目组（以下简称长城项目组）组长荣大为和项目组副组长杨招君来青海省实地考察，在青海省及各地文物部门领导及相关人员陪同下，对大通县、互助县、湟中县十几个乡镇的长城本体及古城堡、阇门、烽燧等进行现场勘查，并召开专题会议。

4 月 18 日　青海省文物管理局在青海省文化厅副厅长、青海省文物管理局局长杨自沿主持下，召开专题会议，决定开展前期长城资源调研工作，着手实施明长城资源调查的各项准备工作：一是积极向国家文物局争取尽早将青海省列为长城资源调查工作范围；二是组建领导机构；三是编制工作方案；四是做经费概算及申请；五是组织人员培训；六是组建调查队伍；七是协调测绘部门；八是学习考察、宣传、筹措前期运转经费等。

5 月　国家文物局、国家测绘局及长城项目组正式将青海省列入全国长城资源调查工作范围。

5 月 15～17 日　青海省文物管理局常务副局长马伟民、青海省文物考古研究所所长许新国、青海省博物馆馆长祝君、青海省文物管理局副调研员蒲天彪、青海省文物管理局邵全才等同志赴甘肃省考察学习，得到了甘肃省文物局的大力支持，副局长廖北远详细介绍了开展明长城资源调查试点工作情况，以及相关工作经验。

5 月 23 日　青海省文物管理局与青海省测绘局首次召开工作会议，由青海省文物管理局常务副局长马伟民和青海省测绘局副局长刘海平主持，根据国家文物局和国家测绘局相关文件要求，就成立组织领导机构、编制工作方案、核算申请调查经费、培训人员等事项形成初步意见。

5 月 28 日　为进一步掌握青海省明长城资源情况，青海省文物管理局、青海省测绘局联合向全省各地文化（文物）局、国土资源局发出了《关于请迅速报送各地长城资源调查概况的紧急通知》（青文物局字〔2007〕11 号）。随后，各地按要求及时报送相关资料。

6 月 4 日　青海省文化厅、青海省财政厅、青海省测绘局联合行文，向国家文物局、财政部、国家测绘局上报《关于青海省长城资源调查经费概（预）算的请示》（青文财字〔2007〕27号）。

6月5日 青海省文化厅、青海省测绘局联合向国家文物局和国家测绘局上报《关于报送青海省长城资源调查工作实施方案的报告》（青文物局字〔2007〕22号）。

7月6日 青海省文物管理局按照国家长城资源调查工作培训班的模式和内容，向国家文物局上报《关于报送青海省长城资源调查工作培训班方案的报告》（青文物局字〔2007〕14号）。随后，按长城项目组意见，几经调整，共同确定培训方式和内容。

7月16～17日 青海省文物管理局常务副局长马伟民、青海省文物考古研究所副所长贾鸿键、青海省文物管理局邵全才，首次在宁夏银川参加全国明长城资源调查工作座谈会。

8月10日 根据国家测绘局要求，青海省测绘局、青海省文物管理局联合向全省各地国土资源局、文化（文物）局发出《关于请标绘填报各地长城资源示意图的通知》（青测字〔2007〕111号）。随后，各地按要求及时报送。

8月27日 青海省文物管理局、青海省测绘局联合向全省各地文化（文物）局和省直测绘部门发出《关于举办长城资源调查工作培训班的预通知》（青文物局字〔2007〕21号）。

8月31日～9月1日，青海省文物管理局常务副局长马伟民，青海省文物考古研究所副所长贾鸿键、副研究员肖永明，西宁市文物管理所所长曾永丰，大通县文物管理所所长陈荣，参加国家文物局在内蒙古自治区呼和浩特市召开的长城资源调查工作会议。

9月 国家文物局下拨本年度青海省长城资源调查工作经费。

9月19～27日 青海省文物管理局和青海省测绘局联合举办青海省长城资源调查工作培训班，来自青海省文物考古研究所及全省各地文博系统和省直测绘系统的67名同志参加培训。培训班受到青海省政府、国家文物局和国家测绘局的关心和重视，青海省政府副秘书长李宁代表省政府在开幕式致辞。中国文化遗产研究院副院长、长城项目组组长荣大为，青海省文化厅副厅长冯兴禄、杨自沿（兼青海省文物管理局局长），青海省测绘局副局长刘海平及青海省人事厅、青海省文化厅、青海省文物管理局相关负责同志参加开幕式。国内相关专家杨志军、荣大为、杨惠福等授课。长城项目组杨招君、刘文艳、王臣立、郭玉菁，国家基础地理信息中心高级工程师赵有松、许礼林授课，并由始至终参与组织、实习、辅导。

10月11日 由青海省文物管理局常务副局长马伟民和青海省测绘局副局长刘海平主持，召开第二次工作会议，就成立领导小组及下设机构人选、组建调查队、任命总领队、协同工作方式等进行了具体商议。同日，青海省测绘局和青海省文物管理局召开青海省明长城资源遗存情况交流座谈、认定及长城遗存标绘布置会议，相关文博专家苏生秀、卢耀光、任晓燕及省直测绘单位负责人，明长城沿线州、市、县文物部门业务人员参加。甘肃省文物考古研究所所长杨惠福，受青海省文物管理局的邀请专程赴会，指导长城遗存标绘工作。会后，各地按会议要求，陆续标绘完成各地区已知长城遗存分布图。

10月29日 经青海省文化厅同意，青海省文物管理局、青海省测绘局联合向全省各相关地区文化（文物）局及省直文博单位、测绘单位发出了《关于成立青海省长城资源调查工作领导小组的通知》（青文物局字〔2007〕31号）。领导小组组长由青海省文化厅副厅长、青海省文物管理局局长杨自沿和青海省测绘局局长杨俊岭担任，副组长由青海省文物管理局常务副局长马伟民和青海省测绘局副局长刘海平担任。成员有青海省文物考古研究所所长许新国、副所长任晓燕，青海省基础地理信息中心主任郗利华、青海省第一测绘院院长梅贵福、青海省第二测绘院院长卢晓平、果洛州文体广电局局长索南吉、西宁市文体广电局党委副书记薛军、海东地区文体广电局副局长刘海雄、海南州文体广电局副局长尕藏加、海西州文体广电局副局长秦建文、海北州文体广电局副局长才吉拉毛、黄南州文体广电局副局长白卫东、玉树州文体广电局副局长才旦扎西，青海省文物管理局主任科员邵全才、青海省测绘局基础测绘处高级工程师成海宁担任联络员。

同日，青海省文物管理局、青海省测绘局联合向全省各相关地区文化（文物）局及青海省直文博单位、测绘单位发出《关于成立青海省长城资源调查工作领导小组办公室及其他机构的通知》（青文物局字〔2007〕32 号）。领导小组办公室主任和督导组组长由马伟民和刘海平担任，成员有邵全才、成海宁。专家组组长由青海省文化厅原副厅长、青海省文博专家组成员、研究员苏生秀，青海省测绘局总工程师黄伟星担任，成员有青海省文物考古研究所原副所长、青海省文博专家组成员、研究员卢耀光，青海省测绘局基础测绘处副处长李得平。明长城资源调查队总领队由青海省文物考古研究所副所长、研究员任晓燕，青海省基础地理信息中心主任郗利华担任。并确定青海省文物考古研究所、青海省基础地理信息中心、青海省第一和第二测绘院为主体调查单位；调查队具体组成方式和人员，由总领队提出，领导小组办公室审核，领导小组批准。

11 月 22 日　由青海省文物管理局常务副局长马伟民和青海省测绘局副局长刘海平主持，召开领导小组第一次会议（第三次工作会议），通报总结举办培训班以来各自的工作情况，明确下一步业务工作主要由总领队负责，并就调查队组建方式、经费使用和设备仪器采购原则等进行了具体商议。

12 月 6 日　总领队任晓燕、郗利华向领导小组提出《关于青海省长城资源调查人员组建及工作计划》。提出成立 3 个调查队，每队由 6 名正式业务人员（青海省文物考古研究所、地方文物部门各 2～3 人，测绘部门 1 人）组成。提出按初步勘查、调查实习、省外调研、正式调查 4 步走的工作计划。

12 月　青海省文物管理局会同青海省文化厅财务产业处，提出设备仪器采购计划，经青海省财政厅行财处审定，由青海省人民政府采购办公室统一进行政府采购。

2008 年调查工作大事记

1 月 7 日　青海省文化厅厅长曹萍主持召开青海省文物管理局工作会议，青海省文化厅副厅长、青海省文物管理局局长杨自沿参加，部署 2008 年长城资源调查工作。

2 月 20 日　青海省明长城资源调查队组建完成，由 3 支调查队组成，第一调查队队长王忠信，第二调查队队长闫璘，第三调查队队长蔡林海。

2 月 22 日　由青海省文化厅副厅长、青海省文物管理局局长杨自沿和青海省测绘局副局长刘海平主持，召开领导小组第二次会议（第四次工作会议），通报总结各自工作情况，明确具体任务、要求。

2 月中下旬　政府采购的相关设备、仪器陆续到位，配备到调查队。

2 月 25 日～3 月 2 日　总领队任晓燕率各调查队队长及青海省测绘局派出的各队负责人等业务骨干，赴海东地区民和县、乐都县等八县做前期调查。此次踏勘及寻访，基本摸清了青海省明长城主线的大致走向，初步了解了长城分布概况。

3 月 7～9 日　为使文物与测绘部门在联合调查中能够有序合作，方法统一，工作规范、科学、合理，总领队任晓燕率各调查队队长及青海省测绘局参加调查的测绘人员，赴互助县进行为期三天的调查实习。

3 月 11～14 日　总领队任晓燕率各调查队队长等，赴甘肃省交流学习，解决调查实习中存在的具体问题。

3 月 17～18 日　受国家文物局委派，国家文物局文物保护与考古司主管长城资源调查工作的世界遗产处处长陆琼、副处长刘华彬专程来青海省实地调研，检查指导青海省明长城资源调查工作并召开会议，青海省文化厅副厅长、青海省文物管理局局长杨自沿等参加。

3月20日　青海省文化厅向青海省财政厅发出《关于核定我省长城资源调查人员补助标准的函》（青文财字〔2008〕04号）。

3月24日　青海省明长城资源田野调查工作启动仪式在西宁市举行。青海省文化厅副厅长、青海省文物管理局局长、青海省长城资源调查工作领导小组组长杨自沿，青海省测绘局副局长、青海省长城资源调查工作领导小组副组长刘海平等领导同志出席仪式，来自青海省文物考古研究所、青海省基础地理信息中心、青海省第一测绘院、青海省第二测绘院及互助、乐都、化隆、大通、湟中、海晏等县相关单位的18名调查队员参加了启动仪式。当日，三支调查队分赴互助、湟中、大通县，进入调查驻地。

3月25日　各调查队赴调查现场正式开始业外调查。

4月1日　青海省长城资源调查工作领导小组下达《关于组建我省明代长城资源调查工作首批调查队伍的通知》（青长领组字〔2008〕01号）。

4月6~10日　经国家文物局提议，并经长城项目组协调，委派宁夏回族自治区文物考古研究所周赟抵西宁市，指导青海省明长城调查工作。先后赴乐都县、大通县调查现场实地调查指导。

4月7日　青海省文物管理局向包括长城调查队在内的有关单位转发国家文物局《关于切实做好考古和文物保护工程工地安全工作的紧急通知》（青文物局字〔2008〕19号）。

4月8日　青海省文化厅、青海省财政厅联合行文，向国家文物局、财政部上报《关于恳请解决青海省2008年度长城资源调查经费的请示》（青文财字〔2008〕12号）。

4月17~18日　青海省长城资源调查总领队任晓燕、郗利华，联络员邵全才、成海宁参加由国家文物局、国家测绘局在北京召开的长城资源调查与测量工作会议。

4月24日　受青海省长城资源调查领导小组委派，总领队任晓燕、郗利华，联络员邵全才、成海宁等到各调查队实地检查、慰问。

4月28~30日　总领队任晓燕，联络员邵全才、成海宁，第二调查队队长闫璘，赴海北州门源、祁连两县，对该地区长城遗存情况进行先期踏勘。

5月10~11日　受青海省明长城资源调查小组邀请，长城项目组副组长杨招君，成员张庆华、刘文艳专程来青海省，亲临现场检查指导青海省明长城资源调查工作，青海省文化厅副厅长、青海省文物管理局局长杨自沿等陪同检查。

5月21日　由青海省文化厅副厅长、青海省文物管理局局长杨自沿主持召开青海省第三次全国文物普查和长城资源调查工作会议。青海省纪律检查委员会驻青海省文化厅纪检组、青海省文化厅财务产业处、青海省文物管理局等部门负责同志参加，专题研究调查工作人员补助标准等事项，并形成会议纪要。

6月23日　青海省文化厅厅长曹萍主持召开厅长办公会，以〔2008〕第03次会议纪要的形式，确定青海省第三次全国文物普查和长城资源调查工作人员补助标准等相关事项。

7月2日　青海省文物管理局和青海省测绘局召开第五次联席工作会议，商议形成《青海省明长城测量委托协议书》初稿，商定具体条文事宜。

7月3~4日　总领队任晓燕，联络员邵全才、成海宁，青海省基础地理信息中心总工程师李强，对三支调查队田野调查工作进行阶段验收。

7月9~10日　总领队任晓燕、联络员邵全才参加国家文物局在北京召开的"全国长城资源调查报告编制体例研讨会"。

7 月 15 日　甘肃省文物局向青海省文物管理局发来《关于调查甘青交界明长城资源有关事宜的函》。

7 月 16 日　青海省文化厅厅长曹萍在青海省文物管理局常务副局长马伟民、总领队任晓燕等陪同下，赴湟中、大通、互助三县现场调研，视察明长城资源调查工作。

7 月 21 日　青海省政府副省长吉狄马加，在青海省文化厅厅长曹萍、青海省政府办公厅社会二处调研员张鲲、青海省文物管理局常务副局长马伟民、总领队任晓燕和当地县领导陪同下，先后到达大通县庙沟村、互助县水洞村和马家庄等地，察看明代西宁卫长城的典型地段，了解明代西宁卫长城的历史渊源、构造形制、类型特点、自然环境、保存现状及调查工作等情况，看望和慰问青海省明长城资源调查队队员，并作了重要讲话。

7 月 24 ~ 27 日　受国家文物局委派，国家文物局文物保护与考古司世界遗产处副处长刘华彬率河北省文物局副局长谢飞，河北省和甘肃省文物局主管长城调查工作的干部孟琦、梁建宏，专程来青海省，赴各县调查，现场检查指导青海省明长城资源调查工作，总领队任晓燕、联络员邵全才等陪同。

7 月 25 日　按照国家文物局和国家测绘局的要求，由青海省文化厅副厅长、青海省文物管理局局长杨自沿和青海省测绘局副局长刘海平主持，召开领导小组第三次会议（第六次工作会议），青海省文物管理局与青海省测绘局正式签订《青海省明长城测量委托协议书》。

8 月 15 ~ 16 日　受国家测绘局、国家文物局委派，国家基础地理信息中心高工赵有松，长城项目组成员李春玲、王臣立，专程抵达西宁市，检查青海省明长城资源调查测绘工作，总领队郗利华，联络员邵全才、成海宁等陪同。

8 月 24 日　第二调查队结束长城调查业外工作。

8 月 28 日　第三调查队结束长城调查业外工作。

8 月 28 日　中国文化遗产研究院副院长、长城项目组组长荣大为，项目组副组长杨招君，项目组成员张庆华检查指导青海省明长城资源调查工作，总领队任晓燕、联络员邵全才等陪同。

9 月 5 日　第一调查队结束长城调查业外工作。

9 月 6 日　转入明长城调查资料业内整理阶段。总领队任晓燕负责组建明长城调查资料整理工作小组，并全面负责调查资料整理工作。整理工作小组成员由任晓燕、王忠信、闫璘、蔡林海、王倩倩、卢宗义、刘林 7 人组成。

9 月 18 日　调查总领队向青海省长城资源调查工作领导小组上报《青海省明长城资源调查资料检查验收报告》。

9 月下旬　受国家测绘局委派，国家基础地理信息中心高工赵有松、许礼林，长城项目组副组长杨招君等，检查指导青海省明长城资源调查测绘工作，总领队郗利华、任晓燕等陪同。

10 月 24 ~ 30 日　受青海省文物管理局和调查总领队委派，联络员邵全才、第二调查队队长闫璘，赴海西州德令哈市、格尔木市、大柴旦行委、都兰县，对该地区长城遗存情况进行先期踏勘。

11 月 5 日　青海省明长城资源调查野外调查工作结束，建立并完成了青海省明长城调查资料数据库、电子文档及 72 册纸质文档的装订工作。

11 月 6 日　由青海省政府参事、青海省文物专家组成员谢佐，青海省文物考古研究所原副所长、青海省文博专家组成员、研究员卢耀光，青海省博物馆副馆长、研究员王国道，青海省基础地理信息中心总工程师李强组成的验收组，对青海省明长城资源调查工作进行省内总体验收。经认真细致的工作，通过省内验收。

11 月 7 日　长城项目组对青海省明长城资源调查工作进行第一阶段验收，验收组成员有国家长城项目组副组长杨招君、成员王臣立，国家基础地理信息中心高工许礼林、雷颖，辽宁省文物局佟强，经验收组全面审查、阅卷、现场抽查等细致工作，顺利通过验收。

　　11月8日　调查资料整理工作小组针对国家验收组提出的两点修改意见，开始对明长城调查资料进行修改。

　　12月2日　调查资料整理工作小组完成调查资料的修改工作。

　　12月3日　总领队任晓燕草拟完成《青海省明长城资源调查报告》提纲，组织编写组成员商讨。具体安排《青海省明长城资源调查报告》编写工作的相关事宜，并确定《青海省明长城资源调查报告》初稿的完成日期。

　　12月9~10日　总领队任晓燕、联络员邵全才参加国家文物局在陕西省西安市召开的"全国长城资源调查工作会议"。

　　12月24日　青海省文物管理局向甘肃省文物局回复《关于明长城资源调查涉及甘青交界处相关事宜的复函》（青文物局字［2008］47号），解决了交界点确定等相关事宜。

2009年调查工作大事记

　　1月9日　青海省文化厅向国家文物局上报《关于青海省明长城资源调查工作的报告》（青文物局字［2009］03号）。

　　4月8~19日　带着在编写《青海省明长城资源调查报告》中发现的有关问题，调查队队长王忠信、闫璘、蔡林海，对西宁市区、湟中县、互助县、乐都县、民和县、贵德县、循化县、尖扎县、同仁县、化隆县境内一些较为重要的单体建筑、关堡及峡榨进行了补充调查，共测量单体建筑5个、关堡6个，并完成了相关资料的整理工作。

　　4月22~23日　长城资源调查工作项目验收组进行第二阶段验收，验收组由中国文物信息咨询中心党委书记、研究员吴加安，中国文化遗产研究院副院长、长城项目组组长荣大为，长城项目组副组长杨招君，辽宁省博物馆原馆长、研究员王绵厚，西北大学研究员段清波、北京市文物局王辅宇、甘肃省文物局梁建宏组成，经过验收组深入细致的工作，青海省明长城资源调查工作第二阶段通过验收。

　　4月24~29日　调查队资料整理工作组针对验收组提出的两点修改意见，完成了对青海省明长城调查资料的最终修改。

　　10月23日　长城资源调查工作项目组组织文物和测绘部门相关专家组成验收组，在西宁进行青海省长城资源调查测量项目验收会议，验收组由中国地理信息系统协会高工汤海，国家基础地理信息中心高工金舒平、赵有松，中国文化遗产研究院副院长、长城项目组组长荣大为，长城项目组副组长杨招君，甘肃省测绘局高工苗天宝，北京市测绘设计研究院高工齐宝林，青海省文物考古研究所副所长、研究员任晓燕组成，与会专家听取了青海省明长城测量项目组的工作汇报，经过质疑、答疑和讨论后，通过验收。

　　12月28日　青海省明长城资源调查队向青海省文物管理局呈交青海省明长城资源调查资料纸质文本，涉及11个县，共72册。青海省文物管理局常务副局长郭红，青海省明长城资源调查总领队任晓燕、联络员邵全才等参加了交接仪式。

2010年调查工作大事记

　　1月15日　青海省文物管理局和青海省测绘局召开第七次工作会议，青海省文物管理局副局长蒲天彪、青海省测绘局副局长刘海平，总领队任晓燕、郗利华，联络员邵全才等参加，青海省测绘局向青海省文物管理局移交《青海省明长城测量成果文档资料》，并就电子文档及其他相关资料移交等事宜进行商议。

5月25日　　《青海省明长城资源调查报告》经主编统稿、多次修改后，初稿定稿。

2011 年调查工作大事记

4月8～10日　　青海省文物考古研究所和文物出版社签订《青海省明长城资源调查报告》图书出版合同。

4月22日　　《青海省明长城资源调查报告》经相关专家审阅，并由主编再次修改、完善、定稿，交付文物出版社。

2012 年调查工作大事记

1月　　《青海省明长城资源调查报告》经文物出版社核审，出版发行。

后　记

　　《青海省明长城资源调查报告》的编写工作，始于 2008 年底青海省明长城资源调查工作结束之时。编写期间，本报告编纂组的主要成员既承担了繁重的青海省秦汉及其他时代长城资源调查等任务，同时又兼顾了本报告的编写工作。经全体成员的艰辛努力，《青海省明长城资源调查报告》即将付梓。这是集体智慧与团结协作的硕果，凝结了大家的汗水和心血。

　　本报告的主编由任晓燕担任，负责承担报告体例的拟定、全文的统稿及部分章节的编写工作。报告的文字部分：前言及大事记由邵全才编写；第一、二、六章及其余章节前的概述主要由任晓燕编写；第三章至第五章各县的调查成果由王忠信、闫璘、王倩倩、蔡林海共同编写，但按各调查队负责的调查区域进行了分工。王忠信负责编写西宁市区、湟中县、湟源县、化隆县各类调查成果及第六章中的第六部分"閤门与峡榨"；闫璘编写大通县、民和县、平安县、贵德县、门源县各类调查成果；王倩倩、蔡林海共同编写互助县、乐都县的各类调查成果。另第二章中第二节"长城数据测绘工作"，由青海省基础地理信息中心许长军编写。插图部分：草图分别由刘林、逯海章、蔡林海绘制，清绘统一由刘林完成。彩图部分：由张占仓、李启录、陶满德、蔡林海、闫璘、邵全才摄影。封面摄影：闫璘。地图部分：除地图一由长城资源调查工作项目组提供，国家基础地理信息中心绘制外，地图二至地图一二均由青海省基础地理信息中心李楠绘制。报告中引用的部分文献系由卢宗义查阅。全文核对工作由任晓燕、王倩倩完成。

　　报告编写中，得到了国家文物局、长城资源调查工作项目组、文物出版社、青海省文化和新闻出版厅、青海省基础地理信息中心等单位的大力支持与帮助。青海省文化和新闻出版厅厅长曹萍女士百忙中亲自为本报告拨冗作序；长城资源调查工作项目组副组长杨招君先生、中国文化遗产研究院研究员吴加安先生、甘肃省文物局局长杨惠福先生、青海省政府文化参事谢佐先生、青海省社会科学院原副院长崔永红先生、青海省文物考古研究所原副所长卢耀光先生等专家抽暇对报告进行了审阅，并提出宝贵意见；青海师范大学生命与地理科学学院侯光良博士核审了青海省境内各长城资源分布区域的地貌特点；文物出版社总编辑葛承雍先生及本报告责任编辑冯冬梅女士、陈峰先生为确保本报告的高质量出版做了诸多严谨细致的工作。

此外，青海省明长城资源调查工作，还得到了省内外有关单位的大力支持与鼎力相助。

在此，一并致以诚挚的感谢！

因水平所限，时间仓促，本书疏漏之处难免，敬请同行、读者多提宝贵意见。

编者

2011 年 10 月

地图·彩图

图　　例

地理要素

☆ 省级行政中心

● 州级行政中心

● 县级行政中心

● 镇、乡政府驻地

◉ 村驻地

寺庙、清真寺

旅游景点

泉、水库

· 3957 高程点及高程值

省级界

州级界

县级界

铁路

高速公路及编码

国道及编码

省道及编码

县道

乡道

小路

湖泊、河流、时令河

专题要素

消失长城

山险墙

山险

河险

壕堑

土墙

石墙

敌台

烽火台

遗址

堡

关

题刻

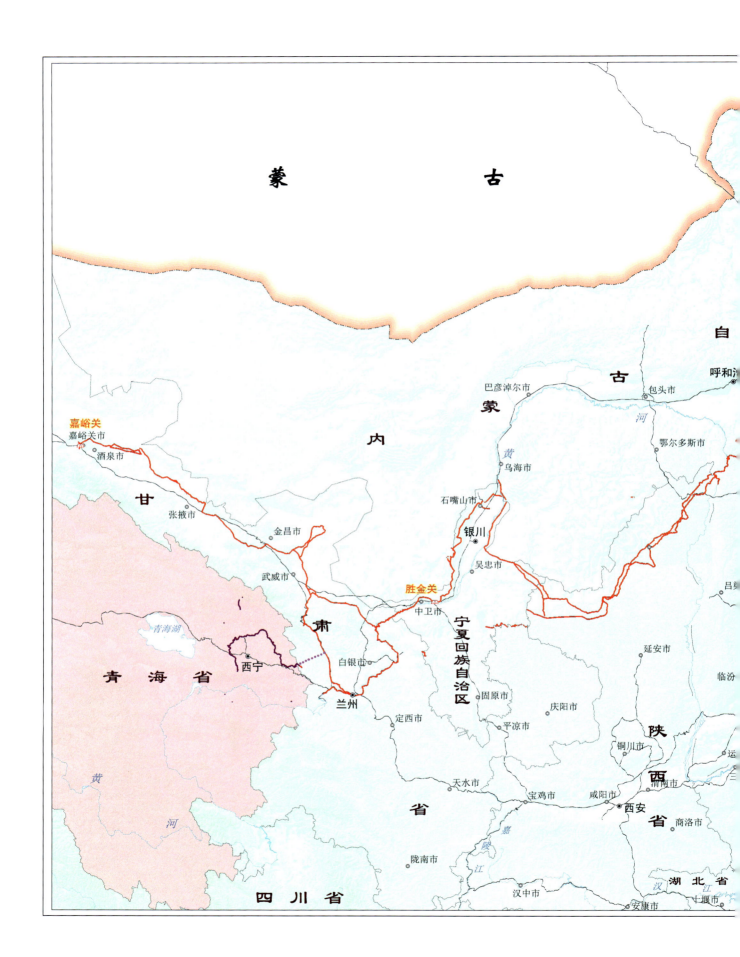

蒙　　　　古

自

古

内

蒙

巴彦淖尔市　　　呼和浩

包头市

河

鄂尔多斯市

乌海市

嘉峪关
嘉峪关市

酒泉市

甘

石嘴山市

张掖市

金昌市

银川

吴忠市

武威市

胜金关

中卫市

宁夏回族自治区

吕梁

延安市

青海湖

临汾市

肃

固原市

庆阳市

陕

青　海　省

西宁

白银市

兰州

定西市

平凉市

铜川市

运

西

黄

天水市

宝鸡市

咸阳市

西安

省

商洛市

河

陇南市

嘉
陵
江

省

汉
江

湖　北　省

四　川　省

汉中市

安康市

十堰市

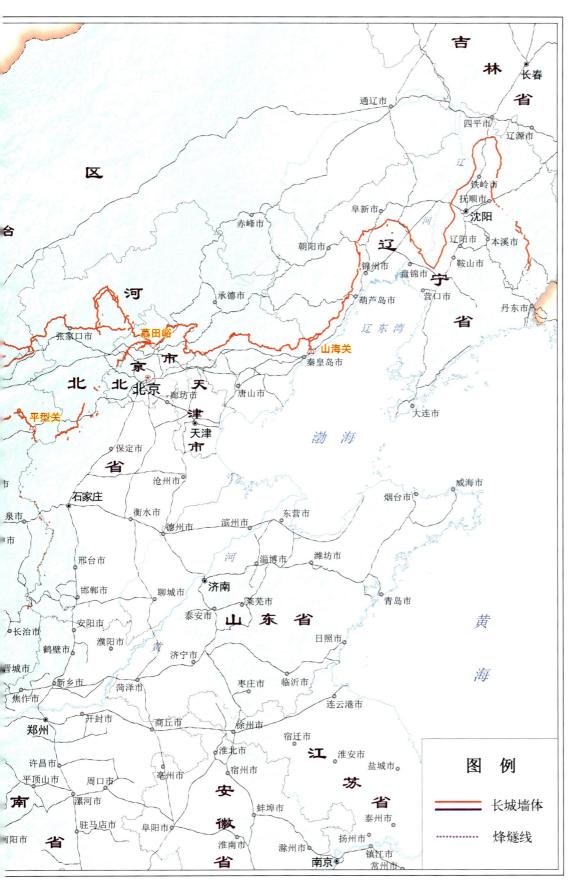

地图一
中国明长城分布图

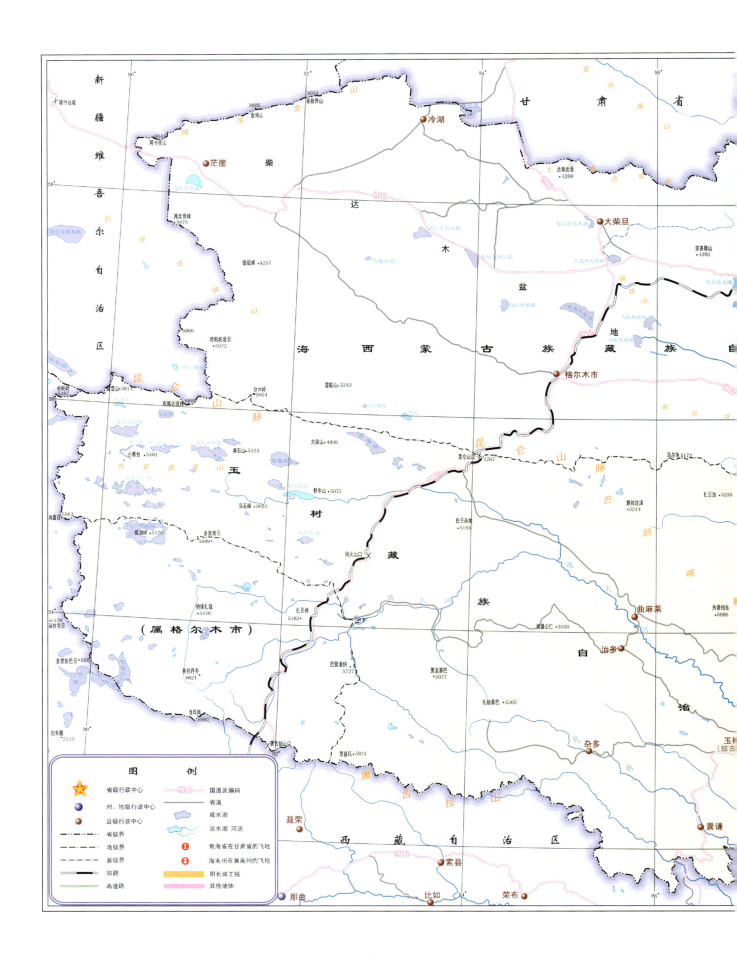

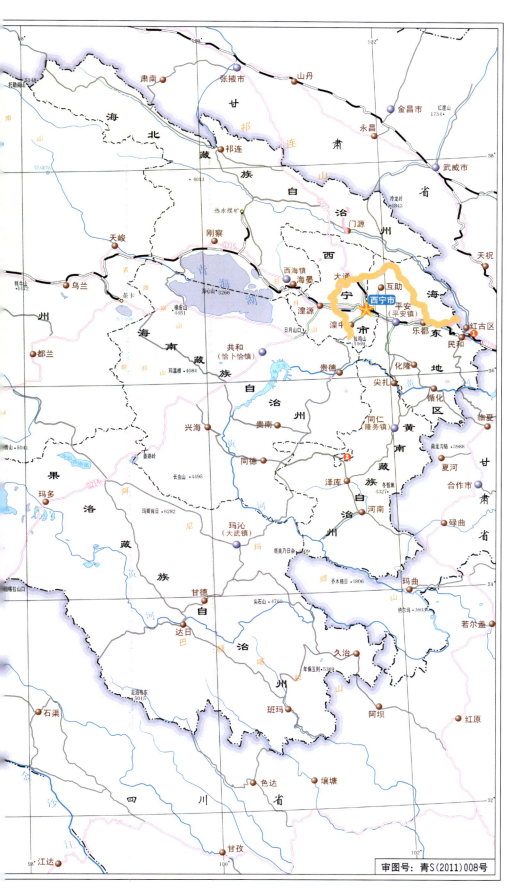

地图二
青海省明长城主线与其他
墙体分布图

0 32.0 64.0 96.0千米

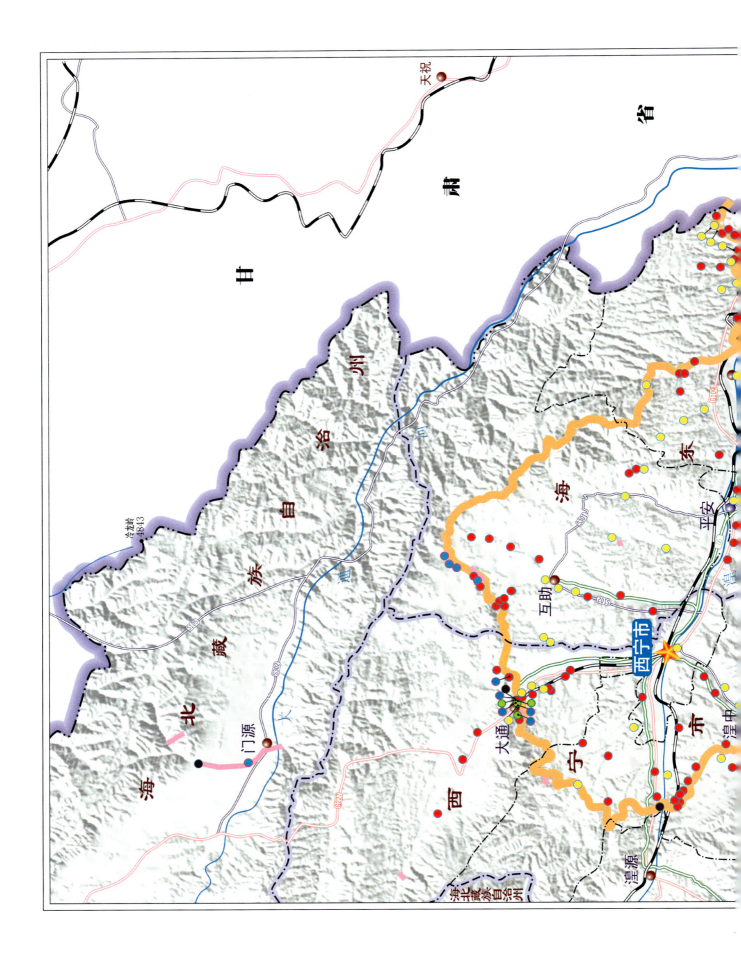

天祝

省

甘

肃

州

治

自

族

冷龙岭
4843

藏

北

海

门源

大

海

互助

西宁市

大通

宁

平安

东

赤

湟中

西

湟源

海北藏族自治州

G227

S105

S102

S302

S102

S101

G109

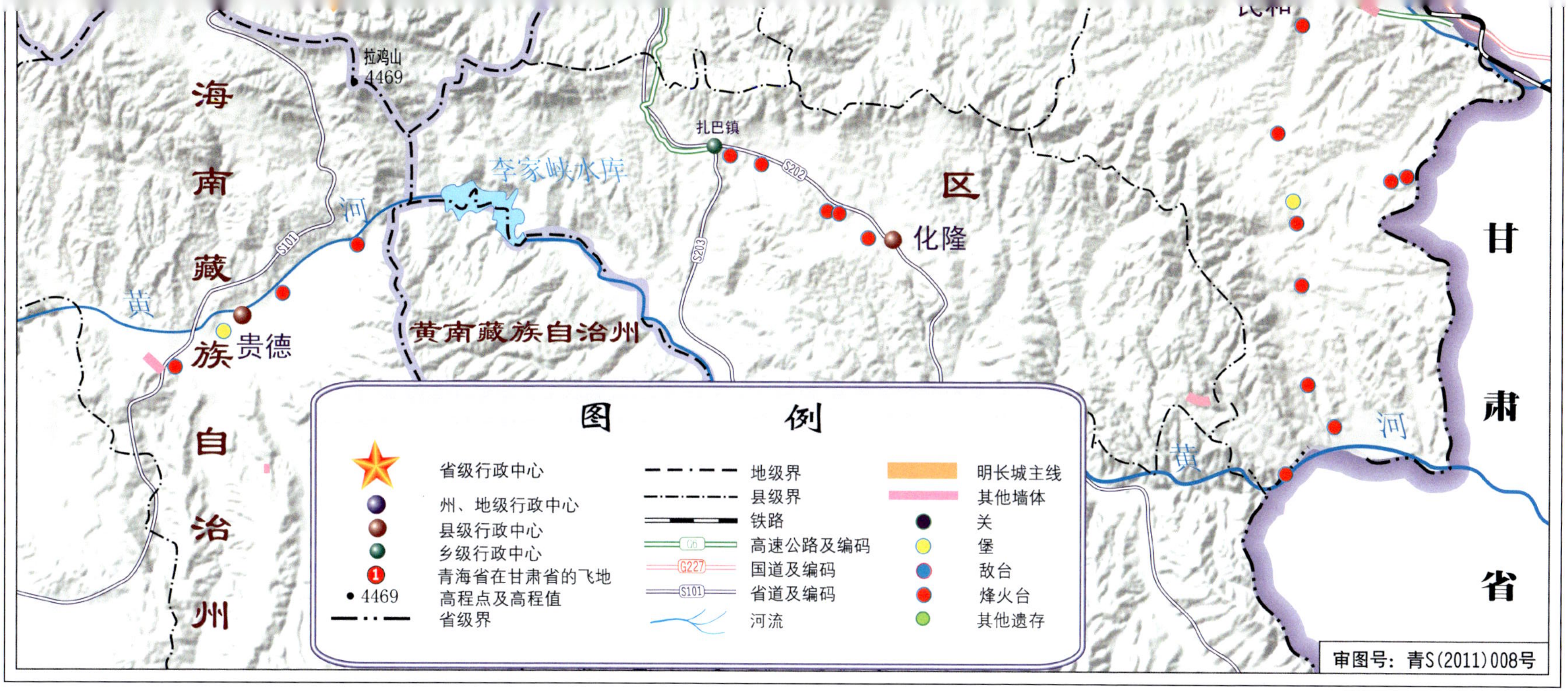

图例

符号	说明	符号	说明
★	省级行政中心		地级界
●	州、地级行政中心		县级界
●	县级行政中心		铁路
●	乡级行政中心	G30	高速公路及编码
●	青海省在甘肃省的飞地	G227	国道及编码
●4469	高程点及高程值	S101	省道及编码
	省级界		河流

符号	说明	符号	说明
	明长城主线		关
	其他墙体	●	堡
●		●	敌台
●		●	烽火台
●		●	其他遗存

甘 肃 省

海 南 藏 族 自 治 州

黄 南 藏 族 自 治 州

化隆区

扎巴镇

贵德

黄河

李家峡水库

二郎山
4469

地图三 青海省明长城资源分布地势图

审图号：青S（2011）008号

0   7.0   14.0   21.0千米

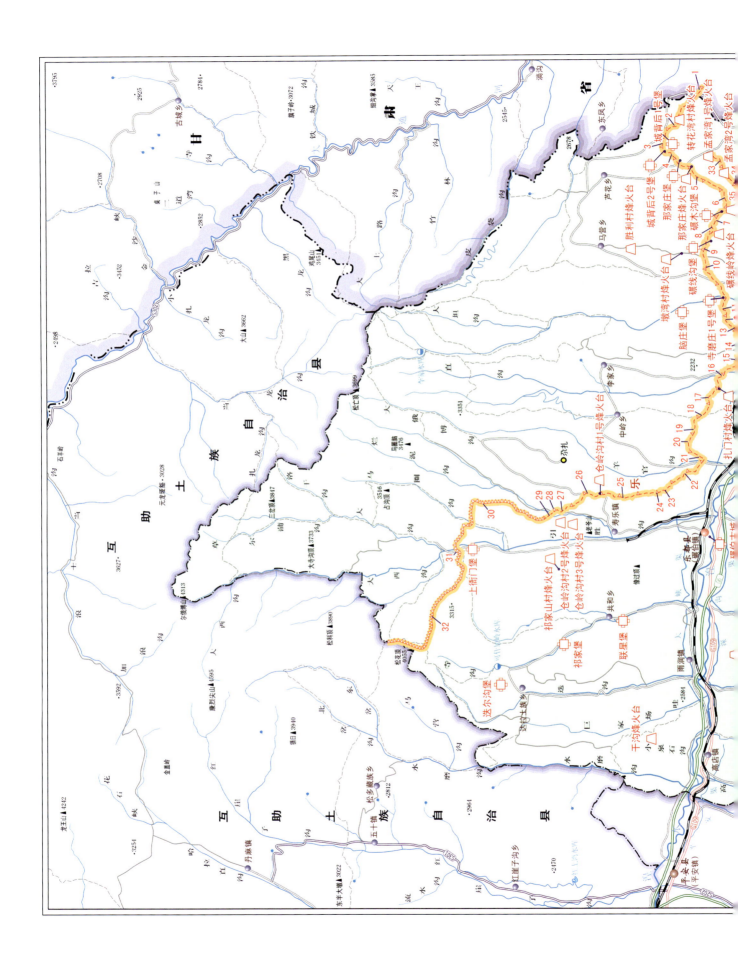

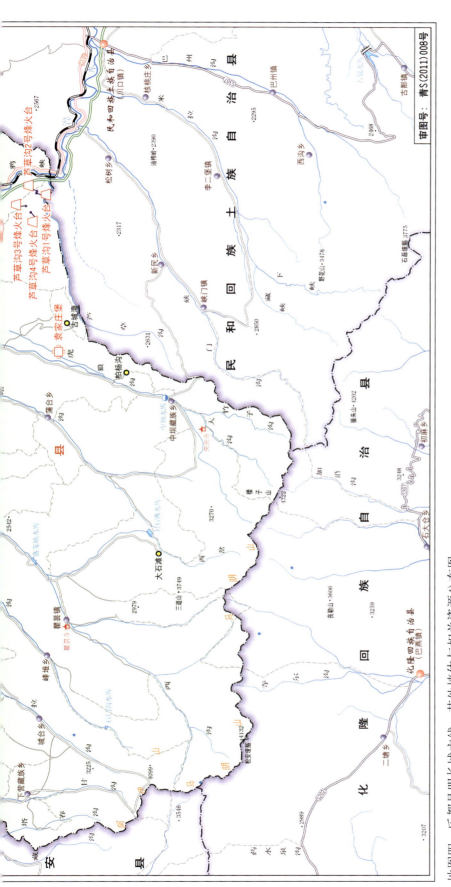

地图四 乐都县明长城主线、其他墙体与相关资源分布图

审图号：青S（2011）008号

0　2.5　5.0　7.5千米

乐都县明长城本体及其他墙体总登记表

序号	名称	类型	序号	名称	类型	序号	名称	类型	序号	名称	类型	序号	名称	类型
1	转花湾村壕堑1段	壕堑	8	脑那沟村壕堑	壕堑	15	柳湾村壕堑	壕堑	22	八家顶壕堑 1段	壕堑	29	仓岭沟村壕堑3段	壕堑
2	转花湾村壕堑2段	壕堑	9	碾线沟村壕堑	壕堑	16	扎门村壕堑	壕堑	23	八家顶壕堑 2段	壕堑	30	黑山顶长城	山险
3	坡背后村壕堑	壕堑	10	白崖沟村壕堑	壕堑	17	平顶村壕堑	壕堑	24	八家顶壕堑3段	壕堑	31	仓家峡长城	土墙
4	甘沟滩村壕堑1段	壕堑	11	水磨沟村壕堑	壕堑	18	石家沟壕堑1段	壕堑	25	苏王家村壕堑	壕堑	32	松花顶长城	山险
5	甘沟滩村壕堑2段	壕堑	12	水槽沟村壕堑	壕堑	19	石家沟壕堑2段	壕堑	26	仓岭沟村壕堑1段	壕堑	33	孟家湾村壕堑1段	壕堑
6	甘沟滩村壕堑3段	壕堑	13	五马沟村壕堑	壕堑	20	石家沟壕堑3段	壕堑	27	仓岭沟村壕堑2段	壕堑	34	孟家湾村壕堑2段	壕堑
7	碾木沟村壕堑	壕堑	14	大堂沟村壕堑	壕堑	21	保家村壕堑	壕堑	28	仓岭沟村长城	壕堑	35	孟家湾村壕堑3段	壕堑

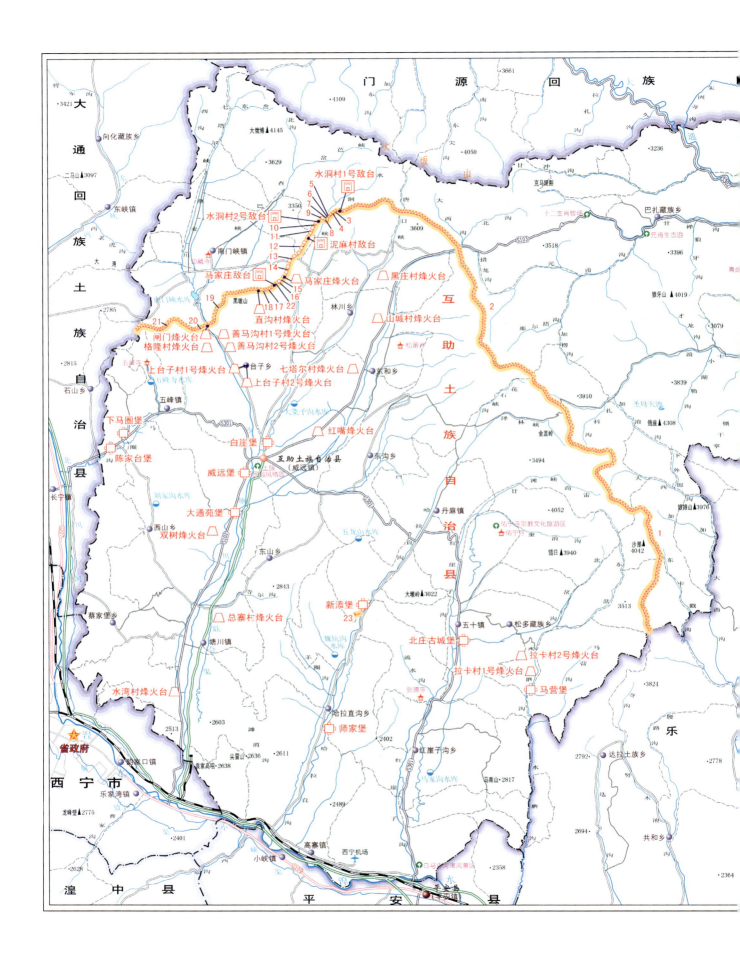

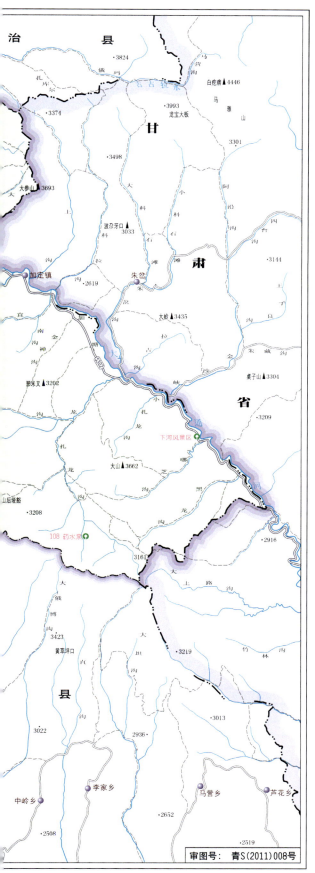

互助县明长城本体及其他墙体总登记表						
序号	名称	类型	序号	名称	类型
1	龙王山长城1段	山险	13	马家庄长城1段	土墙
2	龙王山长城2段	山险	14	马家庄长城2段	土墙
3	水洞村壕堑1段	壕堑	15	马家庄长城3段	土墙
4	水洞村长城1段	山险	16	马家庄长城4段	土墙
5	水洞村壕堑2段	壕堑	17	马家庄长城5段	山险
6	水洞村长城2段	山险	18	直沟村长城	山险
7	水洞村壕堑3段	壕堑	19	黑墩山长城	山险
8	水洞村长城3段	土墙	20	南门峡闸门长城	土墙
9	水洞村长城4段	土墙	21	平顶山长城	山险
10	水洞村长城5段	土墙	22	马家庄壕堑	壕堑
11	泥麻村长城1段	土墙	23	赵家庄壕堑	壕堑
12	泥麻村长城2段	土墙			

审图号：青S(2011)008号

0   2.6   5.2   7.8千米

地图五　互助县明长城主线、其他墙体与相关资源分布图

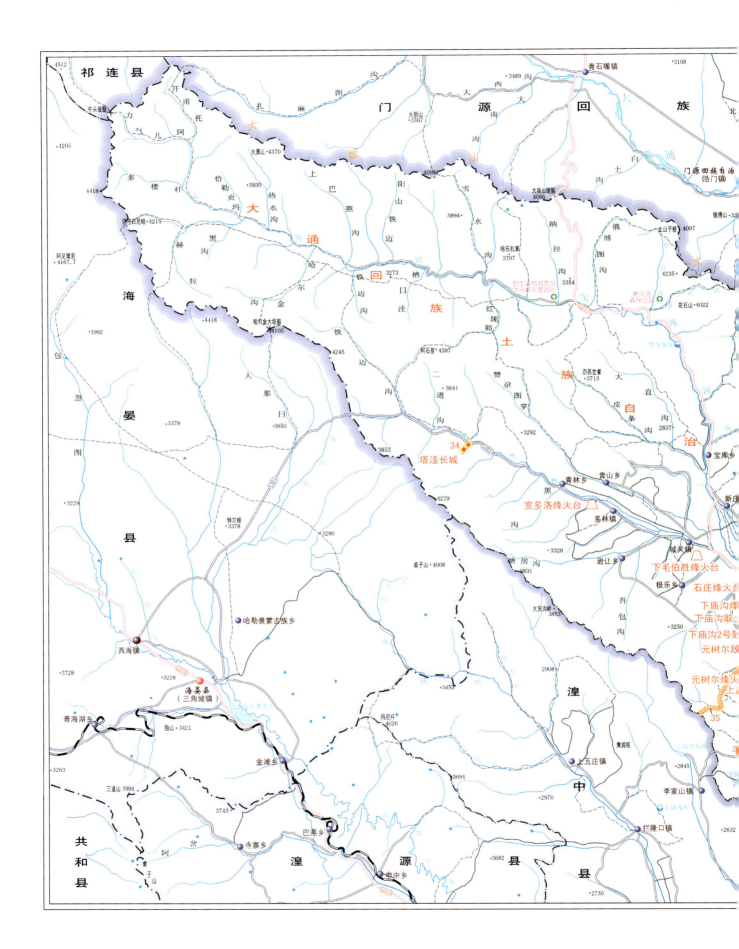

祁连县

青石嘴镇 ·3108

门源 回族 北

大坂山

西沟 ·3489

大阴山 ·3597

门源回族自治（浩门镇）

大黑山·4370 上巴燕 阳山 铁迈 沟 4098 雪水沟 大坂山垭豁 4086 纳拉沟 土沟 白沟 通 俄博山·32 土山子根·4097 4235·

大水

大 通

大 通 回 大 3273 栖 日注 哈石扎果 3707 俄博图沟 3354 寒汗河森林公园 花石山·4022

海 回族 土族 自治

·4205

4418

沙哈石尼哈·4215

阿尼寶若·4167.7

多楼杆 恰勒贡玛 热水沟 黑拉沟 赫沟 金尔沟 4418 哈尕金大垭豁 4105 红城豁 阿石量·4387 赞尔图掌 二道沟 ·3641 3292 杂西岔章·3713 大皮条沟 2837 直沟 宝库乡 新且

晏

县

·3992 4245 铁迈沟 人那日 ·3650

·3229 ·3378 特尔根·3378 ·3290 3853 34 塔洼长城 530 4279 青林乡 青山乡 多林镇 黑沟 宽多洛烽火台 逊让乡 城关镇 下毛伯胜烽火台 极乐乡 石庄烽火台 下庙沟烽 下庙沟取 ·3250 下庙沟2号乱 元树尔敌

桌子山·4008 ·3328 榨房沟 3831 大东沟岭 3853 吾包沟 2908 元树尔烽火 上 35

哈勒景蒙古族乡

西海镇

海晏县 （三角城镇）

·3728 ·3218

青海湖乡 独山·3421 金滩乡 玛尼杆·4026 ·3453 湟 中 上五庄镇 唐鸽咀 李家山镇 ·2970 ·2845

共

和

县

·3263 三道山 3991 3743 岔阿桌子山 寺寨乡 巴燕乡 湟 源 3694 县 县 拦隆口镇 ·2632

·2730

电中乡

498

序号	名称	类型	序号	名称	类型
	大通县明长城本体及其他墙体总登记表				
1	八寺崖长城	山险	20	老营庄壕堑2段	壕堑
2	西坡壕堑1段	壕堑	21	老营庄长城4段	山险
3	西坡壕堑2段	壕堑	22	老营庄长城5段	河险
4	西坡长城	山险	23	上关长城1段	山险
5	毛家沟壕堑1段	壕堑	24	上关长城2段	石墙
6	毛家沟壕堑2段	壕堑	25	上关长城3段	山险
7	毛家沟长城1段	山险	26	上关长城4段	土墙
8	毛家沟长城2段	土墙	27	下庙沟长城1段	土墙
9	毛家沟长城3段	山险	28	下庙沟长城2段	土墙
10	毛家沟长城4段	土墙	29	下庙沟长城3段	土墙
11	毛家沟长城5段	土墙	30	上庙沟长城	土墙
12	毛家寨长城1段	土墙	31	元树尔长城1段	土墙
13	毛家寨长城2段	土墙	32	元树尔长城2段	土墙
14	毛家寨长城3段	土墙	33	娘娘山长城	山险
15	毛家寨长城4段	山险墙	34	塔洼长城	石墙
16	老营庄长城1段	土墙	35	李家山镇峡口长城3段	山险
17	老营庄长城2段	山险墙	36	元树尔壕堑1段	壕堑
18	老营庄壕堑1段	壕堑	37	元树尔壕堑2段	壕堑
19	老营庄长城3段	山险			

注：

李家山镇峡口长城3段（6301223821061770048，山险）属于湟中县。

0　　3.2　　6.4　　9.6千米

地图六　大通县明长城主线、其他墙体与相关资源分布图

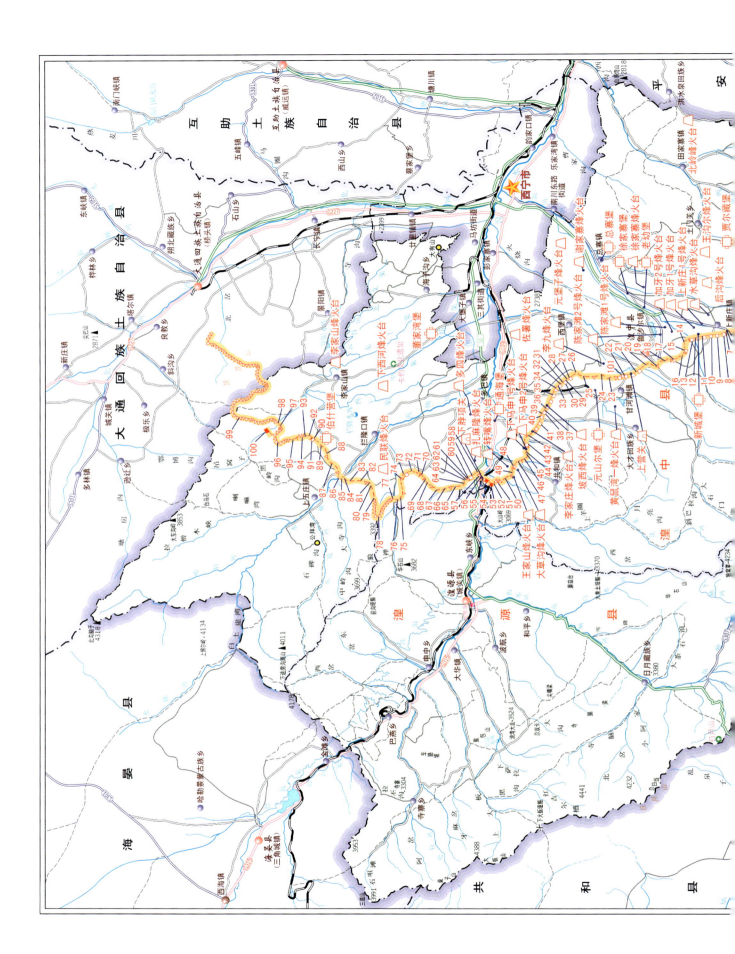

地图七 湟中、湟源县明长城主线、其他墙体与相关资源分布图

审图号：青S(2011)008号

0   3.5   7.0   10.5千米

湟中、湟源县明长城本体及其他墙体总登记表

序号	名称	类型	序号	名称	类型	序号	名称	类型	序号	名称	类型	序号	名称	类型	序号	名称	类型
1	上新庄壕堑1段	壕堑	18	红崖沟壕堑1段	壕堑	35	坡东长城5段	土墙	52	王家山壕堑2段	土墙	69	中村长城1段	壕堑	86	南门一长城	土墙
2	上新庄长城1段	山险	19	南门壕堑1段	山险	36	坡西壕堑	壕堑	53	北村长城1段	石墙	70	中村壕堑1段	石墙	87	南门一壕堑	壕堑
3	上新庄壕堑2段	壕堑	20	南门壕堑2段	壕堑	37	下扎北长城1段	壕堑	54	北村长城2段	山险	71	中村长城2段	山险	88	上红土沟壕堑	土墙
4	上新庄壕堑3段	壕堑	21	海马泉长城	壕堑	38	下扎北长城2段	土墙	55	下胖项长城1段	山险	72	中村壕堑2段	河险	89	伯什营壕堑	壕堑
5	上新庄壕堑4段	壕堑	22	上营长城	壕堑	39	下扎北壕堑2段	壕堑	56	下胖项长城2段	壕堑	73	南门一长城	土墙	90	后河尔长城1段	土墙
6	上新庄长城2段	土墙	23	下营长城2段	土墙	40	下扎北壕堑3段	壕堑	57	石板沟壕堑1段	壕堑	74	南门一壕堑1段	河险	91	后河尔壕堑1段	壕堑
7	上新庄长城3段	河险	24	前跃壕堑	河险	41	下扎北长城3段	壕堑	58	石板沟壕堑2段	土墙	75	南门一壕堑2段	壕堑	92	后河尔壕堑2段	壕堑
8	上新庄长城4段	土墙	25	丰台沟壕堑1段	土墙	42	李家庄壕堑	壕堑	59	石板沟壕堑3段	壕堑	76	古林顶壕堑	土墙	93	后河尔壕堑3段	石墙
9	新城长城1段	土墙	26	丰台沟壕堑2段	土墙	43	下马申长城1段	土墙	60	加拉山壕堑1段	壕堑	77	挡隆口铺峡口长城1段	壕堑	94	后河尔长城3段	山险
10	新城长城2段	土墙	27	新城长城1段	土墙	44	下马申长城2段	壕堑	61	加拉山壕堑2段	壕堑	78	挡隆口铺峡口长城2段	山险	95	后河尔壕堑3段	山险
11	新城长城3段	土墙	28	新城长城2段	土墙	45	大草沟长城	土墙	62	加拉山壕堑3段	壕堑	79	白崖一壕堑1段	壕堑	96	后河尔长城4段	壕堑
12	加牙长城1段	土墙	29	新城长城3段	土墙	46	大草沟壕堑	壕堑	63	加拉山壕堑4段	壕堑	80	白崖一壕堑2段	壕堑	97	李家山铺壕堑	壕堑
13	加牙长城2段	河险	30	加牙长城1段	河险	47	转嘴壕堑1段	土墙	64	加拉山壕堑4段	土墙	81	白崖一壕堑3段	壕堑	98	李家山铺峡口长城1段	石墙
14	加牙壕堑	壕堑	31	加牙壕堑	壕堑	48	转嘴长城	壕堑	65	加拉山壕堑4段	壕堑	82	卡阳长城	壕堑	99	李家山铺峡口长城2段	山险
15	海马沟长城	壕堑	32	海马沟长城	壕堑	49	转嘴壕堑2段	壕堑	66	加拉山壕堑2段	壕堑	83	卡阳壕堑	壕堑	100	李家山铺峡口长城3段	石墙
16	海马沟壕堑	土墙	33	海马沟壕堑	壕堑	50	王家山长城1段	土墙	67	拉卡山壕堑1段	壕堑	84	小羊沟壕堑	壕堑	101	下营长城	土墙
17	红崖沟长城	土墙	34	红崖沟长城	土墙	51	王家山长城	山险	68	目尔加壕堑	山险	85	小羊沟长城2段	壕堑			

501

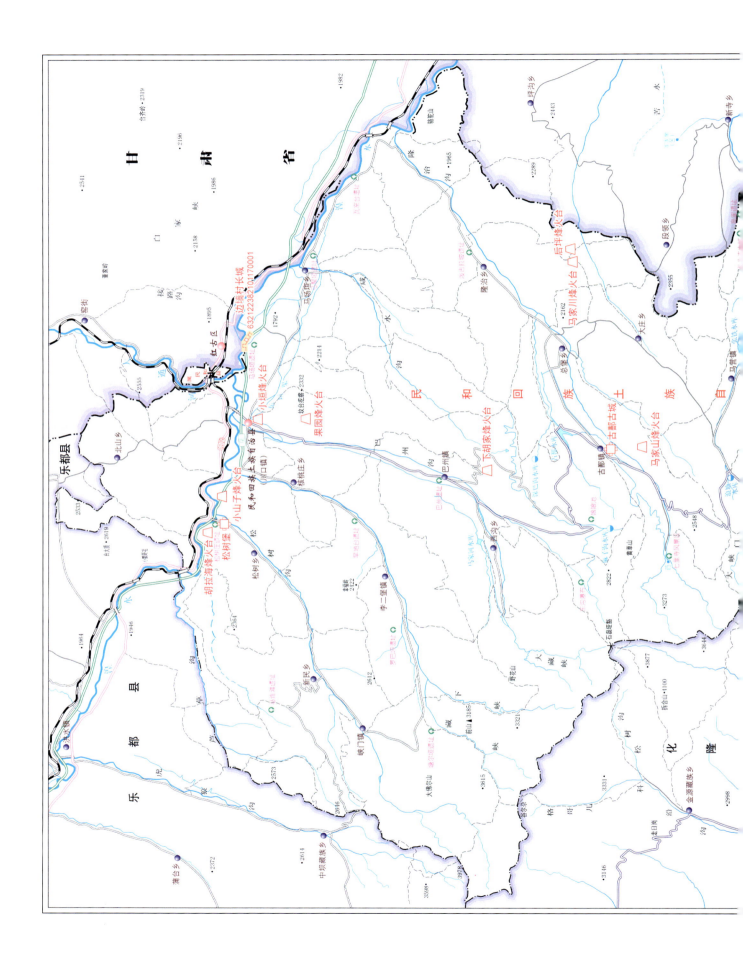

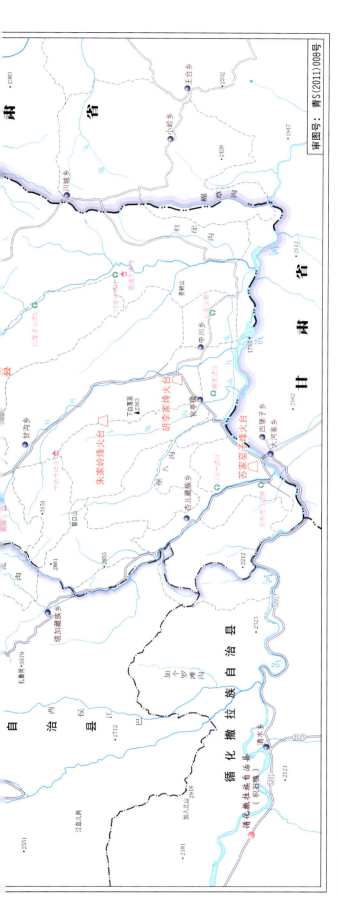

地图八　民和县明长城其他墙体与相关资源分布图

审图号：青S（2011）008号

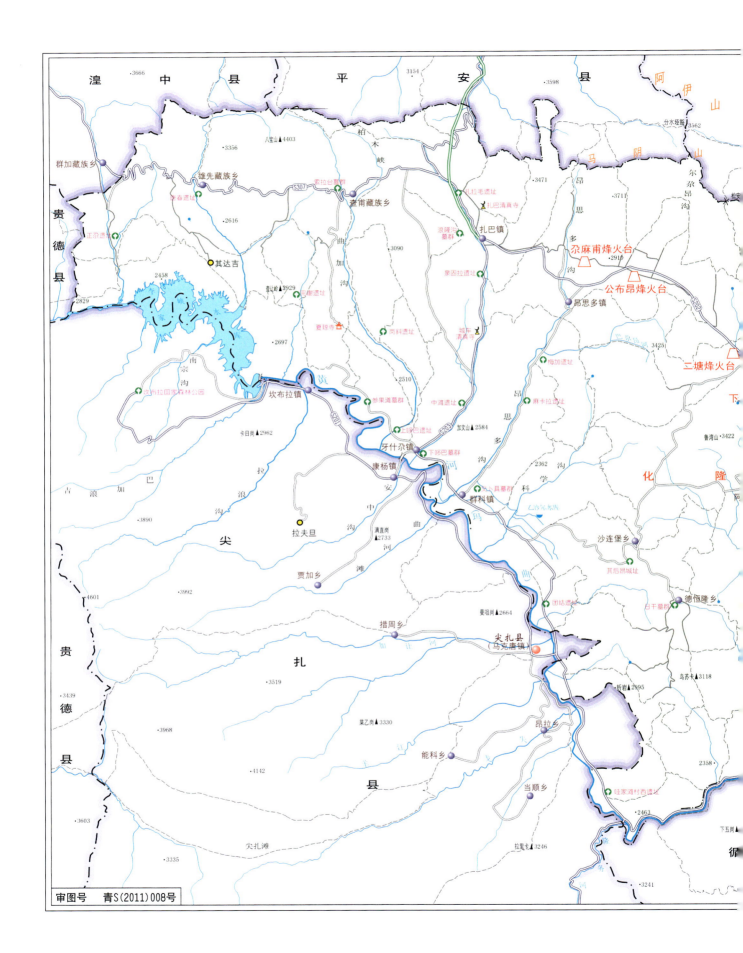

湟　中　县　平　安　县　阿　伊　山

·3666　·3154　·3598　分水垭豁 ·3562

群加藏族乡　八宝山▲4403　柏　·3471　昂　·3711　尔尕昂沟

·3356　木　扎巴毛遗址　思

雄先藏族乡　S307　索拉台墓群　峡　扎巴清真寺　多　尕麻甫烽火台

伊春遗址　苍甫藏族乡　浪隆沟墓群　扎巴镇　沟　·2910

正尕遗址　曲　·3090　掌因拉遗址　公布昂烽火台

贵　·2616　其达吉　加　昂思多镇

德　·2829　·2458　沟　夏琼寺　城乍清真寺　梅加遗址　二塘烽火台

县　雪记岭▲3929　尕娜遗址　旦科遗址　鲁湾山▲3422　下

·2697　黄　·2510　参果滩墓群　中滩遗址　麻卡拉遗址

南　坎布拉镇　上娘巴遗址　思

宗　拉　S201　牙什尕镇　加文山▲2584　多　·2362　沟　化　隆

坎布拉国家森林公园　沟　下尕巴墓群　沟　沟

卡日岗▲2962　浪　康杨镇　学　阿

古浪加巴　安　沙连堡乡

·3890　沟　尖　拉夫旦　中　满直岗▲2733　群科镇　乙海军都城　其后昂城址

沟　曲　马　德恒隆乡

·3992　贾加乡　河　团结遗址　日干墓群　乌苏卡▲3118

·4601　扎　滩　曼咽岗▲2664　折岩▲2995

·3519　措周乡　加　尖扎县　·2358

贵　马克唐镇

德　·3968　县　菜乙岗▲3330　昂拉乡　哇家滩村西遗址

·4142　能科乡　·2463

·3603　尖扎滩　当顺乡　下五岗

·3335　拉里毛▲3246　·3241　徇

审图号　青S(2011)008号

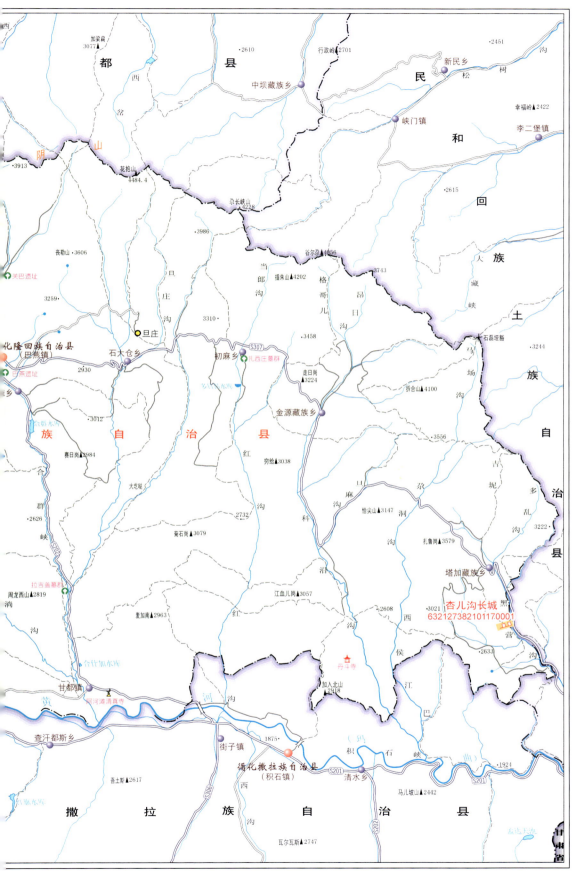

西 都 县 ·2610 行政岭▲2701 ·2451 民 松 树 沟

加梁扁 3077 中坝藏族乡 新民乡

阴 山 峡门镇 幸福岭▲2422 李二堡镇

·3913 花抱山 4484.4 ·2615 和

关巴遗址 衰劫山·3606 杂长峡山▲4228 谷尔尕▲4456 ·3743 回 ▲3244

3259· ·3986 福朱山▲4202 格 品 人 族

化隆回族自治县 旦庄沟 当郎沟 哥 日 臧 土

（巴燕镇） 旦庄 3310 S307 ·3458 儿 沟 峡 大石磊垭豁

石大仓乡 韧麻乡 扎西庄墓群 走日岗 沟 ·3244

三燕遗址 2930 3224 拆合山▲4100 族

赛日岗▲2984 金源藏族乡 ·3556 吉 自

族 自 治 县 穷给3038 坯 多 治

·2626 大龙哝 红 口 怡尖山▲3147 沟 乱 县

峡 菊石岗▲3079 ·2732 沟 麻 扎鲁岗▲3579 3222·

拉吉盖墓群 沟 科 洞

周龙西山▲2819 麦加南▲2963 红 沿 塔加藏族乡 3021

合什恰水库 江血岗▲3057 沟 ·2608 杏儿沟长城 黑

甘都镇 丹斗寺 西 632127382101170001

阿河滩清真寺 黄 河 沟 加入北山 侯 江 ·2633 尝

查汗都斯乡 ·2918 巴 沟

街子镇 1875· 积 石 峡 曲

循化撒拉族自治县 石 ·1924

吾土斯▲2617 （积石镇） S201 清水乡 S201

撒 拉 族 自 治 县 马儿坡山▲2442

瓦尔瓦斯▲2747 甘 肃 省

0 2.5 5.0 7.5千米

地图九
化隆县明长城其他墙
体与相关资源分布图

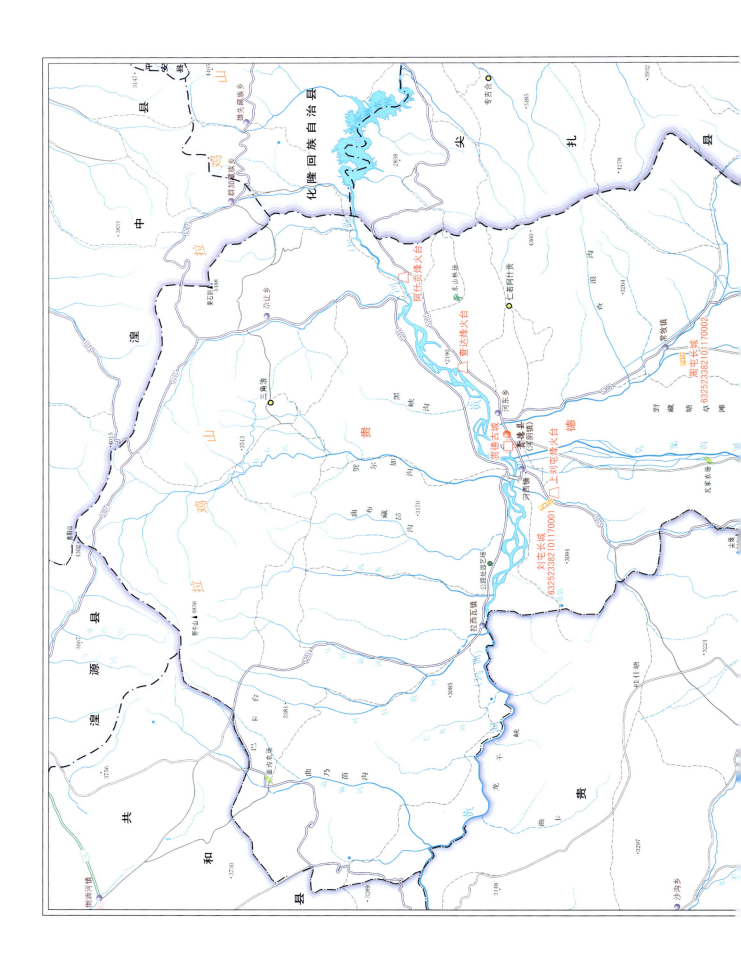

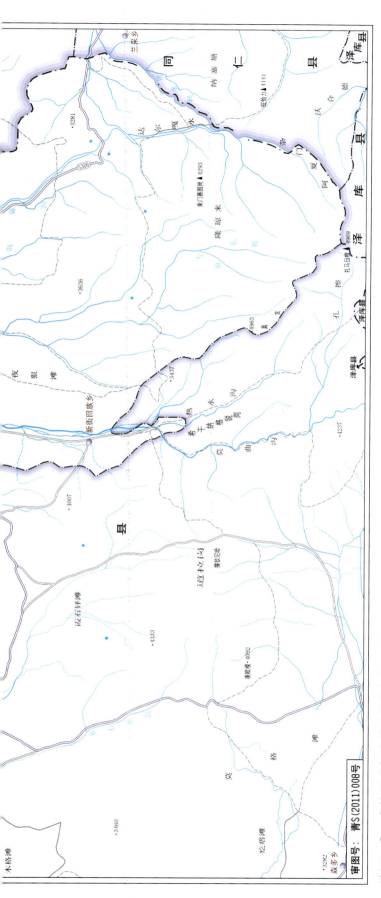

地图一〇　贵德县明长城其他墙体与相关资源分布图

审图号：青S(2011)008号

507

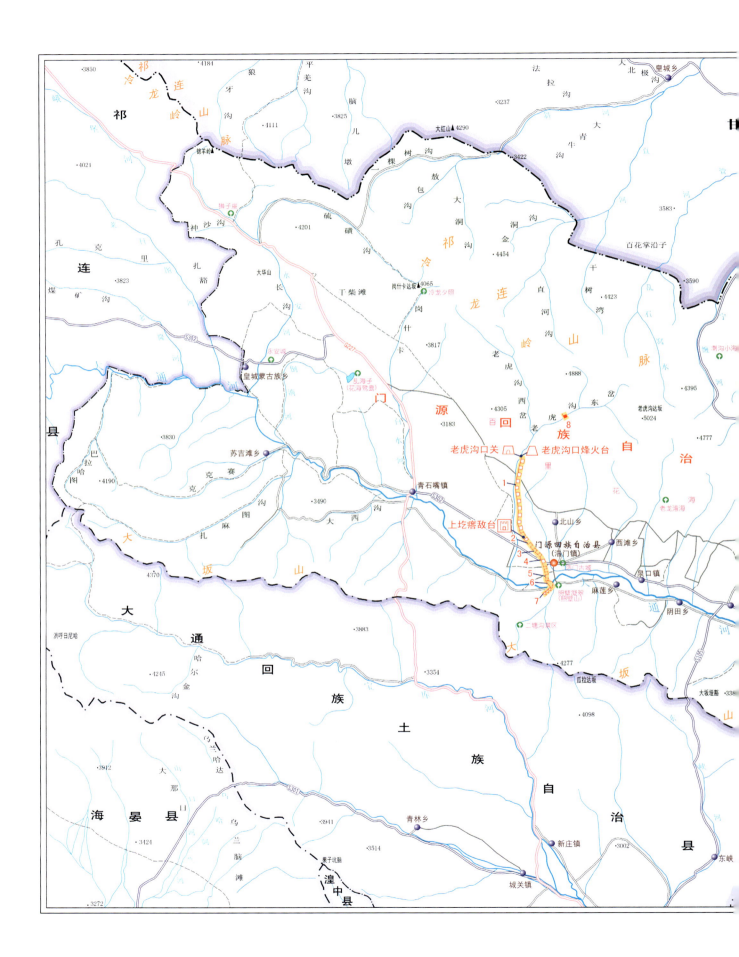

祁 连 山 脉

冷 龙 岭

祁 连 山 脉

冷 龙 岭 山 脉

连 煤 矿 县

门 源 回 族 自 治 县

老虎沟口关

老虎沟口烽火台

上圪瘩敌台

门源回族自治县
(浩门镇)

北山乡

西滩乡

泉口镇

麻莲乡

阴田乡

大 通 回 族 土 族 自 治 县

大 坂 山 脉

海 晏 县

湟 中 县

皇城蒙古族乡

苏吉滩乡

青石嘴镇

青林乡

新庄镇

城关镇

东峡

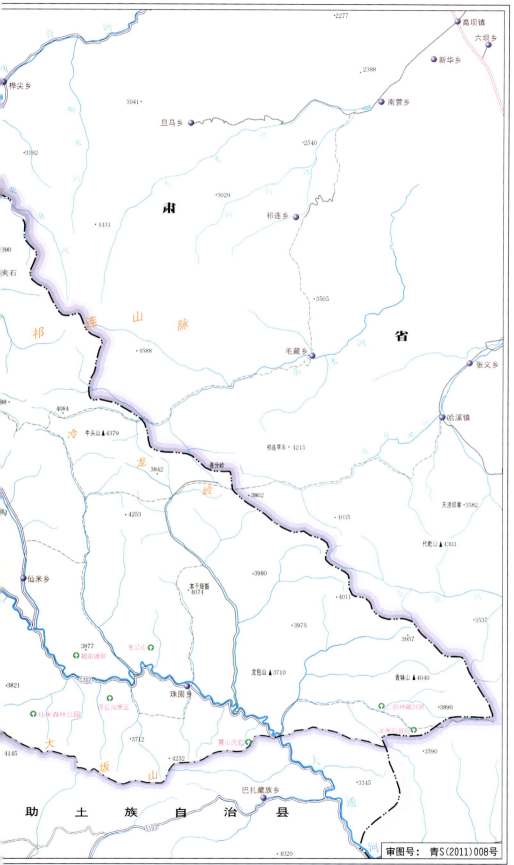

门源县明长城墙体总登记表		
序号	名称	类型
1	上圪瘩长城3段	土墙
2	上圪瘩长城2段	土墙
3	上圪瘩长城1段	土墙
4	西关长城	土墙
5	南关长城	土墙
6	头塘长城2段	河险
7	头塘长城1段	山险
8	老虎沟东岔长城	石墙

0   4.0   8.0   12.0千米

地图一一 门源县明长城其他
墙体与相关资源分布图

审图号：青S(2011)008号

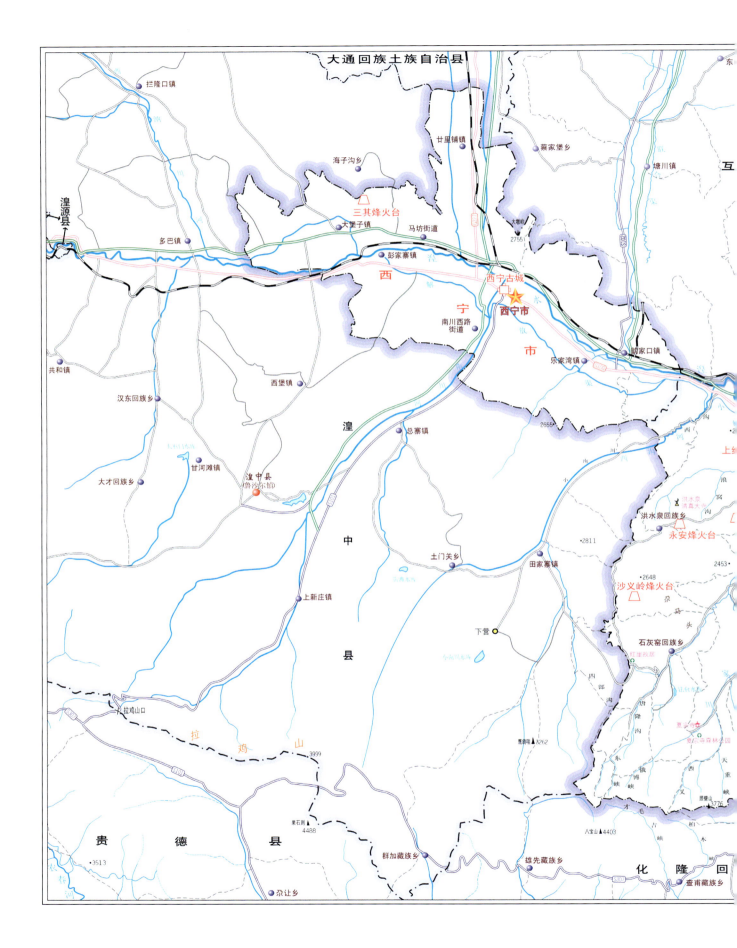

大通回族土族自治县

互

拦隆口镇

廿里铺镇

蔡家堡乡

塘川镇

海子沟乡

三其烽火台

大堡子镇

马坊街道

湟源县

大墩岭
2755

多巴镇

彭家寨镇

西宁古城

西

西宁市

宁

南川西路
街道

共和镇

市

乐家湾镇

韵家口镇

汉东回族乡

西堡镇

湟

总寨镇

2655

甘河滩镇

上乡

大才回族乡

湟中县
（鲁沙尔镇）

洪水泉
清真大寺

洪水泉回族乡

永安烽火台

中

2811

土门关乡

田家寨镇

沙义岭烽火台

2648

2453

上新庄镇

县

石灰窑回族乡

下营

四

2811

拉鸡山口

3262

八宝山
4403

3999

拉

鸡

山

3776

果石则
4488

贵

德

县

化

隆

回

3513

群加藏族乡

雄先藏族乡

查甫藏族乡

尕让乡

五十镇
松多藏族乡

族 自 治 县

拉直沟乡

红崖子沟乡

达拉土族乡

·2324
2316·

西宁机场

中村堡
东村烽火台
乐

平安县
(平安镇)

·2281
石家营烽火台

高店镇

·2327
沈家烽火台
白沈堡
·2366

石沟沿烽火台
·2521

都
·2504

巴藏沟回族乡
·2604

·2696

下营藏族乡
城台乡
峰堆乡

县

城回族乡

·3107
县

·3539
·3258
·2995

4099·
甘

·3697
3808·

3790·
·4132

治 县

0   2.2   4.4   6.6千米

审图号：青S(2011)008号

地图一二　西宁市区、平安
县明长城资源分布图

511

彩图一　青海省政府、青海省文化厅、青海省文物管理局等领导在调查现场听取汇报

彩图二　国家文物局领导赴现场前期考察

彩图三　长城项目组领导赴现场前期踏勘

彩图四　长城项目组在湟中县调查现场指导工作

彩图五　国家文物局组织专家组在调查队驻地检查调查资料

彩图六　国家文物局组织专家组在调查现场检查调查资料

彩图七　青海省副省长吉狄马加、青海省文化厅厅长曹萍在调查队驻地查阅调查资料

彩图八　长城项目组在调查队驻地检查调查资料

彩图九　培训班开幕式

彩图一〇　调查寻访

彩图一一　前期调查踏勘途中遇险

彩图一二　调查队在甘肃省文物局交流学习

彩图一三　有关领导与全体调查队员合影

彩图一四　翻山越岭

彩图一五 艰难攀登

彩图一六　调查途中

彩图一七　野外午餐

彩图一八　共商调查路线

彩图一九　省级业外验收

彩图二〇　省级业内全面验收

彩图二一　国家级验收

彩图二二　乐都县碾线沟壕堑全景（西北－东南）

彩图二三　乐都县石家沟壕堑2段全景（西南－东北）

彩图二四　乐都县八家顶壕堑1段局部结构（东北－西南）

彩图二五　乐都县仓岭沟村长城残留墙体远景（东南－西北）

彩图二六　互助县龙王山长城2段
（山险）（西南－东北）

彩图二七　互助县水洞村壕堑1段
远景（西南－东北）

彩图二八　互助县水洞村长城5段
与外侧随墙壕（西南
－东北）

彩图二九　互助县泥麻村长城2段与外侧随墙壕全景（东北-西南）

彩图三〇　互助县泥麻村长城2段墙体解剖剖面（西北-东南）

彩图三一　互助县泥麻村长城2段随墙壕解剖剖面（西北-东南）

彩图三二　互助县马家庄长城1段与2段走向（南—北）

彩图三三　互助县马家庄长城1段局部走向（东北-西南）

彩图三四　互助县马家庄长城1段墙体解剖剖面（东北-西南）

彩图三五　互助县马家庄长城4段墙体与内侧壕堑（西南－东北）

彩图三六　互助县马家庄壕堑解剖剖面（东北－西南）

彩图三七　大通县西坡壕堑2段走向（东南–西北）

彩图三八　大通县毛家沟长城1段与2段走向（西北–东南）

彩图三九　大通县毛家沟长城5段随墙壕近景（北-南）

彩图四○　大通县毛家寨长城2段墙体走向（西-东）

彩图四一　大通县毛家寨长城3段局部墙体与毛家寨敌台（南-北）

彩图四二　大通县毛家寨长城3段墙体西北侧随墙壕（东-西）

彩图四三　大通县毛家寨长城4段走向（山险墙）（南—北）

彩图四四　大通县毛家寨长城4段全景（山险墙）（西—东）

彩图四五　大通县老营庄壕堑1段走向（南—北）

彩图四六　大通县老营庄壕堑1段局部近景（西—东）

彩图四七　大通县老营庄长城5段（河险）（南—北）

彩图四八　大通县上关长城3段、4段与下庙沟长城1段走向（东—西）

彩图四九　大通县下庙沟长城I段全景（东—西）

彩图五〇　大通县下庙沟长城2段全景（南-北）

彩图五一　大通县下庙沟长城3段、上庙沟长城、元树尔长城走向远景（南-北）

彩图五二　大通县上庙沟长城墙体走向（东–西）

彩图五三　大通县元树尔长城1段墙体走向（东–西）

彩图五四　大通县元树尔长城1段墙体与内侧元树尔壕堑2段走向（西－东）

彩图五五　大通县下庙沟3号取土坑局部（西－东）

彩图五六　湟中县明长城南端起点（西北-东南）

彩图五七　湟中县上新庄壕堑3段局部走向（西—东）

彩图五八　湟中县新城长城1段全景（东北-西南）

彩图五九　湟中县新城长城1段墙体基础（东-西）

彩图六〇　湟中县新城长城1段墙体断面（南—北）

彩图六一　湟中县新城长城1段局部（东—西）

彩图六二　湟中县加牙壕堑局部近景（南-北）

彩图六三　湟中县海马沟长城与外侧随墙壕走向（南-北）

彩图六四　湟中县海马沟长城外侧随墙壕（北-南）

彩图六五　湟中县海马沟壕堑第一自然段局部近景（南-北）

彩图六六　湟中县红崖沟壕堑局部解剖剖面（上-下）

彩图六七　湟中县上营城门外侧（西-东）

彩图六八　湟中县上营城门内侧（东-西）

彩图六九　湟中县坡西壕堑局部走向（西-东）

547

彩图七〇　湟中县大草沟壕堑局部远景（东-西）

彩图七一　湟中县北村长城1段断面（东南-西北）

彩图七二　湟源县下脖项关与石板沟壕堑（南-北）

彩图七三　湟中县石板沟长城2段第一自然段（南-北）

彩图七四　湟中县后河尔壕堑3段走向（南—北）

彩图七五　湟中县新城长城3段墙体中的椓木孔洞（西-东）

彩图七六　湟中县上新庄题刻（北-南）

彩图七七　大通县塔洼长城墙体局部（南-北）

彩图七八　大通县元树尔壕堑2段走向（西北-东南）

彩图七九　民和县边墙村长城现存局部墙体（西－东）

彩图八〇　化隆县杏儿沟长城墙体上的门洞（北－南）

彩图八一　贵德县刘屯长城依墙而建的房屋（西-东）

彩图八二　门源县头塘长城1段走向（山险）（东-西）

彩图八三　门源县头塘长城2段（河险）（东北–西南）

彩图八四　门源县西关长城墙体走向（西北－东南）

彩图八五 门源县老虎沟东岔长城局部走向（东南-西北）

彩图八六　门源县上圪瘩长城1段墙体走向（南-北）

彩图八七　门源县老虎沟东岔长城石墙近景（西北-东南）

彩图八八　湟中县坡东长城5段墙体局部坍塌情况（东南－西北）

彩图八九　大通县上庙沟长城中部墙体的裂缝与坍塌（西－东）

彩图九〇　湟中县新城长城1段墙
体上的裂纹（北-南）

彩图九一　大通县毛家寨长城1段局部墙体的坍塌及破坏情况（东-西）

彩图九二　大通县老营庄长城1段被开垦耕地破坏现状（东－西）

彩图九三　互助县马家庄长城2段被开垦耕地蚕食破坏情况（西南－东北）

彩图九四　湟中县红崖沟长城被修路破坏现状（西-东）

彩图九五　互助县泥麻村长城1段墙体顶部种植的白杨树（东北-西南）

彩图九六　大通县穿越毛家沟长城2段墙体的小道（南—北）

彩图九七　湟中县小寺沟长城1段植物破坏情况（西—东）

彩图九八　湟中县李家山镇峡口长城2段被修路破坏现状（南－北）

彩图九九　湟中县坡西壕堑山体滑坡破坏情况（西－东）

彩图一〇〇　湟中县下扎扎壕堑2段内种植树木（南-北）

彩图一〇一　乐都县苏王家壕堑被改建为山间便道（北-南）

彩图一〇二　大通县毛家沟壕堑1段被采石场破坏现状（南—北）

彩图一〇三　门源县西关长城墙体被耕地破坏现状（南—北）

彩图一〇四　互助县水洞村2号敌台西侧全景（西—东）

彩图一〇五　互助县泥麻村敌台北侧全景（北—南）

彩图一〇六　互助县马家庄敌台全景（南—北）

彩图一〇七　大通县毛家寨敌台与毛家寨长城2段墙体（东—西）

彩图一〇八　大通县上庙沟敌台与下庙沟长城3段全景（东-西）

彩图一〇九　大通县元树尔敌台南侧（南-北）

彩图一一○　互助县马家庄敌台出土灰砖

彩图一一一　互助县马家庄敌台出土灰砖

彩图一一二　民和县小山子烽火台东侧（东-西）

彩图一一三　民和县下胡家烽火台南侧（南—北）

彩图一一四　民和县马家山烽火台北侧（北—南）

彩图一一五　民和县胡李家烽火台北侧（北-南）

彩图一一六　民和县后坪烽火台台体与围墙（西-东）

彩图一一七　民和县马家川烽火台北侧（北—南）

彩图一一八　乐都县转花湾村烽火台东侧围墙（北—南）

彩图一一九　乐都县转花湾村烽火台全景（东北－西南）

彩图一二〇　乐都县孟家湾村2号烽火台远景（南－北）

彩图一二一　乐都县马厂岭烽火台西侧近景（西－东）

彩图一二二　乐都县碾木沟烽火台远景（南—北）

彩图一二三　乐都县仓岭沟村1号烽火台近景（西—东）

彩图一二四 乐都县仓岭沟村3号烽火台远景（东北－西南）

彩图一二五　乐都县仓岭沟村3号烽火台近景(东-西)

彩图一二六　乐都县祁家山村烽火台（西-东）

彩图一二七　乐都县白崖坪村烽火台近景（西南－东北）

彩图一二八　乐都县晁马家村1号烽火台（南－北）

583

彩图一二九　乐都县晁马家村2号烽火台（北－南）

彩图一三〇　乐都县芦草沟1号烽火台（东－西）

彩图一三一　乐都县芦草沟4号烽火台全景（东-西）

彩图一三二　乐都县店子村2号烽火台（西-东）

彩图一三三　乐都县深沟村烽火台近景（西－东）

彩图一三四　乐都县干沟烽火台西侧近景（西－东）

彩图一三五　乐都县城南墩烽火台南侧近景（南—北）

彩图一三六　平安县石家营烽火台全景（东—西）

彩图一三七　平安县柳湾烽火台
全景（西-东）

彩图一三八　平安县上红庄烽火台
全景（西-东）

彩图一三九　平安县永安烽火台
全景（西-东）

彩图一四〇　平安县北岭烽火台全景
　　　　　（西－东）

彩图一四一　平安县沙义岭烽火台
　　　　　全景（北－南）

彩图一四二　互助县马家庄烽火台
　　　　　东侧全景（东－西）

彩图一四三　互助县闸门烽火台西侧全景（西—东）

彩图一四四　互助县善马沟村1号烽火台西侧全景（西—东）

彩图一四五　互助县上台子村2号烽火台东侧全景（东—西）

彩图一四六　互助县善马沟村2号烽火台东侧全景（东—西）

591

彩图一四七　互助县拉卡村1号烽火台北侧（北－南）

彩图一四八　互助县黑庄村烽火台北侧（北－南）

彩图一四九　互助县双树烽火台与局部围墙（东-西）

彩图一五○　互助县双树烽火台东侧全景（东-西）

彩图一五一　互助县红嘴烽火台北侧全景（北－南）

彩图一五二　大通县石庄烽火台西南侧（西南－东北）

彩图一五三　大通县上关烽火台东侧（东-西）

彩图一五四　湟中县加牙2号烽火台全景（西北-东南）

彩图一五五　湟中县陈家滩1号烽火台（北—南）

彩图一五六　湟中县陈家滩2号烽火台（北—南）

彩图一五七　贵德县阿什贡烽火台东侧（东-西）

彩图一五八　贵德县阿什贡烽火台西侧（西-东）

彩图一五九　西宁市区三其烽火台南侧（南－北）

彩图一六〇　湟中县陈家滩1号烽火台
夯层中夹有树枝（东南－西北）

彩图一六一　乐都县孟家湾村1号烽火台桩木孔（南－北）

彩图一六二　湟中县李家山烽火台北壁的椓木孔洞（北－南）

彩图一六三　化隆县香里胡拉烽火台南壁的椓木孔洞（南－北）

彩图一六四　互助县拉卡村1号
烽火台夯土层中的
木楔（东－西）

彩图一六五　湟中县下马申1号烽火台东
南角的木楔（东南－西北）

彩图一六六　乐都县仓岭沟村1号烽火台夯土层内夹有草绳（北-南）

彩图一六七　湟中县李家山烽火台坍塌及裂纹情况（西-东）

彩图一六八　湟中县下马申1号烽火台东壁的片状剥离现象（东-西）

彩图一六九　湟中县上新庄1号烽火台西壁底部块状
坍塌情况（西-东）

602

彩图一七〇　湟中县坡西烽火台东
壁雨水冲刷情况
（东—西）

彩图一七一　湟中县李家庄烽火台
南壁的风蚀情况
（南—北）

彩图一七二　大通县毛家沟烽火台
东侧自然及人为受损
现状（东—西）

彩图一七三　乐都县扎门村烽火台顶部及周边种植有柠条（北－南）

彩图一七四　湟中县多四烽火台顶部及周围破坏情况（南－北）

彩图一七五　乐都县墩湾村烽火台顶部竖立有三角测量标志（北－南）

彩图一七六　湟中县佐署烽火台顶部立有布人（南－北）

彩图一七七　互助县直沟烽火台顶部筑有"俄博"（南－北）

彩图一七八　乐都县白崖坪村烽火台西壁底部的窑洞（西－东）

彩图一七九　大通县下庙沟关与下庙沟长城1段局部墙体（东南－西北）

彩图一八〇　湟中县上营关局部墙体（西南－东北）

彩图一八一　湟源县下脖项关远景（西南-东北）

彩图一八二　门源县老虎沟口关全貌（东北—西南）

彩图一八三　乐都县城背后1号堡远景（南—北）

彩图一八四　乐都县孟家湾堡远景（西－东）

彩图一八五　乐都县碾木沟堡远景（东－西）

彩图一八六　乐都县碾线沟堡远景（东南-西北）

彩图一八七　乐都县寺磨庄1号堡近景（北-南）

彩图一八八　乐都县联星堡残留南侧墙体（西南－东北）

彩图一八九　乐都县碾伯古城北侧墙体（西北－东南）

彩图一九〇　互助县马营堡全景（东－西）

彩图一九一　互助县白崖堡东侧与局部墙体（东南－西北）

彩图一九二　互助县大通苑堡东北角楼（东北－西南）

彩图一九三　互助县下马圈堡东南角楼（西南－东北）

彩图一九四　大通县庙沟堡残存堡墙远景（南－北）

彩图一九五　大通县新城墙体与马面近景（西－东）

彩图一九六　大通县平乐堡远景（西北-东南）

彩图一九七 湟中县董家湾堡全景（东北—西南）

彩图一九八 民和县松树堡远景（西北－东南）

彩图一九九　民和县古鄯古城东侧墙体与马面（南—北）

彩图二〇〇　西宁市区总寨堡门楼（东—西）

彩图二〇一　西宁市区西宁古城城墙断面（东－西）

彩图二〇二　贵德县贵德古城西侧墙体与马面（西－东）

彩图二〇三　互助县大通苑堡墙体夯窝（东－西）

彩图二〇四　乐都县那家庄堡墙体
内木楔（南-北）

彩图二〇五　乐都县城背后1号堡
风蚀情况（西-东）

彩图二〇六　湟中县贾尔藏堡依墙
盖房现象（南-北）